Buse · Nelles · Oppermann
Determinaten politischer Partizipation

STUDIEN ZUM POLITISCHEN SYSTEM
DER BUNDESREPUBLIK DEUTSCHLAND

Herausgegeben von Heino Kaack

Band 20

Determinanten politischer Partizipation

Theorieansatz und empirische Überprüfung
am Beispiel der Stadtsanierung Andernach

Michael Buse
Wilfried Nelles
Reinhard Oppermann

Unter Mitwirkung von
Reinhold Hahn, Peter Mambrey, Alfred Reichwein,
Paul Schmitz, Michael Schmunk und Thomas Wettig

1978

Verlag Anton Hain · Meisenheim am Glan

CIP-Kurztitelaufnahme der Deutschen Bibliothek

Buse, Michael J.
Determinanten politischer Partizipation: Theorie-
ansatz u. empir. Überprüfung am Beispiel d.
Stadtsanierung Andernach / Michael Buse; Wilfried
Nelles; Reinhard Oppermann. Unter Mitw. von
Reinhold Hahn . . . – Meisenheim am Glan: Hain,
1977.
    (Studien zum politischen System der Bundes-
    republik Deutschland; Bd. 20)
    ISBN 3-445-01530-9 brosch.
    ISBN 3-445-11530-3 geb.

NE: Nelles, Wilfried: Oppermann, Reinhard:

© 1977 Verlag Anton Hain Meisenheim GmbH
Herstellung: Hain-Druck KG, Meisenheim/Glan
Printed in Germany
ISBN 3-445-11530-3

INHALTSVERZEICHNIS

Vorwort

Mit der vorliegenden Untersuchung werden die Ergebnisse des zweiten Abschnitts des von den Proff. und Direktoren des Seminars für Politische Wissenschaft der Universität Bonn, Karl Dietrich B r a c h e r und Hans-Adolf J a c o b s e n geleiteten und von der Deutschen Forschungsgemeinschaft geförderten Forschungsprojekts zur "Politischen Partizipation und Mitbestimmung" publiziert.

Stand in der ersten Phase des Projekts die allgemeine Problematik von Partizipation , Demokratisierung und Mitbestimmung in Staat und Gesellschaft im Mittelpunkt unserer Forschungsarbeit (vgl. hierzu unser von Ulrich v. A l e m a n n (1975) herausgegebenes Buch), so wurden in der zweiten Arbeitsphase das theoretische Konzept weiterentwickelt und daraus abgeleitete Hypothesen und Fragestellungen empirisch am Fall der Altstadtsanierung in Andernach/Rhein überprüft.

Die Untersuchung erfolgte in zwar arbeitsteiliger, jedoch intensiver interdisziplinärer Zusammenarbeit. Sie wurde durchgeführt vo n der "S t u d i e n g r u p p e P a r t i z i p a t i o n s f o r s c h u n g", der drei wissenschaftliche und vier studentische Mitarbeiter angehörten, sowie Ulrich v. A l e m a n n, Peter E h r h a r d t, Alfred R e i c h w e i n, Paul S c h m i t z, Henning v. V i e r e g g e und Bernhard W a n d e r s, die als "nebenamtliche" Mitarbeiter ihre Erfahrungen in die Gruppendiskussion mit einbrachten.

Der vorliegende Bericht ist insofern ein Gemeinschaftsprodukt, als an der Entwicklung der Untersuchungskonzeption und der abschließenden Diskussion des Gesamtberichts alle Mitarbeiter beteiligt waren. Dennoch bleiben nach wie vor die wissenschaftliche und stilistische "Handschrift" der jeweiligen Bearbeiter der Be-. richtsteile erkennbar. Die Gruppe hat stets nur da redigierend eingegriffen, wo sich zum inhaltlichen Konzept Konsequenzen ergaben. Diese Gesamtredaktion wurde von Wilfried N e l l e s und Reinhard O p p e r m a n n geleistet, die auch gemeinsam mit Michael B u s e das theoretische Gesamtkonzept ("Prozeßmodell der Partizipation") und das methodische Instrumentarium entwickelten. Diesen dreien oblag auch die Verantwortung für die konkrete Durchführung des Projektes. Neben diesen haben Beiträge für den vorliegenden Bericht geliefert Reinhold H a h n, Peter M a m b r e y, Alfred R e i c h w e i n, Paul S c h m i t z, Michael S c h m u n k und Thomas W e t t i g; ihr Anteil ist neben dem der drei Hauptautoren im Inhaltsverzeichnis ausgewiesen. Weiterhin hat Elisabeth H ü w e l e r als unsere Schreibkraft mit zum Gelingen dieser Studie beigetragen; gleiches gilt für alle diejenigen, die durch ihre Zuarbeiten als Interviewer, und Auswerter der Daten unsere Arbeit wesentlich erleichtert haben.

Neben diesen gilt unser Dank den Proff. Karl Dietrich B r a c h e r und Hans-Adolf J a c o b s e n, die die Untersuchung von Anfang an betreut haben, der Deutschen Forschungsgemeinschaft, die uns finanziert hat und den Bürgern der Stadt Andernach sowie ihren Vertretern in Rat und Verwaltung, ohne deren Bereitschaft zur Zusammenarbeit diese Studie nicht zustandegekommen wäre.

Die Berechnungen der Auswertung wurden am Rechenzentrum der Universität Bonn (RHRZ) auf einer IBM/370-168 durchgeführt. Außer eigenen wurden Rechenprogramme von K.H. S t e f f e n s, H.U. K o h r und F. G e b h a r d t sowie die Programmsysteme DATA-TEXT und OSIRIS benutzt.

Zu Beginn dieses Jahrzehnts war die Diskussion um Partizipation und Demokrati-
sierung eines der meist interessierenden Themen der Sozialwissenschaft (vgl. u.a.
H e n n i s 1970; Z i m p e l 1970; N a r r/N a s c h o l d 1971; B a h r
1972; G r o n e m e y e r 1973; V i l m a r 1973; G r e i f f e n h a g e n 1973;
S c h e l s k y 1973 und v. A l e m a n n 1975). Als jedoch auf dem 18.
Deutschen Soziologentag Ende 1976 in Bielefeld ein Themenschwerpunkt "Partizipation" zur Diskussion einlud, waren die Partizipationsforscher fast unter sich: die
Mehrzahl der nicht unmittelbar auf diesem Gebiet arbeitenden Sozialwissenschaft-
ler zog die Diskussion in den anderen Themenbereichen vor. War das öffentliche
und wissenschaftliche Interesse an der Partizipation also ein Strohfeuer, das so
schnell verloschen ist, wie es entflammte? Wir meinen: nein. Wer auf besagtem
Soziologentag in den Themenbereichsveranstaltungen, die nicht Partizipation auf
ihre Fahne geschrieben hatten, genau hinhörte, der konnte feststellen, daß das
Partizipationsproblem in den meisten Veranstaltungen, sei es über soziales Handeln,
Bildung oder Sozialpolitik, eine wichtige Rolle spielte. Im Unterschied zur Diskussion in früheren Jahren interessiert die Partizipation jedoch nicht mehr so sehr
als eigenständiges, von konkreten Bereichen abgehobenes gesellschaftstheoretisches
Problem, sondern in ihrem Zusammenhang mit konkreten Gegenständen und Problemlagen.
Diese Wendung des Interesses an der Partizipation entspricht sowohl der realen
gesellschaftlichen wie auch der diese z.T. reflektierenden wissenschaftlichen Entwicklung der letzten Jahre. Obwohl der Elan der politischen Diskussion um "mehr
Demokratie" erlahmt ist, spielt die Frage der Mitwirkung der Bürger auch und gerade bei den "sachbezogenen"Problemen wie der Reform des Sozialwesens oder einer leistungsorientierten u n d bürgernahen öffentlichen Verwaltung eine wesentliche Rolle. Auf der anderen Seite ist das Leerlaufen der wissenschaftlichen Diskussion um Partizipation und Demokratisierung im allgemeinen sicherlich einerseits in der gesellschaftlichen (insbesondere wirtschaftlichen) Entwicklung begründet, zum anderen jedoch auch im Gegenstand selbst. Partizipation hat -- sofern
sie zu realitätsbezogenen, praxisrelevanten Aussagen kommen will - immer zwei
Gegenstände: neben dem a l l g e m e i n e n Phänomen der Partizipation
muß sie auch den Gegenstand, auf den sich die Partizipation bezieht, mit in die
Untersuchung einbeziehen. Hier scheint in den letzten Jahren eine Verlagerung
des Forschungsschwerpunktes eingesetzt zu haben. Die allgemeine Diskussion, der
im wissenschaftlichen Erkenntnisprozeß zunächst eine initiierende, später auch begleitende, zusammenfassende und übergreifende Aufgabe zukommt, trat nach der
Demokratisierungsdebatte zu Beginn dieses Jahrzehnts bald auf der Stelle. Die
Fronten waren abgesteckt. Eine Überwindung dieses Diskussionsstandes schien nur
möglich, wenn die jeweiligen Thesen und Argumente in der empirischen Auseinandersetzung auf konkrete Gegenstände der Partizipation bezogen würden. Eine sol-
chermaßen ins Detail konkreter politischer Prozesse und darin sich vollziehender
individueller Handlungen gehende Analyse muß jedoch - zumindest zeitweise -
auf die Behandlung der "großen" Fragen der Partizipationsforschung verzichten.
Dies wird auch in der vorliegenden Untersuchung der Fall sein. Es darf jedoch
nicht dazu führen, daß man sich im Detail verliert. Um die Anknüpfung an einige zentrale allgemeine Fragen des Partizipationsproblems zu verdeutlichen, wollen
wir deshalb diese Fragen und den Diskussionsstand, von dem wir bei unserer Untersuchung ausgegangen sind, kurz replizieren.
Im Gefolge der notwendigen Zunahme mittel- und längerfristiger Planung ist die

Frage der Mitbestimmung oder Partizipation über den wirtschaftlichen Bereich hinaus in fast allen gesellschaftlichen Bereichen zu einem zentralen Thema geworden. Den dieser Planung immanenten entdemokratisierenden, technokratischen und zentralisierenden Tendenzen sollte durch verstärkte Partizipation entgegengewirkt werden. Dahinter steckt nicht nur das Bemühen um die Aufrechterhaltung oder Verbesserung normativer demokratischer Postulate, sondern auch die Vermutung, daß die Teilnahme der Betroffenen an Planungsentscheidungen notwendig ist, um die Effizienz der Planung zu sichern. Dies gilt sowohl unter der Perspektive staatlicher Steuerung der gesellschaftlichen Gesamtentwicklung als auch für die Entwicklung und Umsetzung von Einzelplanungen.

Unter der Steuerungsperspektive wird angesichts der Probleme und Enttäuschungen, die die Versuche erbrachten, die wachsenden öffentlichen Aufgaben und den damit verbundenen Problemdruck durch Zentralisierung der Planungskompetenzen zu bewältigen, diskutiert, "inwieweit nicht gerade im Zuge krisenhafter Entwicklung auch aus der Eigendynamik gesellschaftlicher Situationen heraus Potentiale entwickelt werden, über welche situativ anfallender Problemdruck und die strukturelle Begrenzung staatlicher Aktivität durch das Aufkommen neuartiger Steuerungs- und Lösungsmuster unterlaufen" (B e i n e/N o k i e l s k i/P a n t o k e 1975,2) werden kann. M.a.W.: Planung soll mit partieller Dezentralisierung und Aktivierung von teilautonomen Selbstverwaltungsbereichen zu einer "partizipativen Steuerung" (ebenda, 3 ff) entwickelt werden.

In vielen Einzelplanungsbereichen, insbesondere in der Stadtplanung, ist dieses Konzept schon weiter entwickelt. Grauhan faßt für diesen Bereich die wesent-lichen Problemaspekte des Verhältnisses von Planung und Partizipation treffend zusammen, indem er betont, daß eine nicht partizipative bürokratische Planung eine "Kümmerform des demokratischen Prozesses" u n d eine "ernstzunehmende Ineffizienzquelle" sei (G r a u h a n 1970, 365). Inwiefern?

Es ist heute offenkundig, daß die Verwaltung nicht mehr nur ausführendes, sondern auch planendes und politisch handelndes Organ ist. Die Parlamentarier, insbesondere die ehrenamtlichen Mandatsträger in den Gemeinden, sind zu einer wirksamen politischen Kontrolle der planenden Verwaltung oft nicht mehr in der Lage. Damit stellt sich aus demokratietheoretisch-normativer Sicht die Frage nach der Legitimation der planenden Verwaltung. Diese Frage wird noch bedeutender, wenn man bedenkt, daß die politische Gewichtsverlagerung vom Parlament (Stadt-/Gemeinderat) zur Verwaltung einhergeht mit einer Funktionsverlagerung der Verwaltung von der Ordnungs- zur Leistungsverwaltung. Dies bedeutet, daß die Verwaltung bei wachsender Abkopplung von der ihre Tätigkeit legitimierenden Instanz gleichzeitig durch ihre Planung immer weitere Lebensbereiche der Bürger entscheidend prägt.

Zur Behebung dieses Legitmationsdefizits sind zwei Möglichkeiten im Gespräch (alternativ oder in Kombination). Einmal Überlegungen zur Stärkung der Parlamente, zum anderen die "Demokratisierung der Planung" durch Beteiligung betroffener und/oder interessierter Bevölkerungskreise. In dieser Perspektive wird die Partizipation der Bürger an der Planung also unter dem normativ instrumentellen Interesse einer Übereinstimmung der in diesem System gültigen Demokratienorm und der politisch-administrativen Praxis relevant.

Damit ist jedoch erst ein Aspekt der normativen Dimension der Partizipationsproblematik erwähnt. Ein zweiter Aspekt knüpft an dem Postulat der Gleichheit i.S. materieller Interessenberücksichtigung an. Es kann als gesicherte Tatsache gelten, daß die Bedürfnisse und Interessen der verschiedenen Gruppen der Gesellschaft nicht in gleicher Weise in administrativen Planungen und Entscheidungen berücksichtigt werden. Insbesondere die Bedürfnisse der sozial schwachen Schichten werden fast regelmäßig vernachlässigt. Diesen Gruppen fehlt sowohl die Fähigkeit und Möglichkeit zur wirksamen Artikulation ihrer Interessen als auch zu deren Durchsetzung (Konfliktfähigkeit). Da dazu Problemsicht, Bedürfnisse und Interessen den meist der Mittelschicht angehörenden Planern und Entscheidern meist nicht oder nur unzureichend bekannt ist, ist eine Berücksichtigung dieser Interessen oft von vornerein vernachlässigt. Allenfalls wird das berücksichtigt, war die Planenden aus ihrer Mittelstandsperspektive heraus als "allgemeines" Bedürfnis interpretieren.

Diesem Mangel könnte eine Beteiligung der Betroffenen an der Planung insofern abhelfen, als dadurch Informationen über deren Interessen eingeholt und zu Planungsinputs gemacht werden können.

Damit ist jedoch nicht verbürgt, daß diese Bedürfnisse auch die gleiche Chance wie andere haben, im Planungsergebnis berücksichtigt zu werden. Vielmehr muß angenommen werden, daß die Entscheidungen der planenden Verwaltung wesentlich durch politische und gesellschaftliche Machtverhältnisse geprägt sind. Daher ist die Verbesserung des Informationsinputs durch Beteiligung der Betroffenen zwar notwendige Voraussetzung gleichmäßigerer Interessenberücksichtigung, jedoch allein nicht hinreichend. Vielmehr muß die Durchsetzungsfähigkeit der nicht dominanten Interessen gestärkt werden, indem Aktivität und Konfliktbereitschaft der Betroffenen gesteigert werden.

Damit ist angelegt, daß die Partizipation (zumindest punktuell) über das den jeweiligen Adressaten genehme Maß hinausgeht. Sie erhält daher tendenziell eine systemkritische Qualität. Allerdings ist bei einer solchen normativen Position, die durch punktuelle Mobilisierung und Partizipation das bestehende Machtgefüge und die daraus resultierende ungleiche Interessenberücksichtigung in politisch-administrativen Entscheidungen überwinden will, unterstellt, daß die planende Verwaltung prinzipiell für alle Interessen offen sei. Demgegenüber wird jedoch insbesondere von Vertretern eines polit-ökonomischen Ansatzes betont, daß das politisch administrative System einem strukturellen Zwang zur selektiven   - nämlich an Kapitalverwertungsinteressen orientierten - Interessenberücksichtigung unterworfen sei. Von daher betrachtet erhält die normative Dimension des Partizipationsproblems eine vierte Komponente, nämlich die auf Systemüberwindung zielende, möglichst dauerhafte Mobilisierung der benachteiligten Bevölkerungsschichten.

Wir haben diese Hauptaspekte der normativen Dimension der Partizipationsdiskussion hier in aller Kürze resümiert und ihre Verbindung mit unterschiedlichen Aspekten und Ergebnissen der Gesellschaftsanalyse verdeutlichen wollen. Die Trennung kann dabei nur als analytische verstanden werden. Aus der praktischen Vermischung dieser Einzelaspekte ergeben sich verschiedene, z.T. konträre politische und theoretische Positionen, die wir in einer früheren Veröffentlichung dargestellt haben (v. A l e m a n n 1975, 13-40).

Dabei spielt jedoch auch die zweite Problemdimension der Partizipation, die in dem o.a. Grauhan-Zitat erwähnt ist, eine wesentliche Rolle: die Frage der Funktionalität von Partizipation. Wir wollen daher auch diese Dimension am Beispiel der Stadtplanung kurz in ihren wichtigsten Aspekten skizzieren.

Wir haben eben bereits dargestellt, daß das Wissen der Planer um die Bedürfnisse der "Beplanten" trotz des Expertentums oft recht dürftig ist. Dieser Tatbestand wirft neben dem erwähnten normativen auch ein Effizienzproblem auf. Eine Planung, die an den Bedürfnissen der Planungsadressaten vorbeigeht, ist ineffizient. So entstehen Planungsruinen, die nicht genutzt werden; oder die Bevölkerung wird aus ihrer vertrauten Umgebung, aus ihren sozialen Bindungen gerissen und in eine Trabantenstadt "umgesetzt" mit dem Effekt, daß soziale Fehlentwicklungen eintreten können. Beispiele könnten hier genügend angeführt werden, Beispiele, die zeigen, daß die Ermittlung der Wünsche und Interessen der Betroffenen allein aus Effizienzerwägungen heraus geboten ist. Die Beteiligung an der Planung könnte dabei hilfreich sein.

Dies gilt auch aus einem anderen Grund. Die Entwicklung in vielen Städten hat in den letzten zehn Jahren gezeigt, daß solche Fehlplanungen häufig zu manifesten Konflikten zwischen der Verwaltung und den betroffenen oder engagierten Bürgern führen. Daraus folgerte z.B. D i e n e l: "Wenn der für die Bereitstellung und Aufrechterhaltung von Teilnahmeverfahren erforderliche Aufwand aber nicht bald erbracht wird, werden unsere Verwaltungen vermutlich ähnlich kosten- und personalintensive Bemühungen für die bestehenden Teilnahmeformen wie zur Abwehr von spontanen unkontrollierbaren Partizipationsformen leisten müssen, die einen nicht annähernd so funktionalen Ertrag, dafür aber einen hohen Frustrationseffekt im Hinblick auf unseren demokratischen Ordnungsversuch haben" (D i e n e l 1971, 168).

Die Richtigkeit und Bedeutsamkeit dieser Einschätzung ist in aller Deutlichkeit bei den heftigen Auseinandersetzungen um die Errichtung der Kernkraftwerke am Kaiserstuhl und in Brokdorf hervorgetreten, wo die Behörden anstatt mit dem Bürger gegen den Bürger geplant und gehandelt haben - mit den bekannten Folgen.

Diese Beispiele zeigen aber implizit auch die andere Seite der Partizipation, die viele Verwaltungen an ihrer Funktionalität zweifeln läßt. Gemeint ist das Risiko (aus Verwaltungssicht), daß die Partizipierenden sich nicht in die Verwaltungskonzepte integrieren lassen, unerwünschte Alternativen entwickeln und bei etablierter Partizipation einen institutionellen Ansatzpunkt zur Vertretung solcher verselbständigten Alternativen haben. Daher sind immer wieder Versuche anzutreffen, bei wichtigen Projekten die Entscheidungs- und Durchführungsvorbereitungen abgeschirmt von der Öffentlichkeit zu betreiben und diese vor vollendete Tatsachen zu stellen. Bei hoher Betroffenheit und Konfliktbereitschaft der Betroffenen droht eine solche Strategie jedoch, die gesamte Planung zu gefährden. Demgegenüber können bei frühzeitiger, geschickt dosierter Beteiligung potentielle Konfliktpunkte frühzeitig erkannt werden, so daß entsprechende präventive Reaktionen möglich sind.

In dieser kurzen Argumentations- und Beispielskizze ist angedeutet, daß auch aus rein funktionalistischer Sicht manches für eine - natürlich kontrollierte-Ausweitung der Partizipation spricht. Natürlich liegen dabei andere Intentionen und Strategien zugrunde als bei den meisten demokratie-theoretisch begründeten Forderungen. Dies soll jedoch nicht mehr Thema dieser Einleitung sein, in der es lediglich darum ging, die verschiedenen Begründungen für Partizipation kurz darzustellen.

Nach diesem Überblick über die Vielfalt des Begründungszusammenhanges der Partizipation drängt sich jedoch die Frage auf, ob eine deutlich stärkere Bürgerbeteiligung - von den unterschiedlichen Zielen, die damit angestrebt werden, zunächst einmal abgesehen - überhaupt möglich ist.

Diese Frage bezeichnet das Erkenntnisinteresse, das dieser Untersuchung zugrundeliegt. Ihre Beantwortung wird unter zwei Gesichtspunkten versucht: Einmal fragen wir nach den Bedingungen, die das Zustandekommen von Partizipationsbereitschaft und deren Realisierung beeinflussen; dieser Untersuchungsteil soll Aufschluß geben über die Möglichkeiten aktiveren politischen Verhaltens. Zweitens wird untersucht, welchen situationalen und strukturellen Einflüssen die planende Verwaltung in ihren Entscheidungsprozessen ausgesetzt ist. Das Ausmaß der Fremdbestimmtheit dieser Entscheidungsvorgänge wie auch die relative Bedeutung interner Einflußfaktoren soll dann darüber Aufschluß geben, inwieweit eine quantitative Ausweitung der Partizipation auch zu einer effektiveren Interessenberücksichtigung der Partizipanten führt.

Partizipationsbegriff

Wollen wir nach den Gründen und Möglichkeiten von Partizipation fragen, müssen wir zunächst bestimmen, was wir unter diesem Begriff verstehen wollen. Für eine empirische Untersuchung halten wir es für notwendig, den Begriff der Partizipation nicht so eng zu fassen, daß (z.B. unter normativen Leitlinien) bestimmte Formen politischer Aktivität von vorneherein aus der Untersuchung herausfallen. Andererseits soll er aber auch wieder nicht so weit gefaßt werden, daß alles politische Verhalten unter den Begriff der Partizipation fällt: dann wäre die Partizipation als eigenständiges Phänomen und entsprechend als eigenständiger Begriff entbehrlich. Unter Partizipation wollen wir daher den Versuch der Einflußnahme auf einen politischen Willensbildungs- und Entscheidungsprozeß verstehen.

Dabei wird das politische Handeln einmal eingegrenzt auf s o l c h e P e r s o -
n e n, die nicht qua Amt oder Funktion für die Vorbereitung oder Durchführung dieser politischen Entscheidungen zuständig sind. Zum anderen muß sich das Handeln auf den Versuch der Einflußnahme auf einen k o n k r e t e n i n -
h a l t l i c h e n Willensbildungs- und Entscheidungsprozeß beziehen. Teilnahme an Wahlen, die lange Zeit im Mittelpunkt empirischer Untersuchungen auch im Zusammenhang mit Partizipation gestanden hat, fällt also nicht unter unseren Partizipationsbegriff, da der Wähler hierbei - abgesehen von seiner Personalentscheidung - nicht auf k o n k r e t e Willensbildungs- und Entscheidungsprozesse Einfluß nimmt, sondern lediglich bestimmt, auf welche Person bzw. Partei seine Entscheidungskompetenz für die nächste Legislaturperiode übertragen werden soll.

Untersuchungen über politisches Verhalten, die besonders im Bereich der amerikanischen Partizipationsforschung durchgeführt wurden, haben ergeben, daß Angehörige höherer sozialer Schichten sich häufiger und intensiver beteiligen als Angehörige niedriger Schichten. Nun ist dieser sozioökonomische Status einer Person kein hinreichender Erklärungsgrund für politisches Verhalten, sondern bestenfalls ein oberflächliches Vorhersagemaß. Die Erklärung müßte sich auf die Frage beziehen, warum denn die Personen der unteren Schichten sich weniger häufig und weniger intensiv beteiligen. Das Erkenntnisinteresse hinter dieser Frage ist das nach subjektiven (Personebene) und objektiven (Systemebene) Bedingungen der Verhinderung partizipativen Verhaltens bei Personen der unteren sozialen Schichten (und anderer Personenkreise), da zu erwarten ist, daß die Verhinderung von Partizipation auch eine Verhinderung von Interessenberücksichtigung bedeutet. Wegen der Korrespondenz von subjektiver und objektiver Ebene, d.h. der Verankerung von subjektiven in objektiven Bedingungen und der Auswirkung subjektiver Handlung auf objektive Verhältnisse, geht unser Erklärungsansatz von der Notwendigkeit der Analyse beider Bedingungsebenen aus.

Dazu soll zum einen geklärt werden, wie beim einzelnen Bürger Partizipationsbereitschaft entsteht und unter welchen Bedingungen er sie realisiert. Hierbei ist die subjektive Seite von Partizipationsprozessen angesprochen. Zum anderen sollen die Bedingungen des Entstehungsverlaufs in der Demokratie auf kommunaler Ebene sowie deren planerische Umsetzung und Realisierung durch die Administration untersucht werden. Dies zielt auf die Erklärung gesellschaftlich-struktureller und institutioneller Bedingungen für Partizipation.

Forschungsansatz

Entsprechend dieser Unterscheidung in zwei Gegenstandsbereiche wurde für die Forschungsarbeit eine Arbeitsteilung in zwei Gruppen vorgenommen, deren jeweilige Aufgabe einerseits die Untersuchung der "sozialpsychologischen/soziologischen" Fragestellung, andererseits der eher "politikwissenschaftlichen" Fragestellung war. Gleichzeitig ist die Arbeitsteilung Ausdruck für den interdisziplinären und mehrere Theorieansätze umfassenden Charakter, den die Forschungsarbeit hatte. Der soziologische und sozialpsychologische Bereich ist mit den Methoden der empirischen Sozialforschung bearbeitet worden, während die politikwissenschaftliche Fragestellung in der Bearbeitung nicht einer formal so klar umrissenen Methode unterliegt; sie wurde in dem Bemühen, die G e n e s e bestimmter politischer Entscheidungen zu v e r s t e h e n, bearbeitet. Diese Anlehnung an die in der jeweiligen Disziplin vorherrschende Wissenschaftsauffassung ergab sich aus der Anwendung der in den jeweiligen Bereichen vorliegenden Forschungsansätze und Ergebnisse und der "wissenschaftlichen Sozialisation" der Mitarbeiter, die durch die in ihrer Disziplin dominierende Methodik gekennzeichnet war. Der unter diesem Aspekt zunächst fraglich erscheinende Zusammenhang der Untersuchung sollte auf der Grundlage eines gemeinsamen Erkenntnisinteresses, gemeinsamer Fragestellungen und fortlaufender Diskussion und Reflexion der jeweiligen Ansätze gewährleistet werden.
Dennoch drücken sich die verschiedenen Vorgehensweisen im vorliegenden Resultat aus. Die Aufteilung in Theorie (Basis der Hypothesenbildung), Ergebnisdarstellung und Analyse der Ergebnisse hinsichtlich der in den Hypothesen postulierten Beziehungen zeigen für Teil I und III die Dominanz des empirisch-analytischen Vorgehens im Sinne der Sozialforschung, während Teil II das in der Politikwissenschaft gängigere qualitativ-beschreibende Verfahren repräsentiert. Daher scheint es uns notwendig, in der Einleitung kurz die verschiedenen theoretisch-methodischen Ansätze darzustellen. Zudem soll kurz die Kritik referiert werden, die innerhalt unserer Forschungsgruppe gegenseitig geführt wurde, die gleichzeitig Aspekte der wissenschaftstheoretischen Auseinandersetzung zu erkennen gibt.
Die Vorgehensweise im "sozialpsychologischen/soziologischen" Untersuchungsteil begründet sich wissenschaftstheoretisch in der Position des Kritischen Rationalismus[1] - systematisch formuliert in Karl R. P o p p e r s Logik der Forschung (1971) , der die Vorgehensweise innerhalb der Naturwissenschaften auch innerhalb der Sozialwissenschaften praktizieren will. Gegenüber den herkömmlichen Methoden der historischen bzw. Gesellschaftswissenschaften wird von dieser Seite eingewandt, daß sie normativ und spekulativ seien, während die Vorgehensweise der Naturwissenschaften die empirische Überprüfung von Theorien gewährleiste, sie in diesem Sinne objektiv, d.h. intersubjektiv nachprüfbar seien.

Innerhalb der vorliegenden Untersuchung findet sich dieses Vorgehen folgendermaßen wieder: Ausgangspunkt der sozialpsychologischen/soziologischen Untersuchungen ist ein Schritt der "Theoriebildung" - der Entwurf eines Prozeßmodells der Partizipation, das ausgehend von einer Konfliktsituation die verschiedenen subjektiven Prozesse bei möglichen Partizipanten und die Entscheidungsstufen in einer abstrakten Überlagerung fixiert, ohne daß Kenntnis des später untersuchten Falles dazu benötigt wäre. Es fixiert somit die Bedingungen von Partizipation unabhängig davon, in welchem privaten oder gesellschaftlichen Bereich oder in welcher historischen Phase sie realisiert wird.

In einem zweiten Schritt werden zu subjektiven Dispositionen, die innerhalb
des Modells als Voraussetzung von Partizipationsbereitschaft genannt waren, sowie zu sozio-strukturellen Bedingungen dieser Dispositionen theoretische Erklärungen gegeben, die bestimmte Richtungen der aktuellen wissenschaftlichen Diskussion wiedergeben. Diese Theorieansätze zur Sozialisation, Kommunikation und
zu Einstellungen und Verhaltenserwartungen bilden ein Hypothesenreservoir, das
vermittels der Untersuchung am Fall ü b e r p r ü f t werden soll. Dazu ist
der Schritt der Operationalisierung erfordert, der die Umsetzung der in den Hypothesen enthaltenen Bestimmungen in am empirischen Einzelfall meßbare Größen
leisten soll. Dabei ist dann auch der Bezug auf die bestimmten Fallbedingungen
herzustellen, die durch Explorationen (=Entdeckung; i.e. Voruntersuchungen) gewonnen worden sind. Die aus den Hypothesen abgeleiteten Sätze sind in unserer
Untersuchung zum Zweck einer Befragung in einen Fragebogen überführt worden.
Die Ergebnisse der Befragung - im Teil III referiert - dienen dann zur Überprüfung der Hypothesen, indem die in den Hypothesen enthaltenen Inhalte zueinander ihre Tragfähigkeit erweisen sollen.
Durch das Abweichen der Resultate der Befragung von den Hypothesen soll sich
in deren Überprüfung zeigen, inwieweit sie zu m o d i f i z i e r e n sind,
inwieweit daher auch die theoretische Grundlage anders formuliert werden muß.
Daran anschließen soll ein erneuter Prozeß von Überprüfung und Modifikation
der Theorie, ein Weg, der die A n n ä h e r u n g a n W a h r h e i t
gewährleisten soll.
Das im "politikwissenschaftlichen" Untersuchungsteil praktizierte Vorgehen unterscheidet sich schon im Ausgangspunkt vom Forschungsprozeß, wie er oben dargestellt ist. Die Theoriebildung ist hier das Resultat der Forschung, nicht deren Voraussetzung. Zwar wird auch hier die Realität nicht voraussetzungslos aufgenommen.
Die vorgängige Entwicklung eines theoretischen Bezugsrahmens führt hier jedoch
nicht zu einem geschlossenen System definierter Begriffe und operationalisierter
Hypothesen. Sie dient vielmehr der Ordnung des theoretischen Vorwissens in
Bezug auf den zu untersuchenden Gegenstand und einer v o r l ä u f i g e n
begrifflichen Strukturierung, die in der Auseinandersetzung mit der empirischen
Wirklichkeit inhaltlich konkretisiert und entwickelt wird.
Im zeitlichen Ablauf des Forschungsprozesses folgte der Phase der vorläufigen
theoretischen Strukturierung zunächst eine Beschreibung der hinsichtlich unserer
Fragestellung relevanten Phänomene des Untersuchungsfalles. Diese - zunächst
fallimmanent aufgebaute Deskription - wurde dann (vor allem in Diskussionen
der Fall-Bearbeiter) dem vorliegenden theoretischen Bezugsrahmen konfrontiert.
Fallergebnisse und Vorüberlegungen wurden nun zu einer Analyse zusammengeführt, in der an den Resultaten der Entscheidungsprozesse aufgewiesen werden soll,
welche Einflüsse sich in diesem Fall aus welchen besonderen Gründen durchgesetzt haben. Aus einer Einordnung der verschiedenen Einflußfaktoren (Rat, Verwaltung, Bürger, etc.) in das existierende politische System wird zu erklären versucht,
warum die bestimmten Prozesse so abgelaufen sind. Auf dem Wege der Einzelfall-
studie sollen also nicht nur die besonderen Entscheidungsbedingungen und Strukturen erhellt werden. Es soll gleichzeitig der Versuch gemacht werden, allgemeine
- über den Einzelfall hinausgehende - Bestimmungen herauszuarbeiten, die die
existierenden Theorien entweder kritisieren oder stützen.

Diese innerhalb der Forschung getrennt zu lokalisierenden Abschnitte sind in der Darstellung für den Leser organisch zusammengeführt, um die Zusammenhänge jeweils transparent zu machen.

Der entscheidende Punkt bezüglich der Unterschiede des methodischen Vorgehens liegt also im Weg der Theoriebildung. Ist im Kritischen Rationalismus die Bildung der Theorie ein psychologischer Prozeß, der für den "Wert" der Theorie nicht entscheidend ist (2), so liegt in der klassisch "geisteswissenschaftlichen" Vorgehensweise gerade der Schwerpunkt in der Theoriebildung.

Trotz der angedeuteten Gegensätzlichkeiten haben beide Ansätze eine Gemeinsamkeit, die in ihrem Zweck liegt: beiden geht es darum, vorfindliche Phänomene theoretisch zu erklären. Die in der Empirie auseinanderfallenden einzelnen Erscheinungen sollen in einen theoretischen Zusammenhang gebracht werden. "Die Theorien sind das Netz, das wir auswerfen, um die Welt einzufangen - sie zu rationalisieren, zu erklären und zu beherrschen" (P o p p e r 1971, 31). Die gleiche Aufgabenstellung der Wissenschaft wird in der hier angesprochenen prinzipiellen Funktion auch für die geisteswissenschaftliche Position formuliert, wenngleich die Begrifflichkeit und die nachfolgenden Methoden grundlegend verschieden sind; Wissenschaft fragt "nach den konstituierenden Zwecken, dem inneren Sinn und den institutionellen Formen menschlichen Zusammenlebens" (M a i e r, 1973, 26a). Erst die Voraussetzung des gleichen Zweckes kann einen sinnvollen Vergleich, gegenseitige Kritik der Vorgehensweise ermöglichen. Im gleichen Zweck liegt der Maßstab, an dem beide Theorien sich messen lassen, an dessen Realisierung sie sich auch als richtig oder "fruchtbar" (P o p p e r) bzw. falsch erweisen müssen.

Die Einwände, die vom Kritischen R ationalismus gegen Ansätze der oben skizzierten Art in der Politikwissenschaft vorgebracht werden, zentrieren darin, daß sie entweder dem Denken des Alltagsbewußtseins verhaftet bleiben, also nicht erkennen, sondern Vorurteile zusammenfassen; oder aber ihren Abstraktionen und Versuchen, Zusammenhänge in einen Erklärungszusammenhang zu bringen, wird vorgeworfen, spekulativ zu sein, im letzten in Metaphysik zu verharren. Begründet wird diese Kritik dadurch, daß es sich bei dieser Art von Theorien um dogmatische Systeme handele, die sich nicht einer K r i t i k d u r c h d i e E r f a h r u n g, Beobachtung aussetzen. Damit sei die Möglichkeit der Kontrolle und Korrektur der Theorie nicht gegeben. Überspitzt formuliert wird also wegen der Unterlassung einer Überprüfung der so gewonnenen Theorie ein dogmatischer Charakter unterstellt.

Demgegenüber wird den an einem naturwissenschaftlichen Erkenntnismodell orientierten Positionen entgegengehalten, daß ihnen ein Zirkelschluß zugrunde liege. Da in der Theorie der Zusammenhang der Erfahrung dargelegt werden soll, der Zusammenhang aber gerade den inneren Sinn der einzelnen Erscheinungen offenlegt, den diese Erscheinungen nicht unmittelbar selbst zu erkennen geben - sonst bedürfe es keiner wissenschaftlichen Untersuchung - bedeute der Rückgang auf die Erfahrung einen Rückgang auf den Ausgangspunkt der Erkenntnis. Erfahrung habe man ja in der Erklärung gerade in ihren Zusammenhang gestellt, den man so wieder auflöse.

So wird denn auch dem Verfahren empirischer Überprüfung dieser Rückgang auf die Erfahrung vorgeworfen. "Erst macht man Abstraktionen von den sinnlichen Dingen, und dann will man sie s i n n l i c h e r k e n n e n, die Zeit sehen und den Raum riechen" (E n g e l s, 1962, 502; Hervorhebungen von uns).

Die hier angedeutete Problematisierung der unterschiedlichen methodischen Vorgehensweisen kann an dieser Stelle nicht weiter vertieft werden. Sie schien uns jedoch trotz aller Verkürzung in dieser Einleitung notwendig, um auf Probleme der Integration innerhalb der Forschung - hier innerhalb unseres Projekts - hinzuweisen, die durch die Anwendung von bzw. Orientierung an verschiedenen Verfahrensweisen entstehen. So ist der Teil I der Arbeit, in dem neue theoretische Ansätze zur Sozialisations-, Kommunikations- und Einstellungsforschung referiert werden, primär als Hypothesenreservoir für die empirische Untersuchung anzusehen, die im Rahmen unserer Forschungsarbeit durchgeführt wurde. Deren Ergebnisse, die zur Überprüfung der theoretischen Ansätze dienen sollen, sind im Teil III zusammenfassend berichtet. Der Teil II, der eine Deskription der Fallsituation sowie der Analyse struktureller Rahmenbedingungen kommunalpolitischer Entscheidungsprozesse in Hinblick auf den Einfluß der verschiedenen Akteure leistet, stellt einerseits ein abgeschlossenes Resultat dar, dient aber gleichzeitig zum besseren Verständnis und zur fallspezifischen Einordnung der im Teil III referierten Ergebnisse.

Fallauswahl

Unser im ersten Kapitel zu explizierender Erklärungsansatz der politischen Partizipation geht von offenen Entscheidungssituationen aus, in denen die Partizipation als instrumentelle Handlung (-skette) der Erreichung von Nutzen und/oder der Vermeidung von Schaden für bestimmte Personen bzw. Personengruppen dient. Zur Untersuchung dieser Partizipation kann prinzipiell jeder gesellschaftliche Bereich dienen, in dem solche offenen Entscheidungs- und Konfliktsituationen vorliegen. Die Entscheidung über einen konkreten Politikbereich orientierte sich an dem Wunsch, möglichst einen solchen zu wählen, der eine Transparenz der Thematik und des Entscheidungsablaufs auf seiten der Bürger erwarten läßt. Dies kann u.E. für die kommunalpolitische Ebene gelten. Weiterhin sollte der Untersuchungsbereich einen konkreten Entscheidungsprozeß beinhalten, von dem möglichst viele und klar abgrenzbare Bürgergruppen in einem noch näher zu bestimmenden Sinne betroffen sind. Im Rahmen von Stadtsanierungsmaßnahmen sind diese Bedingungen gegeben. Außerdem wird durch das die Sanierungen steuernde Städtebauförderungsgesetz ausdrücklich die Einbeziehung der Betroffenen in den Willensbildungs- und Entscheidungsprozeß kodifiziert und damit eine formal abgesteckte Grundlage der Partizipation geschaffen.
Für die Untersuchung kamen prinzipiell alle Sanierungen infrage, die ein genügend fortgeschrittenes Planungs- bzw. Realisierungsstadium erreicht hatten. Es war jedoch für die Auswahl eines Untersuchungsgebietes für nur eine Fallstudie sinnvoll, eine nicht völlig atypische Sanierung zu nehmen, auch wenn Repräsentativität der Ergebnisse nicht angenommen werden kann. Weiterhin war ein gewisses Maß an tatsächlicher Partizipation notwendig, wenn man nicht bei der Erklärung von Nicht-Partizipation stehen bleiben wollte. Hinzu kommt eine einigermaßen klare Abgrenzbarkeit der betroffenen Bürgergruppen. Nach diesen Bedingungen wurde aus einer Anzahl von Sanierungsfällen in erreichbarer Nähe die Stadt Andernach ausgewählt (zur Wahl standen noch Bonn-Poppelsdorf, Neuwied/Rhein und Hochdahl bei Düsseldorf).
Bei A n d e r n a c h (30.000 Einwohner) handelt es sich um eine Innenstadtsanierung, die die Betroffenheit aller Einwohner voraussetzen läßt, da zentrale Funktionen der Innenstadt angesprochen werden. Die räumliche Dichte und das

Fehlen von Nebenzentren dieser im Kern mittelalterlichen Stadt erhöht zudem die Geschlossenheit dieses Gebietes. Die Sanierungsplanung, die 1971 begann, ist als Stadtentwicklungsplanung für den gesamten Altstadtbereich konzipiert, die langfristig nach Maßgabe der finanziellen Möglichkeiten in Mischform von fest- gelegten Sanierungsgebieten und Bebauungsplangebieten durchgeführt werden soll- te. Bei Beginn unserer Untersuchung waren vorbereitende Untersuchungen für den gesamten Altstadtbereich, die Festlegung eines ersten Sanierungsgebietes sowie einzelne Maßnahmen außerhalb dieses Gebietes bereits erfolgt. Daher konnte da- von ausgegangen werden, daß die Bürger zu diesem Zeitpunkt sowohl sichtbare Maßnahmen als auch mittel- und langfristige Planungen wahrgenommen hatten und differenzierte Betroffenheitsgrade bestimmt werden konnten. Dies umsomehr, als die Informationspolitik der Stadt eine hinreichende Informiertheit der Bürger er- warten ließ. Obgleich nicht unabdingbar notwendig für die Untersuchung, dürfte die Offenheit und Bereitschaft der Verwaltung zu Zusammenarbeit die Unter- suchung positiv beeinflussen. Diese Gründe zusammengenommen gaben bei der Entscheidung für Andernach den Ausschlag.

Aufbau der Arbeit

Die vorliegende Arbeit enthält drei Hauptteile. Im e r s t e n   K a p i t e l wird der theoretische Ansatz kurz skizziert, um einen schnellen Überblick zu ge- ben; anschließend werden die einzelnen Bestandteile des Ansatzes systematisch expliziert.
Im z w e i t e n   K a p i t e l wird der ausgewählte Fall in seiner sozialen, ökonomischen und politischen Struktur beschrieben und auf dem Hintergrund des letzten Teils des theoretischen Ansatzes eine Analyse der Entscheidungsprozesse im Hinblick auf ihre externen und internen Determinanten geleistet. In diesem Teil werden also nicht nur Deskriptionen, sondern auch bereits Analysen geliefert.

Im d r i t t e n   K a p i t e l werden die Ergebnisse zu den Entstehungs- und Re- alisierungsdeterminanten der Partizipation aufgrund einer Betroffenenbefragung und z.T. unter Rückgriff auf die Falldarstellung berichtet und diskutiert.
Die Ergebnisse der Untersuchung werden in einem zusammenfassenden S c h l u ß- k a p i t e l vor allem im Hinblick auf vorhandene Restriktionen und Potentiale politischer Partizipation diskutiert.
Der A n h a n g enthält zunächst ein Glossar für die häufigsten technischen Be- griffe und Symbole aus dem Bereich der empirischen Sozialforschung, außerdem Ta- bellen und Graphiken zu den Ergebnisteilen sowie Fragebogen und Operationali- sierungen der zentralen Variablen.
Ein S a c h r e g i s t e r ermöglicht eine schnelle Orientierung des Lesers bei der Suche nach einzelnen Themen.

1. PROZESSMODELL DER PARTIZIPATION - ÜBERBLICK

Zur Erklärung des Zustandekommens und der Auswirkungen der Partizipation auf
das Politikergebnis haben wir ein Prozeßmodell entworfen, daß im Ablauf der
Partizipation die einzelnen Determinanten objektiv-struktureller und subjektiver
Art lokalisiert.
Ausgangspunkt ist eine Situation, die als Entscheidungs- bzw. Konfliktsituation
bezeichnet wird, d.h. als eine Situation, in der zwei oder mehrere miteinander
konkurrierende Entscheidungsalternativen bestehen. Situation wird hier nicht als
eine punktuelle Raum-Zeit-Stelle verstanden, sondern als der Raum-Zeit-Ab-
schnitt, in den die Auseinandersetzung mit den Entscheidungsalternativen fällt.
Der erste Schritt der Untersuchung besteht in der Identifizierung der Problem-
situation und des beteiligten und/oder betroffenen Personenkreises. Die heu-
ristische Aufgabe dieses Schrittes liegt darin, die Wahrnehmung der Situation der
Entscheidung, d.h. ihrer Problemstruktur und der Betroffenheit durch die Entscheidung zu untersuchen und die Faktoren zu finden, die die Wahrnehmung bestimmen. Die Faktoren werden einerseits auf der subjektiven Ebene zu suchen sein,
etwa im Ausmaß der Interessiertheit an und des Wissensstandes über den zuvor
identifizierten Problembereich der Entscheidung, im Informationsverhalten etc.,
und andererseits auf der objektiv situationalen Ebene, etwa in der objektiven Betroffenheit, im Informationszugang, im Kommunikationssystem etc. Die Grundhypo-
these, die hinter diesem Schritt steht, ist die, daß nur derjenige, der die Situation
als Entscheidungssituation und sich selbst als Betroffenen wahrnimmt, eine Partizipationsbereitschaft entwickeln kann; dies ist im Sinne einer notwendigen, noch
nicht einer hinreichenden Bedingung für die Partizipationsbereitschaft zu verstehen.

Außerdem erfolgt hier die Analyse der unterschiedlichen Formen und Grade des
partizipativen Verhaltens und der Wahrnehmung dieser Partizipationsmöglichkeiten.
Die Partizipation wird aufgegliedert in eine Reihe von Partizipationsformen qualitativ unterschiedlicher Art; diese Bestimmung hat im Hinblick auf eine gegebene Entscheidungssituation und im Hinblick auf den gegebenen Personenkreis zu erfolgen.
Für die Wahrnehmung der einzelnen Partizipationsmöglichkeiten gelten im wesentlichen wieder die Determinanten der subjektiven und objektiven Ebene.
Zur Erklärung der Partizipationsbereitschaft genügt die Wahrnehmung der Partizipationsmöglichkeiten der jeweiligen Form jedoch noch nicht; nicht jeder, der die
Partizipationsmöglichkeit x wahrnimmt, realisiert x auch. Die Wahrnehmung der
Partizipationsmöglichkeit ist also wieder eine notwendige, keine hinreichende Bedingung für die Partizipationsbereitschaft.
Bis zu diesem Punkt des Modells wurden Möglichkeitsbedingungen für die Entwicklung von Bereitschaften bzw. für die Realisierung von Verhalten untersucht; wenn
diese Möglichkeitsbedingungen nicht gegeben sind, kann sich überhaupt keine Bereitschaft bzw. kein Verhalten entwickeln. Diese Möglichkeitsbedingungen sind die
Wahrnehmung der Situation einschließlich der Betroffenheit und die Wahrnehmung
der einzelnen Partizipationsformen. Für diese Möglichkeitsbedingungen werden eine

Reihe von Determinanten untersucht.

Im zweiten Schritt sollen die zentralen Determinanten der Partizipationsbereitschaft zu den einzelnen Partizipationsformen untersucht werden. Auf subjektiver Ebene sind dies Einstellungen und soziale Verhaltenserwartungen. Auf objektiver Ebene Partizipationsanreize (Gratifikationen), Zeitbudget, u.a.

Der Schritt von der Partizipationsbereitschaft zum tatsächlichen Partizipationsverhalten richtet sich nach dem Grad der Ähnlichkeit der Charakterisierung der Situation, die der Erfassung der Partizipationsbereitschaft zugrunde gelegen hat und die für die Situation des potentiellen Partizipationsverhaltens gilt. Je höher dieser Grad der Ähnlichkeit, desto höher die Übereinstimmung zwischen Partizipationsbereitschaft und Partizipationsverhalten.

Unser Ansatz geht davon aus, daß alle die genannten Merkmale, also sowohl die Wahrnehmung von Konflikt und Beteiligungsmöglichkeit als auch die Einstellungen und Verhaltenserwartungen, einem sozialen Lernprozeß unterliegen und sich damit nach einer Reihe von sozialen Merkmalen unterscheiden. Die Grundlage für diese Annahme wird in einem eigenen Kapitel zur Theorie der politischen Sozialisation entwickelt.

Der letzte Schritt des Modells bezieht sich auf die Auswirkungen des Partizipationsverhaltens und die dafür relevanten Determinanten. Hier geht es darum, die Auswirkungen der Partizipation auf den Entscheidungsprozeß zu untersuchen; und zwar im Hinblick auf den Verlauf und das Ergebnis des Prozesses.

Dazu ist zu untersuchen, welchen Bedingungen politische Planung und Entscheidung unterliegt. Da uns eine abstrakt formale, von historischen Gegebenheiten abstrahierende Analyse nicht sinnvoll erscheint, setzt diese Untersuchung an dem gesellschaftlichen und institutionellen Kontext an, in dem diese Planung und die darauf sich beziehende Partizipation erfolgt. Im vorliegenden Fall sind das die gesellschaftlich/politischen Bedingungen kommunaler Sanierungsplanung.

Den berichteten Prozeßverlauf haben wir in einer zusammenfassenden Übersicht dargestellt. Bisher wurde bei der Beschreibung so getan - und die graphische Übersicht legt dies ebenfalls nahe -, als seien die objektiv-strukturelle und die subjektive Determinantenebene faktisch voneinander getrennt. Daß dies nur eine analytische Unterscheidung ist, wird in den nachfolgenden Kapiteln ausdrücklich deutlich gemacht. Die Entwicklung dieses Entwurfs erfolgt nun in den nächsten Kapiteln, in denen die wesentlichen Erklärungskonzepte des Prozeßmodells der Partizipation und ihre Zusammenhänge erarbeitet werden.

Abbildung 1: Prozeßmodell der Partizipation

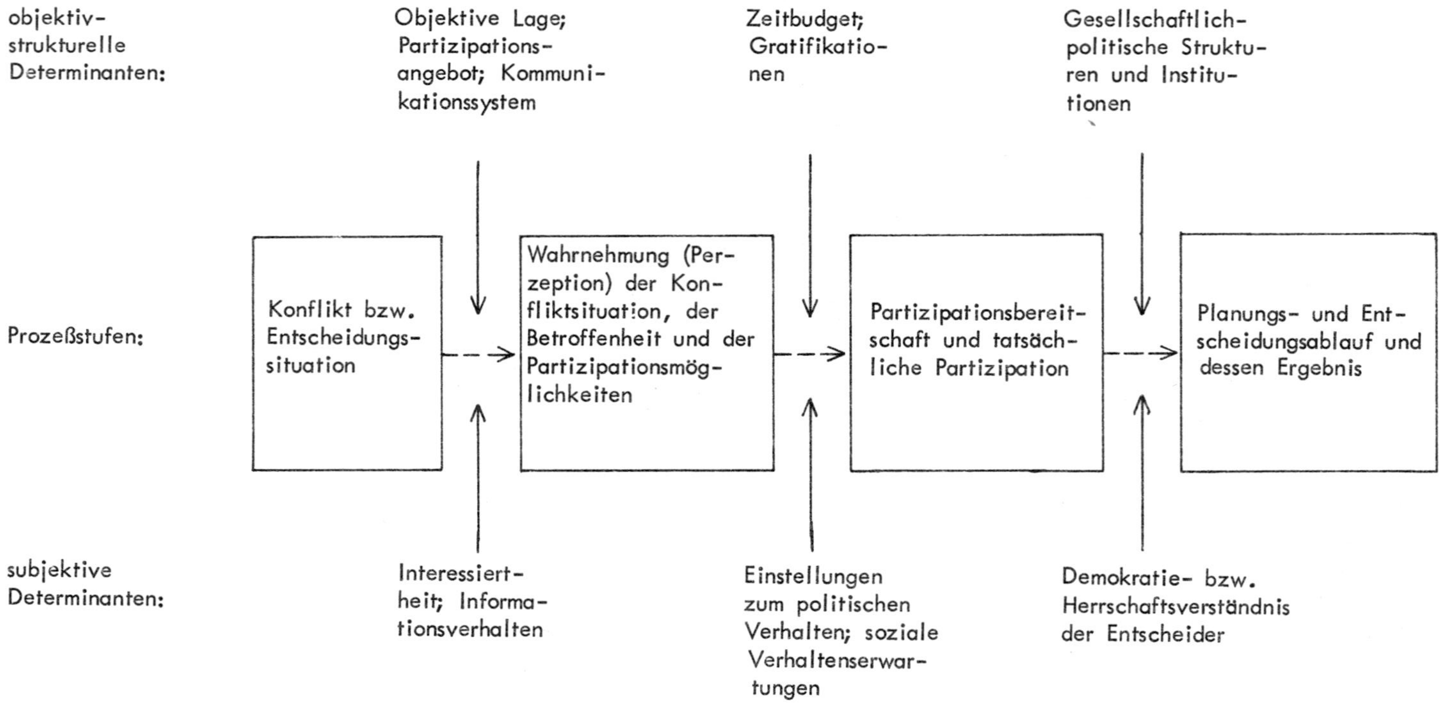

objektiv-strukturelle Determinanten:

Objektive Lage; Partizipationsangebot; Kommunikationssystem

Zeitbudget; Gratifikationen

Gesellschaftlich-politische Strukturen und Institutionen

Prozeßstufen:

Konflikt bzw. Entscheidungssituation

Wahrnehmung (Perzeption) der Konfliktsituation, der Betroffenheit und der Partizipationsmöglichkeiten

Partizipationsbereitschaft und tatsächliche Partizipation

Planungs- und Entscheidungsablauf und dessen Ergebnis

subjektive Determinanten:

Interessiertheit; Informationsverhalten

Einstellungen zum politischen Verhalten; soziale Verhaltenserwartungen

Demokratie- bzw. Herrschaftsverständnis der Entscheider

2. KONFLIKTSITUATION UND BETROFFENHEIT ALS AUSGANGS- UND BEZUGSPUNKT POLITISCHER PARTIZIPATION

Nachdem wir den Begriff des "Politischen" schon wesentlich durch die Austragung von Konflikten als Interessengegensätze zwischen gesellschaftlichen Gruppen bestimmt haben, könnte sich eine weitere Erörterung des Konfliktbegriffes eigentlich erübrigen. Da wir jedoch den Konflikt darüberhinaus als handlungsaktivierenden Ausgangspunkt und finalen Bezugspunkt der politischen Beteiligung ansehen, erscheint eine genauere Bestimmung dieses Begriffes notwendig.

Die wohl allgemeinste Definition des Konflikts ist die eines "Zusammentreffen(s) offener Verhaltensmöglichkeiten in einer Wahl- und Entscheidungssituation, die gemeinsam unvereinbar sind" (Lex. Soz. 1973, 359). Dieser Begriff, der vor allem in der psychologischen Verhaltensforschung Verwendung fand, wird nun im Rahmen unseres Ansatzes inhaltlich auf die sozialen und politischen Situationen bezogen, die Ausgangspunkt politischen Handelns sein können.

Konstitutiv für politisches Handeln ist, daß es Entscheidungshandeln ist. Die Offenheit der Entscheidungsmöglichkeiten ist bei politischen Entscheidungen durch ihren Wert- bzw. Interessenbezug charakterisiert (vgl. E l l w e i n 1 968, 82).

Dementsprechend kann durch politische Handlungen von Personen oder Personengruppen eine Entwicklung eingeleitet werden, in deren Verlauf oder durch deren Ergebnis unterschiedliche Interessen berücksichtigt werden können bzw. andere Interessen berücksichtigt werden, als dies bei Beibehaltung des status quo der Fall gewesen wäre. Für politisches Handeln sind dabei nur solche Interessengegensätze von Bedeutung, die über das Private hinausgehen und allgemeinverbindliche Regelungen erfordern, also Gegenstand politischer Willensbildung und Entscheidung sind.

Die allgemeine Bestimmung politischer Interessengegensätze genügt jedoch als Anknüpfungspunkt für die Erklärung politischer Beteiligung noch nicht. Vielmehr ist zu prüfen, welche sozialen Gruppen und Einzelpersonen in dieser Situation unmittelbar in ihren Interessen betroffen sind und welche diese Betroffenheit auch erkennen.

Der Begriff der Betroffenheit ist in der Literatur zur politischen Beteiligung recht häufig verwendet, aber nur selten problematisiert worden. Nicht nur in der Bundesrepublik, sondern auch in den USA und anderen europäischen Ländern (vgl. dazu: L a u r i t z e n 1972 und B a h r 1972) hat die neuere wissenschaftliche Auseinandersetzung über das Phänomen der politischen Partizipation an Bürgerinitiativen und anderen Aktionsformen vor allem im Zusammenhang mit städtebaulichen Planungsproblemen angesetzt. Bei vielen Autoren wird Betroffenheit in der Regel als materielle oder immaterielle Interessenbeeinträchtigung als Folge von administrativen Maßnahmen und Planungen aufgefaßt (für viele andere, vgl. B o r s d o r f - R u h l 1974, 54), in selteneren Fällen auch als "infrastrukturelle Unterversorgung oder Versorgungsungleichheit" (ebda.) oder als "allgemeiner Notstand, der eine große Zahl von Bürgern bedrückt" (G r o s s m a n n 1971, 31).

Vom Wort her legt der Begriff der Betroffenheit einen ausschließlich negativen Akzent nahe und wird auch in der Literatur in dieser Weise verwendet (vgl. O f f e 1972, 134-137)(3). Wir wollen hingegen sowohl den negativen Aspekt der Betroffenheit als Interessenbeeinträchtigung als auch den positiven Aspekt als Nutznießung unter einem gemeinsamen Begriff fassen. Dies halten wir für angemessener, da wir den Begriff der Betroffenheit funktional als Erklärungsbegriff für den Versuch der Beeinflussung von politischen Entscheidungen (Partizipation) benutzen wollen, der gleichwohl auch an Nutzenerwartungen anknüpft, wenn befürchtet wird, daß diese Erwartungen enttäuscht werden könnten. Mit dieser Bestimmung der Betroffenheit als einer in der jeweiligen Konfliktsituation angelegten Chance zur Verbesserung oder Gefahr einer Verschlechterung der Interessenberücksichtigung wird das Konzept der Betroffenheit nicht allein zum auslösenden Moment einer politischen Beteiligungshandlung, sondern darüberhinaus zum bestimmenden Faktor für die Zielrichtung dieser Handlung.

Die bisher beschriebene Funktion des Betroffenheitsbegriffes wollen wir die a n a l y t i s c h e nennen; sie soll das Zustandekommen von konkreter Beteiligung verständlich machen: wenn jemand von politischen (Planungs)Maßnahmen betroffen ist, wird er sich mit höherer Wahrscheinlichkeit in die Auseinandersetzung um diese Planungen einzuschalten bereit sein, als wenn ihn diese Maßnahmen (vermeintlich) (4) nichts angehen. (5)

Die Betroffenheit läßt sich aber auch noch unter einer anderen Funktion fassen. Konkrete - allerdings nicht nur materiell verstandene - Betroffenheit begründet eine besondere Berechtigung, in den entsprechenden politischen Willensbildungs- und Entscheidungsprozeß einbezogen zu werden. Dies wollen wir die l e g i t i - m a t o r i s c h e Funktion der Betroffenheit nennen. Die entscheidende Schwierig - keit liegt hierbei in der Aufgabe, den Kreis der Betroffenen einzugrenzen. Dies hat sich zu orientieren an den Inhalten der Maßnahmen und ihren Folgewirkungen. Dazu lassen sich allerdings bisher keine allgemein verbindlichen Abgrenzungskriterien finden. Daß von politisch-administrativer Seite durch restriktive Abgrenzung dieses Kreises in bestimmten Fällen das Protestpotential gegenüber umstrittenen Maßnahmen kleinzuhalten versucht wird, braucht daher nicht zu verwundern. Dadurch erhält der Begriff auch noch einen m a n i p u l a t i v e n Charakter. Die Auseinandersetzungen um die Errichtung von Kernkraftwerken liefern hierfür anschauliche Beispiele. Es genügt hier eben nicht, die unmittelbaren Anwohner zu berücksichtigen, man muß zumindest diejenigen mit einbeziehen, die von der Ver- und Entsorgung und in diesem Fall wohl auch diejenigen, die von Fragen der Energiesicherung und des Umweltschutzes betroffen sind - und wer ist dies in unserer Gesellschaft wohl nicht! Dieses Beispiel zeigt einerseits die inflationären Ausuferungsgefahren dieses Begriffes bei dem Versuch der Identifizierung der Entscheidungslegitimierten über die gewöhnlichen Repräsentationsgremien hinaus. Dieses Beispiel zeigt aber auch, daß eine Orientierung an der eigentlichen Maßnahme allein nicht ausreicht, um die Entscheidungsbeteiligten zu identifizieren, sondern daß man die Folgewirkungen dieser Maßnahmen mit berücksichtigen muß.

Wir wollen den Begriff der Betroffenheit jedoch nicht in dieser legitimatorischen Funktion benutzen, obwohl wir diese durchaus in anderem Kontext für relevant halten. Wir greifen vielmehr die erstgenannte analytische Funktion auf, für die sich die Notwendigkeit einer eindeutigen Abgrenzung in dieser Weise nicht stellt. Im konkreten Fall unserer Untersuchung haben wir eine graduelle Bestimmung der Betroffenheit über die Inhalte und Folgewirkungen der Sanierungsmaßnahmen versucht. Dies geschah in Orientierung an diesen Maßnahmen für verschiedene Inhaltsbereiche (Berufsbereich, Wohnbereich usw.), und zwar auf objektive (ausgehend von der konkreten Lage der Person hinsichtlich der Sanierungsmaßnahmen) und auf subjektive Weise (ausgehend von der subjektiven Selbsteinschätzung der eigenen Betroffenheit von den Maßnahmen).

3. POLITISCHE SOZIALISATION ALS GRUNDLAGE UNTERSCHIEDLICHEN POLITISCHEN VERHALTENS

Wissenschaftliche Untersuchungen, aber auch Alltagserfahrungen zeigen, daß Menschen sich in ihrem politischen Verhalten unterscheiden. Wir wollen hier die theoretischen Grundlagen für eine Erklärung individueller Unterschiede bezüglich politischer Einstellungen, Verhaltenserwartungen, Beteiligungsbereitschaften und tatsächlicher Beteiligung darstellen. Verhalten, so wird angenommen (H e r m a n n 1972), läßt sich in Abhängigkeit sowohl von aktuellen Bedingungen der materiellen und sozialen Umwelt (z.B. sozio-strukturelle Faktoren) wie auch des momentanen Zustandes einer Person (z.B. Motivationen) als auch von überdauernden individuellen Bedingungen wie genetische Ausstattung (z.B. Aktivitätsniveau), Entwicklungsstand und vor allem Auswirkungen vergangener Konfrontation mit der materiellen und sozialen Umwelt erklären. Wir wollen uns nun in diesem Beitrag der letzten Gruppe von überdauernden Bedingungsfaktoren zuwenden, jenen Determinanten, die als das Ergebnis sozialer Lernprozesse, als erworbene Dispositionen i.S. C a m p b e l l s (1963), unter dem Titel "Sozialisation" abgehandelt werden. Dispositionen sind aus dem tatsächlichen Verhalten erschlossene, über die Zeit (Kriterium der Stabilität), über einzelne Objekte und Situationen (Kriterium der Konsistenz) und über verschiedene Personen (Generalitätsprinzip) individuumsspezifische Formen der Auseinandersetzung mit der Umwelt. Je nach theoretischem Ausgangspunkt werden sie auch als kognitive- und Handlungsstrukturen, als Regeln, Hypothesen, Stile, Schemata [6] bezeichnet. Es handelt sich dabei um im individuellen Lernprozeß erworbene Verhaltensmuster, die der Informationsaufnahme, der Informationsverarbeitung und dem Handeln dienen (F r ö h l i c h 1972).
Lassen sich für eine Anzahl von Individuen ähnliche Umwelten aufzeigen, dann kann mit einer gewissen Wahrscheinlichkeit erwartet werden, daß jene in gewissem Maße auch aus ähnlichen Verhaltensmustern auch den Schluß auf ähnliche Erfahrungswelten ziehen.
Die Existenz solcher individueller und gruppenspezifischer Orientierungs- und Handlungsschemata läßt sich also aus der jeweiligen Auseinandersetzung des Individiums mit seiner Umwelt verstehen und wird daher von uns als soziales Lernen bzw. als Sozialisation aufgefaßt. Im nachfolgenden soll nun der Sozialisationsprozeß unter dem hier besonders interessierenden Aspekt der "politischen Sozialisation" im Hinblick auf die im Anschluß zu erörternden Probleme der differentiellen, vor allem schichtspezifischen Aspekte der politischen Sozialisation in Familie, Schule und Beruf behandelt werden.

3.1 Zum Begriff der politischen Sozialisation

Bezüglich der Sozialisationsvorgänge lassen sich weder eine einheitliche Theorie noch eine allgemein akzeptierte Definition und folglich auch keine übereinstimmenden methodologischen Vorschriften aufzeigen. So schreibt F r ö h l i c h : "Sozialisation ist der Titel für einen unter zahlreichen Aspekten betrachteten Prozeß von hoher Komplexität. Bei seiner Besprechung werden meist Teilprozesse herausgelöst und unter Zuhilfenahme bereits bewährter Modelle oder Theorien interpretiert" (F r ö h l i c h 1972, 661).
Implizit enthalten die meisten Beschreibungsversuche einmal die Annahme, daß es sich um einen Interaktionsprozeß zwischen Individuum und seiner materiellen und sozialen Umwelt, die gesellschaftlich-historisch bestimmbar ist, handelt, in dem das Individuum sich mit all jenen kultur- und subkulturspezifischen Verhaltensmustern, Normen und Wertorientierungen aktiv auseinandersetzt und diese Regelsysteme je

nach seiner individuellen Erfahrung und seinen dem Entwicklungsstand entsprechenden intellektuellen Fähigkeiten allmählich erwirbt, die es ihm einmal ermöglichen,
gesellschaftliche Rollen zu übernehmen und zum anderen dabei seine Identität
zu finden. Dieser Vorgang des sich-zu-eigen machens von Verhaltensstandards
wird als "Internalisation" bezeichnet. Um diesen Vorgang näher zu bezeichnen,
werden unterschiedliche Konzeptionen "sozialen Lernens" wie "Lernen aufgrund
von Fremd- und Eigenverstärkung" oder wie auch komplexe, den kognitiven Aspekt
betonende Formen der "Imitation" und "Identifikation" als Lernen durch Beobachten
zur Erklärung herangezogen. Man kann davon ausgehen, daß die verschiedenen
Umschreibungsversuche nicht sich wechselseitig ausschließende Erklärungsansätze
darstellen, sondern mehr oder weniger umfassende Teilaspekte des Sozialisationsprozesses betonen. Das Ausmaß und vor allem auch die Art der Internalisation
von gesellschaftlichen Normen und Werten, wie wir es aus solchen unterschiedlichen Verhaltensorientierungen wie "rigide-konventionalistisch","flexibel-indivi-
dualistisch" und "situativ-opportunistisch" erkennen, wird in Abhängigkeit von den
jeweiligen erwarteten Sanktionsformen seitens der sozialen Umwelt und von den mit
diesen Sanktionstechniken in enger Beziehung stehenden Typen der Identifikation
gesehen (S w a n s o n 1961, H o f f m a n 1970). Die Identifikation als eine
wichtige Voraussetzung der Internalisierung kann als ein Vorgang bezeichnet werden, in dem ein Individuum mehr oder weniger bewußt aufgrund einer gefühlsmäs-
sigen Bindung zu einer anderen Person seine eigenen Verhaltensweisen an denen
der Bezugsperson ausrichtet. Die durch diese sozialen Vermittlungsprozesse erarbei-
teten individuellen Verhaltensschemata werden in einer während der Entwicklung
zunehmenden Ausweitung des sozialen Beziehungsfeldes in den unterschiedlichen
Handlungsfeldern überprüft und modifiziert. Insofern kann man von einem lebens-
langen Sozialisationsprozeß sprechen.
Im Hinblick auf die unten folgende Erörterung des Begriffs "politische Sozialisation"
soll hier kurz darauf eingegangen werden, daß in der sozial-psychologischen Theorie
der Sozialisationsprozeß im wesentlichen unter zwei Aspekten erörtert wird, wie
es auch oben schon anklang. So kann einmal der Sozialisationsprozeß "unter dem
Gesichtspunkt seiner Funktionalität für die Sicherung der Stabilität sozialer Systeme"
(C a e s a r 1972), wie ihn T. P a r s o n s (P a r s o n s 1951) sieht, diskutiert
werden oder unter der Fragestellung, inwieweit ein Individuum im Verlauf einer
Anpassung an Rollenerwartungen gleichzeitig befähigt wird, sich diesen gegenüber
distanziert zu verhalten und damit potentiell autonom auf die sozialen Bedingungen
als Voraussetzung dieser Entwicklung zurück zu wirken.
Betrachtet der erste Ansatz (P a r s o n s 1951) Sozialisation als Anpassungsprozeß
des Individuums an eine bestehende Gesellschaft, der dann als gelungen erscheint,
wenn das Individuum gesellschaftliche Normen und Werte internalisiert hat und sich
systemkonform verhält, so wird im zweiten Ansatz Sozialisation vor allem als "Indi-
viduierungsprozeß, als Vorgang der Entwicklung von personaler Identität, von
Rollendistanz und Ich-Autonomie bezeichnet (H a r t m a n n 1974). In einer Reihe
anderer Sozialisationstheorien rücken die normativen Gesichtspunkte eher in den
Hintergrund (W i t k i n 1967) und die Umschreibungen von Sozialisation beschränken sich auf Aspekte wie sozial mitbedingte "Differenzierung und fortschreitende
Integrierung von Verhaltensbereichen (W i t k i n 1967), "Spezialisierung des Ver-
haltensinventars" (C h i l d 1954) oder wie "chronifizieren aktueller und themati-
scher Strukturierungen" (T h o m a e 1968). Obwohl eine solche umfassende Verwendung des Begriffs Sozialisation die Gefahr einer Überdehnung und logischen Unschärfe

in sich birgt, bietet sie doch den Vorteil, daß sie nicht nur die Entwicklung der
soziales Handeln steuernden sozialen Normen- und Einstellungssysteme, sondern
auch der durch soziale Interaktion ebenfalls herausgebildeten und ebenfalls soziales
Handeln mitbedingenden perzeptiven, kognitiven, motivationalen und sprachlichen
Stile umschreibt.

Sozialisation darf, wie schon die Hinweise auf die unterschiedlichen Sozialisationstheorien zeigen, nicht als ein Vorgang verstanden werden, bei dem ein mehr
oder weniger passives Lebewesen übermächtigen einseitigen Prägungseinflüssen ausgesetzt ist. Zahlreiche Untersuchungen weisen daraufhin, daß ein Kind schon in
den ersten Tagen Eigeninitiative zeigt und im Laufe seiner Entwicklung zunehmende
Selbständigkeit aufweist (B e r l y n e 1950). Sicherlich wird man diesen Prozeß
zu Beginn der Entwicklung bezüglich des Grades der Beeinflussung seitens der
sozialen Umwelt als asymmetrisch bezeichnen müssen, der sich zunehmend zu einem
symmetrischen hin entwickelt (F r ö h l i c h & W e l l e k 1972) – mehr oder weniger ausgeprägt, je nach fördernden oder hemmenden Umwelteinflüssen – bzw. sich
sogar bis zur sozialen Dominanz wandeln kann, d.h., daß der Sozialisand in die
Auseinandersetzung über legitimen sozialen Einfluß eintreten kann, und daß schließlich gar seine eigenen Gründe für die Auswahl von Sozialisationsinhalten und -ver-
fahren in den Sozialisierurgsverhältnissen bestimmend werden können (H a r t m a n n
1974).

Nach B r o w n (1972, 195) "verfügen einmal Erwachsene keineswegs über ausformu-
lierte Sozialisationsvorstellungen, noch übernimmt ein Kind einfach die von seiner
Umwelt ihm vorgelegten Werte und Handlungssysteme, sondern verarbeitet all das,
was es aus dem Informationsangebot als für es bedeutsam wahrnimmt, und versucht
die impliziten Regelsysteme herauszufinden. Dieser Prozeß ist keine einfache Übernahme von Systemen von einer Generation zur anderen. Was ein Kind in einem bestimmten Alter auswählt, ist eine Funktion seiner individuellen Erfahrung und seiner
jeweiligen intellektuellen Fertigkeiten. Die das Kind leitenden Systeme erfahren
im Laufe der Entwicklung eine Änderung, und am Ende müssen es nicht diejenigen
sein, die in der Gesellschaft vorherrschen. Das Resultat kann einzigartig und
manchmal sogar revolutionär sein."

Die jeweiligen Auswirkungen kultureller/subkultureller Einflüsse auf die Schemati-
sierungsprozesse einer Person sind in ihrer Bedeutung durch die individuelle psycho-
physische Ausstattung – so z.B. auch durch das Alter einer Person und auch durch
ihr Geschlecht im Hinblick auf das sogenannte "sex-role-typing" – und durch die
vorausgehenden materiellen und sozialen Umwelterfahrungen begrenzt.

Sozialisationsvorgänge lassen sich danach unterscheiden, ob es sich seitens der Sozialisationsagenturen um bewußte oder nicht-bewußte und indirekte Einflüsse auf
eine Person handelt. Im Falle der "Erziehung" haben wir es mit "sozialen Handlungen"
zu tun, "durch die einzelne Gesellschaftsmitglieder oder gesellschaftliche Gruppen
versuchen, die Persönlichkeitsentwicklung anderer Gesellschaftsmitglieder positiv
zu beeinflussen. Erziehung stellt in der Regel eine bewußte und absichtsvolle
Intervention in den Prozeß der Personengenese dar,..." (H u r r e l m a n n 1976,
19). Je nach Sozialisationszeitpunkt und Sozialisationsinstanz stehen unterschiedliche Erziehungsziele im Mittelpunkt der Bemühungen. Der Erfolg solcher Einfluß-
nahmen, wie unten im Zusammenhang mit "politischer Sozialisation" zu zeigen sein
wird, hängt von den bisherigen Umwelterfahrungen ab, z.B. der Kompatibilität
neuer sozialer Verhaltensmuster mit den alten, als auch von der tatsächlichen Realisierbarkeit (z.B. aufgrund gesellschaftlicher Restriktionen) neuer Verhaltensmodelle.

Weiterhin sei bemerkt, daß in jedem erzieherischen Handeln neben den bewußten und intentionalen Absichten auch unbewußte und unbeabsichtigte Anregungen enthalten sind und daß gerade letztere eine größere soziale Auswirkung zeigen, was manches "Erziehungsparadoxon" erklären dürfte.

Je nach der Definition dessen, was politisches Verhalten umschreibt, ergibt sich auch eine unterschiedliche Begriffserklärung von "politischer Sozialisation". So versteht B e h r m a n n (1970, 329) unter politischer Sozialisation diejenigen Prozesse, "innerhalb deren die Kenntnisse, Glaubensüberzeugungen, Gefühlshaltungen, Werte, Normen, Symbole, die das politische Handeln orientieren, regeln und deuten, von Sozialisationsagenten an Sozialisationssubjekte vermittelt, von diesen erlernt und zum Teil verinnerlicht werden".

Ähnlich wie bei den Systemtheoretikern (A l m o n d 1960) wird bei diesem Definitionsversuch einmal die Eigeninitiative des Sozialisanden mit der darin enthaltenen Möglichkeit zur Rollendistanz übersehen und zum anderen Sozialisation weitgehend als Anpassung an ein bestehendes soziales System verstanden. Eine solche Sicht von politischer Sozialisation deckt sich häufig mit dem, was unter "politischer Bildung" im Bereich der Erziehung verstanden wird. "Wo sie (die politischen Sozialisationsprozesse) im Rahmen gesellschaftlicher Systeme institutionalisiert werden, geschieht das, um diese zu erhalten, zu festigen, bestenfalls zu reformieren - aber reformieren heißt, erneuern, nicht umbauen" (G o t t s c h a l c k 1972, 22). Da aber aufgrund bestehender gesellschaftlicher Antagonismen eine Unterwerfung unter ein Herrschaftssystem nicht widerspruchsfrei erfolgen kann, ergibt sich damit notwendigerweise auch die Möglichkeit einer politischen Emanzipation. Insofern meint politische Sozialisation "auch jene Vorgänge, die dazu führen, daß Menschen sich gegen Integration, Unterdrückung und Normierungen wehren und Möglichkeiten der Befreiung suchen und erkämpfen" (G o t t s c h a l c k 1972, 23). Im Bereich der politischen Sozialisation lassen sich "manifeste" und "latente" Prozesse unterscheiden (G r e e n s t e i n 1965). Bei manifester politischer Sozialisation handelt es sich um "die explizite Übertragung von Informationen, Werten, Gefühlen im Hinblick auf Rollen, Inputs und Outputs des politischen Systems" (N y s s e n 1973, 44). Latente politische Sozialisation wird hingegen als ein "nominell nicht politisches Lernen" verstanden, durch das als selbstverständlich betrachtete gesellschaftliche Werte und Normen implizit über die Interaktions- und Kommunikationsstrukturen übertragen werden, wie es sich z.B. aus den Arbeiten der Adorno-Schule und F r o m m s bezüglich des Werdegangs der "autoritären Persönlichkeit" und der von dieser Persönlichkeitsstruktur abhängigen politischen Verhaltensweisen ergibt. Weiterhin sind neben einer eher nicht-bewußten Weitergabe von politischen Normen und Werten auch die im Sozialisationsprozeß vermittelten, für späteres politisches Verhalten bedeutsamen Techniken sprachlichen und kognitiven Verhaltens wie auch Schemata zur Lösung von sozialen Konflikten mit den damit verbundenen Formen der Wahrnehmung von Konflikten, Interessenlagen und alternativen Konfliktverarbeitungsstrategien von Bedeutung.

Politische Sozialisation, von der angenommen wird, daß sie sich über das gesamte Leben - wenn auch in unterschiedlicher Gewichtigkeit - erstreckt, läßt sich im Hinblick auf den zeitlichen Ablauf einteilen in primäre Sozialisation (Familie, Primärgruppen), in sekundäre (Schule, Ausbildung) und tertiäre Sozialisation (Beruf).

3.2 Politische Sozialisation in Familie, Schule und am Arbeitsplatz

Die Familie, die Schule und die Arbeitswelt werden als wichtige Vermittlungs-
instanzen im Bereich sowohl der manifesten als auch der latenten politischen
Sozialisation angesehen. Es stellt sich die Frage, wann und in welcher Weise
Orientierungs- und Handlungsmuster durch den aktiven Umgang innerhalb der vor-
gegebenen Interaktionssysteme erworben werden, die spätere Wahrnehmungsweisen,
Einstellungen, Beteiligungsbereitschaften und Beteiligungsformen neben situativen
Faktoren beeinflussen. Von Autoren, die der psychoanalytischen Lehre nahestehen,
(Greenstein 1965), wird insbesondere die primäre Sozialisation innerhalb
der Familie für die Form des späteren politischen Verhaltens als entscheidende
Entwicklungsphase angesehen. So vertreten Easton und Hess (1967) aufgrund
von Forschungsergebnissen die Meinung, daß schon in der frühen Kindheit, etwa
ab drei Jahren, grundlegende affektive Bindungen zum politischen System und
seinen Repräsentanten bereits vor einer kognitiven Verarbeitung von Zusammenhängen auf späteren Entwicklungsstufen aufgebaut werden und auch während der weiteren Entwicklung relativ stabil bleiben (Greenstein 1965). Allerdings wird
angenommen, daß mit fortschreitendem Alter auch eine wachsende Differenzierung
zu verzeichnen sei, die sich in zunehmend komplexer und abstrakter werdenden
Weisen der Wahrnehmung, Klassifizierung und Strukturierung persönlicher Bedürfnisse und gesellschaftlicher Zusammenhänge zeige (Hess & Torney 1967).
Damit gehe ein Wechsel von einer eher persongebundenen zu einer mehr institutions-
gebundenen Betrachtungsweise politischer Institutionen einher, wobei allerdings die
grundlegenden politischen Einstellungen erhalten bleiben. Als Bestätigung für diese
Hypothese werden Untersuchungen bei 13- jährigen amerikanischen High-School-
Schülern angeführt, die die Ausgangshypothese, daß während der High-School-
Zeit eine erhebliche Entwicklung und ein auffälliger Wandel politischer Einstel-
lungen stattfindet, nicht bestätigen konnte. Greenstein (1965) nimmt an,
daß das frühe Lernen politischer Orientierung im wesentlichen als Lernen durch
Imitation - insbesondere der Übernahme von elterlichen Einstellungen durch sprachliche Äußerungen - und Identifikation mit den Eltern erfolge. Diese Form sozialen
Lernens mit seiner ausgeprägten affektiven Komponente ist vor dem Hintergrund der
im wesentlichen einseitig zu verstehenden Abhängigkeit des Kindes von seinen
Eltern zu sehen. Weiterhin wird häufig gefolgert, daß das in der Familie dem Kinde
vermittelte "Urvertrauen" in die damit einhergehenden optimistischen Einstellungen
im Falle einer "geglückten" Sozialisierung vom heranwachsenden Menschen von der
elterlichen Autorität auf die Autorität von Politikern und späterhin von Institutionen
übertragen werden, was sich positiv im Zusammenhang mit der Stabilisierung bestehender politischer Systeme auswirkt. Allerdings sei hier angemerkt, daß eine solche
Übertragung nicht einseitig vom einzelnen vorgenommen, sondern vom gesellschaftlichen System zwecks Herrschaftsstabilisierung gefördert wird. Nyssen (1973)
befürchtet, daß die einmal aufgebauten Loyalitäten zugunsten eines politischen
Systems während der primären Sozialisation kaum mehr durch spätere Beeinflussungen
aufgebrochen werden können. Politische Pro- und Kontraeinstellungen wären nach
dieser Sicht ein für allemal festgelegt; politische Einstellungen und die Wahl möglicher Formen der Beteiligung sind vor dem Hintergrund dieser frühen, weitgehend
affektiven Grundeinstellungen zum politischen System zu sehen. Möglichkeiten
einer politischen Bildung ergeben sich nach Meinung Nyssens nicht aus
dem Versuch einer Änderung der Grundeinstellungen, sondern einmal durch die
Unterbrechung des Einflusses "der frühgelernten Werte auf die spätere Bildung von

Begriffen, ferner durch die Änderung einzelner spezifischer Einstellungen mittels gezielter Informationen und mittels Einflußnahme auf die materielle Situation, und letztlich durch Bewußtmachen der eigenen Wertungsvorgänge durch den Prozeß der "value-classification" im Sinne von S h a f t e l und S h a f t e l (1967). Das Heranziehen dieser häufig zitierten amerikanischen Untersuchungen zur Stützung der Hypothese der frühen "politischen Prägung" ist aufgrund des theoretischen wie auch methodologischen Standpunkts dieser Arbeiten insofern als kritisch zu beurteilen, als hier einmal Sozialisation eher im Sinne einer passiven Prägung und einer Anpassung an das politische System als eines durch die Eigeninitiative des Individuums mitgeformten Schematisierungsprozeß verstanden wird. Zum anderen bleibt es zweifelhaft, ob die bei der weisen amerikanischen Mittelschicht aufgezeigten und mittels bestimmter psychoanalytisch orientierter Theorien interpretierten Zusammenhänge auch bei anderen Schichten bzw. Randgruppen anzutreffen sind und auch auf die Verhältnisse in der BRD übertragen werden können. Den Einfluß unterschiedlicher politischer Kulturen auf das soziale Lernen politischer Einstellungen durch Identifikation und Imitation dürften auch die Befunde G r e e n s t e i n s (1965) aufzeigen, die auf eine geringere Übereinstimmung elterlicher und kindlicher Parteipräferenzen in Frankreich als in den USA aufgrund vermutlich weniger dauerhafter Parteibindung der französischen Eltern hinweisen. Schwierigkeiten ergeben sich auch bei der Erklärung der wenigstens vorübergehend gegen das bestehen de politische System gerichteten Einstellungen und Handlungsweisen von amerikanischen Schülern und Studenten der 60er Jahre (K l e e m a n n 1971). Diese Studenten und Schüler stammten vorwiegend aus den gehobenen sozialen Schichten. Schichten also, von denen man annehmen kann, daß sie ihre Kinder überwiegend im "permissiven" und hinsichtlich der Sanktionstechniken liebesorientierten Erziehungsstil erzogen haben sowie auch weitgehend dem gesellschaftlichen System gegenüber positive Einstellungen hegten. Allerdings ist diese Erziehung hinsichtlich ihrer Wirkung ambivalent. Einerseits fördert sie das "Urvertrauen" i.S. E r i k s o n s und damit tendenziell die Übernahme der von den Eltern vertretenen und vorgelebten gesellschaftlichen Werte und Normen, andererseits legt sie jedoch mit der Förderung selbständigen Denkens und Handelns die Grundlage dafür, daß die Kinder die gelernte Selbständigkeit auch gegen die Eltern selbst wenden und sich von deren Werthaltungen kritisch distanzieren können.

Zusammenfassend läßt sich bezüglich der politischen Sozialisation in der Familie feststellen, daß schon auf einer früheren Entwicklungsstufe beim Kinde Einstellungen zum politischen System, zu seinen Symbolen und Repräsentanten vorhanden sind. Weiterhin scheint es Hinweise zu geben, daß kindliche, auf einer eher affektiven als kognitiven Basis ruhende gesellschaftspolitische Grundeinstellungen als relativ stabile "Filter" für spätere politische Lernprozesse in Schule, Alltag und Beruf von Bedeutung sind und daß letztlich die durch elterliche Erziehungstechniken beeinflußte Art der Internalisierung gesellschaftlicher Normen und ihrer Verwendung in der politischen Verhaltensorientierung im späteren Leben eine Auswirkung zeigt. Der Vollständigkeit halber sei darauf hingewiesen, daß die in der primären Sozialisation erworbenen perzeptiven, kognitiven und sprachlichen Stile für politisches Verhalten im Erwachsenenalter insofern von Bedeutung sind, als sie nur wenige bestimmte Personen in die Lage versetzen, sich in Konfliktsituationen sicher und kompetent zu fühlen, überzeugend eigene Bedürfnisse zu artikulieren, mit Menschen aus dem Kreis nicht primärer Beziehungen zu kommunizieren, komplexe Zusammenhänge zu durchschauen und situationsangepaßte Konfliktstrategien anzuwenden. Weiterhin bietet die Familie dem Heranwachsenden die Möglichkeit, das Austragen

von familieninternen und -externen Konflikten zu beobachten, selbst zu erproben
und dadurch Erfahrungen zu sammeln. Eine indirekte Bedeutung der Familie für
eine mögliche politische Sozialisation ergibt sich ebenfalls daraus, daß sie den Zugang zu anderen Sozialisationssystemen wie Kirche, "peer-groups", Schule, Berufsausbildung, Vereine usw. ermöglicht und regelt, so daß man von einer "Weichenstellerfunktion" der Familie bezüglich der Einwirkungsmöglichkeiten anderer politischer Sozialisation vermittelnder Instanzen sprechen kann.
Als weitere wichtige Sozialisationsinstanz für die politische Bildung wird die
Schule angesehen, in der die sogenannte "Sekundarsozialisation" erfolgt. Die Aufgabe der Schule wird darin gesehen, daß sie die in der Familie angelegten sprachlichen und kognitiven Fertigkeiten weiter ausdifferenziert, gesellschaftliche Normen und Werte vermittelt und auf die Übernahme späterer von der Gesellschaft
vorgeschriebener Rollen vorbereitet. Die Bedeutung der Curricula zur politischen
Bildung für die tatsächliche Aufnahme von politischem Sachwissen für die Schaffung politischer Einstellungen und für die Übernahme politischer Artikulations-
formen wird unterschiedlich effektiv eingeschätzt (G o t t s c h a l c h 1972).
Darüberhinaus übt die Schule die sogenannte "Weichenstellerfunktion" für die zukünftige Berufsausübung aus und verweist somit auf den Bereich der für den Erwerb politischer Einstellungen, Verhaltenserwartungen und Beteiligungsformen als
besonders wichtig eingeschätzten "beruflichen Sozialisation" (G o t t s c h a l c h
1972).
N y s s e n vertritt die Meinung, daß politische Einstellungen und politische
Beteiligung "wahrscheinlich weit mehr von außerschulischen als von schulischen
Einflüssen geprägt" werden (N y s s e n 1973, 43). Er bestreitet zwar nicht, wie
schon oben angedeutet wurde, daß spezifische Einstellungen durch politische Bildung seitens der Schule veränderbar seien, bezweifelt aber, daß "tiefverwurzelte
Loyalitätsbindungen gegenüber Grundlagen des bestehenden Systems zugunsten einer
kritischen Distanz gegenüber diesem System aufgebrochen werden können" (N y s-
s e n 1973).
Angetroffene Korrelationen zwischen Schulbildung und Formen politischer Artikulation wären demnach dadurch zu erklären, daß Schulbildung nur als Indikator für
die Wirksamkeit der für den Erwerb politischer Verhaltensweisen relevant angesehenen
Sozialisationsinstanzen Familie und Berufsausübung zu betrachten ist.   Obwohl viele
Untersuchungen auf die politische Sozialisationsschwäche der Schule hindeuten
(J a i d e 1970), läßt sich auf eine Chance politischer Sozialisation - besonders mit
dem Ziel der politischen Emanzipation - durch die Schule dann hinweisen, wenn
nicht nur abstrakte Inhalte und formale Aufbauprinzipien staatlicher Organisationen
im Unterricht erläutert werden, sondern konkrete Formen politischer Beteiligung
theoretisch wie vor allem auch praktisch sowohl im schulischen aus auch sonstigen
Alltag des Schülers eingeübt werden.
Wird die Bedeutung der Familie für die politische Sozialisation in der Vermittlung
von Grundorientierungen und Verhaltensdispositionen gesehen, so wird im Hinblick
auf eine weitere Differenzierung der beruflichen Sozialisation eine zentrale Rolle
im politischen Lernprozeß zugesprochen (G o t t s c h a l c h 1972). Als entscheidender Faktor läßt sich weniger die Mitbestimmung auf betrieblicher und überbe-
trieblicher Ebene als das Ausmaß der Mit- und Selbstbestimmung am Arbeitsplatz
sehen (V i l m a r 1973 a). Die Auswirkungen   politischer Lernprozesse in den genannten Sozialisationsinstanzen neben situativen Faktoren auf politische Verhaltenserwartungen. Beteiligungsbereitschaften und tatsächlichen Beteiligungshandlungen

dürften bezüglich ihres einzelnen Beitrages kaum zu isolieren sein, da von einer wechselseitigen und kumulativen Verstärkung ausgegangen werden muß.

3.3 Schichtspezifische politische Sozialisation

Interindividuell verschiedene und für ein Individium typische Formen politischen Verhaltens lassen sich, wie wir gesehen haben, aus unterschiedlichen persönlichen Lernerfahrungen vor allem in der Familie, Schule, am Arbeitsplatz, in Vereinen und in Situationen politischer Konfliktaustragung erklären. Als besonders wichtige Einflußgröße auf die politische Sozialisation wird die Schichtzugehörigkeit einer Person angesehen. Von den in den Begriff der Schichtzugehörigkeit je nach Definition eingehenden Merkmalen wie Bildungsabschluß, Einkommenshöhe, Berufsausübung, Rang auf einer Prestigeskala und Zugehörigkeit zu einer Interaktionsgruppe (Fürstenberg 1972, Scheuch & Daheim 1968), wird vor allem den die Variable Berufsausübung umschreibenden Merkmalen der "konkreten Erfahrungen am Arbeitsplatz" als Ausgangspunkt einer schichtspezifischen Analyse von Sozialisationseinflüssen große Aufmerksamkeit gewidmet (Kohn 1969). Die anderen Schichtvariablen werden meist in Abhängigkeit von der näheren Bestimmung des Arbeitsplatzes gesehen. Der Faktor Bildung kann insofern als besonders erwähnenswert betrachtet werden, als er einmal sowohl in Abhängigkeit von der Schichtzugehörigkeit der Herkunftsfamilie zu sehen ist, als auch eine wichtige Vorbedingung für die eigene Schichtzugehörigkeit einer Person darstellt. Darüber hinaus ergeben sich Hinweise, daß unabhängig von der Schichtzugehörigkeit der Familie die Bildung der Eltern, insbesondere die der Mutter, einen Einfluß auf die Sozialisationsprozesse ausübt (Kohn 1969). Der mögliche Einfluß der Schichtzugehörigkeit auf die manifeste und latente politische Sozialisation wird nun auf einem doppelten Wege gesehen, einmal über die Herkunftsfamilie und die von deren Weichenstellerfunktion abhängigen Einflüsse der sekundären Sozialisationsinstanzen, und zum anderen über die spezifischen Arbeitsplatzerfahrungen einer Person. Je nach theoretischen Vorüberlegungen können der ersten oder der zweiten, oder auch beiden die relevanten Sozialisationseinflüsse zugeschrieben werden (Gottschalch 1972).

Wenden wir uns zuerst einmal der Familie als Vermittlungsinstanz politischer Einstellungen und Handlungsweisen zu. Im allgemeinen sieht man einen funktionalen Zusammenhang zwischen der Gesellschaftsstruktur, der Stellung des Vaters im Produktionsprozeß, der Rollenstruktur bzw. Interaktionsstruktur der Familie, Erziehungseinstellungen und -techniken und der Persönlichkeitsstruktur des Kindes. Mit der schichtspezifischen Variation des elterlichen Verhaltens gehen beim Kinde unterschiedliche perzeptive, kognitive, sprachliche und soziale Handlungsmerkmale einher (Witkin 1967, Bernstein 1972). Den einzelnen Schichten einer Gesellschaftsstruktur lassen sich unterschiedliche Subkulturen zuordnen. Subkulturen im Zusammenhang mit Sozialisation meinen all jene schichtspezifischen Faktoren, die die familiären Interaktionen/Kommunikationsabläufe und Interpretationsprozesse von Werten und Verhaltenserwartungen beeinflussen. Die einer Subkultur gemeinsamen Orientierungs- und Deutungsschemata spiegeln die Interpretation der individuellen Stellung im Produktionsprozeß wider (Caesar 1972). Neben diesem perzeptiven/kognitiven Schema lassen sich den einzelnen Subkulturen bestimmte Lebensgewohnheiten, Sprachstile, Konfliktlösungsmechanismen und Formen sozialer Kontaktaufnahme zuordnen. Im folgenden werden einige für die politische Sozialisation als zentral angesehene schichtspezifische Merkmale der Arbeitsplatzbedingungen, der familiären Rollenstruktur, der sozialen Kontaktformen und der Eltern-Kindbe-

ziehungen aufgeführt. Obwohl das Schichtmodell als mehrstufiges Kategoriensystem konzipiert ist, wird in der Forschungspraxis vielfach nur ein zweistufiges
Modell verwendet, das einmal die Subkulturen der Unterschicht/ bzw. Arbeiter-
schaft und zum anderen die der Mittelschicht umschreibt. Letztere wird manchmal
auch näher in untere und obere Mittelschicht differenziert.

Die Arbeitsplatzsituation der Unterschicht läßt sich kurz durch folgende Merkmale
bezeichnen wie: manuelle, oft monotone Tätigkeiten; Umgang mit Dingen anstatt
mit Personen und Symbolen; weitgehend kollektive Unterordnung unter eine oft
anonyme Autorität und unter standardisierte Regeln; geringe Berufsausbildung,
niedrige Aufwärtsmobilität und langfristig wenig gesichertes Einkommen. Die Arbeit wird als fremdbestimmt erlebt und Eigeninitiative weitgehend blockiert. Darüberhinaus lassen "die Beschränkungen des Arbeiters auf engbegrenzte körperliche
Tätigkeiten" die perzeptiven und kognitiven Fähigkeiten verkümmern (G o t t -
s c h a l c h   1972). Besonders in der anonymen Struktur von Großbetrie-
ben können die komplexen Autoritätsstrukturen nicht mehr durchschaut werden,
man fühlt sich einer anonymen Macht ausgesetzt, der man gehorchen muß. Autoritätsstrukturen werden nicht hierarchisch, sondern dichotomisch gesehen (P o p i t z
e t a l. 1957). Generell besteht die Neigung zur Leugnung von Ambivalenzen,
zur rigider Beachtung von Normen, zur Ablehnung von Veränderungen und zur
Orientierung am "status quo". Diese Verhaltensmuster werden als zweckmäßige
Techniken der Daseinsbewältigung angesehen, die sich aus den Alltagserfahrungen
am Arbeitsplatz ergeben. In die gleiche Richtung weisen die aus der historischen
Lage und auch aktuellen Situation ableitbaren, als Mängel für eine Emanzipation
bewerteten Charakteristiken wie geringe Motivation zum Aufschieben von Bedürfnissen zwecks langfristiger Planung (I n k e l e s 1960).

Die Berufssituation der Mittelschichten hingegen zeichnet sich durch weitgehend
entgegengesetzte Merkmale aus, und dementsprechend ergeben sich auch unterschiedliche Auswirkungen auf die Verhaltensschemata der zu dieser Schicht gehörenden Individuen. Kennzeichen der Arbeitsplatzsituation sind vor allem Umgang
mit Menschen und Symbolen. Fachliche Qualifikation und Spezialisierung erlauben
einen höheren Grad an Selbstbestimmung am Arbeitsplatz und Einsicht in Zusammenhänge. Die Autoritätsstruktur wird als hierarchisch gegliedert angesehen und individueller Aufstieg aufgrund persönlicher Leistung erscheint möglich. Bedürfnisauf-
schub, Selbstdisziplin, Eigeninitiative und Selbständigkeit gelten als Voraussetzungen
für persönlichen Erfolg (K o h n 1969).

Hinsichtlich der jeweiligen schichtspezifischen Familienstruktur lassen sich Paralleli-
täten zu den entsprechenden Arbeitsplatzsituationen aufweisen. Es ist anzunehmen,
daß Verhaltensweisen von einem Bereich auf den anderen übertragen werden. Im
Gegensatz zum eher partnerschaftlichen Verhältnis zwischen Mitgliedern einer Mit-
telschichtfamilie treffen wir in den unteren Schichten eher ein starkes Gefälle in
der Autoritätsstruktur. Ferner läßt sich in der Unterschicht eher eine stereotype
Geschlechtsrollenverteilung beobachten, die dem Mann die mehr instrumentelle,
nach außen gerichtete und der Frau die mehr emotionale nach innen orientierte
Aufgabe der Familienstabilisierung zuweist. Ist in der Mittelschichtenfamilie eine
eher rationale und am Partner orientierte Konfliktaustragung anzutreffen, so finden wir in den Unterschichtenfamilien häufiger emotionale, auf unversöhnliche Ge-
gensätze reduzierte Konfliktbeurteilung (G o t t s c h a l c h 1972). Manifeste
und latente politische Sozialisation beim Kinde findet vor allem, wie wir bereits
angedeutet haben, durch soziales Lernen mithilfe von Beobachtung und Identifikation statt. So ist anzunehmen, daß ein Kind je nach Schichtzugehörigkeit durch

diese Formen sozialen Lernens unterschiedliche Erfahrungen sammelt und Techniken im Hinblick auf die Formen der Autoritätsausübung und -duldung, auf die gesellschaftsspezifischen Rollenvorschriften bezüglich sozialen Handelns und auf Formen der Konfliktwahrnehmung und -austragung übernimmt, die als Grundlage für soziales Handeln in sozialen Gruppen dienen. Von wesentlicher Bedeutung für den schulischen Erfolg eines Kindes und damit z.T. auch für seine spätere Schichtzugehörigkeit kann man den je nach Schicht praktizierten Sprachcode - bei der Arbeiterschicht den restringierten Sprachcode und bei der Mittelschicht den elaborierten Sprachcode - ansehen (O e v e r m a n n 1971). Auch dieser steht nach O e v e r m a n n in Zusammenhang mit der jeweiligen Berufssituation, Sprachbarrieren, wie sie sich aus dem alleinigen Verfügen über den restringierten Sprachcode bei den Unterschichten ergeben, erschweren das Artikulieren und Durchsetzen eigener Bedürfnisse, wie auch die "Verdinglichung des Denkens" und des Bewußtwerdens der eigenen Interessenlage (N e g t 1969).
Ähnlich wie schon bei der Familie dürften die durch die jeweiligen Arbeitsplatzerfahrungen gewonnenen Orientierungs- und Handlungsschemata auf andere Bereiche sozialen Handelns, so auch auf politische Verhaltensweisen in Konfliktsituationen, übertragen werden. Mangelnde kognitive Fertigkeiten, aber auch fehlende Sachinformation infolge ungenügender Schulbildung dürften bei Angehörigen der Unterschicht ein Erfassen von komplexen Zusammenhängen und ein Aufdecken von Widersprüchen erschweren. Der Mangel an sprachlicher Artikulationsfähigkeit, an "gesamtgesellschaftlich" akzeptierten Techniken der Konfliktaustragung verstärken die auch im Arbeitsleben erfahrene Ohnmacht und das Ausgeliefertsein an "die da oben". Als Folge finden wir woziale Isolierung, Apathie gegenüber gesellschaftlichen Problemen und häufig politisches Desinteresse. So zeigen in Untersuchungen (G o t t s c h a l c h 1972) Arbeiter im Gegensatz zu Mitgliedern höherer Schichten eine geringe Neigung, in Vereinen und Interessengruppen aktiv zu werden. Gegenüber kollektiven Aktivitäten besteht Zurückhaltung; solidarisches Handeln zur Durchsetzung eigener Interessen ist selten und kumulatives Lernen von Techniken zur Konfliktaustragung aus der eigenen Erfahrung kann kaum stattfinden. Auch hier in diesem Bereich sozialen Verhaltens werden durch Beobachtungslernen seitens des Kindes politische Einstellungen und Handlungsweisen tradiert.
Handelt es sich beim kindlichen Beobachtungslernen von Verhaltensweisen Erwachsener in und außerhalb der Familie um meist nicht bewußte, indirekte Einflüsse elterlichen Verhaltens auf die kindlichen Sozialisationsprozesse, so finden wir im elterlichen Erziehungsverhalten eine bewußte Einflußnahme auf die Sozialisierung des Kindes. Übermittelte Normen und Werte werden je nach der Zugehörigkeit zu einer Subkultur schichtspezifisch interpretiert oder stehen in einer unterschiedlichen Rangordnung. Während Mittelschichteltern Wert auf selbständiges Handeln, Selbstbehauptung, Zufriedenheit und Wißbegierde legen, betonen Unterschichteltern dagegen aufgrund ihrer Lebenserfahrungen aus der eigenen Kindheit und aus der jetzigen sozialen Lage Eigenschaften wie Gehorsam, Sauberkeit und äußere Erscheinung (K o h n 1969). Es zeigt sich, daß durch die elterlichen Erziehungsbemühungen weitgehend die sozialen Einstellungen und Verhaltensweisen dem Kinde weiterzugeben versucht werden, die auch das elterliche Verhalten gegenüber ihrer Umgebung bestimmen. Die konkreten Sanktionstechniken, die ebenfalls schichtspezifisch variieren, stehen, wie schon oben bemerkt wurde, in engem Zusammen-

hang mit den jeweiligen Formen der Internalisierung von Werten und Normen
(C a e s a r 1972) und üben einen bedeutenden Einfluß auf die kindlichen
"Grundeinstellungen" gegenüber dem politischen System aus. Vollständigkeitshal-
ber sei hier erwähnt, daß schichtspezifisch variierende Dimensionen des Erzie-
hungsverhaltens eine Einwirkung auf die Entstehung typischer perzeptiver und
kognitiver Schemata zeigen, die ihrerseits ebenfalls individuelle unterschiedliche
Determinanten politischen Verhaltens anzusehen sind.
Zusammenfassend sei noch einmal betont, daß schichtspezifische Faktoren nur
einen Teil der Varianz politischen Verhaltens erklären können. Neben sozio-
strukturellen Randfaktoren und situationsspezifischen Auslöseelementen müssen solche Persönlichkeitsfaktoren mit in die Betrachtung eingezogen werden, die durch
andere, vermutlich nicht schichtspezifische oder auch singuläre Umwelteinflüsse
bedingt sind. Weiter sei auch darauf hingewiesen, daß es sich bei dem dichotomen
Vergleich von Unterschicht und Mittelschicht bezüglich der Erklärungsketten schichtspezifischer Sozialisation um eine durch wenig differenzierte Erhebungstechniken
bedingte Vorgehensweise handelt. Es besteht sogar Grund zu der Annahme, daß
parallel zur Schichtung unterschiedliche Grade der Selbstbestimmung am Arbeitsplatz wie auch graduell unterschiedliche Ausprägungen der von der Arbeitsplatzer-
fahrung mitbedingten Merkmale in den einzelnen betrachteten Bereichen anzutreffen sind (K o h n 1969).
Jene die konkrete Arbeitsplatzsituation umschreibenden Merkmale lassen sich, so
können wir festhalten, als zentryle Bedingungsgrößen für eine Reihe kognitiver und
sozialer Variablen bezeichnen.
Arbeitsplatzerfahrungen sowohl in ihrem materiellen wie auch sozialen Aspekt beeinflussen auch die Verhaltensweisen außerhalb der Arbeitssphäre, andere soziale
Teilbereiche wie Familie, Freizeitbeschäftigungen, Freundschaften usw. Damit
ergibt sich ein zweifacher Sozialisationsbezug: einmal wirkt sich Arbeitswelter-
fahrung auf die eigenen sozialen Lernprozesse aus und zum anderen aufgrund der
Interaktionen mit anderen formellen und informellen Rollenträgern auf die sozialen
Verhaltenserwartungen und Handlungsweisen der am Interaktionsprozeß beteiligten
Personen. Im Zusammenhang mit dem Erklärungsversuch schichtspezifischer politischer
Sozialisation sahen wir die Interaktionsauswirkungen auf die kindlichen Sozialisa-
tionsprozesse und die sich daraus ergebende "Weichenstellung" bezüglich der schuli-
schen wie beruflichen Bildung der Kinder als besonders wichtig an. Die väterlichen
Erfahrungen am Arbeitsplatz stehen also in einem engen Bezug zur späteren Schicht-
zugehörigkeit des Kindes, wenn auch diese nicht nur auf die aus der väterlichen
Berufstätigkeit abgeleiteten sozialisationsrelevanten Verhaltensschemata zurückgeführt werden kann. Es läßt sich also folgern, daß die Variablen sozialer Schichtung
(C a e s a r 1972) die in Kovarianz mit Merkmalen der Arbeitsplatzsituation zu
sehen sind, als Indikatoren der mutmaßlichen als schichtspezifisch bezeichneten
Sozialisationsprozesse in Familie und anderen Sozialisationsinstanzen wie auch im
Berufsleben gelten können und somit einen Beitrag zur Erklärung politischen Verhaltens leisten dürften. Obwohl zahlreiche moderne Ansätze zu einer schichtspezifischen Sozialisationstheorie die Bedeutung der Variablen, die die individuellen
Arbeitsplatzerfahrungen beschreiben, als besonders sozialisationsrelevante Faktoren
betonen (K o h n 1969), werden in der Forschungspraxis jedoch z.T. leichter er-
faßbare Merkmale sozialer Schichtzugehörigkeit wie insbesondere die Einkommenshöhe und die bezüglich ihres Sozialprestiges unterschiedlich eingestufte Berufstätigkeit wie auch letztere weitgehend voraussetzende Berufsausbildung zur Kennzeich-

nung herangezogen. Obwohl die Einkommensumverteilung als Gratifikations-
system für unterschiedlich bewertete Leistungen in beruflichen Tätigkeitsbereichen
angesehen werden kann und somit der Berufsprestikeskale entsprechen sollten, fallen bei empirischen Erhebungen bedeutende Abweichungen hinsichtlich der Honorie-
rung von Berufspositionen auf. Desgleichen verbergen sich hinter nominell gleichen
Berufspositionen oft unterschiedliche Kompetenzbereiche und entsprechende Einkommen. Solche Inkonsistenzen versucht man im alllgemeinen durch das gleichzei-
tige Erfassen mehrerer Indikatoren und den sich daraus ergebenden Korrekturmög-
lichkeiten mittels Gewichtung der Einzelindikatoren und Bildung von Gesamtin-
dizes auszugleichen (S c h e u c h & D a h e i m 1968). Es nehmen zwar die
häufig verwendeten Merkmale wie Einkommen und Berufsprestige im Erklärungszusammenhang zwischen den konkreten Umwelterfahrungen am Arbeitsplatz und möglichen Sozialisationsfolgen eine intermediäre Stellung ein, doch lassen sich gerade für beide genannten Variablen interessante Zusammenhänge mit den Sozialisationsprozessen formulieren, die primär nicht aus der Arbeitsplatzsituation ableit-
bar sind. Diese lassen sich als mögliche Zusatzannahmen verstehen. Es kann nur
darauf hingewiesen werden, daß Einkommen neben seiner Funktion als Indikator
für unterschiedlich eingestufte berufliche Tätigkeitsfelder auch in seiner Bedeutung
als materielle Ressource für Bedürfnisbefriedigungen in den einzelnen gesellschaftlichen Teilbereichen anzusetzen und somit auch für die jeweiligen individuellen
Lernumwelten verantwortlich sein dürfte. Weiterhin entscheidet die Höhe des
familiären Einkommens über den Erwerb von Statussymbolen, die ihrerseits die
Zugehörigkeit zu einer sozialen Gruppe signalisieren, das Sozialprestige mitbe-
stimmen und somit auch mögliche soziale Interaktionsfelder umgrenzen. Die Bedeutung der Kommunikations- und Interaktionsstrukturen wurde für die empirische
Bestimmung von sozialen Schichten erkannt (P u p p i e t a l. 1971). Zudem
bietet sich bei diesem Ansatz insbesondere die Möglichkeit, die unterschiedlichen
Formen sozialen Lernens in ihrer wechselseitigen Verflechtung methodologisch zu
erfassen. Über eine derartige Analyse von Interaktionsstrukturen lassen sich auch
Beobachtungen darüber anstellen, welche unterschiedliche Berufs- und Interessengruppen miteinander häufig verkehren und einen wechselseitigen Einfluß aufeinander ausüben. Menschen, die in einem solch engen Interaktionsverhältnis stehen,
weisen ähnliche kognitive, sprachliche und Handlungsstrukturen auf. Diese Ver-
haltensähnlichkeiten, so hatten wir gesehen, ergaben sich aus ähnlichen Sozialisa-
tionserfahrungen in Familie, Schule, am Arbeitsplatz und in anderen formellen und
informellen Gruppen. Aus der nachweisbaren Verhaltensähnlichkeit innerhalb einer
sozialen Schicht heraus ergibt sich für Vertreter bestimmter Berufs- und Interessengruppen dann eine bessere Chance, ihre spezifischen Interessen zu artikulieren und
effektiv durchzusetzen, wenn ihre politischen Adressate der gleichen Schicht angehören, also über die gleichen Sprach- und Handlungsschemata verfügen, in denselben Vereinen verkehren etc.
Diesen Weg der Operationalisierung unserer Markierungsvariable "Schichtzugehörigkeit" haben auch wir bei der Durchführung unserer Untersuchung eingeschlagen (7).
Die Wahl der beiden Schichtkriterien "Berufsprestige" und "Einkommen" läßt sich
dabei jedoch nicht allein aus forschungsökonomischen Gründen rechtfertigen, sondern auch dadurch, daß diese Indikatoren in optimaler Weise alle drei der genannten Konstitutiva der Schichtzugehörigkeit repräsentieren:

- die konkreten Arbeitsplatzerfahrungen, d.h. Stellung in der Betriebshierarchie, Entfremdung am Arbeitsplatz, etc.
- die Stellung in einem hierarchischen System ungleicher Verteilung von materiellen und sozialen Ressourcen und
- die relative Position in einem schichtartigen Präferenzgefüge von berufsgruppenorientierten Interaktionsgruppen.

3.4 Soziodemographische Determinanten der Sozialisation

Die Übernahme sozialen bzw. politischen Verhaltens wird in der Sozialisationsforschung nicht nur im Zusammenhang mit den als zentral angesehenen Variablen in der sozialen Schicht, sondern auch mit einer Reihe anderer Variablen, die je nach Analyseebene als soziodemographische oder als soziobiographische Merkmale bezeichnet werden, verstanden. Zumeist läßt sich bezüglich der Auswirkung dieser Variablen auf den Erwerb sozialen Verhaltens nur dann eine Aussage machen, wenn die oben aufgeführten Schichtvariablen im jeweiligen Forschungsansatz ebenfalls Beachtung dinden (V e r b a & N i e 1972, L e h r 1972). Neben den soziodemographischen Variablen der Schicht tauchen in den verschiedenen Forschungsansätzen die besonders leicht erfaßbaren Merkmale Geschlecht, Alter und Religionszugehörigkeit einer Person auf.
Bezüglich der Variable G e s c h l e c h t einer Person treffen wir zum Thema der geschlechtsspezifischen Sozialisation in der Literatur auf die übereinstimmende Meinung, daß die unterschiedlichen Sozialisationsauswirkungen bei Mann und Frau vermutlich weniger durch die zugrundeliegenden biologischen Gegebenheiten als durch gesellschaftliche Normen und Werte bedingt zu sein scheinen (L e h r 1972). Im Bereich des sozialen Verhaltens lassen sich nicht nur für Mann und Frau unterschiedliche typische Rollen finden, sondern je nach Geschlechtszugehörigkeit werden auch für bestimmte Positionen unterschiedliche Rollenerwartungen gehegt. So sehen wir unterschiedliche Rollenerwartungen an den Inhaber einer Abgeordneten- oder Ministerstelle, je nachdem ob es sich um einen Mann oder eine Frau handelt. Derartige Rollenerwartungen dienen dem in die Gesellschaft hineinwachsenden Individium als Orientierungspunkt für soziales Verhalten. Geschlechtsspezifische Verhaltensweisen werden zwar in allen gesellschaftlichen Teilgruppen vermittelt, doch dürfte auch wie bei anderen Sozialisationsinhalten die Teilnahme aufgrund ihrer besonders während der frühen Kindheit wirksamen monopolartigen Stellung im Sozialisationsprozeß als zentrale Vermittlungsinstanzen der für Mann und Frau typischen Verhaltensweisen anzusehen sein. Die familiären Rollen für Mann und Frau lassen sich durch die Polarität "Instrumentalität" vs. "Expressivität" knapp kennzeichnen (P a r s o n s 1951). Die geschlechtsspezifische Arbeitsteilung besteht nun in zahlreichen Familien, wenn auch in unterschiedlicher Ausprägung darin, daß der Frau eher die Aufgaben der affektiven Integration innerhalb der Familie zufällt, während der Mann weitgehend die familiäre "Außenpolitik" erledigt. Für Mann und Frau sehen somit sowohl in quantitativer wie auch qualitativer Hinsicht das soziale Erfahrungsfeld und die daraus ableitbaren sozialen Lernprozesse wie auch Motivationen verschieden aus. Jungen und Mädchen übernehmen infolge von Beobachtungslernen und durch Identifikation mit ihrem Vater bzw. mit der Mutter typische geschlechtsspezifische Verhaltensweisen. Dieses Sich-zu-eigen-machen geschlechtstypischer Handlungsschemata wird als "sex-typing" bezeichnet. Selbstverständlich

handelt es sich wie auch bei allen anderen Sozialisationsvorgängen nicht um ein "typing" im Sinne einer passiven Prägung, sondern um einen je nach in Familie und in außerfamiliären Gruppen gemachten Erfahrungen und je nach stattgefundener kognitiver Verarbeitung aktiven sozialen Lernprozeß. Nur eine solche Sicht geschlechtsspezifischer Sozialisationsprozesse dürfte bei Annahme bestimmter Zusatzbedingungen wie die Faktoren Bildung, Berufstätigkeit, sozialer Status usw. individuell aus der familiären Sozialisation nicht mehr eindeutig ableitbaren Entwicklungsprozesse im Hinblick auf die fortschreitende Entdifferenzierung der Geschlechtsrollen und die zunehmende gesellschaftliche Emanzipation der Frau erklären helfen (L e h r 1972).

Das Ausmaß und die Art geschlechtsspezifischer Verhaltensweisen ist allerdings nicht nur das Ergebnis von Beobachtungslernen, sondern hängt auch von spezifischen elterlichen Erziehungspraktiken ab. Ähnlich wie die geschlechtstypischen Rollen von Mann und Frau werden auch die elterlichen Erziehungsstile in ihrer nach dem Geschlecht des Kindes ausgerichteten Gestaltung von gesellschaftlichen Werten und Normen geleitet. Die Familie ist somit auch bezüglich der sozialen Rolle von Mann und Frau der Vermittler soziokultureller Verhaltensschemata. Stehen bei der Erziehung eines Jungen die für späteres soziales Verhalten wichtigen Eigenschaften, wie Durchsetzungsfähigkeit, Eigenständigkeit, Unabhängigkeit und Selbstbehauptung im Mittelpunkt der elterlichen Erziehungsabsichten, so sind es bei einem Mädchen Nachgiebigkeit, Passivität, Verbindlichkeit und höchstens prosoziale Aggresivität in zahlreichen Familien gewünscht. Zusammen mit dem je nach Geschlecht des Kindes unterschiedlich wichtig eingestuften schulischen Fortbildungsmöglichkeiten und Bildungsinhalten wie auch den dadurch mitbedingten allgemeinen Orientierungs- und Einstellungssystemen dürften diese von Jungen und Mädchen erwarteten differentiellen sozialen Eigenschaften im Verlauf der individuellen Entwicklung die Ausgangschancen für effektives soziales Verhalten bei den unterschiedlichen Formen der Konfliktaustragung innerhalb außerfamiliärer Gruppen unterschiedlich stark beeinflussen, soziale Lernprozesse fördern oder erschweren und folglich darüberhinaus wiederum auf die sozialen Einstellungssysteme zurückwirken.

Allerdings müssen solche generellen Aussagen insofern relativiert werden, da nicht nur epochale Veränderungen sozialer Normen, wie auch individuell unterschiedliche Erfahrung und soziale Lernprozesse, sondern auch schichtspezifische Faktoren eine wichtige modifizierende Rolle bezüglich der Übernahme sozialer Einstellungen und Handlungsweisen spielen. So werden in den Unterschichten die unterschiedlichen Rollenerwartungen an Mann und Frau eher betont, während in der Mittelschicht und Oberschicht die traditionellen Geschlechtsrollendefinitionen zunehmend an Bedeutung verlieren und somit bei beiden Geschlechtern auch eher ähnliche kognitive- und Handlungssysteme anzutreffen sind (H ö h n 1967). Beispielsweise sind Mädchen aus den sozialen Unterschichten in ihren Zukunftsplänen eher "familien- und keimzentriert", wohingegen Mädchen aus den Oberschichten eher eine Berufsorientierung, wenn allerdings auch meist in der Verbindung von Beruf und Familie aufweisen.

Die soziodemographische Variable A l t e r einer Person muß als mehrdimensionaler Indikator angesehen werden. Bei den meisten Untersuchungen, bei denen es sich nicht um die noch selten anzutreffenden Längenschnittuntersuchungen handelt, ist davon auszugehen, daß die Erhebungsgröße "Alter" nicht nur einen Hinweis auf das biologische Alter einer Person und auf altersspezifische Rollenerwartungen gibt, sondern ist auch als Indikator für die Rolle epochaler Einflüsse bei den früheren Sozialisationsprozessen anzusehen. Es lassen sich beim Vergleich der Alterskohorten nicht nur unterschiedliche für das soziale Verhalten relevante Erziehungsstile, Bildungschancen, Bildungsinhalte und berufliche Ausbildung beobachten, sondern eine diese Merkmale bedingende unterschiedliche ökonomische, gesellschaftliche und politische Struktur aufzeigen (F r i e d e b u r g 1969). Bezüglich der Erziehungsstile läßt sich generell ein Abbau "autoritärer" und elternzentrierter Einstellungen und Verhaltensweisen zugunsten "permissiven"/"demokratischen" und "kindzentrierten" Verhaltens erkennen (B r o n t e n b r e n n e r 1958). Die letztgenannten Erziehungspraktiken ermöglichen es dem heranwachsenden Individium der jüngeren Generation, eigene Bedürfnisse zu formulieren, sie unter Beachtung sozialer Spielregeln im Familienverband zu erproben und somit Grunderfahrungen für späteres Konfliktlösungsverhalten im vorpolitischen und politischen Raum zu erwerben. Weiterhin dürften aufgrund eines in den letzten Jahrzehnten zunehmenden Ausbaus des Schulsystems und einer besseren Zugänglichmachung des Bildungsangebots für breitere Volksschichten günstigere kognitive und sprachliche Voraussetzungen für die Erfassung gesellschaftlicher Zusammenhänge geschaffen worden sein. Hinzu kommen wenigstens in der Programmatik, wenn auch weniger in der Praxis des schulischen Alltags, Curricula für den politischen Bildungsunterricht, die neben Sachinformationen über politische Organisationen auch individuelle und gesellschaftliche Konflikte aufweisen und Lösungsmöglichkeiten diskutieren wollen (D e u t s c h e r B i l d u n g s b e i r a t 1970). Die sich zeitende reziproke Beziehung zwischen Alter und dem Trend zur Liberalisierung und Demokratisierung erklärt sich somit nicht aus dem Faktor Alter als psychophysiologische Veränderung, vielmehr kann Alter zumindest zu einem guten Teil als Indikator sozioökonomisch bedingter Veränderungen der Sozialisationsbedingungen verstanden werden.

Weiterhin stellt der Faktor Alter einen Indikator für die einer bestimmten Altersstufe zugeordneten Verhaltenserwartungen und für die mit den einzelnen Altersabschnitten einhergehenden beruflichen Tätigkeiten dar. Die sozialen Lernprozesse finden in den jeweiligen für eine Altersstufe typischen sozialen Betätigungsfeldern wie Familie, Kindergarten, Schule, Berufsausbildung, Berufsausübung, Vereinen, Altersheimen usw. statt. Von einem Kind und Jugendlichen werden weniger auf übergeordnete gesellschaftliche Probleme hinorientierte politische Handlungen als der Erwerb allgemeiner soziokultureller Normen und Kenntnisse hinsichtlich formaler gesellschaftlicher Organisationen erwartet. Mit zunehmendem Alter werden dem Heranwachsenden allmählich Artikulation und Durchsetzung eigener Bedürfnisse innerhalb seiner jeweiligen Gruppe zugestanden, wie z.B. in Familien und in der Schülermitbestimmung. In den Jahren der Herauslösung aus dem Familienverband und der Zentrierung auf die Gruppe der Gleichaltrigen - bedingt durch die einsetzende Berufsausbildung weiten sich auch die politisch-gesellschaftlichen Interessen aus. Politisches Handeln wird als Mittel zur Veränderung gesamt- und teilgesellschaftlicher Zustände erkannt und Solidarität als notwendige Voraussetzung angesehen. Sind während dieser Zeit die politischen Orientierungen eher altruistisch, idealistisch, universell und auf solidarische Aktionen mit dem Ziele der Veränderung gesellschaftlicher Zustände hin ausgerichtet, so werden mit dem Zeitpunkt der Gründung einer eigenen Familie, dem Eintritt in die Berufswelt und dem eventuell hinzukommenden Berufserfolg politische Orientierungen eher auf die eigene Interessenlage bezogen und bestehende Formen politischer Interessenartikulation und -durchsetzung bevorzugt. Ab dem Zeitpunkt des altersbedingten Zurückzuges aus dem Berufsleben läßt sich weniger ein abnehmendes Interesse an politischen Ereignissen als eine allmähliche Verminderung eigenen politischen Engagements verzeichnen.

Allerdings scheint ein solch zunehmendes politisches Desengagement mit wachsendem Alter schichtspezifische Unterschiede aufzuweisen (L e h r 1972). Die gleiche Einschränkung läßt sich auch im Hinblick auf die Behauptung hinsichtlich des Zusammenhanges von Alter auf der einen und Rigidität und Lernbereitschaft auf der anderen Seite machen (L e h r 1972). Abschließend kann festgehalten werden, daß in allen Altersstufen politisches Lernen, wenn auch mit unterschiedlichen Schwerpunkten und unterschiedlicher Effektivität stattfindet.

Zum Abschluß wollen wir noch auf die Variable R e l i g i o n s z u g e h ö r i g - k e i t als Indikator für differentiell verlaufende Prozesse politischer Sozialisation angehen. Ähnlich wie bei den oben diskutierten Merkmalen Geschlecht und Alter handelt es sich bei diesem Merkmal ebenfalls um einen relativ komplexen Indikator.

Einmal verweist die Konfession einer Person auf die Zugehörigkeit zu einer für vergangene Generationen bedeutsamen, für die heutige Generation vielleicht weniger einflußreichen Subkultur, die sich in Verhaltenserwartungen äußert (M c C l e l l a n d 1961). Das Merkmal Konfession kann nun auf einen eher indirekten oder direkten Einfluß auf den Sozialisationsprozeß hinweisen, je nachdem ob sich die Religionsgemeinschaft bei nur formaler Zugehörigkeit trotzdem über tradierte Wertstrukturen im familiären Erziehungsverhalten vermerkbar macht oder ob sie bei einem aktiven Mitglied eine unmittelbare Auswirkung über die Familie, durch Religionsunterricht und in konfessionell gebundenen Vereinen auf die Wertvorstellungen und Verhaltenserwartungen ausübt. Man kann erwarten, daß im ersten Fall eher ein Einfluß auf die allgemeine Wertorientierung zu verzeichnen ist und im zweiten darüberhinaus eine Auswirkung auf konkrete gesellschaftliche Einstellungen und Verhaltenserwartungen zu beobachten ist. Zwischen den Konfessionen lassen sich Unterschiede aufweisen im Hinblick auf für späteres soziales Verhalten sich auswirkende Erziehungspraktiken und -ziele wie Unabhängigkeit, kritische Distanz und Risikofreude (M i l l e r & S w a n s o n 1958), die sich im Erwachsenenalter im Ausmaß und in der Richtung des politischen Engagements nachweisen lassen (V e r b a & N i e 1972). Generell stehen in protestantischen Familien obengenannte Eigenschaften eher als bei katholischen Familien im Mittelpunkt des Erziehungsinteresses (H e r r m a n n 1972). Diese Persönlichkeitsmerkmale sind ihrerseits wiederum in enger Verbindung mit den Variablen Bildungs- und Aufstiegsmotivation zu sehen, wie auch Erfolg in Schule und Beruf; sie verweisen auf eine enge Beziehung zu einer sozialen Schichtzugehörigkeit. Konfession und soziale Schichtzugehörigkeit scheinen sich somit zu überlagern. Amerikanische Untersuchungen lassen vermuten, daß einmal ein tendenzieller Zusammenhang zwischen Religions- und Schichtzugehörigkeit existiert und daß zum anderen die interkonfessionellen Unterschiede im Gegensatz zu den Unterschichten bei den Mittelschichten relativ minimal sind (M i l l e r & S w a n s o n 1958). Für die BRD lassen sich allerdings in einigen Untersuchungen stärkere konfessionelle Unterschiede aufweisen (H e r m a n n 1972).

Zusammenfassend kann festgehalten werden, daß sich eine eindeutige Aussage über den Zusammenhang zwischen den diskutierten Variablen nur dann treffen läßt, wenn die Interdependenz dieser soziodemographischen Variablen miteinander und vor allem mit dem Merkmal soziale Schicht wie auch anderer soziostruktureller Variablen (sozio-strukturelle Beschreibung einer Gemeinde) in die Betrachtung einbezogen werden.

3.5 S o z i a l i s a t i o n im "v o r p o l i t i s c h e n" B e r e i c h und durch politisches Verha lten

Wir gingen davon aus, daß die politische Sozialisation einen sich über das ganze Leben erstreckenden Prozeß des sozialen Lernens darstellt, durch den Kenntnisse, Überzeugungen, Werte, Normen und soziale Handlungsschemata bezüglich des Versuchs der Einflußnahme auf die Willensbildung buw. Entscheidungsprozesse im sogenannten "politischen" Bereich vermittelt werden. Die Verhaltensweisen, so hatten wir weiterhin angenommen, sind das Ergebnis der kontinuierlichen Transaktion des Individiums in Familie, Spiel- und Freudnschaftsgruppen, Schule, Berufsausbildung und -tätigkeit, Vereinen, Gewerkschaften, Parteien und politischen Arbeitsgruppen. Fernerhin sahen wir politische Verhaltensweisen als Resultat unterschiedlicher Lernprozesse, wie instrumentelles Lernen, kognitives Lernen, Lernen durch Imitation und Identifikation an, wobei die verschiedenen lerntheoretischen Erklärungsansätze jeweils unterschiedliche Aspekte des gleichen Vorgangs des Verhaltenserwerbs unter seinen im dialektischen Verhältnis zueinanderstehenden Aspekten des Kognitiven, Emotionalen und Aktionalen umschreiben. Um das Wesentliche des in diesem Abschnitt angesprochenen Sozialisationsvorganges bezüglich seiner Beziehung zu den bisherigen Sozialisationsfeldern hervorzuheben, wollen wir nochmals auf die Sozialisationsleistungen der Familie, Schule und des Arbeitsplatzes zusammenfassend eingehen. Die letztgenannten Sozialisationsprozesse sind in gewisser Abhängigkeit sowohl von den Gegebenheiten der beteiligten Persönlichkeiten als auch vor allem durch "objektive" Bedingungen, wie sie in schicht-und anderen subkulturspezifischen Analysen herausgearbeitet werden, zu sehen. Die Familie kann einmal unter dem Aspekt ihrer zentralen "Weichenstellerfunktion" für alle weiteren Sozialisationsabläufe wie auch der damit einhergehenden Vermittlungsfunktion kognitiver, sprachlicher und Konfliktlösungsstile verstanden werden, auf deren Bedeutung für die ablaufenden Prozesse sozialen bzw. politischen Verhaltens wie z.B. Erkennen, Analyse, Konzeptionalisierung, Mitteilung von Problemen, Ausführung und anschließende Beurteilung von Handlungsstrategien oben hingewiesen wurde. Handelt es sich bei der Weitergabe dieser kognitiven und sozialen "skills" in unserem Zusammenhang eher um eine indirekte, latente Auswirkung auf politische Verhaltensprozesse, so haben wir es bei der Übermittlung politischer Überzeugungen, Einstellungen und Erwartungssysteme meist mit einer direkten, eher manifesten Form politischer Sozialisation zu tun, allerdings häufig bei ausgeprägter Unspezifität der vermittelten Inhalte. Daraus läßt sich folgern, daß zwar die emotionale Basis

politischer Verhaltensweisen, die politische "basic personality", schon früh festgelegt wird und aufgrund dieser frühen Lernerfahrungen relativ stabil bleiben wird,
daß sich aber insofern weiteres soziales Lernen z.B. im vorpolitischen und politischen Raum – wie die uns hier interessierenden sozialen Felder traditionell bezeichnet werden – erwarten läßt, als aufgrund der Unspezifität der vermittelten
Inhalge im weiteren Verlauf der individuellen sozialen Entwicklung, eine zunehmende
Differenzierung und folgende Integration angenommen werden kann. Ferner kann
man vermuten, daß besonders bei Personen aus Familien, die aufgrund ihres Er-
ziehungsstiles, der bezüglich des Grades der Orientierung äußerer vs. innerer
Standards (H o f f m a n n 1970) schichtspezifisch variiert, eher einen niedrigen
Grad an Internalisierung gesellschaftlicher Normen erreichten, eine höhere Wahrscheinlichkeit für spätere weitgehend ausgeprägte soziale Beeinflussung besteht.
Graduelle Modifikationen bestehender Überzeugungs- und Erwartungssysteme ergeben sich im sozialen Interaktionsprozeß vor allem bei Personen, die ein hohes Ausmaß an Flexibilität ebenfalls als Resultat bisheriger Sozialisationsprozesse mitbrin-
gen. Generell scheint zu gelten, daß früh erworbene und grundlegende Persönlichkeitsstrukturen weniger leicht durch soziale Umwelteinflüsse modifiziert werden als
jene Verhaltensweisen, die wie soziale Verhaltenserwartungen und Handlungsweisen
notwendigerweise keinen hohen Grad an Internalisation voraussetzen und somit die
Gewähr für eine wenigstens oberflächliche Anpassung an die Rollenerwartungen in
sozialen Gruppierungen bieten. Die Bedeutung der Verarbeitung der dabei auftreten-
den kognitiven Dissonanzen kann hier in diesem Zusammenhang nicht diskutiert
werden. Es sei nur darauf hingewiesen, daß besonders im Falle einer rigiden –kon-
venti onalistischen Orientierung von vorneherein zur Vermeidung innerer Konflikte
vor allem solche sozialen Gruppen aufgesucht werden, deren soziale Erwartungen
und Einstellungen mit den eigenen möglichst übereinstimmen. Individuelle Einstellungen werden in diesem Falle verstärkt bzw. differenziert. Insofern könnte man
auch hier noch von sozialen Lernprozessen sprechen, als zwar Verhalten weniger
grundlegen verändert, als vielmehr verfestigt und unter Umständen differenziert
wird. Steht bei der schulischen Sozialisation das Training kognitiver Fähigkeiten im
allgemeinen und im Bereich der politischen Sozialisation eher die Vermittlung von
Sachwissen bezüglich politischer Institutionen als das Erlernen von politischen Verhaltensformen im Mittelpunkt der Sozialisationsbemühungen, so haben wir im Bereich
des sozialen Lernens durch konkrete Erfahrungen am Arbeitsplatz und durch die sich
daraus ableitenden, für die politische Sozialisation als relevant anzusehenden Einflußfaktoren wie ökonomische Lage, Sozialprestige, Art und Umfang der Mitgliedschaft in Vereinen, Organisationen wichtige Determinanten für politisches Verhalten zu sehen. Je nach der Höhe des mit der Schichtzugehörigkeit einhergehenden
sozialen Prestiges finden wir einmal eine unterschiedliche Wahrscheinlichkeit sowohl für das Ausmaß wie auch für die Qualität des sozialen Engagements in formellen und informellen Gruppierungen, zum anderen unterschiedliche Rollenerwartungen und letztlich auch aufgrund der ungleichen Verfügbarkeit sozialer Fertigkeiten verschiedene Effektivität bei der Formulierung und Durchsetzung individueller
und schichtspezifischer Interessen. Durch die aktive Teilnahme an Gruppenaktivitä-
ten können vom einzelnen im Laufe der Zeit durch Beobachtung und Ausprobieren
der Umgang mit Geschäftsordnungen die Zusammenarbeit mit der Presse, Kommunika-
tions- und Konfliktverarbeitungsstile, die Techniken des Aushandelns von Kompromis-
sen, die Einkalkulierung von Konsens und Dissenz, die Toleranz gegenüber Ambi-
guitäten u.s.w. erworben werden. Bezüglich der Teilnahme an den Aktivitäten in

den Institutionen des sogenannten "vorpolitischen" und politischen" Raumes ist anzunehmen, daß diese durch unterschiedliche Interessen wie individuelle Nutzenerwartungen, soziale Integration oder gesellschaftspolitische Ziele bedingt sein kann. Daraus dürften sich auch unterschiedliche Konsequenzen dafür ergeben, was mit welcher Effektivität gelernt wird. Finden wir politische Motivationen vor, so können diese je nach sozialer Interessenlage variieren, zwischen konformistischer Anpassung und kritischem sozialem Engagement. Unterschiede lassen sich hierbei erklären sowohl durch eine Verarbeitung von praktischen Erfahrungen und den sich daran anschließenden theoretischen Überlegungen als auch durch alle bisherigen Sozialisationseinflüsse aus Familie, Schule und Arbeitsplatzsituation. Wir können vermuten, daß durch die Mitgliedschaft in Vereinen, Gewerkschaften und Arbeitskreisen von vornherein weniger tiefliegende Veränderungen im Überzeugungs- und Einstellungssystem erreicht werden als auf dem Gebiet der sich aus der Interaktion notwendigerweise ergebenden perzipierten Verhaltenserwartungen bezüglich eigenen und fremden manifesten Verhaltens. Der Grund hierfür darf vor allem darin gesehen werden, daß persönliche innere Einstellungen und Überzeugungen weniger äußerem sozialem Druck unterliegen als tatsächlich oder potentiell manifest werdendes soziales im allgemeinen und politischen Verhalten im besonderen.

Die im "vorpolitischen" Raum erworbenen sozialen Fertigkeiten, wie soziale Sensibilität und andere Verhaltensgrößen können zwar als wichtige Determinanten für erfolgreiches Sozialverhalten im "politischen Raum" angesehen werden, doch bedarf der Transfer aus dem einen in den anderen Bereich einiger zentraler Zusatzbedingungen. Einmal muß erkannt werden, daß es sich im gegebenen Falle um ähnliche soziale Strukturen handelt, wo gelernte soziale Techniken erfolgreich anwendbar sind. Zum anderen muß für eine Bestätigung im neuen Feld auch die persönliche oder gruppenspezifische Betroffenheit und die Notwendigkeit eines persönlichen Engagements hinzukommen. Ferner darf die Bereitschaft für das Ergreifen einer konkreten politischen Strategie in Abhängigkeit von den perzipierten sozialen Verhaltenserwartungen seitens enger und weiterer sozialer Gruppen wie Familie, Freunde, Bekannte, Gemeinde, politische und administrative Institutionen gesehen werden. Je nach Schichtzugehörigkeit und nach Sozialprestige werden konventionelle oder progressive, passive oder aktive, individuelle oder kollektive Verhaltensweisen bevorzugt. Für die Auslösung eines bestimmten sozialen Verhaltens in einer Situation müssen wir als wichtige Determinanten neben soziostrukturellen Bedingungen die durch die oben beschriebenen Sozialisationsvorgänge mitbedingte Faktoren wie allgemeine und spezifische affektive und kognitive Schemata bei der Beurteilung der Situation, bisher erfolgreich eingesetzte Handlungsmuster (Gewohnheiten) und Kontrollsysteme bei der Antizipation des sozialen Handelns wie Verhaltenserwartungen, soziale Hemmungen und Ängste besonders bei ungewohnten non-konformistischen Verhaltensweisen ansehen. Stattgefundenes Handelns unterliegt einer anschließenden Beurteilung, die darüber entscheidet, ob die drei genannten Teilprozesse der affektiven und kognitiven Beurteilung, die Wahl der Strategie und die antizipierte Beurteilung beibehalten werden oder ob sie einer Modifikation bedürfen. Erfolgreich eingeschätztes Handeln wird mit hoher Wahrscheinlichkeit in ähnlichen subjektiven und objektiven Situationen wiederholt. Mißerfolg verringert zwar im allgemeinen die Auftretenswahrscheinlichkeit, kann aber bei vorhandener Fähigkeit zu kritischer Reflexion und bei nicht zu großen Diskrepanzen zwischen dem, was eintraf und was eintreffen sollte, zu neuen produktiven Überlegungen führend und in ein neues Probehandeln münden.

4. POLITISCHE KOMMUNIKATIONSSTRUKTUREN ALS BEDINGUNGEN POLITISCHER PARTIZIPATION (8)

Als die zentralen objektiven Bedingungen politischer Partizipation wurden der Konflikt und die Betroffenheit eingeführt: sie sind Ausgangs- und Bezugspunkt jeder politischen Beteiligung.

Doch auch für solche Bürger, die von einem Konflikt objektiv betroffen sind, ist es nicht selbstverständlich, daß sie auf den politischen Willensbildungs- und Entscheidungsprozeß Einfluß zu nehmen versuchen. Vielmehr müssen auch auf der subjektiven Ebene (Personenebene) eine Reihe von Bedingungen erfüllt sein, damit es zur Herausbildung von Verhaltens- (Partizipations-) bereitschaft und schließlich tatsächlichem Verhalten (Partizipation) kommt.

Eine dieser Bedingungen ist die "Informiertheit" der Bürger:

Er muß erkennen (können), daß der Konflikt besteht, wie er beschaffen ist, daß und in welchem Ausmaß er von diesem betroffen ist und welche Beteiligungsmöglichkeiten (bereits angebotene und darüber hinaus denkbare) bestehen, das in ihm bestehende oder durch die Situation erzeugte Interesse zu artikulieren und auch durchzusetzen.

Politische Beteiligung hat demnach zur Voraussetzung eine ausreichende Information über Konflikt, Betroffenheit und Beteiligungsmöglichkeiten im konkreten Fall und ausreichendes Verständnis für allgemeine Funktionszusammenhänge des politischen Systems (vgl. B u s e 1975, 52).

Ohne derartige "Informiertheit" ist der Bürger von vorneherein von einer effektiven Teilnahme an der Herrschaft in dem jeweiligen politischen System ausgeschlossen.

Diese Informiertheit hängt jedoch neben der kommunikativen Kompetenz der Personen nicht zuletzt davon ab, inwieweit leistungsfähige Kommunikationssysteme zur Verfügung stehen, die es dem Bürger als dem eigentlichen Souverän ermöglichen, zu einer ausreichenden Informiertheit über die zu entscheidenden politischen Sachverhalte zu gelangen (vgl. G e i ß l e r 1973a, 1).

Wir gehen davon aus, daß neben den im Prozeß der politischen Sozialisation erworbenen Grundeinstellungen - die Informiertheit des Bürgers als Bedingung seiner kommunikativen Kompetenz - seine konkreten Einstellungen und wahrgenommenen Verhaltenserwartungen bestimmt, aus denen wiederum Verhaltensbereitschaft und tatsächliches Verhalten resultieren (vgl. Abbildung 4).

Informiertheit wird als das Resultat des Wahrnehmungsprozesses einer Person angesehen, als Resultat von Informationsaufnahme und Informationsverarbeitung. Voraussetzung dafür, daß ein Bürger über bestimmte politische Sachverhalte informiert ist, ist somit die Wahrnehmung von (bestimmten) Informationen.

Die Wahrnehmung oder besser: Perzeption (9) erhält damit die Funktion einer zentralen Grundvoraussetzung für politische Partizipation.

Wir wollen daher zunächst den Begriff der Perzeption näher explizieren.

4.1 Der Perzeptionsbegriff: Soziale Perzeption als selektiver und interpretativer Vorgang

Wir gehen davon aus, daß jede Perzeption immer schon einen "kognitiven Einordnungs- und Verarbeitungsprozeß" (B u s e 1975, 51; vgl. auch H o l z k a m p 1972, 1267) beinhaltet. So fassen wir unter Perzeption das gesamte Wahrnehmungs- und Kognitionsverhalten einer Person: also den "gesamten Vorgang, durch den die Lebewesen Informationen über ihre Umwelt und ihren eigenen Zustand aufnehmen und verarbeiten" (K l i m a 1973, 747).
Stellt man bei Bürgern hinsichtlich ihrer Informiertheit über denselben politischen Sachverhalt Unterschiede im Grad und der Qualität fest, so nehmen wir an, daß diese empirisch ermittelten Perzeptionsunterschiede weniger über die physio- bzw. psycho-physikalischen Wahrnehmungskompetenzen der Personen erklärbar sind, als vielmehr über die sozialen Bedingungsgrößen der Wahrnehmung, die auf den Verlauf des Wahrnehmungs- bzw. Kommunikationsprozesses beeinflussend wirken. Diese sind in der sozialen Umwelt (etwa in vorgegebenen Informationsstrukturen) und in der durch die soziale Umwelt geprägten wahrnehmenden Personen selbst zu finden.

Für die Analyse politischen Verhaltens ist vor allem diese Seite der Perzeption, die "soziale Perzeption" (social perception; soziale Kognition) von Interesse. Sie äußert sich insbesondere in den Phänomenen der Selektion und Interpretation, die wesentlich durch die Sozialisation der Personen gesteuert werden. Dies ist unter speziellem Bezug auf soziale Perzeption vor allem in funktionalistischen Theorien dargelegt worden, was wir hier nur andeuten können (vgl. zusammenfassend G r a u m a n n 1956). Im Zentrum steht dabei die Annahme, daß der menschliche "Organismus kein Schwamm ist, der Reize unterschiedslos aufsaugt. Er ist im Gegenteil hochgradig selektiv (und interpretativ; d. Verf.) in seinen Reaktionen, die ihrerseits von zugrundeliegenden motivationalen und Wertprozessen abhängen" (C h a p l i n/K r a w i e c 1968, zit. n. S t a d l e r e t a l. 1975, 228). Perzeption ist demnach ein überwiegend aktiver Prozeß des Individuums, der seine jeweilige Ausprägung durch die in der Perzeption einbezogenen sozial erlernten Einstellungen und Erwartungen erfährt. Sie kann als eine Art Kompromiß aufgefaßt werden zwischen dem, was die Person an Gegebenem vorfindet und dem, was sie zu sehen erwartet bzw. zu vermeiden sucht.
Mit diesen Filter- und Interpretationsprozessen im sozialen Umfeld und im System der perzipierenden Person ist das bedeutendste Phänomen sozialer und somit auch politischer Kommunikation angesprochen: Immer dann, wenn Informationen gesendet oder empfangen werden, werden sie subjektiv ausgewählt und interpretiert vor dem Hintergrund eigener Interessen, Erfahrungen, Einstellungen, Erwartungen usw. (vgl. F ü r s t 1975, 161; S c h u l z 1971, 100). Diese Ergebnisse der Wahrnehmungsforschung stellten die anfänglichen Theorien der Wirkungsforschung in Frage: von der direkten "Wirkung" der (Massen-)Medien bzw. der Informationen kann kaum gesprochen werden (vgl. P r o j e k t g r u p p e K o m m u n i k a t i o n s w i s s e n s c h a f t 1976, 188).

Wo sind die Ursachen dafür zu suchen, daß Perzeption als sozial bedingter Prozeß abläuft? Dies wollen wir im folgenden Kapitel anhand eines Kommunikationsmodells systematisch behandeln.

4.2 Das Kommunikationsmodell

Im nachfolgenden Kommunikationsmodell (10) werden die wichtigsten Stationen (massen-) kommunikativer Prozesse aufgezeigt, um deren Akteure lokalisieren und den Fluß von Informationen nachvollziehen zu können.

Die Elemente des Kommunikationsprozesses und ihre Bedeutung für
politische Kommunikation

Unter "Kommunikation" (11) wird - im engen Sinne - dasjenige soziale Verhalten verstanden, das der Vermittlung von Informationen und Bewußtseinsinhalten zwischen Menschen dient. Sie koppelt gesellschaftliche Teilsysteme informell miteinander. Vorausgesetzt ist dazu die Geltung bestimmter Sinnzusammenhänge. Diese Geltung von Sinn wird vermittelt über bestimmte "eingelebte und normativ abgesicherte Sprachspiele" (H a b e r m a s 1971 b, 115; ferner D u n c k e l - m a n n 1975, 17), denn Sprache ist das alle Kommunikationspartner verbindende Medium (12) und somit Grundelement jeder sozialen Kommunikation.
Die Teilnahme an der politischen Meinungs- und Willensbildung erfordert daher ein sprachliches (L u h m a n n 1971, 43 f) "Spezialtraining" (N e g t / K l u g e 1972, 87) der teilnehmenden Bürger. Das Erlernen dieser Code-Beherrschung steht in engem Zusammenhang mit der Sozialisation der Person, d.h. wird im Laufe der Sozialisation erworben (13).
Wir beschäftigen uns angesichts der Thematik "Politische Partizipation" speziell mit d e r sozialen Perzeption, die auf den Erwerb politischer Informationen und Meinungen gerichtet ist und zur politischen Informiertheit führt, im weitesten Sinne also mit "politischer Kommunikation". Thematisiert ist folglich der Bereich der Kommunikation, der überwiegend politischen Charakter hat und der der Vorbereitung bzw. Einleitung politischen Verhaltens dient: die politische Meinungs- und Willensbildung. Für die Herausbildung politischer Informiertheit ist dabei u.a. von Bedeutung, auf welchem sprachlichen Niveau die Informationen liegen, die dem Bürger angeboten werden bzw. die er sich sucht (14) und die er aufgrund seiner kommunikativen Kompetenz unterschiedlich aufzunehmen und zu verarbeiten in der Lage ist.
Der "Kommunikationsprozeß" umfaßt im wesentlichen drei Stationen, die ihrerseits wiederum verschiedene Elemente enthalten:
1. das I n f o r m a t i o n s a n g e b o t (Information; Kommunikator; Massenmedium), 2. die Möglichkeiten des I n f o r m a t i o n s f l u s s e s und des B e e i n f l u s s u n g s v e r l a u f s (direkte Kommunikation; interpersonale Kommunikation; Meinungsführer), 3. die I n f o r m a t i o n s a u f - n a h m e und I n f o r m a t i o n s v e r a r b e i t u n g (Rezipient). Auf diesen drei Stationen wollen wir untersuchen, welchen "Manipulationen" objektiv bestehende politische Sachverhalte (in Form politischer Informationen und Meinungen) unterliegen und welche Auswirkungen diese für die politische Informiertheit des Bürgers haben.

Abbildung 2: Das Kommunikationsmodell

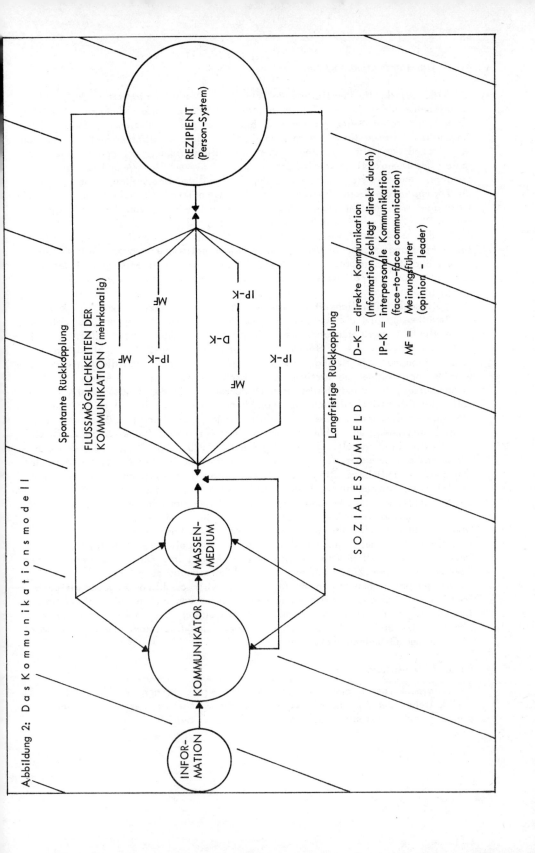

Spontane Rückkopplung

REZIPIENT
(Person-System)

FLUSSMÖGLICHKEITEN DER
KOMMUNIKATION (mehrkanalig)

MF

MF   IP-K   MF

IP-K   D-K

IP-K

MASSEN-
MEDIUM

KOMMUNIKATOR

INFOR-
MATION

Langfristige Rückkopplung

SOZIALES UMFELD

D-K = direkte Kommunikation
      (Information/schlägt direkt durch)

IP-K = interpersonale Kommunikation
       (face-to-face communication)

MF = Meinungsführer
      (opinion - leader)

4.2.1 Das Informationsangebot

Das eine Demokratie konstituierende Prinzip der Volkssouveränität fordert, daß der einzelne Bürger als der Souverän jederzeit und in vollem Umfange die Gelegenheit zur freien Meinungsbildung in bezug auf politische Entscheidungen erhält. Entscheidend ist für die demokratische Qualität eines politischen Systems demnach der "Prozeß der politischen Meinungs- und Willensbildung, der den formalen Anspruch der Demokratie erst mit materieller Substanz erfüllt. Wenn heute jedes Regierungssystem von sich behauptet., den Volkswillen darzustellen, indem es auf die Förderung des Gesamtinteresse, auf das "Gemeinwohl" gerichtet sei, bleibt die Kernfrage: wie entsteht dieser Volkswille und wie wird er von den Regierenden erkannt?" (F r a e n k e l/B r a c h e r 1964, 73).
Gemeinhin wird die "politische Öffentlichkeit" als dasjenige kommunikative politische Feld angegeben, in dem die Entscheider politischer Prozesse mit den einzelnen Bürgern, den politischen Organisationen und den Interessenverbänden zusammentreffen, um politische Informationen und Vorstellungen auszutauschen und zu diskutieren.
Die politische Öffentlichkeit ist also der Bereich einer Gesellschaft, in dem sich die Bevölkerung und die sozialen wie politischen Interessengruppen über politische Sachverhalte unterrichten und ihre Meinung dazu kundtun. Dabei bilden sich vielfach eine oder mehrere "Öffentliche Meinung(en)" heraus, die nicht identisch zu sein brauchen mit der sog. "veröffentlichten Meinung", und die den Konsens von Mehrheitsgruppen zu bestimmten politischen Fragen repräsentieren.
In komplexen, hoch industrialisierten Demokratien wie der Bundesrepublik besteht politische Öffentlichkeit nicht von vorneherein (wie etwa in den griechischen Stadtstaaten der Antike). Denn "in einer offenen Gesellschaft muß jedermann die Kunst beherrschen, zu verhüllen, was der uns nur schwer kalkulierbaren Umwelt vorenthalten bleiben soll..." (F ü l g r a f f 1973, 293). Diese Perspektive bestimmt insbesondere das Verhalten der Entscheider politischer Prozesse gegenüber den Bürgern. Politische Öffentlichkeit muß also von Fall zu Fall erst hergestellt werden. Den Rahmen hierzu bietet das Grundgesetz, insbesondere in Artikel 5, der die Informations- und Meinungsfreiheit aller Bürger vorsieht: jeder hat das Recht, sich zu unterrichten, seine Meinung frei zu äußern und sie zu verarbeiten.
Unbeschadet der prinzipiellen Geltung dieser Norm hängt jedoch der demokratische Charakter eines Systems und die Möglichkeit politischer Beteiligung davon ab, inwieweit die gesellschaftlich-politischen Strukturen ihre Realisierung ermöglichen. Dies ist in unserem Zusammenhang für die lokale Ebene zu prüfen.
In lokalen politischen Systemen (Kommunen) wird sowohl das Angebot als auch der Vertrieb politischer Informationen im wesentlichen von drei lokalen Informationsträgern vorgenommen: a) der kommunalen Verwaltung, b) den lokal orientierten Massenmedien und c) den politischen Parteien, den Interessenverbänden und Vereinen in der Gemeinde (vgl. Abbildung 3).

Rat und Verwaltung

Im Mittelpunkt des Informationsinteresses des Bürgers für den Bereich der Kommunalpolitik stehen der Rat und die Verwaltung der Gemeinde; hier wird geplant, entschieden und ausgeführt, was den Bürger letztlich betrifft.

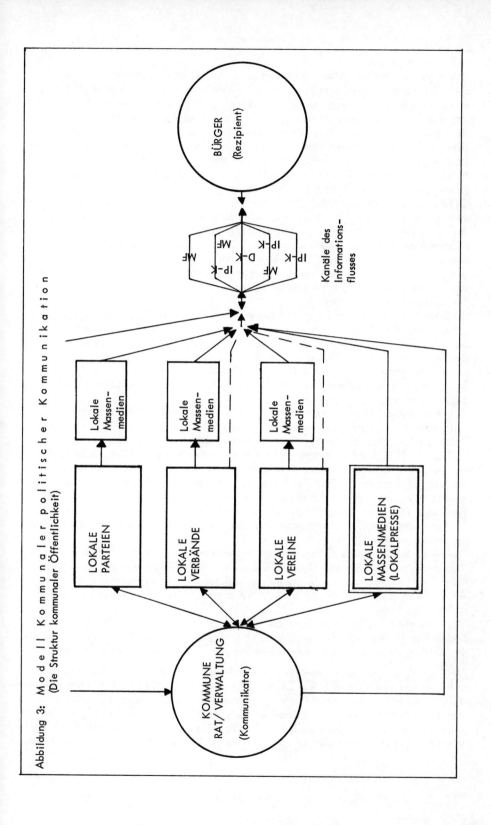

Abbildung 3: Modell Kommunaler politischer Kommunikation
(Die Struktur kommunaler Öffentlichkeit)

Daher hat der Bürger "einen Anspruch darauf, von den Kommunalpolitikern und der kommunalen Verwaltung rechtzeitig und umfassend über bevorstehende, noch offene und bereits vollzogene Entscheidungen und Vorgänge informiert zu werden, damit er sich dazu seine Meinung bilden und sie artikulieren kann. Der Bürger ist nicht in erster Linie dazu verpflichtet, sich die Informationen von den politischen Gremien und der Verwaltung zu beschaffen. Die Initiative zur Informationsgebung und zur Auskunft liegt bei der Kommune. Es bedeutet nicht eine "großzügige Geste", sondern es ist eine Pflicht der Kommune, den Bürger zu informieren" (B o r g h o r s t 1976, 16).

So fordert auch die rheinland-pfälzische Gemeindeordnung, daß "die Gemeindeverwaltung (...) die Einwohner über wichtige Angelegenheiten aus dem Bereich der örtlichen Verwaltung in geeigneter Form zu unterrichten (hat)" (15).

Diesem Anspruch wird jedoch seitens der Gemeinde kaum Genüge getan; die Informationen fließen nur spärlich und wohl dosiert, betreffen meist nur das E r g e b n i s politischer Willensbildungs- und Entscheidungsprozesse und erreichen den Bürger – was vielfach beabsichtigt ist - zu einem Zeitpunkt, an dem "die Sache bereits gelaufen" ist.

Dadurch werden legitimationsgefährdende Konflikte zwischen den Kommunalbehörden und den Bürgern weitgehend vermieden, insbesondere in kleinen und mittleren Gemeinden, worauf auch S c h u l z verweist: "Die Nachrichtengebung der offiziellen Stellen ist darauf bedacht, alle Konfliktstoffe zu übergehen und nur solche Informationen der Öffentlichkeit zukommen zu lassen, die den Konsens in der Gemeinde erhöhen" (S c h u l z 1971, 107, im Anschluß an G i e b e r 1964, 178-182).

Auf der anderen Seite suchen die Organe der kommunalen Selbstverwaltung aus Gründen der Legitimationsbeschaffung gerade diesen Arkanpolitik zu durchbrechen, indem sie über Pressereferate "Öffentlichkeitsarbeit" betreiben (vgl. hierzu etwa K u b e 1973, 55 f). Dem direkten Kontakt zum Bürger mit der Absicht, ihn zu überzeugen und nicht mehr zu überfahren, wird erst in jüngster Zeit verstärkt Bedeutung zugemessen - nicht zuletzt angesichts des immer lauter werdenden Bürgerunmuts (vor allem in den Bereichen Kommunal- und Umweltpolitik). So wurden in Rheinland-Pfalz wie auch in anderen Bundesländern erstmals über die Gemeindeverfassungen "Bürgerversammlungen" als Informations- und Beteiligungsgremien institutionalisiert. (16)

Inhaltlich besteht diese Öffentlichkeit jedoch nahezu ausschließlich aus einer "Darstellung von Erfolgen" (B o r g h o r s t 1976, 73) bzw. aus der Absicht, "die Stadt in ihrer vollen Schönheit zu verkaufen" (L a n d w e h r m a n n/ B r e d e m e i e r/N o k i e l s k i/W e b e r 1971, 11, zit.n. B o r g h o r s t 1976, 73).

Die Verwaltung selbst stellt sich dar als neutrale, unpolitische Fachinstanz; dieses Image hat die Kommunalverwaltung auch bei großen Teilen der Bürgerschaft, die vielfach nicht in der Lage ist, zwischen Rat und Verwaltung zu differenzieren.

Die von den kommunalen Behörden angebotenen politischen Informationen werden daher von einem Großteil der Gemeindebevölkerung, zumal von Bürgern aus den unteren sozialen Schichten, Frauen und alten Leuten unkritisch perzipiert, da sie der Selbstdarstellung der Gemeinde mangels Aufklärung durch andere, kritische Informationen und die notwendige politische Bildung notgedrungen erliegen. Dies wiederum hat Auswirkungen auf das weitere politische Verhalten der Rezipienten.

Lokalpresse

Dieser damit verbundenen Lähmung der kritischen Kontroll- und Korrektivfunktion der Bürger gegenüber den politischen Entscheidern sollten und könnten die lokalen Massenmedien, die mit großem Abstand die Hauptinformationsquelle des Bürgers für Fragen der Kommunalpolitik darstellen, informierend und kommentierend entgegenwirken.

Daß den lokalen Massenmedien, also der lokalen Presse eine derartige öffentliche Funktion zukommt, hebt auch das Bundesverfassungsgericht hervor: "Soll der Bürger politische Entscheidungen treffen, muß er umfassend informiert sein, aber auch Meinungen kennen und gegeneinander abwägen können, die andere sich gebildet haben. Die Presse hält diese Diskussion in Gang, sie beschafft die Informationen, nimmt selber Stellung und wirkt damit als orientierende Kraft der öffentlichen Auseinandersetzung" (BVerfGE 20, 162 ff. (174)).

Diesen Anforderungen wird die Lokalpresse nur in wenigen Gemeinden gerecht, und das aus mehreren Gründen.

Zur Lokalpresse zählen sowohl ausschließlich lokal orientierte als auch regionale und überregionale Zeitungen mit einem (oder mehreren) Lokalteil(en). Diese "Heimatzeitungen" berichten nahezu monopolhaft über das soziale, kulturelle und politische Geschehen in den Gemeinden. Wochenzeitungen, Zeitschriften, Magazine sowie Rundfunk und Fernsehen, auch in ihren "Regionalprogrammen", berichten so gut wie gar nicht über kommunale Politik.

Daher werden die folgenden Zahlen aus dem Jahre 1966 verständlich:
"80% der Erwachsenen in der Bundesrepublik lesen täglich eine Zeitung. Innerhalb einer Woche werden 90% der erwachsenen Bevölkerung durch die Zeitung angesprochen. Auf das weitaus größte Interesse der Leser von regionalen Zeitungen stößt der lokale Teil ihrer Zeitung. Bei einer Indexskala von 0 - 10 erreichte der Lokalteil einen Interessengrad von 9 Punkten, vor dem Anzeigenteil mit 6,9 Punkten, den Berichten zur nationalen und internationalen Politik mit 6,8, dem Wirtschaftsteil mit 5,4 und dem Sportteil mit 5,1 Punkten" (H e l m k e/N a ß m a c h e r 1976, 190).

Die Lokalpresse ist der Produzent lokaler Öffentlichkeit mit der größten Reichweite und trägt daher einen sehr wesentlichen Teil dazu bei, "lokale Aktivitäten zu wecken und Identifikationen zu erzeugen" (R i n k 1963, 164, zit. n. Z o l l/ H e n n i g 1970, 181).

Im lokalen Bereich nimmt die Zeitungskonzentration zu.

Immer weniger Bürger leben in Gemeinden, in denen zwei oder mehrere Lokalzeitungen miteinander konkurrieren oder zumindest nebeneinander stehen; die Zahl der wirtschaftlich und damit politisch eigenständigen Blätter nimmt mehr und mehr ab. So berichtet der westdeutsche Rundfunk in einer Fernsehsendung in Anlehnung an eine Repräsentativumfrage des I n s t i t u t s f ü r D e m o s k o p i e A l l e n b a c h : "1954 gab es in der Bundesrepublik noch 225 Tageszeitungen. In den folgenden 20 Jahren wurden nicht weniger als 103 oder 45,8% eingestellt oder von kapitalkräftigeren Konkurrenzverlagen aufgekauft. Übrig blieben bis Juli 1974 nur noch 122 publizistische Einheiten. So nennt man die Tageszeitungen, die mindestens den allgemeinen politischen Teil selbst redigieren. Die Zahl der Einzeitungsgebiete hat sich in den selben 20 Jahren ständig vergrößert. Sie stieg von 85 im Jahre 1954 auf 159 im Jahre 1974. Einzeitungsgebiete nennt man die Landkreise oder kreisfreien Städte, über deren lokales Geschehen nur noch eine Zeitung berichtet. Damit lebte 1954 jeder zwölfte Einwohner der Bundesrepublik,

1974 aber schon jeder dritte in einem Einzeitungsgebiet." (W D R 1976, 1) (17).
Rheinland Pfalz weist mit 60,5% hinter dem Saarland mit 100% und Bayern mit
61,9% den dritthöchsten Prozentsatz an Einzeitungsgebieten auf (W D R 1976,1).
Beispielhaft ist dafür die von uns analysierte Koblenzer "Rhein-Zeitung", die für
sehr viele umliegenden Gemeinden das Kopfblatt bildet und nur von einigen wenigen Lokalredationen (wie etwa der Andernacher) mit ergänzenden örtlichen
Nachrichten beschickt wird. Da in Andernach keine weitere Lokalzeitung besteht, besitzt die "Rhein-Zeitung" in Andernach ein Informationsmonopol über
lokale Geschehnisse.
Welche Auswirkungen solche lokalen Zeitungsmonopole auf das Informationsangebot der Zeitung und auf das Informationsverhalten der Bürger haben, ist noch
nicht abschließend geklärt. Einerseits ist festzustellen, daß eine Pressemonopol-
situation in einer Gemeinde nicht immer gleichbedeutend ist mit einer Leistungs-
und Funktionsreduktion. So berichtet N o e l l e - N e u m a n n als ein
Ergebnis einer Langzeitstudie zu den "Folgen lokaler Zeitungsmonopole", daß
"eine Einschränkung publizistischer Leistung von Tageszeitungen nach Erringen
einer lokalen Monopolstellung (...) nicht festgestellt werden (konnte)"
(N o e l l e - N e u m a n n 1973, 82).
Andererseits wurde nachgewiesen, daß bei der Entstehung lokaler Zeitungsmonopole
der Umfang der Lokalteile beträchtlich vermindert wird (L a n g e n b u c h e r
1973, 35; W D R 1976).
Zudem ist durch den Wegfall der Konkurrenz anderer Zeitungen die Gefahr einer
zu einseitigen Informierung der Bürger und zu starken Angepaßtheit an die kommunalen Behörden sehr groß (B o r g h o r s t 1976, 75), wenn auch einer Zeitungs-
vielfalt nicht immer eine Meinungsvielfalt entspricht (H a e n i s c h/S c h r ö -
t e r 1974, 277). In Einzeitungsgebieten ist der informationssuchende Bürger auf
eine Zeitung verpflichtet und durch die fehlende Wahlmöglichkeit praktisch in
der Freiheit der Informationsauswahl und Meinungsbildung behindert: ihm fehlt der
Vergleich (W D R 1976, 2). Das hat einen Vertrauensverlust des Rezipienten gegenüber dem Medium und seinen Informationen zur Folge.
"49% der Leser in Gebieten mit örtlichem Wettbewerb erklärten, sie hätten "vol-
les Vertrauen" in ihre Zeitung. Gegenüber örtlichen Monopolzeitungen hingegen
gaben nur 28% der Leser eine solche uneingeschränkte Vertrauenserklärung ab
(...). Fast jeder zweite Leser von Monopolzeitungen sagte bei dieser Umfrage:
ich lese diese Zeitung nur, weil es die einzige ist, die etwas über den Ort bringt.
Sonst würde ich sie nicht lesen" (W D R 1976).
Die inhaltliche Qualität der Informationen und Kommentare lokaler Zeitungsberichterstattung wird durch eine Vielzahl weiterer Größen bestimmt. Wesentliche
Bestimmungsfaktoren sind die Struktur der Abonnenten- und sonstigen Leserschaft,
die wirtschaftliche, rechtliche und politische Struktur von Zeitungsverlag und
Zeitungsredaktion, die Haltung der Lokalredakteure, die Zusammensetzung und das
Verhalten der Anzeigenkunden und das Verhältnis zu den Kommunalbehörden. Die
von diesen Größen ausgehenden Einflüsse bewirken - so kann vorab zusammenfassend
und verallgemeinernd als Tenor bisheriger Untersuchungen festgehalten werden -,
daß die Mehrzahl der Lokalzeitungen eine "lokal-unkritische" (F ü r s t 1975,107)
Berichterstattung betreiben: "In der BRD machen sich Konflikte mit dem Establishment
für die Presse nicht bezahlt - sie kosten Leser und Anzeigen" (F ü r s t, ebd.).

Das hat zur Folge, daß die Lokalpresse die ihr zugedachte kritische Informations-
sowie Kontroll- und Korrigierfunktion nicht ausüben kann (H e l m k e/N a ß -
m a c h e r 1976, 193).

So sieht sich auch hier der Rezipient - ähnlich wie bei dem Informationsangebot
durch Rat und Verwaltung - in einer mißlichen Lage: er muß mit den Informationen, die ihm angeboten werden, auskommen, oder er muß sich eigene Informations-
kanäle schaffen, was aber nicht jedem Bürger möglich bzw. nicht von jedem er-
wünscht ist. So ist in der Mehrzahl der Fälle lokaler politischer Perzeption anzunehmen, daß ein enger Zusammenhang zwischen angebotener Information durch
die Kommunalbehörden bzw. die Lokalpresse, der Informiertheit des Bürgers und
letztlich seinem politischen Beteiligungsverhalten besteht.

Gleich den informierenden Instanzen der Gemeindeverwaltung wirkt die Lokalzeitung als "gatekeeper", als "Türwächter", der bestimmt, welche Informationen
durchgelassen werden und welche nicht. Die einzelnen Selektionsvorgänge liegen in erster Linie in der Hand der Lokalredakteure. Sie formen die Informationen
und Meinungen unter Berücksichtigung der Abhängigkeiten, in die sie eingespannt
sind.

Nachrichten und Kommentare sind innerhalb einer gewissen Toleranzspanne vom
Lokalredakteur so abzufassen, daß sie den Interessen bzw. Erwartungen derjenigen Personen und Institutionen möglichst nicht zuwiderlaufen, von denen die Zeitung in irgendeiner Form existentiell abhängig ist. Handelt der Lokalredakteur
nicht entsprechend, und wird sein Vorgehen von der Zeitung nicht gedeckt,
wird er mit beruflichen Sanktionen bis hin zur Entlassung zu rechnen haben. Informieren bedeutet somit für die Mehrzahl der Lokalredakteure nicht, kritisch
zu informieren und zu kontrollieren, sondern Rücksichtnahme bis zur völligen
Angepaßtheit (18). Drei sich einander ergänzende Tendenzen dominieren in
der lokalen Berichterstattung: der "gouvernementale" und der "personale Zug"
(G e i ß l e r 1973 a, 118) sowie die Vorliebe zur Beschönigung.

In kleinen und mittleren Gemeinden stehen dem Lokalredakteur weit weniger In-
formationsquellen zur Verfügung als in größeren Gemeinden und auf Landes- und
Bundesebene. Informationen, erhält der Lokalredakteur allein von den örtlichen
Parteien, Verbänden, Vereinen sowie den kommunalen Einrichtungen wie etwa
Polizeit, Feuerwehr, Schulen, Kindergärten, Kirchen etc. Die nach wie vor
wichtigste Informationsquelle ist die Gemeindeverwaltung.

Mit all diesen Informationsanbietern hat sich die informations-, reputations-,
abonnenten- und annoncenabhängige Lokalzeitung und damit auch der Lokalredakteur
gut zu stellen, d.h. über alle - entsprechend ihrem lokalen Machtgewicht - in
erwartetem Maße und Inhalt zu berichten. Und das gilt verstärkt für die führenden
Repräsentanten dieser Informationsgeber, die "Honoratioren" der Gemeinde.

Ihr "gouvernementales" Gepräge erhält die Lokalberichterstattung dadurch, daß
örtliche Machtstrukturen die Arbeit der Lokalredaktionen nicht nur unwesentlich bestimmen und sich so in der lokalpolitischen Zeitungsberichterstattung niederschlagen.

Der Lokalredakteur macht sich unter dem Druck drohender Informationssperre, wirt-
schaftlicher Sanktionen und lokalgesellschaftlicher Ächtung notgedrungenermaßen
die Normen von Kommunalverwaltung und lokalen Honoratioren und Machtinhabern
zu eigen. Dies geschieht um so eher und bereitwilliger, je kleiner die Gemeinde
ist, denn um so intensiver ist in der Regel die Verflechtung in der lokalen Macht-

struktur (vgl. F ü r s t 1975, 107; G e i ß l e r 1973 a, 56). Dabei fällt auf, daß Lokalredakteure verstärkt die Normvorstellungen von Lokalpolitikern übernehmen und übermitteln: "sie teilen mit ihnen die Vorliebe für effektive Regierungsarbeit und kooperieren in der Nachrichtenpolitik, indem sie unerfreuliche Berichte nach Möglichkeit vermeiden. Die Kooperation geht sogar bis zur Nachrichtenmanipulation – im Interesse des Wohlergehens der Gemeinde" (S c h u l z 1971, 107). Die Qualität der Beziehungen der Zeitung gerade zu Rat und Verwaltung, der "gute Draht zum Rathaus", sind aus der Sicht einer für beide Seiten wünschenswerten konfliktvermeidenden Strategie von großer Wichtigkeit.

Somit produziert die Mehrzahl der Lokalzeitungen nicht eine politische, sondern eine repräsentative Öffentlichkeit, "d.h. sie fungieren überwiegend als Sprachrohr für die Exekutive und die Honoratioren der Stadt und spiegeln damit die realen politischen Verhältnisse wieder" (Z o l l 1974, 148). Es kommt im H a b e r m a s schen Sinne zu einer "Refeudalisierung" (H a b e r m a s 1971 a, 223, 238 und 273 f.) politischer Öffentlichkeit: die lokalen Machtinhaber suchen ihre politische Herrschaft in der Gemeinde vor einer kritisch diskutierenden politischen Öffentlichkeit anzuschirmen durch einen Ausschluß dieser von den politischen Entscheidungsprozessen, und zwar über die "Entfaltung demonstrativer oder manipulativer Publizität" (H a b e r m a s 1971 a, 274), unter indirekt erzwungener Mithilfe der Lokalzeitung.

An das Vorausgesagte schließt sich die Erläuterung der beiden anderen Tendenzen lokaler Berichterstattung nahtlos an bzw. läßt sich schon weitgehend hieraus ableiten.

Die "Hofberichterstattung" (Z o l l) der Lokalpresse bringt eine Konzentration auf nur Personen aus dem Bereich der kommunalen Gesellschaft mit sich. Das hat einmal zur Folge, daß die Körperschaften der lokalen Selbstverwaltung (vor allem Rat und Verwaltung) und die politischen, wirtschaftlichen, sozialen und kulturellen Parteien, Verbände, Vereine und sonstige Organisationen "nicht nur als Gegenstand der Berichterstattung im Hintergrund (stehen), sondern (...) auch als politische Akteure kaum in Erscheinung (treten)." (G e i ß l e r 1973 a, 117 f.). Hier liegt der "personale Zug" der Lokalberichte: die bevorzugte Erwähnung von Spitzenrepräsentanten des Gemeindelebens.

Den Hang der Lokalredakteure zur "Beschönigung" der lokalpolitischen Verhältnisse haben wir bereits angesprochen. Gleich der Öffentlichkeitsarbeit der Kommunalverwaltung wird   versucht, Dissonanzen zu vermeiden: dem Zeitungsleser soll eine heile Gemeindewelt, das Bild von unserer "liebenswerten und schönen Heimatstadt" vermittelt werden; alles "Häßliche", wie etwa politische Konflikte, wird ausgeklammert. Der Effekt dieses "Harmonie-Journalismus" ist, "daß die Lokalzeitungen sich weigern, ... Konflikte anzuerkennen, daß sie stattdessen einen beschaulichen Schonraum suggerieren..." (Z o l l 1974, 167).

Die Lokalpresse ist also weitgehend Sprachrohr und Selbstdarstellungsmedium kommunaler Exekutive und lokaler Honoratioren, dient dem Normentransport und somit der "Erziehung" der Leser (Bürger).

Die Berichterstattung ist stark personalisiert und erhält durch die Beschönigung des gemeindepolitischen Geschehens einen wirklichkeitsfremden Charakter.

Ein derartiges Informationsverhalten wirkt entpolitisierend; die Lokalpresse weist ein großes Defizit an Politik auf (Z o l l 1974, 201 und 238 ff.). Dennoch bedeutet das Defizit an Politik in der Lokalpresse nicht, "daß die Zeitungen keine politische Wirksamkeit entfalten. Sie stützen vor allem Honoratioren, Bürgermeister und Verwaltung und damit die bestehenden Machtverhältnisse" (Z o l l 1974, 239). Die Perzeption des Bürgers (soweit er Zeitungsleser ist oder ihm Zeitungsinhalte sonstwie zur Kenntnis gebracht werden) wird dahingehend beeinflußt, als er nur eine Auswahl ganz bestimmter Informationen mit einer bestimmten Färbung angeboten bekommt. Über dieses ausgeprägte gatekeeping der Lokalpresse sind die Informiertheit des Bürgers und sein politisches Verhalten determiniert.

Parteien, Verbände, Vereine

Neben den kommunalen Körperschaften Rat und Verwaltung und neben den lokalen Massenmedien sind auch die politischen Parteien auf kommunaler Ebene sowie die verschiedenen lokalen politischen, wirtschaftlichen, sozialen, kirchlichen und kulturellen Verbände und Vereine an der Informationsgebung im Prozeß lokaler politischer Kommunikation beteiligt. Das Informationsangebot ist entsprechend den vertretenen Interessen der jeweiligen Organisation stark einseitig ausgerichtet.

Hervorzuheben sind vor allem die lokalen politischen Parteien und die Vielzahl unterschiedlicher Vereine. Ihr Informationsangebot erreicht gerade auf kommunaler Ebene eine sehr große Zahl von Mitgliedern, aber über diese auch Nicht-Mitglieder aufgrund des dichten interpersonalen Kommunikationsnetzes auf Gemeindeebene.
Informiert werden jedoch in erster Linie die Partei- und Vereinsmitglieder, und zwar überwiegend in Gesprächen, in Veranstaltungen (Parteiversammlungen, Vereinssitzungen) und im Partei- bzw. Vereinsmitteilungen (eigene Zeitungen, Postwurfsendungen etc.).
Auch betreiben diese Organisationen Öffentlichkeitsarbeit, teilweise sogar institutionalisiert in Pressereferaten oder Sprechern. Jedoch wird die Öffentlichkeitsarbeit nicht in dem Maße betrieben, wie etwa von der Kommunalverwaltung oder Parteien, Verbänden und Vereinen auf Landes- oder Bundesebene. Sie müssen daher neben Flugblatt- und Plakataktionen verstärkt auf die Lokalpresse als Öffentlichkeitsmedium zurückgreifen, um ihre informelle Einflußnahme auf Bürger und Institutionen gewährleisten zu können (19).
Die politischen Parteien, aber mehr noch die Vereine (Nachbarschaften, Bürgerinitiativen u.ä.) haben für den Prozeß der lokalen politischen Kommunikation eine vielfach unterschätzte Bedeutung: "Sie sind wichtige Kommunikationszentren und Sozialisationsinstitutionen" (B o r g h o r s t 1976, 85). Vereine sind überwiegend zwar keine Informationsanbieter bezüglich politischer Sachverhalte, dienen aber als wichtige Umschlagplätze politischer Informationen: empfangene Informationen werden weitergegeben und vor allem diskutiert, womit den politischen Meinungsführern (zum Begriff vgl. unten Kap. 4.2.2) ein günstiges Feld zur Ausübung ihres Einflusses geboten wird (20). Informations- und Gesprächsbedürfnisse, die weder durch die Kommunalverwaltung noch die Lokalzeitung befriedigt werden, sucht der Bürger vielfach in seiner Partei, häufiger aber noch in seinem Verein (seinen Vereinen) zu stillen. Somit werden gerade die Vereine von der Bevölkerung "als wichtige Informationspools in lokalen Angelegenheiten angesehen" (Z o l l 1974, 163).

Vereine und Parteien tragen auf diesem Wege dazu bei, "Mängel in der Artikulationsfähigkeit der Bevölkerung zu überbrücken" (H e l m k e/N a ß m a c h e r
1976, 106). Die Sprachbarrieren und Schwellenangst beseitigende, oftmals kamerad-
schaftliche Atmosphäre baut Kommunikationsstrukturen auf, die dem Bürger gleich-
sam en passant lokalpolitische Informationen näherbringen und verdeutlichen. Der
Prozeß politischer Perzeption wird somit positiv beeinflußt; dies nicht zuletzt
auch deshalb, weil die gegebenen Informationen bzw. ihre Diskussion auf gleichem
Sprachniveau, im gleichen Soziolekt oder Dialekt des Bürgers vermittelt werden
(vgl. hierzu im einzelnen S t e i n i g 1976).

4.2.2 Der Informationsfluß und der Beeinflussungsverlauf: die Prozesse der Diffusion und Persuasion

Auf welchen kommunikativen Wegen gelangen nun politische Informationen und
Meinungen vom Kommunikator bzw. Massenmedium (in seiner Teilfunktion als In-
formations- und Meinungsanbieter) zum Bürger? Ist der perzipierende Bürger an
diesem Informationsvermittlungsprozeß eher passiv oder aktiv beteiligt? Auf welchem Wege beeinflussen - wenn überhaupt - politische Informationen und Meinungen die politische Informiertheit, die politischen Einstellungen, Verhaltenserwartungen, Verhaltensbereitschaft und das tatsächliche politische Verhalten des
Bürgers?
Mit diesen Fragen wird bereits angedeutet, daß wir - im Anschluß an neuere,
mehr soziologisch orientierte kommunikationswissenschaftliche Untersuchungen (21) -
hinsichtlich des Kommunikationsflusses unterscheiden zwischen dem Prozeß, in dem
die Informationen lediglich zum Bürger f l i e ß e n, also dem eigentlichen In-
formierungsprozeß (Diffusionsprozeß), und dem Prozeß, in dem vermittels der Informationen, die vom Bürger empfangen wurden, eine wie auch immer geartete
B e e i n f l u s s u n g erfolgt (Persuasionsprozeß).
Damit wird einer der entscheidenden Mängel der beinahe schon klassischen Zwei-
Stufen-Theorie (two-step flow of communication) (vgl. vor allem L a z a r s -
f e l d/B e r e l s o n/G a u d e t 1944/1969 u. K a t z/L a z a r s f e l d
1955/1962) behoben, der in der Nicht-Differenzierung von Diffusionsprozeß einerseits und Persuasionsprozeß andererseits bestand. Wir betrachten daher den Kommunikationsfluß als einen m e h r k a n a l i g e n Prozeß, was auch in der graphischen Darstellung unseres Kommunikationsmodells (s. Abbildung 2) zum Ausdruck
kommt:
Einmal gelangen die Informationen und Meinungen vom Kommunikator bzw. Massenmedium, ohne Zwischenstationen zu durchlaufen, zum Rezipienten, d.h. "schlagen
direkt durch". Zum zweiten laufen die Informationen über einen oder mehrere Meinungsführer (opinion leader) (22). Damit sind Personen gemeint, die insbesondere
im Persuasionsprozeß des Kommunikationsflusses Informationen und Meinungen mit den
Rezipienten diskutieren, verstärken, abschwächen oder gar umdisponieren, also die
Perzeption der Bürger beeinflussen. Ihre Funktion im Diffusionsprozeß ist nur gering
zu veranschlagen: sie vermitteln kaum Erstinformationen (vgl. E u r i c h 1976,
208), jedoch zahlreiche Zusatzinformationen, verknüpft mit Bewertungen und Kom-
mentierungen. Das Aktionsfeld der Meinungsführer ist die soziale Kleingruppe, deren Struktur und Normen sie genau kennen. Zum dritten fließen die Informationen
über Relaisstationen interpersonaler Kommunikation. Diese finden wir - ähnlich wie

die Meinungsführer - fast ausschließlich im Persuasionsprozeß; im Diffusionsprozeß
kommt ihr hinsichtlich der fast völligen Vorherrschaft der Massenmedien nur
supplementäre Bedeutung zu (vgl. im einzelnen E u r i c h 1967, 34). Die vierte und fünfte Möglichkeit stellen Kombinationen aus den beiden vorgenannten
Fluß- und Beeinflussungswegen dar. Dieses Modell ist insofern vereinfachend, als
die mögliche Anzahl der einzelnen Stationen nicht berücksichtigt wird und
graphisch nicht trennt zwischen Diffusions- und Persuasionsprozeß. Festzuhalten
bleibt, daß die Perzeption politischer Sachverhalte und Prozesse auch durch die
Art und Weise, in der politische Kommunikationsinhalte fließen, geprägt wird,
d.h. die politische Informiertheit hängt u.a. auch ab vom Fluß und Beeinflus-
sungsverlauf politischer Informationen und Meinungen.
Unser Viel-Kanal-Fluß-Modell ist aber nur die eine grundsätzliche Modifikation,
die wir in Abkehr von den früher vorherrschenden rigiden Stimulus-Reaktions Modelle (stimulus-response models) (23) vornehmen.
Betrachtet man die graphische Darstellung unseres Kommunikationsmodells, so fällt
auf, daß der Kommunikationsfluß nicht, wie bei den herkömmlichen Stimulus-
Reaktions-Modellen, die vor dem Hintergrund der sog. "Theorie der Massengesell-
schaft" (vgl. P r o j e k t g r u p p e   K o m m u n i k a t i o n s w i s s e n -
s c h a f t 1976, 184) die Massenmedien als allmächtig gegenüber der Masse
der Rezipienten ansahen, einseitig vom Kommunikator/Massenmedium zum Rezipienten verläuft. Wenn wir demgegenüber den im Kommunikationsprozeß stehenden
perzipierenden Bürger nicht nur als den passiven Teil ansehen, so deshalb, weil
wir annehmen, daß die selektiven und interpretativen Perzeptionsbarrieren der
Individuen der Omnipräsens und der Kumulation (vgl. B ö c k e l m a n n 1975,
196) massenmedialer Kommunikation zumindest einen gewissen, von Person zu Person unterschiedlichen, Widerstand leisten können.
Die Einbeziehung dieser Selektions-, Interpretations- und Rückkopplungsprozesse
in den Kommunikationsfluß ist aber keinesfalls gleichbedeutend mit einer Übernahme
des gegenwärtig als Ergebnis der "neuen Wirkungsforschung" (P r o j e k t g r u p -
p e   K o m m u n i k a t i o n s w i s s e n s c h a f t 1976, 193) gepriesenen
"funktionalen Nutzenansatzes" bzw. der "Transaktions-Theorie" (vgl. B a u e r
1964; N a s c h o l d 1972, 42 ff.).
Diese stellen den von Vertretern der Stimulus-Reaktions-Theorien für allmächtig
gehaltenen Massenmedien ebenso mächtige, weil autonom selektiv und interpretativ
arbeitende, Rezipienten gegenüber: die alte Allmachttheorie wird durch eine neue
ersetzt. Sie verkehren die Frage: "Was machen die Medien mit den Menschen?"
in die:"Was machen die Menschen mit den Medien?" So wird aus dem bislang
asymmetrischen Kommunikationsverhältnis ein symmetrisches: die "Einbahnstraßen-
Betrachung" (G l o y/B a d u r a 1972, 11) der Stimulus-Reaktions-Theorien wird
neutralisiert. Die Transationalisten sehen das breite Rezipientenpuplikum emanzipiert
gegenüber den Kommunikatoren bzw. Massenmedien: als gleichberechtigte und
gleichmächtige Partner. Nach der Auffassung von B a u e r, der als der Begründer
dieses Ansatzes gilt, "hat das Publikum nicht nur die Wahl, sich zu sperren oder
nachzugeben, sondern auch die "volle Gleichberechtigung im Tauschgeschäft Kommunikation" und damit ständig Gelegenheit, die Initiative zu ergreifen und zu beeinflussen, was ihm vorgesetzt wird" B ö c k e l m a n n 1975, 193).

Diese Auffassung verfällt dem Fehler, so zu tun, als könne Massenkommunikation als "Mechanismus demokratisierter Selbstbedienung" (D r ö g e 1976, 371) durch den Rezipienten im "Informationssuperladen" angesehen werden (24). Zwar ent - faltet auch der Rezipient ein nicht zu unterschätzendes Maß an kommunikativen Aktivitäten in Richtung Kommunikator/Massenmedium und ist diesen aufgrund mehr oder minder resistenter und aktiver Selektion und Interpretation nicht völlig hilf- los ausgeliefert. Jedoch besteht einmal nach wie vor das machtmäßige und somit politische Übergewicht der Massenmedien, der Informationsanbieter, was keines- falls verniedlicht werden darf. Zum anderen ist es mit der Selektions- und Inter- pretationsfähigkeit der perzipierenden Bürger oftmals gar nicht so gut bestellt. Insbesondere N o e l l e - N e u m a n n (1971) verweist darauf, daß die Autonomie zur Selektion und Interpretation durch bestimmte Verfahrenstechniken der Massenmedien mehr und mehr unterminiert zu werden droht (vgl. B ö c k e l - m a n n 1975, 195 ff.); die Selektions- und Interpretationsmechanismen werden so gelähmt und als Barrieren untauglich:

"Das Publikum kann den industriellen Medienprodukten nur insofern mit seinem je spezifischen Selektionsverhalten Widerpart bieten, als ein breitgefächertes Angebot von Einstellungskontrasten ständig parat ist und zum flexiblen Umgang mit Standards schult" (B ö c k e l m a n n 1975, 196).

Zusammenfassend ist zu sagen, daß unser Modell zwar beiden Ansätzen Rechnung trägt, jedoch das Übergewicht von Macht und Beeinflussung auf der Seite der Kommunikatoren und vor allem der Massenmedien sieht.

4.2.3 Die Informationsaufnahme und Informationsverarbeitung: der Rezipient

Wir haben bislang die Voraussetzungen der Informationsaufnahme und Informations- verarbeitung auf objektiver Seite entwickelt, also das Informationsangebot und den Informationsfluß.
Jetzt geht es darum, auch die subjektiven Bedingungen des Perzeptionsprozesses zu untersuchen. Einzelne Hinweise haben wir bereits im Verlauf dieser Arbeit ge- geben; grundlegend sind die im Kapitel über die soziale Perzeption als selektive und interpretative Prozesse getroffenen Aussagen. Zur Verdeutlichung des Textes wollen wir uns im folgenden an unserem graphischen Rezipientenmodell orientieren (vgl. Abbildung 4).
Es wurde bereits gezeigt, daß der perzipierende Bürger in den Prozeß politischer Kommunikation nicht als "tabula rasa" eingeht. Im Verlauf eines Sozialisations- prozesses erwirbt der Rezipient eine Reihe von (politischen) mehr oder weniger grundlegenden E i n s t e l l u n g e n, also etwa bestimmte Haltungen gegenüber Politik allgemein, gegenüber demokratischen Prinzipien, gegenüber dem Wert und den Erfolgsaussichten einer Bundestagswahlteilnahme usw.
In diesen Einstellungen gründet die wiederum mehr oder weniger allgemeine (poli- tische) I n t e r e s s i e r t h e i t. Sie stellt die Zuwendungsbereitschaft zu den entsprechenden Institutionen und Vorgängen und zu den über diese informierenden Agenturen dar. Diese Zuwendungsbereitschaft wird umso höher sein, je unmittel- barer der eigene Bezug zu den politischen Vorgängen ist, d.h. je mehr der Bür- ger sich von politischen Entscheidungssituationen in seinen Interessen betroffen

fühlt (vgl. P r o j e k t g r u p p e K o m m u n i k a t i o n s f o r s c h u ng
1976, 180). In konkreten Situationen muß daher eine sehr spezifische politische
Interessiertheit nicht unbedingt auch eine allgemeine politische Interessiertheit
zur Voraussetzung haben. Die Interessiertheit an Stadtsanierungsmaßnahmen z.B.,
als Maßnahmenbündel mit Bezug auf die unmittelbare Lebenswelt des Bürgers, setzt
nicht in jedem Fall eine Interessiertheit an Kommunalpolitik oder gar Landes- und
Bundespolitik voraus. Hingegen kann umgekehrt erwartet werden, daß eine generelle politische Interessiertheit, etwa an Kommunalpolitik, die Interessiertheit an
einzelnen politischen Sachverhalten, etwa Sanierung, fördert.
Demnach kann eine Interessiertheit in der Einstellung der Person gründen (allgemeine Interessiertheit) oder aus der Betroffenheit von Entwicklungen in der unmittelbaren Umwelt entstehen. Diese konkrete Interessiertheit basiert danach nicht
unmittelbar in längerfristig organisierten Einstellungen, sondern knüpft an der momentanen Situation an.
Die Selektivität bei der Entwicklung von Interessiertheit erwächst einerseits - besonders für konkrete Interessiertheit - aus situationalen Bedingungen, die sozial
strukturiert sind und in denen sich die Person entsprechend den im Sozialisationsprozeß gelernten Mustern orientiert. Andererseits gründet sich - besonders als
allgemeine Interessiertheit - in den Einstellungen der Person zu den fraglichen
Themen bzw. Gegenstandsbereichen. Die Bildung von Einstellungen wird im nächsten Kapitel behandelt.
Nur so viel kann hierzu schon vorwegnehmend gesagt werden, daß Einstellungen
gebildet werden aufgrund von Erfahrungen der Person mit dem fraglichen Gegenstand. Die Person tendiert dabei dazu, eine Übereinstimmung herzustellen zwischen
kognitiven und affektiven Resultaten der Erfahrungen einerseits und den daran anknüpfenden Handlungsbereitschaften andererseits. Da die Handlungen die Informationsaufnahme und -verarbeitung einschließen, lassen sich bei diesen am ehesten
solche erwarten, die mit den bisher gemachten Erfahrungen mit den Quellen und
Inhalten der fraglichen Information im Einklang stehen. Hierin liegt die Begründung
für die Selektivität und Interpretativität von Perzeptionsprozessen. Eine systematische Aufarbeitung dieser Vorgänge erfolgte in dissonanztheoretischen Ansätzen
(vgl. F e s t i n g e r 1957), die diesbezüglich den Kommunikationsprozeß in
eine präkommunikative (Aufmerksamkeitszuwendung), eine kommunikative (Informationsaufnahme und -verarbeitung) und außerdem noch in eine postkommunikative
Phase (nachträgliche Informationsveränderung, Selektivität des Gedächtnisses) einteilen (vgl. B ö c k e l m a n n 1975).
1. In der p r ä k o m m u n i k a t i v e n P h a s e entscheidet der Bürger,
welchen Informationen, Meinungen, Kommunikatoren, Massenmedien usw. er sich
überhaupt aussetzen will (exposure); dieses "Sich-Aussetzen" schließt sowohl aktives
wie passives Verhalten ein.
Die Selektivität in der präkommunikativen Phase besteht darin, daß der perzipierende
Bürger sich vorwiegend nur solchen Aussagen aussetzt, die mit seinen bereits vorhandenen Einstellungen und Interessen, die zusammen seine "Prädispositionen" aus-
machen, nicht konfligieren, d.h. keine Dissonanz provizieren (D r ö g e/W e i -
ß e n b o r n/H a f t 1973, 42). Diese perzeptive Vorentscheidung kann sich
sowohl auf Personen (als Informationsträger) als auch auf Objekte (Informationen,
Medien, Organisationen als Kommunikatoren usw.) beziehen.

Die Selektivität des Informationsverhaltens des Bürgers wird gesteuert von seiner Interessiertheit und den dahinter stehenden Grundeinstellungen, Persönlichkeitsmerkmalen und etwa der Intensität des Wunsches nach zwischenmenschlicher Kontaktaufnahme im Verlauf des Informationsaustausches. Art und Ausmaß des Informationsverhaltens, auch hinsichtlich seiner Selektivität, werden daneben von Bedingungsfaktoren auf objektiv-struktureller Ebene bestimmt.
Eine Rolle spielen hier nicht zuletzt die dem Bürger für das Informationsverhalten zur Verfügung stehende Zeit, sowie erwartete Gratifikation durch eine Hinwendung zu den Informationsanbietern (insbesondere den Massenmedien).

2. Die K o m m u n i k a t i v e   P h a s e ist die eigentliche Perzeptionsphase; in ihrem Verlauf kommt es zur Aufnahme und Verarbeitung der im präkommunikativen Prozeß durchgelassenen Informationen und Meinungen. Alle aufgenommenen Aussagen werden an den Prädispositionen des Rezipienten, seinen Erwartungen und den internalisierten Gruppennormen gemessen.
Laufen die Informationen und Meinungen bereits vorhandener Interessen und Einstellungen zuwider oder entsprechen sie nicht den Erwartungen des Rezipienten und den sozialen Normen seiner Primär- und Bezugsgruppen, kommt es zur Dissonanz, die der Rezipient dadurch aufzulösen versucht, indem er entweder die Aussagen im Sinne einer Konsonanz uminterpretiert, die Aussage nachträglich selektiert oder sein Verhalten entsprechend ändert.

3. In der p o s t k o m m u n i k a t i v e n   P h a s e wird entschieden, welche Aussagen, die von den entsprechenden Prädispositionen des Rezipienten abweichen, vergessen oder behalten werden (B ö c k e l m a n n 1975, 112).
Diese Selektion, die sich auch auf den Kommunikator, das Massenmedium und die konkrete Empfangssituation richtet, wird vom Gedächnis des Rezipienten vorgenommen.
Am Ende des Perzeptionsvorganges steht als Ergebnis die unterschiedliche Informiertheit des Bürgers über allgemeine oder konkrete politische Sachverhalte.

5. POLITISCHE EINSTELLUNGEN UND POLITISCHES VERHALTEN

Im letzten Kapitel war bereits von Einstellungen die Rede als Grundlage allgemeiner politischer Interessiertheit. Weit darüber hinausgehend kommt den politischen Einstellungen eine wesentliche Bedeutung im politischen System zu, wenn auch fraglich ist, ob sie die Funktion erfüllen, die ihnen von verschiedenen Disziplinen zuerkannt wird. Wenn nämlich die "Einstellungen als Ursache für Verhalten oder gar als Ersatz für offenes Verhalten v e r wendet werden" (F r e y 1972, 257), setzt man die enge bzw. sogar vollständige Korrespondenz von Einstellungen und Verhalten voraus. Die Geschichte der Widerlegung dieser Annahme ist fast ebenso lang wie die Geschichte der Einstellungsforschung selbst (vgl. z.B. La P i e r r e 1934 bis B i e r b r a u e r 1976) (25). Will man also die Einstellung in Verbindung zum Verhalten bringen, so muß man nach den Bedingungen suchen, die die Beziehung zwischen Einstellungen und Verhalten bestimmen. Es gibt eine Reihe von

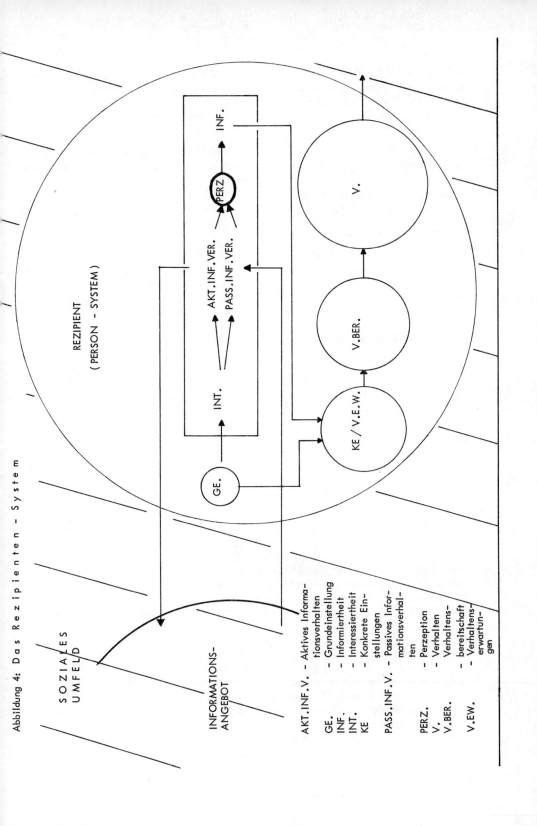

Abbildung 4: Das Rezipienten – System

Situationen und von Bedingungen, in denen und unter denen eine Person sich
nicht gemäß ihren Einstellungen verhält, oder in denen die jeweiligen Einstellungen zur Verhaltsauslösung und -erklärung nicht ausreichen.
Eine davon haben wir bei der Unterscheidung von allgemeiner und spezieller Interessiertheit und daraus folgender Zuwendung zum Informationsangebot aufgezeigt.

Über diesen Bereich hinaus und trotz der bereits angedeuteten Einschränkungen
gehen wir jedoch davon aus, daß die Einstellungen einer Person eine bedeutsame
Rolle bei der Steuerung politischen Verhaltens spielen. Daher wollen wir im folgenden zunächst auf theoretischer Ebene zu klären versuchen, welchen Beitrag
das Einstellungskonzept zur Erklärung politischer Beteiligung zu leisten vermag.

Der Begriff der Einstellung

Einstellung ist die gefühlsmäßige Zu- und Abwendung einer Person zu einem Objekt. Sie entsteht über kognitive Verarbeitungsprozesse aus dem bisherigen eigenen
und/oder fremden Verhalten und aus eigenen und/oder fremden Erfahrungen. Sie
dient dazu, das Verhalten gegenüber diesem Objekt in der Weise zu steuern, daß
es der Aufrechterhaltung der subjektiven Identität der Person in seiner konkreten
Situation dient.
In dieser Kennzeichnung der Einstellung ist dreierlei enthalten: erstens wird die
Einstellung als Zu- oder Abwendung einer Person bezüglich eines Objektes defi-
niert - wir wollen dies kurz B e w e r t u n g nennen; zweitens ist Bezug genommen auf die E n t s t e h u n g s b e d i n g u n g e n der Einstellung:
es sind dies Erfahrungen und Verhalten, die über kognitive Prozesse in die Einstellung eingehen; drittens wird die Einstellung als V e r h a l t e n s d e t e r m i -
n a n t e gekennzeichnet und die u.E. entscheidenste Funktion der Einstellung
als Identitätssicherung herausgestellt. Diesen drei Aspekten wollen wir uns nun
systematisch zuwenden.

5.1 B e g r i f f u n d M e r k m a l e d e r E i n s t e l l u n g

Wie aus der Defintion der Einstellung als Objektbewertung ersichtlich ist, vertreten wir eine Auffassung von Einstellungen, die man als eine eindimensionale
bezeichnen kann: Definiens der Einstellung soll ausschließlich das Gefühl (Emotion
und Affekt benutzen wir gleichbedeutend) gegenüber dem Objekt sein. Damit grenzen wir uns von einer verbreiteten Auffassung ab, die sich die Einstellung aus drei
Komponenten zusammengesetzt vorstellt: aus der a f f e k t i v e n (Emotion),
der k o g n i t i v e n (Inhalte des bzw. Kenntnisse über das Objekt) und der
k o n a t i v e n Komponente (Handlungsbereitschaft gegenüber dem Objekt).
Eine ausführliche Auseinandersetzung mit dieser Konzeption erfolgte kürzlich an
anderer Stellte (O p p e r m a n n 1975, 1976; vgl. auch M c G u i r e 1969;
B e r g l e r & S i x 1972; S i x 1974, 1975) und muß hier unterbleiben. Es
wird lediglich festgehalten, daß die Kritik vor allem unter begrifflich-theoreti-
schem und operationalem Gesichtspunkt geführt wird, und daß wir eine eindimensionale Konzeption vorziehen, weil sie die Beziehung der affektiven Komponente
(= Einstellung) zu der kognitiven und konativen Komponente auf angemessenere,
d.h. offenere Weise explizieren kann, worauf später eingegangen wird.

Die Bewertung eines Objektes durch eine Person kann man nicht unmittelbar beobachten, sondern sie muß indirekt erschlossen werden. Dies geschieht – wenn
man einmal von einigen Ausnahmen absieht, die physiologische Maße (26) benutzen – über verbale Äußerungen einer Person zum fraglichen Objekt, weil 1. die
Sprache als Kommunikations- und Ausdrucksmittel in herausragender Weise für Bewertungen sensitiv ist (vgl. O s g o o d 1959, 45), weil 2. für sprachliche
Äußerungen leichter hypothetische, vergangene oder zukünftige Situationen vorgestellt werden können und weil 3. für sprachliches Verhalten im Vergleich zu offe-
nem Verhalten geringere Realisierungsschwellen bestehen und weniger Verpflichtungen entstehen. Wie der Folgerungsschluß von verbalen Äußerungen auf die Einstellung vollzogen wird, wird bei der Beschreibung der Operationalisierung erläutert.
Als wichtiges Merkmal der Einstellung gilt ihr Objektbezug. Dadurch unterscheidet
sie sich von Werten, die abstrakter und allgemeiner sind. Oft lassen sich bestimmte Einstellungen auf übergeordnete Werte beziehen: z.B. Einstellungen zur Mitbestimmungsregelung, zur Vermögensbildung in Arbeitnehmerhand oder zum Wahl-
recht auf die Werte der Gleichheit und der Gerechtigkeit. Einstellungen sind also
immer konkreter auf ein Objekt bezogen. Dieses Objekt selbst kann dabei durchaus auch abstrakter Natur sein, es können aber auch reale Sachobjekte, Personen
oder auch Verhalten sein. Der letzte Aspekt wurde besonders von F i s h b e i n
und Mitarbeitern betont (F i s h b e i n 1967 b, 489; F i s h b e i n & A j z e n
1975) in der Absicht, das Einstellungskonzept so zu fassen, daß es ein brauchbarer
Prädikator für das Verhalten ist. Dieses Bemühen ist auf dem Hintergrund vieler
Untersuchungen zu sehen, die bei der Analyse der Relation zwischen Einstellung
und Verhalten die Objekte beider Variablen auf unterschiedlicher Abstraktionsebene
erfassen: die Einstellung zu einer Klasse von Objekten (z.B. der "Neger") und das
Verhalten zu einem Element dieser Klasse (z.B. dem schwarzen, jungen, gutge-
kleideten Mann – vgl. T h o m a s 1971, 12; F i s h b e i n 1967 a, 398).
Neben dem Objektbezug der Einstellung gibt es noch weitere Merkmale, die sie
spezifizieren. Es sind dies die Extremität und Intensität der Einstellung: sie kann
gegenüber einem Objekt mehr oder weniger positiv oder negativ ausgeprägt sein
(Extremität) und mit mehr oder weniger starker Gefühlsbeteiligung vertreten werden (Intensität) (vgl. P e t e r s e n & D u t t o n 1975, 393; B e r g l e r
& S i x 1972).

5.2 Entstehungsbedingungen von Einstellungen

Wir wollen uns jetzt mit der Frage beschäftigen, wie Einstellungen zustandekommen.
Wir orientieren uns dabei an der Einstellungstheorie von F i s h b e i n und
Mitarbeitern (vgl. besonders F i s h b e i n 1967 a; F i s h b e i n & A j z e n
1975; deutschsprachig bei O p p e r m a n n 1976).
Einleitend waren kognitiv verarbeitetes Verhalten und Erfahrungen als Basis des
Einstellungserwerbs bestimmt worden. Dies wollen wir jetzt präzisieren. Eine Per-
son macht ständig in einem sozialen Umfeld Erfahrungen mit Gegenständen verschie-
denster Art. Diese Erfahrungen gehen als "interpretatives Verarbeitungsresultat des

tatsächlich erfolgten Verhaltens" (O p p e r m a n n 1975, 84) in die Einstellungen ein. Sie können aus dem eigenen Handeln erwachsen oder durch die berichteten Erfahrungen anderer an die Person herangetragen werden. Sie werden zu
bestimmten Ansichten, Einsichten oder Überzeugungen über diesen Gegenstand
führen. Beispielsweise macht jemand die Erfahrung, daß die SPD arbeitnehmer-
freundlich ist, daß sie sich für eine Mitbestimmungsregelung in Betrieben einsetzt,
daß sie für die Fristenlösung plädiert und eine Aussöhnung mit den östlichen Nach-
barstaaten anstrebt. Diese Ansichten lernt die Person im Verlauf eigener Tätigkeit
oder durch Berichte anderer über diese Partei. Sie bilden ein Muster von Überzeugungen, die die Einstellung konstituieren, nicht jedoch mit ihr identisch sind.
In jeder Überzeugung wird dem Einstellungsobjekt ein Merkmal, eine Funktion
oder eine Konsequenz zugeordnet: z.B. die Arbeitnehmerfreundlichkeit. Aus dieser
Merkmalszuordnung kann man noch nicht auf eine bestimmte Einstellung zur SPD
schließen; erst wenn die Bewertung dieses Merkmals zusätzlich bekannt ist, ist
dies möglich. Wenn jemand die Überzeugung gewonnen hat, daß die SPD arbeit-
nehmerfreundlich ist u n d er Arbeitnehmerfreundlichkeit gut findet, kann etwas
über seine Einstellung zur SPD gesagt werden: daß sie nämlich positiv ist, wenn
keine anderen Informationen über die sonstigen Überzeugungen der Person zu dieser Partei vorliegen, die dieser nach ihrer Richtung widersprechen. Allgemein ausgedrückt gilt, daß die Einstellung gesehen wird als eine Funktion von relevanten
Überzeugungen über das Einstellungsobjekt unter Berücksichtigung der Bewertung
des in der jeweiligen Überzeugung ausgedrückten Merkmals.

Formalisiert heißt das:

$$E_o = f\left(\lessgtr \ddot{U}_i \, e_i\right)$$

wobei E_o = Einstellung zum Objekt o

$\ddot{U}_i$ = Überzeugung i, d.h. die Verknüpfung des Einstellungs-
objekts mit einem Merkmal i

e_i = Einstellung zum Merkmal i.

Diese in Anlehnung an F i s h b e i n (1967a) vorgenommene Explikation der
Beziehung zwischen Einstellungen (= affektiver Aspekt)und Überzeugung (= kognitiver Aspekt) läßt die Erfassung von quantitativen Maßen sowohl für $\ddot{U}_i$ als auch
für e_i zu: je stärker die Verknüpfung von Einstellungsobjekt und Merkmal ($\ddot{U}_i$)
und je positiver (negativer) die Bewertung des Merkmals (e_i) desto positiver (negativer) wird die Einstellung zum fraglichen Objekt ausfallen (E_o). Bei nicht vorhandener Verknüpfung (O-Relation) und/oder neutraler Bewertung des Merkmals
ist keine Folgerung für die Einschätzung der Einstellung zu diesem Objekt bei der
gegebenen Person und dem gegebenen Merkmal möglich. Es besteht die Möglichkeit, auf diesem Wege zu einer Einschätzung der Einstellung zu einem bestimmten
Objekt zu gelangen (vgl. Übersicht bei O p p e r m a n n 1976). Die Brauchbarkeit dieses Ansatzes ist jedoch beschränkt. Während er unter theoretischem
Aspekt zur Klärung der Frage interessant ist, ob die Auffassung einer Verankerung
der Einstellung in relevanten Überzeugungen angemessen ist, ist er für praktische
Versuche des Einsatzes der Einstellung zur Verhaltenserklärung oder -vorhersage
meist zu aufwendig. Er verlangt nämlich eine gesonderte (quantitative) Einschätzung
der Merkmalszuschreibung (z.B. Ausmaß der Arbeitnehmerfreundlichkeit der SPD)
und der Merkmalsbewertung &Bewertung der Arbeitnehmerfreundlichkeit). Aus

ihrer Verknüpfung wird auf die Einstellung zur SPD geschlossen. Wenn in praktischen Fällen die eine oder andere Einschätzung bei allen Personen zu gleichen
Ergebnissen führt, kann man unter forschungs-ökonomischen Gesichtspunkten auf
ihre Ermittlung verzichten. Wenn z.B. gefragt wird, ob Helmut Schmidt zur SPD
gehört, wird kaum jemand nein sagen, d.h. die Merkmalszuschreibung des Merkmals SPD-Zugehörigkeit zum Einstellungsobjekt Helmut Schmidt wird akzeptiert;
die Bewertung des Merkmals wird jedoch bei verschiedenen Personen sehr wohl
differieren. Im konkreten Fall wären unter forschungs-ökonomischen Gesichtspunkten diejenigen Einschätzungen im Rahmen einer empirischen Untersuchung entbehrlich, die individuell nicht differenzieren. Mit dieser Aussage ist eine Feststellung
getroffen, die einer näheren Erläuterung bedarf, um zu verstehen, welche Funktion die Einstellung zur Verhaltenserklärung hat, und wie diese Funktion meß-
technisch umgesetzt werden kann. Es ist das Ziel, Verhalten zu erklären bzw. vor-
herzusagen. Wir vertreten zur Beantwortung dieser Frage einen differentiellen Ansatz, d.h. wir wollen Verhalten dadurch erklären, daß wir Verhaltensunterschiede
daraufhin untersuchen, welche anderen Variablen mit den gefundenen Verhaltens-
unterschieden einhergehen. Finden wir z.B., daß sich Männer in stärkerem Maße
oder anders politisch betätigen als Frauen, d.h. daß Geschlechtsunterschiede mit
politischen Verhalten einhergehen, so wäre (zumindest vorläufig und vordergründig)
im Geschlecht eine Erklärungsgröße für politisches Verhalten gefunden.
Dies ist letztlich ein unbefriedigender Ansatz, wenn man nach "Ursachen" des
Verhaltens forscht, nämlich danach, wodurch denn letztlich und wirklich das Verhalten "bewirkt" wird. Zum gegenwärtigen Zeitpunkt müssen wir u.E. in der Sozialwissenschaftlichen Verhaltensforschung auf diese Fragestellung verzichten: das Be-
dingungsgefüge des realen Verhaltens ist zu komplex und die Untersuchungsmethoden
sind aus meßtheoretischen und -praktischen und letztlich oft aus ethischen Gründen
zu undifferenziert, als daß wir diese Fragen nach "wirklichen" Ursachen des Verhaltens beantworten könnten. Wir wollen vielmehr Bedingungen finden, unter denen
Verhaltens n t e r s c h i e d e auftreten und prüfen, in welcher Richtung gegebenenfalls Beeinflussungen verlaufen. Diese Suche nach Beeinflussungen ist nicht
identisch mit der Suche nach Ursachen, wenn dies auch leicht so scheinen mag.
Es ist durchaus möglich, daß weitere unbekannte Variablen (intervenierende Variab
len) zwischen die beeinflussende und die beeinflußte Variable treten, die die
wirkliche Ursache für die letztere darstellen. Worüber wir jedoch hinausgehen
wollen, ist eine bloße Beschreibung solcher Variablen, die mit Verhaltensunter-
schieden einhergehen und ein Aufweis ihrer Beziehungsstärke. Wir vollen vielmehr
Überlegungen darüber anstellen, in welcher Richtung die Beeinflussung verläuft und
wie das Muster der gegenseitigen Abhängigkeit zu sehen ist. Am oben genannten
Beispiel läßt sich zeigen, daß trotz des Verzichts auf "kausale" Erklärungen Aussagen über Beziehungs r i c h t u n g e n möglich sind: Verhaltensunterschiede wurden für Personen unterschiedlichen Geschlechts gefunden; in diesem Beispiel wäre
es unsinnig, die Geschlechtszugehörigkeit durch politische Verhaltensunterschiede
zu erklären zu wollen. Die Entscheidung über die Beziehungsrichtung konnte in
diesem Fall aus dem zeitlichen Nacheinander der Merkmalsdifferenzierung getroffen werden: erst ist ein Mensch männlich oder weiblich, dann erst hat er Gelegenheit zu politischem Verhalten und kann dabei Unterschiede zeigen. Nicht sehr
häufig ist dies jedoch so eindeutig möglich. Auf die Erklärung des politischen Verhaltens gewendet, wollen wir an dieser Stelle untersuchen, inwieweit die politischen Einstellungsunterschiede als erklärende Größen für Verhaltensunterschiede

gelten können. Dazu wollen wir nun den dritten Punkt der einleitenden Kennzeichnung der Einstellung aufgreifen und näher erläutern.

5.3 Einstellungen als Verhaltensdeterminanten

Im letzten Abschnitt wurde dargestellt, in welcher Weise die politischen Einstellungen auf eigenen und/oder fremden Erfahrungen der Person beruhen, die diese
Person durch und ohne eigenes Handeln erwirbt.
Jetzt soll gezeigt werden, ob und wann Einstellungen - einmal gebildet - an
einer gegebenen Raum-Zeit Stelle als Determinante der Verhaltensbereitschaft
gelten kann. Die meisten Arbeiten über die Beziehung von Einstellung und Verhalten kommen über eine Korrelation von r = .30 nicht hinaus; so daß D e u t -
s c h e r zu dem abschließend klingenden Satz kommt: "Gleich, welchen theoretischen Standpunkt man vertritt, man hat keinen Grund, Übereinstimmung zwischen Einstellung und Verhalten zu erwarten und allen Grund, Unterschiede zwischen ihnen anzunehmen." (D e u t s c h e r 1966, zit. nach E h r l i c h
1969, 29). Entsprechend schließen auch Sammelreferate über die fraglichen Beziehungen (vgl. W i c k e r 1969; B e n n i n g h a u s 1973). Angemessener
erscheint uns die mit K i e s l e r e t a l. (1969, 29) in Übereinstimmung stehende Auffassung von E h r l i c h 1969, 30) zu sein, nach dem "die richtige
Darstellung des Problems ... in der Form geschehen sollte): Unter welchen Bedingungen und in welchem Ausmaß sind Einstellungen eines bestimmten Typs verbunden mit Verhalten eines bestimmten Typs?" Zu dieser Fragestellung kommen
auch S i x (1975) und F i s h b e i n (z.B. F i s h b e i n & A j z e n 1975).
Als erste Bedingung war oben bereits im Zusammenhang mit dem Objektbezug als
Merkmal der Einstellung genannt worden, daß sich die Einstellung und das Verhalten auf dasselbe Objekt beziehen müssen. Dies wird dadurch eine nicht-trivia-
le Bedingung, daß wir für beide Objekte nicht nur gleichen Inhalt, sondern auch
gleiches Abstraktionsniveau verlangen (s.o.). Ergänzen und präzisieren wollen wir
diese Bestimmung jetzt dadurch, da ß wir das Einstellungsobjekt als den Adressaten
bzw. als das Medium des entsprechenden Verhaltens wählen, z.B. als politisch-
administrative Akteure, an die sich die politischen Beteiligungsversuche richten
oder als Bürgerinitiativen, in denen sie sich vollziehen (vgl. weiter bei der
Operationalisierung der Einstellung).
Eine weitere Bedingung für mögliche Diskrepanzen zwischen Einstellungen und
Verhalten geht darauf zurück, daß die Einstellung auf ein Objekt bezogen ist
und ermittelt wird, ohne daß - in der Regel - situationale und/oder persönliche
Bedingungen berücksichtigt werden. Das Verhalten tritt jedoch in ganz bestimmten
Situationen auf und unterliegt damit viel mehr den konkreten, sozialen, ökonomi-
schen,politischen und/oder persönlichen Bedingungen. Auf den materialen Anteil
dieser Bedingungen wollen wir anknüpfend an den oben entwickelten Begriff der
Betroffenheit jetzt näher eingehen. Der soziale Anteil wird, soweit er nicht über
die sozialen Lernprozesse bereits in das Einstellungssystem der Person integriert ist,
in dem anschließenden Kapitel über soziale Verhaltenserwartungen behandelt.

Auf den materialen Aspekt haben wir bereits oben im Zusammenhang der Entwicklung
konkreter Interessiertheit hingewiesen. Konkrete Umweltkonstellationen, die die
Person in ihrem unmittelbaren Lebensbezug betreffen, werden in einem Erklärungs-

ansatz des Verhaltens durch Einstellungen nicht systematisch integriert. Dies liegt nicht an dem speziellen Konzept der Einstellung, sondern an ihrer relativen Konstanz als einem ihrer wesentlichen Merkmale. Verhalten wird durch person-inhärente Merkmale erklärt, die längerfristig erworben wurden und sich ebenfalls längerfristig auswirken. Dies kann kein befriedigender Ansatz der Erklärung politischen Verhaltens sein, da er nicht in der Lage ist, plötzliche Aktivitäten systematisch zu erfassen. Bürgerinitiativen mit Beteiligung bisher völlig inaktiver Bürger gegen die Errichtung von Kernkraftwerken sind ein hervorragendes Beispiel für die Wirksamkeit der handlungsauslösenden Betroffenheit aufgrund der (als massiv empfundenen) Eingriffe in die Lebenssphäre dieser Bürger. Die politischen Einstellungen allein können hier nicht zur Erklärung herangezogen werden: entweder wäre schon vorher politisches Verhalten zu erwarten gewesen oder es hätte auch jetzt nicht auftreten dürfen. Dieses Argument richtet sich nicht gegen die Erklärungsfähigkeit der Einstellung für die A u s l ö s u n g des Verhaltens - dieses kann von Einstellungen ohnehin nicht erwartet werden, ohne die handlungsauslösenden situationalen Bedingungen in Rechnung zu stellen. Wohl aber zeigt das Argument, daß unter bestimmten Bedingungen auch die A u s wahl von Verhaltensalternativen nicht zureichend durch die entsprechenden Einstellungen erklärt werden kann. Die Einstellung der fraglichen Bürger zu Bürgerinitiativen und den damit verbundenen Formen des Protestes und Widerstandes gegen die Maßnahmen war zuvor in den meisten Fällen sicherlich eher negativ. Es wäre unwahrscheinlich, daß sich kurz vor den entsprechenden Aktivitäten die diesbezüglichen Einstellungen noch schnell als Folge z.B. von Propaganda oder Agitation verändert haben. Dies wäre den bisherigen Erkenntnissen über die Schwerfälligkeit von Einstellungsänderungen durch Kommunikation widersprechend; etwas anderes ist die Frage der Einstellungsänderungen n a c h dem Verhalten als Verarbeitungsresultat der gemachten Erfahrungen.

Halten wir also fest, daß die Einstellungen dann und solange das Verhalten zu erklären vermögen, wie in dem Zeitraum der fraglichen Verhaltensausführung die sozialen, ökonomischen, politischen und/oder persönlichen Bedingungen denen entsprechen, unter denen die Einstellungen gebildet wurden und unter denen sie fortbestanden. Bei massiver Veränderung dieser Bedingungen werden diese - soweit sie von der Person erkannt werden - unmittelbar handlungswirksam.

Die Erfahrungen, die mit dem durch solche aktuelle Betroffenheit ausgelösten politischen Verhalten gemacht werden, wirken jedoch auf die Einstellungen des Bürgers zu dem entsprechenden Gegenstandsbereich zurück. Je längerfristig und je öfter solche Handlungserfahrungen gemacht werden, desto umfangreicher und stabiler werden die Kenntnisse dieses Bürgers (27).

5.4 F u n k t i o n e n   d e r   E i n s t e l l u n g

Welche Funktion hat nun die Einstellung für eine Person und ihr Verhalten?

Allgemein werden vier Funktionen hervorgehoben: die Wissens-, Anpassungs-, Selbstbehauptungs- und Selbstdarstellungsfunktion. In Bezug auf Verhalten ist jedoch vor allem die Selbstdarstellungsfunktion bedeutsam.

Sie hebt hervor, daß die Einstellungen der "Selbstverwirklichung (dienen),... dem Individuum einen Standpunkt (vermitteln) und... seine Identität, sein Selbst-

Konzept (definieren)" (B e r g l e r & S i x 1972, 1404). Wir hatten deshalb auch oben bereits von Identitätssicherung gesprochen. Diese Funktion wollen wir nicht nur in der Weise auffassen, daß die Einstellung intern ein nach Ausgleich strebendes kognitiv-affektives System darstellt, sondern ebenfalls zwischen dieser Einstellung und dem tatsächlichen Verhalten eine Tendenz zur Integration besteht. Dies kann nach den bisherigen Überlegungen sowohl in der Weise geschehen, daß sich die Einstellung an die Handlung(szwänge) anpaßt als auch, daß die Handlungen den Einstellungen folgen. Die Ausgleichstendenzen werden in kognitiven Konsistenz- und Dissonanztheorien thematisiert, worauf wir bereits im Kapitel 4.2.3 verwiesen haben (vgl. z.B. R o s e n b e r g & H o v e l a n d 1960; F e s t i n g e r 1957; 1964). Entscheidend ist, daß diese Integration die Basis dafür liefert, daß eine Person nicht reflexhaft auf eine Situation reagiert, sondern in den Handlungsvollzug kognitive Einsichten und Handlungserfahrungen sowie daraus folgend affektive Wertungen eingehen.

6. SOZIALE VERHALTENSERWARTUNGEN ALS VERHALTENSSTEUERNDE DETERMINANTEN

Wir haben bereits bemerkt, daß Verhalten in konkreten Situationen, d.h. also auch in bestimmten sozialen Zusammenhängen und Bezügen stattfindet. Eine Verhaltenserklärung über die Einstellung, die ein personeigenes Merkmal ist, scheint dem nicht Rechnung zu tragen. Daher wird von soziologischer Seite den von der Gesamtgesellschaft und den verschiedenen Teilgruppen, in denen die Menschen stehen, ausgehenden Determinanten eine besondere Bedeutung für das Verhalten zugesprochen. Diese werden als soziale Werte, Normen oder Verhaltenserwartungen bezeichnet. Sie haben die Funktion, Prioritäten für Sachverhalte, Werte, Verhaltensweisen o.ä. zu konventionalisieren. Dies geschieht für eine Gesellschaft insgesamt, dies geschieht aber auch - und das ist entscheidender für den sozialen Prozeß der Zuteilung von Chancen und Restriktionen - differentiell für verschiedene soziale Gruppen. In der Gesamtgesellschaft wird z.B. Leben höher stehend bewertet als Eigentum. Für und in bestimmten sozialen Gruppen sind Kulturaktivitäten höher bewertet als in anderen Gruppen.
Diese Unterscheidung trägt der bereits bei D u r k h e i m zu findenden Erkenntnis der relativen Vagheit von Normen Rechnung, solange man auf gesamtgesellschaftlichem Allgemeinheitsniveau bleibt und nicht Bezug nimmt auf die jeweilige(n) Teilgruppe(n), in deren Kontext die Person handelt (vgl. K ö n i g 1972,736).

Nun haben wir aber schon in den vorangegangenen Kapiteln deutlich gemacht, daß gesellschaftliche und gruppenspezifische (schichtspezifische) Normen im Sozialisationsprozeß internalisiert werden. Da die Einstellungsbildung als Ergebnis und Teil dieses Sozialisationsprozesses aufzufassen ist, können die sozialen Normen und Verhaltenserwartungen als Teil der Einstellung aufgefaßt werden. Dadurch wäre die gesonderte Berücksichtigung dieser Variablen zur Verhaltenserklärung unnötig, sie würde mit unter den Einstellungsbegriff als deren Mitkonstitutivum gefaßt.

Dies gilt jedoch nur für den Fall, daß die Person die jeweilige Erwartung akzeptiert und verinnerlicht, nicht aber für alle die Fälle, in denen die Erwartungen
zwar - aus vielerlei Abhängigkeitsverflechtungen - verhaltensrelevant werden,
trotzdem jedoch als äußere   erlebt und nicht in das eigene Einstellungssystem
übernommen werden. Es wäre also wichtig, zwischen verinnerlichten Erwartungen
und nicht verinnerlichten zu unterscheiden; die ersteren wären den "Einstellungen
als ein kognitives Element zuzuordnen, die anderen müßten "draußen bleiben" und
zusätzlich berücksichtigt werden. Diese äußeren, nicht im Einstellungssystem der
Person verankerten Normen bzw. Erwartungen sind insofern bedeutsam, als die
Auswahl bestimmten Verhaltens die Erfordernisse des jeweiligen sozialen (Sub-)
Systems berücksichtigen muß, soll es nicht zu ständigen kleinen oder großen Konflikten kommen (vgl. T h i b a u t und K e l l e y 1959; H a r t l e y und
H a r t l e y 1955 nach B r a n d t und K ö h l e r 1972, 1973).
Einen Weg zur Bewältigung des "Selektionszwanges" und der "Notwendigkeit des
Sicheinlassens auf Risiken" sieht L u h m a n n (1972, 31) in dem Wechselspiel
von Erwartungen und Erwartungen von Erwartungen. Mitglieder einer sozialen Ein-
heit entwickeln und finden Erwartungen an bestimmtes Verhalten vor und erwarten
ihrerseits, daß die übrigen Mitglieder sich ebenfalls an diesen Erwartungen orientieren. Eine wesentliche Aufgabe des Erziehungsprozesses ist die Vermittlung solcher Erwartungssysteme (vgl. S c h m i e d e r e r 1968). "Der Erwartende
muß lernen, nicht nur fremdes Verhalten, sondern auch fremde Erwartungen zu
erwarten, vor allem die an ihn selbst gerichteten Erwartungen (L u h m a n n
1969 b, 32).
Erst dadurch, daß die Verhaltenssteuerung von der Zufälligkeit der aktuellen Be-
wußtseinslage der Person gelöst und durch die Einbeziehung der Erwartungserwar-
tung anderer ergänzt wird, ist eine Koordination menschlichen Erlebens und Handelns möglich (vgl. L u h m a n n 1969 b, 30).
Diese grundsätzliche Notwendigkeit der Berücksichtigung der Normen und Erwartungen der Umgebung im eigenen Verhalten impliziert jedoch noch nicht, daß
dies in jedem Fall auch geschieht. Für eine angemessene Verhaltenserklärung
scheint deshalb über die Erfassung der Einstellung und der normativen Erwartungen
hinaus die Berücksichtigung der E n t s p r e c h u n g s b e r e i t s c h a f t
der Person gegenüber den Erwartungen der jeweiligen sozialen Bezugsgruppe notwendig. Dieser Gedanke ist theoretisch durchaus plausibel; nur solche normativen
Erwartungen sind für das Verhalten der Person relevant, denen diese Person ständig oder aber auch konkret zu entsprechen bereit ist. Schwierigkeiten bereiten
allerdings die bisherigen Befunde in dieser Frage. Die Erklärungsfähigkeit der
normativen Erwartungen wird regelmäßig reduziert, sobald sie mit den jeweiligen
Entsprechungsbereitschaften kombiniert werden (vgl. A j z e n und F i s h b e i n
1969; 1960; A j z e n 1971; O p p e r m a n n 1975, 181). Der Grund dafür
liegt einerseits in begrifflichen Schwierigkeiten einheitlicher Definition und andererseits in Operationalisierungsproblemen (vgl. F i s h b e i n und A j z e n
1975, 306).
Erfassungsschwierigkeiten bereitet aber nicht nur die Entsprechungsbereitschaft,
sondern bereits die normative Erwartung, und zwar nicht erst auf meßtechnischer
Ebene. Das erste Problem liegt darin, daß die Person in der Lage sein muß, Erwartungen der sozialen Umgebung wahrzunehmen und bereit sein muß, diese wahrgenommenen Erwartungen auf Befragung anzugeben. Mangelnde Sensibilität gegen-

über soziale Erwartungshaltungen kann durchaus die Fähigkeit der Wahrnehmung solcher Erwartungen einschränken und starke Autonomietendenzen (28) können die Bereitschaft zur Wahrnehmung solcher normativer Erwartungen behindern, wenn nicht sogar v e r hindern. Diese personenbezogenen Faktoren der Einschränkung von Erwartungsangaben werden ergänzt durch gegenstandsbezogene Faktoren. Für den Gegenstand "politische Partizipation" bedeutet dies, daß die Befragten nur für solche Partizipationsformen Verhaltenserwartungen entwickeln und damit angeben können, die sie kennen und über die sie die Meinung ihrer Bezugspersonen/ -gruppen kennen oder zu kennen glauben. Dies geht darauf zurück, daß Erwartungen und mehr noch Erwartungen von Erwartungen zwar einerseits kommunikationsentlastend sind (L u h m a n n 1972, 34), andererseits aber zur Erwartensbildung Kommunikation verbaler oder nonverbaler Art über diesen Gegenstand voraussetzen (B r a n d t und K ö h l e r 1972, 1730). Dies kann auch Kommunikation über verwandte Gegenstände sein, die dann auf den fraglichen Gegenstand bezogen wird. Die Erfahrung der Erwartung bestimmter Bezugsgruppen bezüglich generell politischen Verhaltens kann die Person auf die Erwartung dieser Bezugsgruppen bezüglich konkreter Beteiligung übertragen, wenn sie diese Beteiligung als zum politischen Verhalten gehörig erlebt. Normen gelten daher nicht nur für "wiederkehrende Situationen" (B r a n d t und K ö h l e r 1972, 1737) als Leitbilder.

7. PARTIZIPATIONSBEREITSCHAFT UND TATSÄCHLICHE PARTIZIPATION

Im bisherigen Teil des Erklärungsansatzes der Partizipation haben wir die Einstellungen und sozialen Verhaltenserwartungen als Determinanten der Beteiligungsb e r e i t s c h a f t untersucht. Wir wollen nun diskutieren, unter welchen Bedingungen eine Entsprechung von Bereitschaft und tatsächlicher Beteiligung zu erwarten ist.

Dazu orientieren wir uns an einer Systematisierung dieser Bedingungen, wie sie von F i s h b e i n und A j z e n (1975, 369 ff.) vorgelegt wurde. Maßgeblich sind 1.) das Ausmaß, in dem die Bereitschaft und das Verhalten auf der gleichen A b s t r a k t i o n s s t u f e liegen, 2.) die S t a b i l i t ä t der Bereitschaft und 3.) das Ausmaß, in dem das fragliche Verhalten tatsächlich der w i l l e n t l i c h e n K o n t r o l l e der Person verfügbar ist. Sind diese Bedingungen in der entsprechenden Weise gegeben, so kann eine Übereinstimmung zwischen den beiden Variablen erwartet werden.

1. Über die A b s t r a k t i o n s n i v e a u s wurde bereits bei der Diskussion der Beziehung zwischen der Einstellung und der Verhaltensbereitschaft gesprochen , so daß wir hier auf eine weitere Diskussion verzichten können.

2. Für die S t a b i l i t ä t der Intention zum Verhalten als Bedingung für eine hohe Vorhersageleistung des tatsächlichen Verhaltens werden bereits bei F i s h - b e i n & A j z e n (1975, 370 f.) drei Aspekte unterschieden: a) Die Länge des Z e i t i n t e r v a l l s zwischen der Intentionseinschätzung und dem tatsächlichen Verhalten; b) die Zahl der Z w i s c h e n s c h r i t t e zwischen der Intention und der Ausführung des endgültigen tatsächlichen Verhaltens und

c) das Ausmaß, in dem die V e r h a l t e n s a u s f ü h r u n g von anderen P e r s o n e n und/oder E r e i g n i s s e n a b h ä n g t. Der gemeinsame Grund dafür, daß diese drei Aspekte Einfluß auf die Bereitschafts-Verhal-
tensrelation haben, liegt vor allem darin, daß zwischen die Bereitschaft und
das Verhalten bestimmte Bedingungen treten, die als neue oder doch andere Informationen die Bereitschaft der Person berühren. Dies kann einmal durch einen
langen Zeitabstand bedingt sein; je länger der zeitliche Zwischenraum zwischen
der Bereitschaftseinschätzung und dem entsprechenden Verhalten ist, desto
größer ist die Wahrscheinlichkeit, daß in der Zwischenzeit neue Informationen
der Person verfügbar sind, die zu einer Bereitschaftsänderung führen und die Übereinstimmung der ehemals eingeschätzten Bereitschaft zum jetzt am späteren Zeitpunkt erfolgten Verhalten mindert. Entsprechendes gilt für die notwendigen
Zwischenschritte zur Ausführung des tatsächlichen Verhaltens und für die Abhängigkeit des Verhaltens von anderen Personen und/oder Ereignissen: Jeder Zwischen-
schritt versorgt die Person mit neuen Informationen. Das gilt ebenso für die Interaktion mit anderen Personen oder das Eintreten anderer Ereignisse, die im Verlaufe der Verhaltensausführung auftreten. Wenn beispielsweise ein Bürger, eine
Bereitschaft zur persönlichen Kontaktaufnahme mit der Verwaltung im Zusammenhang mit den Maßnahmen zur Stadtsanierung äußert, so macht er beim Realisie-
rungsversuch u.U. die Erfahrung, daß es zunächst notwendig ist, den zuständigen Sachbearbeiter ausfindig zu machen, mit ihm einen Termin zu vereinbaren,
sich für die Besprechung Arbeitsbefreiung zu holen, Verständigungsschwierigkei-
ten zu überwinden u.ä.. All dies wird seinen Versuch unter Umständen an irgendeiner Stelle scheitern lassen, wodurch die Umsetzung der Bereitschaft in tatsächliches Verhalten mißlingt. Je grundsätzlicher dieses Scheitern bei der Person wahrgenommen wird, desto eher wird es sich allerdings als durch neugewonnene Erfahrung gebildete Überzeugung auf die Einstellung und damit auch auf die Verhaltensbereitschaft auswirken. Daraus kann man folgern, daß für diejenigen Personen die höchste Korrespondenz zwischen Bereitschaft und tatsächlichem Verhalten zu erwarten sein wird, die am meisten Gelegenheit zur Realisierung dieses
Verhaltens unter gleichen oder ähnlichen Bedingungen oder doch wenigstens zur
Realisierung ähnlichen Verhaltens gehabt haben. Diese Personen konnten die ein-
tretenden Bedingungen gewissermaßen vorausschauend vorwegnehmen und bei der
Bildung der Bereitschaft berücksichtigen.
Kommen wir noch einmal zurück auf die Zeitspanne zwischen der Bereitschaftseinschätzung und dem tatsächlichen Verhalten; so ergibt sich für unseren Fall folgende Besonderheit. Es handelt sich bei dem Verhalten um solches, das im Verlaufe
des Konfliktgeschehens auftreten kann. Dieses Konfliktgeschehen beginnt mit dem
ersten Auftreten von Sanierungsideen und reicht bis über den Abschluß der Sanie-
rungsarbeiten hinaus. Die Erhebung der Beteiligungsbereitschaft und der tatsächlichen Beteiligung erfolgte gleichzeitig, und zwar in der Abschlußphase der Planung und kurz vor Beginn der ersten Realisierungsmaßnahme. Teilweise war das
Verhalten also bereits erfolgt, so daß nicht alle Personen, die eine bestimmte
Verhaltensbereitschaft äußern, dieses Verhalten auch bereits realisiert haben müs-
sen/können; m.a.W. die Gruppe derjenigen, die eine positive Bereitschaft geäußert
haben, diese jedoch nicht realisiert haben (können), es jedoch tun werden, vermindert die erfaßte Übereinstimmung zwischen der Bereitschaft und dem tatsächlichen Verhalten. Die Beziehung wird also aufgrund unserer Daten unter diesem

Gesichtspunkt eher unter- als überschätzt. Unter einem anderen Gesichtspunkt
ist die Zeitperspektive ebenso interessant. Die Personen, die das Verhalten das
es zu erklären gilt, bereits realisiert haben, reflektieren diese Erfahrung z.T.
bereits in ihrer Bereitschaftseinschätzung zu ähnlichem Verhalten unter ähnlichen
Bedingungen. Dies würde dazu führen, die Übereinstimmung der Bereitschaft mit
dem tatsächlichen Verhalten zu erhöhen.

3. Der letzte Gesichtspunkt, der nach F i s h b e i n & A j z e n (1975) die
Beziehung zwischen Bereitschaft und Verhalten berührt, ist die Frage der allgemeinen Abhängigkeit des Verhaltens von der w i l l e n t l i c h e n K o n -
t r o l l e der Person. Die Annahme der entsprechenden Korrespondenz setzt nämlich voraus, daß die Person tatsächlich in der Lage ist, ihre (latente) Bereitschaft
zu aktualisieren und in tatsächliches Verhalten umzusetzen. Dies ist nicht selbst-
verständlicherweise der Fall, besonders dann nicht, wenn es sich um Verhalten
handelt, das bestimmte Fähigkeiten und Möglichkeiten der Person voraussetzt.
In unserem Fall sind dies vor allem solche Fähigkeiten und Ressourcen, die im
Sozialisationsprozeß erworben wurden, seien diese genereller kognitiver Natur
oder auch konkreter Art, die aus dem verfügbaren Zeitbudget und dem Organisationsgrad resultieren.

8. BEDINGUNGEN FÜR DIE WIRKSAMKEIT POLITISCHER PARTIZIPATION

Entgegen der in der traditionellen Partizipationsforschung vorherrschenden Auffassung, Partizipationsforschung sei "mikropolitisch und am einzelnen Akteur orientiert" (S c h m i t z 1975, 164), schließt unser Ansatz die Frage nach den politischen Wirkungen der Partizipation mit ein. Wir mußten uns jedoch in dieser
Untersuchung damit begnügen, aus dem gesamten politischen Wirkungsspektrum (29)
einen Aspekt herauszugreifen, der uns besonders relevant schien: die Frage, wie
wirksam mittels Partizipation die Interessen der Partizipanten im politischen Entscheidungsprozeß durchgesetzt werden können, und welche Bedingungen die Wirksamkeit der Interessenberücksichtigung bestimmen.
Empirisch ist diese Frage durch eine Analyse des Gegenstandes der Partizipation,
hier also der im Kontext der Stadtsanierung ablaufenden Planungs-, Willensbil-
dungs- und Entscheidungsprozesse zu beantworten, wobei der Einfluß der Akteure
dieser Prozesse sowie die Bedeutung der ökonomischen und politischen Strukturen
und Institutionen herauszuarbeiten sind.
Innerhalb dieses Theoriekapitels wird dazu im folgenden zunächst ein allgemeiner
Überblick über die rechtliche und faktische Stellung der Gemeinden im Staatsge-
füge gegeben, wobei wir uns besonders auf die für den zu behandelnden Problembereich "Stadtsanierung" relevanten Bedingungen konzentrieren. Danach werden dann
lokale Bezugsfelder der Planung aufgezeigt. Es handelt sich dabei um die ökonomischen, legitimatorischen und inneradministrativen Bedingungen, denen die lokale
Planung unterliegt.

8.1 Rechtlich- politische Bedingungen : Verhältnis Bund - Land - Kommune

Die Gemeinden sind keine gleichberechtigten Körperschaften neben Bund und Ländern, sondern diesen untergeordnet. Sie sind Teil der Staatsverwaltung (vgl. E l l w e i n 1973, 47 f.). Auf der einen Seite müssen sie deshalb in festgelegten Bereichen Weisungen der Staatsorgane ausführen; andererseits ist ihnen jedoch durch Art. 28 des Grundgesetzes für den größten Teil ihres Aufgabenbereiches, genauer: für "alle Angelegenheiten der örtlichen Gemeinschaft", Eigenverantwortlichkeit zugesichert, die Garantie der kommunalen Selbstverwaltung.
Diese hat jedoch - wie jede Verwaltungsätigkeit - "im Rahmen der Gesetze" zu erfolgen, die von Bund und Ländern verabschiedet werden.

Die Gemeinden haben auf diese Gesetzgebung kaum Einfluß. Der "Rahmen der Gesetze" ist daher ein den Gemeinden vom Staat vorgegebener Rechtsrahmen, der ihren Handlungsspielraum begrenzt. Die Einhaltung der Rechtsvorschriften erfolgt durch die jeweils übergeordneten staatlichen Instanzen im Rahmen der Rechts-, Dienst- und Fachaufsicht.

So sehr nun diese Rechtsstellung der Gemeinden die Selbstverwaltungsgarantie relativieren und die kommunale Autonomie einschränken mag: der hieraus unmittelbar folgende Einfluß der Staatsbehörden auf die Gemeinde ist im wesentlichen formaler Natur, d.h. er beschränkt sich auf die formale Kontrolle des rechtskonformen Verhaltens der Gemeinden, ohne in ihre Hoheitsbefugnisse inhaltlich einzugreifen.
Nun ist jedoch gerade dies eine in der kommunalpolitischen Praxis häufig beobachtete Tatsache, die sowohl Wissenschaftler als auch Praktiker daran zweifeln läßt, ob z.B. die rechtlich garantierte Planungshoheit der Gemeinden faktisch noch existiert (vgl. statt vieler K l ü b e r 1973, 220 ff.).
Dieser Einfluß wird dadurch möglich, daß der Staat sich an der Finanzierung der kommunalen Aufgaben in erheblichem Umfang beteiligt - ein Vorgang, der angesichts der starken Belastung der Kommunen durch die Ausführung von Landes- bzw. Bundesgesetzen einerseits und die eigene Finanzknappheit andererseits allseits als notwendig angesehen wird. Über die F o r m der staatlichen Finanzbeteiligung läßt sich jedoch streiten (und wird auch gestritten). Sie besteht nämlich zum grossen Teil aus projektgebundenen Investitionszuweisungen, wobei deren Anteil gegenüber den übrigen Einnahmequellen der Gemeinden seit Anfang der 60er Jahre überproportional gestiegen ist.

Tabelle 1: Entwicklung wichtiger Einnahmen der Gemeinden von 1961 bis 1973

Jahr	Einnahmen					
	gesamte Einnahmen	Steuern	Gebühren Entgelte	lfd.staatl. Zuweisungen	staatl. Inv.-Zu-weisung.	Schulden am Kredit-markt
1962	116,7	107,4	109,7	141,8	121,0	126,8
1966	164,5	134,2	171,9	200,8	226,5	195,5
1969	206,9	181,8	223,1	226,8	285,1	206,1
1971	266,8	203,2	297,0	280,4	358,0	459,5
1972	303,3	242,9	345,8	323,3	410,1	459,5
1973	347,4	284,4	407,6	402,4	476,5	429,7

Quelle: D. L e n z, Haushaltsanalyse 1974, in: Der Städtetag 1/74, S. 8.

Diese "goldenen Zügel" ermöglichen dem Staat, (hier meist vertreten durch die Landesbehörden), durch das Angebot, die Vergabe, Verweigerung oder Variierung von Zuschüssen unmittelbar auf die kommunale Planung einzuwirken.
Diese prinzipielle Möglichkeit wird jedoch dadurch eingeschränkt, daß - wie E h r l i c h e r 1967 ausführte - die verschiedenen Elemente des Finanzausgleichs "ein historisch aneinandergereihtes Konglomerat von Maßnahmen darstellen, die sich nicht sinnvoll ergänzen, sondern vielfach einander sogar aufheben" (E h r l i c h e r 1967, 91). Vor allem aus wirtschaftlichen Gründen war es jedoch das Ziel von Bund und Ländern, die kommunale Entwicklung planerisch "in den Griff" zu bekommen. Dies schien sowohl aus kurzfristigen (konjunkturpoliti - schen) als auch aus längerfristigen (struktur-politischen) ökonomischen Erfordernissen geboten. Aus konjunkturpolitischer Sicht ist besonders wesentlich, daß die Gemeinden 2/3 aller öffentlichen Investitionen tätigen, wodurch der Erfolg einer antizyklischen Konjunkturpolitik über die Variierung der öffentlichen Haushalte, wie sie bei der Bekämpfung der Rezession von 1966/67 eingeleitet wurde, eine Einbeziehung der kommunalen Finanzpolitik notwendig machte. Hierzu wurden im Stabilitätsgesetz (1967) die rechtlichen Grundlagen geschaffen (30).
Zu einer längerfristigen Stabilisierung der wirtschaftlichen Entwicklung sollte jedoch darüberhinaus versucht werden, über regionale und sektorale Strukturpolitik und planvolle Raumordnungspolitik die Voraussetzungen einer gleichmäßigeren Entwicklung zu schaffen. Die hierzu verabschiedeten Gesetze, insbesondere die Grundgesetzänderungen (31), das Bundesraumordnungsgesetz und die Landesplanungsgesetze, sowie die hieran anknüpfenden Planungen des Bundes und der Länder lassen alle die Intention erkennen, die kommunale Entwicklung nach überlokalen Gesichtspunkten zu steuern.

Von den Intentionen des Gesetzgebers her gehört auch das Städtebauförderungsgesetz in diesen überörtlichen Planungsrahmen, da die Finanzhilfen des Bundes
für Sanierungsmaßnahmen ausdrücklich unter Bezug auf Art. 104a Abs. 4 des
Grundgesetzes (vgl. S. 10 Anm. 2) gewährt werden (§ 71 Abs. 2 StBauFG).
Um eine Sanierung nach StBauFG durchführen zu können, ist die Aufnahme in
die nach § 72 Abs. 2 StBauFG von den Ländern aufzustellenden "Programme für
die städtebaulichen Sanierungs- und Entwicklungsmaßnahmen" erforderlich. Dabei
sollen "überörtliche Bezüge eine entscheidende Rolle spielen" (B a t t i s 1976,
187), denn:
"Die Finanzhilfen sind nach räumlichen oder sachlichen Schwerpunkten gemäß
der Bedeutung der Investitionen für die wirtschaftliche und städtebauliche Entwicklung im Bundesgebiet zu gewähren" (§ 71 Abs. 3 StBauFG).
Zwar hat das Bundesverfassungsgericht in einem Urteil am 4. März 1975 festgestellt, "daß die Befugnis, für den Bereich der Städtebauförderung Finanzhilfen
zur Verfügung zu stellen, dem Bund keine Möglichkeit eröffne, im Wege einer
direkten oder indirekten Investitionssteuerung allgemeine Wirtschafts-, Währungs-,
raumordnungs- und strukturpolitische Ziele des Bundes in den Ländern durchzusetzen (Städtebauförderung, S. 15). Damit entfällt für den Bund die Möglichkeit,
Sanierungsmittel direkt etwa aufgrund eigener raumordnungspolitischer Ziele einzusetzen.
So bedeutsam dieses Urteil hinsichtlich des Bund-Länder-Verhältnisses ist - aus
kommunaler Sicht ändert sich dadurch nichts, da auch die Länder nach raum-
ordnerischen Kriterien steuern wollen (vgl. S c h a r p f / R e i s s e r t / S c h n a -
b e l 1976, 171 f.).
Fassen wir kurz zusammen. Ungeachtet der Garantie der kommunalen Selbstverwaltung hat sich mit den Ansätzen einer bundesgesteuerten Struktur- und Raumordnungspolitik und der Entwicklungsplanung der Länder einerseits, der sich aufgrund
der kommunalen Finanzknappheit ergebenden Möglichkeit, überlokale Entwicklungsziele mit gezielter Vergabe finanzieller Dotationen zu verknüpfen andererseits,
die Möglichkeit einer überlokalen Steuerung kommunaler Planung eröffnet. Dies
gilt in besonderem Maße für Sanierungsmaßnahmen nach StBauFG, da das Gesetz
die Vergabe von Bundesmitteln an überlokale Kriterien bindet.
Unsere bisherige Darlegung könnte nun geradewegs zu dem Schluß führen, daß nur
d i e Gemeinden Sanierungsvorhaben realisieren können, die unter überlokalen
Gesichtspunkten dafür geeignet erscheinen, und daß diese Sanierungen nur so angelegt werden können, wie es den Landesbehörden aufgrund der Ziele der Landesplanung angemessen erscheint. Kommunale Partizipation müßte dann leerlaufen,
da das eigentliche Entscheidungszentrum einer Sanierungsplanung nicht der Gemeinderat oder die kommunale Verwaltung, sondern das Regierungspräsidium oder gar das
zuständige Landesministerium wäre.
Die beschriebene rechtliche und finanzielle Zentralisierungstendenz zeigt jedoch
nur eine Seite des Verhältnisses zwischen Bund, Ländern und Kommunen. Die andere Seite, die Ausführung oder, um einen neuen Terminus zu benutzen, Implementa-
tion der staatlichen Programme durch die Landes- und Kommunalbehörden ist darin noch nicht berücksichtigt.

Die auf die Beobachtung finanzieller Entwicklungen und die Einrichtung von Planungsinstrumenten und den darin sich zeigenden Inentionen gestützte "Zentralisierungsthese" ist nun in jüngster Zeit durch empirische Untersuchungen des Implementationsprozesses stark infrage gestellt worden. Dies gilt insbesondere für das Bund-Länder-Verhältnis (vgl. S c h a r p f e t a l. 1976). Aber auch für die Beziehungen zwischen Land und Gemeinde wird bezweifelt, ob die Länder in der Praxis zu einer den eigenen Zielen gemäßen Steuerung lokaler Entwicklung in der Lage sind (vgl. S i e b e l 1974, 34). Einzelbeispiele belegen eher das Gegenteil. So zeigt eine Analyse der Standortprogrammplanung in Nordrhein-Westfalen, daß die darin intendierte Steuerung der kommunalen Entwicklung in der Praxis nicht durchgesetzt werden konnte. Die Autoren schließen daraus:
"Die Möglichkeiten staatlicher Steuerung kommunaler Entwicklungsprozesse sind äußerst gering - der zentralstaatliche Durchgriff findet nicht statt." (B a e s t - l e i n e t a l. 1976, 1).
E h l e r t hat dies auch für die Aufstellung der beiden ersten Städtebauförderungsprogramme (1971 und 1972) empirisch festgestellt (E h l e r t 1974, 159 ff.).
Eine systematische Analyse der Gründe hierfür fehlt zwar, doch scheinen folgende Tatsachen maßgeblich:
1) Im Falle des StBauFG handelte es sich um ein neues Verfahren, so daß im Anfangsstadium die Maßnahmen gefördert wurden, die bereits fortgeschrittene Vorplanungen aufweisen konnten und die durch politischen Einfluß gestützt wurden.
2) Die Aussagen der Landesentwicklungspläne sind vielfach sehr allgemein und erlauben z.T. gegensätzliche Konkretisierungen, zumal sie von einer Vielzahl spezieller Politik- und Finanzprogramme ergänzt werden, die nicht hinreichend koordiniert sind.
3) Politische Aushandlungsprozesse unter Einsatz partei- und personalpolitischer Argumente können an die Stelle geplanter Programme treten.
Diese (und vielleicht weitere) hier nur unsystematisch aufgeführte Tatbestände erklären, daß den Gemeinden im dichten Geflecht staatlicher Einflußmöglichkeiten empirisch doch noch ein eigener Gestaltungsspielraum verbleiben kann. Doch selbst wenn die (verbreitete) Annahme einer planvollen Außensteuerung kommunaler Planung nicht zutrifft, so zeigt unsere Darlegung doch, daß die Möglichkeit der Einflußnahme von oben permanent gegeben ist, sei diese nun planvoll oder nicht. Dies gilt besonders für Sanierungsmaßnahmen. Für die Möglichkeit der "Beplanten" durch Partizipation auch auf die Ergebnisse der Planungsprozesse wirksam Einfluß zu nehmen, hat ein - wie auch immer gearteter - Außeneinfluß jedoch fatale Folgen.
Sie reduziert sich mit steigender Außensteuerung, wenigstens solange, wie Partizipation die lokale Verwaltung zum Adressaten hat (wie im StBauFG).
Zwar besteht für die Gemeinden, die eine geschickte "kommunale Außenpolitik" (G r a u h a n) betreiben (d.h. gegenüber Bezirks- und Landesregierung geschickt taktieren) oder beim Land eine gute "Lobby" haben, weiterhin die Chance, abseits oder wenigstens am Rande der Entwicklungsziele des Landes Finanzhilfen für eigene Planungen zu erhalten, doch läuft dies wesentlich über verwaltungsinterne Kanäle, wodurch einer durch lokale Partizipation erfolgenden Willensbildung der Boden bereits entzogen ist, bevor diese ihren Anfang nehmen kann.

Das soll nicht heißen, daß Meinungen (oder auch Stimmungen) der lokalen Bevölkerung für die kommunale Planung unbedeutsam sind. Wir wollen an dieser Stelle lediglich die potentiellen Restriktionen wirksamer kommunaler Partizipation hypothetisch skizzieren, um die Entwicklungen und Strukturen in den Blick zu bekommen, die bei der empirischen Untersuchung besonders zu beachten sind. Unter diesem Blickwinkel werden wir uns nun den beiden Bezugsebenen zuwenden, denen Kommunalpolitik auf der lokalen Ebene verpflichtet ist, ohne hier bereits Aussagen darüber zu formulieren, w i e die Politik sich innerhalb dieses Bezugssystems schließlich verhält. Dazu sollen erst die Ergebnisse der empirischen Untersuchung abgewartet werden, um darauf aufbauend dann weiterführende Hypothesen aufzustellen.

8.2 Ö k o n o m i s c h e   B e d i n g u n g e n :
F i s k a l i s c h e   A b h ä n g i g k e i t   d e r   G e m e i n d e n

Die Verquickung kommunaler Politik mit ökonomischen Interessen ist in der Literatur oft beschrieben worden, sowohl unter dem eher personellen Aspekt (Ratszusammensetzung, Kungelei zwischen Politikern und "Bossen" usw.) als auch unter dem strukturellen Aspekt der Gewerbesteuerabhängigkeit (z.B. H i l t e r s c h e i d 1970; Z o l l 1974; G r a u h a n/L i n d e r 1974).
Uns interessiert hier vor allem der letzte Aspekt, weil damit eine grundlegende Bedingung kommunaler Politik verbunden ist.
Die Gemeinden bestreiten einen Großteil ihrer Einnahmen durch Steuern, insbesondere Gewerbe- und (über ein Umlageverfahren) Einkommensteuer. Während bei der Einkommensteuer, die die Gemeinden über die Länder vom Bund zugeteilt bekommen, das in der Gemeinde erzielte gesamte Lohn- und Einkommensteueraufkommen als Bemessungsgrundlage genommen wird, ist die Höhe der Gewerbesteuer direkt vom Ertrag und Kapital und der Lohnsumme der lokalen Unternehmen abhängig. Daraus folgt, daß der ökonomische Prozeß in einer Gemeinde sowohl die verfügbaren Ressourcen (mit)bestimmt als auch z.T. die Art ihrer Verwendung. Letzteres insofern, als die Gemeinden gezwungen sind, ihre Investitionen nach den privaten Gewinnerwartungen auszurichten, wenn sie sich ihre eigene finanzielle Grundlage erhalten bzw. diese verbessern wollen. Da diese zum großen Teil (nämlich direkt über die Gewerbesteuer, indirekt aber auch über die Lohn- und Einkommensteuer) von den Erträgen der lokalen Wirtschaft abhängt, ist die Gemeinde zur bevorzugten Berücksichtigung dieser Wirtschaftsinteressen gezwungen. Mit dieser Feststellung ist nicht unterstellt, daß die Bevorzugung von Wirtschaftsinteressen etwa das Z i e l kommunalpolitischer Maßnahmen sei.
Ebenso halten wir es für unangemessen, theoretisch eine Interessenidentität von politischen Systemen und bestimmten gesellschaftlichen Kräften, etwa dem Großkapital, vorauszusetzen, mag eine solche auch empirisch häufig anzutreffen sein. Unterstellt ist vielmehr ein Interesse des politischen Systems "an sich selbst", an seinem Bestand. Dies setzt (nicht nur, aber wesentlich) die Aufrechterhaltung und womöglich Verbesserung der materiellen Existenzbedingungen voraus. Für die Kommunalpolitik bedeutet dies, daß die Schaffung günstiger Bedingungen für die private Wirtschaft ein zentraler Imperativ ist, der vor und neben allen konkreten Einflußversuchen durch Interessengruppen und Einzelne im Mittelpunkt ihrer Handlungen steht. Auf

konkrete Handlungen einer Gemeinde kann daraus aber nicht ohne weiteres geschlossen werden. So kann z.B. der vielbeschworene Zwang zur Industrieansiedlungspolitik, der aus der Gewerbesteuerabhängigkeit abgeleitet wird, bei manchen Gemeinden aufgrund eben dieser Abhängigkeit zu einem Zwang zur Verhinderung von Industrieansiedlung werden, wenn die bereits eingesessenen Unternehmen keine weiteren Konkurrenten (um Arbeitskräfte) zulassen wollen (vgl. Z o l l 1974, 119). Es kommt in solchen und anderen Fällen entscheidend darauf an, wie die Politiker die z.T. widersprüchlichen Anforderungen der Wirtschaft interpretieren, ob sie eher kurz- oder langfristig denken usw.

In diesem Zusammenhang von Politik und Ökonomie stehen auch Stadtsanierungsmaßnahmen. Die Kommunen orientieren sich dabei zuförderst an ökonomischen Kriterien, denn:

"Stadterneuerungsmaßnahmen haben, auch wenn sie nicht notwendig primär Kapitalverwertungsinteressen entspringen müssen, – ökonomisch gesehen - die zentrale Funktion, durch bessere Nutzungserschließung, Nutzungsaufwertung, Nutzungsintensivierung und/oder Umnutzung in standortgünstigen Quartieren bessere Voraussetzungen für die Kapitalverwertung zu eröffnen und zugleich selbst als Akkumulationsprozeß insbesondere für die Bauwirtschaft zu dienen." (H e r l y n/K r ä m e r/T e s s i n/W e n d t 1976, 78).

Das Städtebauförderungsgesetz sorgt mit dafür, daß diese ökonomische Funktion auch in der Praxis zum Tragen kommt (32). Durch die Reprivatisierungspflicht (§ 25 St BauFG) sind die Kommunen, wollen sie nicht ein Scheitern der Sanierung aufgrund ausbleibender privater Investitionen in der Bauphase riskieren, gezwungen, bei ihren Planungen und Maßnahmen stets das potentielle Investitionsinteresse im Auge zu halten.

Dies führte in der Praxis bisher dazu, daß die Städte Sanierungen vornehmlich zum Zwecke der Umnutzung ökonomisch suboptimal genutzter Gebiete vornahmen, d.h. in größeren Städten in citynahen Kernstadtbereichen (Cityerweiterungsgebiete), in kleinen und mittleren Städten in den geschäftlich genutzten Altstadtbereichen. Demgegenüber wurden weniger zentral gelegene Altstadtbereiche trotz z.T. größerer Sanierungsbedürftigkeit (bei Zugrundelegung anderer als ökonomischer Kriterien) bisher weitgehend vernachlässigt. Dies ist jedoch im Städtebauförderungsgesetz mit der Reprivatisierungspflicht bereits "vorentschieden", denn:

"Für Privatinvestitionen bieten sich am ehesten Ansätze dort, wo städtebauliche Strukturen unter einem räumlichen und ökonomischen Veränderungsdruck stehen und kommunale Versorgungsfunktionen im öffentlichen und privaten Dienstleistungsbereich entwickelt werden." (S t ä d t e b a u b e r i c h t 1975, 69).

Hieraus ergeben sich zwei Schlußfolgerungen, die in unserem Zusammenhang von Interesse sind.

Erstens führen Sanierungsmaßnahmen, die diesem Verlaufsmuster folgen, "sowohl auf der Kapitalseite als auch auf Seiten der Bevölkerung zu einem Umverteilungseffekt, der in der Regel nach dem Prinzip funktioniert, daß die schwächeren Gruppen sowohl des Kapitals (...) als auch der Bevölkerung weniger von der

Erneuerungsmaßnahme profitieren als die jeweils stärkeren Gruppen; überwiegend
vollzieht sich die Sanierung sogar auf Kosten eben dieser schwachen Gruppen,
so daß sie eine objektive Deprivation ihrer Lebenslage erfahren". (H e r l y n
e t a l 1976, 81; W o l l m a n n 1975).
Daraus wird der Umstand erklärbar, daß in Bürgerinitiativen häufig Kleineigentümer
und Mieter sich gemeinsam gegen kommunale Planungen zur Wehr setzen. Daß
dabei die Schwächsten am wenigsten vertreten sind, liegt an anderen Faktoren,
vgl. das Kapitel über politische Sozialisation, und verweist auf die Notwendig -
keit einer umfassenden Sozialplanung.
Zweitens: sollte sich - was nach unseren wie auch nach den anderen bisher vorliegenden Ergebnissen zu vermuten ist - auch in weiteren Untersuchungen heraus-
stellen, daß die Sanierungsplanung quasi automatisch ökonomischen Kriterien folgt,
dann dürften der Wirksamkeit von Partizipation in dem im Städtebauförderungsgesetz vorgesehenen Rahmen enge Grenzen gesetzt sein, da die planende Verwaltung
Forderungen, die dem ökonomischen Kalkül zuwiderliefen, als störend ansehen und
daher danach trachten müßte, diese nicht wirksam werden zu lassen.

8.3 L e g i t i m a t o r i s c h e   B e d i n g u n g e n :
    B e d e u t u n g   u n d   S t r a t e g i e   d e r   L e g i t i m i e r u n g
    p o l i t i s c h e n   H a n d e l n s

Das eben als primäres Interesse des politischen Systems angeführte Überleben dieses
Systems setzt in demokratischen Gesellschaften über die Erhaltung der materiellen
Ressourcen hinaus die grundsätzliche Zustimmung der Bevölkerung zu diesem System
und seinen politischen Handlungen voraus (natürlich nicht zu jeder Handlung).

"Auf Dauer gerichtete Herrschaft kann nur ausgeübt werden, wenn nicht jede ihrer
Maßnahmen mit Zwang durchgesetzt werden muß, sondern wenn sie entweder von
den der Herrschaft Unterworfenen als mit den geltenden Rechtsüberzeugungen über -
einstimmend angesehen wird, oder wenn es den Herrschenden gelingt, den ihrer
Herrschaft zugrunde liegenden Legitimationsanspruch im Bewußtsein der überwiegenden Mehrheit zur dominierenden Wertüberzeugung zu erheben" (B l a n k 1972,
215).
Politik legitimiert sich dadurch, daß die allgemeinen Interessen einer Gesellschaft
für alle verbindlich geregelt werden und daß über Art und Weise diese Regelung
ebenso wie über deren Resultate grundsätzlich Konsens besteht. Damit ist implizit
ausgesprochen, daß Legitimität nicht statisch, sondern als fortlaufender Prozeß zu
begreifen ist, in dem das politische System eine aktive Rolle spielt.
Allerdings ist dieser prozessuale Aspekt der Legitimierung, also die Frage, wie ein
System "sich Legitimation b e s c h a f f t und Geltungsgründe für seine Anerkennung durch bestimmte Strukturen und Strategien aktiv h e r s t e l l t" (O f f e
1975, 6) in der Literatur strittig.
L u h m a n n (1969 a) hat wohl am konsequentesten die These einer "Legitimation
durch Verfahren" vertreten. Danach benötigt nicht der Inhalt, das Ziel oder der
Sinn von Politik bzw. von Entscheidungen Anerkennung, sondern nur noch die Art

und Weise, wie Entscheidungen zustandekommen. Uns scheint diese Auffassung jedoch den instrumentellen Charakter von Verfahrensregeln zu übersehen, der darin
liegt, daß sie entweder als Instrumente der Umsetzung allgemeingültiger normativer Grundüberzeugungen oder effektiver Leistungserfüllung oder einer optimalen
Kombination beider Elemente angesehen werden.
Demnach bestünde die legitimationsstiftende Wirkung formaler Regeln also nur in
Verbindung mit normativen oder materiellen Werten.
Eine Sinngebung staatlichen Handelns aufgrund allgemeingültiger normativer Prinzipien wird allerdings für den modernen Staat von "linker" (33) wie von konser-
vativer Seite teilweise negiert. Vielmehr sichere sich der moderne Staat die Loyali-
tät der Bevölkerung durch ein umfassendes Leistungsangebot. "Das Verhältnis der
einzelnen zum Staat ist primär von der Erwartung materieller Leistungen bestimmt,
das heißt, es ist von prinzipiell anderer Art als in früheren Epochen.(...). Ist der
Staat aber zu einem Leistungsapparat dieses Typus geworden, so fragt man sinnvol-
lerweise nicht mehr nach der Geltung seiner Ordnung, sondern nach seiner "Effizienz" (G r a f   K i e l m a n s e g g 1971, 391). Seine Fähigkeit, dieses Leistungsangebot zu gewährleisten und die Aufrechterhaltung der "Funktionstüchtigkeit
des Gesamtsystems ist oberstes Ziel und zugleich einzige anerkannte Legitimations-
quelle des staatlichen Handelns". (G u g g e n b e r g e r 1974, 42).
Zwar ist der Einwand, es handele sich hier eher um plausible spekulative denn um
empirisch fundierte Einschätzungen, richtig (vgl. H a u n g s 1975, 36 f.), doch
scheinen die spärlich vorhandenen empirischen Arbeiten die These eher zu stützen
als zu widerlegen. So haben bereits A l m o n d und V e r b a in ihrer Civic-
Culture-Studie (1965) gefunden, daß die "Legitimitätszuweisung in der politischen
Kultur der Bundesrepublik eine Funktion der Einschätzung der Leistungskompetenzen
des politisch-administrativen Systems ist" (K e v e n h ö r s t e r 1975, 16) und
R a d t k e   e t   a l stellten "einen starken Zusammenhang zwischen der System-
zufriedenheit und der Einschätzung der Systemeffizienz" fest (R a d t k e   e t
a l 1975, 131).
Zusammenfassend läßt sich festhalten, daß zur dauerhaften Legitimierung politischen
Handelns im modernen Staat vor allem die Befriedigung der materiellen Erwartungs-
erhaltung der Bevölkerung durch staatliche Leistungen erforderlich ist.
Dabei muß es sich allerdings nicht unbedingt um u n m i t t e l b a r bevölke-
rungsbezogene sozialstaatliche Leistungen handeln. Auch solche staatlichen Leistungen, die direkt auf die Verbesserung ökonomischer Anlage- oder Verwertungs-
bedingungen zielen, können zur Legitimation staatlichen Handelns beitragen. Sie
können dies jedoch immer nur mittelbar, nämlich insoweit, als sie indirekt die
Lebensverhältnisse der Gesamtbevölkerung verbessern bzw. in diesem Sinne deklariert werden können. In privatwirtschaftlich verfaßten Gesellschaften ist dies nicht
die Ausnahme, sondern die (allgemein akzeptierte) Grundlage politischen Handelns.
Die Aufrechterhaltung und Förderung der Bedingungen privaten Wirtschaftens ist
hier Voraussetzung allgemeinen Wohlstandes und damit auch Bezugspunkt politischen
Handelns. Denn wenn es zutrifft, daß der moderne Staat "keine konsensfähigen Hand
lungsnormen mehr jenseits der Ebene organisatorisch materieller Daseinsvorsorge" hat
(G u g g e n b e r g e r 1974,43) sondern sich aufgrund seiner "geistig-normativen
Rechtfertigungsunfähigkeit" (e b e n d a, 44) "fast nur noch durch Funktionstüch-

tigkeit rechtfertigen kann" (e b e n d a), dann muß er seine Handlungen nach ökonomischen Imperativen ausrichten, weil bei grundlegenderen Zielkonflikten jenes bloßes Funktionieren gefährdet würde. Allerdings stellt sich eine Übereinstimmung zwischen privater Ökonomie und gesamtgesellschaftlichen Bedürfnissen nicht automatisch her, wie die Geschichte des Kapitalismus gezeigt hat. Selbst um den Bestand des Systems zu sichern, sind permanent staatliche Eingriffe g e - g e n einzelne Unternehmen oder auch die kurzfristigen Interessen der gesamten Wirtschaft notwendig. Dies ist nur dadurch möglich, daß die Politik eben nicht einseitig von der Ökonomie determiniert ist. Verfolgt man diesen Gedanken weiter, so kommt man zu dem Schluß, daß ein politisches System umso eher langfristigen ökonomischen Interessen dienen kann, je weniger es mit einzelnen Unternehmen, Unternehmensverbänden oder anderen wirtschaftlichen Einheiten verfilzt ist. Dennoch sind gerade auf kommunaler Ebene Verfilzungen zwischen Wirtschaft und Politik und weitgehende Interessenidentität empirisch häufig festzustellen (34).

Daher stoßen kommunalpolitische Maßnahmen häufig auf den Widerstand der Bevölkerung, wenn sie offensichtlich quer zu deren Interessen stehen und auch indirekte positive Effekte politisch nicht mehr vermittelt werden können. Partiell wurde dadurch das Vertrauen der Bevölkerung gegenüber den kommunalpolitischen Institutionen und den üblichen Verfahren kommunalpolitischer Willensbildung gestört, so daß durch Bürgerinitiativen und andere Protestformen versucht wurde, direkt auf konkrete Entscheidungsvorgänge Einfluß zu nehmen oder getroffene Entscheidungen im Nachhinein rückgängig zu machen.

Dem politischen System stehen demgegenüber zwei Arten von Handlungsmöglichkeiten offen. Einmal kann über verstärkte public relations, Imagepflege , Erzeugung von Identifikationen des Bürgers mit "seiner" Stadt versucht werden, gegenüber den durch die Planung Benachteiligten das Faktum ihrer Benachteiligung zu übertünchen; ein typisches Beispiel dafür ist der in Andernach (und nicht nur dort) verwendete Begriff der City-Attraktivität, der die Interessen bezüglich der hierzu geplanten Maßnahmen überdeckt und in seiner formelhaften Allgemeinheit jedem akzeptabel sein kann.

Die zweite Möglichkeit, konflikthafte Legitimationsforderungen präventiv aufzufangen, besteht darin, Partizipation in das Planungsverfahren zu integrieren, wie es z.B. bei Sanierungsplanungen nach StBauFG und ab 1977 auch bei der übrigen Bauleitplanung (vgl. NBBauG) geschieht. Diese Partizipation erfüllt zwei Funktionen. Zum einen wird damit der Informationsanfall für die planende Verwaltung insbesondere im Hinblick auf allgemein nicht bekannte Einzelheiten erheblich erweitert, was sowohl die Fehlerhaftigkeit der Planung (etwa aufgrund fehlener Ortskenntnis) und die Konflikthaftigkeit (etwa aufgrund fehlender Kenntnis der Wünsche, Absichten und Mentalität der Beplanten) mindern als auch ihre Anpassungsfähigkeit an Einzelbedürfnisse steigern kann - alles Aspekte, die legitimationsentlastend sind.

Zweitens wird durch die (wenn auch oft nur vermeintliche) Offenheit der Planung Mißtrauen gegen die Planenden abgebaut und damit auch das Verhältnis der Bürger zum Planungsergebnis positiver. Die Möglichkeit, durch die Vermittlung tatsächlicher und vermeintlicher Sachzwänge frühzeitig Einsicht in die Notwendigkeit der Planung zu erzeugen und die Betroffenen am Planungsprozeß teilnehmen zu lassen, scheint ein erfolgreicher Weg zur besseren Durchsetzung der grundlegenden Planungsziele und zur antizipatorischen Konfliktreduktion.

8.4 Administrationsinterne Bedingungen

Wir haben bisher externe Determinanten kommunalpolitischen Handelns aufgezeigt. Nun lassen sich damit allein politische Entscheidungen nicht adäquat erklären. Vielmehr sind Zustand des und Verhältnisse im politisch-administrativen System wesentliche Erklärungsgrößen. Hier ist eine Reihe situationaler Faktoren zu beachten, die sich einer allgemein theoretischen Bestimmung zunächst entziehen und empirisch zu untersuchen sind. Hierzu gehören die parteipolitische Konstellation in Rat und Verwaltung, die innere Machtverteilung, die politischen Einstellungen, Persönlichkeitsstrukturen und politisch-intelektuellen Fähigkeiten der Systemmitglieder, um einige wichtige Variablen zu benennen. Neben diesen von Ort zu Ort wechselnden Faktoren ist jedoch auch für diesen Bereich eine allgemeine Tendenz festzuhalten, die für eine partizipationstheoretische Betrachtung bedeutsam ist. Gemeint ist die Tendenz einer Verlagerung faktischen Entscheidungshandelns von der Vertretungskörperschaft zur planenden Verwaltung.

Zum Verhältnis von Stadtrat und Verwaltung

Im Gegensatz zur formalrechtlichen Aufgabenzuweisung zwischen Parlament und Verwaltung, die der Verwaltung lediglich eine instrumentelle, ausführende Funktion zuweist und die Zwecksetzung politischen Handelns den Parlamenten vorbehält, ist der faktische politische Prozeß in modernen Demokratien von einer Dominanz der Verwaltung gekennzeichnet. Dies gilt besonders für die Bereiche, in denen die Verwaltung planend tätig wird. Sie ist hier "politisch in dem Sinne geworden, daß sie bei Zielunsicherheit aufgrund ihrer breiteren Sachkenntnisse und Kontinuität (...) unter Handlungsalternativen wählt und damit bereits Ziele setzt." (H e s s e 1972, 40). Dieser in der Politikwissenschaft kaum umstrittene Befund läßt sich auf die kommunale Politikebene übertragen.

Die in sozialwissenschaftlichen Arbeiten in Analogie zur Bundes- und Landesebene häufig anzutreffende Darstellung vom Gemeinderat als kommunales Parlament ist allerdings unter juristischer Betrachtung als unzulässige Verkürzung anzusehen. Die kommunale Selbstverwaltung gehört als Ganzes in den Bereich der staatlichen Verwaltungsorgane, so daß auch der Gemeinderat Verwaltungsorgan ist. Daneben fungiert er gleichzeitig als Rechtsetzungsorgan. Unbeschadet dieser juristischen Differenzierung ist jedoch festzuhalten, daß dem Rat in den Gemeinden die Führung und Kontrolle der (ausführenden) Verwaltung obliegt. Einer funktionellen Betrachtungsweise stellt sich daher die Frage der Gewichtsverlagerung zwischen Legislative und Exekutive im Prinzip auch für die kommunale Ebene, nämlich als Frage nach dem faktischen Verhältnis zwischen dem kontrollierenden und dem ausführenden Organ. Bereits vor längerer Zeit zeigte G r a u h a n in einer umfangreichen vergleichenden empirischen Untersuchung für Großstädte mit Oberbürgermeister-Verfassung eine dominierende Stellung der Verwaltungchefs auf (G r a u h a n 1970, insbesondere Kap. 8) und belegte gleichzeitig, daß die Verwaltung politisch handelt. Neure Untersuchungen unterstreichen diesen Befund. So weisen H o l l e r und N a ß m a c h e r – gestützt auf empirische Ergebnisse - darauf hin, daß die weitaus meisten Initiativen in der Kommunalpolitik von der Verwaltung kommen und schließen daraus, daß der Verwaltung aufgrund ihrer Rolle als Initiator auch bedeutender Einfluß auf das Ergebnis des Entscheidungsprozesses zukommt (H o l l e r / N a ß m a c h e r 1976, 11).

Außerdem sei davon auszugehen, daß auch für die Fälle, wo Programmanstöße von den kommunalen Parlamenten kommen, diese zu allgemein sind, um das Verwaltungshandeln als reinen Programmvollzug eindeutig festzulegen. Quantitativ belegt werden diese Aussagen durch eine bei Verfassung dieser Arbeit noch nicht veröffentlichte vergleichende Untersuchung in vier Gemeinden, die feststellt, daß in drei Gemeinden durchschnittlich 30%, in einer 10% der Verwaltungsvorlagen in den Ausschüssen verändert werden, wobei das Ausmaß und der Inhalt der Veränderungen nicht erfaßt wurden. Drei Viertel der Verwaltungsvorlagen passierten also unverändert die parlamentarischen Gremien (D e r l i e n e t a l. 1974, 195). Eine andere Umfrage in 18 westdeutschen Städten ergab, daß diese Führungsrolle sich auch im Selbstverständnis der Verwaltungsspitze niedergeschlagen hat und als "richtig" erachtet wird. "... ein quasi elitäres Selbstverständnis scheint vorzuliegen. Dies spiegelt sich in den Reaktionen der Befragten bei Erörterung des Problems der Alternativauswahl. Zwar wird die Entscheidungs b e f u g n i s des Rates nicht in Zweifel gezogen, die Entscheidungs k o m p e t e n z sieht man jedoch bei sich selbst. Konsequent legt nur eine Minderheit der befragten Verwaltungen dem Rat Alternativen zur Entscheidung vor" (H e s s e 1972, 104). Und: "Die Zielfindung sahen die Befragten nahezu ausschließlich im Bereich der Verwaltung oder - hier jedoch nur bei sehr kontroversen und publizitätsträchtigen Planungsbereichen - des Rates angesiedelt" (e b e n d a, 111). Diese Ergebnisse bestätigen die These, daß die Verwaltung selbst politisch handelt in dem Sinne, daß sie "unter alternativen Handlungsmöglichkeiten" auswählt (vgl. zu diesem Politikbegriff: G r a u h a n 1972, 149) und damit die Gestaltung des jeweiligen Systems nachhaltig mitbestimmt. Darüber hinaus schreiben sie der Verwaltung einen gegenüber den parlamentarischen Gremien dominierenden Einfluß zu. Vor allem in der politischen Praxis, aber auch unter Politik- und mehr noch unter Rechtswissenschaftlern wird diese Entwicklung bedauert und unter Verweis auf den legitimen Führungsanspruch der Vertretungskörperschaft deren Führungskraft zu stärken versucht.

Ohne dem aus demokratisch-normativer Sicht widersprechen zu wollen, ist jedoch zu fragen, inwieweit diese normative Position den realen Anforderungen an die kommunale Planung angemessen ist. Sch a r p f spricht von dieser Position als einem "konventionellen, normativen" Demokratieverständnis (S c h a r p f 1973 b, 17), das die Praxis einem normativen Postulat anzunähern bemüht sei und nicht beachte, daß die Funktions- und Kompetenzverlagerung vom Parlament zur Verwaltung unvermeidlich ist.

"Wir müssen unter den gegebenen Bedingungen realistischerweise davon ausgehen, daß die Summe aller Anforderungen an das politisch-administrative System die Aufmerksamkeits- und Informationsverarbeitungskapazität des demokratischen politischen Prozesses erheblich übersteigt und daß wir grundsätzlich darauf angewiesen sind, daß Verwaltungen Informationen sammeln, Probleme identifizieren, Handlungsalternativen entwickeln und Entscheidungen auch gerade in jenen Bereichen initiieren

werden, in denen manifeste politische Impulse nicht oder noch nicht vorliegen."
(S c h a r p f 1973 b, 17 f.).
Das bedeutet, daß das politisch-administrative System nicht nur als Vermittlungsinstanz angesehen wird, die von außen kommende (über Parteien und Fraktionen
artikulierte) Anforderungen zu Entscheidungen verarbeitet (input-output-Modell).
Vielmehr ist davon auszugehen, daß durch die Verwaltung selbst Anstöße zu politischem Handeln aufgrund der "Informationen, der Problemsicht und den Zielvorstellungen unserer öffentlichen Bürokratie" (S c h a r p f, a.a.O., 17) erfolgen ("withinputs").
Die Bürokratie macht also auch von sich aus Politik, ohne dazu Anstöße oder
gar Anleitungen über die Transmissionsorgane Parteien und Parlament zu bekommen (S c h a r p f 1973 b, 76). Dies ist jedoch nicht nur Bestandaufnahme,
sondern gleichzeitig Postulat für eine politisch-administrative Organisation, die
die von der Umwelt gestellten Probleme "wirkungsvoll zu lösen imstande wäre"
(B l a n k e n b u r g/S c h m i d/T r e i b e r 1974, 37). Nicht die Anglei-
chung von Realität und demokratischer Norm, sondern "eine Verbesserung der
Intelligenz des politisch-administrativen Systems" (E b e n d a, 38) sowie eine
Vergrößerung des Konfliktlösungspotentials stehe deshalb an der Spitze der Forderungen für planende politische Systeme (vgl. dazu besonders: M a y n t z/
S c h a r p f 1973, 115-146).
Auch für die Stadtplanung zeichnen sich Entwicklungen ab, die diesen - auf die
Bundesebene bezogenen - Tendenzen ähnlich sind. Insbesondere im Rahmen von
Sanierungsplanungen scheint eine "Verwissenschaftlichung" der Politik aufgrund
der im Städtebauförderungsgesetz vorgeschriebenen "vorbereitenden Untersuchungen"
zumindest intendiert. Damit trägt das Gesetz der Tatsache Rechnung, daß umfang-
reiche Änderungen im äußeren Stadtgefüge und in der Sozialstruktur nur in Kenntnis der Strukturmerkmale und Entwicklungstendenzen, die den Ausgangspunkt der
Planung bestimmen, und der möglichen Auswirkungen politischer Planung sinnvoll
durchgeführt werden können. In § 4 Abs. 1 fordert deshalb das StBauFG: "Die
Gemeinde hat vor der förmlichen Festlegung eines Sanierungsgebietes die vorbereitenden Untersuchungen durchzuführen oder zu veranlassen, die erforderlich sind,
um Beurteilungsunterlagen zu gewinnen über die Notwendigkeit der Sanierung,
die sozialen, strukturellen und städtebaulichen Verhältnisse und Zusammenhänge
sowie die Möglichkeiten der Planung und Durchführung der Sanierung." W a l t e r
weist diesen Untersuchungen die Funktion wissenschaftlicher Programmierung zu
(W a l t e r 1971, 23). Sofern die Städte dazu keine qualifizierten Fachkräfte
haben, werden private Planungsbüros mit diesen Strukturuntersuchungen und meist
auch der folgenden Planung beauftragt (vgl. die empirische Studie von F u n k e
1974; sowie unsere Fallbeschreibung). Da sich gegen wissenschaftlichen Sachverstand, zumal wenn er in quantifizierter Form auftritt, nur schwer für kommunalpolitische Planungsamateure argumentieren läßt, andererseits langfristige und wissenschaftlich möglichst fundierte Planung aber unvermeidlich erscheint, ist zu bezweifeln, daß der Rat die planende Verwaltung wirksam kontrollieren kann. Erst recht
müßte dann jedoch fraglich erscheinen, daß eine gelegentliche Beteiligung der
Planungsbetroffenen wirksamen Einfluß auf die Planungen ausüben kann.
Daher sind die Erfolgsaussichten bürgerschaftlicher Partizipation an Sanierungsplanungen auf dem Hintergrund dieser allgemeinen Bedingungen eher skeptisch zu
beurteilen. Inwieweit diese generelle Annahme auch der kommunalen Planungspra-

xis entspricht, soll für die Stadt Andernach in der nun folgenden Falluntersuchung zur Sanierungsplanung beantwortet werden.

9. AUSGANGSBEDINGUNGEN DER SANIERUNG ANDERNACH

9.1 Problemlage und Zielvorstellungen

Um eine Sanierung nach StBauFG durchführen zu können, muß eine Gemeinde zunächst einmal "städtebauliche Mißstände" nachweisen. Diese liegen vor, "wenn das Gebiet nach seiner vorhandenen Bebauung oder nach seiner sonstigen Beschaffenheit den allgemeinen Anforderungen an gesunde Wohn- und Arbeitsverhältnisse oder an die Sicherheit der in ihm wohnenden oder arbeitenden Menschen nicht entspricht oder in der Erfüllung der Aufgaben erheblich beeinträchtigt ist, die ihm nach seiner Lage und Funktion obliegen." (§ 3 Abs. 2 StBauFG).
Bei Sanierungen, die unter die erstgenannte Kategorie von Mißständen fallen, spricht man von Bausubstanzsanierungen, da sie auf die Behebung baulicher Bestandsmängel abzielen, während der andere Typ als Funktionsschwächesanierung bezeichnet wird, weil damit eine Verbesserung der Wirtschaftsstruktur angestrebt wird. (35)
Welche Art der Sanierung durchgeführt wird, hängt von der lokalen Problemlage, den Zielvorstellungen der Entscheider und externen Faktoren (Intention des Gesetzes, BROP, LEPs usw.) ab.

Problemlage in Andernach

Die Feststellung einer Sanierungsbedürftigkeit aufgrund dieser Mißstände macht den meisten Städten - und vor allem solchen mit mittelalterlichem Stadtkern wie Andernach - weniger Schwierigkeiten als die Entscheidung, welche der meist vielfältig vorhandenen Mißstände vordringlich zu beseitigen sind. So steht in Andernach die Frage einer Sanierung der Altstadt schon seit den 30er Jahren an.
Zum Zeitpunkt der Verabschiedung des Städtebauförderungsgesetzes stellt sich die Problemlage in Andernach folgendermaßen dar, wobei analytisch folgende fünf Einzelaspekte unterschieden werden: (1) bauliche, (2) verkehrsinfrastrukturelle, (3) ökonomische, (4) visuell-kommunikative und (5) ökologische Mißstände (36).

Zu (1) bauliche Mißstände

Andernachs Altstadt ist zu einem Teil umgrenzt von einer spätmittelalterlichen Stadtmauer, zum anderen durch den Rhein. Innerhalb dieser Grenzen fand eine stetige bauliche Entwicklung statt, die zu Problemen führte, wie sie für Städte mit historischem Stadtkern typisch sind. Aufgrund der fehlenden Ausbreitungsmöglichkeiten und dem Bestreben, möglichst schon in der Nähe existenter Infrastrukturen zu bauen, finden wir einen dichten Baubestand vor, der zudem stark überaltert ist. Viele Wohnungen sind entsprechend ihrem Alter nur mangelhaft mit sanitären Einrichtungen versehen und haben eine geringe Wohnfläche. So wurden besonders an die äußere Stadtmauer, die als Rückwand dient, Häuser mit einer Raumtiefe von kaum mehr als drei Metern gebaut. Während der Sachverhalt einer dichten Bebauung für den gesamten Altstadtbereich zutrifft, finden wir eine Massierung von baufälligen oder sanierungsbedürftigen Häusern in dem Bereich der Stadtmauer und den Gassen zum Rhein hinunter, die Anfang dieses Jahrhunderts gebaut worden sind. Besonders nach dem ersten, aber auch zweiten Weltkrieg, wurden aus der Notsituation heraus Wohnungen im Altstadtbereich geschaffen, indem zum Teil Stallungen umgebaut wurden.

Zu (2) verkehrsinfrastrukturelle Mißstände

Die Straßen und Gäßchen sind dem heutigen Verkehrsaufkommen in keiner Weise mehr gewachsen. Sie sind so eng, daß Fahr- und Fußgängerverkehr nicht nebeneinander stattfinden können und kaum Straßen mit Gegenverkehr existieren, sondern Einbahnstraßen mit schmalen Fußgängersteigen das Altstadtbild prägen. Das Aufkommen des fließenden Verkehrs ist jedoch recht hoch. Die Geschäfte werden zum Be- und Entladen mit LKWs angefahren, ebenso die im Altstadtbereich liegenden Gewerbebetriebe. Außerdem ist die in und um Andernach lebende Bevölkerung es gewohnt, die Geschäfte mit ihren Privat-PKWs anzufahren und vor dem Geschäft auch zu parken. Dies ist zu Hauptgeschäftszeiten jedoch nicht möglich, da der einzige große zur Verfügung stehende Platz – der Marktplatz – als Parkplatz dient, was ihm in der Stadt die Bezeichnung "Blechwüste" eingebracht hat. Dieser Platz reicht jedoch nicht aus, so daß in Andernach wie in den meisten Städten ein erheblicher Mangel an Parkplätzen besteht.

Zu (3) ökonomische Mißstände

Durch die Nahbereichsuntersuchung (vgl. Kap. 10.1) wurde festgestellt, daß in Andernach nur ein Teil der Kaufkraft der Einwohner der Stadt und des Umlandes abgeschöpft wird. Viele Bürger ziehen es vor, ihr Geld in den naheliegenden Städten Neuwied, Mayen oder Koblenz auszugeben. Begründet wird dies mit dem Fehlen entsprechender Einkaufsmöglichkeiten. In der Altstadt, die zugleich Einkaufszentrum ist, existieren nur kleine oder mittlere Fachgeschäfte, ein Kaufhaus mit entsprechend breitem Angebot fehlt. Demgegenüber besaßen die umliegenden Städte Fußgängerzonen und Geschäfte mit breitgefächertem Angebot. Im Andernacher Rat und in der Verwaltung befürchtet man, im Konkurrenzkampf um die Käufer den Kürzeren zu ziehen. Hinzu kommt noch, daß Ende der 60er Jahre eine rückläufige Bevölkerungsentwicklung in Andernach zu verzeichnen war. Erklärt wurden diese Wanderungsverluste zum Teil durch die konjunkturelle Situation und durch die Anziehungskraft der Oberzentren Koblenz und Bonn, gerade für die im Dienstleistungsbereich arbeitenden Menschen. Andererseits gab es beim produzierenden Gewerbe genügend Arbeitsplatzangebote, und man hoffte, die Wanderungsverluste kompensieren zu können, indem man durch eine Verbesserung der Wohn- und Einkaufsmöglichkeiten neue Arbeitskräfte nach Andernach zog. Doch nicht nur der Handel machte im Verhältnis zu der gegebenen Kaufkraft geringe Umsätze, sondern auch Dienstleistungsbetriebe. Andernach ist in erster Linie

Industriestadt, kann aber durchaus auch Fremdenverkehr aufweisen. Als großer Nachteil wurde jedoch empfunden, daß von den Gastronomiebetrieben nur kleine Gruppen versorgt werden können. Um größere Gruppen zu beherbergen und zu versorgen, fehlten die baulichen Möglichkeiten. Die ökonomische Situation Andernachs war weiterhin gekennzeichnet durch ein schwaches Arbeitsangebot für weibliche Arbeitskräfte und den hohen Anreiz für Dienstleistungsberufe auszupendeln sowie die Tatsache, daß die in der Stadt angesiedelten Industriebetriebe nicht zur Wachstumsindustrie zählten.

Zu (4) visuell-kommunikative Mißstände

Wie schon vorher erwähnt, stehen in der Andernacher Altstadt viele historische Bauwerke, so die, teilweise erhaltene Stadtmauer, eine Schloßruine, das alte Rathaus und mittelalterliche Bürgerhäuser, besonders um den Marktplatz, der ausser an Markttagen als Parkplatz fungiert. Dieses historische Stadtbild zu erhalten und zu betonen, indem man störende Bauten abreißt und statt dessen Grünflächen anlegt, den Fahrverkehr zugunsten der Fußgänger verringert und die Gebäude wieder in einen sehenswerten Zustand zurückversetzt, war Wunsch vieler Andernacher. Man hatte schlechte Erfahrungen gemacht. Seit den 60er Jahren wird die Stadtsilhoutte nicht mehr durch die historischen Bauwerke geprägt, sondern durch zwei alles überragende Silotürme, die einer Mälzerei als Vorratslager dienen. Vielen Andernachern gilt dies als Verschandelung des Stadtbildes. Diese visuellen Aspekte sind oft mit kommunikativen verknüpft. So gibt es kaum Plätze, die zum Verweilen und zu Gesprächen einladen. Ein Stadt- und Einkaufsbummel ist im Innenstadtbereich aufgrund der Überlastung durch Verkehr und Gewerbe kaum störungsfrei möglich, so daß "Städtische Kommunikation" selten anzutreffen ist.

Zu (5) ökologische Mißstände

Als stark störend wurde von den Altstadtbewohnern die Lärm- und Geruchtsbelästigung empfunden, die von den in der Altstadt liegenden Mälzereien herrührte. Besonders zur Erntezeit wurde das Getreide mit schweren LKWs Tag und Nacht zu den Silos transportiert. Doch auch das routinemäßige Be- und Entladen ging nicht ohne erheblichen Staub und Lärmanfall vor sich , so daß sich wiederholt Bürger bei der Bezirksregierung Koblenz beschwerten.

Die Perzeption der Problemlage durch die Entscheidungsträger

Diesem aufgrund der im Zuge der Sanierungsplanung entstandenen Untersuchungsergebnisse zusammengestellten Katalog von städtebaulichen und funktionalen Mißständen stand auf seiten des Andernacher Stadtrates kein positives städtebauliches Leitbild gegenüber. So sind den externen Stadtplanern zu Beginn der Planungsarbeiten wie auch im späteren Verlauf vom Rat keinerlei Zielvorstellungen an die Hand gegeben worden, und es hat weder in der Öffentlichkeit noch im Rat oder im Planungsausschuß v o r der Vorlage der ersten Konzepte der Planer eine Diskussion über die anzustrebende städtebauliche Entwicklung gegeben.

Selbst zum Zeitpunkt unserer Untersuchung - vier Jahre nach Planungsbeginn - waren die meisten befragten Entscheidungsträger (37) nicht in der Lage, ein städtebauliches Konzept oder Leitbild zu formulieren. Allenfalls läßt sich feststellen, daß die Zielvorstellungen der Planer in hohem Maße übernommen wurden, was besonders an der Verinnerlichung und dem formelhaften Gebrauch der von diesen geprägten Begriffe deutlich wird.

Wir haben versucht, die Sichtweise der Entscheidungsträger in zwei Aspekten zu erfassen (38).

Auf die Perzeption, Differenzierung und Bewertung der vorhin genannten "Städtebaulichen Mißstände" zielte die Frage "Halten Sie eine Stadtsanierung in Andernach für notwendig? (Wenn ja) Weshalb?", während mit einer Frage nach den Vorstellungen, die man mit einer "attraktiven City" verbinde, städtebauliche Leitbilder oder Zielvorstellungen der Befragten erfaßt werden sollten (39).

Als Gründe für die Sanierungsnotwendigkeit wurden genannt:

Tabelle 1: Durch Sanierung zu beseitigende Mißstände

Mißstand	Nennungen
1. bauliche	13
2. visuell-kommunikative	8
3. verkehrsinfrastrukturelle	5
4. ökonomische	5
5. ökologische	4

Die drängendsten Probleme werden demnach im baulichen Bereich (und hier mit 8 Nennungen vor allem auf die Wohnqualität bezogen) gesehen. Dies wird besonders eng verknüpft mit dem Wunsch nach einer Stadt, in der man sich wohlfühlen kann. Gemessen an den faktischen Planungsentscheidungen wurden die verkehrsinfrastrukturellen und ökonomischen Mißstände auffallend wenig genannt.

Eine Unterteilung der Befragten in Untergruppen (Rat, Verwaltung, Externe (47) oder nach Parteizugehörigkeit) zeigt keine großen Unterschiede.
Allerdings werden die Punkte (2) und (4) vor allem von der Verwaltung betont.

Betrachten wir nun, was diesen Mißständen als positives Leitbild im Sinne einer attraktiven City gegenübergestellt wird. Es sei nochmal betont, daß ein geschlossenes Leitbild nicht formuliert wurde. Die Antworten knüpfen immer an die konkrete Situation Andernachs an und bestanden in einer Aneinanderreihung verschiedener Aspekte, die den Befragten als Beitrag zur Attraktivitätssteigerung der Stadt wichtig erschienen.

Tabelle 2: Attraktivitätsaspekte

Aspekt	Nennungen
1. Wahrung des Stadtcharakters (Identifikation, Kommunikation, Stadtbild)	22
2. Attraktives Geschäftsangebot	19
3. Gute (= bessere) Wohnqualität	15
4. Gute (= bessere) Verkehrsinfrastruktur	12
5. Sonstige (Einzelaspekte, nicht im Sinne der Frage zu interpretieren)	9

Die Tabelle zeigt, daß die Entscheidungsträger den verschiedenen Aspekten der Identifikation mit ihrer Stadt (wobei der visuelle Aspekt am häufigsten genannt wird) hohe Bedeutung beimessen.

Andernach muß im Kern und in seinem Wesen bewahrt bleiben, dabei jedoch mit der modernen Entwicklung schritthalten.

Dazu ist den Befragten besonders die geschäftliche Attraktivität der Stadt wichtig, gefolgt von guten Wohn- und Verkehrsverhältnissen, wobei jedoch insbesondere der letzte Aspekt in seiner funktionalen Beziehung zur Geschäftsattraktivität zu sehen ist.

Gegenüber der Perzeption vorhandener Mißstände fällt auf, daß die dort an erster Stelle bedauerte schlechte Wohn- und Bauqualität hier nicht gleichermaßen stark bewertet wird. Dies könnte einmal daran liegen, daß sich die faktische Erhöhung der Geschäftsattraktivität inzwischen auch in der Prioritätenliste derjenigen festgesetzt hat, die diese Maßnahmen zu verantworten haben, zum anderen scheint hier eine Übernahme der von den Planern formulierten Zielen vorzuliegen. Unberührt von dieser Verschiebung bei den Zielvorstellungen bleibt die Tatsache, daß die Verantwortlichen die gravierendsten Probleme nach wie vor im Wohnbereich sehen.

Die Unterschiede zwischen den einzelnen Gruppen der Befragten sind auch hier gering. Lediglich der Punkt "Wahrung des Stadtcharakters" zeigt deutliche Unterschiede. Die CDU-Befragten betonen diesen Aspekt deutlich weniger als die übrigen, insbesondere die SPD.

Das Leitbild der Planer

Wie erwähnt, sind dies Auffassungen aus dem Jahre 1975/76. Sie haben sich im Laufe der Planung und beginnenden Realisierung herausgebildet und basieren im wesentlichen auf den Vorstellungen der Stadtplaner. Diese waren die ersten, die ein Leitbild für die künftige Innenstadtentwicklung Andernachs entwarfen. Bei der Vorlage der ersten Untersuchungs- und Planungsergebnisse formulierten sie das Ziel der Sanierung folgendermaßen: "Sanierung einer mittelalterlichen Stadt heißt Wiederherstellung der Funktionsfähigkeit einer gewachsenen Stadtstruktur bei maximaler Beibehaltung der Identität der Stadtteile: Attraktivitätserhöhung der Cityfunktionen, wie Kaufen, Dienstleistung und Kommunikation, auf der anderen Seite aber Stärkung des urbanen Wohnens, nicht zuletzt durch Erweiterung des vorhandenen Wohnangebots durch Modernisierung vorhandener Wohnbebauung und Verstärkung der Versorgung mit öffentlichen sozialen Einrichtungen." (S t a d t k e r n s a n i e r u n g 1 S. 1.0.3) (41).

Diese Zielformulierung ist zwar noch recht allgemein und gibt vor allem keine Hinweise auf Prioritäten oder eine Erörterung der Frage, ob die genannten Einzelziele problemlos zu vereinbaren sind. Sie läßt jedoch erstmals und v o r jeder Verständigung über Ziele unter den Andernacher Kommunalpolitikern einige Richtpunkte der Sanierung erkennen. Die weitgehende Identität der hier enthaltenen Zielaspekte mit den Attributen, die bei unserer Befragung von den Entscheidungsträgern dem Begriff "attraktive City" beigemessen wurden, überrascht wenig, wenn man weiß, daß diese Formulierung sämtlichen Planentwürfen und Ratsbeschlüssen (insbesondere Bebauungspläne im Innenstadtbereich), die im Kontext zur Sanierungsplanung standen, vorangestellt wurden.

Da es sich hier um den Leitsatz der Andernacher Sanierung handelt, der den
meisten Rats- und Verwaltungsmitgliedern erst eine halbwegs konkrete Vorstellung des Sanierungsbegriffs gegeben hat und daher weitgehend verinnerlicht wurde, wollen wir kurz auf seine grundlegenden Aussagen eingehen.
Zunächst fällt die starke Betonung der "gewachsenen Stadtstruktur" auf, deren
Identität nicht nur optimal, sondern maximal erhalten werden soll. Unterstellt
man, daß diese Formulierung bewußt gewählt ist, bedeutet sie eine Überordnung
dieses Aspektes über alle anderen: Moderne Funktionsanpassung nur, wenn dadurch der Stadtcharakter nicht wesentlich gefährdet ist - und nicht umgekehrt.
Diese Auffassung stammt im wesentlichen von den Planern und setzte sich erst allmählich bei der Mehrheit des Stadtrates durch, der vorher z.T. an Flächensanie-
rung gedacht hatte.
Unter Funktionsanpassung werden inhaltlich zwei Maßnahmenkomplexe verstanden,
die Stärkung der "Cityfunktionen" und des "urbanen Wohnens". Es bleibt offen,
wie beides gleichzeitig realisiert werden soll, da gerade die Stärkung der sog.
"Cityfunktionen" dazu führt, daß Handels- und Dienstleistungsunternehmen aufgrund
höherer Rendite die Wohnungen aus den Innenstädten vertreiben. Dies gilt erst
recht, wenn die Struktur der vorhandenen Wohnbebauung erhalten werden soll und
damit eine intensivere Bodennutzung durch höhere Wohnbauten ausgeschlossen ist.
Dann würde Stärkung des urbanen Wohnens allenfalls über eine wesentliche Ver-
teuerung der Wohnungen möglich sein, was unter den gegebenen Verhältnissen
eine tiefgreifende Umstrukturierung der Wohnbevölkerung in der Innenstadt - für
den Großteil der bisherigen Wohnbevölkerung also eine "kalte Vertreibung" -
zur Folge hätte.
Als letztes soll die Sanierung schließlich die Versorgung mit sozialen Einrichtungen verbessern, wobei - wie an anderer Stelle ausgeführt ist - vor allem an die
Einrichtung größerer Kinderspielplätze gedacht ist.
Insgesamt wird die Einzelplanung, die wir in Kap. 10 darstellen und analysieren, über die Verfolgung bzw. Nicht-Verfolgung dieser Globalziele Aufschluß
geben. Bevor wir darauf eingehen, fahren wir zunächst in der Darstellung der
Ausgangsbedingungen fort.

9.2 Raumfunktion

Die räumliche Lage einer Stadt und die diese in entwicklungspolitischer Perspektive festlegende Funktionszuweisung durch die Landesentwicklungsplanung sind mit-
entscheidend dafür, ob die Stadt eine Chance auf Förderung mit Sanierungsmitteln
hat und wie hoch diese ausfallen. Davon hängt jedoch angesichts der Finanzlage
der meisten Städte ab - das gilt auch für Andernach -, ob, in welchem Umfang
und mit welchen inhaltlichen Zielsetzungen eine Sanierung durchgeführt werden
kann. Die in diesem Zusammenhang bereits erwähnten Bestimmungen des StBauFG
zur Sanierungsförderung (vgl. Kap. 9.5) ergänzte die Ministerkonferenz für Raumordnung (MKRO) 1971 mit folgenden Forderungen:
"1. Die vom Bund zu fördernden städtebaulichen Maßnahmen sollen nach Vorliegen des Bundesraumordnungsprogramms die dort festgelegten Ziele unterstützen.
Insbesondere sollen sie den Ausbau von Entwicklungsschwerpunkten und Entwick-
lungsachsen fördern..."

"4. Bei der Auswahl von Sanierungs- und Entwicklungsmaßnahmen sollte jenen Maßnahmen nach Schwerpunktbildung und Priorität der Vorzug gegeben werden, die den größten Strukturverbesserungseffekt aufweisen." (Forderung der MKRO vom 2.6.1971, zit.n. K r ö n i n g/M ü h l i c h - K l i n g e r 1975,30).

Von daher ist also die raumordnerische Funktion Andernachs als mögliche Determinante für Art und Umfang der Sanierung bedeutsam.

Die Stadt Andernach gehört zum Verdichtungsraum Koblenz-Neuwied - einem von 24 Verdichtungsräumen im Bundesgebiet (vgl. B R O P 1975, 9 sowie R a u m o r d n u n g s b e r i c h t 1974, 36) - und begrenzt dieses Gebiet nach Nord-Westen hin. Innerhalb dieses Verdichtungsraumes weist ihr das Landesentwicklungsprogramm von Rheinland-Pfalz die Stellung eines Mittelzentrums zu. Daraus folgen für die Stadt "Funktionen gehobener Bedarfsdeckung (...) (weiterführende Schulen und Berufsschule, Akutkrankenhaus, größere Sportanlagen, vielseitige Einkaufsmöglichkeiten)" (N a h b e r e i c h s u n t e r s u c h u n g - im folgenden NBU -, 155).

Innerhalb des Mittelbereiches hat Andernach darüber hinaus zentralörtliche Funktionen für einen sog. "Nahbereich Andernach",der unter den 37 Nahbereichen der Planungsregion Mittelrhein (42) nach Koblenz und Neuwied der drittgrößte (N B U, 155 f.) ist.

Mit dieser Funktionsbestimmung fällt Andernach unter die Kategorie der "zentralen Orte", auf die nach dem Landesentwicklungsprogramm der Schwerpunkt der Förderung zu legen ist (vgl. R e g i o n a l p l a n M i t t e l r h e i n v. 8.10.1971, 1).

Im Regionalen Raumordnungsplan der Planungsgemeinschaft Mittelrhein (beschlossen am 29.5.1969, veröffentlicht am 8.10.1971) wird daher nach der Feststellung, daß "in den Verdichtungsräumen eine tendenzielle Abwanderung aus den Verdichtungszentren in die benachbarten Wohngemeinden festzustellen" ist (39) und diese Entwicklung im Sinne der Landesplanung gesteuert werden müsse (ebenda), für eine Reihe von zentralen Orten (8) im Verdichtungsraum und in Entwicklungsräumen die besondere Dringlichkeit von Stadtsanierungsmaßnahmen festgestellt. Einer dieser dringenden Sanierungsfälle ist Andernach (ebenda).

Damit ist eine Voraussetzung zur Aufnahme in das Förderprogramm des Landes und des Bundes gegeben. Als nächstes bleibt zu fragen, welche finanziellen, politischen und organisatorischen Voraussetzungen für die Durchführung einer Sanierung in Andernach gegeben sind.

9.3 F i n a n z l a g e d e r S t a d t

Die Frage nach der Finanzlage der Stadt ist im Rahmen unserer Untersuchung aus zwei Gründen von Bedeutung. Einmal hängt hiervon die Möglichkeit ab, eine Sanierung überhaupt durchführen zu können. Die Städte sind dazu allein nicht in der Lage, sondern auf die Förderung durch Bund und Land angewiesen. Bedingungen und Auswirkungen dieser Förderung werden später ausführlich behandelt. Hier kann zunächst vorweggenommen werden, daß die Länder "bei der Antragsprüfung als einen der wichtigsten Gesichtspunkte die Frage an(sehen), ob der für die Durchführung dieser Maßnahme notwendige finanzielle Beitrag der Kommune

voraussichtlich gesichert ist" (S c h a r p f/R e i s s e r t/S c h n a b e l 1976, 179). R e i s s e r t und S c h n a b e l stellten empirisch "eine direkte Abhängigkeit der Förderungschancen von der kommunalen Finanzkraft" fest (e b e n-
d a).
Die Bedeutung der Finanzlage für die Partizipation reicht jedoch hierüber hinaus. Z o l l, der hier stellvertretend für viele steht, faßt die zentrale Bedeutung der finanziellen Situation einer Gemeinde für die politischen Handlungsmöglichkeiten der Bürger wie ihrer Vertreter wie folgt zusammen:
"Im Rahmen der formalpolitischen Grenzen bestimmen die finanziellen Möglichkeiten den Spielraum kommunaler Politik." "Die Frage nach Ausmaß, Form und Inhalt der Mitwirkung der Bevölkerung an den Entscheidungen auf lokaler Ebene bekommt nur dann ihren Sinn, wenn vorab geklärt ist, ob die Gemeinden überhaupt (noch) über einen eigenen Entscheidungsspielraum verfügen" (Z o l l 1974, 28).
Wir schließen uns dem an und untersuchen im folgenden die finanzielle Situation Andernachs, um den Handlungsspielraum der Kommune auszuloten, der eine notwendige Bedingung für Partizipation darstellt.

Zum Vorgehen

Um zu beantworten, ob überhaupt - und wenn ja - in welchem Umfang die Stadt Andernach über einen finanziellen Spielraum verfügt, werden die Haushaltsdaten analysiert und kommentiert. Zur Beurteilung und Einordnung der Ergebnisse werden in der Regel die entsprechenden Werte des Durchschnitts aller kreisangehörigen Gemeinden über 10.000 Einwohner in Rheinland-Pfalz (künftig: "Durchschnitt") hinzugefügt. Ferner werden zuweilen - falls die spezifische Situation Andernachs hierdurch deutlicher hervortritt - die Daten aus zwei benachbarten Städten vergleichbarer Größe (43) (Neuwied, Mayen) herangezogen (44).
Auf einen Vergleich mit Daten aus anderen Bundesländern oder "Bundesdurchschnitten" wurde verzichtet, da die Lasten- und Aufgabenverteilungen zwischen den Gebietskörperschaften (insbesondere auch die Finanzausgleichssysteme) in den einzelnen Bundesländern zu unterschiedlich sind, als daß ein Vergleich sinnvoll erschiene.

Ergebnisse

Die Gesamt e i n n a h m e n der Stadt Andernach liegen schon zu Beginn (1966) des untersuchten Zeitraumes um 9% u n t e r den entsprechenden Einnahmen des Durchschnitts, während sie in Mayen um 13% und in Neuwied um 26% darüber liegen. Auch die Steigerung der Einnahmen des Jahres 1966 auf die des Jahres 1974 ist in Andernach mit + 50% geringer als im Durchschnitt (+ 89%) und in beiden Vergleichsstädten.
Betrachtet man schließlich die Summe der Pro-Kopf-Einnahmen der Jahre 1966 bis 1973, so erreicht dieser Wert in Andernach nur 89% des Durchschnitts = 100. Die entsprechenden Werte für Neuwied und Mayen übertreffen dagegen den Durchschnitt deutlich.
Was die Gesamt a u s g a b e n anlangt, so bietet sich ein ähnliches Bild wie bei den Einnahmen, was nicht verwundert, da in der Regel die Ausgaben eines Rechnungsjahres den Einnahmen entsprechen müssen. (Prinzip des Haushaltsausgleichs, vgl. § 93 Abs. 3 Rh.-Pf.) (45).

Tabelle 3 (a): Einnahmen und Ausgaben in DM pro Einwohner

	Andernach	Neuwied	Mayen	alle kreisange-hör. Gemein-den über 10.000 Einwohner in Rheinland-Pfalz
	Einn./Ausg.	Einn./Ausg.	Einn./Ausg	Einn./Ausg.
1966	655 / 671	911 / 836	817 / 836	721 / 719
1967	699 / 668	855 / 906	987 / 768	690 / 684
1968	711 / 779	1019 / 1024	881 / 915	724 / 725
1969	863 / 789	1008 / 1031	1036 / 1053	811 / 763
1970	896 / 893	1219 / 1164	1555 / 1455	899 / 908
1971	924 / 942	1183 / 1280	1027 / 1111	1050 / 1103
1972	944 / 914	1597 / 1654	1016 / 1085	1273 / 1259
1973	983 / 1025	1608 / 1534	1284 / 1254	1364 / 1315
Summe 1966-73	6675 / 6678	9400 / 9429	8503 / 8477	7532 / 7476
% des $\emptyset$	89 / 89	125 / 126	113 / 113	100 / 100

(a) Zu den Einnahmen: 1966 - 1970: Summe der Einnahmen der Kommunalverwaltungen und allgemeinen Deckungsmittel (ohne Umlagen-Saldo).
1971 - 1973: Brutto-Einnahmen einschl. "besonderer Finanzierungsvorgänge" (d.h. Kreditaufnahmen sowie Einnahmen aus Rücklagen und innere Darlehen).
Zu den Ausgaben: 1966 - 1970: plus Umlagen-Saldo
1971 - 1973: einschl. "besonderer Finanzierungsvorgänge" (Tilgung + Rücklagen-zuführung).

Quelle: Taschenbuch der Finanz- und Steuerstatistik für Rheinland Pfalz, Bad Ems, 1968 - 1975, Bad Ems
Eigene Berechnungen.

Nun kann aus der Höhe der Gesamteinnahmen jedoch keineswegs auf die Finanzkraft geschlossen werden. Hierzu muß vielmehr die S t r u k t u r von Ein- und Ausgaben untersucht werden.

Betrachtet man hierzu die Tabelle 4, so fällt auf, daß Andernach in außerordentlich geringem Maße Fremdmittel in Anspruch genommen hat. Obgleich die Stadt mit 235 v.H. einen außerordentlich geringen und über Jahrzehnte unveränderten Gewerbesteuerhebesatz hat, liegen ihre Steuereinnahmen weit über dem Durchschnitt

Die Realsteueraufbringungskraft beträgt zwischen 1966 und 1974 127 Prozent des Durchschnitts (Tab. 5). Dementsprechend ist auch der Anteil der Steuereinnahmen im Vergleich zu den übrigen Einnahmequellen überdurchschnittlich hoch.

Hieraus ist ersichtlich, daß Andernach durchaus nicht zu den armen Städten gehört, konnten doch die Ausgaben überwiegend "aus der eigenen Tasche" bezahlt werden. Diese Steuerkraft wurde jedoch bei weitem nicht in dem Maße zur Finanzierung von Infrastrukturmaßnahmen genutzt wie in anderen vergleichbaren Städten.

Bei den Investitionsausgaben liegt Andernach vielmehr trotz des hohen Steueraufkommens unter dem Durchschnitt (Tab. 6). Daraus läßt sich folgern, daß die Förderung der eigenen Wirtschaft (46) zwar hohe Steuereinnahmen, für die Bürger jedoch keine höheren Leistungen als andernorts erbrachte. Der alle Bürger längere Zeit begünstigende niedrige Gebührensatz wurde inzwischen drastisch erhöht, während die Gewerbesteuersaätze nicht verändert wurden.

Tabelle 4 (a): Anteil in % wichtiger Einnahmearten an den Brutto-
Gesamteinnahmen 1966 - 1973 in Andernach

Rechnungs-jahr	Steuern	Gebühren Entgelte Strafen	Finanz- zuweisun- gen (all- gemein u. speziell)	Schulden- aufnahmen	Gesamt- anteil	Höhe der Gesamtein- nahmen in DM/E
1966	51 (37)	7 (15)	17 (16)	13 (21)	89 (89)	655 (721)
1967	46 (41)	7 (17)	14 (15)	22 (16)	88 (89)	699 (690)
1968	48 (40)	8 (16)	13 (15)	17 (17)	86 (88)	711 (724)
1969	55 (39)	7 (14)	8 (13)	13 (18)	82 (84)	863 (811)
1970	42 (33)	6 (13)	9 (16)	18 (24)	75 (86)	896 (899)
1971	43 (33)	9 (14)	13 (15)	19 (23)	84 (85)	924 (1050)
1972	48 (31)	10 (13)	10 (17)	12 (20)	80 (81)	944 (1273)
1973	55 (35)	11 (14)	10 (18)	4 (16)	80 (84)	983 (1364)

(a) Zahlen in Klammern beziehen sich auf die kreisangehörigen Gemeinden über 10.000 Einwohner in Rheinland-Pfalz

Quelle: Taschenbuch der Finanz- und Steuerstatistik für Rheinland-Pfalz, Jahrgänge 1967 - 1975; eigene Berechnungen

Tabelle 5: Realsteueraufbringungskraft (ab 1970: Steuer-Einnahmekraft) (a)
(in DM/E)

	Andernach	Neuwied	Mayen	Ø aller kreisangeh. Gemeinden üb. 10.000 Einwohner in Rheinland-Pfalz
1966	342	355	203	258
1967	310	353	199	274
1968	352	382	247	283
1969	432	425	238	315
1970	388	274	215	276
1971	388	325	288	329
1972	447	377	344	371
1973	553	458	394	451
1974	711	535	466	536
Summe 1966-74	3.923	3.483	2.592	3.083
% des Ø	127	113	84	100

(a) Errechnet sich aus: Aufbringungskraft GrundSt + GewSt nach Kapital
und Ertrag ("Realsteueraufbringungskraft") m i n u s GewSt-Umlage p l u s
Gemeindeanteil an der Einkommensteuer.

Quelle: Taschenbuch der Finanz- und Steuerstatistik für Rheinland-Pfalz,
Bad Ems, 1968 - 1975
Eigene Berechnungen.

Tabelle 6 (a): Investitions- Ausgaben (vermögenswirksame Ausgaben ohne
Tilgungen) in DM/E.

	Andernach	Neuwied	Mayen	Ø aller kreisangeh.Gemeinden üb.10.000 Einwohner in Rheinl.Pfalz
1966	356	290	402	323
1967	321	336	277	276
1968	401	403	390	290
1969	356	366	449	312
1970	396	592	675	389
1971	382	497	418	426
1972	253	547	330	451
1973	246	501	371	448
Summe 1966-73	2.711	5.532	3.312	2.915
% des Ø	95	121	114	100

(a): Quelle: Taschenbuch der Finanz- und Steuerstatistik für Rheinland-Pfalz,
Bad Ems, 1968 - 1975; Eigene Berechnungen

Kommen wir jedoch wieder zu unserer Frage nach dem finanziellen Spielraum zurück. Dieser wird nicht allein durch die Steuerkraft bestimmt (vgl. auch Z e i - t e l 1970, 2 f.). Vielmehr ist als Spielraum d e r Teil der Einnahmen anzusehen, der in seiner Verwendung (also auf der Ausgabenseite) zur Zeit der Beschlußfassung über den Haushaltsplan nicht schon aufgrund rechtlicher Verpflichtungen festliegt. Eine solche Festlegung kann unterschiedlicher Art sein:

a) Zum einen können Einnahmen dadurch in ihrer Verwendung determiniert sein, daß sie zur Deckung von A u s g a b e n (mit-) herangezogen werden müssen, zu denen die Gemeinde verpflichtet ist, sei es aufgrund gesetzlicher Verpflichtungen, etwa für Pflichtaufgaben, sei es infolge "freiwillig" eingegangener eigener Investitionen (z.B. Personalausgaben). b) Zum anderen können E i n n a h - m e n von vornehrein mit einer bestimmten Zweckbindung belastet "von außen" hereinfließen. Hierbei handelt es sich vor allem um "spezielle Zuweisungen", seien es einmalige (insbesondere zu Investitionen), seien es laufende (etwa zu kulturellen Veranstaltungen).

Der Spielraum läßt sich nun derart bestimmen, daß

a) zunächst auf der A u s g a b e n - Seite diejenigen Posten erfaßt werden, die im allgemeinen nicht auf gesetzlicher oder sonstiger rechtlicher Verpflichtung beruhen. Hierbei handelt es sich im wesentlichen um die Posten Zuführung zu Rücklagen sowie die verschiedenen Investitionsausgaben, seien es Finanz-Investitionen (Gewährung von Darlehen, Erwerb von Beteiligungen) oder Sach-Investitionen (Ausgaben für Grunderwerb, Neuanschaffung von beweglichem Vermögen sowie Bauten, einschließlich großer Instandsetzungen) (47).

Alle diese Ausgaben-Posten finden sich in der Gemeindefinanz-Statistik unter der Rubrik "Ausgaben der Vermögensbewertung" (oder: "vermögenswirksame Ausgaben") (48), zu der allerdings auch die "Tilgungen" gehören (zu deren Leistung die Gemeinde verpflichtet ist). Die Ausgaben der Vermögensbewegung ohne Tilgungen - man kann auch von Investitionen im weiteren Sinne sprechen (49) - liegen in Andernach unter dem Durchschnitt (vgl. Tab. 6).

Hieraus kann allerdings noch nicht auf eine schmale Finanzausstattung geschlossen werden: es handelt sich nur um den Teil des Spielraumes, den die Gemeinde tatsächlich in Anspruch genommen hat.

b) Ergänzt werden müssen die Angaben nunmehr durch Indikatoren, die generell den "p o t e n t i e l l e n " Finanzrahmen einer Gemeinde erkennbar machen. Hierbei handelt es sich nach H e u e r (1975, 237) um die "Steuerkraft" (vgl. Tabelle 3) und um den Verschuldungsgrad der in Andernach außerordentlich niedrig ist.

Der Quotient aus beiden Größen kennzeichnet die "infrastrukturpolitische Manövrierfähigkeit" (H e u e r a.a.O.) einer Gemeinde

Tabelle 7: Verschuldung (in DM/E) (a)

	Andernach	Neuwied	Mayen	Ø aller kreisangehörigen Gemeinden über 10.000 Einwohner in Rheinland-Pfalz
1966	456	1.322	725	735
1967	559	1.368	912	774
1968	685	1.614	1.007	832
1969	701	1.642	1.285	888
1970	757	1.587	1.774	1.016
1971	914	1.823	1.741	1.194
1972	692	2.043	1.718	1.357
1973	669	2.270	1.691	1.485

(a) Gesamte Neu-Schulden (d.h. nach dem 21.VI. 1948 entstanden)

Quelle: Taschenbuch der Finanz- und Steuerstatistik für Rheinland-Pfalz,
Bad Ems, 1968 - 1975
Eigene Berechnungen.

Berechnet man danach den finanziellen Handlungsspielraum für Andernach (und die Vergleichsstädte), so ergibt sich folgendes Bild.

Tabelle 8 (a): Typisierung Andernachs und der Vergleichsstädte nach
Verschuldungsgrad (b) und Steuerkraft (c) 1966 und 1974

	Verschuldungsgrad	Steuerkraft	Typ (d)	Verschuldungsgrad	Steuerkraft	Typ (d)
	1966			1974		
Andernach	62	133	III	49	135	III
Neuwied	180	138	I	154	102	I
Mayen	99	79	IV	125	89	II

(a) Bei den Werten sind die prozentualen Abweichungen vom Durchschnittswert zugrundegelegt.

(b) Schulden in DM/E (Abweichung vom Durchschnitt aller kreisangeh. Gemeinden über 10.000 Einwohner in Rheinland-Pfalz v.H.

(c) Realsteuer-Aufbringung- bzw. (ab 1970) - Einnahmekraft in DM/E

(d) Typ I : Verschuldungsgrad und Steuerkraft größer als der Durchschnitt
Typ II: Verschuldungsgrad größer als der Durchschnitt, Steuerkraft
kleiner als der Durchschnitt
Typ III: Verschuldungsgrad kleiner als der Durchschnitt, Steuerkraft
größer
Typ IV : Verschuldungsgrad und Steuerkraft kleiner als der Durchschnitt.

Diese Tabelle zeigt, daß Andernach bei hoher Steuerkraft und niedriger Verschuldung (Typ III) einen relativ großen finanziellen Handlungsspielraum besitzt. Die eigenen finanziellen Möglichkeiten machen die Stadt weniger als andere von Zuschüssen abhängig und sind als günstig sowohl hinsichtlich politischer Beteiligung anzusehen als auch hinsichtlich staatlicher Förderung der Sanierung, da auch kostenintensivere oder weniger gewinnversprechende Alternativforderungen nicht gleich an eine unüberwindliche finanzielle Barriere stoßen dürften.

9.4 Politische Mehrheitsverhältnisse und verwaltungsorganisatorische Voraussetzungen der Sanierung

Charakteristisch für den Andernacher Stadtrat sind die knappen Mehrheitsverhältnisse. Die beiden großen Partien CDU und SPD liegen in allen Wahlperioden Kopf an Kopf.

Tabelle 9: Mehrheitsverhältnisse im Stadtrat ab 1969

Parteien	1969 - 72 (a)	Wahlperiode 1972 - 74	1974 - 79
CDU	15	14	17
SPD	14	14	16
FWG (b)	2	3	2

(a) Eine Wahlperiode dauert nach GemOrdnung Rheinland-Pfalz 5 Jahre. Die Wahl 1972 war durch eine Gemeindezusammenlegung erforderlich geworden. Dadurch stieg die Einwohnerzahl über 20.000, was zu einer Aufstockung der Zahl der Stadtvertreter von 31 auf 35 führte.

(b) FWG - Freie Wählergemeinschaft

Auf den ersten Blick könnte man meinen, daß diese Wahlergebnisse zu wechselnden Mehrheiten während einer Wahlperiode führen könnten. Daß dies nicht der Fall ist, liegt an zwei Gründen:
1) Die Freie Wählergemeinschaft, nach Mitgliederzusammensetzung und politischer Zielsetzung eine mittelstandsorientierte Vereinigung, stimmte in den meisten Fällen mit der CDU. Diese Rathauspartei, das Zünglein an der Waage bei Andernacher kommunalpolitischen Entscheidungen, sorgte zu Beginn der Wahlperiode 1974 - 79 dafür, daß bei den Neuwahlen des Oberbürgermeisters, Bürgermeisters, und zwei ehrenamtlicher Beigeordneter in allen Fällen ein CDU-Mitglied gewählt wurde, eine in der Kommunalpolitik untypische Erscheinung, da normalerweise Schlüsselpositionen nach dem Parteienproporz besetzt werden. Der Grund dieses Konfrontationskurses in der Wahlperiode 1974 - 79 der "Koalition" von CDU und FWG gegen die SPD liegt in den Erfahrungen der vorangegangenen zwei Teilperioden, die durch eine Besonderheit der Gemeindeordnung Rheinland-Pfalz möglich wurde:
2) In rheinland-pfälzischen Gemeinden besitzen Oberbürgermeister und Bürgermeister eine starke Stellung. Der Oberbürgermeister ist stimmberechtigter Vorsitzender des Rates sowie Vorsitzender aller Ausschüsse. Er wird vertreten durch den hauptamtlichen Bürgermeister, der in der Regel auch anstelle des Oberbürgermeisters den Vorsitz in einigen Ausschüssen führt. Dadurch besaß die CDU, die in allen Wahlperioden den Oberbürgermeister stellte, eine zusätzliche Stimme im Rat. Die Stelle des Ersten Bürgermeisters war in den beiden Teilperioden jedoch mit einem Mitglied der SPD besetzt. Dieser war in seiner Funktion als Baudezernent Vorsitzender des Planungsausschusses mit Stimmrecht. Dadurch ergab sich in dem für die Sanierung wichtigen Planungsausschuß (bis zur Übernahme des Amtes des Ersten Bürgermeisters durch ein CDU-Mitglied 1975) eine Patsituation, die durch das taktische Geschick, die Überzeugungskraft und Fachkenntnis des Ersten Bürgermeisters oft zugunsten der SPD ausging.

Tabelle 10: Mehrheitsverhältnisse im Planungsausschuß ab 1969

Partei	1969 - 72	Wahlperiode 1972 - 74	1974 - 79
CDU	4	4	5
SPD	4	4	5
FWG	1	1	1

Die Sanierungsbeschlüsse trugen somit weitgehend SPD-Handschrift und führten
zu einer Profilierung des Bürgermeisters und seiner Partei, was von den übrigen
Parteien später auch gesehen wurde und daher durch die Wahl eigener Leute
für die Zukunft verhindert werden sollte.

Verwaltungsorganisatorische Voraussetzungen

Für die Stadtplanung in Andernach zuständig ist die Planungsabteilung, eine von
5 Abteilungen des Bauamtes, das als ein Amt unter anderem dem Ersten Bürgermeister unterstellt ist. Zur Zeit (1976) ist die Planungsabteilung besetzt mit 6
Personen, von denen 4 eine fachbezogene Ausbildung besitzen (3 Techniker und
ein graduierter Ingenieur). Diese Besetzung liegt etwas über dem Durchschnitt
der Beschäftigten in Stadtplanungsämtern in Gemeinden zwischen 20-50.000 Ein-
wohnern (F u n k e 1974, 41), so daß von daher die verwaltungsorganisato-
rischen Voraussetzungen zur Durchführung einer Sanierung als relativ günstig
angesehen werden können, was unter Förderungsgesichtspunkten eine wesentliche
Rolle spielt. Dennoch reichte diese Besetzung nicht aus, um die nach StBauFG
vorgeschriebenen Untersuchungen zur Sanierung durchzuführen. Ebensowenig war
die Stadtplanungsabteilung aus fachlichen und personellen Gründen in der Lage,
eine Sanierungsplanung dieses Umfanges zu erstellen.
Daher wurden die anfallenden Arbeiten am 1.7.71 an ein externes Planerbüro,
die Planer v. B r e m e n/H e i c h e l, vergeben. Dieses Defizit an Fachpersonal durch Auftragsvergabe an externe Planer auszugleichen, ist keine spezifische Andernacher Problemlösung, sondern allgemein üblich. Nur durch Vergabe
an externe Planer ist es der Gemeinde möglich, zeitbegrenzt hochspezialisierte
Leistungen in Anspruch zu nehmen, "die, weil nicht dauernd benötigt, verwal-
tungsintern nur bei einem sehr hohen finanziellen Aufwand zu erbringen sind."
(F u n k e 1974, 72).
Die Planer waren vertraglich für die vorbereitenden Untersuchungen zuständig
und die allgemeine Sanierungsplanung, wurden aber auch aufgrund einer internen
Absprache mit den im Sanierungsgebiet zu erstellenden Bebauungsplänen beauftragt.
Die Untersuchungen und Planungen zur Sanierung wurden allein von den Planern
erstellt, Planungskapazitäten der Verwaltung wurden nicht herangezogen. Aufgabe
der Verwaltung war es, für die Durchführung der geplanten Maßnahmen zu sorgen.
Bei diesem streng durchgehaltenen arbeitsteiligen Sanierungsverfahren war es notwendig, daß Verwaltung und Planer eine gemeinsame Anlaufstelle hatten, die die
Vermittlung übernahm. Diese Koordinationsfunktion übernahm der Erste Bürgermeister als Baudezernent, der dadurch eine zentrale Stellung im Sanierungsprozeß
erhielt, was ihn in seiner Tätigkeit als Planungsausschußvorsitzenden stark unterstützte.

9.5 Planungsmethode

Wie schon erwähnt, steht am Anfang einer Sanierung die Feststellung städtebaulicher Mißstände. Dies kann nicht per Augenschein und impressionistischer Bestandsaufnahme, auch nicht nur durch Auflistung objektiver baulicher Tatbestände
geschehen. Vielmehr müssen die Gesamtheit der "strukturellen und städtebaulichen
Verhältnisse" der Stadtgebiete, die potentiell für eine Sanierung infrage kommen,
in operationalisierbare Begriffe überführt und diese dann empirisch untersucht
werden. Zu solchen Begriffen gehören baulich-technische Größen, "Funktionsfähigkeit des Gebietes ", z.B. "wirtschaftliche Situation und Entwicklungsfähig-
keit", Verkehr, infrastrukturelle Erschließung und "soziale Verhältnisse" (vgl.
F e l d h u s e n 1975, 95 ff.). Zur Ermittlung dieser Daten ist der Einsatz
wissenschaftlicher Methoden und Verfahren unerläßlich, wobei das Wissen und
die Techniken verschiedener Disziplinen (Architektur, Volkswirtschaft, Städtebau, Soziologie u.a.) integriert werden müssen.
Die Untersuchungen müssen in mehreren Stufen erfolgen, wobei am Ende jedes
Untersuchungsabschnittes nach dem Konzept der "deduktiven Planung" jeweils
konkretere, auf der   Vorstufe   basierende Planungsaussagen stehen. In der Regel
sollen am Anfang Voruntersuchungen stehen, die Auskunft geben sollen über die
"Lage der Gemeinde im Verflechtungsbereich, vor allem hinsichtlich ihrer überwiegenden und besonderen Funktionen, eine Darstellung der gemeindlichen und
übergemeindlichen Entwicklungsziele sowie die Bestimmung der Schwerpunkte
städtebaulicher Sanierung im Gemeindegebiet und Festlegung der Rangfolge und
Dringlichkeit..." (so zum Beispiel der Einführungserlaß zum StBauFG des Landes
Nordrhein-Westfalen, zit.n. K o r t e   1975, 32). Dem folgt der zentrale Teil
der Voruntersuchungen, die sog. "v o r b e r e i t e n d e n   U n t e r -
s u c h u n g e n". Diese erstrecken sich auf technische und soziale Notwendig-
keiten und Möglichkeiten der Sanierung.
Die Ergebnisse dieser Untersuchungen sollen dann mit den Betroffenen erörtert
werden, wobei auch schon die potentiellen nachteiligen Auswirkungen der Sanierung für einzelne Gruppen behandelt werden sollen (§ 4 Abs. 2 StBauFG).
Als Ergebnis der Voruntersuchungen sollen mehrere potentielle Sanierungsgebiete
vorgeschlagen werden, von denen dann eines vom Rat förmlich festgelegt wird.
Im förmlich festgelegten Sanierungsgebiet findet zwar die eigentliche Durchführung der Sanierung statt, doch bezieht die allgemeine Sanierungsplanung zumindest das Vorbereitungsgebiet mit ein, da die Sanierungsmaßnahmen in funktiona-
ler Beziehung zur räumlichen Umgebung, meist zum gesamten Stadtteil, stehen.
Außerdem ist die Festlegung eines ersten Sanierungsgebietes oft nur der Beginn
einer größeren Sanierung, die abschnittsweise durch Erweiterung des Sanierungsgebietes oder neue Festlegung realisiert wird, in der Planung aber schon in den
Grundzügen konzipiert ist.
Deshalb sind im folgenden mit Sanierungsplanung nicht nur solche Aktivitäten gemeint, die sich auf das "Sanierungsgebiet" nach § 5 StBauFG beziehen, sondern
die Gesamtheit der planerischen Maßnahmen, die den Gesamtkomplex Sanierung
betreffen.
Die Planungskonzeption, die die für die Stadt Andernach arbeitenden Stadtplaner
v. B r e m e n/H e i c h e l für die Sanierung Andernach entwickelten, geht

von einem solchen deduktiven Verfahren aus, verfeinert dieses jedoch. In deutlicher Kritik an vielerorts praktizierten Verfahren stellen die Planer sich den Anspruch, der häufig anzutreffenden "Verbrämung der nur gestalterischen Stadtplanung mit sog. Voruntersuchungen und der Alibifunktion zwar erfaßter, nicht aber in die Planung einfließender Sozialdaten zu begegnen" (Stadtkernsanierung 1S. 1.0.3) und entwickelten ein anspruchsvolleres Planungskonzept, das eine Ableitung der Sanierungsplanung aus einer umfassenden Stadtentwicklungsplanung ermöglichen soll.

Die Grundlage hierzu war im Vorfeld der Sanierungsplanung mit einer Strukturuntersuchung des Nahbereichs Andernach (Nahbereichsuntersuchung, zit. NBU), die die gleichen Planer durchgeführt hatten, bereits erfolgt. Darin war die Notwendigkeit einer Sanierung aus der Analyse ökonomischer Entwicklungen gefolgert worden (vgl. Kap. 10). Im Anschluß an die Nahbereichsuntersuchung waren v. B r e m e n/H e i c h e l ebenfalls mit der Erstellung eines Flächennutzungsplanes beauftragt worden, der allerdings nicht vor der Sanierungsplanung abgeschlossen wurde, sondern parallel lief. Damit waren die Voraussetzungen gegeben für eine vom Allgemeinen zum Konkreten systematisch abschreitende Planung, die von einer Strukturanalyse der Lage und Funktion der Stadt im Umland zu den einzelnen Stufen der Sanierungsplanung führen sollte.

Die eigentliche Sanierungsplanung setzt unterhalb der Flächennutzungsplanung an. Es werden vier Planungsstufen markiert, die sich auf folgende, jeweils kleinere, Gebietsabgrenzungen beziehen: Untersuchungsgebiet , Vorbereitungsgebiet, Potentielles Durchführungsgebiet. Durchführungsgebiet (= förmlich festgelegtes Sanierungsgebiet). Zum sprachlichen Verständnis ist anzumerken, daß die Planer die einzelnen Planungsstufen als "Schichtungen" bezeichnen, eine Sprachregelung, die wir übernehmen.

Das folgende Schaubild zeigt die Abfolge der Planungsschritte, angefangen bei der Nahbereichsuntersuchung. Anschließend werden die Schichtungen näher erläutert.

Abbildung 5: S a n i e r u n g s k o n z e p t i o n   A n d e r n a c h

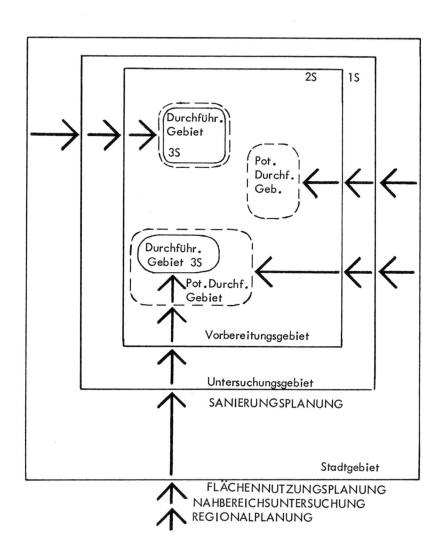

Im einzelnen umfassen die Schichtungen folgende Untersuchungen und Planungen:

1. S c h i c h t u n g
Im 1. Planungsabschnitt wird die gesamte Kernstadt unter der Frage untersucht, welche Gebiete mutmaßlich sanierungsbedürftig sind. Diese Feststellung wird getroffen aufgrund subjektiver Eindrücke durch Begehung sowie einer Groberhebung der aus amtlichen Statistiken ablesbaren Material- und Sozialdaten. Ziel dieser 1. Schichtung ist d i e A b g r e n z u n g e i n e s V e r b r e i - t u n g s g e b i e t e s, in dem die vorbereitenden Untersuchungen in verfeinerter Form durchgeführt werden sollen. Nach Vorlage des Ergebnisses der 1. Schichtung beschließt dann die Stadt auf Vorschlag der Planer "für dieses Gebiet den Beginn der vorbereitenden Untersuchung" (1S 1.0.4.) (§ 4,3 StBauFG) Anschließend soll dann auch die Öffentlichkeit innerhalb einer Ausstellung "über Aufgabe der Sanierungsplanung, ihre Notwendigkeit anhand der ersten Ergebnisse und ihrer Ziele sowie über die Möglichkeiten der Mitarbeit informiert werden. Dabei werden erste vage Planungsvorstellungen der Öffentlichkeit erfaßt." (1S 1.0.4).

2. S c h i c h t u n g
Im zweiten Durchgang folgt nun innerhalb des festgelegten Vorbereitungsgebietes "eine eingehende Datenerhebung hinsichtlich der städtebaulichen Mißstände und eine Befragung der Betroffenen hinsichtlich ihrer Vorstellungen über Sanierungsbereitschaft und -bedürftigkeit ihrer weiteren und engeren Umwelt.
Durch Ausstellungen und Diskussionsabende werden Zielvorstellungen der Betroffenen erfaßt und Planvorstellungen in Alternativplänen diskutiert. Ergebnis der 2. Schichtung ist ein planerisches Gesamtkonzept, Verkehrskonzept, Nutzungskonzept, räumliches Konzept sowie die Abgrenzung von Teilgebieten, die für die Durchführung der Sanierung aufgrund der Ergebnisse der Datenerhebung infrage kommen." (1S 1.0.5).

3. S c h i c h t u n g
In diesem Untersuchungsabschnitt wird das Gebiet nochmals a u f g r u n d d e r E r g e b n i s s e d e r 2. S c h i c h t u n g eingegrenzt. Innerhalb der dort ermittelten potentiellen Durchführungsgebiete soll "die Sozialanalyse durch direkte Interviews der Betroffenen verfeinert und die Grundlage des Sozialplanes aufgestellt" werden. (1S 1.0.5).
Hauptergebnis soll der Vorschlag eines Durchführungsgebietes (nach § 5 StBauFG) sein, für das auch schon ein Phasenprogramm und Bebauungsplanentwürfe vorgelegt werden. Die Gemeinde hat dann das Sanierungsgebiet förmlich festzulegen (§ 5,1 StBauFG).

4. S c h i c h t u n g
Mit der Festlegung beginnt die Durchführung der Sanierung. Die 4. Schichtung ist nun als begleitende Planung konzipiert, bei der es darum geht, "die Ansichten der Beteiligten am Durchführungsprozeß mit dem Gesamtkonzept abzustimmen, beratend an der Durchführung mitzuwirken und dabei die Sanierungsplanung fortzuschreiben." (3S 1.0.3)
Aus der Darlegung der Planungskonzeption wird deutlich, daß die Planer einem dezisionistischen oder als Reaktion auf kurzfristig evidente Problemlagen oder Interessen erfolgenden Entscheidungsverfahren ein "rationales", bewußt planendes und aktiv steuerndes Konzept entgegensetzen wollen. Dabei kommt der Methodik hohe

Bedeutung zu, da die Rationalität vor allem aus der präzisen Ableitung der einzelnen Planungsschritte aus den jeweils auf der vorhergehenden Stufe gewonnenen
Ergebnisse beruht. Daher wird die Frage, inwieweit der tatsächliche Ablauf der
Planung mit dem Konzept übereinstimmt, besonders wichtig. Vorher soll jedoch
noch dargestellt werden, in welcher Form die uns besonders interessierende Frage der Partizipation im Konzept verarbeitet ist. Hieraus können bereits erste
Schlüsse über die - von der planerischen Konzeption her - mögliche Wirksamkeit der Beteiligung gezogen werden.

9.6 Partizipationskonzept

Unter den Neuerungen, die das StBauFG für die kommunale Sanierungsplanung
gegenüber dem bis dato auch für diesen Bereich geltenden BBauG bringt, sind
u.a. die Vorschriften über die Beteiligung der Planungsbetroffenen am Planungsprozeß besonders hervorzuheben. Die inzwischen erstellten Erfahrungsberichte
der Bundesländer und der Städtebaubericht 1975 des Bundesministeriums für Raumordnung, Bauwesen und Städtebau widmen den diesbezüglichen Gesetzespassagen
und ihrer Anwendung in der Praxis ebenso besondere Aufmerksamkeit wie die -
in Anbetracht der Tatsache, daß das Gesetz erst 1972 in Kraft trat - umfang-
reiche wissenschaftliche Literatur sozial- und rechtswissenschaftlicher Provenienz.
Die insgesamt sehr positive Einschätzung der bisherigen Erfahrungen auf Seiten
der beteiligten Länder- und Bundesressorts (50) hat inzwischen auch dazu beigetragen, daß die im StBauFG aufgestellten Grundsätze zur Partizipation in die
Novelle zum Bundesbaugesetz übernommen wurden und somit über Sanierungsmaßnahmen hinaus für die gesamte Bauleitplanung gelten werden.
Im StBauFG sind die Aussagen zur Partizipation an verschiedenen Stellen getroffen. Zunächst heißt es im Zusammenhang mit den Allgemeinen Vorschriften in
§ 1 Abs. 4: "Den Betroffenen soll Gelegenheit gegeben werden, bei der Vorbereitung und Durchführung der Maßnahmen mitzuwirken."(51)
Im Kontext der "Vorbereitenden Untersuchungen" (§ 4 StBauFG) soll die Gemeinde
"... auch die Einstellung und Mitwirkungsbereitschaft der Eigentümer, Mieter,
Pächter und anderen Nutzungsberechtigten im Untersuchungsbereich zu der beabsichtigten Sanierung ermitteln sowie Vorschläge hierzu entgegennehmen."
(§ 4 Abs. 1).
Ferner soll sie,
"sobald dies nach dem Stand der Vorbereitung der Sanierung möglich ist, Vorstellungen entwickeln und mit den Betroffenen erörtern, wie nachteilige Auswirkungen möglichst vermieden werden können..." (§ 4 Abs. 2).
In den §§ 8 ff., die die "Aufstellung des Sozialplans, des Bebauungsplans und
Durchführung der Sanierung" regeln, ist schließlich für die der förmlichen Festlegung eines Sanierungsgebietes folgenden Aktivitäten der Gemeinde eine Erörte-
rungspflicht mit den Betroffenen mit dem Ziel fixiert, nachteilige Auswirkungen
für die Betroffenen zu verhindern oder zu mildern.
In der Literatur ist strittig, inwieweit die dargelegten Gesetzesregelungen mit
Begriffen wie "Demokratisierung der Planung" oder "Partizipation" zutreffend beschrieben werden können. Dies gilt insbesondere für die Bestimmungen zum Sozialplan, weniger für die erstgenannten Paragraphen. Gleichwohl läßt sich auch hier

nicht übersehen, daß die Formulierungen äußerst vage und unbestimmt sind. Daher wird die These von der "Demokratisierung der Planung" auch weniger auf eine Textexegese als auf den Bericht des zuständigen Bundesausschusses zum Entwurf des StBauFG gestützt, in dem es heißt, § 1 Abs. 4 Satz 4 trage dem Prinzip der Demokratisierung des Verwaltungshandelns Rechnung. Dies betont auch die Bundesregierung in den Städtebauberichten 1970 und 1975.

Für unseren Zusammenhang können wir jedoch auf eine extensive Erörterung der Intention der Gesetzgeber verzichten. Wichtiger ist die - in der Literatur kaum bestrittene - Feststellung, daß die allgemeinen und vagen Aussagen des Gesetzes zur Beteiligung den Gemeinden einen recht weiten Gestaltungsraum bei der Anwendung dieser Vorschriften lassen. Die Bundesregierung sieht darin den Vorteil, "der Praxis die Möglichkeiten zur Erprobung einer Vielfalt von Methoden zu lassen, innerhalb deren der Bürger eigenverantwortlich zur Mitgestaltung seiner Umwelt beitragen kann." (Städtebaubericht 1975, S. 72). In der Praxis der Andernacher Sanierung soll die Beteiligung in drei Intensitätsstufen erfolgen, die den Schichtungen der Planung zugeordnet sind.

Nach Fertigstellung der 1. Schichtung erfolgt die Information über deren Ergebnisse in einer Ausstellung. Neben der Information sollen aber auch schon Vorschläge bzw. Bedenken der Bevölkerung aufgenommen werden und für die nächsten Planungsschritte verarbeitet werden.

In der 2. Stufe sollen die Bedürfnisse der Bewohner, insbesondere hinsichtlich Wohnungs- und Arbeitsplatzansprüchen, durch standardisierte Interviews erfragt werden. Daneben sollten einzelne Bevölkerungsgruppen sowie Interessengruppen Vorstellungen in Diskussionen mit den Planern einbringen.

Die 3. Schichtung sieht dann eine nochmalige, verfeinerte Befragung sowie eine Perpetuierung der Diskussion mit Einzelnen und Gruppen im Rahmen einer "permanenten Arbeitsausstellung" vor. Hinzu kommt, entsprechend den gesetzlichen Vorschriften, auf allen drei Stufen die Anhörung der "Träger öffentlicher Belange".

Insgesamt gesehen kann dieses Beteiligungskonzept - vergleicht man es mit anderen Sanierungsvorhaben - wohl als recht weitgehend bezeichnet werden. Die Möglichkeit, daß die Bürger auf die Planungsergebnisse Einfluß nehmen, ist nicht durch Planungskonzeption bzw. Entscheidungspräjudizierungen ausgeschlossen. Im Gegenteil legt das Konzept nahe, daß der Einfluß der Bevölkerung bereits bei der Auswahl potentieller Sanierungsgebiete einsetzt. Damit gehen die Planer erheblich über die im StBauFG vorgeschriebene Beteiligung hinaus. Dem widerspricht auch nicht, daß die 1. Stufe ohne Beteiligung abläuft und lediglich über die Ergebnisse informiert wird. Denn a) soll hier nur der weite Rahmen eines Vorbereitungsgebietes abgesteckt werden, was noch keine Vorentscheidung hinsichtlich des Sanierungsgebietes beinhaltet, und b) erscheint es auch im Sinne einer vom Standpunkt der Bevölkerung effizienten Beteiligung sinnvoll und notwendig, diese zunächst über die wesentlichen Daten und Zusammenhänge zu informieren, bevor sie sich dazu eine Meinung bildet und diese artikuliert. Dieser insgesamt "bürgerfreundlichen" Beteiligungskonzeption entspricht auch das Selbstverständnis der Planer, die sich als Advokatenplaner verstehen und auf eine entsprechende Frage antworten: "Ja, wir vertreten hier gegenüber der Verwaltung gerade auch die Interessen der betroffenen Bevölkerung. Aufgrund unserer Kenntnisse aus den Einzelbefragungen sind wir gegenüber den Politikern in einer eigenartigen Stellung. Die politischen Parteien wissen fast nicht, was die Bürger wollen, und man kann die Volksvertreter hier zum Teil unter Druck stellen. Man

muß aber vorsichtig sein, damit man nicht den Schlag mit der Keule von hinten
bekommt, so nach dem Motto: wer ist hier eigentlich der Volksvertreter?"
(I n t e r v i e w)

10. INHALT UND ABLAUF DER PLANUNG

Wir wenden uns nun dem tatsächlichen Verlauf des Planungs- und Entscheidungsprozesses zu. Dabei gehen wir nicht rein deskriptiv vor, sondern entwickeln die
Darstellung unter den analytischen Fragestellungen, die im Kapitel 13 aufge-
worfen wurden. Vor allem werden wir der Frage nachgehen, welche Einflüsse
die Planung in prozeduraler wie in inhaltlicher Hinsicht bestimmen. Dazu werden vier "Planungsstränge" verfolgt: erstens die Entwicklung der allgemeinen Sanierungsziele, zweitens die Planung eines Kaufhauses (inklusive Folgeplanung),
drittens die Auswahl und Gestaltung des 1. Sanierungsdurchführungsgebietes und
viertens die Planung einer großen Fußgängerzone.
Zum leichteren Verständnis dieser Vorgänge, die sich zum Teil zeitlich über-
schneiden, wird auf den folgenden Seiten ein synoptischer Überblick über den
Zeitablauf der Sanierungsplanung gegeben.

Synoptischer Überblick über Zeitablauf und Stationen der Sanierungsplanung in den untersuchten Planungsfällen sowie der Beteiligung der Bürger (1965 – 1975)

Datum	Zielplanung	Kaufhaus	Sanierungsgebiet	Fußgängerzone	Beteiligung
1965	Flächennutzungsplan (FLNPL)				
1966	FLNPL			Zeitweilige Sperrung der Hochstr. für Fahrverkehr	
1967	FLNPL			Sperrung Hochstr. – Fortführung der Diskussion und Entscheidung	
1968	Überlegungen zu einem Bebauungsplan für die gesamte Altstadt Antrag auf Förderung einer Sanierungsplanung im Rahmen der Modellvorhaben				
1969	Beratung eines von der Verwaltung erstellten Planungsprogramms für die nächsten Jahre (nicht-öff.-Ausschuß)	1. Antrag zum Bau eines Kaufhauses – Beratung (nicht-öff. Ausschuß)			

Datum	Zielplanung	Kaufhaus	Sanierungsgebiet	Fußgängerzone	Beteiligung
1970	Antrag auf Bezuschussung einer Sanierungsplanung Informierung und Beratung über künftige Sanierung (nicht-öff. Ausschuß)	2. Antrag (neuer Interessent) zum Bau eines Kaufhauses – Beratung (nicht-öff. Ausschuß)			
1971 8.3.	Beratung über Vergabe des Planungsauftrages Zuschußbewilligung zur Sanierungsplanung durch das Land			Auftrag zur Erstellung eines Gutachtens über Möglichkeit eines fußgängigen Ausbaus der Bahnhofstraße	
24.6.		Beratung über Entwurf des Kaufhauses (nicht-öff.)			
1.7.	Vergabe des Planungsauftrages an externe Planer. Inhalt: Vorbereitende Untersuchung und Zielplanung.			Ablehnung einer Fußgängerzone Bahnhofstraße	
1.9.	Vorlage der Nahbereichsuntersuchung im Planungs-Ausschuß				
20.10.		Fortsetzung Beratung (nicht-öff.)			

Datum	Zielplanung	Kaufhaus	Sanierungsgebiet	Fußgängerzone	Beteiligung
24.11.	Vorlage der Nahbereichsuntersuchung im Stadtrat				
1972 23.3.		Fortsetzung Beratung (nicht-öff.)			
20.6.		3. Antrag-Beratung (nicht-öff.)			
31.8.	Vortrag der Planer über Ergebnisse der 1. Schichtung und Festlegung eines Vorbereitungsgebietes Andernach ist ins Förderprogramm aufgenommen	Einleitung des BBPl-Verfahrens; Vergabe des Planungsauftrages (= 1. öff. Ratssitzung zum Thema)			
21.11.	Vorlage des Richtlinienplans Verkehr durch die Planer (nicht-öff. Ausschuß)		späteres Sanierungsgebiet "Am unteren Stadtgraben" als Teil des Richtlinienplans	Fußgängerzone als Teil des Richtlinienplans Verkehr	
19.12.	öff. Vorlage des Richtlinienplans Verkehr im Stadtrat	Vorlage und Beratung des BBPl Drususplatz			Träger öffentlicher Belange

Datum	Zielplanung	Kaufhaus	Sanierungsgebiet	Fußgängerzone	Beteiligung
1973					
15.1.		Fortsetzung Beratung (Konflikt)		Fußgängerzone als Teil des BBPI Drususplatz	
9.–13.3.					Ausstellung und Erörterung der 1. Schichtung und des Richtlinienplans Verkehr
12.–19.3.	Datenerhebung zur 2. und 3. Schichtung				
29.3.		Beschluß über BBPI		Fußgängerzonenplan nur zu einem kleinen Teil vom Rat akzeptiert	Offenlegung des BBPI
4.6.			Förmliche Festlegung des Sanierungsgebietes "Am unteren Stadtgraben"		
1974					
5.8.			Öffentl. Vorstellung des 1. Durchführungsplanes Beginn der Beratungen des BBPI "Am unteren Stadtgraben" im Ausschuß		Möglichkeit der Diskussion über den 1. Durchführungsplan in öff. Veranstaltung Träger öffentl. Belange

Datum	Zielplanung	Kaufhaus	Sanierungsgebiet	Fußgängerzone	Beteiligung
6.-8.8.			Grundsätze für den Sozialplan		Einzelgespräche mit Betroffenen im Sanierungsgebiet
5.-8.12.					Ausstellung und
9.12.	Sondersitzung des Planungsausschusses zur Beratung der 2. Schichtung				
10.12.	Beschluß des Stadtrats über die Annahme der Richtlinienpläne Verkehr, Nutzung, Gestaltung, Bebauung und Planungsstrategie. Damit war die Zielplanung abgeschlossen.				
1975 6.5.			Beschluß zur Erweiterung des 1. Sanierungsgebietes Beschluß über PPBI		
Sept.				Antrag zur Förderung der Fußgängerzone im Rahmen des Konjunkturprogrammes	Offenlegung des BBPI
Okt. Dez.				Bewilligung des Antrages Auftragsvergabe zur Errichtung der Fußgängerzone	

10.1 Allgemeine Zielplanung

Bei der Entwicklung der grundlegenden Sanierungsziele und ihrer Umsetzung in planerische Gestaltungsrichtlinien lassen sich drei Phasen grob unterscheiden: Die Phase I reicht bis Ende 1970 und ist gekennzeichnet durch sporadische Bemühungen der Verwaltung um Planungszuschüsse, begleitet von Grundstückskäufen als Vorbereitung einer künftigen Sanierung. Die diesbezüglichen Zielvorstellungen sind recht vage, konkrete Planungsabsichten fehlen.

Dies ändert sich, als das Land Anfang 1971 einen Zuschuß zu den Planungskosten gewährt und die Planer v. Bremen/Heichel mit der Sanierungsplanung beauftragt werden. In der nun einsetzenden Phase II steht die Entwicklung planerischer Gesamtvorstellungen im Vordergrund. Dies umfaßt sowohl die Erstellung einer Entwicklungsperspektive für die Altstadt als auch die Auswahl von Gebieten, in denen aufgrund dieser Gesamtziele eine Sanierung nach dem StBauFG durchgeführt werden soll. In dieser Phase setzt auch die parlamentarische wie die allgemein-öffentliche Willensbildung zur Sanierung ein. Mit der Entscheidung über ein Sanierungsdurchführungsgebiet findet diese allgemeine Willensbildung einen vorläufigen Abschluß, da durch diese Entscheidung die weiteren Planungen und Maßnahmen inhaltlich weitgehend festgelegt sind.

In der Phase III geht es dann um die Konkretisierung der Zielvorstellungen, insbesondere die Planung von Maßnahmen im Sanierungsgebiet, über die in einem eigenen Kapitel berichtet wird.

Der Entwicklung der grundlegenden Sanierungsziele gehen erste Bemühungen um städtebauliche Ordnungsmaßnahmen praktisch seit den 30er Jahren dieses Jahrhunderts voraus. Wie bei vielen anderen Städten mit historischem Stadtkern und teilweise intakter Stadtmauer finden wir eine intensive Nutzung des Bodens im Altstadtbereich vor. Dies hat in Andernach aufgrund des steigenden Bevölkerungswachstums der letzten 100 Jahre zu einer so dichten Bebauung geführt, daß selbst die Stadtmauer in diese Baumaßnahmen miteinbezogen wurde. Sie diente vielen Häusern, die oft nur eine Raumtiefe von 2-3 m aufwiesen, als Rückwand. Diese Häuser besonders an der Außenseite der Stadtmauer abzureißen und durch Grünflächen zu ersetzen, war damals erklärtes Ziel der Andernacher Kommunalpolitiker, wurde vor dem 2. Weltkrieg und in der Nachkriegszeit jedoch nicht realisiert. Der Anstoß zur planvollen Neuordnung der Altstadt kam von außen durch das Bundesbaugesetz. Entsprechend den Richtlinien dieses Gesetzes zur Bauleitplanung wurde 1963 im Auftrag der Kommune von einer externen Planergruppe ein Flächennutzungsplan erarbeitet, der die Grundlage für die zukünftige Entwicklung abgeben sollte. Der Schwerpunkt dieses Planes lag in der Vorstrukturierung von Neubaugebieten; denn entgegen der Tendenz früherer Jahrzehnte, möglichst schon im Bereich existenter Infrastrukturen zu bauen, begann in den 60er Jahren eine Ausdehnung von Wohnbauten in völlig unerschlossene Außengebiete. Da die Stadt die infrastrukturellen Folgekosten zu leisten hatte, war sie gezwungen, aus Kostengründen planvoll vorzugehen. Doch nicht nur die Zukunftsplanung, sondern auch Neuordnung der vorhandenen Gebiete war Ziel der Planung. So findet man erstmals in diesem Flächennutzungsplan schriftliche Aussagen über eine zukünftige Sanierung. Die Inangriffnahme einer Sanierungsplanung wurde jedoch nur sehr schleppend betrieben; entsprechende Finanzierungsanträge wurden entweder nur

halbherzig vorgebracht oder sogar nach Konkretisierungsrückfragen zurückgezogen.
Wie unklar die Vorstellungen über das WIE der Sanierung gewesen sein müssen,
erkennt man daran, daß der Rat noch bis Ende der 60er Jahre den gesamten
Altstadtbereich als e i n e Sanierungsmaßnahme begriff. Die Verwaltung dach-
te da schon realitätsbezogener, indem sie für eine abschnittsweise Durchführung
der Maßnahmen plädierte; was das jedoch für Maßnahmen sein sollten, war ihr
im Detail nicht klar. Sieht man sich die Begründungen für die geplante Sanierung an, so findet man zwei wesentliche Aspekte: Die Verbesserung der Wohnverhältnisse und die des Verkehrsflusses, beides Maßnahmen, die aufgrund der
veralteten dichten Bebauung in diesem Bereich notwendig waren. Sie sind ganz
im Sinne der traditionellen Vorstellung von Sanierung auf das Wohnen ausgerichtet und die es bedingenden Faktoren wie Qualität der Wohnung, Grünflächen
und störungsfreier Verkehrsfluß. Eine Sensibilisierung für einen qualitativ anderen
Aspekt von Sanierung - jetzt verstanden im Sinne von innerstädtischer Funktions-
verbesserung im Rahmen städtischer Gesamtentwicklung - trat durch Bekanntwerden
der Ergebnisse der schon erwähnten Nahbereichsuntersuchung ein. Sie nannte in
harten Daten das, was vorher allenfalls vermutet wurde. Besonders interessant
für die Andernacher Kommunalpolitik war die Tatsache, daß die Bewohner Andernachs und Umgebung nur einen Teil der Kaufkraft in Andernach hielten und es
vorzogen, in die naheliegenden Städte Koblenz, Neuwied und Mayen zu fahren,
um dort ihr Geld zu lassen. Die Vertreter der Andernacher Bürger schlossen daraus, daß ihre Stadt im Vergleich zu den umliegenden Städten konkurrenzfähiger
gemacht werden müsse. Dieser Gedanke, der in dem Schlagwort "City-Attraktivität" die Sanierung wie ein roter Faden durchziehen wird, kannte keine Partei-
en, sondern nur noch Andernacher. Daß der ökonomische Aspekt der Funktionsschwächesanierung zu dem des Wohnens hinzukam, und gleich Priorität gewann,
traf sich mit den Vorstellungen und Förderungsgesichtspunkten des Landes Rheinland Pfalz, dessen Finanzministerium 1971 ein "Arbeitsprogramm als Grundlage
für ein Angebot der Altstadtsanierung nach den Vorstellungen des Finanzmini-
steriums" erließ. Darin heißt es u.a.: Altstadtsanierung sei zu verstehen als "Erneuerung und Entwicklung der gesamten Innenstadt zu einem lebendigen Zentrum
der Begegnung, des Einkaufs und der Kultur", und "hierbei ist vor allem darauf
zu achten, daß die stufenweise Erneuerungsplanung möglichst zu einer wirtschaft-
licheren Nutzung der Gebiete und somit zur überwiegenden Veränderungsbereit-
schaft der Betroffenen führt". Unter dieser Konstellation wurde dann - sieben
Jahre nach erstmaliger schriftlicher Fixierung im Flächennutzungsplan und nach
mehreren, anfangs zaghaften, zum Schluß forcierten, Vorstößen auf Bezuschussung
zu den Planungskosten - der Zuschußantrag Andernachs Anfang 1971 vom Landes-
finanzministerium genehmigt.
Nach der Aufnahme der Planung in die Förderung durch das Land trat die Sanie-
rungsvorbereitung in eine neue Phase. Die Planergruppe v.B r e m e n/H e i -
c h e l, die bereits die Nahbereichsuntersuchung durchführte, wurde mit den vorbereitenden Untersuchungen für die Sanierung beauftragt.
Die Untersuchungsergebnisse, die daraus ableitbaren Planungsentwürfe und deren
Verarbeitung durch den Stadtrat (Planungsausschuß) werden im folgenden dargestellt, wobei besonders darauf geachtet wird, inwieweit das eben beschriebene
Planungskonzept (Kap. 9.5) in der Praxis durchgehalten wurde.
Es wurde bereits dargelegt, daß die entscheidenden Impulse für intensive Bemühun-
gen um eine Stadterneuerung von der Nahbereichsuntersuchung ausgingen. Die Alt-

stadtsanierung ist hier als wichtigstes Mittel zukunftsbezogener Gestaltung ausführlich erwähnt - allerdings nur in einem eindeutig ökonomischen Kontext. Da
Handels- und Dienstleistungsbetriebe auf innerstädtische Standorte angewiesen
seien, sei deren Entwicklung eine "vordringliche Aufgabe" der Stadtkernsanierung. In Andernach seien vor allem wegen der Enge der Gassen und der Dichte
des Autoverkehrs "die Möglichkeiten für einen ungestörten Einkaufsbummel stark
gestört". Daher wird empfohlen: "Eine Verbesserung dieser im ganzen ungünsti-
gen Situation des historischen Stadtkerns erscheint nur im Rahmen einer Stadtsanierung möglich. Dabei sollte eine bessere Anpassung an Kaufkraft und Kauf-
wünsche des Mittelbereichs Andernach angestrebt werden." (N B U, 192 ff.).
So stellte sich der Problemstand für die Planer aufgrund ihrer bisherigen geleisteten Untersuchungen dar, als sie mit den vorbereitenden Untersuchungen zur
Sanierung begannen.
Gab es nun bereits zu diesem Zeitpunkt Zielvorstellungen aus dem Stadtrat und
der Verwaltung, die den Planern vorgegeben wurden?
Direkte Vorgaben existierten nicht. Andererseits wußten die Planer jedoch aus
ihrer bisherigen Tätigkeit in Andernach um einige allgemeine Vorstellungen, die
dort mit Sanierung verbunden wurden, wie z.B. Freilegung der Außenseite der
Stadtmauer zur Schaffung eines Grüngürtels. Daneben erhofften Andernachs
Stadtväter sich sowohl eine Verbesserung des Wohnungsstandards, der Geschäfts-
und nicht zuletzt der Verkehrssituation in der Altstadt, ohne jedoch in der Lage
zu sein, den Planern Ziele oder Prioritäten vorzugeben.
Aus den in der Nahbereichsuntersuchung geleisteten Analysen der Strukturbedingungen der Stadt Andernach ergab sich als nächster Schritt eine Ableitung von
funktionalen Reaktionsweisen des politischen Systems auf die wissenschaftlich auf-
gedeckte gesellschaftliche Entwicklung. Diese abgeleiteten Anforderungen an die
Politik kamen zwar lediglich als "Vorschläge" in den politischen Willensbildungs-
und Entscheidungsprozeß. Ihr Gewicht wurde jedoch durch drei Tatbestände enorm
gestärkt: Die freien Planer arbeiteten eng mit der Verwaltung zusammen, in Andernach operierten sie faktisch sogar als Teil der Verwaltung, die alle von den
Planern entwickelten Pläne als ihre eigenen übernahm und als solche in den
parlamentarischen Entscheidungsprozeß einbrachte. Bei der starken Stellung der
Verwaltung in kommunalpolitischen Entscheidungsprozessen (vgl. Kap. 8.4) bedeutet dies in der Regel, daß die dort eingebrachten "Vorschläge" ungeachtet
ihres Inhaltes eine höhere Durchsetzungswahrscheinlichkeit haben als andere.
Dies gilt vor allem dann, wenn - wie im vorliegenden Fall-keine alternativen
Vorschläge oder artikulierte Vorstellungen oder Interessen vorliegen. Drittens
schließlich dürfte die Tatsache, daß die Planervorschläge in wissenschaftlichem,
überdies noch quantitativem, Gewande auftreten, ihre Durchschlagkraft erheblich
erhöhen. Diese Überlegungen legen nahe, bereits den in der Nahbereichsuntersuchung zur Sanierung geäußerten Zielvorstellungen vorentscheidendes Gewicht
für die weitere Planung beizumessen.
Über die bereits in der Nahbereichsuntersuchung analysierten ökonomischen Zusammenhänge hinaus erstreckt sich die 1. Schichtung der Sanierungsplanung auf
die Untersuchung der Funktionsbereiche Wohnen, Freizeit und Kommunikation.
Dies heißt allerdings nicht unbedingt, daß diese Funktionen nun gleichwertig
neben der Dienstleistungsfunktion die Zielsetzung der Sanierung bestimmen. Viel-

mehr ist damit zunächst lediglich den Vorschriften über die Daten, die laut Gesetz (§ 4 Abs. 1 StBauFG) bei den vorbereitenden Untersuchungen erhoben werden
sollen, Genüge getan. ("...die sozialen, strukturellen und städtebaulichen Verhältnisse.) Über die tatsächliche Berücksichtigung dieser einzelnen Funktionsbereiche kann nur die Analyse der weiteren Planung Aufschluß geben. Die Grundlage hierfür liefert eine erste Bestandsaufnahme der bestehenden Funktionsbereiche
und Problemgebiete der Altstadt auf dem Hintergrund der vorliegenden Daten und
von Begehungen. Als Ergebnis schlagen die Planer dem Rat die Abgrenzung eines
Vorbereitungsgebietes vor. Der Rat stimmt dem Planervorschlag am 31.8.72 zu
und legt gemäß § 4 (3) StBauFG ein Vorbereitungsgebiet fest, in dem die vorbereitenden Untersuchungen durchzuführen sind.
Bezüglich der Gebietsabgrenzung hat die 1. Schichtung kaum Neues gebracht.
Das Vorbereitungsgebiet ist im wesentlichen identisch mit dem schon seit Jahren
für eine Sanierung vorgesehenen Altstadtbereich.
Laut Planungskonzept hätte nun im Rahmen der 2. Schichtung im Vorbereitungs-
gebiet eine gründliche Strukturuntersuchung stattfinden sollen, von der aus die
bisherigen allgemeinen Ziele konkretisiert und in Richtlinienpläne überführt und
Vorschläge für die Festlegung von Sanierungsdurchführungsgebieten (§ 3 (1), § 5,
§ 6 StBauFG) abgeleitet werden sollten.
Die Praxis verlief jedoch anders.
Die Ergebnisse der 1. Schichtung wurden dem Stadtrat am 31.8.72 vorgelegt.
Bereits gut zwei Monate später folgte dem ein Entwurf zum "Richtlinienplan"
Verkehr, der eigentlich Ergebnis der 2. Schichtung (= vorbereitende Untersuch-
ungen) hätte sein sollen. Diese Untersuchungen waren zum Zeitpunkt der Vor-
lage eines ihrer wesentlichen "Ergebnisse", des Richtlinienplans Verkehr, jedoch
noch gar nicht abgeschlossen.
Die Präsentation der Ergebnisse der 2. Schichtung im Stadtrat erfolgte erst im
Dezember 1974, also zwei Jahre später.
Die 3. Schichtung wiederum wird ebenso wie die Verkehrsplanung vorgezogen.
Die Untersuchungen hierzu begannen bereits in der Woche, die der ersten von
den Planern sogenannten Partizipationsveranstaltung (1. Ausstellung, März 1973,
vgl. Kap. 12.1), in der über die 1. Schichtung und die Verkehrsplanung diskutiert wurde, folgte.
Was hat den Planungsablauf so durcheinandergebracht, was hatte dazu geführt,
daß die Untersuchung des potentiellen Sanierungsgebietes (= 3. Schichtung) v o r
der 2. Schichtung erfolgte, die doch erst die potentiellen Sanierungsgebiete ermitteln helfen sollte; und was hatte dazu geführt, daß die Verkehrsplanung ebenfalls vorgezogen wurde?
Zwei Entwicklungen, die aus den Abhängigkeiten des kommunalen Systems von
der ökonomischen und der staatlichen Bezugsebene resultieren, haben diese
Verschiebungen notwendig werden lassen.

Abbildung 6: A u s z u g   a u s   d e m
R i c h t l i n i e n p l a n   V e r k e h r

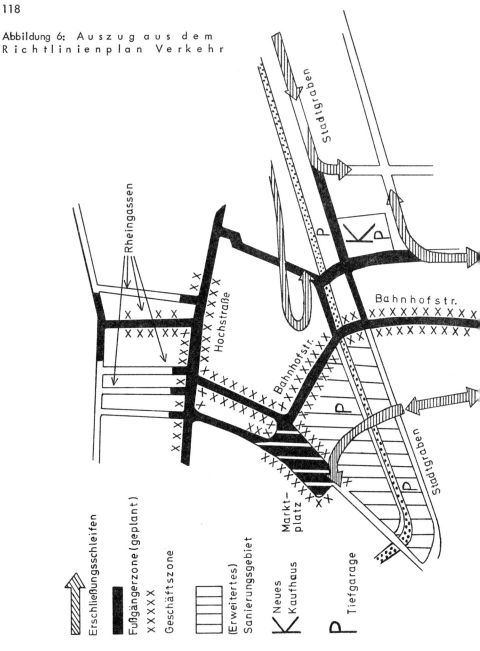

Das zeitliche Verziehen der Verkehrsplanung v o r die vorbereitenden Untersuchungen hat seinen Grund darin, daß zu dieser Zeit akutes privates Interesse
am Bau eines Kaufhauses in der Andernacher Innenstadt bestand. Die Stadt sah
dies als willkommene Möglichkeit an, ihre im Rahmen der Sanierung geplante
Attraktivierung des Geschäftsangebotes zu realisieren und war aus verschiedenen
Gründen gezwungen, möglichst schnell die bebauungsrechtlichen und infrastrukturellen Vorbedingungen für die Investition zu schaffen (vgl. dazu im einzelnen
Kap. 10.2). Eine der wichtigsten Leistungen bestand in einer verkehrsgerechten
Anbindung des Kaufhauses, dessen Standort etwas außerhalb der bisherigen Einkaufszone liegen sollte. Da die möglicherweise determinierende Wirkung der
Kaufhauserrichtung auf die übrigen Sanierungsmaßnahmen deutlich gesehen wurde,
beauftragte der Stadtrat die Sanierungsplaner v. B r e m e n und H e i c h e l,
auch den Bebauungsplan für das Kaufhaus zu erstellen und dabei die übrige Sanierungsplanung zu berücksichtigen. Dies geschah noch in der gleichen Sitzung,
in der die Planer die 1. Schichtung vorlegten.
In den folgenden Monaten mußten sie nun - anstatt wie geplant die gesamte
vorbereitende Untersuchung durchzuführen - möglichst schnell einen Bebauungsplan für das Gelände des Kaufhauses erstellen. Die Verbindung mit der übrigen
Sanierungsplanung sollte dadurch sichergestellt werden, daß gleichzeitig der auf
die gesamte Innenstadt bezogene Richtlinienplan Verkehr ausgearbeitet wurde.
Dieser Plan enthält jedoch die für den weiteren Verlauf der Sanierung entscheidenden Zielaussagen. Er markiert die geplanten Fußgängerbereiche und als Folgemaßnahmen davon die Anfahrtswege an die Fußgängerzone ("Erschließungsschleifen") sowie die neu zu errichtenden Parkmöglichkeiten.
Damit wird - wie wir unten näher ausführen - sowohl die Auswahl des Sanierungsdurchführungsgebietes determiniert als auch unausgesprochen eine deutliche
Priorität unter den o.a. allgemeinen Zielen gesetzt.
Parallel zu dieser innerstädtischen Entwicklung wurde die Notwendigkeit der vor-
zeitigen Auswahl eines Sanierungsgebietes auch durch Entwicklungen in der vertikalen Ebene, zwischen Stadt und Land, gefördert. Die Aufnahme in das Förderungsprogramm des Landes, die Andernach anstrebte, war nur möglich, wenn die
Gemeinde ein Sanierungsgebiet förmlich festlegte. Da es opportun erschien, möglichst schnell in das Programm aufgenommen zu werden, mußte ein Gebiet ausgesucht werden, das planungstechnisch und von der möglichen Realisierbarkeit
her keine großen Probleme aufwarf. Dies war im Bereich um den "Unteren Stadtgraben" der Fall. Einmal hatte die Stadt hier aufgrund ihrer alten Absicht, die
Stadtmauer freizulegen, bereits mehrere Grundstücke gekauft; zweitens war hier
die Anzahl der Betroffenen relativ gering; und drittens schließlich ergaben sich
hier aufgrund der eben dargestellten ökonomischen Entwicklungen Änderungsnot-
wendigkeiten, für die im Rahmen der Verkehrsplanung bereits Lösungsmöglichkeiten entwickelt waren, so daß der "fortgeschrittene Planungsstand" in diesem Bereich in Verbindung mit der Eilbedürftigkeit der Aufnahme in das Förderprogramm
die vorzeitige planerische Festlegung dieses Gebietes fast zwingend erforderten.
So wurden nur drei Monate nach der Festlegung des Vorbereitungsgebietes mit
der Annahme des Richtlinienplans Verkehr durch den Stadtrat die grundlegenden
Weichen für die weitere Sanierung, insbesondere auch für die Abgrenzung des

1. Durchführungsgebietes, gestellt. Bis dahin hatte weder der Stadtrat über die anzustrebenden Ziele beraten, noch war die Öffentlichkeit in irgendeiner Form am Zielfindungsprozeß beteiligt worden. Sie war nicht einmal informiert worden, sieht man einmal davon ab, daß die Lokalpresse in einigen wenigen Artikeln darlegte, d a ß saniert werde, und daß die Bürger nicht unnötig besorgt sein müßten, da Sanierung nicht unbedingt Abriß ganzer Viertel bedeute (vgl. zur Presseberichterstattung Kap. 11.5). Zu dieser Zeit - Ende 1972 - war die Planung jedoch soweit fortgeschritten, daß die grundlegenden Entscheidungen gefallen ware. Was bedeutete das inhaltlich?

Entsprechend dem Ergebnis der Nahbereichsuntersuchung, daß die enge Innenstadt durch den Autoverkehr überlastet ist, was sich besonders nachteilig auf die geschäftliche Attraktivität der City auswirkt (s.o.), bestehen die beiden zentralen Maßnahmen der Verkehrsplanung in der Schaffung einer größeren Fußgängerzone im Kernbereich und der Umleitung des Fahrverkehrs über einen City-Ring, von dem aus sog. Erschließungsschleifen an den Fußgängerbereich heranführen. Die funktionale Beziehung von Fußgängerzone und Geschäfts- bzw. Dienstleistungsbereich zeigt sich vor allem darin, daß der geplante Fußgängerbereich nahezu identisch mit der Hauptgeschäftszone ist. Die Schaffung einer attraktiv gestalteten Fußgängerzone kann als entscheidendes Mittel angesehen werden, um die Voraussetzung für einen Aufschwung im Handels- und Dienstleistungsbereich zur Überwindung des in der Nahbereichsuntersuchung festgestellten Defizits zu schaffen. Daraus folgt nahezu zwangsläufig die Identität von Geschäfts- und Fußgängerzone. Dies wirft nun das Problem auf, wie die Geschäfte für die Kunden und Zulieferer erreichbar sind.

Gerade letztere müssen nahe an die Geschäfte heranfahren können. Die Lösung besteht darin, daß - neben einer zeitweiligen Fahrerlaubnis im Fußgängerbereich - die Geschäfte von der Rückseite aus bedient werden sollen. Für die Kunden sind Parkflächen, z.T. als Tiefgaragen, in unmittelbarer Nähe der Fußgängerzone vorgesehen. Diese Lösung wirft nur an einer Stelle größere städtebauliche Probleme auf: im Bereich des Marktes und der Bahnhofstraße. Letztere ist bis dahin sowohl Hauptgeschäftsstraße als auch Hauptverkehrsstraße im City-Bereich, da sie die Verbindung zwischen Markt (Zentrum) und Bahnhof herstellt. Da das bestehende Straßennetz keine befriedigende Möglichkeit zur rückwärtigen Erschließung des Gebietes bietet, sind hier erhebliche Eingriffe erforderlich, während die Erschließung in allen übrigen Bereichen "mit rein verkehrslenkenden Maßnahmen zu erreichen ist" (2S, 6.2.1). Die Realisierung der Verkehrsplanung und insbesondere ihres Kernstückes, der Fußgängerzone, im Bereich Markt/Bahnhofstraße, stellt die Planer jedoch aufgrund der vorhandenen Bebauung vor Probleme, die zu einer stadtplanerisch sinnvollen Lösung die Festlegung als Sanierungsgebiet erfordern.

Damit fällt also bei der Annahme des Richtlinienplans Verkehr durch den Stadtrat faktisch auch schon die Entscheidung über das Sanierungsdurchführungsgebiet. Dies macht auch die nachträgliche offizielle Begründung für die Festlegung des Sanierungsgebietes deutlich. Dort heißt es: "Maßgebend für die Festlegung dieses Sanierungsgebietes war die Tatsache, daß durch den Bau der Straße - zwischen Stadtgraben und Schafbachstraße/Markt - und dem Bau der Tiefgaragen vor der Stadtmauer eine Grundlage für die Umgestaltung der Bahnhofstraße zwischen Markt und Grabenstraße zur Fußgängerzone erfolgen kann." Inhaltlich bedeutet dies, daß

- entgegen den früheren Absichten von Rat und Verwaltung - Hauptzweck der
Sanierung nicht die Verbesserung der baulichen, wohnlichen und sozialen Verhältnisse, sondern eine von ökonomischen Funktionsgesichtspunkten geleitete Verkehrs-
veränderung ist.

Diese Überbewertung von Funktionsgesichtspunkten gegenüber baulichen, wohnlichen und sozialen Kriterien, die in Andernach einen anderen Sanierungsverlauf
erfordert hätten, wird auch in der Zusammenfassung der Untersuchungsergebnisse
über die Sanierungsbedürftigkeit der einzelnen Innenstadtgebiete (2. Schichtung)
deutlich.

Die Planer schreiben zunächst: "Der Bereich der Rheingassen zwischen Hochstraße und Mauerstraße ist von der Sanierungsnotwendigkeit und der Sanierungsbedürftigkeit her das Gebiet potentieller Durchführungsgebiete nach Städtebauförderungsgesetz." Im übernächsten Abschnitt folgt dann jedoch unvermittelt: "Der Bereich zwischen Schafbachstraße und Stadtgraben beinhaltet das erste Durchführungsgebiet..." (I n t e r v i e w).

Unsere Analyse, daß diese faktische Entwicklung durch ökonomische Entwicklungen und staatliche Vorgaben bedingt sei, wird von den Planern in einer Diskussion über erste Ergebnisse unserer Untersuchung bestätigt: "Als erstes Sanie-
rungs gebiet hätten wir am liebsten die Rheingassen gesehen. Dann machte uns
jedoch die Kaufhausplanung einen Strich durch die Rechnung. Außerdem lag für
die Rheingassen eine 2. Schichtung noch nicht vor. Der Markt war planerisch
ungefährlicher, war planerisch schneller zu realisieren. Das war in den Verhandlungen mit der Bezirksregierung wichtig." (I n t e r v i e w).

Ähnlich bemerkte der CDU-Vorsitzende: "Die Sanierungsbedürftigkeit ergab sich
im Grunde genommen gleich gewichtig in zwei Gebieten: von der Verbesserung
der Wohnverhältnisse her und der Frage der Erneuerung der Bausubstanz war dies
der Bereich der Rheingassen. Und der 2. Bereich, der sich ebenso notwendig ergab, aber aus einer anderen Sicht der Dinge her, nämlich die Innenstadt ver-
kehrsmäßig zu sanieren, das war der Stadtgraben. Die Entscheidung, die auch
schon eine Vorentscheidung war, den Bereich der Stadt, der innerhalb des Mauer-
rings lag, und der vorwiegend geschäftlichen Zwecken dient, ganz fußläufig zu
gestalten, mußte zwangsläufig zu der Entscheidung führen, den Zubringerverkehr
von hinten an den Markt und die Bahnhofsstraße heranzuführen. Von daher ergab sich also in beiden Gebieten, aber aus völlig unterschiedlicher Perspektive,
eine gleichgewichtige Sanierungsnotwendigkeit, nämlich hier aus Verkehrsgrün-
den und dort aus sozialen Gründen."

F r a g e: Und weshalb haben Sie sich für die Verkehrssanierung entschlossen?

A n t w o r t: "Weil   insgesamt für uns aktuell die Notwendigkeit am größten
ist, Andernach als Einkaufsstadt attraktiv zu machen. Denn wir hängen in dieser
Frage hinter unseren Konkurrenzstädten zurück, und das weiterschleifen zu lassen,
heißt auf Dauer, zwar Sanierung betreiben zu können, aber ohne Erfolg." (I n -
t e r v i e w).

Wie verlief nun der Planungsprozeß weiter?

3 Monate nach der Annahme des Richtlinienplans Verkehr findet die erste Aktion
zur Bürgerbeteiligung, eine Ausstellung mit wechselseitigem Informationscharakter,
statt. Dabei werden die im Richtlinienplan Verkehr entwickelten Zielvorstellungen und die Ergebnisse der 1. Schichtung vorgestellt. Obwohl die zahlenmäßige
Beteiligung außerordentlich hoch ist, was starkes Interesse signalisiert, fällt das

Ergebnis unter inhaltlichen Gesichtspunkten weniger positiv aus. Von politisch-administrativer Seite wurde bei den Interviews beklagt, daß zu wenig Informationen, brauchbare neue Ideen, realisierbare Vorschläge etc. gekommen seien und die Ausstellungsbesucher sich weitgehend rezeptiv verhalten hätten. Wir werden hierauf weiter unten noch ausführlich eingehen. An dieser Stelle ist festzuhalten, daß aufgrund des oben beschriebenen Standes des Planungsprozesses eine effektive Beteiligung weder möglich noch von administrativer Seite aus gewollt war.

Die Zielentwicklung mit Prioritätensetzung für die Geschäftsfunktion der City und daraus abgeleiteter Auswahl eines ersten Durchführungsgebietes war faktisch bereits gelaufen. Dies gilt nicht nur für die Willensbildung innerhalb des Andernacher politischen Systems, sondern auch für die Vorabsprachen zwischen Stadt und Bezirksregierung. Nachdem der Richtlinienplan Verkehr einmal erstellt war, war nicht nur aus sachlichen Gründen eine Vorentscheidung für das spätere Sanierungsgebiet "Am Unteren Stadtgraben" gefallen, sondern auch aus planungstechnischen Gründen. Dies ist insofern wichtig, als die durch frühzeitige Verhandlungen mit der Bezirksregierung vorbereitete Aufnahme ins Förderungsprogramm des Landes wesentlich vom erreichten Planungsstadium abhing. Zum Zeitpunkt der Ausstellungen waren diese Verhandlungen bereits soweit gediehen, daß das Sanierungsgebiet und damit die Grundzüge der Gesamtsanierung abgesprochen waren. Die Ausstellung konnte und sollte daran nichts mehr ändern. Schließlich kommt die Tatsache des faktischen Festliegens der weiteren Planung auch darin zum Ausdruck, daß unmittelbar nach Abschluß der Ausstellung die Datenerhebung zur 2. u n d 3. Schichtung vorgenommen wurde. Da die 3. Schichtung eine Feinerhebung von Strukturdaten im Sanierungsgebiet beinhaltet, mußte dieses Gebiet faktisch bereits feststehen, um die Erhebung durchzuführen.

Dieses vor allem durch die vom Kaufhausbau ausgehenden Zwänge verursachte ad-hoc-Planen hatte jedoch auch einen aus der Sicht der Stadtpolitiker positiven Effekt. Als die Stadt aufgrund neuer Durchführungsbestimmungen des StBauFG erfuhr, daß Förderungsmittel nur noch für förmlich festgelegte Sanierungsgebiete vergeben werden, war sie aufgrund der vorgezogenen Verkehrsplanung und der 3. Schichtung in der Lage, das Gebiet "Am untern Stadtgraben" mit den notwendigen planerischen Vorbereitungen als Sanierungsgebiet zu präsentieren. Aus taktischen Gründen wurde das Gebiet zunächst so begrenzt, daß mögliche Problembereiche, deren Lösung beim damaligen Planungsstand noch unsicher war, ausgenommen wurden. Diese Bereiche sollten später als - aufgrund der erfolgten Maßnahmen zwingend erforderliche - Erweiterung des Sanierungsgebietes deklariert werden. Dieses Verfahren sollte sowohl eine den finanziellen und organisatorischen Möglichkeiten der Stadt angemessene schrittweise Abwicklung der Sanierung in überschaubaren Etappen ermöglichen als auch - und dies vor allem - die Chancen einer langfristigen finanziellen Förderung durch Bund und Land verbessern.

So wurde im Mai 1973 das Sanierungsgebiet "Am unteren Stadtgraben" förmlich festgelegt, wobei es in der öffentlichen Stadtratssitzung keine Stellungnahmen hierzu gab, was allerdings in Anbetracht des oben Gesagten nicht verwunderlich ist. Entsprechend dieser Ausführungen wurde zwei Jahre später auch eine Erweiterung dieses Sanierungsgebietes förmlich festgelegt, die aber faktisch auch bereits zwei Jahre lang feststand. Innerhalb dieser zwei Jahre verlief die Planung zweigleisig. Einmal wurden die Untersuchungen der 3. und - 1 1/2 Jahre später - der 2. Schichtung ausgewertet, zu Planvorstellungen verarbeitet und dem Stadtrat sowie der Öffentlichkeit (in zwei Ausstellungen) vorgestellt, ohne daß dabei grundlegende abweichende Meinungen oder gar Alternativen vorgetragen wurden. Zum anderen wurde - basierend auf der 3. Schichtung - nach der Festlegung die konkrete zukünftige Gestaltung des Sanierungsgebietes mit der Erstellung eines Bebauungsplanes in Angriff genommen. Hierüber wird in einem eigenen Kapitel berichtet.

10.2. Planung und Bau eines Kaufhauses

In den vorangegangenen Kapiteln wurde mehrmals auf die besondere Bedeutung hingewiesen, die der Bau eines neuen Kaufhauses für die übrige Sanierungsplanung hatte. Wir wollen daher nun diese Frage in einem eigenen Kapitel behandeln.

Mit dem Problem der Errichtung eines Kaufhauses wurde die Stadt Andernach erstmals im Jahre 1969 konfrontiert, als ein einheimisches Unternehmen den Vorschlag unterbreitete, auf städtischem Gelände ein Kaufhaus zu errichten. Standort sollte der Drususplatz werden, der zwar etwas außerhalb der Hauptgeschäftszone liegt, damals jedoch die einzige größere unbebaute Fläche im Innenstadtbereich war und zudem der Stadt gehörte.

Bis dahin waren seitens der Stadt offenbar keine intensiven Bemühungen um eine Kaufhaus-Ansiedlung gemacht worden, wenn man einmal davon absieht, daß der damalige Bürgermeister und Baudezernent sich - nach eigenen Worten - von Beginn seiner Amtszeit an (1964) bei großen Kaufhauskonzernen um Interesse für Andernach bemüht hatte. Der Bauausschuß hatte sich jedenfalls 1967 noch dafür ausgesprochen, den Drususplatz zu einem Parkplatz auszubauen, wovon dann jedoch wegen zu hoher Kosten abgesehen wurde.

Erst auf Initiative mehrerer Unternehmen, die entweder am Bau oder am Betrieb eines Kaufhauses interessiert waren, befaßte sich auch die Stadt (-verwaltung) intensiver mit dem Problem. Von nun an lassen sich drei Phasen unterscheiden, die zur Entscheidung über den Kaufhausbau führten und die grob als Sondierungs-, Planungs- und Entscheidungsphase bezeichnet werden können.

Sondierungsphase

Zwischen 1969 und Mitte 1972 verhandelte die Verwaltung mit drei Unternehmensgruppen, die an einem Kaufhausbau interessiert waren. Stand der Planungsausschuß dem ersten Projektvorschlag noch sehr skeptisch gegenüber, da der Drususplatz als Standort ungelegen schien und die Ausmaße des vorgeschlagenen Projekts (11 Geschosse) den Stadtvätern zu groß waren, so änderte sich dies 1971, als die Nahbereichsuntersuchung offenbarte, daß in Andernach im gesamten Dienstleistungs - und Handelsbereich ein erhebliches Defizit vorlag. Die Studie stellte fest: "Im Nahbereich ohne Andernach stehen einem potentiellen Umsatz von 48 Mio DM geschätzte Umsätze von 27 Mio DM gegenüber. (...). Auch in

der Stadt Andernach liegt der tatsächliche Einzelhandelsumsatz mit 52,5 Mio DM
unter dem potentiellen Umsatz von 55,7 Mio DM, obwohl entsprechend der Bedeutung anderer vergleichbarer Mittelstädte das Verhältnis eher umgekehrt sein
müßte. (...). Dieser Entwicklungsspielraum kann nur dann ausgefüllt werden,
wenn die Kernstadt im Zuge einer Sanierung entsprechend um- und neugestaltet
wird, wobei der historische Charakter der Altstadt als besondere Attraktion bewußt herausgestellt werden sollte. Im Zuge der Erweiterung des City-Angebots
sollte auch ein Einkaufsmagnet wie beispielsweise ein Warenhaus Berücksichtigung finden." (N B U, 194 f.).
Insbesondere die Erwähnung, daß die überschüssige Andernacher Kaufkraft z.T.
in die unmittelbaren Konkurrenzstädte Neuwied und Mayen fließt, motivierte
die Politiker, dem von privater Seite vorhandenen Investitionsinteresse politisch
zur Realisierung zu verhelfen und die bisherigen Bedenken fallenzulassen.
Nachdem man sich vorher für Verhandlungen 2 Jahre Zeit genommen hatte, wurde jetzt in einem halben Jahr ein Vertrag mit einem einheimischen Unternehmen
geschlossen. Dabei hatte sich bis dahin weder der Planentwurf den Ausschußvor-
stellungen genähert (vorgesehen waren jetzt sogar 13 Stockwerke für Kaufen,
Büros und Wohnen), noch hatte man einen besseren Standort als den Drususplatz.
Hatten die Planer in der Nahbereichsuntersuchung noch gefordert: "Der Standort eines solchen Hauses muß allerdings sorgfältig ausgesucht werden, da er die
Kundenströme maßgeblich beeinflußt.." (N B U, 195), so konnte davon keine
Rede mehr sein, als sich die Möglichkeit einer schnellen Realisierung des Projektes ergab. Dabei waren nicht nur die Planer, sondern auch die Verwaltung
und Stadtrat - soweit sie in diesem Planungsstadium beteiligt waren - "eigentlich" gegen den Standort Drususplatz. Wir wollen dies mit einem Gesprächsauszug
mit dem führenden CDU-Politiker dokumentieren, der die Tendenz aller Antworten zu dieser Frage verdeutlicht: "Wir hatten zu diesem Zeitpunkt, als über den
Standort entschieden wurde, aktuell keinen anderen Standort zur Hand, obwohl
wir alle uns darüber im Klaren waren, daß der gewählte Standort nicht optimal
im Sinne der Altstadtsanierung ist. F r a g e : Weshalb haben Sie es denn trotzdem so schnell gemacht? Es wäre ja eventuell denkbar gewesen, im Zuge der
Sanierung einen besseren Standort zu schaffen? A n t w o r t : Maßgebend dafür
waren zum Teil Entwicklungen in den Nachbarstädten, die dazu verwandt worden sind, von der Fa. Berg, vertreten durch ihren Geschäftsführer Lutz, uns
- etwas, sagen wir nicht gerade in Panik zu bringen - aber doch dazu zu bringen, die Entscheidung relativ schnell zu treffen. Zu dieser Zeit wurde z.B. in
Neuwied der Kaufhof gebaut, und die Fa. hat also so argumentiert, - und man
kann sich dieser Argumentation nicht völlig verschließen - je länger Andernach
mit dem Bau eines Kaufhauses wartet, umso mehr verfestigt sich der Zug der
Käuferströme in unsere Nachbarstädte, und die später umzupolen und nach Andernach umzudrehen, ist schwer. Deshalb legte die Firma Wert darauf, bis zu einem
bestimmten Zeitpunkt - der stimmte in etwa überein mit der Eröffnung des Kaufhauses - den Bau fertigzustellen. F r a g e : Ansonsten hätte sie kein Interesse
mehr? A n t w o r t : Ansonsten hätte sie kein Interesse mehr, und die Markt-
untersuchung ergab auch, daß bei weiterer Abwanderung von Kaufkraft aus Andernach die Sache unrentabel geworden wäre." (I n t e r v i e w)

Der Standort wurde also schnell akzeptiert. Die Stadt schloß mit dem Kaufhaus-
unternehmen einen Vertrag, in dem sie sich zur Erstellung der für den Betrieb
des Kaufhauses notwendigen infrastrukturellen Leistungen, darunter insbesondere
auch einer den Interessen des Kaufhauses entsprechenden Verkehrs- und Park-
platzregelung, verpflichtete. So wurde schon zwei Monate nach der ersten Beratung über den Antrag des Andernacher Kaufhaus-Unternehmens in der darauf-
folgenden Planungsausschußsitzung die Einleitung des Bebauungsplanverfahrens
für den Standort des Kaufhauses, den Drususplatz, beschlossen.
Damit waren die grundlegenden Entscheidungen gefallen. Eine Beteiligung der
Bevölkerung hatte hier jedoch nicht stattgefunden, obgleich allen Beteiligten
bewußt war, daß hiermit auch im Hinblick auf die gesamte Sanierung wesentliche Vorentscheidungen getroffen wurden. Aber auch die meisten politischen Repräsentanten der Bürgerschaft, deren Mitwirkung an der Planung und Entscheidung man als "mediatisierte" oder "indirekte" Beteiligung der Bevölkerung unter
einen weitgefaßten Partizipationsbegriff fassen könnte, waren an dem bisher dargestellten Prozeß nicht beteiligt und über die Hintergründe kaum informiert.
Neben den unmittelbar als Verhandlungspartner beteiligten Privatpersonen ist
über die gesamte Verhandlungsführung der Stadt offenbar nur der damalige Bürgermeister informiert. Dem Planungsausschuß wurden lediglich Teilinformationen
geliefert. Die CDU, die zusammen mit der FWG im Stadtrat die Mehrheit stellte,
war nach Ansicht ihres Vorsitzenden aus der Meinungsbildung praktisch ausgeschlossen. "Wir haben von der Partei, der Fraktion und wohl auch vom Ausmaß
aus kaum verfolgen können, wie der Entscheidungsprozeß in der Verwaltung gelaufen ist. Da handelt es sich um Entscheidungen, die offenbar im Bauamt und
im Planungsausschuß gefallen sind, die wir nicht nachvollziehen können."
(CDU-Vorsitzender, I n t e r v i e w).
Dies gilt erst recht für die Öffentlichkeit. Erst nachdem der Vertrag mit dem
späteren Erbauer geschlossen war, berichtete die Rhein-Zeitung zum ersten Mal,
daß die in den letzten Wochen (!) kursierenden Gerüchte, auf dem Drususplatz
solle ein Kaufhaus errichtet werden, zutreffen (8.7.1972). Seit sich der Planungsausschuß mit dem ersten Kaufhausplan befaßt hatte (25.9.69), waren 3 Jahre
vergangen, in denen das Thema Kaufhaus insgesamt sechsmal auf der Tagesordnung
des Ausschuß stand, ohne daß die Öffentlichkeit etwas davon erfuhr.

Planungsphase

Mit der Erstellung des Bebauungsplanes wurde die Planergruppe v. B r e m e n/
H e i c h e l, die bereits die Nahbereichsuntersuchung durchgeführt hatte und
auch seit einem Jahr an der Sanierungsplanung arbeitete, beauftragt. Dies
macht den engen Bezug zur Altstadtsanierung ebenso deutlich wie die Tatsache,
daß der Kaufhausbau bei den nun folgenden Beratungen immer wieder als erster
großer Schritt zur Sanierung und Attraktivierung der Kernstadt erwähnt wird.
Diese "Zentralisierung" der Planungsaufgaben war erforderlich, da mit dem Bau
eines Kaufhauses eine große Reihe infrastruktureller Folgeeinrichtungen geschaffen werden müssen, die insbesondere dann starke Eingriffe in das Stadtgefüge
erfordern, wenn - wie im vorliegenden Fall - das Kaufhaus etwas außerhalb des
bisherigen Geschäftszentrums liegt. Vor allem war eine bessere Verkehrsanbindung
erforderlich, mit Haltemöglichkeiten für den öffentlichen und genügend Parkraum

für den privaten Verkehr. Hinzu kam ein Problem, daß aus der Geschäfts-
Randlage des Kaufhauses resultierte: Das neue Kaufhaus mußte flüssig mit dem
bisherigen Einkaufszentrum verbunden werden, wollte man nicht Gefahr laufen,
daß die dort angesiedelten Geschäfte durch ein "Umbiegen der Käuferströme"
Umsatzeinbußen erleiden sollten. Dies konnte nämlich, ganz abgesehen von einer
teilweise vorhandenen Interessenverquickung zwischen der eingesessenen Geschäftswelt und der Mehrheitsfraktion, nicht im Interesse der Stadt sein, da ihre
Politik eine Hebung der geschäftlichen Attraktivität der gesamten City zum Ziel
hatte.
Diese Aufgabe wurde dadurch erleichtert, daß die Planer gleichzeitig im Rahmen
der Erstellung einer längerfristigen Zielkonzeption für die Sanierung der Innenstadt einen "Richtlinienplan Verkehr" ausarbeiteten. Hierzu mußte allerdings die
Verkehrsplanung der gesamten im Rahmen der Sanierung erfolgten. Richtlinienplanung vorgezogen werden (s.o.). Dadurch konnte die infrastrukturelle Anbindung des Kaufhauses in ein größeres Verkehrskonzept integriert werden, oder
besser: der Richtlinienplan Verkehr konnte von vornherein der neuen geschäftlichen Lage so angepaßt werden, daß das Resultat als integriertes Gesamtkonzept erschien.
Ende 1972 legte die Verwaltung dem Planungsausschuß sowohl den Richtlinienplan als auch einen Bebauungsplanentwurf für den Drususplatz vor. Die wesentlichen Punkte dieses Plans: 1. Entgegen des alten Plan eines 13-geschossigen
Büro-, Kauf- und Wohnhauses wird ein 3-geschossiges Warenhaus vorgesehen.
2. 3 Parkmöglichkeiten sollen geschaffen werden: a) City-nahes Parken in der
Stadtmauer-Vorzone; b) Eine öffentliche Tiefgarage mit 2 Geschossen entlang
der Stadtmauer (= gegenüber dem Kaufhaus); c) Unter dem Kaufhaus eine Tiefgarage mit 69 Plätzen. 3. Die Drususstraße, die im Westen am Kaufhaus vorbei-
führt, soll Fußgängerstraße werden.
Dieser Entwurf ist laut Verwaltungsvorlage "Ergebnis eines gemeinsamen Gesprächs
zwischen allen Beteiligten". Für das Verständnis der in der Entscheidungsphase
auftauchenden Konflikte ist wichtig, daß dazu nicht die Vertreter der CDU/FWG-
Mehrheitsfraktion gehörten, sondern offenbar nur die Planer, die Investoren und
das Bauamt. In der ersten Planungsausschußsitzung, bei der dieser Plan vorlag,
wurde er noch im Sinne der Verkehrskonzeption der Planer um einen wesentlichen
Punkt erweitert: das Kaufhaus sollte durch eine Fußgängerzone so an die bisherigen Geschäftsstraßen angebunden werden, daß ein verkehrsfreier Rundlauf
durch das gesamte Geschäftszentrum entstehen würde, der das Kaufhaus einschließen würde. Entscheidender Punkt: die Anfahrt des Autoverkehrs an die Fußgängerzone wäre am neuen Kaufhaus erfolgt; erst im späteren Verlauf der Sanierung sollte eine zusätzliche Tiefgarage in der Nähe des Marktplatzes folgen,
die ein näheres Heranfahren an das alte Geschäftszentrum ermöglicht hätte.
Daß in diesem Entwurf der Plan eines Hochhauses nicht mehr auftaucht, ist nicht
darauf zurückzuführen, daß die Gemeinde sich gegenüber dem Investor durchgesetzt hätte; vielmehr waren hier die Einsprüche des Landeskonservators und der
Bezirksregierung ausschlaggebend (51). Ob die Stadt allein eine niedrige Bauweise
durchgesetzt hätte, erscheint angesichts des hohen Interesses, überhaupt ein Kaufhaus zu bekommen, und der Tatsache, daß der Drususplatz verkauft und die Planung in Auftrag gegeben war, b e v o r über die Bauhöhe entschieden war,

fraglich. Dazu ein Vertreter der Bezirksregierung: "Es gab in der Stadt einige vernünftige Leute, die auch der Meinung waren, daß ein solches Ding dort nicht hingehört. Aber die Stadt stand unter Zwängen. Wenn die Bezirksregierung diesen Bau nicht von vorneherein abgelehnt hätte, bin ich nicht sicher, ob das Hochhaus nicht doch gebaut worden wäre." Zwar hat die RWI (53) auch versucht, die Bezirksregierung umzustimmen, aber "Wir stehen ja nicht unter solchem unmittelbaren ökonomischen Druck wie die Stadtverwaltung. Ich glaube, daß wir dagegen waren, hat auch der Stadt die Sache erleichtert und schließlich dazu geführt, daß auch die Bauträger, die ja an einem schnellen Bau interessiert waren und sich lange Verhandlungen nicht leisten konnten, schließlich mit einer anderen Bauausführung einverstanden waren."(I n t e r v i e w).

Entscheidungsphase

Nachdem der Planungsausschuß schon grundsätzlich seine Zustimmung zur Planung gegeben hatte, wird in einer öffentlichen Ratssitzung, die nur eine Woche nach der erwähnten Planungsausschußsitzung stattfindet und in der der Bebauungsplan beschlossen werden soll, von der CDU die Vertagung der Problematik verlangt. Sie hat nun plötzlich Bedenken wegen der geplanten Fußgängerzone sowie der Tiefgaragen. In einer "Kampfabstimmung" setzt sich die CDU/FWG gegenüber der SPD durch.
Bei einer Sichtung der einzelnen Stellungnahmen der politischen Parteien gewinnt man den Eindruck, daß es sich bei dem gegebenen Konflikt weniger um eine inhaltliche Auseinandersetzung handelt, sondern, daß die CDU und die FWG eher ihr allgemeines Unbehagen gegenüber der Verkehrskonzeption der Planer äußern und sich von der Verwaltung und die SPD überfahren fühlen. Eine Äusserung des CDU-Vorsitzenden zur Anspielung auf die unterschiedlichen politischen Mehrheitsverhältnisse in Rat und Verwaltung mag dies verdeutlichen: "Ja sicher. Ich würde es einmal so formulieren: wir hatten zwar eine Mehrheit im Stadtrat, aber man muß sich in aller Nüchternheit darüber klar sein, daß die Entscheidungen des Stadtrates in großem Maße durch die Verwaltung präjudiziert werden. Der Informationsvorsprung der Verwaltung und der Vorsprung an Sachverstand ist so groß, daß Sie dies mit einer Fraktion kaum aufholen können. Wir waren auf diesem Gebiet praktisch von dem Informationsanfall in der Verwaltung völlig ausgeschlossen. Deswegen haben wir selbstverständlich die Planungen, die aus dieser Ecke kamen, mit sehr viel Mißtrauen begleitet, und daher kamen die Konflikte." (I n t e r v i e w mit CDU-Stadtrat).
Nachdem die CDU/FWG eine Rückverweisung des Planentwurfes zur Überarbeitung an Verwaltung und Planer und nochmaligen Vorberatung in den Planungsausschuß erzwungen hatte, war der Konflikt wieder aus der öffentlichen Arena verbannt. Außerhalb der "parlamentarischen" Gremien wurde nun unter informeller Absprache ein neuer Entwurf erstellt, der die CDU-Einwände berücksichtigte und problemlos die folgende Ausschuß- und Ratssitzung passierte. Auf diesen Sitzungen "war man sich darüber einig, daß die ursprünglich vorgesehene Tiefgarage im Bereich zwischen Unterer Grabenstraße und Stadtmauer entfallen soll." Und: "Man war sich allgemein darüber einig, den Nahverkehr so direkt wie möglich an die Innenstadt heranzuführen, um diese attraktiver zu machen." (P r o t o - k o l l der Planungsausschußsitzung vom 8.1.1973).

Damit ist die im Richtlinienplan Verkehr vorgesehene und akzeptierte Fußgängerzone im Kaufhausbereich, die im Bebauungsplan nach dem ersten Entwurf verbindlich festgelegt werden sollte, zunächst ebenfalls abgelehnt, wenn sie auch
im Richtlinienplan als langfristiges Ziel weiterlebt. Die Anbindung des Kaufhauses an den Verkehr wird provisorisch durch einige Bushaltestellen und z.T.
befestigte, z.T. unbefestigte Parkplätze an der Stadtmauer geleistet. Dort waren einst Grundstücke von der Stadt gekauft und Häuser zur Schaffung eines
Grüngürtels abgerissen worden (54). Eine Integration in den Fußgängerfluß findet nicht statt. Dennoch tun Verwaltung und Rat ihre einmütige Zufriedenheit
in der abschließenden Öffentlichen Ratssitzung kund, die zeigt, daß es bei den
vorherigen Konflikten nicht um wesentliche Alternativen ging: "Nunmehr jedoch
scheint tatsächlich Andernachs gewerbliche Wirtschaft durch den Drususplatz die
Chance neuen Wohlstandes und Aufschwunges zu bekommen. Dieses Bemühen
(...) wurde von Anfang an in diesem Hause von allen Seiten im Grundsatz bejaht (...), wobei wir die Hoffnung hegen, daß die Strahlkraft des neuen Zentrums nicht zu einer Verödung der alten Lebensadern des bisherigen Zentrums
führen wird." (55).
Und nachdem Bürgermeister Klein (SPD) die Übereinstimmung des Stadtrates in
den Grundsätzen betont hatte (s.o.), gibt auch die SPD-Fraktion, obgleich sie
vorher heftig mit der CDU um die Tiefgarage gestritten hatte, der neuen Vorlage ihre Zustimmung und ihr Sprecher erklärt seine Freude darüber, daß jetzt
der Bau des Kaufhauses "grünes Licht" erhalten habe. (56)

Kaufhausplanung, Stadtsanierung und Partizipation

In den vorhergehenden Ausführungen ist deutlich geworden, daß die Kaufhausplanung in engem Zusammenhang zur übrigen Stadtsanierung steht. Schon in den
der Sanierungsplanung vorausgehenden Untersuchungen, der Nahbereichsuntersuchung und der 1. Schichtung, wird dieser Zusammenhang betont. Der Kaufhausbau wird dort als eines der wichtigsten M i t t e l bezeichnet, einen wesentlichen Zweck der Sanierung der geschäftliche Attraktivierung der Altstadt, zu
realisieren. Dies ist auch die Sichtweise der im Stadtrat vertretenen Parteien,
was das folgende Pressezitat exemplarisch verdeutlicht: "Die SPD-Stadtratsfraktion ist der Meinung, aufgrund umfangreicher Erhebungen, daß die Innenstadt
auch künftig der Investitionsschwerpunkt der mittleren und größeren Betriebe des
Einzelhandels bleiben werde." "Kernpunkt der in Vorbereitung befindlichen Altstadtsanierung ist nach Auffassung der SPD-Fraktion, durch eine auf die Zukunft
ausgerichtete Planung die Attraktivität der Andernacher Innenstadt als Einkaufszentrum zu verbessern. In diese Überlegungen gehört auch die Schaffung eines
Warenhauses als neuer Magnet." (B e r i c h t RZ v. 6./7. Januar 1973 über
eine kommunalpolitische Tagung der SPD-Stadtratsfraktion).
Dieses Mittel nimmt jedoch gegenüber den übrigen Sanierungsmaßnahmen eine
verselbständigte Position ein. Dies deutete der Bürgermeister Klein in der Sitzung,
in der der Rat den Bebauungsplan beschloß, an, indem er sagte: "Es bringt Nachteile, je nach Planungsstand ohne eine vorbereitende Untersuchung vorliegen zu
haben, einen Beschluß zu fassen, der sich in diese Überlegungen einbeziehen
wird (P r o t o k o l l vom 15.1.73).

Die etwas undeutliche Aussage weist im Klartext darauf hin, daß die Stadt bei
dem Beschluß über den Kaufhaus-Standort Tatsachen schaffte, die die gesamte
künftige Altstadtentwicklung und insbesondere die Sanierungsplanung im wesentlichen vorherbestimmen würde. Daher fährt der Bürgermeister auch fort: "Im konkreten bedeutet das, daß der Bebauungsplan Drususplatz Auswirkungen hat auf
mögliche Verkehrsuntersuchungen und auch auf notwendige Gesamtüberlegungen
der Altstadtsanierung" (e b e n d a). Durch die enge Bindung an private wirtschaftliche Interessen wird eine vom Primat der politischen Planung ausgehende
Integration in ein allgemeines Sanierungskonzept verhindert. Das privatwirt-
schaftliche Interesse des Kaufhausinvestors zwingt die Stadt mit Rücksicht auf
ihre gesamt-ökonomischen Interessen zu einer ad hoc Lösung. Die übrige Sanierungsplanung hat nun das Kaufhaus als weiteren Fixpunkt mit einzubeziehen, d.h.,
die im Rahmen der Sanierung zu entwickelnden Ziele und die öffentlichen Investitionen müssen sich nun nicht zuletzt nach den Erfordernissen des Kaufhauses
richten. Die zunächst nur unter ökonomischen Gesichtspunkten getroffene Entscheidung, die durch das private Investitionsinteresse gegebene Gelegenheit entschlossen zu nutzen, ohne die vor allem durch den Standort bedingten Folgepro-
bleme wenigstens planerisch gelöst zu haben, erklärt die heftigen, aber kurzen
Konflikte unter den Stadtratsfraktionen. Alternativen, deren Lösung eine Partizipation der Bürgerschaft notwendig oder sinnvoll hätten erscheinen lassen, standen jedoch nicht zur Debatte. Es ging im wesentlichen nur um die Abwägung
unterschiedlicher ökonomischer Gesichtspunkte. Am Ende bemühten sich dann
auch die Kontrahenten um den Nachweis, daß jeder das Beste für das neue Kaufhaus und die übrige Geschäftswelt und natürlich zum Wohle aller Bürger gewollt
habe, und die Lösung alle zufriedenstellen könne. Die Ziele, denen die Lösung
gilt, erscheinen als vorgegeben, so daß die Folgemaßnahmen lediglich unter dem
Aspekt des optimalen Mitteleinsatzes zu sehen sind - "kein Feld für leidenschaft-
liche Amateure" (v. S c h r ö t t e r 1969, 158).
Sind diese Ziele jedoch tatsächlich vorgegeben?

Betrachtet man den Entscheidungsprozeß von dem Zeitpunkt an, wo er öffentlich wurde, so muß von gegebenen Zielen ausgegangen werden. Eine zu diesem
Zeitpunkt einsetzende Partizipation - sei es in Form von Protestaktionen, etwa
Bürgerinitiativen, oder in Form administrativ geleiteter Planungsbeteiligung -
hätte sich mit dem Bau und dem Standort des Kaufhauses abfinden müssen. Darüber hinaus hatte die Stadt sich schon zu diesem Zeitpunkt durch Verträge mit
dem Kaufhaus-Unternehmen zur Erstellung mehrerer infrastruktureller Leistungen
verpflichtet: Schaffung öffentlicher Parkplätze, Haltestellen für Busse, Durch-
burch der Stadtmauer u.ä., so daß allenfalls das "wie" noch offen war. Dies
dürfte auch für den überwiegenden Teil des Stadtrates gelten, dem keine alternativen, sondern jeweils stark elaborierte und argumentativ wie zahlenmäßig
abgesicherte Vorlagen zur Akklamation präsentiert wurden.
Anders liegt der Fall, wenn man fragt, ob überhaupt - und wenn ja, wo - ein
Kaufhaus gebaut werden sollte. Diese Frage war ja p r i n z i p i e l l offen.
A k t u e l l war sie allerdings determiniert durch gesellschaftliche Strukturbedingungen in Verbindung mit einer Mischung aus Lokalpatriotismus und Wachs-
tumsideologie. Solange Planung in Andernach nicht professionell, sondern nach
den eher gefühlsmäßigen Ansichten der Stadtväter betrieben wurde, wurden diese

Strukturbedingungen weitgehend ignoriert (57). Bei der Kaufhaus-Frage wird
dies daran deutlich, daß der Planungsausschuß den ersten Bauentwürfen sehr
skeptisch gegenüberstand und weniger nach ökonomischen als nach städtebaulich-
ästhetischen Kriterien urteilte. Dies änderte sich, als die Strukturuntersuchung
die ökonomische Bedingtheit der Stadtentwicklung offenlegte und vor allem
die Bedeutung des tertiären Sektors herausstellte, der bisher gegenüber der produzierenden Wirtschaft, die Andernach zu einer der reichsten Städte in Rheinland-Pfalz gemacht hatte, vernachlässigt worden war. Der Nachweis, daß ein
großer Teil des in Andernach erwirtschafteten Geldes in die traditionelle Kon-
kurrenzstadt Neuwied getragen wurde, tat ein übriges, um zu Anstrengungen im
tertiären Bereich zu motivieren. Schaffte die Heranziehung wissenschaftlicher Informationsbeschaffung im Vorfeld politischer Planung somit die Grundlage für
eine an strukturellen Bedingungen orientierte Politik, indem sie die Strukturer-
fordernisse aufdeckt und ins Bewußtsein der Planer und Politiker bringt, so fördert
das internalisierte Konkurrenz- und Wachstumsdenken die Umsetzung dieser Erkenntnis in politische Programme und Maßnahmen.
Unter den Bedingungen unserer privatwirtschaftlich verfaßten Gesellschaft muß die
Politik sich dann bei der Realisierung solcher Programme an privaten Kalkülen
orientieren. In Andernach bedeutete dies, das Kaufhaus nach den Maßgaben, d.h.
vor allem zu dem Zeitpunkt zu bauen, an dem das private Interesse bestand, und
damit an dem Ort, der gerade verfügbar war. Dabei dürfte eine Stadt umso weniger den privaten Interessen ausgeliefert sein, je höher deren Investitionsinteresse
und je weniger dringlich das der Stadt ist, so daß in vielen Fällen durchaus politische Handlungsspielräume gegeben sind. In Andernach war das Interesse der Stadt
sehr hoch, ja, es wurde von der Verwaltung als lebensnotwendig dargestellt, so daß
der politische Gestaltungsspielraum stark reduziert war. Soweit vorhanden, konnte er
vor allem in der V e r handlungsphase, als noch mehrere Unternehmen interessiert
waren, eingesetzt werden. Partizipation hat hier jedoch kaum Platz, da die damit
verbundene Öffentlichkeit der Verwaltung die Möglichkeit des Taktierens gegenüber den Interessen nehmen würde. Daher steht die Tatsache, daß die Vorbereitung der wichtigsten Entscheidung in der Sanierungsphase unter Ausschluß der Öffentlichkeit stattfand, durchaus in der immanenten Logik solcher Art von Entscheidungsprozessen.
Eine Beteiligung der Bürger an diesem Entscheidungsprozeß, die über die Offenlegung des Bebauungsplanes hinausging, hätte unter diesen Bedingungen weder wesentliches ändern können, noch wäre sie in einem früheren Planungsstadium funktional gewesen. Als alle Entscheidungen gefallen waren, haben die Parteien Bürgerversammlungen abgehalten, um ihre Entscheidungen zu verkaufen. Eine aktive
Mitwirkung war nicht gefragt und konnte dies auch nicht sein. Im Hinblick auf
die notwendige, weil gesetzlich verordnete Beteiligung der Bürger an der Sanierungsplanung im Rahmen des StBauFG waren jedoch wichtige Vorentscheidungen
gefallen, die dort nicht mehr infrage gestellt werden konnten.

10.3 Gestaltung des 1. Sanierungsdurch -
führungsgebietes

Bei der förmlichen Festlegung des Sanierungsgebietes "Am Unteren Stadtgraben"
hatte der Stadtrat auch die Grundzüge der Gestaltung des Sanierungsgebietes
festgelegt. Die wesentlichen Planungsaussagen waren:
Zur Erschließung des später fußläufig zu gestaltenden Marktplatzes soll eine
Straße von der Grabenstraße zum Markt/Schafbachstraße gelegt werden. Hierzu
ist ein Durchbruch der Stadtmauer erforderlich. Die Außenseite der Stadtmauer
entlang der unteren Grabenstraße soll freigelegt und als Grünzone gestaltet
werden. Unter dieser Grünzone soll eine Tiefgarage errichtet werden, um die
entfallenden Parkplätze auf dem Markt zu ersetzen, und die Kunden möglichst
nahe an die Geschäfte am Markt und in der Bahnhofstraße heranfahren zu lassen.
Diese Aussagen waren nach der förmlichen Festlegung in einem Bebauungsplan
zu konkretisieren. Der Bebauungsplan sollte darüber hinaus auch die anschließenden Bereiche umfassen, "die als weiteres förmlich festzulegendes Sanierungsgebiet in Frage kommen" (Begründung zum BBPI). Hieraus wird wiederum die oben
beschriebene Taktik der Stadt bei der Festlegung der Sanierungsgebiete ersichtlich.
Der Bebauungsplanentwurf, der von den Planern v. B r e m e n/H e i c h e l
ausgearbeitet und von der Verwaltung am 5.8.1974 im Planungsausschuß vorgelegt wurde, übernahm diese Planaussagen, die den Kern der Gestaltung darstellen. Zusätzlich wurde vorgeschlagen, innerhalb der erweiterten Planungsbereiche
eine Hinterhofentkernung durchzuführen und entlang der neuen Straße dreige-
schossige Neubauten zu errichten, die als Kerngebiete ausgewiesen wurden (s. Abbildung 7 und 8).
Im Bebauungsplan wird als "Zweck" dargestellt: "Sanierung heißt Wiederherstellung der Funktionsfähigkeit einer gewachsenen Stadtstruktur bei maximaler Beibehaltung der Identität der Stadtteile, d.h. der Attraktivitätserhöhung der Cityfunktionen wie Kaufen, Dienstleistungen und Kommunikation, auf der anderen
Seite aber Stärkung des urbanen Wohnens, nicht zuletzt durch Erweiterung des
vorhandenen Wohnangebotes durch Modernisierung von Wohnbebauung und Verstärkung der Versorgung mit öffentlichen und sozialen Einrichtungen." (Begründung
zum Bebauungsplan). Dieser-wörtlich aus der Einleitung der Planer-Untersuchung
zur 1. Schichtung übernommenen - alle relevanten stadtplanerischen Zielvorstellungen enthaltenden und scheinbar harmonisierenden Formulierung werden die
nachfolgenden konkreten Bestimmungen des Bebauungsplans nur teilweise gerecht.
Zunächst einmal stehen die sog. "City-Funktionen" im Vordergrund, also vor
allem der Bau einer Erschließungsschleife, von dem die Realisierung der Fußgängerzonenpläne abhängt, die wiederum die Grundlage für die gewünschte Attraktivitätssteigerung der City bildet. Dies war der Grund für die Festlegung dieses Gebietes zum Sanierungsgebiet. Doch wie steht es mit den anderen genannten
Zielen, z.B. der "Erweiterung des vorhandenen Wohnangebots"?
Zunächst erfordert der Bau der Erschließungsschleife und die geplante "Blockent-
kernung" die Beseitigung vorhandener Wohnungen. Zwar besteht der Innenbereich

Abbildung 7: S a n i e r u n g s g e b i e t "A m   u n t e r e n   S t a d t g r a b e n"

Die Karte zeigt das 1. Sanierungsdurchführungsgebiet (stark umrandet) und den
Geltungsbereich des Bebauungsplanes "Am
Unteren Stadtgraben" (gestrichelt umrandet),
der identisch ist mit dem späteren 2. Sanierungsdurchführungsgebiet.

Quelle: Stadtkernsanierung, 3 S 6.0.7

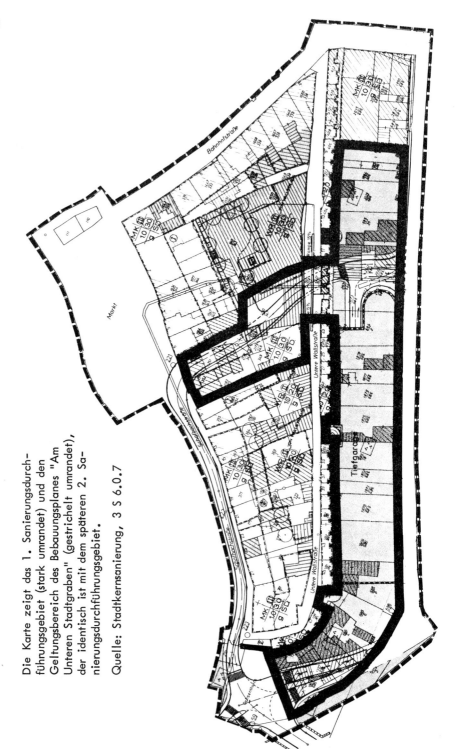

133

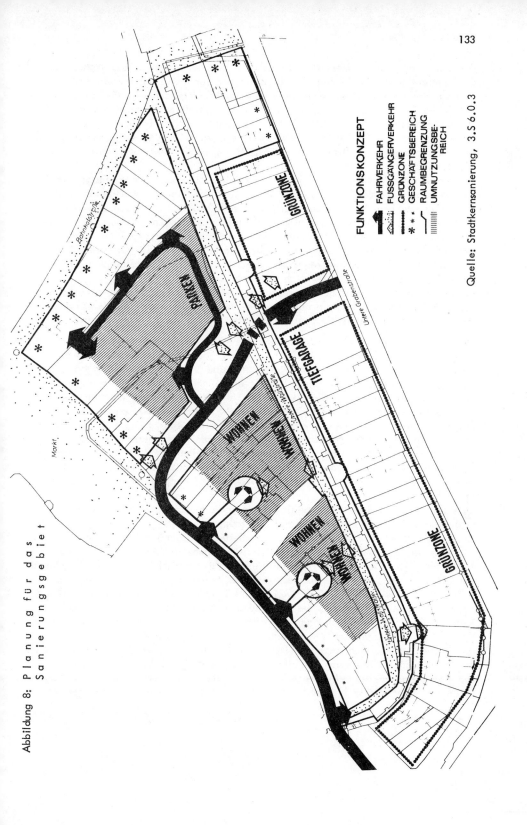

Abbildung 8: Planung für das Sanierungsgebiet

FUNKTIONSKONZEPT

FAHRVERKEHR
FUSSGÄNGERVERKEHR
GRÜNZONE
GESCHÄFTSBEREICH
RAUMBEGRENZUNG
UMNUTZUNGSBE-
REICH

Quelle: Stadtkernsanierung, 3.5.6.0.3

des Sanierungsgebietes mehr aus Hinterhöfen und Schuppen als aus Wohnungen, doch sollen insgesamt 38 Familien im Zuge der Sanierung umgesetzt werden (I n t e r v i e w). Dabei sind diejenigen nicht eingerechnet, die bei der allmählichen Freilegung der Stadtmauer außerhalb des förmlich festgelegten Gebietes umsiedelten. Soziale Härten hat es bei den bis Mitte 1976 erfolgten Umsetzungen von ca. 25 Familien nicht gegeben. Alle Umzüge erfolgten im Rahmen der Sozialplanung auf "freiwilliger" Basis (I n t e r v i e w. Vgl. auch Kap. 12.1).

Der Abriß alter Wohnungen im Sanierungsgebiet soll dadurch kompensiert werden, daß der entkernte Bereich zwischen Schafbachstraße/Markt und Unterer Wallstraße "primär dem Wohnen zur Verfügung steht" (58). "Es werden öffentliche Höfe und Plätze gebildet, die einmal Zufahrten zur neuen Bebauung darstellen und zum anderen Fußgängerverbindungen zur Wallstraße ermöglichen." So "wird eine innerstädtische Bebauung ermöglicht, die sich einmal in das vorhandene Stadtbild einpaßt, zum anderen durch die Hof- und Gruppenbildung innerstädtisches, kommunikationsbetontes Wohnen ermöglicht" (59).

In den Festsetzungen des Bebauungsplanes sind aber nicht alle neu zu bebauenden Flächen als Wohngebiete ausgewiesen. Entlang des neuen Straßendurchbruches wird vielmehr ein Kerngebiet, also geschäftliche Nutzung, ausgewiesen.

Insgesamt scheinen uns die Festsetzungen des Bebauungsplanes den in der Begründung angeführten Zweck "E r w e i t e r u n g des Wohnangebots" nicht zu erfüllen. Auch die hierzu befragten Stadtrats- und Verwaltungsangehörigen konnten unsere diesbezüglichen Zweifel nicht ausräumen. Ihre völlig heterogene Beantwortung der Frage: "Werden durch die Sanierung eher mehr oder eher weniger Wohnungen in der Innenstadt geschaffen?" läßt vermuten, daß man sich hierüber bisher wenig Gedanken machte. Es antworteten: eher mehr: 6, eher weniger: 8, gleich viele: 4, sonst. Antworten: 4. Die Informiertesten unter den Befragten antworteten jedoch mit "gleich viele" oder "eher weniger". Erhöht werden wird jedoch sicherlich der Standard der Wohnungen und damit die Miete, was eine Umstrukturierung der sozialen Struktur der Wohnbevölkerung in diesen Gebieten zur Folge haben dürfte.

Dies war auch zu Beginn der Sanierung intendiert, um den Wegzug von Mittelschicht-Angehörigen aus der Altstadt zu stoppen.

Zusammenfassend läßt sich bezüglich der Berücksichtigung des Wohnens in der Bebauungsplanung für die beiden ersten Sanierungsgebiete "Am Unteren Stadtgraben" festhalten: Trotz der primären Orientierung an ökonomischen Funktionskriterien bei der Auswahl des Sanierungsgebietes wird die Wohnfunktion in der Bebauungsplanung stark berücksichtigt. Zwar werden die Einzelfestsetzungen dem im Plan genannten Zweck "Erweiterung des vorhandenen Wohnangebots" nicht gerecht, soweit es die Zahl der Wohnungen betrifft. Die Hinterhofentkernung ermöglicht jedoch vermutlich zumindest ein Beibehalten der Wohn f l ä c h e sowie ein qualitativ besseres Wohnangebot. Dieses kommt allerdings den bisher dort wohnenden Menschen nicht zugute, da die "Verdichtung" des Gebietes zwangsläufig zu Grundstückskosten bzw. Mieten führen wird, die deren finanzielle Mittel übersteigen. Neben dieser Neubebauung soll eine Modernisierung vorhandenen Wohnraums bei den Häusern erfolgen, die direkt an die Innenseite der Stadtmauer gebaut sind. Diese Häuser, die die Stadtmauer als eine Wand benutzen, in die auch z.T. kleine Fenster eingelassen wurden, sollen als typisches Merkmal der Altstadtbebauung erhalten bleiben. Die Modernisierung wird hier nicht zu Eingriffen in die Struktur der Wohnbevölkerung führen, da diese Einfamilienhäuser von den Eigentümern bewohnt werden und diese zur Modernisierung sowohl bereit als auch in der Lage sind (I n t e r v i e w). Als letztes schließlich soll die Sanierung zu einer "Verstärkung der Versorgung mit öffentlichen und sozialen Einrichtungen" führen.

Soziale Einrichtungen - hier wurde in der 1. Schichtung besonders die Notwendigkeit großer Kinderspielplätze in der City betont - sind in der Planung nicht vorgesehen. Sie spielten auch bei der Willensbildung und Entscheidung über die Planentwürfe keine Rolle. Anders die öffentlichen Einrichtungen. Der Bebauungsplanentwurf sah hierzu den Bau einer Tiefgarage vor. Hiermit sollte Ersatz für die bei Realisierung der Fußgängerzone Markt/Bahnhofstraße entfallenden Parkplätze in möglichst großer Nähe des Einkaufszentrums geschaffen werden. Die Tiefgarage würde damit neben ihrer ökonomischen Funktion auch die Gestaltung des Marktes als "öffentliche Freifläche" ermöglichen. Sie war bereits in der bei der förmlichen Festlegung des Sanierungsgebietes beschlossenen Planungskonzeption vorgesehen gewesen. Der Stadtrat hatte daraufhin einen einstimmigen Beschluß gefaßt, für den Bau einer Tiefgarage bei Eigenbeteiligung von einem Drittel der Baukosten für die Restfinanzierung einen Zuschußantrag zu stellen. Dieser Antrag wurde vom Land bewilligt, das für 1974 1 Mio DM zur Verfügung stellte. Bei der Beratung des Bebauungsplanes stellte sich die CDU nun plötzlich gegen diesen Plan. Damit wiederholte sich die Auseinandersetzung, die bereits im Zusammenhang mit der Verkehrsanbindung des Kaufhauses (Bebauungsplan Drususplatz) um die auch dort vorgesehene Tiefgarage stattgefunden hatte. Auch dabei hatte mit dem einstimmig gebilligten Richtlinienplan Verkehr ein Plankonzept vorgelegen, das eine Tiefgarage enthielt, die dann jedoch bei der Bebauungsplanung abgelehnt wurde. Wie dort liegen auch hier die Konfliktfronten: Verwaltung, Planer und SPD auf der einen, CDU/FWG auf der anderen Seite. Wie dort fühlt sich die CDU von der Verwaltung mit dem SPD-Dezernenten an der Spitze überfahren und versucht, die bei der Festlegung des Sanierungsgebietes bereits getroffene Grundsatzentscheidung zu revidieren. Wiederum scheint nicht ausgeschlossen, daß private Interessen von Stadtratsmitgliedern eine Rolle spielen; lag der Verdacht damals bei der SPD, so liegt er hier bei einem einflußreichen Mitglied der Mehrheitsfraktion CDU/FWG, auf dessen Grundstück nun eine Hochgarage gebaut werden sollte und schließlich auch wird. Als sachliches Argument führen CDU und FWG technische Schwierigkeiten und zu hohe Kosten für eine Tiefgarage im Vergleich zu einer Hochgarage an. Wir können darauf verzichten, diesen Streit, der den einzigen kontroversen Punkt der Gestaltung des Sanierungsgebietes darstellte, ausführlich zu berichten, da diese Auseinandersetzung nicht unter der Perspektive alternativer Zielkonzepte geführt wurde. SPD und Verwaltung argumentierten lediglich defensiv, indem sie der CDU vorhielten, daß sie im Grundsatz doch bereits für die Tiefgarage votiert habe, daß diese bei der förmlichen Festlegung beschlossen und dafür bereits Mittel beantragt und genehmigt worden seien. Dabei hätten die vielpropagierten Ziele "Wohnen" und "soziale Einrichtungen" hier durchaus angeführt werden können, wenn es damit ernst gemeint war, den Raum, den eine Hochgarage einnimmt, hätte man für Wohnungen oder einen Kinderspielplatz verwenden können. Daß dies nicht als Argument für eine Tiefgaragenlösung vorgebracht wurde, scheint uns darauf hinzuweisen, daß in dieser Phase der Sanierung diese Ziele bereits aufgegeben waren. Dies gilt besonders für den Komplex "soziale Einrichtungen", der in der gesamten Sanierungsplanung keine Rolle spielt.

Interessant und vielleicht typisch für die Sanierung in Andernach ist das Ergebnis der Auseinandersetzung. Dem Bebauungsplanentwurf der Verwaltung wird nach monatelangem Streit - der jedoch im Planungsausschuß und nicht öffentlich stattfand - o h n e A u s s p r a c h e u n d e i n s t i m m i g im Stadtrat zugestimmt. Dieser nunmehr beschlossene Plan enthält weiterhin die Tiefgarage, nachdem sich die Fraktionen untereinander und mit der Verwaltung vorher im Ausschuß verständigt haben, daß die Passagen über die Tiefgarage im Bebauungsplan n i c h t v e r b i n d l i c h seien. Während also bei der nun folgenden Offenlegung nach außen hin die Tiefgaragenlösung, die bei den Ausstellungen viel Anklang in der Bevölkerung gefunden hatte, vorgelegt wurde, gingen die Mehrheitsfraktion und inzwischen auch die Verwaltung - der SPD-Bürgermeister war inzwischen in den Landtag gewählt worden und aus der Stadtverwaltung ausgeschieden - davon aus, daß keine Tiefgarage gebaut werde . Der CDU-Fraktionschef: "Der Bebauungsplan wird in dieser Hinsicht mit Sicherheit nicht vollzogen". (I n t e r v i e w). Für die Öffentlichkeit nicht sichtbar wurden in Grundstücksverhandlungen und Gesprächen mit der Bezirksregierung dann die Weichen für eine Hochgarage gestellt.

10.4 P l a n u n g v o n F u ß g ä n g e r b e r e i c h e n

Die Verkehrsüberbelastung der für den motorisierten Verkehr nicht geschaffenen Altstadt wurde in Andernach schon früh als Problem empfunden, ohne daß befriedigende Lösungen gefunden wurden. Eine erste Entlastung kam von außen durch den Bau einer großen Umgehungsstraße, die den früher durch Andernach führenden Verkehr auf der stark befahrenen alten B 9 nun über eine große Brücke vierspurig um Andernach herumführte. Damals bereits war deutlich geworden, daß eine Umleitung des Autoverkehrs den Widerstand der Geschäftsleute hervorrufen würden, die dadurch geschäftliche Einbußen befürchteten (60).

Die Umgehungsstraße leitete allerdings nur den Durchgangsverkehr um. Eine wesentliche Entlastung der Altstadt erfolgte hierdurch nicht.

Erste Schritte hierzu wurden 1966/67 mit einer zeitweiligen Sperrung eines Teils der Hochstraße eingeleitet. Hier setzte sich besonders die SPD für einen schrittweisen Ausbau dieser Sperrung ein mit dem Ziel, später hier eine Fußgängerzone zu schaffen. Es blieb jedoch zunächst bei nur stundenweiser Sperrung, da Anlieger (Geschäfte) und Ordnungsverwaltung sich gegen eine weiterführende Lösung zur Wehr setzten (61).

Der eigentliche Engpaß lag aber in der Bahnhofstraße, die den Verkehr aus den Andernacher Außenbereichen und dem Hinterland in die Altstadt führte, und auf dem Marktplatz, der als Parkplatz vor allem an den Markttagen überfüllt war.

Eine Eindämmung oder gar Verbannung des Autoverkehrs stand jedoch trotz des allgemein als störend empfundenen Zustandes bis 1970 nicht ernsthaft zur Debatte, da man Umsatzeinbußen in diesem Hauptgeschäftsbereich der Stadt befürchtete, wenn "man dem Verkehr einfach den Hals zusperre." (62).

Dies änderte sich, als in Neuwied das Einkaufszentrum zur Fußgängerzone gemacht wurde. Die Konkurrenz zur Nachbarstadt beflügelte zunächst die Lokalpresse, die sich nach der Feststellung "Neuwied hat es wieder einmal geschafft" nun auch "Für eine Einkaufszone Bahnhofstraße-Marktplatz" als Fußgängerzone einsetzte (63). Die Forderung wurde begründet mit dem herrschenden Verkehrschaos, Lärm, Gestank und Fußgängergefährdung, was kein ruhiges Einkaufen ermögliche und auf Dauer die Käufer nur vertreibe (64).

Die nun in Gang gebrachte öffentliche Diskussion wurde kurz darauf auch in die städtischen Gremien getragen, als aufgrund einer Neuverlegung von Versorgungsleitungen die Bahnhofstraße aufgerissen werden mußte. Dadurch stellte sich die Frage der künftigen Gestaltung der Straße. Wenn eine Fußgängerzone möglich war, dann war dies der günstigste Zeitpunkt.

Dies erkannte der Stadtrat und beauftragte die Planergruppe v. B r e m e n / H e i c h e l, ein Gutachten über die Realisierbarkeit einer Fußgängerzone in diesem Bereich zu erstellen. Aber obgleich sich die Planer in dem Gutachten für eine Fußgängerzone aussprachen und die Verwaltung und der Planungsausschuß sich dem Gutachten anschlossen, lehnte der Stadtrat den Vorschlag bei 2 Gegenstimmen ab und entschied, die Bahnhofstraße im wesentlichen wieder im alten Zustand zu gestalten. Begründung: eine Fußgängerzone sei hier nicht realisierbar, da keine befriedigende Ersatzlösung zur Heranführung des Fahrverkehrs an die Geschäftszone möglich sei (65). Diese Position wurde vor allem von der Ratsmehrheit vertreten, die sich damit den Bedenken einiger Geschäftsleute anschloß, die glaubten, die Eindämmung des Fahrverkehrs würde den Kundenstrom bremsen (I n t e r v i e w).

Die Planer ließen sich hierdurch jedoch nicht von ihrem Fußgängerzonen-Konzept, das sie bereits andernorts (in Euskirchen) verwirklicht hatten, abbringen, sondern versuchten, im Rahmen der Sanierungsplanung Vorschläge zur Lösung der Frage "Verkehrsanbindung" zu entwickeln und die ökonomischen Bedenken zu zerstreuen. Für sie stellte sich das Problem nicht in erster Linie von seiner ökonomischen, sondern von der architektonisch-städtebaulichen Sicht aus dar. Dies jedoch auch nicht als bloßes Kunstwerk, sondern in Verbindung zu den Bedürfnissen des Menschen, denen durch entsprechende Gestaltung Rechnung getragen werden soll.

Dabei nimmt das Konzept Fußgängerzone in der neuen Stadtplanung einen wichtigen Platz ein: "Die Fußgängerzone als beeinflußbarer multifunktionaler Freiraum erweist sich als wichtigster "Raum" in der Stadt, in dem ungestört der Prozeß der Wechselwirkung Mensch-Umwelt sich entwickeln und humanökologische Stadtentwicklungsplanung sich realisieren kann" (66). Zur Beliebtheit der Fußgängerzonen bei Stadtplanern trägt sicherlich auch bei, daß hierbei Straßen g e s t a l t e t werden können. Die gebaute Umwelt soll dem Stadtbewohner wieder "Sozialisation, Interaktion, Information, Kommunikation, Identität, Orientierung"(67) ermöglichen.

Diese Vorstellungen bewegen auch die Andernacher Planer und rücken die Fußgängerzone in den Mittelpunkt der Sanierungsplanung. Wiewohl sie in der Begründung dieser Planung an den speziell Andernacher Verhältnissen anknüpfen,
stammt die Grundidee weniger diesen Verhältnissen als einem allgemeinen der
Fachdiskussion entsprungenen Stadtbild.

Den Andernacher Politikern stellt sich die Frage "Fußgängerzone" jedoch aus
einer ganz anderen Sicht, nämlich, ob sich eine solche Investition "lohnt" (68).
Entscheidendes Kriterium hierfür war, ob eine Fußgängerzone den Umsatz im
Einzelhandels- und Dienstleistungsbereich schmälern würde oder nicht.

Zwar wurde die städtebauliche Idee auch vom Rat begrüßt. Sobald jedoch die
Frage der Realisierung anstand, wurden Bedenken laut und setzten sich durch.
So Mitte 1971 für die Bahnhofstraße, so Anfang 1973 bei der Festsetzung des
Bebauungsplans Drususplatz. Der Richtlinienplan "Verkehr", der den gesamten
geschäftlich genutzten Altstadtbereich fußläufig vorsah, wurde zwar gebilligt,
aber nur unter der Bedingung, daß hiermit künftigen Detailplanungen nicht vor-
gegriffen würde. Diese Einschränkung wurde speziell wegen der Fußgängerzonen-
planung gemacht und auch gleich beim erstenmal, als diese in einem Bebauungsplan rechtsverbindlich fixiert werden sollte (Drususplatz), angewendet.

Die 1971 nach Auffassung des Rates noch unlösbare Frage der Verkehrsanbindung
einer Fußgängerzone im Geschäftszentrum Bahnhofstraße-Markt konnte aufgrund
der Aufnahme in das Förderungsprogramm im Rahmen der Sanierungsplanung planerisch und hinsichtlich der technischen, rechtlichen und finanziellen Durch-
führbarkeit gelöst werden. Für die übrigen Bereiche, in denen eine Fußgängerzone von den Planern vorgesehen war, bestand diese Problematik kaum. Blieb
also die Frage der ökonomischen Folgen.

Hier stiegen die Realisierungschancen der Fußgängerzone, als die diesbezüglich
positiven Erfahrungen aus den Nachbarstädten, besonders wiederum Neuwied,
bekannt wurden. Außerdem würde die Realisierung des 1. Sanierungsabschnittes
am Unteren Stadtgraben ein Anfahren in die unmittelbare Nähe des geplanten
Fußgängerbereichs Bahnhofstraße-Markt ermöglichen. Schließlich fand man in
einer Untersuchung der IHK Koblenz über die "zumutbare Entfernung zur Einkaufsstätte" (69) Belege dafür, daß die Kunden auch einige Minuten Fußweg nicht
scheuen.

So vollzog sich bei den zunächst skeptischen CDU-Politikern Anfang der 70er
Jahre ein allmählicher Meinungswandel zur Fußgängerzone. Man folgte jetzt der
Argumentation der Planer, eine fußläufige Altstadt werde Andernach ein attrakti-
ves Image einbringen, die Geschäfte zu Modernisierungen veranlassen, die
Innenstadt als Flanierzone, in der bei Spaziergängen die Geschäftsauslagen in
Ruhe betrachtet werden können, aufwerten und damit insgesamt die Verkaufssitua-
tion verbessern.

So stiegen die Realisierungschancen einer großangelegten Fußgängerzone umso mehr,
je mehr die Stadtratsmehrheit von deren ökonomischem Nutzen überzeugt werden
konnte. Das heißt nicht, daß eine fußläufige Altstadt keine anderen Vorteile
bringt, sondern, daß all diese (insbesondere ökologischen) Vorteile aufgrund der

an ökonomischen Kriterien orientierten Entscheidungspraxis des Stadtrates kaum
zur Realisierung einer Fußgängerzone geführt hätten, wenn starke ökonomische
Gegenargumente hätten vorgebracht werden können.
Wir haben diese Einschätzung zur Validierung den Planern vorgetragen. Obgleich
sie zunächst ausweichend antworteten, bestätigten sie nach mehreren Nachfragen
unsere These. Wir wollen diesen Gesprächsausschnitt hier vollständig wiedergeben, weil er u.a. auch in methodischer Hinsicht aufschlußreich ist. (70)

F r a g e: Nehmen wir an, daß sich durch vergleichende Untersuchungen in
anderen Städten gezeigt hätte, daß eine Einrichtung von Fußgängerzonen zu
Beeinträchtigungen des Geschäftsbereichs führten. Würden Sie das geplante Konzept für Andernach fallen lassen oder nicht?
P l a n e r: Das, was Sie sagen, ist durchaus richtig. Es gibt Beispiele, in
denen kurzfristig und auch langfristig der Geschäftsbereich durch Einrichtung
einer Fußgängerzone beeinträchtigt wurde. Wir beziehen dies natürlich in unsere
Überlegungen mit ein. Wenn andere Dinge jedoch für eine Fußgängerzone sprächen,
würden wir sie dennoch durchführen.
F r a g e: Was glauben Sie, wie der Rat und die Verwaltung in Andernach auf
solche Informationen reagieren würden? Nehmen wir an, daß objektive Daten
vorliegen, z.B. aus Neuwied, indem dort festgestellt würde, daß die Fußgängerzone einen Rückgang des Umsatzes zur Folge hätte. Glauben Sie, daß Sie unter
diesen Bedingungen eine Fußgängerzone in Andernach noch durchsetzen könnten?

P l a n e r: Es gibt in Andernach die Meinungen, daß durch die Einrichtung
der Fußgängerzone in Neuwied die dortigen Geschäftsleute Einbußen erlitten
haben. Dies war jedoch auf einen kurzen Zeitraum befristet, denn nach Ablauf
ca. 1 Jahres stiegen die Umsätze erheblich.
F r a g e: Wie wird, Ihrer Meinung nach, die Frage der Fußgängerzone von den
Leuten in Andernach gesehen, die zu entscheiden haben? Ist es richtig, daß sie
von den dortigen nur unter dem Aspekt der Umsatzsteigerung des Konsums gesehen
wird?
P l a n e r: Ich glaube nicht, daß der Eindruck richtig ist, daß es den Entschei-
dern in Andernach alleine um eine Anhebung des Geschäftsumsatzes geht. Der
Gesichtspunkt der Kommunikation spielt dort eine wesentliche Rolle. Es wurde
schon mehrfach gesagt, daß die Fußgängerzone zu einseitig auf den Geschäftsbe-
reich ausgerichtet worden sei.
F r a g e: Wer hat das gesagt?
P l a n e r: Dies kam aus der Bevölkerung. Man muß sich mit den entsprechenden
Leuten zusammensetzen, um zu vermeiden, daß dies so wird.
F r a g e: Kamen die Bedenken gegen die einseitige Ausrichtung auf den Ge-
schäftsbereich auch von seiten des Rates oder der Verwaltung?
P l a n e r: Nein. Von denen wird im wesentlichen das Geschäftliche im Vordergrund gesehen.
F r a g e: Das ist ja ein wesentlicher Faktor für Sie. Denn gegenüber dem Rat
müssen Sie ja Ihre Pläne durchsetzen.
A n t w o r t: Die sind natürlich daran interessiert, daß es den Geschäften besser
geht, und wenn man dies betont, kann man die Pläne natürlich am besten durchsetzen.

Dennoch hätte die Realisierung der Fußgängerzonenpläne erst am Ende der Sanierung gestanden, wenn nicht durch Entwicklungen von außen eine plötzliche Beschleunigung eingetreten wäre. Als der Bund 1975 im Rahmen eines konjunkturellen Sonderprogramms der Gemeinde hohe Investitionszuschüsse insbesondere auch für Maßnahmen bei Altstadtsanierungen anbot, beantragte Andernach neben etwa 60 anderen Maßnahmen nach einem entsprechenden Rat aus der Bezirksregierung auch die Aufnahme der Maßnahme "Fußgängerzone" in dieses Programm. Es handelte sich dabei um die Straßenzüge, deren fußläufige Gestaltung nicht den Bau neuer Erschließungsstraßen notwendig machte (Rheinstraße, Hochstraße, Eisengasse, Kramgasse).

Die Bezirksregierung setzte diesen Antrag auf Platz 2 der Prioritätenliste aller für Sanierungsbereiche beantragten Maßnahmen ihres Bezirks. Knapp 2 Monate nach Verabschiedung des Programms durch den Bund und 1 Monat nach Beantragung wurde der Stadt im Oktober 1975 die Aufnahme ins Programm mitgeteilt. Es blieben ihr 2 Monate zur Vergabe der Bauaufträge und 3 bis zum Baubeginn (1.2.76).

Der Stadtrat war in diesem Schnellverfahren ausgeschaltet. Zwischen Information über die Möglichkeit der Mittelbeantragung und Antragsschluß lagen 2 Wochen, in denen die Verwaltung die Anträge stellte. Der Rat wurde davon in Kenntnis gesetzt. Allerdings konnte die Verwaltung nur Maßnahmen beantragen, für die bereits beschlossene Planungen vorlagen.

Das war für die Fußgängerzone mit dem Richtlinienplan Verkehr der Fall, wenn auch unter Vorbehalt (s.o.). In der Kürze der Zeit war jedoch ein nochmaliges, konkretisiertes Entscheidungsverfahren nicht möglich. Erst recht gilt dies für eine darüber hinausgehende Partizipation. Allerdings wäre dadurch wohl kaum eine andere Entscheidung gefallen. Schließlich wird die Stadtkasse durch etwa 1,1 Mill.DM kostende Maßnahme kurzfristig mit keinem Pfennig belastet. 80 Prozent zahlen Bund und Land, die restlichen 20 Prozent muß die Stadt tragen, kann dies jedoch über einen besonders zinsgünstigen Kredit finanzieren.

Damit stand - vom bis dahin schleppenden Verlauf der Sanierung gesehen sehr plötzlich - ein großer (wenn auch der am wenigsten problematische) Teil der Fußgängerzone unmittelbar vor dem Bau. Nun zeigte sich die integrative Wirkung der bisherigen Partizipationsverfahren, die seit der 1. Ausstellung der Sanierungsplanung (1973, vgl. Kap. 12.1) die Bevölkerung mit den geplanten Veränderungen, also auch der Fußgängerzone, schrittweise vertraut gemacht hatten. Die Stadt überraschte diese Betroffenen also nicht, als sie in einem Gespräch mit allen Anliegern die Maßnahme ankündigte. Sie konnte an vorangegangene Diskussionen anknüpfen, und die früheren Emotionen vor allem bei den Geschäftsleuten waren einer sachlichen Einschätzung aufgrund positiver Informationen aus anderen Städten gewichen. So konnten die noch bestehenden Bedenken einiger Geschäfte, die sich auf ihre Andienung bezogen, problemlos gelöst werden. Die Stadt konnte die Geschäftsleute schließlich so weit vom Nutzen einer Fußgängerzone überzeugen, daß diese sogar bereit waren, ihre Geschäfte während der Hauptbauzeit für 2 Wochen freiwillig zu schließen, was jedoch nicht notwendig wurde (I n t e r v i e w).

11. AKTEURE DES PLANUNGSPROZESSES

In den vorangegangenen Kapiteln haben wir versucht, den Verlauf der wichtigen Entscheidungsprozesse im Kontext der Sanierungsplanung nachzuzeichnen und die inhaltlichen Hintergründe des Prozesses zu analysieren. Dabei interessierten uns jedoch weniger die Entscheidungsprozesse selbst als die Frage, durch welche Faktoren sie bestimmt werden, und ob sie Ansatzpunkte zur partizipativen Beeinflussung bieten. Dabei haben wir den Einfluß, den die am Planungsprozeß beteiligten Akteure haben, bisher nur punktuell und am Rande behandelt.
Im folgenden soll dies nun systematisch geschehen, indem wir den gesamten Entscheidungskomplex Stadtsanierung unter der Frage analysieren, welche Stellung und welchen Einfluß die hieran beteiligten Akteure hatten.

11.1 Stadtrat und Verwaltung

Bisher ist mehrfach angeklungen, daß der Stadtrat seine Funktion als zwecksetzende Körperschaft gegenüber der Verwaltung nicht immer wahrgenommen hat. Um nun die gesamte Einflußverteilung zwischen Stadtrat und Verwaltung im Rahmen der Sanierung zu ermitteln, haben wir anhand der unten aufgeführten Kriterien eine Analyse aller Beratungen vorgenommen, die die infrastrukturelle und bauliche Entwicklung der Altstadt betrafen.
Als formale Anhaltspunkte für die Einflußverteilung zwischen Stadtrat und Verwaltung wurden folgende Fragen untersucht: Von wem ging die Initiative zur Beratung eines Themas aus (1) ? Wie erfolgte die Behandlung des Themas (mit/ohne Diskussion usw.) (2) ? Wer nahm in welcher Form Stellung (3) ? Welches Ergebnis hatte die Beratung bzgl. der Vorlagen der Verwaltung (4)?
Als Untersuchungsgrundlage dienten hier die Protokolle des Planungsausschusses im Zeitraum 1969 - 75, d.h. von Beginn der konkreten Sanierungsplanung bis zum Zeitpunkt unserer Datenerhebung. Wir nahmen zunächst die Ausschußberatungen zum Bezugspunkt, weil hier die Verwaltungsvorlagen zunächst erörtert und vorentschieden werden und zu erwarten war, daß - wenn überhaupt - Auseinandersetzungen um Alternativen im wesentlichen hier und nicht erst in den öffentlichen Ratssitzungen stattfinden. Für die interessierende Thematik ist in Andernach der Planungsausschuß zuständig. Andere Ausschüsse befaßten sich nach unseren Unterlagen nicht mit wesentlichen Fragen der Sanierung, außer in einigen Fällen, in denen gemeinsame Sitzungen anderer Ausschüsse mit dem Planungsausschuß stattfanden. Diese wurden in die Untersuchung mit einbezogen.
Aufgrund der zeitweilig unterschiedlichen politischen Mehrheitsverhältnisse zwischen Rat und Planungsausschuß wird allerdings zusätzlich noch zu prüfen sein, ob der Rat sich genauso zur Verwaltung verhält wie der Ausschuß.

(1) Initiative

Im Untersuchungszeitraum fanden in Andernach 62 Sitzungen des Planungsaus-schusses statt. Dies entspricht - stellt man die Sommerferien in Rechnung - einem Schnitt von 1 Sitzung im Monat. Dabei wurden 74 Tagesordnungspunkte behandelt, die in irgendeiner Beziehung zur künftigen Gestaltung der Innen-stadt stehen. Die Initiativen zur Beratung dieser Punkte kamen von folgenden Gruppen (71) (Tabelle 11):

Tabelle 11: Initiative

Initiator	Zahl der Initiativen
Bauamt/Planer (a)	50
Privatperson	12
Fraktion/Partei	4
Oberbürgermeister	2
Rat/Ausschuß	1
Sonstige	1
Summe =	70 (b)

(a) Die mit den "vorbereitenden Untersuchungen" beauftragte Planergruppe
    wird hier gemäß ihrer faktischen Stellung dem Bauamt zugerechnet.
    Die Planungsabteilung der Verwaltung ist eine Unterabteilung des Bauamtes
    und deshalb nicht gesondert erfaßt.
(b) Bei den restlichen vier Tagesordnungspunkten konnte die Initiative nicht
    festgestellt werden. Dies gilt auch für die Restanteile bei den folgenden
    Tabellen.

Aus der Tabelle geht hervor, daß über 2/3 aller Initiativen aus der Verwaltung kamen, ein Ergebnis, daß bisherige Annahmen voll bestätigt (z.B. H o l l e r/ N a ß m a c h e r 1976, 150). Dabei liegt innerhalb der Verwaltung erwartungs-gemäß die Initative nahezu ausschließlich beim Bauamt. Der verhältnismäßig hohe Anteil privater Initiatoren beruht darauf, daß es sich hier fast immer um Bau- oder Veränderungsanträge oder um Verkaufsangebote von kleineren Haus- und Grundstückseigentümern handelt. Es sind durchweg Fälle, die politisch unbedeu-tend sind. Der Anteil der für die Willensbildung und Entscheidung zuständigen Institutionen liegt hingegen nur bei knapp 7%. Inhaltlich handelt es sich dabei um Probleme, die nur durch ihren örtlichen Bezug mit der Sanierung zu tun hatten und nicht von zentraler Bedeutung waren.
Wir können also festhalten, daß die Initiative zur Behandlung bestimmter Themen im Planungsausschuß überwiegend, die wichtigen Fragen betreffend sogar aus-schließlich von der Verwaltung ausgeht. Wir wenden uns nun der Frage zu, w i e diese Themen bei den Ausschußsitzungen behandelt worden sind.

(2) Art der Themenbehandlung

Von dieser Frage kann zunächst einmal Auskunft darüber erwartet werden, in wievielen Fällen überhaupt noch über die Verwaltungsvorlagen diskutiert wird bzw. diese unvermittelt in Entscheidung umgesetzt werden. Die Ergebnisse zeigen, daß in 2/3 aller Fälle eine Diskussion stattfand. Dies erscheint zwar eher niedrig angesichts der demokratischen Norm, daß wenn schon nicht in den Stadtratssitzungen, so doch wenigstens in den Ausschüssen die Willensbildung vollzogen werden soll, jedoch ist bei den Themen,

Tabelle 12: Art der Themenbehandlung

Art der Themenbehandlung (a)	Zahl der T.O.P.
Ohne Stellungnahmen	25
Diskussionen	43
Fragen	1

(a) In der Tabelle werden nur die Kategorien aufgeführt, die Antwortbe-
setzungen erhielten. Die übrigen verwendeten Kategorien sind im Anhang
dokumentiert. Dies gilt auch für die folgenden Tabellen.

die ohne Stellungnahme abgehandelt wurden, zu berücksichtigen, daß es sich zur Hälfte um Sachverhalte handelt, die den Ausschußmitgliedern zur Kenntnis gegeben und nicht zur Diskussion gestellt wurden, und der Rest überwiegend Routineentscheidungen beinhaltete.

(3) Stellungnahmen

Interessanter als die Frage, ob diskutiert wurde oder nicht, ist, von wem überwiegend die Beiträge stammen und welche Stoßrichtung sie haben, ob Kontroversen auftauchen und zwischen wem.
Soweit aus den Sitzungsprotokollen rekonstruierbar, hat die Verwaltung auch hier
ein deutliches Übergewicht. Fast 2/3 der protokollarisch festgehaltenen wesentlichen Diskussionsbeiträge stammen von Verwaltungsangehörigen. Rechnet man
die beiden externen Planer - die, obgleich von den untersuchten sechs Jahren
nur vier in Andernach tätig, fast ebenso oft als Redner genannt wurden wie die
übrigen Ausschußmitglieder zusammen (ohne Bürgermeister - noch hinzu, so
scheint die Verwaltung auch in den Diskussionen der Ausschüsse stark dominant
zu sein (72).
Eine Betrachtung der inhaltlichen Richtung der Beiträge in Bezug zur Beratungs-
bzw. Beschlußvorlage zeigt, daß die Mehrzahl für die Vorlage sprachen, es folgen Auskünfte der Verwaltung und der Planer, während Gegenstimmen, die dem
Protokollanten der Niederschrift wert schienen, nur in 9 von 86 Fällen laut wurden. Es schein erwähnenswert, daß die Verwaltung und insbesondere auch die
externen Planer ihre Konzepte aktiv im Ausschuß vertreten haben.

Tabelle 13: In den Protokollen erwähnte Redner

Redner	Zahl der Personen	Zahl der Beiträge
Ausschußmitglieder (außer Bürgermeister)	8	16
Planer	2	15
Verwaltung (mit Bürgermeister)	12	55

Tabelle 14: Richtung der Beiträge

Richtung der Beiträge	Verwaltung	Ausschuß	Planer
Pro Vorlage	15	2	10
contra Vorlage	--	9	--
offen, abwägend	2	-	--
Auskunft	18	-	5
Frage	--	-	--
Sonst.	6	-	--

Betrachtet man nun die gegen die Verwaltungsvorlagen gerichteten Beiträge genauer, so ergeben sich zwei interessante Ergebnisse:
1. A l l e stammen aus der derzeitigen Wahlperiode, die zum Erhebungszeitpunkt erst 1 Jahr dauerte. I n   d e n   s e c h s   d a v o r l i e g e n d e n   J a h r e n   h a t   e s   d e m n a c h   i m   P l a n u n g s a u s s c h u ß   k e i n e   e r n s t h a f t e n   A u s e i n a n d e r s e t z u n g e n   g e g e b e n, immer vorausgesetzt, daß man den Protokollen im Groben vertrauen kann. Dies läßt zunächst zwei Schlüsse zu: entweder es war kein Entscheidungsspielraum vorhanden, handelte sich demnach also nicht um Politik, sondern um Vollzug oder die Entscheidungen waren bereits vorher gefallen. Das würde bedeuten, daß die Verwaltung entweder intern oder in informeller Absprache mit einigen "Vorentscheidern" (B a n n e r 1972) aus dem Rat und eventuell der Bevölkerung die Entscheidungen bereits vor Eintreten in die erste "parlamentarische" Beratungsstufe getroffen hat. Bevor wir diese Frage verfolgen, sei noch das zweite o.a. Ergebnis genannt:
2. Acht von neun Beiträgen, die in Opposition zur Verwaltungsvorlage standen, stammten von Mitgliedern der M e h r h e i t s f r a k t i o n (CDU/FWG).

Diese Sachverhalte können beide darauf zurückgeführt werden, daß die politische Bedeutung der Stadtplanung erst relativ spät von den Andernacher Parteien erkannt wurde. Ein führender CDU-Politiker erklärte, daß von seiner Partei erst in den letzten Jahren der Planungsausschuß als der wichtigste Ausschuß erkannt und dementsprechend erst nach der letzten Wahl besetzt worden sei. Die SPD hingegen hatte - obgleich im Rat in der Minderheit - keinen Grund zur Opposition.

Außer dem Bürgermeister als Bauamtsleiter hatte sie mit dem Planungsexperten der Fraktion, der als Architekt mit der Planung der in der Anfangsphase wichtigsten Sanierungsmaßnahme , dem Kaufhausbau, beauftragt war, einen weiteren Mann in einer wichtigen Funktion des Planungsprozesses. Damit liefen alle Fäden bei der SPD zusammen, während die CDU im Ausschuß machtlos schien. Als diese personal- und parteipolitisch bedingte Konstellation sich 1974 änderte, schaltete die CDU im Planungsausschuß zunächst auf Opposition gegen das Bauamt um, bis dann auch der Bürgermeister von ihr gestellt wurde. Danach kehrte wieder Ruhe und Kooperation ein, nur mit anderen politischen Vorzeichen.

(4) Ergebnis

Im vorliegenden Kontext bleibt noch zu beschreiben, inwieweit die Verwaltungsvorlagen im Ausschuß verändert worden sind. Das Ergebnis ist ähnlich dem bei den vorgenannten Punkten: Nur wenig über 10% der Vorlagen wurden vom Ausschuß nicht voll akzeptiert. In 3 Fällen wurde die Beschlußvorlage im Ausschuß ad hoc modifiziert. Abgelehnt wurde keine Beschlußvorlage. Lediglich bei Zwischenberichten der Verwaltung über die laufende Planung lehnte der Ausschuß in 2 Fällen die Vorschläge der Verwaltung ab. Diese Fälle fallen beide in die laufende Wahlperiode, womit das im vorigen Abschnitt Gesagte bestätigt wird. In diese Zeit fallen auch die ausdrücklichen Bestätigungen der laufenden Planung durch den Ausschuß, während er diese früher lediglich zur Kenntnis nahm – ein Zeichen dafür, daß der Ausschuß auf die Formulierung der Planungsgrundsätze stärker Einfluß nehmen will.

Tabelle 15: Beratungsergebnis

Beratungsergebnis	Nennungen
Zustimmung zur Beschlußvorlage	30
Zustimmung zu laufender Planung	4
Ablehnung der Beschlußvorlage	-
Ablehnung der laufenden Planung	2
Modifikation der Beschlußvorlage	3

Zusammenfassung

Nach dem bisherigen Ergebnis läßt sich als erstes Resümee festhalten: Die Verwaltung hat ein eindeutiges Übergewicht gegenüber dem Fachausschuß. Von ihr gehen nahezu alle Initiativen aus, ihre Mitglieder dominieren bei den Diskussionen im Ausschuß, es gab - abgesehen von der letzten Wahlperiode - keine wesentlichen Gegenstimmen gegen die Pläne der Verwaltung, was schließlich auch darin zum Ausdruck kommt, daß diese vom Ausschuß fast alle unverändert akzeptiert und dem Stadtrat zur Zustimmung empfohlen werden. Die Ausnahmen fallen auch hier in den Zeitraum 74/75 und sind auf eine etwas ungewöhnliche personelle und parteipolitische Situation zurückzuführen, die die Mehrheitsfraktion aus der Willensbildung in der Verwaltung tendenziell ausschließt und sie somit zur zeitweiligen Opposition im Ausschuß oder sogar im Stadtrat veranlaßt.

11.2 Die Planer

Im vorangegangenen Kapitel sind bereits an einigen Stellen die Planer als wichtige Akteure des Planungsprozesses erwähnt. Wir wollen ihre Rolle nun genauer betrachten (73).
Die Sanierungsplanung in Andernach wird von einem privaten Planungsbüro durchgeführt. Die Stadtplaner v. B r e m e n und H e i c h e l haben die Aufgabe, alle vorbereitenden Untersuchungen und die anfallenden Fachplanungen einschließlich der sie konkretisierenden Bebauungspläne durchzuführen. Analyse und Planung lagen somit in einer Hand. Die Verwaltung hatte vor allem eine unterstützende Funktion für die Planer. Der Grund für die Auftragsvergabe lag in dem Defizit an Fachpersonal der Verwaltung, eine Tatsache, die für Städte dieser Größenordnung bundesweit festgestellt wurde (vgl. F u n k e 1974, S. 69 ff). Man wollte über die Vergabe an die externen Planer kurzfristig hochspezialisierte Leistung in Anspruch nehmen.
Dies ist nicht ungewöhnlich und auch nicht auf kleinere Städte beschränkt (vgl. F u n k e, a.a.O.). Wichtig für die Stellung und den Einfluß, der Planer in Andernach war jedoch, daß sie nicht zur technischen Ausarbeitung existierender Planungsziele angestellt wurden, sondern einen entscheidenden Beitrag zur Entwicklung dieser Ziele leisteten. Wir haben oben bereits gesagt, daß auf Seiten der Andernacher Politiker keine kohärenten Planungsziele vorlagen. Die Zielfindung vollzog sich vielmehr während der Analyse und anfänglichen Planung. Diese wurde, im Einvernehmen mit dem jeweiligen Bürgermeister und unter Zuarbeit durch die übrige Verwaltung, von den Planern vorgenommen. Nach eigenen Kriterien und autonom erhoben, selektierten und interpretierten sie die Daten für die Planung und kamen so zu Zielvorstellungen. Sie waren es, die die Zielvorstellungen umsetzten und bei Zielkonflikten implizit entschieden. Von ihnen kamen die Informationen, die nötig waren, um die Pläne adäquat zu kritisieren.
Da die Planer faktisch als Teil der Verwaltung fungierten, der von der Analyse bis zur Detailplanung die Federführung über die gesamte Sanierungsplanung hatte, wurden ihre Vorlagen quasi als Verwaltungsvorlagen in den kommunalpolitischen Entscheidungsprozeß eingebracht. Damit konnten sie sich zunächst auf zwei Machtressourcen stützen: Ihre eigene Fachkompetenz und – als Teil der planenden Verwaltung – das politische Gewicht der Verwaltung. Da in Andernach jedoch die politischen Gewichte in der Bauverwaltung und im Stadtrat eine zeitlang unterschiedlich waren, kam es im Stadtrat zu vereinzeltem, parteipolitisch motiviertem Widerstand gegen die Planung.
Dennoch wurden die in den einzelnen Schichtungen entwickelten Planungsziele und die Richtlinienpläne vom Rat in der von den Planern vorgelegten Form akzeptiert und beschlossen. Der Stadtrat behielt sich jedoch ausdrücklich vor, bei der Erstellung von Einzel-, also insbesondere Bebauungsplänen, hiervon abweichen zu können.
Damit versucht er zwar, seiner Entscheidungskompetenz Nachdruck zu verleihen, offenbart aber gleichzeitig seine Ohnmacht. Besonders deutlich wird dies bei der parallellaufenden Willensbildung und Entscheidung über den Richtlinienplan Verkehr und den Bebauungsplan Drususplatz, wo im Bebauungsplan die Festlegungen des Richtlinienplans weitgehend ignoriert werden. Macht und Ohnmacht des Rates

(und komplementär die der Planer) werden hier gleichzeitig deutlich. Die rechtliche Kompetenz ermöglichte es dem Rat, im Einzelfall einfach zu entscheiden. Die Planung als Ganzes konnte er jedoch kaum einer fundierten Kritik unterziehen und ablehnen. Er hätte zwar theoretisch nicht genehme Pläne zurückweisen und von den Entscheidungsvorbereitern Alternativen fordern können. Dieser Weg war faktisch jedoch kaum gangbar, weil dann Restriktionen gegriffen hätten, die der Planung durch den Finanzierungsmodus auferlegt waren. Wäre die Planung in Verzug gekommen, hätten angeforderte Mittel eventuell nicht abgerufen werden können. Man hätte zudem der Bezirksregierung den Stillstand der Planung offenkundig gemacht, was für alle Beteiligten keine Empfehlung gewesen wäre und sich vielleicht auf zukünftige Anträge negativ ausgewirkt hätte. Aber selbst wenn der Rat bereit gewesen wäre, diese Risiken in Kauf zu nehmen, wäre es unsicher gewesen, ob eine Alternativplanung zustande gekommen wäre. Denn eine alternative Planung bedarf alternativer Zielfestsetzungen.

Da die Planer hier selbst wertesetzend im Zielfindungsprozeß standen und nicht außerhalb, wäre eine Alternativplanung durch die gleichen Planer (und wer sonst wäre dazu kurzfristig in der Lage gewesen) nur bei Aufgabe der eigenen Positionen möglich gewesen. Dies hätte daher höchstwahrscheinlich nur zu Rechenvarianten oder Scheinalternativen geführt. Die Planer selbst sahen ihre Vorstellungen daher trotz der revidierten Beschlüsse in Einzelfällen weitgehend verwirklicht.

Für diese Einschätzung spricht, daß die von ihnen vorgelegte Gesamtplanung sich als Zielperspektive in den Köpfen der Andernacher Entscheidungsträger festgesetzt zu haben scheint. Dagegen spricht, daß der Rat sich - mit Ausnahme der Realisierung der Fußgängerzone, wo kein Entscheidungsspielraum bestand - in den Fällen, wo die Ziele in konkrete Maßnahmen umgesetzt werden mußten, gegen die Planungsvorlage entschied und "konservativeren", d.h. weniger weitreichenden Veränderungen zuneigte.

Ob der zielbestimmende Einfluß der Planer sich auch im Ergebnis, den Maßnahmen, niederschlägt, ist mit dem vorliegenden Material nicht beantwortbar, da das Planungsstadium gerade erst abgeschlossen ist. Inwieweit die durchzuführenden Maßnahmen den Plänen entsprechen oder evtl. durch den Rat im nachhinein noch modifiziert werden, muß eine zukünftige Studie entscheiden.

11.3 Die Bezirksregierung

Über die Förderung einer Sanierung nach dem StBauFG entscheiden offiziell die Länder und der Bund. Die Länder erstellen jedes Jahr sog. Landesprogramme, die nach Abstimmung mit dem Bund in ein Bundesprogramm einfließen. Inzwischen hat sich herausgestellt, daß der Einfluß des Bundes dabei sehr begrenzt ist und die Mittelverteilung an die Länder nach relativ festen Quoten erfolgt (74). Aber auch bei den Ländern liegt die faktische Entscheidung über Förderung oder Nicht-Förderung in den meisten Fällen nicht auf der zentralen, sondern der mittleren Ebene, nämlich bei den Regierungspräsidenten.

Für Andernach ist daher die Bezirksbehörde in Koblenz entscheidender Ansprech- und Verhandlungspartner. Die Bezirksregierung ist als höhere Verwaltungsbehörde nach § 5 Abs. 2 StBauFG für die Genehmigung der Satzung, mit der die Gemein-

148

den ein Sanierungsgebiet förmlich festlegen, zuständig. Dabei kann sie die
Genehmigung nicht nur aus formellen Gründen versagen, sondern auch dann,
wenn ihrer Meinung nach "keine Aussicht besteht, die Sanierungsmaßnahmen
innerhalb eines absehbaren Zeitraums durchzuführen" (§ 5 Abs. 2 StBauFG).

Allerdings ist im Regierungsbezirk Koblenz bisher noch kein Antrag abgelehnt
worden. Es wäre jedoch falsch, hieraus auf eine nur geringe Kontrolltätigkeit
der Bezirksregierung zu schließen. Genau das Gegenteil ist nämlich der Fall.
Der Bezirk kommt meist erst gar nicht in die Verlegenheit, einen Antrag ablehnen zu müssen, weil "die Bezirksregierung von vorneherein an der gesamten
Planung mitwirkt. Dadurch ist es möglich, daß wir über formalrechtliche Dinge
hinaus die Sanierung beeinflussen. Wenn die Gemeinden also Vorschläge zur
Aufnahme in das Landesprogramm bzw. zur Festlegung eines Sanierungsdurch-
führungsgebiets machen, so ist das vorher mit uns abgesprochen - meist bis ins
kleinste Detail -, so daß eine Ablehnung sich erübrigt. Würde die Gemeinde
Vorstellungen entwickeln, die unseren Absichten entgegenstünden, so würde es
erst gar nicht zur Beantragung kommen" (I n t e r v i e w).
Wie weitgehend der Einfluß der Bezirksregierung auch nach der Festlegung eines
Sanierungsgebietes auch in einzelnen Gestaltungsfragen ist, zeigt die Tatsache,
daß in Andernach die zügige Errichtung der geplanten Grünzone entlang der
Stadtmauer "als Voraussetzung zur weiteren Förderung von der Bezirksregierung
gefordert worden (ist)." (I n t e r v i e w). In der Anfangsphase, bei Erstellung
der ersten Landesprogramme, war diese Detailkontrolle jedoch noch nicht so ausgeprägt (75). Allerdings mußte auch damals bereits von der Bezirksregierung selektiert werden, da mancher Bürgermeister in der Städtebauförderung einen goldenen Topf sah, aus dem man kräftige Zuschüsse angeln könne, ohne daß die
damit verbundenen Auflagen erkannt wurden (I n t e r v i e w). (76)
Nach welchen Kriterien richtete sich die Regierung dabei?
Betrachtet man die Förderungspraxis der Bezirksregierung Koblenz, so läßt sich
feststellen, daß weder die Steuerungsintentionen des Bundes noch die des Landes
hier greifen. Die Bezirksregierung fördert vielmehr nach eigenen Kriterien. Der
Kriterienkatalog von Bund und Ländern hat dabei kaum Bedeutung, "genau gesagt, ist seine Bedeutung für unsere praktische Arbeit gleich null." (I n t e r -
v i e w).
Aufgrund inneradministrativer Regelungen bzw. Nicht-Regelungen spielen auch
sonstige Ziele der Landesplanung bei der Frage der Förderung kommunaler Pro-
jekte auf Bezirksebene nur eine untergeordnete Rolle. Dies liegt einmal daran,
daß die Antragsinitiative bei den Gemeinden liegt. Da jedes Land, und innerhalb der Länder wiederum jeder Bezirk, bestrebt ist, möglichst stark an der Förderung zu partizipieren, wird zunächst einmal - d.h. solange genügend Mittel
zu vergeben sind - jede kommunale Initiative gern gesehen.
Ist die Anzahl der Anträge so hoch, daß selektiert werden muß, orientiert sich
die Bezirksregierung nach dem Prinzip der eigenen Nutzenmaximierung. Das bedeutet hier: Die Bezirksregierung ist daran interessiert, möglichst solche Maßnahmen zu fördern, die eine zügige und erfolgreiche Abwicklung versprechen.
Denn je mehr gut funktionierende Sanierungen der zuständige Referent gegenüber
dem Land vorweisen kann, umso positiver wird seine Arbeit beurteilt. In Rheinland Pfalz wird dies dadurch verstärkt, daß für Städtebau kein eigenes Ressort

existiert; daher kann die Arbeit der Bezirke nicht nach fachlichen, sondern nur
nach äußerlichen Kriterien beurteilt werden. Der zuständige Referent dazu:
"Uns nützt das beste Planungskonzept und uns nützen auch überregionale Gesichtspunkte gar nichts, wenn die Sanierung wegen zu großen Widerstandes auf
Eis liegen bleibt. Das bleibt letztlich an mir hängen. Ich muß Fälle haben, die
laufen." (I n t e r v i e w).
Vor diesem Hintergrund haben die folgenden Gründe die Bezirksregierung Koblenz dazu veranlaßt, die Sanierung Andernach zur Aufnahme in das Förderprogramm des Landes Rheinland Pfalz vorzuschlagen: Engagement des Bürgermeisters;
Kapazität der Bauverwaltung; gute Planer; finazielle Kapazität der Stadt; die
Bereitschaft der Bürger mitzumachen; die Bereitschaft des Rates, die Stadt wieder flott und schön zu machen. (I n t e r v i e w).
Vor allem wird das Engagement und die "ungeheure Aufklärungs- und Mobili-
sierungsarbeit" des Bürgermeisters Klein hervorgehoben, dem es gelungen sei,
"alle in Andernach für die Sanierung zu begeistern". "Gerade das ist für uns
sehr wichtig. Ich mußte sehen, daß bei der Sanierung in nicht allzu langer
Zeit vernünftige Ergebnisse vorzuweisen sind. Dazu braucht es ein gutes Konzept,
was in Andernach durch die hervorragenden Planer vorhanden war; außerdem
die Bereitschaft aller, mitzumachen." (I n t e r v i e w).
Darüber hinaus waren auch die Aussichten auf private Investitionsbereitschaft
nicht ungünstig. Denn einmal hatte die Nahbereichsuntersuchung gezeigt, daß
in Andernach ein beträchtlicher Kaufkraftüberhang bestand, also ein Markt existierte, zum anderen demonstrierte das zu dieser Zeit von mehreren Seiten bekundete Interesse am Bau eines Kaufhauses aktuelles Investitionsinteresse des
tertiären Sektors.
Unter diesen Voraussetzungen entwickelte sich eine aus gemeindlicher wie aus
Bezirks-Sicht optimale Kooperation. Die Bezirksregierung fand für ihr Bestreben,
möglichst viele Sanierungen ins Programm zu bekommen, in Andernach günstige
Bedingungen vor. Die Bevölkerung schien für die Sanierung eingenommen zu sein.
Widerstand war nicht zu befürchten. Die Planung war bereits fortgeschritten, da
Andernach aufgrund einer Bezuschussung von Planungskosten aus Landesmitteln
bereits vor Inkrafttreten des StBauFG mit der Planung begonnen hatte. Die Ver-
waltungs- und insbesondere die finanzielle Kapazität der Stadt war so stark, daß
Zweifel an der Erfüllbarkeit der organisatorischen und finanziellen Leistungen
der Stadt nicht aufkommen konnten. Und schließlich war bereits damals erkennbar, daß die Stadt aufgrund eigener ökonomischer Erwägungen und um einer
problemloseren und zügigeren Durchführung willen von ihren(diffusen) alten Vorstellungen einer Bausubstanzsanierung im Bereich der Rheingassen abgerückt war
und stattdessen eine Sanierung im Stadtgrabenbereich ansteuerte, die erstens pro-
blemloser in der Durchführung der Ordnungsmaßnahmen und zweitens erfolgver-
sprechender für private Investitionen in der Bauphase schien. Hinzu kam, daß
die auf moderne Funktionsanpassung bei Erhaltung des historischen Stadtcharakters
zielende Planung den Referenten der Bezirksregierung auch von der gestalterischen Seite her ansprach, da sie seinem Stadtbild sehr nahe kam.
Daher war Andernach für die Bezirksregierung ein günstiger Fall, den es zu
fördern galt, da hier vorzeigbare, die erfolgreiche Arbeit der Bezirksregierung
dokumentierende Ergebnisse zu erwarten waren. Umgekehrt war die Lage auch
für die Gemeinde günstig, da sich ihre Absichten mit denen der Bezirksregie-

rung im wesentlichen deckten.

Ungünstig hingegen war diese Konstellation für eine etwaige Opposition gegen diese Vorstellungen, eine Opposition z.B., die an dem alten Plan einer Bausubstanzsanierung in den Rheingassen festgehalten hätte. Wie ungünstig, zeigt sich daran, daß sowohl die Planer wie auch ein großer Teil von Rat und Verwaltung eine solche Bausubstanzsanierung auch zum Untersuchungszeitpunkt noch für die vordringliche Sanierungsaufgabe halten, diese Einschätzung aber nicht in den politischen Entscheidungsprozeß einbrachten. Dies gilt besonders für die Mitglieder der SPD-Fraktion, die in ihrer Wertsetzung den Aspekt gesunde Wohnverhältnisse deutlich über den der Funktionsanpassung setzen, ohne daß dies in ihren politischen Handlungen zum Ausdruck kommt.

Wir stellten hierzu folgende Frage: "Altstadtgebiete haben u.a. zwei typische Mängel: erstens schlechte Bausubstanz mit z.T. unzumutbaren Wohnungsverhältnissen; zweitens beengte Verkehrsverhältnisse und schlechte ökonomische Nutzbarkeit für Handel und Dienstleistung. Welcher Zustand müßte Ihrer Meinung nach als erster verbessert werden, wenn nicht beides gleichzeitig zu schaffen ist?" Diese Frage enthält die beiden im StBauFG (§ 3 Abs. 2) genannten Sanierungstatbestände, die auch in der Andernacher Altstadt beide anzutreffen sind. Da man sich zur Zeit der Befragung in Andernach schon längst für die zweite Alternative entschieden hatte, hätte man erwarten können, daß hierauf die meisten Antworten gefallen wären. Dies ist jedoch nicht der Fall. Vielmehr antworteten:

Tabelle 16: Prioritäten zwischen Bausubstanz- und Funktionsschwäche-sanierung

| | Gesamt | Verw. | darunter | | | |
			SPD	CDU	FWG	Externe
Alternative 1	10	2	4	1	-	3
Alternative 2	7	3	-	1	2	1
Ambivalent	6	4	1	1	-	-
Antwort nicht verwertbar	1			1		

Auch die Planer geben an, am liebsten als erstes den Bereich der Rheingassen zum Sanierungsgebiet gemacht zu haben (vgl. Kapitel 10.1).

Sie erkannten jedoch frühzeitig die Probleme der einen und die - hinsichtlich Förderung und Durchführung - Vorteile der anderen Variante und stellten die Sanierung der Rheingassen für später zurück. Bis dahin sollten Bebauungspläne eine unerwünschte Umgestaltung verhindern. Ebenso ungünstig erwies sich diese Konstellation für eine Partizipation der Bevölkerung.

Wo ökonomisch-fiskalisches Interesse der Stadt und das Interesse der Landesbehörde sich trafen und der Stadt die Realisierung des alten Wunsches "Altstadtsanierung" (wenn auch nur in einer ganz bestimmten, vorher nicht intendierten Weise) zu günstigen Bedingungen und mit - wie man meint - erfolgversprechenden Entwicklungsperspektiven hinsichtlich einer "Stärkung des Mittelzentrums" ermöglichten, wäre eine partizipatorische Planung, die die Möglichkeit einer grundlegenden inhaltlichen Beeinflussung durch die Partizipanten enthalten hätte, nur störend gewesen. Man muß bezweifeln, ob die Stadt bei einer solchen partizipatorischen Planung den Sprung ins Förderprogramm, der schnelles Handeln und Koordination zwischen den Behörden erforderte, geschafft hätte.

11.4 Träger öffentlicher Belange und Interessengruppen

Ebenso wie in der Bauleitplanung hat die Gemeinde auch bei Sanierungen die sog. "Träger öffentlicher Belange" zu beteiligen. Hierzu zählen eine Vielzahl von Behörden, deren Interessenbereich irgendwie durch die geplanten Maßnahmen tangiert werden könnte, und berufsständische Vereinigungen wie z.B. Industrie- und Handelskammer, Handwerkskammer u.ä.. Alle diese Institutionen wurden zu schriftlichen Stellungnahmen aufgefordert. Außerdem waren sie im Rahmen der Ausstellungen zur Sanierungsplanung (Kap. 12.1.1) zu einem Erörterungstermin eingeladen.
Wesentliche Einwände gegen die Planung wurden von dieser Seite nur in einem Fall erhoben: Gegen den ersten Entwurf des Kaufhauses legte der Landeskonservator Widerspruch ein, der - mit Unterstützung der Bezirksregierung - erfolgreich war und ein Hochhaus auf dem Drususplatz verhinderte. Bei den übrigen Einzelplanungen und der Gesamtplanung wurden von den Trägern öffentlicher Belange keine Bedenken angemeldet.
Man bat z.T. lediglich darum, die Interessen der jeweiligen Institution bzw. ihrer Klientel angemessen zu berücksichtigen.
Auch sonstige Interessengruppen traten bei der Sanierung kaum in Erscheinung. Dies gilt vor allem für die Gewerkschaften, die überhaupt nicht auftauchen, als auch für Mieter- bzw. Hausbesitzer-Vereinigungen. Stellenweise aktiv wurden nur zwei Gruppen. Einmal eine sog. "City-Gemeinschaft", ein Zusammenschluß der Andernacher Geschäftsleute. Die Planer referierten vor dieser Gruppe einmal über Planungsstand und -absichten. Eine auf die Initiative der City-Gemeinschaft zurückzuführende Beeinflussung der Planung konnte jedoch nicht festgestellt werden. Nach Meinung der Planer kam dies schon deshalb nicht zustande, weil zu Beginn der Planung bei den Geschäftsleuten kein genügendes Problembewußtsein vorlag. Daher verlief die Beeinflussung eher in umgekehrter Richtung: die City-Gemeinschaft sollte mit dafür sorgen, daß die Geschäftsleute im Sinne der Planung "mitmachten".
Die zweite Interessengruppe war ein Zusammenschluß Andernacher Architekten, der sog. "Planungsbeirat". Dessen Funktion bestand aber nicht in einer fachlichen Erörterung oder Unterstützung der Planung, sondern darin, den einheimischen Architekten möglichst viele Aufträge zu sichern. Darüberhinaus trat diese Gruppe bei der Sanierungsplanung nur einmal in Erscheinung, als man im "Richtlinienplan Gestaltung" eine zu weitgehende Bevormundung durch die Planer sah und einen größeren Gestaltungsspielraum für die Architekten forderte. Dem wurde teilweise nachgegeben.

11.5 Die Lokalpresse

Im Verlauf unserer Erörterung der Bedingungen politischer Kommunikation hatten wir auf die herausragende Bedeutung der Massenmedien für den Prozeß politischer Meinungs- und Willensbildung verwiesen. Wichtigster medialer Akteur im kommunalen Bereich ist die Lokalpresse; Rundfunk und Fernsehen spielen hier eine untergeordnete Rolle. Wenn auch die Lokalpresse in der Regel nicht direkt in politische Prozesse eingreift, so übt sie doch indirekt politische Macht dadurch aus, als sie über die von ihr "veröffentlichte Meinung" sowohl die Bürger als auch die Entscheider in Politik und Verwaltung in der von uns beschriebenen Weise in ihrem politischen Denken und Handeln beeinflußt (vgl. oben, Kap. 4.2.1). Das Agieren der Lokalredationen, insbesondere ihre Berichterstattung, hat dennoch sowohl Auswirkungen auf die Perzeption der Bürger als auch auf die kommunalen Machstrukturen, kurz: auf die lokale Politik.
Diese wichtigen Funktionen der örtlichen Tageszeitungen legten es nahe, einige der Hypothesen, die wir in unseren theoretischen Ausführungen aufgestellt hatten, bezüglich der Andernacher Lokalpresse zu überprüfen.

11.5.1 Die Andernacher Lokalpresse

In Andernach existiert nur eine örtliche Tageszeitung. Dabei handelt es sich wiederum nicht um eine selbständige Lokalzeitung, sondern um die regionale "Rhein-Zeitung" mit Sitz der Hauptredaktion in Koblenz. Diese erstellt den "Mantel", die Lokalteile fügen einige Lokalredationen in den größeren Orten des Verbreitungsgebietes hinzu.
Für Andernach-Stadt und Andernach-Land/Mayen bestehen zwei Lokalredationen. Andernach gehört somit zu den sog. "Ein-Zeitungsgebieten": die "Rhein-Zeitung" steht hier konkurrenzlos da und besitzt folglich ein Informationsmonopol über lokale Geschehnisse (vgl. oben Kap. 4.2.1). Die Auflage der "Rhein-Zeitung" mit Lokalteil Andernach-Stadt betrug zu Beginn des Jahres 1975 3 500 Exemplare; die Lesefrequenz wird mit 3,8 Lesern im Durchschnitt angegeben, eine Verbreitung an 10 000 Leser je Ausgabe sei nachgewiesen (77).
Die Ergebnisse unserer Bevölkerungsbefragung haben gezeigt, daß 92% der Befragten eine Tageszeitung lesen, davon nahezu 95% die "Rhein-Zeitung" (78), und zwar "täglich" 84%, "fast täglich" 9% und "hin und wieder" 7%. Die "Rhein-Zeitung" ist damit die wichtigste Informationsquelle der Andernacher Bürger (vgl. auch unten, Kap. 16.2) vor allen anderen institutionalisierten Informationsanbietern, die außerhalb des sozialen Umfelds liegen.
Der eigentliche Lokalteil der Andernacher Stadtausgabe der "Rhein-Zeitung" umfaßte bis 1974 zwischen 1 und 4, im Durchschnitt 2 Seiten. Finanzielle Gründe - die relativ geringe Auflage und ein zu geringes Anzeigenaufkommen, zwangen damals zu einer Kürzung des Umfanges auf maximal 1 1/2 Seiten.

11.5.2 Untersuchungsverfahren

Zur Überprüfung der Hypothesen wurde einmal eine quantitative Inhaltsanalyse (79) des Andernacher Lokalteils der "Rhein-Zeitung" durchgeführt. Gegenstand war die Berichterstattung zur Problemen der Stadtsanierung (80) in dem Zeitraum März 1970 bis Juni 1975; in diese Phase fallen die wesentlichen Planungsvorüberlegungen, konkrete Planungen und Entscheidungen zur Altstadtsanierung (vgl. die Sanierungschronologie, oben, Kap. 10.1). Aufgrund einer Vorsichtung des Materials, die auf eine forschungsökonomisch noch zu bewältigende Anzahl von einschlägigen Artikeln schließen ließ, wurden in einer Totalerhebung 313 Einzelartikel als Analyseeinheiten erhoben und ausgewertet. Die numerische Verteilung der Artikel auf die einzelnen Jahrgänge zeigt die folgende Tabelle:

Tabelle 17: Verteilung der Zeitungsberichte zur Stadtsanierung
im Erhebungszeitraum

Jahr	1970 (a)	1971	1972	1973	1974	1975 (b)
N (=313)	16	53	61	80	79	24
%	5,1	16,9	19,5	25,6	25,2	7,7

(a) ab März
(b) bis Juni

Daraus ergibt sich, daß der Schwerpunkt der Berichterstattung über die Stadtsanierungsprobleme in den Jahren 1971 bis 1974 gelegen hat, mit starkem Anstieg 1973/74. Vergleicht man diese Ergebnisse mit dem tatsächlichen Verlauf der Sanierungsplanungen und -entscheidungen, so ergibt sich ein leichtes zeitliches Nachhinken der Zeitungsberichterstattung: die die Sanierung letztlich bestimmenden Planungen und Entscheidungen fallen in die Zeit von 1971 bis Mitte 1973. Insgesamt kann festgehalten werden, daß die "Rhein-Zeitung" ab 1971 im Durchschnitt mehr als einmal wöchentlich über die Stadtsanierung berichtet hat.

Aus unserem theoretischen Ansatz zur politischen Kommunikation und Perzeption wurde eine Reihe von untersuchungsleitenden Hypothesen aufgestellt, die sich im wesentlichen auf die objektiven Bedingungsgrößen der Perzeption und Informiertheit der Bürger beziehen.
Im nächsten Schritt wurden zur quantitativen Klassifikation der in den Hypothesen enthaltenen Variablen Kategoriendimensionen und Kategorien gebildet (81).
Neben dieser quantifizierenden Inhaltsanalyse wurde eine "philologisch-qualifizierende (82) Analyse anhand der Untersuchungshypothesen durchgeführt, um auch die durchgängige "Atmosphäre" der Zeitungsberichterstattung einfangen zu können; denn eine ausschließlich quantitative Analyse berücksichtigt nicht den jeweiligen spezifischen Charakter der in den Artikeln getroffenen Aussagen, also etwa Aussagen zwischen den Zeilen, unterschwellige positive oder negative Bewertungen von Personen, Vorgängen etc., Bedeutungsschattierungen von bestimmten Wörtern und Ausdrücken.

Wir sind der Auffassung, daß nur die Zusammenschau der Ergebnisse beider Ana-
lysen eine adäquate Aussage über Form und Inhalt der Berichterstattung der
"Rhein-Zeitung" zu den Fragen der Stadtsanierung ermöglicht (vgl. dazu auch
S t o f e r 1975, 86 f.).

11.5.3 Ergebnisse (83)

Die Sanierungsmaßnahmen

Ausschlaggebend für die Auswahl der Artikel, d.h. für die Festlegung der Analyseeinheiten, war, ob es sich bei den Gegenständen bzw. Prozessen, über die
berichtet wurde, um "sanierungsrelevante" handelte. Explorative Voruntersuchungen hatten ergeben, daß die Stadtsanierung in Andernach im wesentlichen 7 Bereiche betraf:
1. Verkehrsverbesserung, 2. Verbesserung der Wohnsituation, 3. Stadtbilderhaltung, 4. Verbesserung der Einkaufsmöglichkeiten, 5. Einrichtung von Fußgängerzonen, 6. Verbesserung des Freizeitwertes der Innenstadt, Einrichtung
von Grünanlagen, Freizeiteinrichtungen etc., 7. Verbesserung der Umweltbedingungen durch Aussiedlung störender Industrie.
Diese 7 Maßnahmenkomplexe bildeten daher den Gegenstand einer Reihe von
Fragen innerhalb unserer Bevölkerungsbefragung und das Kriterium, nach dem
die Zeitungsartikel ausgewählt wurden; im letzten Fall wurde zur Erfassung von
Berichten, die sich zwar nicht speziell mit einem oder mehreren dieser Sanie-
rungsfelder, jedoch mit allgemeinen, übergeordneten Fragen der Stadtsanierung
beschäftigten, die Restkategorie 8. Allgemeine Informationen über die Stadtsanierung gebildet.
Die Häufigkeit, mit der über diese 8 Maßnahmenkomplexe berichtet wurde,
zeigt die folgende Rangübersicht:

Tabelle 18: Verteilung der Zeitungsberichte auf die einzelnen Sanierungs-
felder (Rangskala)

Sanierungsfeld	N	%	B (a)	W
1. Verbesserung des Freizeitwertes der Innenstadt	165	52,7	6.	4.
2. Allgemeine Informationen über die Stadt-sanierung	132	42,2	–	–
3. Verkehrsverbesserung	106	33,9	3.	1.
4. Stadtbilderhaltung	87	27,8	1.	3.
5. Verbesserung der Wohnsituation	63	20,1	5.	5.
6. Einrichtung von Fußgängerzonen	47	15,0	2.	2.
7. Verbesserung der Einkaufsmöglichkeiten	42	13,4	4,	6.
8. Verbesserung der Umweltbedingungen	23	7,3	7.	7.
Insgesamt (b)	655	212		

(a) Rang der Bekanntheit (B) bzw. Wichtigkeit (W) der Sanierungsmaßnahmen nach
den Ergebnissen der Bevölkerungsbefragung
(b) Durch mögliche Mehrfachnennungen innerhalb der Analyseeinheiten wird
deren Zahl von N = 313 übertroffen.

Der Schwerpunkt der Sanierungsberichterstattung der "Rhein-Zeitung" vom U m -
f a n g der Berichte her liegt demnach bei den Maßnahmen des Sanierungs-
programmes, die den Freizeitwert der Andernacher Innenstadt und die Verbesserung der (Straßen-) Verkehrssituation betreffen; daneben finden sich häufiger
Artikel, in denen über allgemeine Sanierungsprobleme Andernachs berichtet
wird. Nur sehr wenige Artikel im Erhebungszeitraum haben die Verbesserung der
Einkaufsmöglichkeiten und die Verbesserung der Umweltbedingungen durch Aussiedlung störender Industrie (Malzindustrie) zum Inhalt. Diese Befunde lassen
sich unserer Meinung nach jedoch kaum interpretieren, da die Unterschiede
zwischen den einzelnen Werten zu gering sind.

Über den Zusammenhang zwischen der Zeitungsberichterstattung über die Sanierungsmaßnahmen und der Bekanntheit und Wichtigkeitseinschätzung der Maßnahmen
nach Ergebnissen der Bevölkerungsbefragung berichten wir unten, Kap. 16.2.1.

Die quantitative Berichterstattung über sanierungsrelevante Entscheidungen im
Planungsausschuß und im Stadtrat sowie über die Partizipationsmöglichkeiten

Von zentraler Bedeutung für potentielle Partizipationsaktionen der Bürger an den
Planungen und Entscheidungen zu sanierungsrelevanten Maßnahmen ist die Informiertheit über die Existenz, die Ziele und die Inhalte dieser Planungen und
Entscheidungen. Hierfür ist wiederum von Bedeutung, ob die Lokalpresse als
wichtigste Informationsquelle der Bürger dem Leser Informationen über die Sanierungsplanungen und -entscheidungen anbietet.

Die Analyse der Planungs- und Entscheidungsprozesse zur Stadtsanierung im Bereich der Verwaltung und des Rates der Stadt Andernach hat ergeben, daß in
36 Fällen im Untersuchungszeitraum 1970-1975 vorbereitende Beschlüsse bzw. end-
gültige Entscheidungen durch den Planungsausschuß und den Stadtrat getroffen
wurden, die den Ablauf und den Inhalt der Altstadtsanierung maßgeblich bestimmt
haben. Dabei handelt es sich um 20 Sitzungen des Planungsausschusses und um 16
Sitzungen des Stadtrates. Berichtet hat die "Rhein-Zeitung" nur über 15 der hier
angesprochenen Sitzungen. Dabei wird über die Sitzungen des Stadtrates, obwohl
diese weit geringer an Zahl waren, etwa dreimal so häufig berichtet, wie über
die des Planungsausschusses. Wenn auch berücksichtigt werden muß, daß die
Sitzungen des Planungsausschusses unter Ausschluß der Öffentlichkeit stattfinden,
und Informationen folglich nur mittels verstärkter Recherchen den Zeitungsredak-
teuren zugänglich werden, so kann doch festgestellt werden, daß den Bürgern die
enorme politische Bedeutung der Arbeit des Planungsausschusses nicht nur durch
die Öffentlichkeitsarbeit der Stadt, sondern auch in der Berichterstattung der
Lokalpresse nicht genügend transparent gemacht worden ist (vgl. hierzu auch
Z o l l 1974, 190). So wurde für den zeitungslesenden Bürger Andernachs Sa-
nierungspolitik nahezu ausschließlich im Stadtrat gemacht. Für eine potentielle
Beteiligung des Bürgers ist aber nicht nur die Kenntnis der einzelnen Sanierungsvorhaben und der dazu ergehenden Entscheidungen von Wichtigkeit. Soll sich der
Bürger in einem bestimmten Fall beteiligen können, so muß er auch r e c h t -
z e i t i g darüber informiert werden, wann die Vorentscheidung bzw. end-
gültige Entscheidung getroffen wird. Denn sowohl die Herausbildung partizipa-
tionsfördernder oder partizipationshemmender Bereitschaften als auch die tatsächliche Partizipationaktion hängen wesentlich davon ab, ob sich dem perzipie-

renden Bürger die betreffende Entscheidungssituation als noch "offen" oder bereits vollzogen darstellt (vgl. B o r g h o r s t 1976, 16 u. 77). Ist die Spanne zwischen dem Zeitpunkt der Entscheidungsfällung in dem jeweiligen politischen Gremium und der Informierung des Bürgers zu gering oder erreicht gar die Meldung den Bürger erst nach bereits ergangener Entscheidung, so ist die Entstehung von Partizipationsbereitschaft bzw. die Partizipation anderer anstehenden Entscheidungen stark beeinträchtigt bzw. unmöglich. Allerdings macht es hinsichtlich der Bedeutung des Zeitpunkts der Informierung einen Unterschied, um welche Art von Entscheidung und Beteiligungsmöglichkeit es sich handelt (so gibt es Einzelentscheidungen und Entscheidungsketten über einen längeren Zeitraum sowie Beteiligungsarten, die mehr und die weniger Zeit zur Vorbereitung und Realisierung benötigen).

Die 24 Artikel der "Rhein-Zeitung" über die oben erwähnten 15 von insgesamt 36 entscheidenden Sitzungen des Planungsausschusses bzw. des Stadtrates von Sanierungsrelevanz sind in der Mehrzahl (15) erst in der Zeit nach der Entscheidung erschienen; unmittelbar vor der Entscheidung (mindestens ein Tag davor) wurde in 4, deutlich vor der Entscheidung (mindestens 7 Tage davor) in 5 Fällen berichtet. Die Berichterstattung der "Rhein-Zeitung" über die sanierungsrelevanten Sitzungen der kommunalen Entscheidungsträger (eine diesbezügliche Öffentlichkeitsarbeit der Verwaltung fand nicht statt) bestand somit weit überwiegend in der "Bekanntgabe getroffener Beschlüsse" (B o r g h o r s t 1976,72). Die Zahl der Berichte zu den Beteiligungsformen, die sich aus unseren explorativen Voruntersuchungen als die bekannten und problembezogenen relevanten herauskristallisiert haben (84), beträgt 54 (im Erhebungszeitraum 1970-1975 = 64 Monate). Gleich der Verwaltung erörtert die "Rhein-Zeitung" nahezu keine über diese in Andernach konkret für die Sanierung angebotenen Partizipationsformen hinausgehende Möglichkeiten zur politischen Beteiligung für die Bürger. Dennoch berichtet die "Rhein-Zeitung" daneben noch in einigen Artikeln über Veranstaltungen in Andernach, die sich nicht den voranstehenden Kategorien zuordnen lassen; so etwa über die von der "Rhein-Zeitung" selbst durchgeführte Aktion "Wenn ich im Rathaus zu sagen hätte", bei der Bürger auf der Straße von Redakteuren der Zeitung befragt wurden und Gelegenheit erhielten, "sich Gehör verschaffen zu können." (siehe etwa die Berichte der RZ vom 15.9.70 und 24.11.70). Diese Aktion ist von den Andernacher Bürgern als sehr nützlich begrüßt worden. Ferner informierte die "Rhein-Zeitung" über den Vorschlag der Stadtverwaltung, einen Planungsbeirat "unter Beteiligung aller Bevölkerungsschichten" einzurichten, über die Schaffung von Ortsbeiräten in den eingegliederten Stadtteilen sowie über Protestaktionen der "Aktionsgemeinschaft Jugendzentrum". Die "Rhein-Zeitung" selbst veranstaltete außer der "Rathaus-Aktion" einen "RZ-Stammtisch", eine Reihe kleinerer Veranstaltungen, auf denen die Bürger mit den Redakteuren über aktuelle lokale Sachfragen diskutieren konnten ("Wo drückt der Schuh" (RZ vom 15.9.72)), und das "Rhein-Zeitungs-Forum", eine regelmäßig stattfindende Bürgerversammlung gem. § 16 GemO Rhld.Pfalz, die eine "öffentliche Aussprache zwischen Bürgern, Presse und Verwaltung zu kommunalen Problemen der Stadt Andernach" (so die Formulierung auf dem Ankündigungsblatt der "Rhein-Zeitung" zu der Veranstaltung vom 23.10.75) ermöglichen soll; Fragen, die nicht im Forum behandelt wurden, beantwortet die "Rhein-Zeitung" in den entsprechenden Lokalteilen.

Inhalt und Tenor der Berichterstattung

Altstadtsanierung

Mit der Bewilligung der ersten Planungskostenzuschüsse durch das Land Rheinland-Pfalz Mitte 1971 begann die eigentliche Berichterstattung der "Rhein-Zeitung" zur Altstadtsanierung. Zuvor war auf die Sanierung der Kernstadt Andernachs als zukünftiges Problem nur am Rande verwiesen worden.
Die Andernacher Lokalredaktion ist stets und eindeutig für die Altstadtsanierung eingetreten, wenn sie damit auch ganz bestimmte eigene Vorstellungen und Wünsche verband. Das "Millionending" (RZ vom 8.3.73) Altstadtsanierung sieht die "Rhein-Zeitung" als d i e Zukunftsaufgabe Andernachs an. Allerdings: der Charakter der Altstadt dürfe durch die - dringend notwendigen - Modernisierungsmaßnahmen auf keinen Fall zerstört werden: das mittelalterliche Stadtbild und die "vielen steinernen Denkmale" (RZ vom 4.3.73; ferner vom 8.7.71; 4./5.9.71; sowie 16./17.11.74) müßten erhalten werden. Dieses Eintreten für eine "würdige Ausgestaltung" (RZ vom 5.6.75) wurde jedoch weniger als Aufforderung an die Planergruppe und die Stadtverwaltung verstanden, sondern als beruhigende Mitteilung für die Bürger der Stadt:

"Fragen über Fragen wirft die Altstadtsanierung auf. Erst einmal alles wissen, erst einmal alles planen, erst einmal alles durchdenken bis in die letzte Konsequenz - so will Andernach an dieses Problem herangehen. Mit Bedacht, mit Behutsamkeit, mit Herz und Verstand!" (RZ vom 10./11.7.1971).

Der Bürger brauche nicht zu befürchten, daß die Sanierung ihm Schaden bringen, die Altstadt zerstören oder "entvölkern" werde. Als dennoch in der folgenden Zeit verschiedene Häuser in der Altstadt abgerissen werden, übt die Lokalredaktion nur einmal leise Kritik: in einer Glosse unter dem Pseudonym "Fridolin":

"Kürzlich besah ich mir die Stadt wieder einmal aus der vorteilhaften Vogelperpsektive, und dabei fiel mir auf, daß sich Andernach nicht nur durch Neu- sondern auch durch Wiederaufbau in letzter Zeit merklich verändert hat. In der Bahnhofstraße ist ja jetzt wieder eines der alten Häuser abgerissen worden. Da ich meinen langen Schnabel überall drin stecken hab , wußte ich vom Abriß schon vor längerer Zeit. Ich besah mir infolgedessen das Haus vorher noch einmal gründlich. Es war mir irgendwie schade darum. ... Während der Abbrucharbeiten war ich ein paarmal zugegen. Es ging durch Mark und Flügel, als ich sah, wie ein großer Bagger mit seinem Greifer brutal und gewaltig die Mauern eindrückte, als seien sie aus dünnem Holz. ... Jetzt klafft mitten in der Stadt also ein neues Loch. ... Hoffentlich ist diese Lücke bald wieder geschlossen. Die Zeit ist ja so schnelllebig, daß wir uns bald an das Neue gewöhnt haben werden." (RZ vom 1.9.72).

Wenn es stimmt, daß "Fridolin" tatsächlich über alles Bescheid weiß, dann muß sich der Leser fragen, warum er über die Altstadtsanierung so wenig und auch nur Allgemeines erfährt, und das, wie in diesem Fall, meist auch erst, nachdem "das Kind in den Brunnen gefallen" ist.

Daß dem Bürger kein Schaden widerfahre, dafür sorge einmal die Planergruppe v. B r e m e n und H e i c h e l (85), ein Team von Experten, die die Stadt zum Wohle Andernachs und seiner Bewohner herangezogen habe; in deren Schoß könne der Bürger sich sicher fühlen:

"Die Gruppe Hardtberg ist ein Team von Fachleuten. Sie kennt sich aus in Städten, die im bekannten Tempo der Nachkriegszeit erweitert wurden (Andernacher Südstadt) und der alte Stadtkern oft genug am meisten "mitgenommen" wurde." (RZ vom 10./11.7.71; vgl. auch 24.2.72).

"Verwaltung und die Planergruppe werden nun diese Ergebnisse gründlich auswerten, um nicht nur die Material-, sondern auch die Sozialdaten und die Einstellung der Betroffenen erfassen zu können. Das Beispiel der Sanierungsanalyse verdeutlicht die Bedeutung des Schichtungsverfahrens: Spezifische Datenbündel werden analysiert und beeinflussen die Planung direkt." (RZ vom 16.3.73).

Aber auch die Verwaltung und der Stadtrat arbeiteten "hingebungsvoll", hart und interessenneutral für die Andernacher Bürger an der Aufgabe der Altstadtsanierung:

"Doch keine Fußgängerzone in der Bahnhofstraße. Viel Schweiß in langen Beratungen: aber es geht nicht!
... In mehreren Ausschußsitzungen wurde hingebungsvoll um die beste Lösung gerungen..." (RZ vom 5.7.71).
"Eine hervorragend vorbereitete Stadtratssitzung, die eine harte Arbeit in den Ausschüssen erkennen ließ..." (RZ vom 2./3.72).

Neben dem übergreifenden Ziel der Vermeidung eines "rohen Kahlschlags" (RZ vom 16./17.11.74) in der Altstadt zeigt sich der Andernacher Lokalredaktion vor allem an der Errichtung einer Stadthalle ("Stadtrat - faß ein Herz" (RZ vom 5./6.12.70); ferner vom 31.12.71; 25.2.72; 14.11.72 u. 22.8.73) und der Einrichtung einer Fußgänger- und Einkaufszone (RZ vom 12./13.12.70; 5.1.71 und 20.3.72) interessiert. Die Berichterstattung zur Altstadtsanierung wird häufig begleitet und unterstützt durch einzelne Fotos bzw. ganze Foto-Serien mit Motiven aus der Altstadt, die sowohl auf die Schönheiten als auch auf die Mängel hinweisen.

Bürgerbeteiligung

Die "Rhein-Zeitung" steht der politischen Beteiligung der Andernacher Bürger an den Entscheidungen zur Stadtsanierung nicht ablehnend gegenüber und fördert sie in einigen Fällen ganz ausdrücklich (so in Aufrufen zur Teilnahme an den Sanierungs-Ausstellungen der Stadt (vgl. RZ vom 5.3.73, 8.3.73, 20.3.73, 9.8.74, 16./17.11.74, 4.12.74, 7.8.74 und 16.12.74). Dennoch ist erkennbar, daß sie eine generell verstärkte Partizipation im Fall der Altstadtsanierung für nicht unbedingt erforderlich hält, zumal eine kritische Partizipation gegenüber der Stadt. Denn die politischen Akteure (Rat, Verwaltung, und Planer) - so die Rhein-Zeitung - sorgten schon dafür, daß alles ausschließlich im Interesse und zum Wohle des Bürgers entschieden werden. Die Stadt gehe stets mit Bedacht und Umsicht zu

Werke; der Verwaltung und den Politikern Andernachs könne der Bürger vertrauen:

"Wenn auch der Stadtrat in nicht öffentlicher Sitzung schon Einzelheiten beriet, nachdem Vorhaben als solchem einstimmig zugestimmt worden war, so bedeutet das keineswegs Geheimniskrämerei, die in der Bürgerschaft etwa Unruhe auslösen könnte. Alle Planungen werden, sobald sie im einzelnen im Entwurf vorliegen, in aller Öffentlichkeit dargelegt und diskutiert" (RZ vom 5./6.2.72).

Daß aber dann in nahezu allen Fällen die Entscheidungen "im Hintergrund" bereits gefallen sind und im Kern durch Bürgereinspruch kaum noch modifiziert werden können, teilt die "Rhein-Zeitung" ihren Lesern nicht mit. Stattdessen präsentiert sie den Bürgern - unkommentiert - schöne Absichtserklärungen der Andernacher Spitzenpolitiker mit dem gemeinsamen Tenor, man müsse und werde seitens der Stadt den Bürger über alle Maßnahmen "aufklären" und mit ihm "öffentlich diskutieren":

"Dieses lohnenswerte Thema um die Zukunft der Andernacher Altstadt solle den Bürger herausfordern und ihn zur Stellungnahme veranlassen." (RZ vom 6.7.71) (Ratsmitglied Lauermann, CDU).

"Diese Maßnahme müsse von Anfang an in engster Zusammenarbeit zwischen Rat und Verwaltung angepackt werden. Aufklärung in der Bevölkerung sei dringend notwendig. Öffentlich müsse diskutiert werden, damit nicht im stillen Kämmerlein und in Unkenntnis der Ziele der Altstadtsanierung falsche Meinungen sich bildeten" (RZ vom 6.7.71) (Erster Bürgermeister Klein, SPD).

"In aller Öffentlichkeit ...":
Die Altstadtsanierung ist kein Vorhaben, daß etwa durch den berüchtigten "Druck auf den Knopf" ausgelöst wird. Nein, ganz und gar nicht. Es bedarf vielmehr jahrelanger, intensiver Bemühungen, um das Ziel zu erreichen. Und zwar nicht mit Vorstellungen und Methoden von gestern, sondern anhand von wohldurchdachten Planungen mit dem Ziel der besten, der allerbesten Lösung. Die Bevölkerung soll hierbei mitsprechen, ihre Meinung sagen, soll nicht abwartend beiseitestehen...." (RZ vom 10./11.7.71; vgl. ferner etwa RZ vom 4./5.9.71, 2./3.11.72 und 24./25.3.73) (Erster Bürgermeister Klein, SPD).

Eine Erörterung der bestehenden und darüber hinaus denkbaren Partizipationsmöglichkeiten an den Planungen und Entscheidungen zur Altstadtsanierung sucht man in der "Rhein-Zeitung" jedoch vergebens, von den Berichten über die Sanierungs-Ausstellungen einmal abgesehen. Dagegen stellt die Lokalredaktion ihre eigenen Aktionen, wenngleich sie dem Bürger auch nur ein Sprachrohr boten und keine Beteiligungsmöglichkeiten in unserem Sinne darstellen, umso mehr heraus:

"Wenn ich im Rathaus zu sagen hätte ... RZ-Umfrage deckt geheime Wünsche auf. Die Rhein-Zeitung gibt mit der Artikelserie, die sie heute einleitet, dem Bürger ein öffentliches Ventil des Unmutes, aber auch ein Ventil für alle geheimen Wünsche. Und der Oberbürgermeister und der Erste Bürgermeister - davon sind wir überzeugt - werden mitspielen. ... Die Hauptsache, man schafft sich erst einmal Gehör. Man wird dann schon sehen, wer sich der Sache annimmt." (RZ vom 15.9.70).

"Sicher, jetzt waren die Bürger erst an der Urne und haben ihre Vertreter
für den Stadtrat gewählt, die dann ein Wörtchen im Rathaus mitzureden haben.
Doch viele Bürger möchten gern selbst ihre Probleme und Nöte vortragen, so
wie der Familienvater, der neulich während einer Stadtratssitzung an den Pres-
setisch kam und fragte: Wann kann ich denn hier einmal was sagen. Nein, in
einer öffentlichen Stadtratssitzung haben nur die Stadtväter das Recht, das Wort
zu ergreifen. ... Auf der Seite "Wenn ich im Rathaus zu sagen hätte..." kann
jeder Andernacher Bürger frei von der Leber weg seine Meinung äußern." (RZ
vom 24.11.70).

Und wie einige der von der "Rhein-Zeitung" im Verlauf dieser Aktion abge-
druckten "Bürgerstimmen" zeigen, scheinen einige Bürger mit dem Verhalten der
Stadtverwaltung doch nicht ganz einverstanden zu sein:

"Wissen Sie, sagte einer die Verwaltung müßte viel bürgernaher und bürgerfreund-
licher sein. In den Amtsstuben wuchert noch immer der Amtsschimmel. Wenn man
da mal was will, steht man wie ein Bettler vor der Tür und muß warten. Ich bin
froh, sagte eine Hausfrau, "daß Sie die Rathausseite ab und zu in der Rhein-
Zeitung bringen. Wenn man da ein Problem anschneidet, kann man auch damit
rechnen, daß sich die Verwaltung die Sache wenigstens einmal ansieht. Das
hilft mehr, als wenn man die Leute im Rathaus persönlich aufsucht oder lange
Briefe schreibt und auf die Dinge aufmerksam macht, die verändert werden müßten..." (RZ vom 24.11.70).

Wenn diese Aktion der "Rhein-Zeitung" auch im Interesse der Bürger in einigen
Fällen durch die Öffentlichkeitswirkung Erfolg gehabt haben dürfte, so ersetzt
das noch nicht ein Aufzeigen von Wegen, die es dem Bürger ermögliche, auf
die Handlungen der Verwaltung Einfluß zu nehmen.

Form und Sprache der Berichte

Nahezu alle Berichte zur Altstadtsanierung beschränken sich ausschließlich auf
die Wiedergabe offizieller Verlautbarungen der Verwaltungsspitze (86) und der
Planer sowie auf Zusammenfassungen des Inhalts öffentlicher Ratssitzungen und
Parteiveranstaltungen. Hintergrundsrecherchen, etwa über die Willensbildung im
Planungsausschuß, über die verschiedenen Probleme und Interessenlagen der Bürger oder über die grundsätzliche Problematik von Stadtsanierungen finden sich
keine. Ebenso fehlen bis auf wenige Ausnahmen (vgl. etwa "F r i d o l i n",
RZ vom 1.9.72) klare Stellungnahmen, Standortbestimmungen und Meinungsäus-
serungen der Andernacher Lokalredaktion in Form von Kommentaren, Leitartikeln
etc.
Sowohl Mitarbeiter des Planungsamtes als auch der Lokalredaktion der "Rhein-
Zeitung" berichteten uns, daß sehr häufig offizielle Verlautbarungen der Stadtverwaltung sowie Mitteilungen einzelner Verwaltungsbeamter wörtlich oder nur unwesentlich verändert als eigene Berichte der "Rhein-Zeitung" im Lokalteil Andernachs abgedruckt wurden. Dem entspricht auch die Einschätzung der Zusammenarbeit zwischen Lokalpresse und den politischen Parteien bzw. dem Rat und der
Verwaltung Andernachs durch die Lokalredaktion als gut (87). So hat sich die

Lokalredaktion auch nicht jeder Wertung der Vorgänge enthalten: nahezu ausschließlich veröffentlicht sie die Standpunkte der planenden Verwaltung, insbesondere den der Planer, des Oberbürgermeisters und des Ersten Bürgermeisters.
Dabei stellt sie diese durch positive Formulierungen als gut und richtig heraus.
Dies geht, wie schon gesagt, soweit, daß die von den Planern und dem Bürgermeister verwendeten sprachlichen Wendungen und Termini weitgehend übernommen werden (88).
Über den gesamten Erhebungszeitraum hin findet sich kaum ein Artikel, der eine
kritische Distanz der Lokalredaktion zur Verwaltung bzw. zum Rat zum Ausdruck bringt; im Gegenteil: das Agieren der kommunalen Organe wird auch dann,
wenn wirklich kein Anlaß dazu besteht, beschönigt:

"... der Wunsch, noch etwas vom ersten BRD-Gold während der Olympiade
mitzubekommen, und die daraus entstandene lockere Atmosphäre trugen wesentlich dazu bei, daß die im öffentlichen Teil z e h n   P u n k t e umfassende Tagesordnung (der Stadtratssitzung; der Verf.) - trotz des Themas Altstadtsanierung - l e d i g l i c h   d r e i ß i g   M i n u t e n dauerte. Außerdem
kennzeichnete Einstimmigkeit die harmonisch verlaufende Sitzung." (RZ vom
2./3.9.72, Hervorhebungen von uns.)

Hinsichtlich der sprachlichen Verständlichkeit der Berichte ist zu sagen, daß sich
einfache und komplizierte Texte ungefähr die Waage halten (89).

Tabelle 19:   Sprachliche Verständlichkeit der Zeitungsberichterstattung
(N = 313)

	Einfach 1	2	3	4	Kompliziert 5
N	20	107	79	104	6
%	6	34	25	32	2

Im wesentlichen wurde bei der Einschätzung der Verständlichkeit auf die Wort-
wahl, den Satzbau, die Gliederung des Textes und den Text ergänzende Er-
läuterungen (etwa Photos, Skizzen) Wert gelegt.

Zusammenfassung

Wenn wir hier auch nur über erste Ergebnisse unserer Inhaltsanalyse der Berichterstattung der Andernacher Lokalredaktion der "Rhein-Zeitung" zur Altstadtsanierung berichten konnten, so läßt sich doch schon jetzt zusammenfassend sagen,
daß sich die Mehrzahl unserer Erwartungen erfüllt hat (vgl. oben, Kap. 4.2.1).
Das Informationsverhalten der Andernacher Lokalpresse entspricht damit im wesentlichen dem der Wertheimer Zeitungen, wie es in der Wertheim-Studie beschrieben wird (vgl. Z o l l 1974 sowie H a e n i s c h/S c h r ö t e r 1974).
Bringt man die Ergebnisse für Andernach auf einen "politischen Nenner", so kann
man sagen, daß die Lokalpresse ihrem demokratischen Auftrag (so beschrieben in
Kap. 4.2.1) nicht gerecht wird: sie dient der Stadt und ihren Bürgern nicht als
Forum einer kritischen politischen Öffentlichkeit, sondern "überwiegend als
Sprachrohr von Exekutive und den Honoratioren der Stadt" (Z o l l 1974, 198).

Partizipation vermittelt die "Rhein-Zeitung" nicht als kritisch-emanzipatives Mitwirken an Entscheidungen, sondern als "freudiges Mitmachen" im Sinne von Affirmation.

12. PARTIZIPATION DER BEVÖLKERUNG

12.1 Formen und Inhalte der Partizipation

Die Partizipation im Rahmen städteplanerischer bzw. städtebaulicher Maßnahmen läßt sich in zwei Aktivitätsarten einteilen: in administrativ initiierte Partizipation und in spontane Partizipation, die sich meist in der Form des Protestes (Bürgerinitiativen) äußert.
Während die erste Kategorie das Bemühen der Verwaltung um die Einbeziehung der Bevölkerung in ihre Planung kennzeichnet (wobei zunächst offen ist, ob es sich dabei um eine "Umarmungsstrategie" bei intern festgesetzten Zielen oder um den Versuch offener Zielfindung handelt), verweist das Auftreten von Protesten auf Unzufriedenheit mit den Planungszielen bzw. bereits angelaufenen Maßnahmen und implizit auch mit der Form des Planungs- und Entscheidungsprozesses

Auf dem Hintergrund dieser Unterscheidung, die das Verhalten der politischen Akteure hinsichtlich des Legitimationsaspektes politischer Planung zu verdeutlichen vermag, sollen nun die Aktivitäten der Beteiligung in Andernach dargestellt werden.

12.1.1 Administrativ initiierte Partizipation

Unter diese Überschrift fallen alle jene Aktivitäten, die von der Verwaltung bzw. den Planern in Ausfüllung der Partizipationspostulate des StBauFG durchgeführt wurden. Da wir entsprechend unserer Begriffsbestimmung von Partizipation als "Versuch der Einflußnahme auf den politischen Willensbildungs- und Entscheidungsprozeß" das Abrufen von Einstellungen, Meinungen und Absichten usw. durch standardisierte Befragungen im Rahmen der vorbereitenden Untersuchungen nicht als Partizipation ansehen (die Planer bezeichnen dies als "wichtigsten Teil der Partizipation" (90), sind hier vor allem die Ausstellungen und Hearings anzuführen, die die Verwaltung organisierte.
Anlaß für die Beteiligung der Andernacher Bürger an der Sanierungsplanung waren drei Faktoren:
1) Das Städtebauförderungsgesetz, in dessen Rahmen die Sanierung abgewickelt wurde, macht den Kommunen die "Beteiligung der Betroffenen" zur Pflicht (vgl. Kap. II 9.6). Diesem Gesetzespostulat wäre allerdings Genüge getan, wenn die Gemeinden ihre Planungen zu einem möglichst frühen Zeitpunkt, den sie allerdings selbst bestimmen kann, in ortsüblicher Weise bekanntmacht und in irgendeiner Weise mit den Betroffenen erörtert.
2) Der Andernacher Bürgermeister Klein (Stellvertreter des Oberbürgermeisters und Dezernent für Stadtplanung) hatte in der Vorbereitungsphase der Sanierung

mit mehreren Amtskollegen, die bereits eigene Erfahrungen mit Sanierungen hatten, Kontakt aufgenommen, um sich mit den auf ihn zukommenden Problemen vertraut zu machen. Dabei und beim Studium schriftlicher Sanierungsberichte aus anderen Städten erfuhr er, daß der planenden Verwaltung überall dort Probleme bei der Umsetzung ihrer Pläne entgegentraten, wo man "im stillen Kämmerlein" geplant hatte (Klein). Besonders nachdrücklich zeigte ihm dies das Schicksal eines persönlich bekannten Kollegen, der - weil seine Verwaltung abgeschirmt von der Öffentlichkeit plante - den Widerstand der Bürger provozierte und politisch scheiterte. Daraus zog Klein die Konsequenz, daß die planende Verwaltung die Bürger informieren, zum Mitmachen anregen und mitsprechen lassen müsse, wenn sie die Grundsätze ihrer Planung erfolgreich verwirklichen wolle (I n t e r v i e w).
3) Diese Auffassung entsprach auch derjenigen der beiden Planer, denen die Stadt die Sanierungsplanung übertragen hatte.

Organisatorisch sollte die Beteiligung in Form von Ausstellungen, die über die bis dahin erhobenen Daten und die beabsichtigten Planungen informierten, in Verbindung mit Einzelgesprächen und Gruppendiskussionen (Anhörungen) durchgeführt werden. Insgesamt wurden in dieser Weise zwischen 1973 und 1975 drei Partizipationsveranstaltungen durchgeführt, von denen zwei jeweils eine Woche dauerten und die dritte allein der Vorbereitung der Sozialplanung diente.
Die Bürger konnten sich anhand von Modellen, Karten, Tabellen und Schautafeln informieren und in Einzelgesprächen mit den Planern oder in Gruppenveranstaltungen, bei denen einzelne Bevölkerungsgruppen gezielt angesprochen wurden (91), ihre Meinung dazu äußern. Einzel- und Gruppengespräche wurden auf Tonband aufgenommen und protokolliert.
Als Ziel der Partizipation formulierten die Planer in ihrem Bericht über die 1. Schichtung:
"Neben der Datenverwarbeitung und Planung ist die Beteiligung der Öffentlichkeit zur Information der Bürger und zur Meinungsbildung der Planenden ein wichtiger Faktor zur Effizienz der Sanierungsplanung und -durchführung. Durch permanente Ausstellungen, Presseinformationen, Befragung und Diskussionsabende wird und soll auch in Zukunft die Transparenz der Planung von vorneherein gewährleistet, stetig der Informationsstand erhöht, Alternativen durchgehend diskutiert und nicht schon beschlossene Pläne dem Betroffenen "nähergebracht" und in Wirklichkeit aufoktroyiert werden...
Um die Effektivität der Ausstellung zu erhöhen und sie nicht einseitig zur reinen Informationsschau abzuwerten, wurden Zielgruppen direkt angesprochen und schriftlich zu Diskussionsabenden innerhalb der Ausstellung eingeladen, an denen auf die spezifischen Interessen dieser Gruppen eingegangen und die Ergebnisse als Protokoll schriftlich fixiert wurden...
Die Transparenz in der 1. Schichtung wird als erster Schritt eines beginnenden - durch allseitige Information unterstützten - Prozesses der gemeinsamen Zielfindung verstanden, der als Ergebnis eine Sanierungsplanung hat, die von einer breiten Mehrheit - politische Gremien, Verwaltung, Planern und den Bürgern - getragen wird." (92)

Im folgenden wird nun über den Ablauf der einzelnen Ausstellungen berichtet.
Im Vordergrund steht dabei für uns die Frage, welche Anregungen, Forderungen
oder Bedenken seitens der Bevölkerung vorgebracht wurden und wie die Verwaltung darauf reagierte.

Ausstellung März 1973

Die erste Ausstellung mit Anhörung fand vom 8.-13.März 1973 statt. Grundlage
waren die Ergebnisse der 1. Schichtung (Datenerhebung Altstadt), die seit
einem halben Jahr vorlagen, und der Richtlinienplan Verkehr, der 3 Monate
vorher in öffentlicher Ratssitzung vorgestellt worden war.
Zu den Diskussionsveranstaltungen wurden folgende Gruppen durch Plakate und
über die Presse eingeladen: Bürger und Arbeitnehmer im Vorbereitungsgebiet,
Jugend Andernachs, politische Parteien, Handel, Gewerbe und Industrie, Träger
öffentlicher Belange, Freie Berufe.
Die Stadt wurde durch den 1. Bürgermeister und den Leiter des Bauamtes sowie
die beiden Planer vertreten. Der Bürgermeister gab jeweils eine Einführung zum
Planungsstand und zum Sinn und Zweck der Veranstaltung; danach wurden die
Bürger zu Fragen und Stellungnahmen aufgefordert. Alle Diskussionen wurden
sehr gut besucht. Insgesamt folgten ca. 450 Bürger der Einladung der Verwaltung, wobei Handel, Gewerbe und Industrie mit 135 die meisten Besucher stellten.
Diese hohen Besucherzahlen - hinzukommen noch die 1605 Menschen, die außerhalb der Diskussionsabende die Ausstellungen besuchten - zeigen, daß die Bevölkerung recht stark an der Sanierung interessiert war. Vor allem waren Informationen gefragt, die von der örtlichen Presse bisher nur unzureichend geliefert
worden waren.   Bei den meisten Veranstaltungen überwogen
daher Fragen nach Einzelaspekten der Planung, die in der Mehrzahl die Erkundung des Ausmaßes etwaiger persönlicher Betroffenheit zum Inhalt hatten. Diese Fragen tauchen insbesondere bei der Diskussion mit Vertretern von Handel/Gewerbe/Industrie im Zusammenhang mit der geplanten Fußgängerzone auf. Die Geschäftswelt teilt zwar einerseits die Erwartung der Planer, eine Fußgängerzone
werde die Stadt geschäftlich attraktiver machen, doch wacht man aufmerksam darüber, daß die Planung keine persönlichen Nachteile bringt. Konkret wird jedoch
wenig an der bisherigen diesbezüglichen Planung bemängelt, und die wenigen Bedenken können von den Planern zerstreut werden.
In allen Anhörungen wurde der Wunsch nach Erhaltung des historischen Stadtbildes geäußert. Da dies von vornherein im Planungskonzept vorgesehen wurden, ergaben sich hier kaum Kontroversen. Während allerdings die Geschäftswelt dies
unter ökonomischen Aspekten sah und mit verstärkter Imagepflege verbunden wissen
wollte (Zustimmung der Verwaltung), stellten in der Parteien-Anhörung die Vertreter der (nicht im Stadtrat vertretenen) FDP kulturhistorische Gesichtspunkte in
den Vordergrund, ohne allerdings am vorgelegten Konzept wesentliches auszusetzen.
Politische Forderungen, verbunden mit einer allgemeinen politisch motivierten
Kritik an der Sanierung wurden lediglich in einer Veranstaltung artikuliert - von
den Jugendlichen. Deren Einwände und Anregungen lassen sich in 2 Gruppen zusammenfassen:
1) Zunächst wird eine allgemeine Skepsis an dem Allgemeinnutzen einer Sanierung ausgesprochen. Sanierung führe zu höheren Mieten, was die Gefahr einer

Umschichtung der bisherigen Altstadtbewohner nach sich ziehe. Doch auch
die Kleineigentümer würden benachteiligt, da für sie eine Modernisierung
bzw. ein Rückkauf ihrer Gebäude nach erfolgter Sanierung zu teuer sei. Daher komme die Sanierung vor allem "den Kapitalisten" zugute. Weiterhin wird
kritisiert, "man würde die Sanierung nur für die kommerzielle Kommunikation
machen (Geschäfte, Gaststätten, Cafés etc.)."
Die Planer und Verwaltungsvertreter sehen sich durch diese Beiträge, die die
Sanierung insgesamt infrage stellen, nicht zu einer ernsthaften Diskussion über
das "ob" einer Sanierung in Andernach veranlaßt. Dies steht für sie fest, so
daß sie versuchen, die Jugendlichen zur Einsicht zu bringen in die Notwendigkeit der Sanierung. Dabei wird die Möglichkeit von Fehlentwicklungen der kri-
tisierten Art konzediert und als Abwehrmittel dagegen mehrfach auf den Sozialplan hingewiesen, der die Schwachen stützen solle.
2) Neben der Grundsatz-Kritik werden jedoch mehrere konkrete, an das allgemeine Konzept der Planer anknüpfende Forderungen erhoben: die Planung von
Fußgängerzonen wird nachhaltig unterstützt; "es wird nachdrücklich die Notwendigkeit von Spielplätzen von einigen Diskussionsteilnehmern dargelegt";
hierzu werden auch konkrete Anregungen gegeben; im Rahmen der Sanierung
soll ein Jugendzentrum errichtet werden; dazu werden Standortvorschläge gemacht; man fragt nach der Möglichkeit einer Verlagerung der Bundesbahn, die
Andernach in 2 Hälften teilt, oder der Errichtung eines zusätzlichen Tunnels.
Diese Aussagen - mit Ausnahme der letzten, die nicht als finanzierbar angesehen wird - werden von den Planern und der Verwaltung entgegengenommen mit
dem Versprechen, sie zusammen mit den übrigen Diskussionsergebnissen in die
weitere Planung aufzunehmen.
Die hier zum Ausdruck gekommene Skepsis an der Realisierbarkeit der sozialen
Ziele der Planung tauchte auch bei einer anderen Diskussion noch einmal kurz
auf, als gefragt wurde, ob der Wunsch, Kerngebiete (also kommerziell genutzte
Gebiete) zu schaffen, nicht im Widerspruch zum Wohnen stehe. Die Antwort der
Planer, man wolle eine "vernünftige Synthese" zwischen den Bedürfnissen Wohnen,
Gewerbe und Handel schaffen, stellte die Frager jedoch zufrieden.
Neben diesen Diskussionsveranstaltungen führten Verwaltung und Planer noch eine
Vielzahl von Einzelgesprächen mit Besuchern der Ausstellungen. Dabei wurde
meist ausgegangen von der persönlichen Lage des Besuchers, seinen Interessen
oder seiner potentiellen Betroffenheit. Die Planer wollten sich so ein möglichst
detailliertes Bild von den Plänen und Absichten der Betroffenen machen und
deren Reaktion auf die Planungsabsichten im einzelnen erkunden. Im weiteren Ge-
sprächsverlauf wurde dann auf das Kernstück der Planung, die Schaffung von
Fußgängerzonen im Marktbereich bei gleichzeitiger Errichtung von Tiefgaragen vor
der Stadtmauer, aufmerksam gemacht, um hierzu die Meinung der Besucher zu
hören. Die Fragen wurden dabei so formuliert, daß eine Zustimmung zu den Plänen nahegelegt wurde. Hier einige typische Gesprächsausschnitte:
H e i c h e l: Würden Sie sagen, Tiefgaragen sind besser als wie auf der Erde
normale Parkflächen?
B ü r g e r: Aber selbstverständlich! Wenn sich das irgendwie machen ließe,
auf jeden Fall!
H e i c h e l: Können Sie sich vorstellen, daß auch Parkplätze innerhalb der
Grabenstraße in Form von Tiefgaragen geschaffen werden können, darüber
eine Grünzone und die direkte Verbindung zur Fußgängerzone, fußläufig zum
Markt und zu den anderen Straßen?

B ü r g e r : "Selbstverständlich!"
H e i c h e l : Sie glauben, daß auch ne Tiefgarage angenommen würde
von der Andernacher Bevölkerung?
B ü r g e r : Natürlich!
Diese - wie gesagt typischen - Gesprächsausschnitte dokumentieren den Versuch
der Planer, die Betroffenen für ihre Planung einzunehmen. Darüberhinaus dienen
die Gespräche jedoch - was zu diesem Zeitpunkt vielleicht wichtiger war - der
legitimatorischen Unterstützung des Planungskonzeptes gegenüber andersartigen
Vorstellungen im Stadtrat. Im Zusammenhang mit der kurz zuvor erfolgten Verabschiedung des Bebauungsplans für die Umgebung des neuen Kaufhauses (Drususplatz) war die dort von Planern, Verwaltung und SPD vorgeschlagene Tiefga-
ragen- und Fußgängerzonenlösung von der CDU/FWG-Mehrheit vereitelt worden, und für die in der Nähe des Marktes geplante Tiefgarage stand Ähnliches
zu befürchten.
Man kann daher Ausstellungen, Einzelgespräche und Gruppendiskussionen als
Legitimationsbeschaffung der planenden Verwaltung in 2 Richtungen, nämlich
gegenüber der betroffenen Bevölkerung und gegenüber dem Stadtrat, ansehen.
Hinzukommen Aspekte der gegenseitigen Informierung.
Inhaltlich haben die Einzelgespräche - auch insofern sind die oben zitierten
Auszüge typisch - eine breite und nahezu uneingeschränkte Zustimmung der Betroffenen zum Planerkonzept, insbesondere zur Fußgängerzone und Tiefgarage,
ergeben. Dies gilt für die betroffenen Geschäftsinhaber ebenso wie für die übrigen Bürger.
Faßt man das Ergebnis der Einzel- und Gruppendiskussionen unter dem Gesichtspunkt zusammen, welcher input sich hieraus für die weitere Planung ergeben hat,
so läßt sich festhalten:
Generell ist die Planung zustimmend zur Kenntnis genommen worden, wobei nicht
feststellbar ist, ob diese Zustimmung auf informierter Überzeugung beruht oder
darin begründet ist, daß die Betroffenen der Planung mehr oder weniger hilflos
gegenüberstanden und zu einer aktiven Auseinandersetzung damit nicht in der
Lage waren. Explizite Unterstützung erhalten die Absichten, den Stadtcharakter
in baulicher wie in atmosphärischer Hinsicht zu erhalten und den Altstadtkern
als Fußgängerbereich zu gestalten bei gleichzeitiger Errichtung von Tiefgaragen
an der Stadtmauer.
Die Gruppe der Jugendlichen betont die Notwendigkeit, im Altstadtbereich im
Rahmen der Sanierung mehrere Spielplätze zu errichten; außerdem soll ein Jugendzentrum gebaut werden.
In der gleichen Veranstaltung wird in einer grundsätzlichen Kritik die Orientierung der Sanierungsplanung an kommerziellen Kriterien beklagt und eine verstärkte Ausrichtung an sozialen Zielen gefordert.
Die Planergruppe wertete die Ergebnisse der Anhörungen sehr differenziert (d.h.
unter Berücksichtigung und mit zeichnerischer Darstellung der Einzelanregungen)
aus und berichtet sie in ihrem fortlaufenden Bericht über die einzelnen Planungsschritte. Interessanterweise taucht der letzte Kritikpunkt dort nicht auf - er läßt
sich auch schlecht zeichnen. Die Bevölkerung erfährt allerdings nichts über die
inhaltlichen Ergebnisse der Anhörungen. Weder informiert die Verwaltung hierüber noch die Presse. Diese hatte zwar in mehreren Artikeln die Bürger zur
Teilnahme an den Veranstaltungen aufgerufen und in einer Bilanz voller Heimat-
stolz das "Rekordergebnis" der Beteiligung und die "Sachkenntnis der Bürger" be-
wundert, über die Inhalte, die diskutiert worden waren, jedoch kein Wort ver-

öffentlicht.

Ausstellung Dezember 1974

Die zweite Ausstellung fand eineinhalb Jahre nach der ersten statt. Es wurde genauso verfahren wie beim ersten Mal. Planer und Verwaltung legten jetzt die Ergebnisse der Befragung der Betroffenen (die unmittelbar nach der ersten Ausstellung durchgeführt worden war), die Richtlinienpläne zur Gestaltung des gesamten Stadtkerns (Verkehr, Stadtbild, Nutzung und Bebauung) sowie den Bebauungsplan für das in der Zwischenzeit bereits förmlich festgelegte Sanierungsgebiet vor. Zunächst sind einige Bemerkungen zum Zeitpurkt der Ausstellung zu machen.

Während der ersten Ausstellung hatte Bürgermeister Klein auf eine entsprechende Frage hin angekündigt, die 2. Ausstellungs- und Diskussionswoche werden noch im Herbst 1973 stattfinden. Wesentlicher ist jedoch, daß die Erklärung der Planer, die Partizipation werde bei jeder neuen Planungsstufe in Form von Information und Diskussion über die ermittelten Daten und die künftigen Pläne erfolgen, nicht eingehalten wurde. Ein Grund hierfür liegt sicherlich darin, daß das gesamte Planungskonzept aufgrund der beschriebenen Entwicklungen (vgl. Kap. 10.1) nicht eingehalten werden konnte.

Es bleibt jedenfalls festzuhalten, daß zum Zeitpunkt der zweiten Ausstellung und Anhörung mehrere wesentliche Entscheidungen schon gefallen waren. Dies gilt insbesondere für die Auswahl, Begrenzung und Festlegung des ersten Sanierungsgebietes und die Verkehrs- und Nutzungsplanung, die eng miteinander verzahnt sind. Dieser Verlauf des Planungsprozesses zeigt aber, daß die Planer ihr Beteiligungskonzept, mit dem sie sich explizit von einer "Scheinpartizipation" distanzieren, nicht haben realisieren können.

Dennoch wollen wir auch hier kurz die inhaltlichen Forderungen, die bei den Anhörungen erhoben wurden, betrachten, um später Aussagen über ihre Folgen treffen zu können (93).

Planer und Verwaltung notieren hier nur Positives. Richtlinien- und Durchführungspläne werden "akzeptiert", die Planungen zur Fußgängerzone und zur Tiefgarage fanden "großen Anklang". Darüberhinaus erfolgten wiederum einige Einzelanregungen für die Gestaltung einzelner Objekte oder Bereiche. Interessant hinsichtlich des Gewichtes, das diesen Anregungen und Forderungen zukommt, ist besonders die in beiden Ausstellungen zum Ausdruck gekommene starke Zustimmung zur Lösung des Parkproblems durch Tiefgaragen. Denn trotz dieser Zustimmung lehnte die Stadtratsmehrheit wenige Monate nach der 2. Ausstellung den Tiefgaragenplan ab und votierte für eine Hochgarage (vgl. auch Kap. 10.3). Wir werden hierauf bei der Erörterung der Wirksamkeit der Partizipation noch einmal eingehen.

Festzuhalten bleibt noch, daß die 2. Ausstellung nicht einmal mehr halb so viele Besucher anzog wie die erste und auch die Anhörungen wesentlich schwächer besucht werden.

Letzteres ist teilweise darauf zurückzuführen, daß vorher bereits für verschiedene Betroffenen- und Interessengruppen Sonderveranstaltungen durchgeführt worden waren. Neben den Betroffenen aus dem festgelegten Sanierungsgebiet, mit denen im Rahmen des vorgeschriebenen Sozialplans der erste Durchführungsplan für das Sanierungsgebiet erörtert worden war, hatte die Verwaltung die Gesamtplanung in gesonderten Veranstaltungen mit dem Planungsbeirat der Architekten, dem Verkehrs- und Verschönerungsverein und der City-Gemeinschaft (Zusammenschluß der Geschäftsleute) diskutiert, bevor sie sie der gesamten Öffentlichkeit vorstellte.

Beteiligung im Rahmen der Sozialplanung

Nach den §§ 8 und 9 des Städtebauförderungsgesetzes sind die Betroffenen an der Sozialplanung zu beteiligen. Dies geschah in Andernach etwa 1 Jahr nach Festlegung des Sanierungsgebietes zeitgleich mit der ersten Behandlung des Bebauungsplans für das Sanierungsgebiet (Am Unteren Stadtgraben). In einer in der Presse angekündigten öffentlichen Veranstaltung, zu der auch alle Betroffenen (nach der Gesetzesdefinition (94)) eingeladen und (fast alle) erschienen waren, wurde zunächst der erste Durchführungsplan vorgestellt. Es handelte sich um einen "Vortrag mit Diskussion" (95), wobei die Beiträge jedoch nicht protokolliert wurden. Die Veranstaltung hatte vorwiegend Informationscharakter und sollte auf die an den drei folgenden Tagen stattfindenden Einzelgespräche mit den Betroffenen, die als Grundlage der Sozialplanung dienten, vorbereiten. An diesen drei Tagen wurde mit jeder betroffenen "Partei" ein Gespräch geführt. Dabei wurden die Maßnahmen in ihrem Bezug zur jeweils persönlichen Interessensphäre erläutert und um Stellungnahme gebeten. Es sollte ermittelt werden, wie eine etwaige negative Betroffenheit ausgeglichen bzw. gemildert werden könne und welche privaten Initiativen (z.B. freiwillige Modernisierung) im Sanierungsgebiet auf freiwilliger Basis zu erwarten waren. Die Gesprächsergebnisse wurden für jeden Einzelfall protokolliert und von den Betroffenen unterzeichnet. Als inhaltliches Ergebnis ist festzuhalten, daß zwischen der Stadt und den Betroffenen in fast allen Fällen eine schnelle Einigung erzielt wurde. Die Stadt konnte sowohl den Eigentümern als auch den Mietern, die ihre bisherigen Wohnungen würden aufgeben müssen, Ersatzwohnungen anbieten, die deren Wünschen und Möglichkeiten entsprachen. Lediglich in einem Fall konnte zunächst keine Einigung über den Preis eines Grundstückes erzielt werden, das die Stadt zur Durchführung der Sanierung unbedingt kaufen mußte. Dadurch wurde die Durchführung der Planung einige Zeit verzögert. Erst als die Stadt mit Enteignung drohte, war die Besitzerin zum Verkauf bereit.
Betrachtet man dieses Verfahren unter dem Gesichtspunkt der Partizipation, so scheint es uns jedoch nicht angebracht, hier von demokratischer Mitwirkung zu sprechen. Vielmehr dürfte die hier praktizierte Anhörung der Betroffenen besser mit dem Begriff des "Rechtsschutzes" oder des "rechtlichen Gehörs", wie er auch bereits dem Bundesbaugesetz zugrunde liegt, umschrieben sein.
Schließlich ging es hier lediglich um eine Übereinkunft zwischen den jeweiligen privaten Belangen und der öffentlichen Planung, nicht etwa um eine öffentliche Partizipation an der gesamten Planung.
Bezeichnend für die - zumindest in diesem Fall - entgegen den öffentlichen Äußerungen von Rat, Verwaltung und Planern restriktive, d.h. nicht über gesetzliche Minimalanforderungen hinausgehende, Handhabung der Beteiligung ist die Tatsache, daß nur die Betroffenen des 1. Sanierungsdurchführungsgebietes eingeladen wurden. Schließlich ging der Bebauungsplan, der einen Monat später im Planungsausschuß eingebracht wurde, über diesen Bereich hinaus und umfaßte auch das Gebiet, das als zweites festgelegt werden sollte (und wurde). Obgleich

also für den gesamten Geltungsbereich des Bebauungsplans "Am unteren Stadtgraben" bereits ein Planentwurf existierte, wurden die Erörterungen nur mit
den Betroffenen aus dem kleinen Sanierungsgebiet   durchgeführt.

12.1.2 Spontane Partizipation (Protest)

Zu spontaner, d.h. von Einzelpersonen oder Gruppen ausgehender, jedoch über
den organisatorischen Zusammenhang eines Vereins oder einer Interessengruppe
hinausgehender, Partizipation oder zu politischen Protesthandlungen der Bevölkerung ist es in Andernach im engeren Zusammenhang mit der Sanierung nicht
gekommen. Dies gilt nicht nur für kollektive, sondern auch für individuelle
Handlungen (wie z.B. Leserbriefe). Soweit solche zur Sanierung erschienen,
hatten sie kaum Protestcharakter.
Es gab jedoch Protestaktionen bei Themen, die mit einigen Sanierungszielen in
Verbindung gebracht werden können. Da hieraus Hinweise über konflktträchtige
Themen, über Initiatoren von Protesthandlungen, der Öffentlichkeitswirkung dieser Proteste und der Reaktion von Politik und Verwaltung gezogen werden können,
die auch das Verhalten der Akteure bei der Sanierung verständlich machen, wollen wir auf diese Aktionen kurz eingehen. Es handelt sich dabei um eine Initiative zur Errichtung eines Jugendzentrums und um Proteste gegen das geplante
Abholzen einiger Bäume (Platanen) in den Rheinanlagen.

Jugendzentrum

Die öffentlichen Forderungen nach Errichtung eines Jugendzentrums beginnen
Mitte 1971. Initiatoren sind die Jungsozialisten, deren öffentlicher Vorstoß dann
ähnliche Forderungen anderer Jugendgruppen und allmählich auch weiterer Per-
sonen nach sich zieht, die das Problem Jugendzentrum zum meist behandelten
kommunalpolitischen Thema in den Leserbriefspalten der "Rhein-Zeitung" (RZ)
sei 1970 machen.
So fordert die DGB-Jugend-Andernach in einem Leserbrief am 29.10.1971:
"Schafft ein Jugendzentrum!" Es äußern sich kurz darauf zum selben Problem die
Arbeiterwohlfahrt (RZ, 2.11.71), die Jungdemokraten (RZ, 3.11.71) und der
Stadtjugendring (RZ, 23.11.71). Am 30.11.71 veranstalteten die Jusos und die
DBG-Jugend einen Diskussionsabend zur Aktion Jugendzentrum (RZ, 26.11.71).
Am 19.11.1971 sowie am 29.11.1971 wird (jeweils unter dem dem TO-Punkt 7)
im Jugendwohlfahrtsausschuß die "Errichtung eines Jugendzentrums in der Stadt
Andernach" erörtert. Gehört wurden die Verwaltung, der Stadtjugendpfleger und
der Vorsitzende des Stadtjugendrings. Am 8.12.1971 veranstaltet der (katholi-
sche) Stadtjugendring eine Fragebogenaktion über den Bedarf eines Jugendzentrums.
Eine Eingabe der DGB-Jugend bezüglich des Jugendzentrums an die Stadtverwaltung ergeht im Dezember 1971 (96). Im Dezember 1971 steigert sich das öffentliche Interesse an dem geforderten Jugendzentrum (97). Am 14.12.1971 greift
ein Pfarrer (Christoph) mit einem Leserbrief in die Diskussion ein, wobei er betont, daß das Jugendzentrum keine konfessionelle Streitfrage sei. Die übrigen
Geistlichen schließen sich dem an und unterstützen gemeinsam die Forderungen
nach einem Jugendzentrum.

Die verschiedenen Jugendgruppen (politische, konfessionelle) agierten jedoch nicht gemeinsam. Vor allem reden und handeln sie bis dahin an den nicht-organisierten Jugendlichen vorbei. Um dem abzuhelfen, gründen Jungsozialisten und DGB-Jugend Anfang 1972 eine "Aktionsgemeinschaft Jugendzentrum" (AGJ), die neben einer Sammlung der verschiedenen Gruppen vor allem nicht-organisierte Jugendliche aktivieren soll. Während die Stadt sich anfangs abwartend verhält, sieht sie sich allmählich durch die zunehmende Härte und Dauerhaftigkeit der Forderungen sowie die Unterstützung, die diesen aus der Bevölkerung und den Kirchen zu Teil wird, zu Stellungnahmen veranlaßt. Sie bekundet ihre grundsätzliche Bereitschaft zur Errichtung eines Jugendzentrums, verweist jedoch gleichzeitig auf ihre angespannte Finanzlage (98), die einen Neubau durch die Stadt unmöglich mache (99).

Daher konzentrierte sich die Auseinandersetzung auf die Frage, welches bestehende Gebäude in ein Jugendzentrum umgewandelt werden könnte, wobei auch hier seitens der Stadt häufig finanzielle Argumente gegen Vorschläge der AGJ vorgebracht wurden.

So zog sich die Auseinandersetzung mehrere Jahre hin, wobei die Jugendlichen nicht locker ließen und ihre Forderungen immer wieder vorbrachten (100). Dabei machten sie sowohl detaillierte Orts- als auch Organisationsvorschläge. Hauptaktionsebene war die Presse, die regelmäßig und ausführlich über Veranstaltungen und Forderungen berichtete und stark mit Leserbriefen bedacht wurde. Daneben fanden jedoch auch Kundgebungen im Freien statt.

Als die AGJ ihre Forderungen mit Farbe an städtisches Mauerwerk schrieben, reagierten die Stadtväter mit Empörung. Die Verantwortlichen entschuldigten sich öffentlich, hatten aber erreicht, daß der Stadtrat sich nun ernsthaft um ihre Sache kümmerte (101).

Im Dezember 1972 faßt der Stadtrat einen Grundsatzbeschluß für das Jugendzentrum. Es dauert dann aber noch 1 1/2 Jahre, bis im August 1974 in einer alten Villa das Jugendzentrum eröffnet wird. Zwischenzeitlich war im Rahmen der 1. Ausstellung zur Sanierungsplanung von den Jugendlichen gefordert worden, das Problem Jugendzentrum im Kontext der Sanierung zu lösen, ohne daß die Stadt oder die Planer hierauf eingegangen waren.

Platanenkonflikt

Zu einer kurzen, vom Gegenstand her eigentlich unbedeutsamen, Unmutsäußerung vieler Bürger gegen Rat und Verwaltung kam es, als Anfang 1973 der Platanenbestand in den Grünanlagen am Rhein auf die Hälfte dezimiert werden sollte. Als die Jungsozialisten hierzu ein Flugblatt mit dem Titel "Skandal in den Rheinanlagen" herausgaben und eine Unterschriftenaktion gegen dieses Vorhaben starteten, unterschrieben innerhalb von 90 Minuten über 550 Personen. Daraufhin ging der Rat, der den Abholzbeschluß in nicht-öffentlicher Sitzung gefaßt hatte, in die Öffentlichkeit und begründete das Vorhaben, das nur einer gesunden Entwicklung des Platanenbestandes dienen und keineswegs zu deren Verschwinden führen sollte. Der Rat ließ sogar zwei wissenschaftliche Gutachten hierzu anfertigen, die jedoch zu unterschiedlichen Ergebnissen kamen.

Nach 3 Monaten war die Aufregung in der Öffentlichkeit verraucht, denn als die Rhein-Zeitung ihren Lesern verschiedene Baumformen anhand von Schaubildern zur Abstimmung stellen wollte, erfolgte keine Reaktion mehr.

Dies verdeutlicht, daß der Konflikt weniger der Sache selbst entsprang, als vielmehr der Tatsache, daß hierüber in nicht-öffentlicher Sitzung entschieden worden war. Die Jusos hatten dies in ihrem Flugblatt besonders aufgegriffen und damit Mißtrauen gegenüber der Entscheidung hervorgerufen. Die öffentliche Diskussion konnte dieses dann wieder zerstreuen, zumal der Baumbestand in den Rheinanlagen wohl wenig geeignet war, langfristige politische Aktivitäten zu begründen.

Dennoch sah sich der Rat genötigt, Gutachter zu Hilfe zu rufen. Dies zeigt, wie empfindlich der Stadtrat auf Stimmungen in der Bevölkerung reagiert.

12.1.3 Partizipation nach dem Selbstbericht der Betroffenen

Der Umfang der politischen Beteiligung

Die bisherigen Berichte zur Partizipation fußten auf Protokollunterlagen und mündlichen (Interview-) Aussagen von Angehörigen des Rates und der Stadtverwaltung sowie den Planern. Zur Ergänzung dieser Untersuchungsergebnisse hinsichtlich des Umfangs und der Art der Beteiligung der Andernacher Bürger am politischen Willensbildungsprozeß zur Altstadtsanierung haben wir im Rahmen unserer Befragung von insgesamt 354 Bewohnern, Geschäfts- und Betriebsinhabern der Innenstadt Andernachs (102) auch Daten zu diesem Bereich erhoben. Dazu wurden zunächst in einer explorativen Voruntersuchung diejenigen Beteiligungsmöglichkeiten ermittelt, die bei der Andernacher Bevölkerung als bekannt vorausgesetzt werden können. Diese Liste wurde noch ergänzt um die Beteiligungsformen, die aufgrund der neuen Gemeindeordnung von Rheinland-Pfalz möglich sind, und um solche nicht verfaßte Formen (vgl. B u s e / N e l l e s 1975, 82 f), die im Verlauf des Sanierungsprozesses durchgeführt werden konnten.

Aus diesen haben wir für die vorliegende Untersuchung 15 Beteiligungsformen ausgewählt, von denen aufgrund der Fallkenntnisse erwartet werden konnte, daß sie bei den Sanierungsplanungen einsetzbar waren.

172

Tabelle 20: Die Wahrnehmung der Beteiligungsmöglichkeiten

"Ich lese Ihnen nun eine Liste vor, auf der die unterschiedlichsten Möglichkeiten, sich für eine öffentliche Angelegenheit einzusetzen, verzeichnet sind. Nennen Sie alle Möglichkeiten, die Sie selbst schon einmal genutzt haben!"

Nr.	Beteiligungsform	Zahl der Nennungen
1	Teilnahme an Kundgebungen	123
2	Teilnahme an Parteiversammlungen	102
3	Teilnahme an Unterschriftensammlungen	110
4	Teilnahme an Bürgerversammlungen	68
5	Teilnahme an den Informationsaustellungen zur Altstadtsanierung	122
6	Mitarbeit als Parteimitglied	39
7	Mitarbeit in Bürgerinitiativen	30
8	Teilnahme an Straßendemonstrationen	9
9	Teilnahme an betrieblichen Streiks	6
10	Teilnahme an Mieterstreiks	5
11	Leserbriefe schreiben	51
12	Briefe an Verwaltung/Politiker schreiben	62
13	persönliche Kontakte mit Verwaltung	139
14	persönliche Kontakte mit Politikern	100
15	Teilnahme an einer Anhörung	37
	Gesamtzahl der realisierten Formen	1003

Der Gesamtumfang der Beteiligung ist mit 1003 genannten Beteiligungsakten recht hoch und liegt im Durchschnitt fast bei drei Beteiligungshandlungen pro Person. Dabei ist jedoch der Prozentsatz derjenigen, die sich noch nie beteiligt haben, mit 43% beachtlich hoch. Die folgende Tabelle zeigt den Umfang der Beteiligung nach der Zahl der Beteiligungsformen, die von den Bürgern realisiert wurden.

Tabelle 21: Zahl der realisierten Beteiligungsformen

	Prozentsatz der Bürger	N
keine der 15 Beteiligungsformen	43,2%	153
1-3 der Beteiligungsformen	29,6%	105
4-6 der Beteiligungsformen	11,6%	41
7 oder mehr der 15 Beteiligungsformen	15,5%	44

Damit liegt der Umfang der Beteiligung deutlich höher als die Werte, die bisher aus amerikanischen und deutschen Untersuchungen berichtet wurden (vgl. Z i m p e l 1973), und bei denen der Prozentsatz der politisch Apathischen mit 70-80% angegeben wurde. Diese Abweichung ist umso erstaunlicher, als wir mit der Wahlbeteiligung solche Fragen politischer Aktivität aus unserem Partizipationsbegriff ausgeklammert haben, die gerade auf eine generelle Übertragung der Entscheidungskompetenz zielen. Auch perzeptives Verhalten wie "Zeitungslesen" oder "sich über Politik unterhalten", das vielfach in die Partizipationsindices aufgenommen wird (vgl. E l l w e i n / Z o l l 1973) fand bei uns keine Berücksichtigung. Daß die Frequenz politischer Beteiligung bei den von uns befragten Bürgern von Andernach höher lag als in anderen repräsentativen Untersuchungen, führten wir vor allem darauf zurück, daß unsere Untersuchung unmittelbar an einem für die Bürger sichtbaren und bedeutsamen Konfliktfall angesetzt hat, was allerdings nicht bedeutet, daß die eben genannten Beteiligungsrealisierungen allein auf diesen Konfliktfall begrenzt sind.

Auch in der nach der Zahl der von den Personen realisierten Beteiligungsformen gegliederten Übersicht stellt sich der Gesamtumfang der Beteiligung noch als recht gleichmäßig verteilt dar. Wenn man jedoch berücksichtigt, daß in der Gruppe der "sehr aktiven Bürger" jeder einzelne mehr als 7 Beteiligungsformen realisiert hat, dann zeigt sich, daß diese Bevölkerungsgruppe, die nur 15,5% unserer Stichprobe umfaßt, mehr als die Hälfte aller Beteiligungshandlungen realisiert hat. Nimmt man hierzu noch die Gruppe der "aktiven Bürger" (mit 4-6 realisierten Beteiligungsformen) hinzu, so kommen auf die "Aktivbürger", die etwa 1/4 der Bevölkerung darstellen, mehr als 3/4 aller berichteten Beteiligungshandlungen.

Tabelle 22: Die Verteilung des Gesamtumfangs der Beteiligung

Typen der Partizipanten	% der Bevölkerung	% der realisierten Beteiligungshandlungen
politisch apathische Bürger	43	0
gelegentlich aktive Bürger	30	23
aktive Bürger	12	23
sehr aktive Bürger	15	54

Wenn auch die Verteilung der Wahrnehmung politischer Beteiligungshandlungen insgesamt nicht ganz so ungleich gewichtig war, wie das nach bisherigen Ergebnissen erwartet werden konnte, so zeigt das Verteilungspsektrum doch deutlich, daß in nennenswertem Umfang nur ein Viertel der Bürger ihre Beteiligungsrechte nutzen, während etwa 30% sich nur gelegentlich und 43% der Bevölkerung sich politisch überhaupt nicht beteiligt. Auf diese Ungleichgewichtigkeit in der Verteilung wird später noch zurückzukommen sein, wenn wir im nächsten Kapitel einen Klassifikationsansatz der politischen Partizipation berichten und diese Partizipation gemäß unserem Prozeßmodell empirisch erklären. Zunächst wollen wir aber im abschließenden Teil der Falldarstellung die Auswirkungen der Beteiligung auf die Planungsergebnisse diskutieren.

13. WIRKSAMKEIT DER PARTIZIPATION

13.1 Planungsänderungen als Ergebnis von Partizipation

Bei administrativ initiierter Partizipation

Administrativ initiierte Partizipation hat in Andernach in Form der Ausstellungen und Erörterungen der Sanierungsplanung stattgefunden. Dabei sind, wenn auch nur in bescheidenem Maße, Änderungsvorschläge in der Zielperspektive gemacht worden (besonders von den Jugendlichen, s.o.). Diese wurden in der weiteren Planung nicht berücksichtigt. Das gilt sowohl für die allgemeine Kritik (zu kommerzielle Zielrichtung der Planung) als auch für wesentliche Einzelanregungen (große Kinderspielplätze in der Altstadt).
Daneben ist die von den Planern entwickelte Konzeption, die nach Errichtung einer Fußgängerzone im Zentrum entfallenden Parkmöglichkeiten durch Tiefgaragen entlang der Stadtmauer zu ersetzen, von den Ausstellungsbesuchern sehr begrüßt worden.
Dies hinderte die Ratsmehrheit jedoch nicht, bei der Aufstellung der Bebauungspläne gegen die beiden geplanten Tiefgaragen zu stimmen.
Stattdessen entstanden - entgegen den Wünschen der Bevölkerung und früheren Absichtserklärungen der Stadt - im Bereich der Oberen Grabenstraße Parkplätze vor der Stadtmauer, wo man jahrelang Zug um Zug Häuser zur Schaffung eines Grüngürtels abgerissen hatte; am Unteren Stadtgraben, wo die Grünplanung - nicht zuletzt auf Druck der Bezirksregierung - bestehen blieb, wird anstelle der Tiefgarage eine Hochgarage gebaut.

Bei spontaner Partizipation (Protest)

Anders lag der Fall bei den Partizipationshandlungen, die nicht auf Aufforderung der Verwaltung, sondern als Protest gegen diese, sei es wegen mißliebiger Entscheidungen oder wegen der Unterlassung von Maßnahmen, entstanden. Hierbei reagierten Stadtrat und Verwaltung jedesmal außerordentlich empfindlich, sobald sie befürchteten, daß der Protest einen relevanten Teil der Bevölkerung gegen sie aufbringen könnte.
Zwar wurde zunächst mit Beschwichtigungs- und Hinhaltetaktiken (insbesondere beim Jugendzentrumskonflikt) versucht, das Problem durch Aufschieben sich erledigen zu lassen, als dies aber erfolglos blieb, gab man nach. Das Jugendzentrum wurde eingerichtet, und auch einige andere - hier nicht berichtete - Pläne wurden nach Protesten der Betroffenen aufgegeben. Bei den Platanen schließlich konnte man durch "Flucht in die Öffentlichkeit" glaubhaft machen, daß der kritisierte Beschluß im Endeffekt nicht eine Dezimierung, sondern eine Gesundung des Baumbestandes zum Ziel hatte.
Es wäre u.E. jedoch verkürzt, die empfindlichen Reaktionen der Politiker auf diese Proteste lediglich als Resultat der Furcht um ihr Mandat oder um das Stimmengewicht ihrer Partei zu interpretieren. Dagegen spricht sowohl die relative Stabilität der Wahlergebnisse als auch die Tatsache, daß die beamteten Verwaltungsmitglieder nicht anders reagieren als die Politiker. Hier dürfte viel-

mehr das in der Kommunalpolitik kleinerer Städte häufig beobachtbare Harmonie-
denken eine große Rolle spielen, mit dem dauerhafte und tiefgehende Konflikte
nicht zu vereinbaren sind.

Allerdings ist zu beobachten, daß bei den von uns berichteten Fällen keine
schwerwiegenden Interessen einem Nachgeben gegenüber den Forderungen ent-
gegenstanden. Diese Einschätzung der Partizipationswirksamkeit orientierte sich
an beobachteten Planungs- und Entscheidungsänderungen aufgrund von artikulier-
ten Bevölkerungs- und Einzelgruppenwünschen.

Ein solcher Zugang kann aber nur teilweise die Wirksamkeit feststellen, da nur
öffentlich vorgetragene - und für eine spätere Analyse festgehaltene - Partizipation berücksichtigt werden kann und nicht auch solche, die auf sozusagen
informeller Ebene abläuft, und auch nicht solche, die vor der ersten dokumen-
tierten Planungsaussage einsetzt. Daher wollen wir ergänzend eine Einschätzung
der Wirksamkeit durch die politischen Entscheidungsträger selbst einbeziehen,
wie wir sie in Interviews erhoben haben (103). Dabei sollte jedoch nicht übersehen werden, daß die Politiker Aspekte der Wünschbarkeit, der tatsächlich
und vermeintlich an sie herangetragenen demokratischen Erwartungen, in ihre
Antworten einfließen lassen.

13.2 Einschätzung der Wirksamkeit durch die Entscheidungsträger

Wir haben die Einschätzung der Wirksamkeit der stattgefundenen Partizipation
durch die Entscheidungsträger mit drei Fragen erfaßt, die diese Frage unter
verschiedenen Aspekten angehen und sich sowohl ergänzen als auch kontrollieren.
Die erste Frage lautet:
Wie würden Sie nach Ihren bisherigen Erfahrungen den tatsächlichen
Einfluß , den die Bürger durch ein solches Verfahren (Ausstellung mit Anhörung) in Andernach auf die Planungsergebnisse haben, einschätzen?
Wir hatten hierzu fünf Antwortmöglichkeiten vorgegeben, die folgendermaßen
beantwortet wurden:

Tabelle 23: Tatsächlicher Einfluß

Antwort	Nennungen
sehr hoch	0
hoch	1
mittel	10
gering	12
keinen Einfluß	0

Die hier sich zeigende Tendenz einer geringen bis allenfalls mittleren Einfluß-
zuschreibung wird durch eine andere Frage bestätigt. Um zu ermitteln, durch
welche Faktoren sich die Kommunalpolitiker in ihrer politischen Entscheidungs-
findung eingeschränkt fühlen (Restriktionen), legten wir u.a. die Behauptung

vor (vgl. Fr. 4):
Die Stadt wird durch die Stimmung in der Bevölkerung eingeschränkt oder
in eine bestimmte Richtung gedrängt.
Die Befragten sollten angeben, ob bzw. in welchem Ausmaß diese Aussage
zutrifft. Das Ergebnis:

Tabelle 24: Einfluß durch die Stimmung der Bevölkerung

Antwort	Nennungen
trifft sehr zu	0
trifft zu	2
trifft wenig zu	16
trifft nicht zu	4

bestätigt die Tendenz der vorherigen Frage. Über die konkreten Anregungen
bzw. Forderungen im Rahmen der Ausstellungen hinaus geben die Entscheidungsträger an, generell nur wenig durch bestimmte Stimmungen in der Bevölkerung
beeinflußt zu werden. Interessant ist auch hier der Vergleich mit den übrigen
von uns vorgegebenen Restriktionen (rechtliche, finanzielle, Expertentum).
Wie die folgende Aufstellung zeigt, schreiben die Entscheider diesen Restriktionen teilweise erheblichen größeren Einfluß zu als der Bevölkerungsmeinung
(vgl. Tab. 25).

Tabelle 25: Entscheidungsrestriktionen

Einschränkung oder Beeinflussung durch:	Antwortvorgaben	Nennungen	Punktw. (a)
Finanzielle Bedingun-gen	trifft sehr zu	4	
	trifft zu	11	55
	trifft wenig zu	2	
	trifft nicht zu	5	
Planer (-Experten)	trifft sehr zu	3	
	trifft zu	5	41
	trifft wenig zu	8	
	trifft nicht zu	6	
Rechtliche Restriktionen	trifft sehr zu	1	
	trifft zu	6	35
	trifft wenig zu	8	
	trifft nicht zu	7	
Bevölkerung	trifft sehr zu	0	
	trifft zu	2	30
	trifft wenig zu	16	
	trifft nicht zu	4	

(a) Dieser Wert wurde mit der Formel $\dfrac{\text{Summe der Punkte} \times 100}{\text{Höchstmögliche Punktzahl}}$ errechnet und läßt sich analog zu %-Werten interpretieren. Als Einzelpunkt wurden für "trifft sehr zu" = 3, "trifft zu" = 2, "trifft wenig zu" = 1 und "trifft nicht zu" = 0 Punkte vergeben.

Einen noch deutlicheren Hinweis auf die geringe Relevanz der Partizipation für die politische Willensbildung bei der Planung geben die Antworten auf die Frage, wie es zu den in den Plänen der Planergruppe formulierten Zielvor-stellungen gekommen sei.
Wie ist es zu den in den Plänen der Gruppe Hardtberg formulierten Zielvor-stellungen gekommen?
Kreuzen Sie bitte an, was am ehesten zutrifft.

Tabelle 26: Zielentwicklung

Antwort	Nennungen
die gh hat die Pläne vor allen aufgrund ihrer Untersuchungen entwickelt.	18
der Rat hat die Ziele vorgegeben, danach hat die gh im Detail geplant	2
die gh hat die Pläne vor allem aufgrund der Anregungen der Bürger bei den Ausstellungen entwickelt	0
die gh hat die Pläne vor allem aufgrund von Vorgaben der Verwaltung entwickelt	1

Aus diesen Antworten geht hervor, daß die Bürger nicht als Subjekt der Planung angesehen werden.
Die beiden Planer bestätigen und präzisieren dies dahingehend, daß die Partizipation nicht zu Änderungen bei der Zielkonzeption der Planung, sondern allenfalls zu Detailänderungen geführt habe. Dies sei aber eigentlich keine politische, sondern persönliche Beteiligung. Generell könne zur Wirksamkeit der Partizipation gesagt werden: "beim Vorgartenschnitt - ja, bei der Richtlinienplanung - nein." (I n t e r v i e w).
Insgesamt kann festgehalten werden, daß die ansonsten außerordentlich heterogenen Antworten der Entscheidungsträger zur Frage des Einflusses der Bürgerpartizipation auf die Planungsergebnisse recht einheitlich ausfallen und den Einfluß für gering erachten. Diesem Befund scheinen auf den ersten Blick die Aussagen der Mitarbeiter des Bauamtes zu widersprechen. Auf die Frage:
Kommt es, unabhängig von formell eingeräumten (nicht eingeräumten) Möglichkeiten der Beteiligung in ihrer Abteilung dazu, daß Nicht-Verwaltungsmitglieder auf Willensbildung und Entscheidung Einfluß ausüben?
antworteten 9 Befragte, daß es nie zu einer solchen Beeinflussung käme; 11 meinten, dies käme selten bzw. manchmal vor und eine Person nannte meistens als passende Antwort (bei 2 Stimmenthaltungen).
2/3 der Mitarbeiter der Stadtverwaltung Andernach (Bauamt) konstatieren damit, daß es zu einer Beeinflussung der Verwaltung von außen kommt. Dabei wird keine Aussage darüber gemacht, ob dies formal korrekt auf der Grundlage von Regeln geschieht, obwohl man wohl davon ausgehen muß, daß im Gefühl der meisten Mitarbeiter die Beeinflussung als nicht auf Regeln basierend angesehen wird (75% der Mitarbeiter führten aus, es gäbe keine Regeln bezüglich einer Beeinflussung von außen).
Daß dieser Außeneinfluß auf das Verwaltungshandeln jedoch nicht als wirksame Partizipation der Bürger insgesamt interpretiert werden darf, zeigt die Beantwortung der Frage, welchen Personen informelle Partizipation von seiten der Mitarbeiter der Stadtverwaltung verbunden wird. Hierbei wurden zur besseren Übersicht nach der (offenen) Beantwortung der Frage Gruppen gebildet: so erhielt die Gruppe Politiker mit 21 die meisten Nennungen (zusammengefaßt wurden Ratsmitglieder 7, Ausschußmitglieder 5, Parteien/Politiker 9),

Gewerbe 13 Nennungen (zusammengefaßt wurden Planer/Architekten 5,
Firmen/Betriebe/Geschäftsleute 8),
spezielle Personen 6 Nennungen (zusammengefaßt wurden gute Bekannte/Bau-
herren/Eigentümer/einflußreiche Leute/Ortsvorsteher/beratende Ausschußmitglieder, eventuell aufzufassen unter dem Begriff Honoratioren).
Bürger 6 Nennungen, Vereine 1 Nennung.

Hier wird den Politikern die Rolle der stärksten Einflußnehmer zugeschrieben
(21 Nennungen), gefolgt vom Gewerbe (13 Nennungen) und Bürgern und Ein-
zelpersonen mit Beziehungen.
Bei der Einflußnahme von Politikern verschwimmt allerdings der Unterschied von
Mandatsträgern und Privatpersonen, und es wird nicht mehr erkennbar, ob die
Einflußgrundlage politischer, ökonomischer oder sonstiger Natur ist. Der Einfluß
des Gewerbes auch auf die Verwaltung ist häufig genug belegt worden und war
daher zu erwarten.
Die Einflußmöglichkeiten von Bürgern bzw. der Bevölkerung allgemein sind im
Gegensatz dazu als weitgehend bedeutungslos einzustufen. Die bei anderen Fragen im Zusammenhang mit der Befragung als Antwort gegebenen Begriffe wie
"Allgemeinheit, Bevölkerung, Einwohner der Stadt" tauchen bei der Beantwortung
der Frage nach den einflußnehmenden Personen überhaupt nicht mehr auf. Dagegen wird bei relativ vielen Antworten deutlich stärker differenzierend auf spezielle Schichten, so einflußreiche Leute , Ortsvorsteher, beratende Ausschußmitglieder, Eigentümer hingewiesen. Der Begriff Bürger scheint demnach als Sammel-
begriff nicht schichtneutral zu sein, sondern wird nach unserer Ansicht wohl ten-
denzhaft Angehörige von Oberschichten/Honoratioren, die nicht Politiker bzw.
Geschäftsleute sind, einschließen.

Zusammenfassend kann festgehalten werden, daß die Verwaltung nach eigenen
Angaben einem relativ starken und weitgehenden Einfluß von außen ausgesetzt
ist. Dieser Einfluß ist eher höher als sich in den Befragungen ergeben hat, da
man bei dem Phänomen informeller Beeinflussung nahe am Straftatbestand der
Bestechung weilt, was die Angaben sicher z.T. beeinflußt hat. Hierfür ein
Beispiel: Bei einem Interview wurde der befragte Sachbearbeiter von einem Fir-
menmitglied einer in Ortsnähe ansässigen Firma aufgesucht, der beklagte, daß
in einem Vergabeverfahren (Ausschreibung) eine auswärtige Firma den Zuschlag
erhalten hatte. Es wurde dann darum gebeten und von Verwaltungsseite zugesagt,
die Angebote noch einmal einer sorgfältigen Prüfung zu unterziehen. Derselbe
Sachbearbeiter hatte Minuten vorher angegeben, eine informelle Beeinflussung
fände in seinem Amt nie statt.
Dabei kommt den geregelten Verfahren der Bürgerbeteiligung im Bewußtsein der
Verwaltungsmitglieder eine verschwindend geringe Bedeutung zu. Sie werden
meistens nicht genannt. Bedeutungsvoller in den Augen der Verwaltung stellt
sich die informelle Einflußnahme dar, sowohl was die Häufigkeit der Einflußnahme als auch die Stärke des Einflusses angeht. Dabei ist jedoch zu beachten,
daß dem sog. Normalbürger kaum Einfluß zugeschrieben wird, die Nennungen
vielmehr eher unter dem Begriff eines "kommunalen Lobbyismus" subsumiert
werden können.

Wir haben gesehen, daß die Planung durch die Bürgerbeteiligung kaum wesentliche neue Impulse oder gar Änderungen erfuhr. Dies ist auch die übereinstimmende Auffassung der Entscheidungsträger. Dennoch halten a l l e Befragten die Bürgerbeteiligung, insbesondere in der praktizierten Form einer Kombination von Ausstellung und Erörterung, grundsätzlich für richtig. Lediglich einige SPD-Ratsherren und die Planer meinten, man müsse gegenüber den praktizierten Verfahren etwas effektivere Möglichkeiten der Partizipation eröffnen. Insgesamt scheinen sich jedoch weder Rat noch Verwaltung mit der Frage befaßt zu haben, in welcher organisatorischen Form die Bürgerbeteiligung stattfinden soll. Man übernahm einfach den Vorschlag der Planergruppe. Erst im Verlauf der 1. Ausstellung wurden die Planer im Rahmen einer Sonderveranstaltung für Politiker von einigen Ratsmitgliedern nach Sinn und Zweck der Bürgerbeteiligung und speziell der Ausstellung befragt. Dabei schienen einige Ratsherren zu befürchten, durch die Beteiligung könne ihnen die Entscheidung über die Planung aus der Hand gleiten. Gleich die 1. Frage an die Planer

"ging dahin, den Sinn der Befragungsaktion zu erfahren. Werden Eigeninteressen nicht vor das Allgemeininteresse gestellt?

"Darüberhinaus wollte der Fragesteller wissen, wie stark die Gewichtsverhältnisse in Bezug auf die Anregungen der Bevölkerung zur Planung seien. Sind sie nur Teil der Planung?"

Dies wurde von Planern und Bürgermeister bejaht. Weiterhin wurde gefragt,

"ob die Ausstellung und die Befragungsaktion zum Ziel hätten, in der Bevölkerung die Übereinstimmung zu schaffen, daß im Rahmen der Altstadtsanierung Teilgebiete, die einfach nicht mehr erhaltenswert sind, auch abgerissen werden müssen?

Dies wurde unter Berücksichtigung aller Beurteilungskriterien bejaht." (104)

Diese Fragen w ä h r e n d der Ausstellungen lassen erkennen, daß der Rat die Bürgerbeteiligung keinesfalls b e w u ß t als Planungsinstrument einsetzte. Man hatte lediglich zur Kenntnis genommen, daß so etwas gesetzlich vorgeschrieben sei und wollte nun wissen, ob das die eigene Position beeinträchtige. Nur die engere Führungsspitze, vor allem der Bürgermeister und die Planer, sahen bereits zu Beginn der Planung die funktionelle Bedeutung der Partizipation und setzten sie bewußt ein.

Zum Zeitpunkt unserer Befragung, etwa 3 Jahre nach der 1. Ausstellung, hatte man nun bereits Erfahrung mit der Bürgerbeteiligung gemacht, so daß der funktionelle Bezug zur Planung nun deutlicher gesehen wird. Diese Erfahrungen sind sicherlich z.T. in die Beantwortung unserer Frage, weshalb man die Bürgerbeteiligung an der Planung eingeführt habe, eingeflossen, so daß die Antworten weniger die ursprüngliche Absicht als die heutige Sichtweise wiedergeben, die gleichzeitig eine Beurteilung der Funktionen der Partizipation beinhalten dürfte. Danach wird die Einführung der Bürgerbeteiligung in Andernach folgendermaßen begründet:

Tabelle 27: Begründung der Bürgerbeteiligung

Antwortkategorien		Nennungen
Weil es gesetzlich vorgeschrieben ist		7
Konsens-beschaffung	zur Integration in die Planung	9
	zur Vermeidung späterer Konflikte	3
	als demokratisches Alibi	1
Zur Informationsbeschaffung über Absichten und Bedürfnisse der Betroffenen		4
Zur Informierung der Bürger		17

Auffallend ist die starke Betonung der Informierung der Bürger. Auffallend deshalb, weil Kommunalverwaltungen und Stadträte im allgemeinen nicht als sehr informationsfreudig in Planungsfragen gelten. Auch in Andernach konnte eine überdurchschnittliche Informationsbereitschaft nicht festgestellt werden. Im Gegenteil: Vom Entscheidungsprozeß um den Kaufhausbau drang z.B. einige Jahre nichts in die Öffentlichkeit, und am Ende nur das Allernötigste. Ebenso wurde über die Sanierungsplanung nur in sorgfältigen Dosierungen und zeitlich verzögert, keinesfalls in aller Offenheit und aktuell, informiert.
Daher ist die häufige Nennung dieses Aspektes wohl eher darauf zurückzuführen, daß dies von den Befragten als demokratische Norm gesehen wird und man dementsprechend antwortete, und weiterhin, daß die - wie auch immer rudimentäre - Informierung der Bürger über noch nicht beschlossene Planungen derart neu für die Befragten ist, daß ihnen dies ganz besonders wesentlich erschien.
Als direkte Funktionen der Partizipation für die Planung wurden - bei grober Einteilung - zwei genannt. Einmal und am häufigsten sind Antworten, die man unter dem Begriff der Konsensbeschaffung zusammenfassen kann. Damit ist gemeint, daß durch Beteiligung die Pläne der Verwaltung den Betroffenen erläutert, begründet, nähergebracht werden und Einsicht der Betroffenen in die Notwendigkeit der Planung erzeugt werden soll. Damit einher geht die Intention, Konflikte zu vermeiden, indem man die Betroffenen auf Künftiges vorbereitet, ihnen Gelegenheit zur Stellungnahme gibt und damit Mißtrauen gegen obrigkeitliche Planung zerstreut. Ein Befragter nannte dies auch schlicht "demokratisches Alibi", da hier nur Beteiligung vorgegaukelt werde, ohne daß die Möglichkeit tatsächlicher Mitbestimmung existiere.
Gegenüber dieser auf Einverständnis mit der administrativen Planung zielenden Betrachtungsweise, die insgesamt 13 mal als Begründung für Partizipation geliefert wurde, schneidet der Aspekt der Bedürfnisermittlung, der z.B. von Lauritzen als wesentliches Element der Partizipation im Städtebau herausgestellt wird, schlecht ab.
L a u r i t z e n schreibt:
"Wer Demokratie nicht nur als Erfüllung bestimmter Spielregeln ansieht, der muß dafür sorgen, daß die staatlichen Bürokratien nicht warten, bis Informationen, Sorgen und Bedürfnisse an sie herangetragen werden, sondern daß sie auf die potentiellen Adressaten zugehen, dabei den schwer organisierbaren oder schwächeren Gruppen helfen, sich zu artikulieren..." (105).

"So gesehen wird die Demokratisierung der Stadtplanung und des Städtebaus zu einem zwingenden Gebot der Rationalität, da jede Chance genutzt werden muß, um Informationen über Wünsche, Bedürfnisse und Wertungen der Adressaten dieser Leistungen schon in der Planungsphase richtig zu erfassen" (106).

In Andernach wird dieser Aspekt jedoch nur 4 mal genannt. Gar keine Nennung erhielt jedoch ein dritter Aspekt, der uns in dieser Arbeit besonders interessiert, nämlich die Möglichkeit der Einflußnahme der Bürger auf die Ergebnisse der Planung. Dies bestätigt unsere bereits mehrfach ausgesprochene Vermutung, daß eine solche Einflußnahme nicht nur de facto unterblieb (dies hätte ja auch an den Bürgern selbst liegen können), sondern auch gar nicht intendiert war.

Die Beantwortung zweier anderer Fragen zeigte im wesentlichen die gleiche Tendenz. Die eine Frage lautete:

"Sanierungen und ähnliche Maßnahmen haben in dern letzten Jahren eine Vielzahl von Bürgerprotesten in unseren Städten hervorgebracht. Kann und soll die Kommunalpolitik daraus Lehren und Konsequenzen ziehen? Welche?"

Hierzu meinte lediglich ein Befragter, Politiker und Verwaltung müßten mehr auf die Wünsche/Bedürfnisse der Bürger eingehen.

Einer schlug einen intensiveren Erfahrungsaustausch mit anderen Kommunen vor, einer die gesetzliche Einführung von Bürgerbegehren (107). Vier Personen nannten eine frühzeitige Beteiligung, sechs eine verstärkte Information der Bürger als Mittel Protesten vorzubeugen, ohne dabei inhaltliche Konsequenzen zu nennen.

Insgesamt tritt auch hier die Auffassung zutage, potentielle Unzufriedenheit und Proteste auf Verfahrensmängel zurückzuführen und demgemäß bewältigen zu wollen. Es ist allerdings anzumerken, daß diese Frage von vielen Befragten erst nach näherer Erläuterung durch den Interviewer bzw. teilweise auch dann noch nicht verstanden wurde und beantwortet (bzw. nicht beantwortet) werden konnte. Dies läßt vermuten, daß die Mehrzahl der Entscheidungsträger sich mit dem in der Frage angesprochenen Problem bisher noch nicht befaßt hatte.

Die zweite Frage lautete:

Das StBauFG sieht eine frühzeitige Beteiligung der Bürger an der Sanierungsplanung vor. Welche Formen der Durchführung dieser Vorschrift halten Sie für angemessen?

Tabelle 28: Angemessene Anwendung gesetzlicher Partizipationsvorschriften

Antworten	Nennungen
Ausstellungen	7
Bürgerversammlungen	10
Gespräche mit einzelnen Bürgern und in Kleingruppen	6
Befragungen, Erhebungen	3
Briefe, Anschreiben	2
Erklärungen der Verwaltung	4
Mitarbeit der Bürger bei der Erarbeitung des Konzepts / Mitverarbeitung von Bürgeranregungen	2

Auch bei diesen Antworten überwiegt der Aspekt der Informationssendung an
die Bürger. Lediglich die Ränge 3 und 7 mit insgesamt 8 von 34 Nennungen zielen auf eine Intensivierung des Dialogs zwischen Planenden und Beplanten und
kämen damit der in der Neufassung der Rheinland-Pfälzischen Kommunalverfassung
geäußerten Grundvorstellung nahe, die Beteiligung der Bürger an der "Entscheidungs f i n d u n g der Verwaltung" zu intensivieren (108).
Theoretisch könnte dies zwar auch bei Bürgerversammlungen der Fall sein. In Andernach hatte jedoch kurz vor unserer Befragung eine - nach der neuen Gemeindeordnung vorgeschriebene - Bürgerversammlung stattgefunden, die so organisiert
war, daß Probleme der Bürger hier kaum adäquat vorgetragen, geschweige denn
diskutiert werden konnten. Es handelte sich hier vielmehr um eine - dem (außen-
stehenden) Beobachter manchmal peinliche - Selbstdarstellung und gegenseitige
Beweihräucherung von Ratsspitze und Verwaltung.
Es ist anzunehmen, daß die Interviewten jedoch diese Veranstaltung im Hinterkopf
hatten, als sie kurz darauf von uns befragt wurden, so daß auch die häufige
Nennung der Bürgerversammlung in Einklang mit den meisten übrigen Antworten
dahingehend zu interpretieren ist, daß die Frage der Bürgerbeteiligung sich den
Entscheidungsträgern in Andernach in erster Linie als eine Frage der Methode
besserer Selbstdarstellung stellt.
Bemerkenswert ist jedoch, daß man die Vorteile solcher Beteiligung so hoch schätzt,
daß die landläufige Meinung, verstärkte Bürgerbeteiligung sei personell, zeitlich
und/oder finanziell zu aufwendig, nur von 3 Befragten geteilt wird, während die
große Mehrheit dies in Anbetracht des Nutzens zurückweist.

14. ZUSAMMENFASSUNG: DIE EINFLUßSTRUKTUR BEI DER SANIERUNGS-
PLANUNG

In diesem Kapitel soll der Einfluß der an der Sanierungsplanung beteiligten Akteure zusammenfassend dargestellt werden. Wir lassen es dabei nicht bei einer sprachlichen Zusammenfassung des bisher bereits Gesagten bewenden, sondern greifen
zusätzlich auf andere Daten zurück, die unabhängig von der bisherigen Darstellung zur Globalermittlung der Einflußstruktur erhoben wurden. Diese Daten können sowohl zur Kontrolle unserer bisherigen Darstellung dienen als auch zu einigen interessanten Präzisierungen und Erweiterungen.
In der bisherigen Darstellung tauchte an mehreren Stellen das Problem auf, daß
informelle Prozesse wegen fehlender Unterlagen nicht erfaßt werden konnten. So
wurde zwar festgestellt, daß die meisten Planungsentscheidungen faktisch bereits
vor den Ausschußberatungen oder zumindest außerhalb des formellen Entscheidungsprozesses vorentschieden wurden, doch blieb offen oder konnte nur vermutet werden, wie dieser informelle Prozeß abläuft und wer daran beteiligt ist. Zur Er-
hellung dieser Problematik bietet sich die sog. "Reputationstechnik" an, eine
Methode, die in den Vereinigten Staaten bei den in der Einleitung erwähnten
Community Power-Studies entwickelt wurde (109). Um der z.T. berechtigten Kritik
an dieser Methode als d e m Ansatz zur Erfassung von Machtstrukturen Rechnung
zu tragen, sei betont, daß wir sie lediglich in Kombination mit anderen Verfahren

verwenden. Der Reputationsansatz kann diese nicht ersetzen, wohl aber sinnvoll ergänzen.

Die Reputationsmethode beruht auf der Grundannahme, daß sich die Machtverteilung in einer Gemeinde dadurch ermitteln läßt, daß man Eingeweihte oder
Experten (knowledgeables, expert informants, judges) danach befragt, wer in
der Gemeinde besonders einflußreich ist. In einem zweiten Schritt werden dann
diese Personen nach ihrer eigenen Rolle und der Rolle anderer Personen im interessierenden Problembereich befragt.

Die Fragen und Probleme, die ein solches Verfahren aufwirft, können an dieser
Stelle nicht erörtert werden.

In den Vereinigten Staaten ist hierüber ein langer und erbitterter Methodenstreit
geführt worden, dem neben theoretisch-methodologischen und vor allem auch
politische Differenzen zugrunde lagen (110). Die deutsche Rezeption dieser
Auseinandersetzung hat jedoch ergeben, daß das Reputationsverfahren im Verein
mit anderen Erhebungsmethoden durchaus zu fruchtbaren Ergebnissen über Zusammensetzung und Struktur der kommunalen "Entscheidungselite" führen kann (111).
Insbesondere können informelle Strukturen auf diese Weise aufgedeckt werden.
Wir haben uns darauf beschränkt, die Entscheidungsträger ("Elite") für den Politikbereich Sanierungsplanung zu ermitteln. Das Verfahren wird aus Platzgründen
im Anhang 21.3 dargestellt.

Die Befragung ergab hinsichtlich der Entscheidungselite folgendes Ergebnis (Tab.29):
Insgesamt wurden von den 46 vorgegebenen Personen 40 mindestens einmal als
einflußreich genannt. Diese lassen sich hinsichtlich der Häufigkeit der Nennungen
in 3 Gruppen einteilen.

24 Personen erhielten bis zu 10 Nennungen, meist deutlich weniger. Es handelt
sich hierbei um Angehörige des Bauamts in mittleren und höheren Positionen (4),
denen aufgrund ihrer Position punktueller Einfluß zugeschrieben wird, sowie um
die Leiter von anderen Ämtern, deren Zuständigkeitsbereich von der Sanierung
tangiert wird (3).

Weiterhin sind 8 Rats- bzw. Ausschußmitglieder hier einzuordnen. Auch hier wird
als Einflußbasis zur Hauptsache die formelle Position, in diesem Falle also das
Mandat, angesehen. Hinzukommt bei denen, die die meisten Nennungen innerhalb
dieser Gruppe erhielten, Einfluß in ihrer Partei, ihrem Ortsteil oder spezielle
Fachkenntnisse. Die übrigen Nennungen entfallen auf Angehörige des Andernacher
Mittelstandes - meist Geschäftsleute und Architekten -, die offenbar dann den
Entscheidungsprozeß informell zu beeinflussen suchen, wenn sie ihre geschäftlichen
Interessen tangiert sehen. Außerdem fällt in diese Gruppe nach Nennungshäufigkeit noch das mit Abstand größte Unternehmen in Andernach, die Rasselstein AG,
die bisher an der Sanierung kein Interesse bekundete und deshalb in diesem Rahmen nicht den Einfluß ausübt, der ihr potentiell zur Verfügung steht und den sie
in anderen Bereichen der Kommunalpolitik auch anwendet.

Eine zweite Gruppe erhielt deutlich mehr als 10, jedoch weniger als 20 Nennungen. Sie umfaßt 7 Personen, von denen 2 der Verwaltung und 5 dem Rat bzw.
Planungsausschuß angehören, und zwar mehrheitlich der CDU-Fraktion. Ihr Einfluß
beruht entweder auf ihrer Position (3), besonderem Expertenwissen (2), Einfluß in
bestimmten Untergruppen der Bevölkerung (1) oder auf materiellen Ressourcen (Geld,
Grund und Boden, wichtiger Gewerbesteuerzahler) (2), wobei einige Personen mehrere Einflußmittel auf sich vereinigen. Während der Einfluß der beiden Experten eher

auf fachlichem denn auf politischem Gebiet liegt, ist bei den Ratsangehörigen dieser Gruppe festzustellen, daß sie über Vorgänge und Hintergründe der Sanierung kaum informiert und auch wenig interessiert sind. Informationsstand und Interesse waren bei den meisten Personen der ersten Gruppe wesentlich höher. Daß die zweite Gruppe dennoch als einflußreicher auch bzgl. der Sanierung angesehen wird, beruht darauf, daß sie allgemein über mehr Machtmittel verfügt und deshalb bei wichtigen Fragen nicht problemlos übergangen werden kann.

Tabelle 29: Einflußreiche Personen in Andernach (N = 28)

		sehr einfluß- reich	der Ein- flußreichste	kommt an 2. Stelle
1.	Bürgermeister (bis 1975)	25 (a)	13 (a)	
2.	Bürgermeister (seit 1975)	21 (a)	7 (a)	9
3.	CDU-Vorsitzender/Stadt- rat	26	3	8
4.	Oberbürgermeister (seit 1976)	24 (a)	3 (a)	7 (a)
5.	Planer 1	22	3	7
6.	SPD-Stadtrat/Architekt	23	1	1
7.	FWG-Stadtrat/Unternehmer	24		
8.	CDU-Stadtrat/Geschäftsführer	21		2
9.	Planer 2	19	siehe Nr. 5	
10.	Bauamt	18		
11.	CDU-Stadtrat/Unternehmer	18		
12.	SPD-Fraktionsvorsitzender Parteiangestellter	17		
13.	FWG-Stadtrat/Unternehmer	16		
14.	Architekt/Mitglied im Pla- nungsausschuß (CDU)	16		
15.	Ehem. Oberbürgermeister (bis 1974)	15 (a)		
16.	CDU-Stadtrat/Oberstaatsanwalt	13		
17.	SPD-Stadtrat/Angestellter	10		
18.	SPD-Stadtrat/Lehrer	9		
19.	Bauamt	9		
20.	Kaufhaus-Geschäftsführer	7		
21.	Architekt	7		
22.	Verwaltung	6		
23.	CDU-Stadtrat	6		
24.	SPD-Stadtrat/Student	6		
25.	Bauamt	6		
26.	Ehemal. CDU-Stadtrat	6		
27.	SPD-Stadtrat/Handwerksmeister	6		
28.	Bauamt	6		
29.	Leiter Stadtwerke	5		
30.	Architekt/Ehem. Baurat	4		

		sehr einfluß- reich	der Ein- flußreichste	kommt an 2. Stelle
31.	Unternehmer	4		
32.	Unternehmer	3		
33.	CDU-Stadtrat	2		
34.	Leiter Ordnungsamt	2		
35.	Bauamt	2		
36.	Stadtrat	2		
37.	Geschäftsinhaber	1		
38.	Geschäftsinhaber	1		
39.	Planungsbüro	1		
40.	Unternehmer	1		
41.	Bauamt	/		
42.	Unternehmer	/		
43.	Unternehmer	/		
44.	Architekt	/		
45.	Geschäftsinhaber	/		
46.	Ehem. Baurat	/		

(a) Gilt nur für die jeweilige Amtsperiode

Die dritte Gruppe umfaßt die eigentlichen "Macher" der Sanierung. Ihr sind 9 Personen zuzuzählen. Alle erhielten über 20 Nennungen und wurden wenigstens einmal als einflußreichste oder zweiteinflußreichste Person eingestuft. Es handelt sich um den Oberbürgermeister und die beiden im Untersuchungszeitraum amtierenden Bürgermeister seitens der Verwaltung, 4 Ratsmitglieder sowie die beiden externen Planer. Innerhalb dieser Gruppe läßt sich nochmals differenzieren. Als einflußreichste gelten die beiden Bürgermeister (für ihre jeweilige Amtsperiode), denen von Amts wegen die Sanierungsplanung untersteht, gefolgt vom Oberbürgermeister, den beiden Planern und einem Mitglied der Mehrheitsfraktion des Stadtrates. Letzterer wird allerdings als Aufsteiger angesehen, der erst in jüngerer Zeit einflußreich geworden ist, was unsere Analyse im vorigen Kapitel bestätigt, wonach die Mehrheitsfraktion lange Zeit nicht dem engeren Entscheidungskreis angehörte. Auffallend ist die starke Stellung der Planer, die verdeutlicht, daß die formal lediglich vorbereitende und ausführende Planungstätigkeit auch bei Fehlen jeglicher Entscheidungsbefugnis als außerordentlich entscheidungswirksam und damit politisch angesehen wird.
Aus den bisherigen Daten wird eine Struktur sichtbar, wonach an der Spitze der Einflußskala die professionellen Planer und institutionellen Führer stehen, jedoch eng verbunden mit einigen Experten der Fraktionen, die offenbar nicht übergangen werden können.
Aufschlußreich ist auch eine Betrachtung der Berufe (Berufspositionen) der drei Gruppen. Neben den qua Amt mit der Sanierung befaßten Personen dominieren in den beiden oberen Einflußgruppen eindeutig Architekten und Unternehmer. Außer die-

sen sind hier lediglich zwei Beamte des höheren Dienstes, ein Parteifunktionär und der Geschäftsführer des Andernacher Krankenhauses vertreten, also Inhaber höherer Berufspositionen. Auch unter den restlichen genannten Personen sind Unternehmer und Architekten deutlich überproportional vertreten.

Dies ist zwar nicht verwunderlich und läßt sich z.T. - besonders bei den Architekten - mit der starken Verbindung von Berufsinteresse und Planungsgegenstand erklären. Es macht aber auch deutlich, daß die Interessen dieser Bevölkerungskreise in der Planung besser zur Geltung kommen. Daher wird auch verständlich, daß von diesen Gruppen kaum öffentliche Forderungen zur Planung artikuliert wurden: offenbar reichte die Position im Planungsprozeß aus, um genügend Berücksichtigung der eigenen Interessen zu finden.
Die Skalierung nach Nennungshäufigkeiten, die wir bisher vorgenommen haben, reicht jedoch zur Beschreibung der Entscheidungselite nicht aus. Vor allem wird hieraus die S t r u k t u r der Entscheidungselite nicht ersichtlich, solange nicht ermittelt ist, ob der nach der Zahl der Nennungen einflußreichste Personenkreis auch eine Gruppe in dem Sinne ist, daß i n n e r h a l b dieses Kreises die Willensbildung sich vollzieht.
Es wäre ja möglich, daß es sich hier keineswegs um eine homogene Führungsgruppe handelt. Um dies zu prüfen, haben wir die Kommunikationsstruktur der Entscheidungselite, soweit sie kommunalpolitische Fragen betrifft, untersucht (112).
Das Ergebnis ist auf den folgenden Schaubildern graphisch dargestellt. Dabei sind die oben genannten drei Gruppen als konzentrische Kreise angeordnet, wobei die zu Gruppe 3 gehörenden sog. "top-influentials" im Zentrum eingetragen sind.
Die Kreise sind in Sektoren unterteilt, die Zugehörigkeit zur Verwaltung und Parteien (113) sowie zur Gruppe der Externen markieren. Die Personen wurden durch eine Zahl gekennzeichnet, die ihrem Rangplatz auf der Einflußskala entspricht.

188

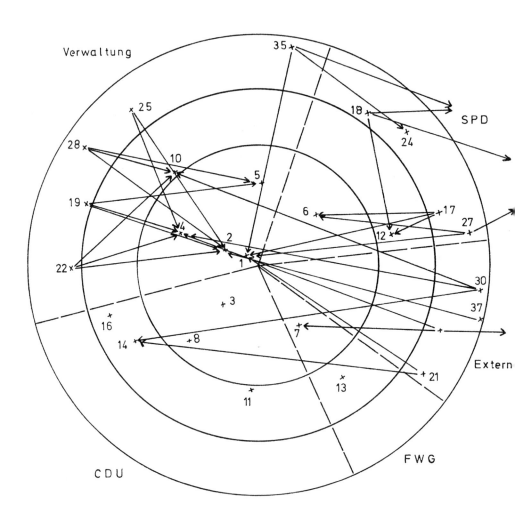

Abbildung 10: Kommunikationspartner des "2. Kreises"

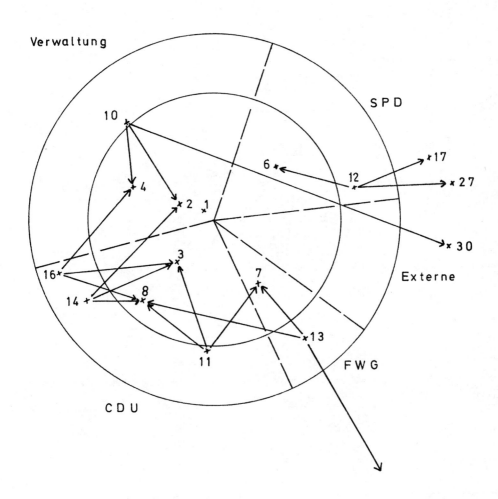

Abbildung 11: K o m m u n i k a t i o n s p a r t n e r d e r "t o p -
i n f l u e n t i a l s "

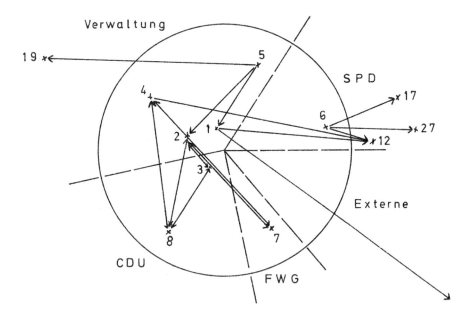

Zunächst fällt auf, daß die vom äußeren Kreis ausgehenden Kommunikationsbeziehungen überwiegend zur Verwaltung verlaufen, und zwar direkt zur politischen
Führung oder dem in Sanierungsfragen auch aufgrund der Nennungshäufigkeit ein-
flußreichsten Laufbahnbeamten. Eine differenziertere Betrachtung nach Gruppen
ergibt, daß die Verwaltungsangehörigen - mit einer Ausnahme - nur mit anderen
(einflußreicheren) Verwaltungsangehörigen politische Fragen diskutieren. Die Befragten, die nicht institutionell mit dem politischen System verbunden sind (Externe), und die alle im äußeren Kreis vertreten sind, nennen als häufigste Gesprächspartner ebenfalls Verwaltungsangehörige, gefolgt von Mitgliedern der CDU/
FWG-Fraktion. Zur SPD führt von hier kein direkter Kontakt. Dieser könnte allenfalls über den der SPD angehörenden ehemaligen Bürgermeister bestehen. Eine
genaue Aussage ist hier jedoch schwierig, da nicht festzustellen ist, ob diese Kontakte eher an den Amtsträger oder die Person gerichtet waren. Aus anderen Informationen ist jedoch eher ersteres zu vermuten. Von der SPD geht kein Kontakt
aus der eigenen Partei heraus. Zur Verwaltung wurde lediglich über den eigenen
Mann in der Verwaltungsspitze intensiver politischer Kontakt gepflegt, so daß
nach dessen Ausscheiden keine feste kommunikative Verbindung mit der Verwaltung
und anderen Gruppen mehr bestehen dürfte.
Insgesamt sind die Kommunikationsbeziehungen zwischen dem äußeren und den
beiden inneren Einflußkreisen einseitig. Sie verlaufen von außen nach innen. Eine
gewisse Ausnahme bildet wiederum die SPD, in der wechselseitige Beziehungen auch
nach außen häufiger sind.
Die im zweiten Kreis angesiedelten Personen haben untereinander keinen intensiven
Kontakt. Einige werden von außen als Kommunikationspartner angeführt. Selbst
geben sie überwiegend die Mitglieder des engsten Führungskreises als Partner an,
von denen sie jedoch nicht als solche aufgeführt werden (Ausnahme wieder: SPD).
Die genannten Partner entstammen durchweg dem eigenen politischen Lager oder
der Verwaltung.
Innerhalb der "top-influentials" ist eine deutliche Trennung in zwei Gruppen feststellbar. Die drei Spitzenleute der CDU/FWG stehen in enger wechselseitiger Kommunikation zum Oberbürgermeister und zum neuen Bürgermeister, der CDU-Mitglied
ist. Der frühere Bürgermeister (SPD) wie auch das andere als sehr einflußreich angesehene SPD-Mitglied haben keine nennenswerten Beziehungen zu diesem Kreis.
Das läßt vermuten, daß der Einfluß der SPD im Anfangsstadium der Sanierung (bis
Ende 1974) im wesentlichen über die Bürgermeisterposition lief und nach dessen
Rücktritt erheblich zurückgegangen ist. Die ausdrücklich an bestimmte Amtspositio-
nen gebundenen Beziehungen der Planergruppe wurden gestrichelt gezeichnet. Sie
verlaufen in erster Linie direkt zum Dezernenten, daneben zu anderen Bauamtsan-
gehörigen.
Zusammenfassend läßt sich feststellen, daß die nach Häufigkeit der Nennungen ermittelten "top-influentials" keine homogene Gruppe bilden, sondern eine deutliche
Trennung zwischen CDU/FWG und SPD andererseits vorliegt. Solange die SPD den
Bürgermeister stellte, hatte sie über diesen eine enge Verbindung zur Verwaltungsspitze, in der wiederum die Fäden von außen und von der Planung zusammenlie-
fen. Nach dem Wechsel in der Verwaltungsspitze dominiert hingegen eine informelle Gruppe aus Verwaltung und CDU/FWG, die in enger wechselseitiger Kommunikation steht und der fast alle Kommunikationskanäle von außen - ausgenommen von der SPD - zulaufen. Die relevanten politischen Entscheidungen dürften
also - soweit sie die Sanierung betreffen - in diesem exklusiven Kreis von 5

Personen fallen.

Dies entspricht im wesentlichen unserer Entscheidungsprozeßanalyse. Was das Verhältnis zwischen Stadtrat und Verwaltung betrifft, so ist das oben Gesagte insoweit zu konkretisieren, daß zwar die Verwaltung insgesamt stärkeren Einfluß als der Rat besitzt, die wegweisenden Vorentscheidungen aber offenbar weder im Rat noch in der Verwaltung, sondern in einem Vorentscheiderkreis fallen, dem die Spitzen beider Institutionen angehören.

Nachdem im theoretischen Teil das Entstehen partizipativen Verhaltens in der Form
eines Prozeßmodells dargestellt worden ist, wollen wir nun die einzelnen Stufen
des Ablaufs anhand unserer Falluntersuchung beschreiben und die Fruchtbarkeit
unserer Erklärungshypothesen prüfen. Wir wollen die Beschreibung entsprechend
den entwickelten Modellvorstellungen gliedern und berichten daher zunächst über
die Bedingungen der Informationsaufnahme und deren Resultat (Informiertheit), danach über die Erklärbarkeit der Partizipationsbereitschaft durch Einstellungen und
soziale Verhaltenserwartungen und schließlich über die Beziehung zwischen der
Bereitschaft zur Beteiligung und der tatsächlichen Beteiligung. Bei der Besprechung
dieser Ergebnisse wird an verschiedenen Stellen Bezug genommen auf die Falldarstellung im ersten Teil, um z.B. den objektiven Informationsinput mit der Informiertheit in Beziehung setzen oder Bereitschaften zu einzelnen Partizipationsformen in
den politischen Kontext einordnen zu können.
Die Darstellung der Wirksamkeit der Partizipation erfolgt nicht in diesem Kapitel;
sie ist entsprechend ihrem Erklärungsansatz innerhalb der Falldarstellung berichtet
worden.

III. Empirische Ergebnisse zur Erklärung von Partizipationsbereitschaft und Partizipationsverhalten in Andernach

15. POLITISCHE PARTIZIPATION NACH DEM SELBSTBERICHT DER SANIERUNGS-BETROFFENEN - KLASSIFIZIERUNG

Nachdem der Umfang der Partizipation der Bürger schon generell im Zusammenhang
mit der Falldarstellung berichtet wurde, gilt es nun, den bisher nur undifferenziert dargestellten Gesamtumfang der Partizipation nach den unterschiedlichen
Formen der Beteiligung aufzugliedern und in dem jeweiligen Ausmaß zu untersuchen.

15.1 Formen und Kategorien politischer Partizipation. Ein Klassifikationsansatz

Seit der klassischen Einteilung von Partizipationsformen in "spectator-, partisan-
und gladiator-activiities" nach M i l b r a t h (1965) ist bisher bei fast allen
empirischen Untersuchungen zur politischen Beteiligung der Versuch unternommen
worden, die Vielzahl der Partizipationsformen nach interpretationsfähigen Kriterien
in allgemeinere Partizipationsarten zu untergliedern. Dabei sind unseres Erachtens
prinzipiell zwei verschiedene Ansätze möglich.
Der erste Unterscheidungsansatz versucht, politisches Verhalten qualitativ zu
differenzieren. Ein solches Vorgehen erfordert, daß die einzelnen Kategorien
des politischen Verhaltens sich logisch oder faktisch gegenseitig ausschließen,d.h.,
daß sich die Gesamtmenge politischen Verhaltens in (einige wenige) Untermengen
einteilen läßt, deren Schnittmengen nur gering besetzt sind. Von den Personen
müßte danach gefordert werden, daß sie nur Arten politischen Verhaltens je einer

194

Untermenge realisieren, nicht aber Arten politischen Verhaltens anderer Untermengen. Beispielsweise dürften nach diesem Klassifizierungsversuch Personen, die
politisches Verhalten zeigen, das als "legal" oder "gut" klassifiziert wurde,
nicht ebenfalls politisches Verhalten zeigen, das als "illegal" oder "böse" klassifiziert wurde.

Daß sich hinter einem solchen Ansatz auch ein politisch taktisches Kalkül verbergen kann, zeigt in einer neueren Untersuchung der Konrad-Adenauer-Stiftung
die Unterscheidung zwischen k o n v e n t i o n e l l e n und u n k o n -
v e n t i o n e l l e n Formen, die dann näher gekennzeichnet werden als Partizipationsformen, die in einer parlamentarisch-repräsentativen Verfassung die re-
gulierten Wege der Interessenartikulation bilden, wie auch Formen der Teilnahme,
durch die das legitime Monopol staatlicher Gewaltausübung durchbrochen wird
(R a d t k e/V e i d e r s 1975, 4). Deutlicher noch wird die Absicht, zwischen
"Guten" und "Bösen" zu unterscheiden, in einer früheren, aber schon nach Abschluß der Datenerhebung vorgelegten Unterscheidung in legale und "illegale
Formen politischer Partizipation" (R a d t k e/V e i d e r s 1974, 12). Der Versuch O e s e r s (in H a f f n e r u.a. 1974, 17-48) einer Unterscheidung
zwischen "progressiven und reaktionären Formen" liegt auf einer ähnlichen Ebene.

Wollte man solche Klassifizierungsversuche empirisch testen, so könnte man bei
Personengruppen die entsprechenden Verhaltensweisen beobachten und faktorana-
lytisch die zugrundeliegenden Dimensionen suchen und mit den Klassen vergleichen,
die zuvor gefordert worden waren.
Dabei kann man nicht davon ausgehen, daß faktisch die Klassen total in ihrer
Besetzung ausschließlich sind, so daß e m p i r i s c h alle Personen, die le-
gales Verhalten realisieren, nur dieses realisieren und nicht auch zum Teil Arten
illegalen Verhaltens. Es wird aber gefordert, daß typische Repräsentanten legaler
politischer Verhaltensweisen in sehr viel stärkerem Maße Arten legalen Verhaltens
realisieren und keine oder nur sehr wenige Arten illegalen Verhaltens.

Die zweite Art der Klassifizierung politischen Verhaltens ordnet die Beteiligungsformen nach dem Grad der Ausprägung bestimmter Merkmale - wie Initiative,
Engagement und Konfliktniveau. Zusammengefaßt wird die Ausprägung dieser Merkmale als Schwellenwert für die Realisierung der einzelnen Beteiligungsformen bezeichnet, kurzum, als Schwierigkeitsgrad für die Realisierung des Verhaltens. Die
Klassifizierung würde hier solche Formen politischen Verhaltens zusammenfassen,
die nach ihrem Schwierigkeitsgrad vergleichbar sind. Dieses Modell würde i d e n -
t i f i z i e r b a r e S t u f e n der Schwierigkeit fordern, die aufeinander auf-
bauen, weshalb wir es als Stufenmodell bezeichnen wollen. Zu bewähren hätte
sich dieses Modell an zwei Kriterien: Es müßte tatsächlich Schwierigkeitsstufen
(Plateaus) aufweisen, d.h., die Übergangswahrscheinlichkeit von Formen politischen
Verhaltens innerhalb einer Schwierigkeitsstufe muß bedeutsam geringer sein als von
einer anderen Form einer nächsthöheren Stufe. Zweitens müßten diejenigen Personen, die Formen politischen Verhaltens einer Stufe realisiert haben, ebenfalls wenigstens eine Verhaltensweise der vorigen "Stufen" (= darunterliegende Plateaus)
realisiert haben. Als Konsequenz daraus muß gelten, daß die Realisierungsfrequenz
der Verhaltensformen, von Stufe zu Stufe a n s t e i g e n d, abnehmen muß;
genauer: die Personenzahl, die Verhaltensformen einer gegebenen Stufe realisiert
hat, muß größer oder darf höchstens gleich sein der Personenzahl, die Verhaltens-

formen der nächst höheren Stufe realisiert hat. Als erster Test dieses Modells wäre ein Vergleich der Frequenzen anzustellen, d.h. zu fragen, ob die Stufen des hierarchischen Modells tatsächlich in abnehmendem Maße besetzt sind. Diese Bedingung kann jedoch nicht als hinreichende Bedingung für das Modell gelten, sondern lediglich als notwendige, da es nur e i n e Folgerung aus der angegebenen Bedingung des Plateaumodells darstellt. Ein entscheidender Test wäre es vielmehr, die Sukzessivität des Modells zu überprüfen, d.h. zu überprüfen, ob immer gilt, daß alle Personen einer Stufe ebenfalls auf allen unteren Stufen vertreten sind. Technisch ausgedrückt wäre eine monotone Item-Charakteristik gefordert, die sich durch die Reproduzierung der Antworten einer Person aus ihrem Antwortwert überprüfen läßt. Das Modell von G u t t m a n bietet hierfür ein Skalierungsverfahren. Unterzöge man diese Daten alternativ zum Guttman-Modell einer Faktorenanalyse, so würde man vermutlich eine Reihe von Faktoren erhalten, die mit den Stufen des sukzessiven Plateaumodells übereinstimmen könnten, und man könnte der Versuchung unterliegen, diese Faktoren als inhaltlich, d.h. qualitativ verschiedene politische Verhaltensweisen zu beschreiben, wie es z.B. bei R a d t k e/V e i d e r s (1975) geschehen ist, ebenso bei E l l w e i n/ Z o l l (1973) hinsichtlich der Skalen "passive Teilnahme" und "individuelle politische Aktivität". Dies sind, streng besehen, nicht inhaltlich verschiedene Faktoren, sondern Faktoren verschiedenen Schwierigkeitsgrades, also technische oder auch Methodenfaktoren.

Der erste Unterscheidungsansatz politischen Verhaltens fragt nach qualitativ verschiedenen Verhaltensgruppen, die exklusiv genutzt werden; er fragt nicht nach Realisierungsschwellen, d.h. nach Stufen von Schwierigkeitsgraden der Verhaltensweisen innerhalb dieser Gruppen. Sind die Schwierigkeitsgrade jedoch in bedeutsamen Maße unterschiedlich (als empirisches Ergebnis) oder besteht ein Interesse an derartigen Unterschieden, so leistet der allein qualitative Ansatz nicht die notwendige Differenzierung. Da zudem nach den bisherigen Erkenntnissen auf der Hand liegt, daß solche unterschiedliche Schwierigkeitsstufen für politisches Verhalten existieren und für Erklärungsversuche politischen Verhaltens zumindest auch relevant sind, kann dieser Ansatz allein kein angemessenes Raster für die Differenzierung politischen Verhaltens liefern. Wir haben uns daher in unserem Ansatz zur Klassifizierung der Beteiligungsformen tendenziell an der zweiten Möglichkeit orientiert und werden nun politisches Verhalten auf 2 Dimensionen abtragen, die uns zur Erklärung von Realisierungsbereitschaft und deren Umsetzung in tatsächliches Verhalten bedeutsam erschienen. Es sind dies die Dimensionen S c h w i e r i g k e i t und K o n v e n t i o n a l i t ä t.
Dabei ist jedoch zu beachten, daß aus dem gesamten Spektrum der möglichen oder denkbaren Formen politischer Partizipation hier in unserer Untersuchung der von der Altstadtsanierung betroffenen mittelstädtischen Bevölkerung in Andernach/Rhein nur solche Beteiligungsformen herangezogen wurden, die einen mittleren oder hohen Grad an Konventionalität aufwiesen. Dies ergibt sich aus unserem Vorgehen, bei dem nur solche Beteiligungsformen einbezogen wurden, die in der Voruntersuchung genannt waren oder die als bekannt vorausgesetzt werden konnten. Auf diese Weise wurden z.B. solche Beteiligungsformen wie "politische Gefangene gewaltsam befreien" (Vgl. R a d t k e/V e i d e r s 1975,), aber auch Formen wie Beteiligung an wilden Streiks aus dem Spektrum der für den konkreten Konflikt und die

betroffene Bevölkerung relevanten Beteiligungsformen ausgespart. Obwohl "Schwierigkeit" und "Konventionalität" logisch inhaltlich eindeutig unterschiedliche Dimensionen politischer Verhaltensformen darstellen, hielten wir es für sinnvoll, in einem weitergehenden Schritt beide Dimensionen für die Beurteilung der Partizipationsformen zusammenzufassen, da sie theoretisch wie empirisch begründbar beide Schwellenwerte für die Realisierung der jeweiligen Beteiligungsformen darstellen.

Die beiden Dimensionen der Klassifizierung politischen Verhaltens lassen sich wie folgt präzisieren:

1) Schwierigkeit

Insgesamt werden unter der Dimension der Schwierigkeit alle solche Merkmale von Partizipationsformen erfaßt, die auf seiten der Personen, die diese Formen realisieren wollen oder sollen, bestimmte Persönlichkeitsmerkmale oder Eigenschaften in unterschiedlichem Ausprägungsgrad voraussetzen. Hierbei unterscheiden wir zwischen Initiativität und Engagement.

I n i t i a t i v i t ä t : Bei bestimmten Beteiligungsformen wie z.B. bei "persönlicher Kontaktaufnahme", ist es erforderlich, daß Personen den Zeitpunkt, die Form und die Adressaten ihres Handelns selbst auswählen und somit aus eigener Initiative tätig werden. Bei anderen Formen, sei es beim "Besuch von Veranstaltungen" oder in der "Mitarbeit als Parteimitglied" werden Zeitpunkt, Inhalt und Form der Aktivität dagegen meist von anderen oder in kollektiver Entscheidung bestimmt. Unterschiedliche Partizipationsformen sind daher dadurch gekennzeichnet, daß zu ihrer Realisierung seitens der Akteure ein unterschiedlicher Grad von persönlicher Initiative Voraussetzung ist. Da eine solche Bereitschaft, in sozialen Situationen mit politischem Charakter eigene Initiative zum Handeln zu entwickeln, in starkem Maße von der unterschiedlichen Verteilung von Persönlichkeitsmerkmalen wie Ich-Stärke, Vertrauen in die eigene Handlungskompetenz und Verfügbarkeit von differenzierten sozialen Handlungsrepertoires abhängig ist, stellt der unterschiedliche Grad der notwendigen persönlichen Initiative einen unterschiedlich hohen Schwellenwert für die Realisierung der jeweiligen Partizipationsformen dar.

P e r s ö n l i c h e s   E n g a g e m e n t : Obwohl jede individuelle Aktivität im Rahmen der einzelnen Partizipationsformen von unterschiedlichem Engagement des Akteurs gekennzeichnet sein kann, läßt sich doch in Annäherung ein durchschnittlicher Wert des persönlichen Engagements für die verschiedenen Partizipationsformen festlegen. Unter persönlichem Engagement verstehen wir - hier abweichend von dem allgemeineren Sprachgebrauch - zunächst nur den durchschnittlichen Aufwand an zeitlichen und finanziellen Ressourcen, der mit der Realisierung dieser Beteiligungsformen verbunden ist. So läßt sich bestimmen, daß Beteiligung an Unterschriftensammlungen und Petitionen ein höheres persönliches Engagement voraussetzt als die Teilnahme an Wahlen, Diskussionen und Kundgebungen, aber wiederum ein geringeres als bei persönlichen Kontakten, aktiver Parteimitgliedschaft oder gar für die Übernahme von Funktionen in politischen Organisationen.

2) Konventionalität

Konventionalität wird hierbei verstanden als Fremdakzeptanz des Verhaltens, d.h. also als Ausmaß, in dem eine bestimmte politische Handlungsweise in einer Gesellschaft für angemessen oder wünschenswert gehalten wird. Man wird dabei jedoch davon ausgehen müssen, daß diese Dimension der Konventionalität - vor allem in ihren sozialen Komponenten - sowohl regionale als auch zeitlich erheblichen Schwankungen ausgesetzt ist. Wenn man sich vergegenwärtigt, wie verhältnismäßig hoch die Bereitschaft der Bevölkerung zur Beteiligung an Demonstrationen, Rote-Punkt-Aktionen und ähnlichem noch Ende der 6oer Jahre war, so wirft es doch ein bezeichnendes Licht auf die Entwicklung der politischen Kultur in der BRD, wenn z.B. amnesty international im Jahre 1976 über eine rückläufige Bereitschaft zur Teilnahme an Unterschriftenaktionen im Bereich der Betreuung politischer Gefangenen klagte. Dies stellte für uns in diesem Fall vorwiegend ein Meßproblem dar, dem wir dadurch Rechnung zu tragen suchten, daß wir die Einschätzung der unterschiedlichen Ausprägungen der Merkmale für die einzelnen Beteiligungsformen auf die spezifische Situation und den Zeitraum der Sanierung in Andernach/Rhein bezogen haben.

Für die Bestimmung der Dimension "Konventionalität" haben wir folgende 2 Merkmale herangezogen: Normenkonkordanz und soziales Konfliktniveau.

N o r m e n k o n k o r d a n z: Unter dem Begriff der Normenkonkordanz, d.h. dem Grad der Übereinstimmung bestimmter Handlungsformen mit politischen und sozialen Normen, wollten wir nicht allein die juristische Frage nach der Legalität/Illegalität von Beteiligungsformen fassen, zumal dies durch unsere Voraussetzungen schon beantwortet ist. Wir wollen hiermit auf der Ebene der Verhaltensform die sozialen Verhaltensnormen erfassen, die über die Perzeption der Verhaltenserwartungen in das Kalkül der handelnden Personen eingehen. Hierbei geht es also tendenziell um die Frage, ob die Realisierung einer Beteiligungsform seitens der übrigen Mitglieder der Gesellschaft eher akzeptiert oder negativ sanktioniert wird. Wichtig erschien hierbei auch die Prüfung, ob für bestimmte Beteiligungsformen (etwa: Kontakte zur Verwaltung, Wahrnehmung des administrativen Informationsangebots) affirmative Normen festzustellen sind.

K o n f l i k t n i v e a u: Wenn politische Beteiligung als Versuch der Beeinflussung von politischen Entscheidungsprozessen mit dem Ziel der besseren Berücksichtigung von Interessen oder Bedürfnissen im Entscheidungsergebnis angesehen wird, so muß deutlich werden, daß in einer solchen Aktivität stets der Konflikt mit anderen sozialen Gruppen angelegt ist. Wenn auch Politik nicht als Null-Summen-Spiel angesehen werden kann, so beeinträchtigt die Durchsetzung von Interessen bestimmter Gruppen doch das Maß, in dem andere Gruppen im gleichen Bereich ihre eigenen Interessen durchsetzen können. Während die Intensität dieses Konfliktes im allgemeinen eher von der Sache (dem Interessenkonflikt) bestimmt sein dürfte, können die einzelnen Partizipationsformen dennoch unterschieden werden nach dem Grad der Wahrscheinlichkeit, daß der Akteur persönlich oder im Kollektiv in Konfliktsituationen mit anderen politischen/sozialen Akteuren gerät, und nach der Intensität eines solchen Konfliktes. Da die Bereitschaft und die Fähigkeit, solche Konflikte, die ja insbesondere in kleinstädtischen Bereichen schnell in den wirtschaftlichen und sozialen Bereich übergreifen können, von der Verteilung gewisser Persönlichkeitsmerkmale wie auch materieller Handlungsressourcen abhängen, kann auch hier erwartet werden, daß die Bereitschaft, sich solchen

Konflikten auszusetzen, nicht bei allen Personen gleichermaßen vorhanden ist und die Höhe des Konfliktniveaus die Höhe des Schwellenwerts für die Realisierung spezifischer Partizipationsformen darstellt. Besonders deutlich stellt sich dieses Problem für Geschäftsleute, die in starkem Maße "Nachteile für das Geschäft" und "eine Verärgerung der Kundschaft" bei öffentlich wahrnehmbarer politischer Beteiligung befürchteten.

Aufgrund der hier entwickelten Kriterien wollen wir nun für die 15 unterschiedlichen Formen unseres Spektrums der politischen Beteiligung die Ausprägungen der einzelnen Merkmale (Initiativität, Engagement; Normenkonkordanz, soziales Konfliktniveau) bestimmen. Da eine Erhebung dieser Daten im Rahmen der Bevölkerungsumfrage aus einer Reihe von Gründen (vorwiegend erhebungsökonomischer Art) nicht durchgeführt werden konnte, erfolgte die Messung durch Experteneinschätzung (seitens der Mitglieder der Studiengruppe Partizipationsforschung). Hierbei wurde ein Verfahren gewählt, das neben Elementen der "Delphi-Methode" (vgl. u.a. B ö h r e t 1975, 144 - 154) auch solche der "Team-Prognose" oder "Team-Einschätzung" enthielt. Die Einschätzung der Ausprägungen für die verschiedenen Merkmale der Beteiligungsformen erfolgte auf einer 5-er Skala (1 = sehr niedrig; 3 = sehr hoch) und führte zu folgendem Ergebnis (Tabelle 30):

Tabelle 30: Klassifikation der Beteiligungsformen

Beteiligungsform	Schwierigkeit			Konventionalität (a)			Gesamt Index	N der Beteiligungen
	Engagement	Initiativität	Z	Norm	Konflikt	Z		
1 Teilnahme an Kundgebungen	1	1,5	2,5	1	1,5	2,5	5	123
2 Teilnahme an Parteiver-sammlungen	1	1,5	2,5	1	1,5	2,5	5	102
3 Teilnahme an Unterschrif-tensammlungen	1	1	2	1,5	2	3,5	3,5	110
4 Teilnahme an Bürgerversam-mlungen	1	1,5	2,5	1	1	2	4,5	68
5 Teilnahme an Ausstell. zur Sanierung	1	1,5	2,5	1	1,5	2,5	5	122
6 Arbeit als Parteimitglied	2	2,5	4,5	1,5	2,5	4	8,5	39
7 Arbeit in Bürgerinitiative	2,5	3	5,5	2	2,5	4,5	10	30
8 Teilnahme an Straßendemonstr.	1	1,5	2,5	2,5	3	5,5	8	9
9 Streik im Betrieb	1	1,5	2,5	2,5	2,5	5	7,5	6
10 Mietstreik	2,5	2,5	5	3	3	6	11	5
11 Leserbriefe schreiben	2,5	2	4,5	1,5	2	3,5	8	51
12 Briefe an Verwaltung/Politiker	2,5	2	4,5	1,5	1,5	3	7,5	62
13 Persönl.Kontakte Verwaltung	2,5	1,5	4	1,5	1	2,5	6	139
14 Persönl.Kontakte Politiker	2,5	1,5	4	1,5	1	2,5	6,5	100
15 Teilnahme an Anhörung	1	2	3	1	1,5	2,5	5,5	37

(a) Die Skala wurde umgekehrt, um für Konventionalität die Summe bilden zu können.

Abbildung 12: D i m e n s i o n a l e   K l a s s i f i k a t i o n   d e r
B e t e i l i g u n g s f o r m e n

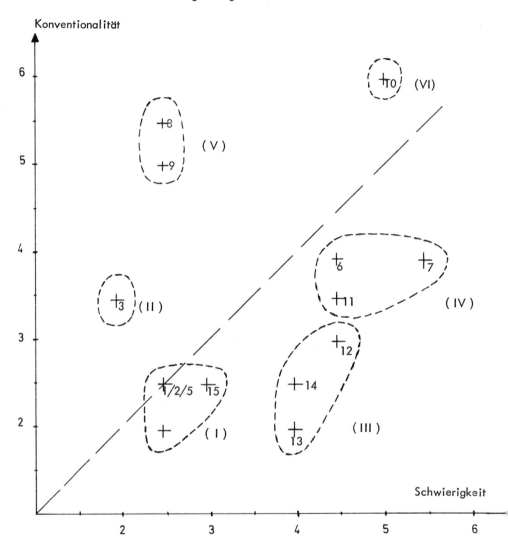

15.2 Kategorien der politischen Partizipation

Die dimensionale graphische Darstellung der einzelnen Beteiligungsformen nach den beiden Kriterien Schwierigkeit und Konventionalität ermöglicht es, bestimmte "Bündelungen" von Partizipationsformen zu kennzeichnen, die durch ihre Ähnlichkeit in den Ausprägungsgraden der obigen Kriterien bestimmt sind. Obwohl wir auf diese Weise natürlich nicht zu solchen Kategorien politischen Verhaltens kommen konnten, die sich inhaltlich gegenseitig ausschließen, haben wir dennoch versucht, diese Kategorien nachträglich aufgrund der gemeinsamen qualitativen Merkmale der in ihnen enthaltenen Beteiligungsformen zu beschreiben. Diese inhaltlichen Beschreibungen sollen dabei das jeweils wesentlich Gemeinsame treffen und nicht als ausschließende Abgrenzung gegenüber anderen Kategorien dienen. Über die Differenzierung nach Schwierigkeitsgrad und Konventionalität hinaus erlaubt eine solche nach qualitativen politischen Kriterien vorgenommene Unterscheidung jedoch eine weitgehende Beurteilung der Wahrnehmung von Beteiligungsmöglichkeiten nach ihrer potentiellen Wirksamkeit oder unter normativ-demokratietheoretischen Gesichtspunkten.

Tabelle 31: Klassifikation der Beteiligungsformen

Kategorien der Beteiligung	Realisierungsfrequenz	
	in % aller N	in % je Form

I. Rezeptive/kommunikative Beteiligung
   - Teilnahme an Kundgebungen
   - Teilnahme an Parteiversammlungen
   - Teilnahme an Ausstellungen zur
     Sanierung
   - Teilnahme an Bürgerversammlungen
   - Teilnahme an Anhörungen
	45	9

II. Kollektiv-solidarisierende Beteiligung - Teilnahme an Unterschriftensammlung	11	11

III. Individuell-aktive Beteiligung (nicht-
öffentlich)
   - Briefe an Politiker/Verwaltung
   - persönliche Kontakte zur Verwaltung
   - persönliche Kontakte zu Politikern
	30	10

IV. Kollektiv-aktive Beteiligung (öffentlich)
   - Mitarbeit als Parteimitglied
   - Mitarbeit in Bürgerinitiative
   - Leserbriefe schreiben
	12	4

V. Kollektiv-demonstrative Beteiligung
   - Teilnahme an Straßendemonstrationen
   - Teilnahme an betrieblichen Streiks
	1,5	0,75

VI. Boykott-Aktionen - Mieterstreik	0,5	0,5

Wenn man die Verteilung der Realisierungsfrequenzen auf die 6 Kategorien politischer Beteiligung betrachtet und inhaltlich wertet, muß die bisherige Einschätzung der Ergebnisse als "hohe Frequenz der Beteiligung" erheblich relativiert
werden. Einmal fällt der außerordentlich hohe Anteil   der rezeptiven/kommuni-
kativen Beteiligungsformen ins Auge, die nur teilweise eine tatsächliche Ein-
bringung von eigenen Vorstellungen und/oder Interessen in den Meinungsbildungs-
oder Entscheidungsprozeß beinhalten und z.T. eher der Beschaffung von undiffe-
renzierter Massenloyalität für die Veranstalter dienen. Unabhängig von der
Frage nach der potentiellen Effizienz solcher Beteiligungsakte, die ja immer nur
im konkreten Einzelfall beantwortet werden und die auch durchaus unterschiedlich ausfallen kann, läßt sich diese Art von politischer Beteiligung, die man fast
als Massenkonsum vorgefertigter und inhaltlich nicht bestimmbarer Beteiligungsan-
gebote bezeichnen möchte, kaum noch mit dem emanzipativen Pathos der Demo-
kratisierungsdiskussion in Verbindung bringen. Wenn auch eine politische Wirksamkeit solcher Veranstaltungen auch im Sinne der Berücksichtigung der Interessen der Teilnehmer nicht ausgeschlossen werden kann, so ist doch nicht einzu-
sehen, wie die Teilnahme an solchen Veranstaltungen für die Teilnehmenden ein
größeres Maß an individueller Selbstverwirklichung im Sinne einer Aufhebung von
Fremdbestimmung durch Mitbestimmung erbringen kann. Insoweit ist auch nicht in
nennenswertem Umfang zu erwarten, daß die Erfahrungen mit solcherart "rezepti-
ven/kommunikativen" oder gar "konsumptiven" Beteiligungsformen positive Auswirkungen auf die "demokratische politische Sozialisation" (zum Begriff vgl.
B u s e 1976, 15 f.) der Beteiligten haben werden. Quantitativ stellen diese
Beteiligungsformen jedoch den weitaus größten Teil der realisierten Beteiligungshandlungen dar. Die Kategorie kollektiv-solidarisierende Beteiligung dürfte wahrscheinlich aus technischen Gründen unterbesetzt sein, da hier nur eine Form genannt werden konnte. Dies war aufgrund unseres Klassifikationsansatzes nicht
völlig zu vermeiden gewesen, sollte aber bei einer weiteren Verwendung der
Partizipationsskala dahingehend verändert werden, daß die einzelnen Kategorien
jeweils die gleiche Zahl von gleichartigen Beteiligungsformen umfassen. Insgesamt
ist die Realisierungsfrequenz auch in den Kategorien II, III und IV (kollektiv-
solidarisierende/individuell-aktive/kollektiv-aktive Beteiligung) noch recht erheblich. Bei der relativ hohen zahlenmäßigen Besetzung der Kategorie "individuell-
aktive Beteiligungsformen" muß aber berücksichtigt werden, daß die Absichten
bzw. Anliegen, die bei solchen persönlichen Kontakten zur Sprache kommen,
sehr heterogen sind und in Einzelfällen durchaus auch rein privater Natur gewesen sein können, obwohl wir dies durch die Frageformulierung, die die einzelnen
Beteiligungsmöglichkeiten insgesamt als "Möglichkeiten, sich für eine öffentliche
Angelegenheit einzusetzen", kennzeichnete, auszuschalten versucht hatten (114).

15.3 D a s   S t u f e n m o d e l l   d e r   P a r t i z i p a t i o n

Der Nachweis qualitativ unterschiedlicher Kategorien politischer Beteiligung
könnte nun dazu führen, auch von der These einer "dimensionalen Beteiligung"
auszugehen. Dabei wäre anzunehmen, daß Personengruppen mit bestimmten Merkmalen oder auch Schichtgruppen vorzugsweise bestimmte Kategorien politischer
Beteiligung realisieren, andere Kategorien aber nicht realisieren. Ein solcher

Ansatz, wie er unter anderen Erkenntnisinteressen indirekt durch die Aufteilung in "passive" und "individuell-aktive" Beteiligung bei E l l w e i n/Z o l l (1973) nahegelegt und auch von V e r b a/N i e (1972, 44 - 81) vertreten wird, könnte zunächst dadurch gestützt werden, daß ein Teil der Beteiligungsformen eine deutliche schichtspezifische Struktur der Wahrnehmung aufweisen: Für die Formen

2:	Teilnahme an Parteiversammlungen	$Chi^2 = 14.662$ xxx
4:	Teilnahme an Bürgerversammlungen	$Chi^2 = 17.338$ xxx
6:	Arbeit als Parteimitglied	$Chi^2 = 20.192$ xxx
11:	Briefe an Medien schreiben	$Chi^2 = 46.198$ xxx
12:	Briefe an Verwaltung/Politiker schreiben	$Chi^2 = 39.814$ xxx
13:	Persönliche Kontakte zur Verwaltung	$Chi^2 = 17.875$ xxx
14:	Persönliche Kontakte zu Politikern	$Chi^2 = 23.742$ xx
15:	Teilnahme an einer Anhörung	$Chi^2 = 16.079$ xxx

gilt insgesamt, daß sie in stärkerem Maße von Angehörigen der mittleren und oberen Mittelschichten wahrgenommen werden als von den 3 unteren sozialen Schichten. Bei den anderen Formen sind die Unterschiede statistisch jedoch nicht mehr signifikant.

Im Gegensatz zu einer solchen qualitativen Differenzierung, die zur These der fraktionierten (R a d t k e/V e i d e r s 1975, 8) oder der dimensionalen (E l l w e i n/Z o l l 1973, V e r b a /N i e 1972) Beteiligung führen müßte, waren wir von der Existenz gradueller Abstufungen von Schwierigkeit und Konventionalität der Beteiligungsformen ausgegangen. Dies müßte dann bei der Realisierung der Beteiligung zu einer stufenförmigen, kumulativen Beteiligung führen. Diese These von der kumulativen Beteiligung wird zunächst durch die Realisierungsfrequenzen (vgl. Tabelle 32) gestützt. Auch die Schichtanalyse der Realisierung deutet auf ein solches Stufenmodell hin, da ein Teil der Formen von allen Schichten (fast) gleichmäßig, der andere Teil aber überwiegend von Angehörigen der mittleren und oberen Mittelschichten genutzt wurde.

Wir wollten unsere These von der kumulativen Struktur der Realisierung von Beteiligungsmöglichkeiten, unser "Stufenmodell der politischen Beteiligung" jedoch darüber hinaus durch einen von unserem Klassifizierungsansatz unabhängigen Analyseschritt überprüfen und haben daher eine G u t t m a n-S k a l i e r u n g (vgl. G u t t m a n 1950) durchgeführt. Hierbei wird geprüft, ob eine bestimmte Rangreihung der Beteiligungsformen festzustellen ist, innerhalb derer eine Person, die eine Beteiligungsform auf einer bestimmten Stufe dieser Rangreihe realisiert hat, auch alle in der Rangfolge darunter liegenden Formen realisiert hat. Die Guttman-Skalierung führte zu folgender Rangreihe, die durch einen Reproduzierbarkeitskoeffizienten von R = 0.908 auf hohem Niveau gesichert wird: von den 201 Personen, die überhaupt schon Beteiligungsformen wahrgenommen hatten, gilt für 114 Personen (56,7%), daß sie Beteiligungsmöglichkeiten in genau dieser Reihenfolge kumulativ wahrgenommen haben. Die Rangreihe zeigt die folgende Tabelle.

Tabelle 32: Rangfolge der Beteiligungsformen nach der Guttman-Skalierung

Form der Beteiligung	Realisierung
1. Persönliche Kontakte mit der Verwaltung	139
2. Teilnahme an Kundgebungen	123
3. Teilnahme an Informationsveranstaltungen der Verwaltung	122
4. Teilnahme an Unterschriftensammlungen	110
5. Teilnahme an Parteiversammlungen	102
6. Persönlicher Kontakt mit Politikern	100
7. Teilnahme an einer Bürgerversammlung	68
8. Briefe an Politiker/Verwaltung	62
9. Briefe an Massenmedien	51
10. Arbeit als Parteimitglied	39
11. Teilnahme an einer Anhörung	37
12. Mitarbeit in einer Bürgerinitiative	30
13. Teilnahme an einer Straßendemonstration	9
14. Teilnahme an einem Streik (Betrieb)	6
15. Teilnahme an einem Mieterstreik	5

Die Ergebnisse der Guttman-Skalierung bestätigen damit unsere These, daß Beteiligungsmöglichkeiten überwiegend kumulativ wahrgenommen werden, d.h., daß bei der Realisierung einer Beteiligungsform auf einer bestimmten Stufe (von Schwierigkeit und Konventionalität) mit hoher Wahrscheinlichkeit alle Formen, die unterhalb dieser Stufe liegen ebenfalls realisiert werden. Die berichtete empirische Bestätigung der sukzessiven Struktur der Partizipation kann sich nur auf die Daten des gegebenen Falles stützen. Dies gilt zwar für alle empirischen Belege, hat hier jedoch ein besonderes Gewicht. Es waren nämlich in dem Untersuchungsfall nur solche Partizipationsformen vertreten, die laut Voruntersuchungen eine gewisse Realisierungschance hatten.

Stärker unkonventionelle Partizipationsformen treten dabei nur dann auf, wenn es sich um "extreme" Bevölkerungsgruppen oder um "extreme" Konfliktfälle handelt. Beides war bei uns nicht der Fall. Dadurch sind bezüglich des Kriteriums der Konventionalität höchstens mittlere Partizipationsformen berücksichtigt worden, und es gelten die Belege und darüber hinaus auch die Erwartungen bezüglich der Sukzessivität entsprechend nur für jeweils enge bis mittlere Spannweiten von Konventionalität der Partizipationsformen.

Tabelle 33: Rangreihe der Beteiligungsformen nach Schwierigkeit
und Konventionalität

Rangplatz	Schwierigkeit	Konventionalität
1	Unterschriftensammlung	⌈Persönliche Kontakte Verwaltung
2	⌈Kundgebungen	⌊Bürgerversammlung
3	⎸Informations-Ausstellung	⌈Kundgebung
4	⎸Parteiversammlung	⎸Informations-Ausstell.
5	⎸Bürgerversammlung	⎸Parteiversammlung
6	⎸Streik (im Betrieb)	⎸Anhörung
7	⌊Demonstration	⌊Persönliche Kontakte Politiker
8	Anhörung	Briefe an Politiker/Verwaltung
9	⌈Persönliche Kontakte Verwaltung	⌈Unterschriftensamml.
10	⌊Persönliche Kontakte Politiker	⌊Briefe an Massenmedien
11	⌈Briefe an Politiker/Verwaltung	Arbeit als Parteimitglied
12	⎸Briefe an Massenmedien	Arbeit in Bürgerinitiativen
13	⌊Arbeit in Partei	Streik im Betrieb
14	Mieterstreik	Straßendemonstration
15	Bürgerinitiativen	Mieterstreik

⌈ = Die so zusammengefaßten Beteiligungsformen haben gleiche Werte auf der
⌊ Schwierigkeits- und Konventionalitätsskala.

Aufgrund unseres Verfahrens für die Einschätzung der Formen nach Schwierigkeit und Konventionalität war nicht ohne weiteres zu erwarten, daß die Rangreihe für tatsächliche Realisierung mit den beiden anderen Rangreihen übereinstimmen, da möglicherweise die Experteneinschätzung von der Einschätzung der Kriterien Schwierigkeit und Konventionalität in der Bevölkerung in manchen Fällen abweichen würde. Dazu kommt, daß außer den von uns herangezogenen Kriterien noch andere Faktoren die Realisierungswahrscheinlichkeit bestimmen. Dies gilt in unserem Fall in besonderem Maße für die "Teilnahme an einer Bürgerversammlung", da dieses Instrument erst seit Anfang 1974 durch die Neufassung der rheinland-pfälzischen Gemeindeordnung geschaffen wurde und daher nicht nur vielen Bürgern unbekannt war, sondern auch als reale Beteiligungsmöglichkeit bisher nur in wenigen Fällen verfügbar war. Das Argument des Bekanntheitsgrades und der Verfügbarkeit gilt z.T. auch für die "Teilnahme an einer Anhörung", da diese Form der Beteiligung bisher vorwiegend für Organisationen und Institutionen Bedeutung hatte.
Sieht man aber von diesen situationalen Besonderheiten ab und vergleicht die 3 Rangreihen (nach tatsächlicher Realisierung/ nach Schwierigkeitsgrad/nach Konventionalität), so zeigt sich, daß vor allem zwischen den Rangreihen "tatsächliche Realisierung" (Guttman-Skala) und der Rangreihe "Konventionalität der Beteiligungsformen" eine starke Übereinstimmung besteht. Hieraus läßt sich die These ableiten, daß die Bereitschaft zur Realisierung der unterschiedlichen Beteiligungsformen in starkem Maße davon abhängt, ob und wie stark eine solche Beteiligung gesellschaftlich politischen Normen entspricht und ob eine solche Beteiligungsform für die handelnde Person wahrscheinlich soziale Konflikte mit sich

bringt. Die Realisierung bestimmter Beteiligungsformen könnte somit als abhängig
von der unterschiedlichen Risikobereitschaft der Personen hinsichtlich sozialer
und Norm-Konflikte angesehen werden. Ein solches Ergebnis entspricht auch
dem zuvor festgestellten hohen Erklärungswert der sozialen Verhaltenserwartungen
für die Beteiligungsbereitschaft.

15.4 Der Partizipationsindex (PPI)

Ausgehend von den Ergebnissen unserer Klassifikationsversuche von politischem
Verhalten, die nicht nur qualitativ verschiedene Typen politischer Beteiligung,
sondern auch unterschiedliche Stufen von Schwierigkeitsgrad und Konventionalität für die einzelnen Beteiligungsformen aufzeigten, stellt sich folgende Frage:
Sollten wir den Grad der bisherigen Beteiligung einer Person als Summe aller
bisher (berichteten) vollzogenen Beteiligungshandlungen erfassen oder
die Unterschiede in Schwierigkeitsgrad und Konventionalität der einzelnen
Formen berücksichtigen und etwa die "Mitarbeit als Parteimitglied" als Partizi-
pationsform höher bewerten als die "Teilnahme an einer Kundgebung".
Die erste Alternative erschien uns dem Gegenstand unserer Untersuchung nicht
angemessen, da die real existenten und auch für die Beteiligungsbereitschaft und
Realisierung bedeutsamen Unterschiede zwischen den einzelnen Beteiligungsformen
nur dann außer Betracht gelassen werden können, wenn Beteiligung etwa im Sinne
von Lane (1959) als Beschäftigungstherapie betrachtet wird und die Formen
letztlich austauschbar werden. Da wir jedoch auf der Ebene von Personen und
Personengruppen einen Ansatz zur Erklärung der Unterschiede in Beteiligungsbereitschaft und deren Umsetzung in konkretes politisches Verhalten leisten wollten,
brauchten wir einen Ansatz, der die relevanten Unterschiede bei den einzelnen
Formen in Bezug auf den Grad der Beteiligung berücksichtigt. Wir haben daher
einen Politischen Partizipationsindex (PPI) entwickelt, bei dem als Gewichtungs-
faktor für die einzelnen Beteiligungsformen jeweils die Summe der Skalenwerte
für Schwierigkeit und Konventionalität verwendet wurde.
Auf diese Weise erhielten wir für jede Person einen Indikator, (PPI), der das nach
Schwierigkeit und Konventionalität gewichtete Ausmaß der gesamten bisherigen
Beteiligung der Person bestimmt. Dieser PPI enthält alle 15 Partizipationsformen,
die im Verlauf einer Sanierung eine Rolle spielen können. Aufgrund unserer Untersuchungen haben wir einige wenige identifiziert, die der sanierungsbetroffenen
Bevölkerung in besonderem Maß bedeutsam erschienen. Für diese haben wir einen
"Kurz-PPI" entwickelt, um die Möglichkeit zu schaffen, fallbezogene Beteiligungsbereitschaften auf allgemeine und fallbezogene tatsächliche Beteiligung zu
beziehen. In diesem Kurz-PPI gehen die Kontakte mit der Verwaltung und den
Politikern, die Besuche von Sanierungsausstellungen und die Mitarbeit in Bürgerinitiativen ein.

15.5 Zusammenfassung

Der Grad der Beteiligung der Bürger an der Kommunalpolitik - als zentraler
Gegenstand unserer Untersuchung - war insgesamt höher als erwartet und lag
deutlich über den Werten, die aus anderen Untersuchungen bekannt waren. Wenn
auch nicht auszuschließen ist, daß dieses Ergebnis durch die situationsspezifischen
Eigenarten des untersuchten Falles bedingt war, vertreten wir die Auffassung, daß
der hier berichtete hohe Beteiligungsgrad dadurch zu erklären ist, daß wir unsere Untersuchung an einem relevanten und von der Bevölkerung als solchen wahrgenommenen politischen Konfliktfall angesetzt haben. Da politische Beteiligung
jedoch instrumentell stets auf einen konkreten politischen Konfliktfall bezogen
ist, halten wir generelle Untersuchungen zur politischen Beteiligung, die vom
konkreten Konflikt abstrahieren müssen, zumindest für problematisch, da auf
seiten der Befragten die Aktualisierung von Situationen, Betroffenheit, Lösungsmöglichkeiten, Beteiligungschancen und Durchsetzungsmöglichkeiten nicht gewährleistet ist.
Dieses Ergebnis, daß nur 43.2% der Befragten noch keine der politischen Beteiligungsmöglichkeiten realisiert haben, wird zwar dadurch relativiert, daß mit 42.7%
fast die Hälfte aller genannten Beteiligungsakte in die Kategorie "rezeptive/
kommunikative Beteiligung" fiel, die eher als Akklamationsveranstaltungen denn
als konkrete Einflußversuche auf die Ergebnisse von Entscheidungsprozessen anzusehen sind. Dennoch bleibt auch hier ein Teil von - im Einzelfall vielleicht sogar recht effektiven - Einflußchancen. Auf dem Hintergrund der Erwartungen
hinsichtlich des Grad an politischer Apathie, der aus früheren Untersuchungen berichtet wird, bleiben unsere Ergebnisse zum Ausmaß der politischen Beteiligung
der Bürger in Andernach beachtlich.
  Neben dem Umfang der Beteiligung - mit den genannten Einschränkungen - war
das herausragende Ergebnis der Analyse der tatsächlichen Beteiligung der Nachweis
einer kumulativen Struktur der Realisierung von Partizipationsformen. Wir haben
dies das "Stufenmodell der politischen Beteiligung" genannt. Daß dabei an erster
Stelle der Stufenleiter - noch vor den rezeptiven/kommunikativen Beteiligungsformen - der "Kontakt zur Verwaltung" stand, ist z.T. durch spezifische Bedingungen des Falles gegeben, deckt sich aber in der Tendenz mit früheren Ergebnissen hinsichtlich der Besonderheiten der politischen Partizipation in der Bundesrepublik Deutschland (A l m o n d/V e r b a 1965), bei der der öffentlichen Verwaltung gegenüber den Politikern und Parteien ein Vertrauensvorsprung seitens der
Bevölkerung eingeräumt wurde. In einer neueren international vergleichenden Untersuchung zum Protest-Potential berichtete K l i n g e m a n n ähnliche Ergebnisse (115).

16. PERZEPTION DER POLITISCH-SOZIALEN SITUATION (116)

16.1 Bedingungen der Perzeption

Die Möglichkeit, die Sanierungsplanung und die darin enthaltene Konflikt-situation und potentielle Betroffenheit zu erkennen, hängt von zwei Faktoren-bündeln ab: auf der objektiven Seite ist die Informationsübermittlung Vorausset-zung; sie erfolgt vor allem über die Lokalpresse und wurde bereits im Rahmen der Fallbeschreibung dargestellt; diese Informationen müssen jedoch von den Personen aufgenommen werden, wobei subjektive Bedingungen eine Rolle spielen. Als solche Bedingungen haben wir oben die Interessiertheit (an allgemeinen wie speziellen Politik- und Themenbereichen) sowie die daraus folgende Aufmerksam-keitszuwendung zu bestimmten Informationen (Informationssuchverhalten) entwik-kelt. Wir wollen nun die hierzu ermittelten Ergebnisse vorstellen.

Interessiertheit

Wir unterscheiden die Interessiertheit zunächst nach unterschiedlichen Politik-ebenen (Bundes-, Landes-, Kommunalpolitik), kommunalpolitische Instanzen (Stadtverwaltung, Parteien, Stadtrat) und kommunalpolitischen Gegenständen (Wohngegend, Stadt insgesamt, Altstadtsanierung). Damit soll vor allem erfaßt werden, inwieweit spezielles kommunalpolitisches oder instanz- bzw. maßnahmen-bezogenes Interesse mit allgemeinerem politischen Interesse zusammenhängt. Die einzelnen Interessiertheiten wurden in einer Ordinalskala erfaßt, die von starker bis zu gar nicht existierender Interessiertheit durch die Ausprägungen sehr stark, stark, nicht sehr stark, überhaupt nicht interessiert, eingeteilt ist. Zur besseren Übersicht haben wir in der folgenden Tabelle die Abstufungen "sehr stark" und "stark" zusammengefaßt.

Tabelle 34: Interessiertheit

Gegenstandsbereich	sehr stark und stark %	nicht sehr stark %	überhaupt nicht %	N
Bundespolitik	61.4	24.6	13.7	350
Landespolitik	53.3	32.7	13.8	349
Kommunalpolitik	63.5	25.1	10.8	351
Verwaltung	63.7	28.7	7.3	342
Parteien	46.0	37.2	16.2	339
Stadtrat	57.2	31.4	11.4	341
Wohngegend	84.9	11.9	2.9	345
Stadt insgesamt	78.4	19.0	2.6	342
Altstadtsanierung	78.4	17.3	3.8	347

Die Gegenüberstellung der Politikebenen zeigt zunächst, daß die Andernacher Bürger der Kommunalpolitik das stärkste Interesse entgegenbringen. Dem entspricht auch, daß das Desinteresse an der Kommunalpolitik sowohl absolut als auch im Vergleich mit den beiden anderen Poltikebenen sehr gering ist. Insgesamt besteht zwischen der Interessiertheit an der Bundes- und Kommunalpolitik kein wesentlicher Unterschied, während die Landespolitik doch erheblich abfällt.

Der einzelne Bürger kennt vermutlich nicht den Stellenwert der Landespolitik, die in Bezug auf Planung und Finanzen doch bedeutsam in den Bereich der hoch interessierenden Kommunalpolitik hineinwirkt. Des weiteren ist innerhalb der politischen Auseinandersetzung insgesamt sowie auch in der Berichterstattung der Medien die Landespolitik eher ein Stiefkind; sie wird in der öffentlichen Diskussion zumeist nur als Funktion von Bundespolitik (z.B. Niedersachsen und Saarland als Problemfeld für das Verhalten der dritten Partei, oder bei Fällen, die über die Landespolitik hinausweisen (z.B. Umweltproblem Whyl, Brokdorf; Wirtschaft: Kohlekrise Ruhr), relevant. Dies wird unterstützt durch die hohe Korrelation zwischen den entsprechenden Interessiertheiten an Bundes- und Landespolitik.

Die hohe Interessiertheit an der Bundespolitik dürfte in ihrem Stellenwert für die allgemeinen Lebensbedingungen der Bürger liegen, wobei die ausführliche Berichterstattung der hohen Zuwendung entspricht.

Das ausgeprägte Interesse an der Kommunalpolitik verweist auf deren Bedeutung für den unmittelbaren Lebensbereich des Bürgers. Außerdem kann dieser die Gegenstände der Kommunalpolitik viel leichter ohne besondere Kenntnisse um politische Prozesse überschauen, als das bei den anderen Ebenen der Fall ist. Für diese Interpretation spricht, daß innerhalb der kommunal-politischen Themen noch einmal die Interessiertheit an der Wohngegend, die ja dem einzelnen am nächsten ist, um 6.5% über den anderen Interessiertheiten steht.

Insgesamt zeigen diese Ergebnisse, daß die vor mehr als zehn Jahren aufgrund einer Erhebung in Karlsruhe von O s w a l d (1966) aufgestellte These von der zunehmenden "überlokalen Orientierung" der Menschen, die ein abnehmendes Interesse an lokalen Problemen zur Folge habe, heute und für kleinere Städte anzuzweifeln ist.

Zwischen allen Interessiertheiten bestehen starke (statistisch hoch signifikante) Zusammenhänge. Besonders interessant ist hierbei, daß das Interesse an der Kommunalpolitik bzw. deren Institutionen und Gegenstandsbereichen sehr stark mit allgemeinem politischem Interesse, das sich in der Interessiertheit an der Bundespolitik ausdrückt, zusammenfällt.

Das kommunalpolitische Interesse ist jedoch nicht nur in ein Interesse an übergeordneten Politikebenen eingebettet, sondern ebenfalls in eine generelle Einstellungsstruktur. Diese Überlegung wurde im theoretischen Teil der Untersuchung angestellt und kann hier nur ansatzweise empirisch überprüft werden. Wir haben nämlich in unserer Untersuchung nur Einstellungen spezifischer Art und solche mittlerer Abstraktionsebenen erfaßt, nämlich "Politisches Engagement" und "Politische Entfremdung". Für diese konnte eine beachtenswerte Beziehung zu den Interessiertheiten an allen politischen Ebenen festgestellt werden, so daß gefolgert werden kann, daß die einzelnen Interessiertheiten sowohl untereinander als auch mit allgemeineren Einstellungen zusammenhängen.

Informationsverhalten

Interessiertheit als allgemeine Bereitschaft zur Zuwendung zu bestimmten Gegenständen oder Gegenstandsbereichen äußert sich darin, daß mehr oder weniger
gezielt Informationen über Gegenstandsbereiche aufgenommen bzw. eingeholt
werden. Diese Informationsaufnahme richtet sich auf bestimmte Informationsträger.

Über das wichtigste Informationsmedium - die Presse - hinaus konnten im vorlie-
genden Kontext auch die Stadtverwaltung, der Stadtrat, die Parteien und die
Ausstellungen als Informationsquellen dienen. Die folgende Tabelle zeigt die
Nutzung dieser Quellen.

Tabelle 35: Benutzung der Informationsquellen

Quelle	ja %	nein %	N
Ausstellung	34.4	65.5	354
Zeitung	92.1	7.9	354
Stadtrat	38.4	61.6	271
Stadtverwaltung	41.0	57.7	268
Parteien	63.2	63.8	268

Erwartungsgemäß ist die Zeitung mit weitem Abstand Hauptinformationsquelle. Die
Inanspruchnahme der übrigen, direkten Quellen ist jedoch erstaunlich hoch. Sie
liegt bei leichten Schwankungen zwischen ca. 35 und 41%. Daß die Verwaltung
hierunter an erster Stelle steht, ist wohl damit zu erklären, daß sie - abgesehen
von der oben bereits erwähnten besonderen Stellung der Verwaltung in der poli-
tischen Kultur in Deutschland - als Exekutive am unmittelbarsten die Belange der
Bürger berührt; diese werden daher auch zumeist in dieser Institution bei Fragen
oder Problemen einen ersten Ansprechpartner suchen und finden.
Die etwas niedrigere Inanspruchnahme der Parteien entspricht zwar nicht deren
Vermittlungsfunktion zwischen Parlament und Bürger, scheint uns aber dennoch in
Anbetracht ihres ansonsten eher negativen Images recht hoch.
Letzteres gilt auch für die Ausstellung, da hier zu berücksichtigen ist, daß die-
se im Gegensatz zu den übrigen Quellen nur eine punktuelle Informationsquelle
darstellte, die immerhin von einem guten Drittel der Bürger genutzt wurde.
Weitere Hinweise auf die Gründe der unterschiedlichen Quellennutzung und die
Qualität der Informationen aus der Sicht der Bürger ergeben sich, wenn man deren
Bewertung der Informationsquellen ermittelt. In der folgenden Tabelle ist diese
Bewertung nach den dichotomen Kategorien umfassend/unzureichend, glaubwürdig/
unglaubwürdig und nur angebotene/auch besondere Informationen erhältlich (bei
der Zeitung stattdessen gut/schlecht) wiedergeben.

Tabelle 36: Bewertung der Informationen in % (a)

Bewertung	Stadtrat	Verwaltung	Parteien	Ausst.	Zeitung
umfassend	52.0	53.0	50.7	42.4	39.1
unzureichend	17.8	15.3	22.2	19.2	50.0
glaubwürdig	72.1	71.3	60.2	58.3	75.9
unglaubwürdig	4.8	7.1	14.5	9.5	9.1
nur angebotene Informationen	11.0	13.4	14.4	14.7	-
auch besondere Informationen	72.1	68.3	71.5	52.8	-
gut	-	-	-	-	54.5
schlecht	-	-	-	-	21.7
N	270	268	270	348	321

(a) Die Differenzen zu 100% ergeben jeweils die "weiß-nicht"-Antworten, die der Übersichtlichkeit wegen nicht aufgeführt wurden.

Für die vier nur gelegentlich oder selten benutzten Informationsquellen liegt die Zahl der "weiß-nicht"-Antworten ausgesprochen hoch, in allen Fällen über der negativen Bewertung. Ca. ein Fünftel der Befragten, bei den Ausstellungen gar ein Drittel, sahen sich hier zu keiner Bewertung in der Lage. Hierzu ist anzumerken, daß wir nicht nur diejenigen nach ihrer Bewertung gefragt haben, die die jeweilige Quelle benutzt hatten, sondern alle, so daß der hohe Anteil der Ausweicher selbstverständlich ist. Dies gilt nicht für die Zeitung; hier äußerten etwa 80 - 90% eine positive oder negative Meinung. Das entspricht der Bedeutung und Bekanntheit dieses Mediums, daß von 92,1% der Befragten gelesen wird, darunter von 84,1% täglich, von 9,2% fast täglich und von 6.8% hin und wieder. Ihre Berichterstattung wird von einem hohen Anteil der Leser als gut (54.4%) und glaubwürdig (75.9%) bezeichnet, während nur 39.1% der Leser die Berichte für ausführlich halten und 50% der Auffassung sind, daß zu verkürzt berichtet wurde. Dieser Gegensatz kann aber vielleicht dahin aufgelöst werden, daß durch die Leser akzeptiert ist, daß ein Medium mit einem solchen Spektrum an Information wie die Zeitung die einzelnen Meldungen, Kommentare usw. etwas verkürzt darstellen muß, um das gesamte Spektrum abdecken zu können.
Bei den übrigen Informationsquellen sind die Bewertungen durchweg recht positiv und wenig unterschiedlich. Parteien und Ausstellungen schneiden jedoch etwas, bei der Glaubwürdigkeit sogar wesentlich schlechter ab als Rat und Verwaltung. Während bei den Ausstellungen hier der hohe "weiß nicht"-Anteil berücksichtigt werden muß, liegt bei den Parteien die Vermutung nahe, daß der Bürger eher offiziellen Institutionen der Lokalpolitik sein Vertrauen schenkt als den Parteien, deren Information er doch vielleicht als durch die "Parteibrille" gesehen einschätzt.

Im Zusammenhang mit der Bewertung der Informationsquellen Stadtrat, Verwaltung und Parteien wurde zusätzlich erhoben, in welcher Angelegenheit sich die Bürger schon einmal an diese Quellen gerichtet haben. Dabei wurde unterschieden zwischen Angelegenheiten, die nur den Bürger selbst betrafen (= private) und solchen, die auch für andere von Belang waren (allgemeine) Angelegenheiten.

Tabelle 37: Art der Angelegenheiten bei der Kontaktaufnahme
mit Rat, Verwaltung und Parteien

betroffene/interessierte Person(en)	Rat (N = 105) %	Verwaltung (N 3 112) %	Parteien (N = 95) %
privat	24.8	49.1	22.1
allgemein	73.3	49.1	77.9
weiß nicht	1.9	1.8	-

Obwohl die Antworten von nur etwa einem Drittel der Gesamtstichprobe stammen, sind sie dennoch aussagefähig. Es fällt auf, daß der Kontakt mit der Verwaltung abweichend von Kontakten mit Rat und Parteien zur Hälfte nur aus privaten Gründen stattfand. Dies spricht für die bereits oben vorgenommene Unterscheidung von Verwaltung als unmittelbar ausführender Institution, im Unterschied zu Parteien und Rat als lokalpolitische Willensbildungs- und Entscheidungsorgane. Der überwiegende Teil der Verwaltung hat es in höherem Maße mit Problemen zu tun (man denke an Sozialhilfe), Kindergeld, Wohngeld etc.), die den Bürger als Privatmann betreffen.

Zusammenfassung

Das wichtigste Informationsmittel für den Bürger ist die Zeitung, was auch eine zusätzliche Befragung der Einschätzung der Wichtigkeit der Informationsquellen ergab. Danach hielten 86% der Befragten die Zeitung als Informationsquelle für sehr wichtig oder wichtig, während nur insgesamt 14% sie für weniger wichtig (9,4%) oder unwichtig (4.6%) hielten. Weiterhin werden die Quelle Ausstellung (68,9%), Stadtrat (67.4%) und Stadtverwaltung (69,6%) überwiegend für wichtig gehalten, wobei sie aber schon deutlich hinter der Quelle Zeitung zurückbleiben. Wenngleich die Parteien als Informationsträger in etwa gleichem Ausmaß wie Rat, Verwaltung und Ausstellung frequentiert worden sind, werden sie nicht als so wichtig für die Informationssuche gehalten: nur 49,2% der Bürger halten die Parteien diesbezüglich für sehr wichtig oder wichtig, während die Mehrheit eine eher distanzierte Haltung den Parteien gegenüber an den Tag legt, was deren Wichtigkeit als Informationsquelle angeht.
Die Bewertung der Medien bzw. Informationsträger zeigt, daß diese eine doch überwiegend positive Einschätzung bei den befragten Bürgern finden. Ist die Beurteilung des Ausmaßes an Information (Umfang/Umfassenheit) für etwa die Hälfte der Bürger ausreichend - bei einem großen Anteil von Unentschiedenen -, so werden sie doch überwiegend für glaubwürdig gehalten. Zudem werden die lokalpolitischen Strukturen als Informationsträger vorwiegend den besonderen Problemen

der Bürger zugänglich eingeschätzt, was möglicherweise an der großen persönlichen Bekanntheit der Lokalpolitiker bzw. Verwaltungsleute in solch überschaubaren Kommunen liegt.

16.2 Ergebnisse der Perzeption: Informiertheit

16.2.1 Perzeption der Sanierungsplanung

Um festzustellen, inwieweit die Bürger über Gesamt- und Einzelziele der Sanierungsplanung informiert sind, haben wir eine Liste der wesentlichen Maßnahmenkomplexe, die in der Planung enthalten sind, vorgelegt und gefragt, ob bekannt
sei, daß auf diesen Gebieten "Verbesserungen" des bestehenden Zustandes geplant sind. Die Formulierung der Vorgaben erfolgte in enger Anlehnung an die
in der Planung verwendeten Begriffe, da angenommen wurde, daß diese Begriffe
den Betroffenen am gebräuchlichsten seien. In der folgenden Tabelle sind diese
Maßnahmenkomplexe aufgeführt; daneben ist ihre Bekanntheit dargestellt. Außerdem haben wir zum Vergleich auch angegeben, welchen Rangplatz die einzelnen
Maßnahmenkomplexe in der Häufigkeit der Zeitungsberichterstattung einnehmen.
Da wir ein hinreichendes Informationsangebot als Voraussetzung für die Informiertheit ansehen, und die Zeitung der Hauptinformationsträger ist, war zwischen Bekanntheit der Maßnahmen und Berichtshäufigkeit ein Zusammenhang zu erwarten.

Tabelle 38: Bekanntheit der Planung und Rangplatz der Maßnahmen
in der Zeitungsberichterstattung

Maßnahmenkomplex	bekannt %	N	Rang	Zeitungsrang
Stadtbilderhaltung	85.5	351	1	3
Fußgängerzone	84,6	351	2	5
Verkehrsverbesserung	79.7	350	3	2
Einkaufsverbesserung	77.4	350	4	6
Wohnverbesserung	76.4	351	5	4
Freizeitverbesserung	73.7	353	6	1
Umweltverbesserung	41.6	351	7	7

Die Tabelle zeigt, daß durchschnittlich acht von zehn Andernacher Innenstadt-
bewohnern bekannt ist, daß in den vorgegebenen Bereichen Maßnahmen geplant
sind, ausgenommen der Bereich Umwelt. Daß hier Verbesserungen erfolgen sollen,
ist wenig bekannt. Dies liegt jedoch z.T. daran, daß die hierunter fallenden
Maßnahmen "Industrieaussiedlung", "Lärm- und Geruchsbeseitigung", die von uns
als Beispiele genannt wurden, für unrealisierbar gehalten wurden, weil "das zuviel
Geld kostet". Überdies hatte dieser Aspekt bis dahin nur als Zielperspektive in
der Planung gestanden, in den Beratungen der städtischen Gremien jedoch noch
keine Rolle gespielt.

Die übrigen Bekanntheitsunterschiede sind kaum interpretierbar. Dies gilt auch für das Verhältnis der Bekanntheit zur Häufigkeit der Zeitungsberichterstattung zu den jeweiligen Maßnahmen. Ein Zusammenhang ist zwar hier nicht festzustellen, doch scheinen angesichts der geringen Unterschiede in der Bekanntheit Spekulationen hierzu unangebracht.

Eine Ausnahme bildet wieder die Umweltthematik, die (aus den besprochenen Gründen) bei den Befragten mit Abstand die geringste Bekanntheit und bei der Zeitung die geringsten Nennungen erzielte.

Ein deutlicher Zusammenhang scheint jedoch zwischen der Bekanntheit einer Maßnahme und deren Wichtigkeitseinstufung zu bestehen. Die hieran ermittelten Prozentwerte stimmen sehr stark mit denen der Bekanntheit überein. Eine auffallende Abweichung bildet lediglich der Komplex "Einkaufsverbesserung", der von der Bevölkerung für beträchtlich weniger wichtig gehalten wird als die übrigen Maßnahmen (mit Ausnahme der Umweltverbesserung, s.o.). Dies ist auch deshalb von besonderem Interesse, weil gerade dieser ökonomische Aspekt faktisch den Schwerpunkt der Planung markiert. Die Bürger stimmen damit offenbar nicht überein, haben jedoch auch nichts zur Beeinflussung der Planung unternommen.

In der folgenden Tabelle 39 ist die Wichtigkeitseinstufung durch die Bürger zusammengefaßt.

Tabelle 39: Wichtigkeit der Maßnahmen

Maßnahmenkomplex	sehr wichtig %	N
Stadtbilderhaltung	82.4	347
Fußgängerzone	84.6	350
Verkehrsverbesserung	85.4	349
Einkaufsverbesserung	66.8	349
Wohnverbesserung	77.4	345
Freizeitverbesserung	74.3	350
Umweltverbesserung	65.3	343

16.2.2 Die Perzeption der Betroffenheit

Wir sind davon ausgegangen, daß die Bereitschaft zum politischen Engagement umso höher sein wird, je mehr der Bürger von der Planung betroffen ist. Starke Betroffenheit, so nehmen wir an, kann selbst bei vorher politisch wenig Interessierten zu politischem Handeln führen und damit längerfristig ein Anstoß für Einstellungs- und überdauernde Verhaltensänderungen sein.

Dies alles kann die Betroffenheit jedoch nur insofern bewirken, als sie von den objektiv Betroffenen auch subjektiv erkannt wird. Hiervon geht schon die Marxsche Unterscheidung von "Klasse an sich" und "Klasse für sich" aus, die deutlich macht, daß die objektive Lage erst zum Bewußtsein gebracht werden muß, bevor sie handlungsauslösend werden kann.

Allerdings muß die Erkenntnis des Zusammenhangs zwischen gesellschaftlicher Entwicklung oder, um in unserem Sanierungskontext zu bleiben, politischer Planung und eigener Lage nicht notwendig zur Partizipation führen. So ist die Situation denkbar, daß Bürger durchaus subjektive Betroffenheit artikulieren und dennoch nicht versuchen, Einfluß auf politische Prozesse zu nehmen. Dies wird dann der Fall sein, wenn sie Entscheidungsalternativen, die ihren Vorstellungen entsprechen, bereits realisiert sehen. Zudem ist möglich, daß, obwohl sie sich in irgendeiner Art und Weise betroffen fühlen, sie sich nicht in ihren Interessen in dem Ausmaß berührt sehen, daß sie zu irgendwelchen Formen politischer Partizipation übergehen müßten.

Weiterhin dürfte wichtig sein, ob die Bürger in der jeweiligen Situation überhaupt realisierbare Alternativen für möglich halten oder die Planung glauben hinnehmen zu müssen, weil andere Problemlösungen nicht in Sicht sind. Und schließlich und nicht zuletzt muß der Bürger wiessen, ob und wie er sich in einer gegebenen Situation beteiligen kann.

Wir haben diese Variablen wieder anhand der oben erwähnten Maßnahmenliste erfaßt. Wir werden die Ergebnisse nun zunächst für jede Variable einzeln berichten; danach werden dann die Zusammenhänge zwischen den einzelnen Variablen untersucht.

Tabelle 40: Die Perzeption der Betroffenheit

Maßnahmenkomplex	sehr + ziemlich betroffen %	wenig + etwas betroffen %	nicht betr. %	N
Stadtbilderhaltung	36.9	32.6	29.5	349
Fußgängerzone	56.8	26.8	16.3	350
Verkehrsverbesserung	42.4	30.7	26.4	349
Einkaufsverbesserung	40.9	34.0	25.1	347
Wohnungsverbesserung	24.8	29.4	45.2	347
Freizeitverbesserung	46.6	30.6	22.7	350
Umweltverbesserung	39.1	22.6	36.8	345

Insgesamt fühlen sich etwas weniger als ein Drittel der Befragten von den einzelnen Maßnahmen nicht betroffen. Mit Abstand am stärksten fühlen sich die Bürger durch die Einrichtung einer Fußgängerzone betroffen.

Hierin kommt eine durchaus adäquate Einschätzung der tatsächlichen Lage zum Ausdruck, da die Fußgängerzone ein Kernstück der Sanierungsplanung ist und weite Bereiche der Innenstadt umfassen soll. Dies bedeutet sowohl für die unmittelbaren Anwohner, für die Geschäftsleute wie auch für die Benutzer der Innenstadt eine entscheidende Veränderung. Auffallend sind die Ergebnisse für die Komplexe "Wohnungsverbesserung" und "Umweltverbesserung". Letzterer erhielt im Vergleich zu den oben berichteten Ergebnissen erstaunlich viele Nennungen. Dies zeigt, daß die geringe Interessiertheit und Bedeutsamkeitseinschätzung nicht auf geringe Betroffenheit durch Industrielärm und -emissionen zurückzuführen ist, sondern – wie auch die folgende Tabelle bestätigt – auf die Meinung, daß hieran sowieso wenig zu ändern sei. Die vergleichweise sehr geringe Betroffenheitsperzeption von Maßnahmen im Wohnbereich entspricht insofern der objektiven Situation, als die Sanie-

rung in erster Linie eine Stärkung der "Cityfunktionen" (Kaufen, Dienstleistung, Kommunikation) intendiert und nur nebenbei eine "Verbesserung" der Wohnsituation. Kurzfristig sind daher nur die Bewohner und Hausbesitzer des 1. Sanierungsdurchführungsgebietes betroffen. Längerfristig ist jedoch zu erwarten, daß die ökonomische Aufwertung der Innenstadt i n s g e s a m t (d.h. nicht nur bei sanierten Wohnungen) zu höheren Mieten führt, so daß der Kreis der Betroffenen wesentlich größer sein dürfte als dies zur Zeit von den Bewohnern erkannt ist.
Wie in der Falldarstellung gezeigt wurde, entstanden in Andernach keine organisierten Protestaktionen gegen die Sanierungsplanung. Vielmehr war die Partizipation eher "konstruktiv". Dies deutet darauf hin, daß sich die Bürger von den geplanten Maßnahmen wohl weitgehend n i c h t n e g a t i v b e t r o f f e n fühlen oder/und keine sinnvollen/realisierbaren Alternativen zur Planung sehen.

Diese Interpretation wird durch die Untersuchung der Perzeption alternativer Möglichkeiten innerhalb der Maßnahmekomplexe gestützt.

Tabelle 41: Perzeption alternativer Möglichkeiten

Maßnahmebereich	ja %	nein %	w.n. %	N
Stadtbilderhaltung	25.8	43.2	30.9	333
Fußgängerzone	31.4	37.1	31.4	334
Verkehrsverbesserung	31.0	33.6	35.4	336
Einkaufsverbesserung	30.2	42.7	26.9	335
Wohnverbesserung	29.6	33.4	37.0	335
Freizeitverbesserung	27.8	42.7	29.3	335
Umweltverbesserung	22.8	38.6	38.6	334

Hier zeigt sich nämlich, daß der Anteil derjenigen, die andere Möglichkeiten der Problemlösungen vor Augen hatten, durchgängig geringer ist als der Anteil der Betroffenen. Zudem zeigt eine – hier nicht dokumentierte – Auswertung der Nachfrage, w e l c h e Alternativen denn möglich seien, daß die genannten Alternativen in die gleiche Richtung wie die Planung zielen bzw. nur wenig darüber hinausgehen. Dies deutet daraufhin, daß es der Stadt gelungen ist, die für manche Gruppen relativ und z.T. auch absolut gewiß Nachteile erbringende Planung in der Öffentlichkeit so darzustellen, daß fast alle deren Notwendigkeit einsehen bzw. sie ausdrücklich bejahen.

16.2.3 Die Perzeption der Partizipationsmöglichkeiten

Für die Entwicklung von politischer Beteiligungsbereitschaft der notwendige Wahrnehmungsprozeß mit der Perzeption des Konflikts und der Betroffenheit noch nicht abgeschlossen. Hinreichend ist die Beteiligungsbereitschaft wesentlich mitkonstituierende Informiertheit des Bürgers vielmehr erst dann, wenn sie als dritten Wahrnehmungsschritt die Perzeption von Möglichkeiten zur Einflußnahme auf den politischen Willensbildungs- und Entscheidungsprozeß im konkreten Konfliktfall mit einschließt.

Zur Perzeption von Beteiligungsmöglichkeiten ist vorauszuschicken, daß sie anderen Gesetzmäßigkeiten unterliegt als die Perzeption von Konflikt und Betroffenheit.

Die Perzeption von Beteiligungsmöglichkeiten ist weniger ein Prozeß der Aufnahme und Verarbeitung grundlegender, neuer Informationen, als vielmehr ein Vorgang der Aktualisierung bereits gespeicherter Basisinformationen. Über die Existenz verfaßter wie nicht-verfaßter Beteiligungsmöglichkeiten sowie über deren Schwierigkeitsgrad und Grad der sozialen Akzeptanz ist der Bürger im Regelfall bereits vorinformiert.

Möglichkeiten, sich politisch zu beteiligen, werden im Verlauf des Prozesses politischer Sozialisation "gelernt"; das geschieht einmal durch Informierung und politische Bildung, zum anderen durch eigene Erfahrungen, die der Bürger mit politischer Beteiligung macht.

Zur Erlangung einer ausreichenden Informiertheit über die Beteiligungsmöglichkeiten für einen konkreten Entscheidungsfall ist diese Vorab-Perzeption jedoch nur Basis und noch nicht genügend, weil nicht auf den spezifischen Konfliktfall bezogen.

Zum ersten benötigt der Bürger zusätzliche Informationen darüber, welche Partizipationsformen aus dem ihm bekannten Spektrum überhaupt angeboten werden bzw. darüber hinaus einsetzbar sind. Ferner muß er wissen, in welcher Modifikation die jeweilige Beteiligungsmöglichkeit im konkreten Fall vorliegt (z.B. in welcher Art und Weise Bürgerversammlungen in seiner Gemeinde ablaufen, die Verwaltung Bürgersprechstunden organisiert etc.).

Zum zweiten werden vielfach Beteiligungsformen angeboten, die nicht oder noch nicht allgemein üblich sind, um die Bürger am politischen Willensbildungs- und Entscheidungsprozeß zu beteiligen.

In diesen Fällen ist die Wahrscheinlichkeit, daß der Bürger mit diesen Beteiligungsmöglichkeiten im Verlaufe seines politischen Sozialisationsprozesses noch nicht konfrontiert wurde, wesentlich höher als bei allgemein bekannten.

In unserer Untersuchung ist die Kenntnis der fraglichen Beteiligungsmöglichkeiten als Voraussetzung der Entwicklung von Beteiligungsbereitschaft für sechs Formen ermittelt worden, die in explorativen Voruntersuchungen als die allgemein bekannten und problembezogenen relevanten gefunden wurden. Dies geschah deshalb, um sicherzugehen, daß die Voraussetzung auch für die Befragten unserer Hauptuntersuchung erfüllt ist. Die sechs Formen sind zusammen mit den Angaben zu ihrer Bekanntheit in der Abbildung dargestellt.

Die Ergebnisse bestätigen die erwartete hochgradige Bekanntheit der Beteiligungsmöglichkeiten in allen Fällen: die Ausstellungen sind zu fast 95% bekannt, was sicherlich mit auf die umfassenden Ankündigungen über Plakate, durch die Zeitung und von Mund zu Mund zurückzuführen ist (s.o.), und die Möglichkeit einer Bürgerinitiative im Rahmen der Stadtsanierung immerhin noch zu fast 74%. Wir werden gleich versuchen, Erklärungsfaktoren für die geringe Bekanntheit einiger Formen zu ermitteln.

Zunächst wollen wir noch den linken Teil der Abbildung besprechen. Hier wurden die Fragen nach der Kenntnis von Beteiligungsmöglichkeiten auf die einzelnen Maßnahmen der Sanierung bezogen. Dabei zeigt sich ein deutlich geringerer Anteil an Ja-Antworten als bei den Fragen nach den Möglichkeiten für bestimmte Formen. Die Unterschiede der Ja-Antworten im Vergleich zu den formbezogenen gehen wohl darauf zurück, daß die Befragten in ihre Antworten zu den Beteiligungsmöglichkeiten an den einzelnen Maßnahmen Zweifel an ihrer E i n f l u ß chance haben einfließen lassen, so daß sich die Kenntnis der B e t e i l i g u n g s möglichkeit mit der Vermutung der E i n f l u ß möglichkeit verbindet. Diese Deutung wird auch durch das schlechte Abschneiden der Umweltthematik nahegelegt, für die die Befragten schon zuvor deutlich weniger alternative Entscheidungsmöglichkeiten sahen.

16.3 Z u s a m m e n h ä n g e z w i s c h e n I n t e r e s s i e r t - h e i t , I n f o r m a t i o n s s u c h v e r h a l t e n u n d P e r z e p t i o n

Interessiertheit und Informationsverhalten

Wir wollen nun prüfen, ob bzw. welche Beziehungen zwischen den einzelnen bisher berichteten Variablen bestehen. Dazu vergleichen wir zunächst das Interesse an den einzelnen Politikbereichen mit der Nutzung der verschiedenen Informationsquellen.

Die stärksten und durchgängig signifikanten Beziehungen bestehen zwischen der Interessiertheit an den P o l i t i k e b e n e n (Bund, Land, Kommune) und dem Informationssuchverhalten, und zwar gegenüber allen Informationsquellen. Die Interessiertheit an den p o l i t i s c h e n I n s t i t u t i o n e n zeigt jedoch - bis auf wenige statistisch nicht signifikante Beziehungen einen in etwa gleich starken Zusammenhang zum Informationsverhalten. Fast kein Zusammenhang besteht jedoch zwischen dem unterschiedlichen Informationsverhalten und der Interessiertheit an den genannten B e r e i c h e n der Gemeinde. Eine Ausnahme bildet hier lediglich die Sanierung, deren starker Bezug zur Ausstellung jedoch nicht überraschen kann, da diese eine spezielle Informationsquelle zur Sanierung darstellte.

Insgesamt ist festzustellen, daß mit dem p o l i t i s c h e n Interesse - als solches ist das Interesse an den Politikebenen und den kommunalpolitischen Institutionen anzusehen - eine starke Zuwendung zu fast allen Informationsquellen über politische Vorgänge einhergeht; dabei scheint uns bemerkenswert, daß die Zuwendung zu den Ausstellungen und zum Stadtrat hier stärker ist als die zur Zeitung.

Das Interesse an den aufgeführten städtischen Bereichen ist hingegen nicht notwendig (und faktisch überwiegend nicht) politischer Natur. Daher kann es nicht verwundern, daß hier kein Zusammenhang zu den vornehmlich politischen Quellen festgestellt werden konnte (Ausnahme Sanierung s.o.; bei der Sanierung dürften auch die politischen Bezüge stärker sein als bei den beiden anderen Bereichen). Überraschend ist hier allerdings, daß zwischen diesen Interessenbereichen und der Zeitungsnutzung kein Zusammenhang vorliegt. Verständlich erscheint dies zunächst lediglich für die Wohngegend, da es sich hierbei um einen kleinen Bereich handelt, der nur aus besonderen Anlässen Gegenstand der Berichterstattung ist. Hält man sich jedoch unsere Darstellung und Einschätzung der Berichterstattung über die Sanierung vor Augen, so wird auch hier plausibel, daß sich der an (vor allem speziellen Fragen der Sanierung interessierte Bürger lieber anderen Quellen zuwandte. Verwunderlich bleibt allerdings, warum gerade die Parteien als Informations-

Abbildung 13: Perzeption der Beteiligungsmöglichkeiten

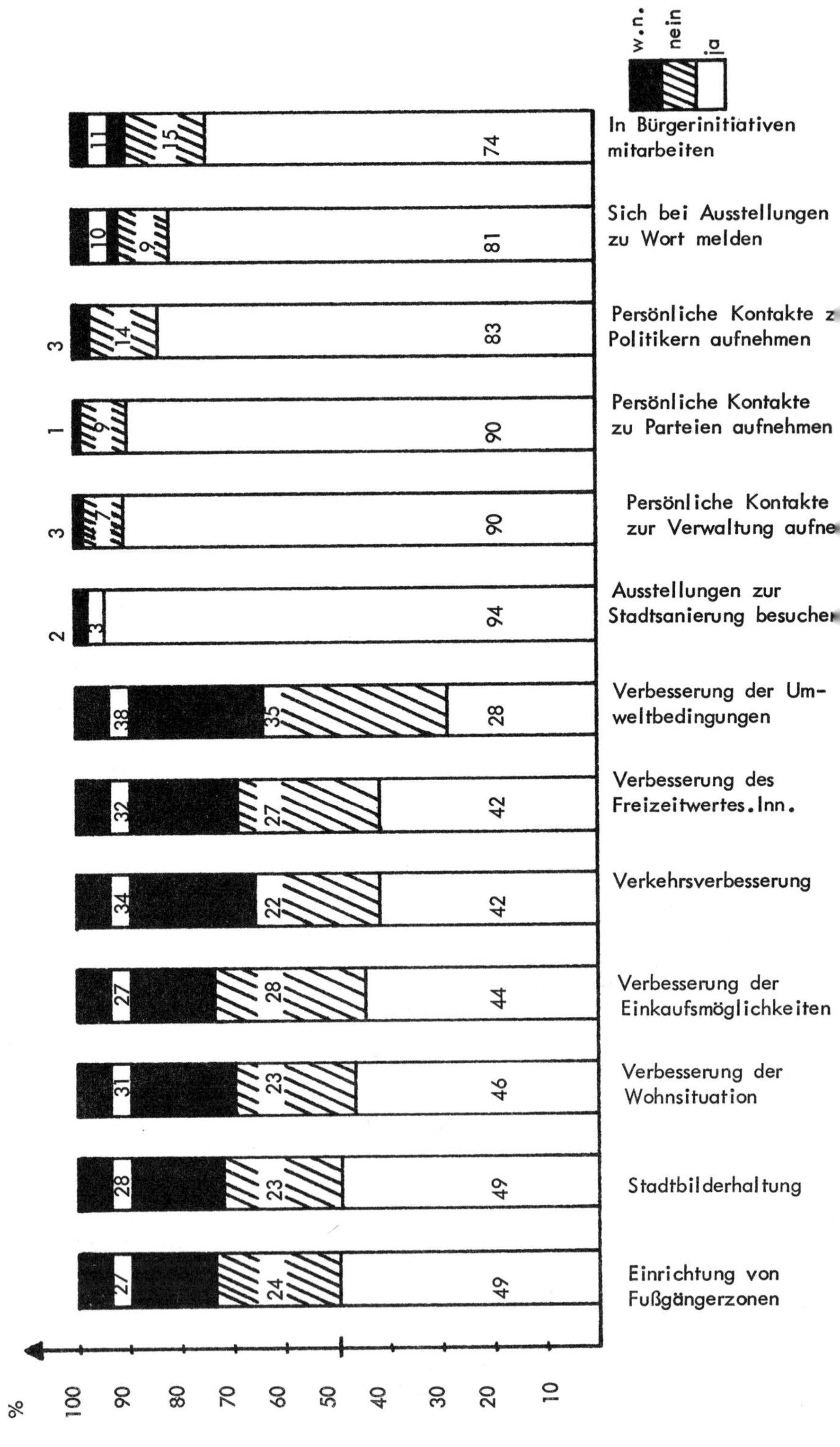

Legende:
- w.n.
- nein
- ja

Kategorie	ja	nein	w.n.
In Bürgerinitiativen mitarbeiten	74	15	11
Sich bei Ausstellungen zu Wort melden	81	9	10
Persönliche Kontakte zu Politikern aufnehmen	83	14	3
Persönliche Kontakte zu Parteien aufnehmen	90	9	1
Persönliche Kontakte zur Verwaltung aufnehmen	90	7	3
Ausstellungen zur Stadtsanierung besuchen	94	3	2
Verbesserung der Umweltbedingungen	28	35	38
Verbesserung des Freizeitwertes.Inn.	42	27	32
Verkehrsverbesserung	42	22	34
Verbesserung der Einkaufsmöglichkeiten	44	28	27
Verbesserung der Wohnsituation	46	23	31
Stadtbilderhaltung	49	23	28
Einrichtung von Fußgängerzonen	49	24	27

quelle häufiger frequentiert worden sind, sofern starkes Interesse an der Sanierung vorlag.

Informationssuchverhalten und Informiertheit

Bei der Interpretation der Beziehungen zwischen dem Informationssuchverhalten und der Informiertheit besteht - mehr noch als bei der Beziehung zwischen der Interessiertheit und dem Informationssuchverhalten - die Schwierigkeit, daß in einer Querschnittsanalyse nicht gesagt werden kann, in welcher genauen Richtung die Einflüsse laufen: es kann angenommen werden, daß Informationssuchverhalten zu einer Informiertheit führt, es ist aber ebenso deutlich, daß die Informiertheit in der Regel nicht völlig neu entsteht, sondern auf der Basis von Vorinformationen weiter entwickelt wird. Wir wollen den Zusammenhang zwischen den fraglichen Variablenbereichen nicht in seiner Vollständigkeit hier ausbreiten, sondern nur die wesentlichen interessanten Ergebnisse erwarteter und nicht erwarteter (!) Art berichten. Die Gesamtergebnisse sind in Tabellenform in Anhang dokumentiert.

Die erfaßten Arten des Informationssuchverhalten stehen weder zur Kenntnis der Maßnahme als solche noch zu der der Betroffenheit in einer klaren interpretierbaren Beziehung. Nur in wenigen unsystematischen Fällen erhöht z.B. der Ausstellungsbesuch oder das Zeitungslesen die entsprechenden Kenntnisse. Es scheint, als seien diese durch persönliche Kommunikation gewonnen, die sich lediglich vorgängig auf die angesprochenen formellen Informationsquellen stützen.

Anders verhält es sich mit der Kenntnis von alternativen Entscheidungsmöglichkeiten und von Beteiligungsmöglichkeiten bei den Maßnahmen. In beiden Fällen korrespondiert den Kenntnissen ein hohes Maß an Stadtratskontakten. Bei denjenigen, die sich beim Stadtrat Informationen besorgen, handelt es sich um solche Personen, die (z.T. aufgrund ihrer Zugehörigkeit zu höheren Schichten - s.u.) eher die Fähigkeit haben, politische Vorgänge als solche zu begreifen, d.h. alternative Entscheidungsmöglichkeiten zu sehen (vgl. unseren Politikbegriff), und die entsprechend eher Beteiligungsmöglichkeiten erkennen. Die Informiertheit resultiert hier weniger aus den punktuellen Kontakten mit dem Stadtrat als aus ihrer Stellung im politischen System und wird höchstens durch die Kontakte noch verstärkt.

Über die Stadtratskontakte hinaus fanden sich höhere Kenntnisse von alternativen Entscheidungsmöglichkeiten und von Beteiligungsmöglichkeiten bei den Zeitungslesern, bei den Ausstellungsbesuchern und - in geringem Maße - bei den Informationssuchern bei Verwaltung und Parteien.

Die Kenntnisse der einzelnen (hier jetzt nicht auf einzelne Maßnahmen, sondern Formen bezogenen) Beteiligungsmöglichkeiten hatten wir oben als hoch bezeichnet. Wenn fast alle die Formen bekannt sind, kann dies nicht mehr differentiell durch Informationssuchverhalten erklärt werden; entsprechend lassen sich nur noch für die zumindest tendenziell weniger bekannten Formen Beziehungen zeigen. Dies gilt für die persönlichen Kontakte mit Parteien und Politikern in Bezug auf die Informationssuche beim Stadtrat und für die Bürgerinitiative zusätzlich noch in Abhängigkeit vom Lesen einer Zeitung. Außerdem halten diejenigen, die Ausstellungen besucht haben und häufiger die Zeitung lesen, die Wortmeldung auf Ausstellungen eher für möglich.

Schließlich wollen wir noch die Frage untersuchen, ob die Perzeption der Beteiligungsmöglichkeiten davon abhängt, daß der einzelne seine Betroffenheit von den

Entscheidungsfeldern erkannt hat, m.a.W.: liegt immer schon eine Kenntnis über die Beteiligungsmöglichkeit vor oder erwirbt man sie erst, wenn man sich aktuell betroffen fühlt? Wir können in dieser Frage auch wieder keine Ursachenrelationen feststellen, wollen aber zumindest zeigen, inwieweit sich die Perzeptionen von Betroffenheit und Beteiligungsmöglichkeiten entsprechend und somit auf gleiche Entstehungsbedingungen hinweisen.

Die ermittelten Beziehungen waren nur schwach ausgeprägt: nur in drei Fällen konnten Gemeinsamkeiten festgestellt werden, die über Zufälligkeiten hinausgingen, praktisch jedoch bei Varianzaufklärungen von 2-5% unbedeutend sind. Demnach kann die These anhand unseres Materials nicht gestützt werden, daß man erst dann nach Möglichkeiten der Beteiligung sucht, wenn man durch konkrete politische Entscheidungssituationen dazu Anlaß findet. Es muß betont werden, daß unsere Untersuchung nicht dazu angelegt war, diese Hypothese zu prüfen, so daß die Ergebnisse nur mit Vorsicht zu betrachten sind.

16.4 Politische Kommunikation in Organisationen als Bedingung politischer Informiertheit

In unseren theoretischen Ausführungen zur Perzeption und politischen Kommunikation waren wir davon ausgegangen, daß einmal nicht nur in den von uns als spezifisch politisch eingestuften Organisationen (Parteien, Bürger- und Wählerinitiativen, politische Jugend- und Studentenverbände), sondern auch in politisch relevanten (etwa Gewerkschaften, Arbeitgebervereinigungen, Verbraucherverbände) sowie in Freizeit-, sozialen und sonstigen Organisationen (vgl. hierzu und zum folgenden die einschlägigen Kapitel zum "Organisationsgrad", Kap. 18.4.3) politische Informationen angeboten, vermittelt werden.

Zum anderen hatten wir angenommen, daß zumindest alle diejenigen Mitglieder dieser Parteien, Verbände und Vereine, die am Organisationsleben teilnehmen, in der Perzeption politischer Vorgänge beeinflußt werden, und zwar dahingehend, daß diese Mitglieder, soweit sie am Leben in Organisationen, in denen auch politische Kommunikation stattfindet, teilnehmen, über allgemein-politische bzw. kommunal-politische Angelegenheiten eher und besser informiert sind, als diejenigen, die überhaupt nicht organisiert sind, nicht am Organisationsleben teilnehmen oder die, in deren Organisation nicht über Politik gesprochen wird.

Mit 81% ist der Anteil organisierter Bürger in unserem Sample recht hoch (117), was sich vor allem daraus erklären läßt, daß die Kernbereiche von Mittelstädten, wie in unserem Fall der Alt- (Innen-)stadtbereich Andernachs (aus dem die überwiegende Anzahl der Befragten stammt), oftmals eine hohe Organisationsdichte aufweisen, vor allem, wenn - wie in Andernach - mit den Nachbarschaften eine traditionelle Bürgerorganisation mit hoher Mitgliedschaftsdichte besteht. Das Angebot an verschiedenen Vereinigungen (vor allem Vereinen) ist hier relativ hoch und vielfältig, und der soziale Druck (im Gegensatz zu den Groß- und Millionenstädten) zur Mitgliedschaft als Bejahung der Lokal-Organisationen als "institutionellen Rahmen sozialer Integration" (A r m b r u s t e r/L e i s n e r 1975,228) ist noch relativ stark.

Auf die einzelnen Organisationen verteilen sich die Befragten, die Mitglied sind, wie folgt:

Tabelle 42: Organisationsmitgliedschaft

Organisation	N	%
Politische Partei	60	17,34
Wählerinitiative	8	2,33
Bürgerinitiative	14	4,07
Pol. Studenten- bzw. Schülerorganisation	5	1,47
Gewerkschaft	50	14,53
Arbeitgebervereinigung	13	3,78
Nachbarschaft	184	52,87
Berufs- oder Standesorganisation mit Pflichtmitgliedschaft	52	15,34
Berufs- oder Standesorganisation mit freiwilliger Mitgliedschaft	1	0,29
Interessenverband	34	9,88
Verbraucherverein	3	0,88
Kirchliche oder religiöse Vereinigung	54	15,98
Gemeinnützige, caritative oder humanitäre Vereinigung	89	25,80
Sportverein	76	22,09
Traditionsverein	54	15,84
Frauenvereinigung	24	7,00
Jugendverein	6	1,75
Freizeitverein	49	14,76
Sonstige Organisation	25	14,98
Insgesamt	801 (a)	240,98 (a)

(a) Mehrfachnennungen möglich!

Auffällig gegenüber anderen Untersuchungen ist einmal der sehr hohe Anteil von Parteimitgliedern, der mit 17% weit über dem Bundesdurchschnitt von ca. 4,5% (118) liegt. Die Zahl der gewerkschaftlich organisierten ist hingegen mit 14,5% etwas geringer als auf Bundesebene (im Durchschnitt 24%) (119). Die Nachbarschaften sind ein für Andernachs Sozialstruktur sehr typisches Phänomen und vielfach mit sozialen Quasi-Pflichtmitgliedschaft gekoppelt, was den hohen Prozentsatz von fast 53% Mitglieder erklärt.
Mit 56% (120) Mehrfachmitglieder ist auch die kumulative Organisiertheit erwartungsgemäß hoch; der Wert liegt weit über den Durchschnittswerten für die Bundesrepublik von A l m o n d/V e r b a (1963) mit 27%, D u n c k e l m a n n (1975) mit 39% und R e i g r o t z k i (1956) mit 38% (121).
Im Durchschnitt sind die von uns befragten Bürger Andernachs in 2 Organisationen Mitglied:

Tabelle 43: Mehrfachnennungen in Organisationen

Häufigkeit der Mitgliedschaft	N	%
0	66	18,65
1	89	25,14
2	74	20,90
3	54	15,25
4	25	7,06
5	23 288	6,50 81,35
6	12 199	3,39 56,21
7	7	1,98
8	3	0,85
10	1	0,28
Insgesamt : 354		100%
Mittelwert : 2,172		
Standardabweichung 1.873		

Über allgemein-politische Fragen diskutieren 42%, über kommunal-politische nur 38% der Organisationsmitglieder (122):

Tabelle 44: Politische Kommunikation in Organisationen

	Ja		Nein		W.n.	
	N	%	N	%	N	%
Diskussion über allgemeine Politik	121	42,01	157	54,51	10	3,47
Diskussion über Kommunal- politiker	110	37,93	165	56,90	15	5,17

Das bedeutet, daß mehr als die Hälfte der Mitglieder in ihrer Vereinigung keine politischen Fragen diskutiert; ähnliche Ergebnisse hat bereits D u n c k e l - m a n n (1975, 105) gefunden. Der Unterschied zwischen allgemeiner Politik und Kommunalpolitik ist unwesentlich. Wenn man dabei berücksichtigt, daß wir unter unseren Organisationen auch solche haben, die spezifisch politisch sind und hinsichtlich derer die Wahrscheinlichkeit politischer Diskussion sehr hoch ist, so sind unsere Ergebnisse noch kritischer einzuschätzen, was unsere Annahme über das Ausmaß politischer Kommunikikation in Verbänden und vor allem in Vereinen anbetrifft (123). Dennoch bleibt festzustellen, daß die Vereine trotz ihres in der Regel "privaten" "unpolitischen" Charakters (A r m b r u s t e r/L e i s n e r 1975, 226) insofern eine politische Funktion haben, als über die hier stattfin-dende politische Kommunikation die politische Sozialisation und Perzeption des Mitglieds gefördert wird (vgl. A r m b r u s t e r/L e i s n e r 1975, 244 ff.).

Die Themen der Gespräche über allgemeine Poltik betreffen überwiegend die "allgemein-politische Lage"(" das, was gerade so geschieht"); bundespolitische Fragen stehen dabei an erster Stelle, über Landespolitik spricht man fast gar nicht. In der Diskussion über kommunalpolitische Fragen bestimmt die Altstadtsanierung, was nicht verwunderlich ist, nahezu ausschließlich die Thematik; das sind im einzelnen die Bereiche "Bauen und Wohnen; Stadtbilderhaltung, Verkehrshinderungen und Verkehrslärm; Fußgängerzonen und Industrie. Daneben drehen sich die Gespräche vor allem um Kindergärten und Kinderspielplätze sowie Schulen, Einrichtung von Sportanlagen und schließlich um "allgemeine Probleme Andernachs".

Im folgenden wollen wir betrachten, inwieweit sich die Organisationsmitglieder, die in ihren Vereinigungen nicht über Poltik sprechen, von der Gruppe der Organisierten unterscheiden, die in ihrer Vereinigung politische Fragen, seien sie allgemeinpolitischer oder kommunalpolitischer Natur, diskutieren, und zwar hinsichtlich ihres Betroffenheitsgefühls, ihrer politischen Einstellungen, ihrer Verhaltenserwartungen, ihrer Beteiligungsbereitschaft und ihrer tatsächlichen Beteiligung (124).

Ein durchgängiger Zusammenhang zwischen der politischen Kommunikation in den Vereinigungen und der Perzeption der Betroffenheit durch die Sanierungsmaßnahmen läßt sich nicht feststellen. Nur hinsichtlich der Maßnahmen "Verbesserung der Einkaufsmöglichkeiten" und "Einrichtung von Fußgängerzonen" unterscheiden sich beide Gruppen überzufällig voneinander: diejenigen, die über Politik sprechen, sehen sich eher als Betroffenen als die, die nicht über Politik sprechen oder dies nicht genau angeben können.

Ein nahezu vollständiger Zusammenhang besteht zwischen der politischen Kommunikation in Organisationen und den politischen Einstellungen und Verhaltenserwartungen. In jedem Fall sind diejenigen Organisationsmitglieder, die über Politik diskutieren, positiver eingestellt zu den politisch-administrativen Akteuren, den Bürgerinitiativen und dem administrativen Informationsangebot, politisch engagierter und politisch weniger entfremdet als die, die nicht diskutieren bzw. hierzu keine Meinung haben. Sie sehen auch weit eher die Erwartung ihrer Familie, von Freunden und Politikern, sich an den entsprechenden Entscheidungen über Fragen der Stadtsanierung zu beteiligen.

Diese offensichtlichen Zusammenhänge spiegeln sich auch in den Interdependenzen der politischen Kommunikation in Vereinigungen und der Beteiligungsbereitschaft sowie der tatsächlichen Beteiligung wieder: das Ausmaß der durch die politische Kommunikation aufgeklärten Unterschiede ist durchweg relativ hoch, insbesondere was die allgemein-politischen Diskussionen anbetrifft (hinsichtlich der "Aktiven Beteiligung" gar 29%).

Die politische Kommunikation in Organisationen bewirkt also eine höhere Beteiligungsbereitschaft und vor allem eine höhere aktive Beteiligung der Mitglieder. Dies entspricht durchaus unseren theoretischen Implikationen. Dabei ist festzuhalten, daß der Einfluß allgemein-politischer Gespräche durchgängig höher ist als solcher mit kommunal-politischem Inhalt.

16.5 Schichtabhängigkeit der Perzeption

Wir sind theoretisch davon ausgegangen, daß die Perzeption der sozialen und politischen Situation als sozial bedingter Prozeß schichtspezifisch unterschiedlich ist. Diese Annahme konnte durch unsere Ergebnisse zur Perzeption insgesamt n i c h t bestätigt werden. Nur in einigen Einzelaspekten konnten wir schichtspezifische Perzeption feststellen. So zeigten insbesondere die Angehörigen der oberen und mittleren Mittelschicht ein deutlich höheres Interesse an der Bundespolitik, und bei der Informationsnutzung wenden sich Angehörige dieser Schichten deutlich mehr als andere dem Stadtrat und der Verwaltung zu. Weiterhin fällt noch auf, daß die Mitglieder der oberen Unterschicht sich von den Maßnahmenkomplexen Wohnungs- und Umweltverbesserung mehr betroffen fühlen als die Angehörigen der anderen Schichten.
Diese Ergebnisse sind jedoch für weitergehende Interpretationen zu singulär.
Die Gründe für die Nicht-Bestätigung unserer Hypothese können hier nicht eingehend erörtert werden. Die Erklärungskraft des Schichtkonzepts im Einstellungs- und Verhaltensbereich (s.u.) sowie die bereits erwähnten teilweise unsystematischen Ergebnisse im Perzeptionsteil lassen jedoch vermuten, daß hier Schwächen in der Operationalisierung vorlagen.

17. EINSTELLUNGEN, SOZIALE VERHALTENSERWARTUNGEN UND PARTIZIPATIONSBEREITSCHAFT : DESKRIPTIVER ÜBERBLICK

17.1 Entwicklung und Darstellung der Einstellungsskalen

Die gemäß unseren theoretischen Erörterungen zur Erklärung des Partizipationsverhaltens heranzuziehenden Einstellungen wurden in E i n s t e l l u n g s - s k a l e n erfaßt. Bei der hierzu notwendigen Operationalisierung sind wir vom Fall ausgegangen, da es zur adäquaten Erfassung der Einstellung notwendig ist, die jeweils personengruppen- und fallspezifischen Bedeutsamkeiten zu berücksichtigen. Mit offenen Interviews (Explorationen) (125) haben wir dazu ermittelt, welche Beteiligungsarten bzw. -formen der Andernacher Innenstadtbevölkerung bekannt sind, welche im Kontext der Sanierung für möglich und wichtig gehalten werden und welche Meinungen zu den einzelnen Formen vorliegen. Hieraus ergaben sich folgende, von den Befragten für wichtig und bei der Sanierung einsetzbar gehaltene Partizipationsformen:
1. Besuch von Ausstellungen, 2. Meinungsäußerungen auf Ausstellungen,
3. persönliche Kontakte mit Politikern, 4. persönliche Kontakte mit Parteien,
5. persönliche Kontakte mit der Verwaltung, 6. Bürgerinitiativen.
Wir haben über die tatsächliche Bekanntheit dieser Formen bereits berichtet.
Eines sollte dennoch hier noch einmal festgehalten werden, nämlich die Nennung von Bürgerinitiativen. Diese wurden als wichtige Partizipationsmöglichkeit angeführt, obgleich sie in Andernach im Sanierungskontext nicht vorgekommen waren.

Da wir in den Voruntersuchungen offen, d.h. ohne Antwortvorgabe, gefragt haben, bedeutet dies, daß die in den letzten Jahren erfolgte Verbreitung von
Bürgerinitiativen dazu geführt hat, daß diese den meisten Bürgern - auch ohne
daß sie von außen darauf hingewiesen werden - als reale Handlungsmöglichkeit
im Bewußtsein sind.
Zu diesen Partizipationsmöglichkeiten wurden auf die im Anhang näher beschriebene Weise drei Einstellungsskalen entwickelt.
Die Skala 1: "Einstellung zu politisch-administrativen Akteuren" faßt die
Angaben zu Einflußversuchen über die Kontaktierung von Parteien, Politikern
und Verwaltung zusammen.
Die Skala 2: "Einstellung zu Bürgerinitiativen" richtet sich auf die Möglichkeit
der Interessenartikulation und -berücksichtigung durch Bürgerinitiativen.
Die Skala 3: "Einstellung zum administrativen Informationsangebot" bezieht
sich auf die Kommunikations- und Informationsmöglichkeiten zwischen Bürgern
und Verwaltung unter Einschluß der Ausstellungen.
Neben diesen eigenen Skalen wurden zwei weitere Instrumente zur Erfassung
politischer Einstellungen eingesetzt. Es handelt sich dabei um die von E l l -
w e i n und Z o l l (1973) entwickelten Skalen zum "Politischen Engagement"
und zur "Politischen Entfremdung". Mit dem Einsatz dieser Skalen sollen zwei
Fragen beantwortet werden: erstens wird die Untersuchungsgruppe auf diese Weise
vergleichbar mit einem repräsentativen Bevölkerungsquerschnitt der BRD hinsichtlich der in den Skalen zum Ausdruck gebrachten Einstellungsbereiche "Entfremdung" vom und "Engagement" im politischen System; dazu liegen nämlich Vergleichsdaten von E l l w e i n und Z o l l vor. Zweitens soll geprüft werden,
inwieweit die Einstellung zu Beteiligungen an konkreten politischen Maßnahmen
eingebettet ist in Einstellungen zu genereller politischer Beteiligung ("Politisches
Engagement") und zum politischen System("Politische Entfremdung").
Der Begriff "Politische Entfremdung" kann hier jedoch nicht kommentarlos übernommen werden. Wie aus den einzelnen Statements ersichtlich (s.u.), mißt die
Skala die "Entfremdung" der Betroffenen vom bestehenden politischen System bzw.
seinen Akteuren. Das bestehende System wird also zum Bezugspunkt der Feststellung, ob eine Person politisch entfremdet ist. Damit wird der "klassische"
Entfremdungsbegriff, wie er etwa bei Marx auftaucht, auf den Kopf gestellt,
denn dort ist der Mensch mit seinen objektiven Möglichkeiten Bezugspunkt. Entfremdung ist hier ein kritischer Begriff, der eine Kritik bestehender Verhältnisse
ermöglicht und begründet, während der von E l l w e i n/Z o l l verwendete
Begriff systemapologetisch und ideologisch ist, impliziert er doch, daß der Unter-
drückte, der seinen Unterdrückern nur Positives nachsagt, nicht entfremdet, der
jedoch, der seine Lage adäquat einschätzt und daher die ihn unterdrückenden
Institutionen und Akteure negativ beurteilt, hoch entfremdet ist.
Wenn wir die Skala mitsamt ihrer Bezeichnung dennoch übernehmen, so geschieht
dies deshalb, weil wir die darin zum Ausdruck kommende Distanz zum System als
Erklärungsgröße für unterschiedliches Verhalten für wichtig halten und die Skalen-
bezeichnung bei einer übernommenen Skala nicht einfach glaubten ändern zu
können.

17.2 Die politischen Einstellungen der Bürger Andernachs im Überblick

Um eine Einsicht in die Struktur der Einstellungen zu den angesprochenen Beteiligungsadressaten bzw. -medien zu vermitteln, wollen wir in einer Übersicht die einzelnen Behauptungen, die jeweils eine Einstellungsskala konstituieren, in der Reihenfolge der Zustimmung aufführen. Nach den im theoretischen Teil dargestellten Konstruktions- und Funktionsbestimmungen handelt es sich dabei nur um solche Behauptungen, die in der angezielten Personengruppe genügend meinungsdiskrepant sind. Allgemein akzeptierte Ansichten über den Einstellungsgegenstand sind also nicht in die Skalen eingegangen, da sie die U n t e r s c h i e d e im Verhalten, die durch die Einstellungen erklärt werden sollen, nicht verstehbar machen.

Tabelle 45: Einstellung zu politisch-administrativen Akteuren

Behauptung	ja	weiß nicht	nein
Die Parteien kümmern sich nicht um die Sorgen der Bürger.	249	43	62
Die Verwaltung geht auf die Bürger ein, solange für sie Vorteile dabei herausspringen.	201	66	87
Veranstaltungen der Parteien zur Stadtsanierung werden lediglich gemacht, um dem Bürger vorzugaukeln, daß der die Standpunkte der Parteien beeinflussen kann.	194	59	101
Persönliche Kontakte von Bürgern mit Parteien bringen nichts, da sich die Bürger auch dann unterlegen fühlen.	174	78	102
Veranstaltungen der Parteien zur Stadtsanierung haben keinen Einfluß auf die tatsächlichen Entscheidungen.	162	79	113
Der persönliche Kontakt mit Politikern nützt nichts, da sie ihre Entscheidungen fällen, bevor sie die Bürger fragen.	132	72	150
Die Parteien scheren sich nur so lange um die Probleme der Bürger, wie für sie selbst Vorteile in Sicht sind.	121	56	177

M = 5.7 (a); s = 3.9; Spannweite: 0 - 14

(a) Zur Berechnung des Mittelwertes wurde bei dieser und den folgenden Skalen eine Ja-Antwort mit 2, eine Weiß-nicht-Antwort mit 1 und eine Nein-Antwort mit 0 bewertet (vgl. 2 1.5 im Anhang).

Bei den vorstehenden Behauptungen zu den politisch-administrativen Akteuren
fällt auf, daß der gemeinsame Inhalt der Einstellung ein mehr oder weniger
stark konkretisierter Vorwurf ist. Besonders deutlich wurde dies in den Voruntersuchungen für die Parteien festgestellt, wodurch diese mit den meisten Behauptungen in die Skala eingegangen sind. An den Meinungen zu den Parteien scheiden
sich offensichtlich die Geister. Ihnen gegenüber wird der Vorwurf der mangelnden Responsivität auch am grundsätzlichsten und (mit über 2/3 der Befragten) am
umfassendsten erhoben. Wenn dieser allgemeine Vorwurf der mangelnden Responsivität konkretisiert wird, so geschieht dies vor allem hinsichtlich egoistischer Tendenzen. Dies gilt nicht nur für die Parteien, sondern ebenfalls für die Verwaltung und die Politiker.
Insgesamt glaubt die Mehrzahl der Befragten, daß die politisch administrativen
Akteure - und hier vor allem die Parteien - sich mehr an eigenen Interessen
als an denen der Bürger orientieren.

Tabelle 46: Einstellung zu Bürgerinitiativen

Behauptung	ja	weiß nicht	nein
Die Einrichtung von Bürgerinitiativen zu Problemen der Stadtsanierung finde ich notwendig.	311	19	24
Da sich in einer Bürgerinitiative viele mit glei-chen Interessen zusammentun, bietet diese Form der Bürgerbeteiligung gute Chancen, die Interessen der Betroffenen durchzusetzen.	275	42	37
Bürgerinitiativen bieten dem Bürger die Möglich-keit, auf Entscheidungen zur Stadtsanierung Einfluß zu nehmen.	266	42	46
Die von Bürgerinitiativen gemachten Anregungen und Vorschläge werden von den Planern und Fach-leuten bei der Stadt berücksichtigt.	195	141	48
Bürgerinitiativen, die sich mit den Problemen der Stadtsanierung beschäftigen, sind bestimmt erfolgreich.	168	82	104

M = 7.7; s = 2.4; Spannweite: 0 - 10

Die Aussagen zu Bürgerinitiativen haben durchweg einen positiven Tenor, was
sowohl für den Inhalt der Aussagen gilt als auch - und das ist hier wichtiger -
für die Beantwortungsrichtung. Fast alle Befragten hielten diese Beteiligungsmöglichkeit für notwendig, für bestimmt erfolgreich allerdings nur noch knapp die
Hälfte. Insgesamt ist bei der Beantwortung der Aussagen der Trend zu beobachten,
daß die Zustimmung mit wachsender Sicherheit der Effektivität abnimmt. Hierin
drückt sich also wohl die zentrale Skepsis gegenüber den Bürgerinitiativen aus:
nicht, daß man sie für überflüssig hält, sondern, daß man ihren Erfolg bezweifelt,
obwohl der Anteil der Optimisten bei unserer Gruppe noch recht groß ist.

Erstaunlich aber ist vor allem, daß diesen Einstellungen keine entsprechende Verhaltensbereitschaft bzw. tatsächliches Verhalten folgt. Dies gilt sowohl für die diesbezüglichen Aussagen der Befragten (die wi weiter unten systematisch mit den Einstellungen in Beziehung setzen) als auch für die objektiv feststellbare Tatsache, daß in Andernach zur Sanierung keine Bürgerinitiative existierte. Andererseits sind die Aussagen selbst - etwa die über die Notwendigkeit einer Bürgerinitiative - in Anbetracht der gegenüber den politisch-administrativen Akteuren vorhandenen Skepsis (Skala 1) durchaus plausibel.
Es ist daher anzunehmen, daß objektive Restriktionen, z.B. fehlende Initialzündung, fehlende Zeit, erwartete Sanktionen, Betroffenheitsperzeption usw. oder auch die Strategie der planenden Verwaltung, die Skepsis der Bürger durch offensive Informationspolitik zu beschwichtigen, den "Bruch" zwischen Einstellung und Handlung (sbereitschaft) erklären.

Tabelle 47: Einstellung zum administrativen Informationsangebot

Behauptung	ja	weiß nicht	nein
Der Besuch von Ausstellungen führt dazu, daß man sich selbst eine Meinung über das Thema bilden kann.	320	26	8
Beim Besuch von Ausstellungen werden die Bürger über die Planungen zur Stadtsanierung aufgeklärt.	290	46	18
Ausstellungen geben jedem Bürger die Möglichkeit, Vorschläge zu machen.	227	84	43
Durch die persönlichen Kontakte mit der Verwaltung können die Probleme zur Zufriedenheit der Bürger und der Stadt gelöst werden.	206	67	81
Die Verwaltung erteilt dem Bürger immer die gewünschte Auskunft.	189	64	101
M = 7.8; s = 2.2; Spannweite: 0 - 10			

Bei den Äußerungen zum administrativen Informationsangebot geht es um alle diejenigen Informationsquellen, die im Kontext der Sanierungsplanung eine Rolle spielen können. Dazu gehört einmal als generelle Anlaufstelle die Verwaltung der Stadt, die die Planungen und Realisierungen der Maßnahmen durchführt oder durchführen läßt (externe Planer). Die Verwaltung tritt hier nicht als Akteur auf (wie in der ersten Skala) sondern als Informationsquelle. Auch in dieser Funktion wird sie jedoch nicht einhellig positiv gesehen, was schon oben in der aktiven Funktion deutlich wurde; zumindest wird die Informationsmöglichkeit der Bürger über die im Rahmen der Sanierung durchgeführten Ausstellungen positiver eingeschätzt als die über die Verwaltung. Dies mag einerseits an der grösseren Nähe der Ausstellungen zu den konkreten Sanierungsmaßnahmen liegen; dadurch kann man sich spezifischer und umfassender ein Bild machen. Dies mag

aber auch an der von den externen Planern v. B r e m e n /H e i c h e l
vertreten "Bürgernähe" liegen, mit der sie die Planung und deren Vermittlung
zu den Betroffenen betreiben wollten. Diese waren es nämlich, die die Ausstellungen im wesentlichen angeregt und gestaltet hatten.

Tabelle 48: Politisches Engagement

Behauptung	ja	weiß nicht	nein
Von unserem politischen Interesse hängt es ab, ob wir eine vernünftige Regierung haben oder nicht.	282	19	53
Niemand kann bestreiten, daß Interessenverbände für unsere Demokratie lebenswichtig sind.	272	36	46
Wir sollten uns mehr politisch beteiligen, dann können wir die Arbeit der Regierung beser kontrollieren.	253	28	73
Wir müssen uns stärker politisch betätigen, damit wir die politischen Entscheidungen beeinflussen können.	251	41	62
Wir sollten die Chance nützen, uns politisch zu betätigen.	218	29	107
In der Bundesrepublik sind nicht zuviel, sondern zu wenig Leute politisch aktiv.	216	74	64
Wer sich über die politischen Parteien beklagt, sollte Mitglied in einer Partei werden, um die Parteien zu ändern.	216	27	111
Jeder sollte einer politischen Partei oder einem Interessenverband angehören.	120	26	208

M = 11.1; s = 4.1; Spannweite: 0 - 16 (eigene Untersuchung)
M = 11.0; s = 4.4; Spannweite: 0 - 16 (nach E l l w e i n /Z o l l (1973))

Die in dieser Skala ausgedrückten Aufforderungen zur politischen Aktivität
enthalten solche Aussagen, die einerseits unterschiedliche Grad des Appells
an die Teilnahmebereitschaft am politischen Geschehen ausdrücken. Diese reichen von einem ganz allgemeinen Interesse bis zur konkreten Mitgliedschaft in
politischen Organisationen. Andererseits richtet sich die angesprochene Aufforderung an einzelne i n d i v i d u e l l e Tätigkeiten bis zur o r g a n i s i e r -
t e n Aktivität. Die Zustimmung zu den Aussagen ist hoch, solange es sich nicht
um organisierte bzw. mit persönlichem Engagement verbundene Aktivitäten handelt. Ein deutlicher Bruch in der Zustimmung erfolgt bezüglich der Aufforderung in der letzten Aussage an j e d e n, einer politischen P a r t e i anzuge-
hören. Dies liegt wohl an der Grundsätzlichkeit der Aufforderung und an dem
Ressentiment gegenüber den Parteien, wie es allgemein für die Bundesrepublik
beobachtet wurde (vgl. D u n c k e l m a n n 1975, 235).
Mit den Ergebnissen von E l l w e i n /Z o l l (1973) ist die Stichprobe der Sa-

nierungsbetroffenen unserer Untersuchung fast völlig deckungsgleich. Sowohl hinsichtlich der Mittelwerte als auch hinsichtlich der Antwortstreuungen stimmt die Einstellung unserer Gruppe mit dem repräsentativen Querschnitt der BRD überein.

Dies ist bei der in der Stichprobenbeschreibung genannten Tendenz zur Überalterung, zum Vorwiegen niedriger Bildungsabschlüsse und geringer Einkünfte und dem starken Anteil an Rentnern kein selbstverständlich zu erwartendes Ergebnis, da für diese Gruppen aufgrund ihrer spezifischen Sozialisation bzw. ihrer konkreten sozialen Lage eher negative Werte zu erwarten sind, wie später noch gezeigt wird.

Tabelle 49: Politische Entfremdung

Behauptung	ja	weiß nicht	nein
Viele Politiker machen auf unsere Kosten schöne Reisen.	204	66	84
Politiker sagen einmal dies, einmal jenes, wie es ihnen in den Kram paßt.	200	46	108
Für das, was die Politiker leisten, werden sie zu hoch bezahlt.	195	72	87
In der Politik dreht sich alles doch nur ums Geld.	185	34	135
Was ein Politiker verspricht, hält er selten oder nie.	163	85	106
Es hat wenig Sinn, den Abgeordneten zu schreiben, weil sie sich wenig für die Probleme des kleinen Mannes interessieren.	157	66	131
Die meisten Äußerungen der Politiker sind reine Propaganda.	149	47	158
Die Bevölkerung wird sehr oft von den Politikern betrogen.	136	104	114
Es kommt gar nicht darauf an, welche Partei die Wähler gewinnt, die Interessen des kleinen Mannes zählen ja doch nicht.	133	39	182
Die Abgeordneten interessieren sich kaum für die Probleme der Leute, von denen sie gewählt werden.	124	59	171
Die Parteien sollten sich nicht wundern, wenn sie bald niemand mehr wählt.	117	47	190
In der Politik geschieht selten etwas, was dem kleinen Mann nützt.	115	43	196

M = 12.7; s = 6.9; Spannweite : 0 - 24 (eigene Untersuchung)
M = 12.8; s = 7.9; Spannweite : 0 - 24 (nach E l l w e i n /Z o l l (1973))

In dieser Skala wird ähnlich wie in der ersten ein Vorwurf von mangelnder Responsivität und von Eigensucht der Politiker erhoben, hier jedoch umfassender und extremer als zuvor. Die höchste Zustimmung erhalten hier diejenigen Behauptungen, die sozusagen unpolitische Inhalte sind (Reise, Bezahlung). Die massivsten politischen Vorwürfe einer völligen faktischen Diskrepanz zwischen politischem Geschehen und tatsächlichen Bedürfnissen des "kleinen Mannes" werden eher zurückgewiesen.
Die Ergebnisse unserer Untersuchung sind wieder – wie auch schon in der vorigen Skala – fast völlig übereinstimmend mit denen von E l l w e i n / Z o l l (1973), d.h. unsere Befragten sind politisch nicht mehr und nicht weniger entfremdet als die Gesamtheit der bundesrepublikanischen Bevölkerung.

Nachdem wir bisher die Ergebnisse zu den Einstellungsskalen im einzelnen berichtet haben, wollen wir nun noch auf die Beziehungen dieser Skalen zueinander eingehen.

Tabelle 50: Korrelation zwischen den Einstellungsskalen

Skala	1	2	3	4	5
1. Einstellung zu administrativen Akteuren	--				
2. Einstellung zu Bürgerinitiativen	-0.234^{xxx}	--			
3. Einstellung zum administrativen Informationsangebot	-0.270^{xxx}	0.319^{xxx}	--		
4. Politisches Engagement	-0.158^{xx}	0.185^{xxx}	0.215^{xxx}	--	
5. Politische Entfremdung	0.556^{xxx}	-0.116^{x}	-0.186^{xxx}		-0.226^{xx}

Bei der Interpretation der Korrelation zwischen den Skalen ist zu berücksichtigen, daß zwei dieser fünf Skalen negative Äußerungen zu dem jeweiligen Gegenstand enthalten, so daß die Summenwerte der Antwortpunkte mit steigender Höhe eine negative Einstellung anzeigen. Dies gilt für die Skala "Einstellung zu politisch-administrativen Ekteuren" und "politische Entfremdung". Diese Skalen korrelieren deshalb auch negativ mit den anderen positiv verankerten Skalen, d.h. z.B., je mehr jemand politisch entfremdet ist, desto weniger positiv wird er zum politischen Engagement stehen.
Die Korrelationen in der vorstehenden Tabelle sind sämtlich statistisch signifikant. Praktisch bedeutsam ist allerdings nur die Beziehung zwischen der "Einstellung zu politisch-administrativen Ekteuren" und der "politischen Entfremdung". In beiden Fällen wird ein Unbehagen und Mißtrauen gegenüber politischen Handlungsträgern ausgedrückt, das sich mit einigen inhaltlichen Nuancen im ersten Fall auf spezifische kommunale Akteure und im letzteren auf Politiker generell bezieht. Derjenige, der allgemein den Politikern mißtraut, tut dies also auch in überwiegendem Maße gegenüber den kommunalen Vertretern. Ob dieses Mißtrauen und

Unbehagen aufgrund konkreter (im kommunalen Bereich gewonnener) Erfahrungen auf die gesamte Politik übertragen wird oder eher umgekehrt ein allgemeines Gefühl des Mißtrauens und Unbehagens sich im konkreten kommunalen Raum auswirkt, ist im Rahmen dieser Querschnittsanalyse nicht entscheidbar.
Auffällig ist, daß die geringste Beziehung zwischen der "Einstellung zu Bürger-initiativen" und der "politischen Entfremdung" besteht, daß also diejenigen, die z.B. den politischen Handlungsträgern skeptisch gegenüberstehen, zu solcher politischer Beteiligung, die nicht die durch diese Politiker vorgezeichneten bzw. angebotenen Kanäle der Beteiligung beschreitet, eine sehr uneinheitliche Hal-tung zeigen. Aus dem Ausmaß der politischen Entfremdung kann man also nicht in praktisch bedeutsamem Maße auf die Einstellung zu der nicht vom politischen System vorgezeichneten Beteiligungsform "Bürgerinitiativen" schließen. Die übri-gen Korrelationen weisen auf vorhandene, aber niedrige Zusammenhänge zwischen den angesprochenen Einstellungsbereichen hin.

17.3 Soziale Verhaltenserwartungen

Die sozialen Verhaltenserwartungen werden erfaßt für die vorhin genannten re-levanten Beteiligungsformen und die relevanten Bezugsgruppen; das sind aufgrund der Ergebnisse der Voruntersuchungen die "Freunde", die "Familie" und die "Politiker".
Zu jeder der sechs Beteiligungsformen und für jede der 3 Bezugsgruppen wurde erfragt, ob die Person eine Verhaltenserwartung wahrnimmt (perzipiert) oder nicht, also beispielsweise, ob die Freunde erwarten, daß man im Zusammenhang mit der Sanierung Kontakte zu Parteien aufnehmen soll.
Im folgenden werden die Ergebnisse zunächst kurz deskriptiv dargestellt, bevor wir uns unter analytischen Gesichtspunkten der Beziehung zwischen Einstellung und Verhaltenserwartungen einerseits und Beteiligung(sbereitschaft) andererseits zuwenden.

Tabelle 51: Mittelwerte und Streuungen für die sozialen
Verhaltenserwartungen

Bezug der Verhaltenserwartungen	M (a)	s
1. Ausstellungsbesuch	1.80	2.18
2. persönlicher Kontakt mit der Verwaltung	1.38	1.99
3. persönlicher Kontakt mit den Parteien	1.37	2.00
4. Wortmeldung auf Ausstellungen	1.25	2.03
5. persönlicher Kontakt mit Politikern	1.04	1.86
6. Mitarbeit in Bürgerinitiativen	0.95	1.74
Spannweite der Skalen 0 - 6		
1. Verhaltenserwartungen der Freunde	2.62	3.66
2. Verhaltenserwartungen der Politiker	2.57	3.77
3. Verhaltenserwartungen der Familie	2.56	3.44
Spannweite der Skalen 0 - 12		

(a) Zur Kennzeichnung der einzelnen Erwartungen wurden zwei Gruppen von Werten pro Person gebildet.
1. wurde je ein Summenwert über die Beteiligungsformen pro Bezugsgruppe gebildet, wobei eine "Ja"-Antwort mit 2, eine "Nein"-Antwort mit 0 bewertet wurde und eine "weiß-nicht"-Antwort eliminiert wurde; diese Summenwerte repräsentieren also die Erwartungen einer Bezugsgruppe (z.B. der Freunde) bezüglich sämtlicher Beteiligungsformen.
2. wurde je ein Summenwert über die Bezugsgruppen pro Beteiligungsform gebildet; diese Summenwerte repräsentieren also die Erwartungen aller Bezugsgruppen bezüglich einer Beteiligungsform (z.B. persönliche Kontakte zu Parteien). Bei der Ergebnisanalyse werden beide Werte je nach Kontext unterschiedlich eingesetzt.

Absolut gesehen ist die Wahrnehmung sozialer Verhaltenserwartungen recht schwach ausgeprägt. Dies spiegelt sich in den Mittelwerten der vorstehenden Tabelle wieder, wenn man bedenkt, daß die maximal erreichbare Grenze für die beteiligungsformbezogenen Verhaltenserwartungen bei $3 \times 2 = 6$ liegt und für die bezugsgruppenbezogenen Verhaltenserwartungen bei $6 \times 2 = 12$ liegt, d.h. Ja-Antworten für jede Form bei allen Bezugsgruppen hätte 6 Punkte erbracht, und bei Ja-Antworten für jede Bezugsgruppe bei allen Formen wären 12 Punkte erreichbar gewesen. Unmittelbarer kann man sich ein Bild von der Angabe der Erwartungen machen, wenn man den durchschnittlichen Anteil der Ja-, Nein- und weiß nicht-Antworten betrachtet, der in der nämlichen Reihenfolge bei 21.3, 74.4 und 4.3% liegt, d.h. fast 3/4 der Befragten gaben an, daß sie für die einbezogenen Beteiligungsmöglichkeiten von den drei Bezugsgruppen keine Verhaltenserwartungen wahrnehmen;

der niedrigste Prozentsatz liegt bei 65% und der höchste bei 83%. Die in den Mittelwerten sichtbar werdenden Unterschiede zwischen den Erwartungen bezüglich der Beteiligung in unterschiedlichen Formen sind statistisch eindeutig (F = 18.78; 2% Varianzaufklärung). Zum Ausstellungsbesuch nehmen fast doppelt soviele Befragten eine positive soziale Verhaltenserwartung wahr (30%) wie bezüglich der Mitarbeit in Bürgerinitiativen (16%).

Wie der untere Teil der Tabelle 51 zeigt, sind die Unterschiede zwischen der Verhaltenserwartung der drei Bezugsgruppen sehr gering und lassen sich auch statistisch nicht sichern (F = 0.85). Dieses allgemeine Ergebnis ändert sich etwas bei einer näheren Analyse der Antworten auf die sechs verschiedenen Beteiligungsformen (s. Tabelle 52) und läßt erkennen, daß die nach unserem Klassifikationsansatz (vgl. Kap. 15.3) als weniger schwierig bzw. weniger konfliktträchtig zu bezeichnenden Beteiligungsformen am ehesten von der Familie erwartet werden (Form 1 und 2). Die als schwieriger und konfliktreicher klassifizierten Formen (4 und 6) werden eher den Freunden und diejenigen Formen, die politische Akteure ansprechen (Form 3 und 5) werden eher den Politikern zugeordnet.

Eine Übersicht dieser Antwortverteilungen enthält die folgende Tabelle:

Tabelle 52: Ja-Antworten zur Wahrnehmung sozialer Verhaltenserwartungen in % (a) (N = 354)

Beteiligungsform	Freunde	Familie	Politiker
1. Ausstellungsbesuch	27	(32)	29
2. persönlicher Kontakt mit der Verwaltung	22	(27)	18
3. persönlicher Kontakt mit den Parteien	22	19	(25)
4. Wortmeldung auf Ausstellungen	(22)	19	21
5. persönlicher Kontakt mit Politikern	16	14	(21)
6. Mitarbeit in Bürgerinitiativen	(20)	14	12

(a) Die jeweils größte Häufigkeit pro Zeile (!) ist durch Umrandung hervorgehoben.

17.4 Partizipationsbereitschaft

Die Bereitschaft zur Beteiligung am Planungsprozeß wurde für die gleichen Formen erfragt wie die Einstellungen und Verhaltenserwartungen. Die Entwicklung der Bereitschaftsskala wird im Anhang dargestellt. Die folgende Tabelle gibt wieder, welche Beteiligungsform die Bürger zu realisieren bereit sind.

Tabelle 53: Rangfolge der Beteiligungsbereitschaften nach Mittelwerten,
Streuungen und %-Verteilungen

Beteiligungsform	M	s	bereit	nicht bereit	unentschieden
1. Ausstellungs- besuch	3.9	1.1	75	12	13
2. persönlicher Kontakt zur Verwaltung	3.6	1.2	62	20	18
3. Wortmeldung auf Ausstellung	3.3	1.3	56	30	14
4. persölicher Kontakt mit Politikern	3.1	1.4	46	36	18
5. Kontakt mit Parteien	3.0	1.4	41	35	24
6. Mitarbeit in einer Bürgerinitiative	2.8	1.4	33	47	20

Spannweite der Einzelskalen: 1 - 6

Gesamtskala $M = 19.6$; $s = 5.4$; Spannweite 6 - 30.

Die Tabelle zeigt zunächst, daß man die Formen eindeutig hierarchisch anordnen kann, d.h. sowohl nach den Mittelwerten als auch nach Prozentverteilungen. Ein Mittelwertsvergleich ergibt sehr signifikante Unterschiede ($F = 54.98^{x\,xx}$; 8% Varianzaufklärung). Zum Ausstellungsbesuch sind nach eigenen Angaben 75% der Befragten bereit, 56% würden sich dort auch noch zu Wort melden. Am geringsten war mit 33% die Bereitschaft, in einer Bürgerinitiative mitzuarbeiten, was in deutlicher Diskrepanz zu der oben erwähnten Aussage der großen Mehrheit steht Bürgerinitiativen seien notwendig. Auf die Grundgesamtheit umgrechnet wären allerdings immerhin noch ca. eintausend Bürger aus der Andernacher Innenstadt bereit, in einer Bürgerinitiative mitzumachen, die Unentschiedenen nicht mitgerechnet. Die Streuung als Maß der Unterschiedlichkeit der Einschätzung nimmt in der Tabelle tendenziell von oben nach unten zu, d.h. bezüglich der Bereitschaft zum Ausstellungsbesuch ist man sich eher "einig" als zur Mitarbeit in einer Bürgerinitiative; hier scheiden sich die Geister.

Die in der Rangfolge der Beteiligungsformen zum Ausdruck kommende zunehmende Bereitschaft läßt sich nach den Ergebnissen einer Skalogrammanalyse (s. Anhang Kap. 21.6) in noch weitergehender Weise beschreiben: Für 80% der Befragten gilt (für die restlichen Befragten gilt das folgende nur mit Einschränkung), daß die Bereitschaft, sich in einer bestimmten Form zu beteiligen auch die Bereitschaft zur Beteiligung in allen Formen mit darüber liegenden Werten einschließt. Wer z.B. zu persönlichen Kontakten mit Politikern bereit ist, ist auch zur Wortmeldung auf Ausstellungen, zu persönlichen Kontakten mit der Verwaltung und zum Ausstellungsbesuch bereit; und wer zur Mitarbeit in einer Bürgerinitiative bereit ist, ist auch zu allen anderen Beteiligungsversuchen bereit.

18. EINSTELLUNGEN UND SOZIALE VERHALTENSERWARTUNGEN ALS DETERMINANTEN POLITISCHER PARTIZIPATIONSBEREITSCHAFT

18.1 Einstellungen als erklärende Variablen

Nach den in den theoretischen Erörterungen über die Beziehungen zwischen Einstellungen und Verhalten genannten Bedingungen kann nur dann von einer Einstellung auf ein Verhalten geschlossen werden, wenn sich beide auf das - auch vom Abstraktionsniveau her - gleiche Objekt beziehen und dieses für die Person eine hinreichende Bedeutsamkeit aufweist. Wir wollen jetzt prüfen, ob bei Berücksichtigung dieser Bedingungen eine Beziehung zwischen den Einstellungen und den Verhaltensbereitschaften für unsere Daten zur politischen Beteiligung nachweisbar ist und ob die politische Beteiligungsbereitschaft eher durch die Einstellungen oder durch die sozialen Verhaltenserwartungen erklärt werden kann.

Tabelle 54: Korrelation von Einstellungen mit Bereitschaft
zur politischen Beteiligung

Variable	r	b (a)	Varianzaufklä-rung % zusätzlich	allein
1. Politisches Engagement	0.357^{xxx}	0.274^{xxx}	6.8	12.7
2. Politische Entfremdung	-0.306^{xxx}	-0.211^{xxx}	3.0	9.4
3. Einstellung zu Bürgerinitiativen	0.226^{xxx}	0.137^{xxx}	1.6	5.1
4. Einstellung zum administrativen Informationsangebot	0.175^{xxx}	0.027	0.1	3.1
5. Einstellung zu politisch-administrativen Akteuren	-0.222^{xxx}	-0.022	0.0	4.9

Multiple Korrelation $R = 0.451^{xxx}$
Multiple Determination $D = 0.203$ (= 20.3% Varianzaufklärung)

(a) b = standardisierter Regresskoeffizient (vgl. G l o s s a r)

Die vorstehende Tabelle zeigt, daß von den berücksichtigten Einstellungsvariablen die ersten drei statistisch signifikant sind, d.h., daß sie auch für die Grundgesamtheit auf einen Zusammenhang zwischen dem "Politischen Engagement", der "Politischen Entfremdung" und der Einstellung zu Bürgerinitiativen einerseits und der Bereitschaft zur politischen Beteiligung andererseits in der nämlichen Reihenfolge schließen lassen. Die Stärke dieses Zusammenhangs ist jedoch jeweils gering, während die Gesamtkorrelation aller Einstellungsvariablen mit der Bereitschaft mit R = .451 mittel hoch ist.

Die Korrelation der drei spezifischen Skalen (3, 4 und 5) sind nur der Illu-
stration halber berichtet worden, sie lassen einzeln keinen hohen Beitrag zur
Bereitschaftserklärung erwarten, da letztere auf die Inhalte aller drei Einstellungen bezogen ist.
Daher ist nur die gemeinsame Korrelation dieser drei Einstellungen mit der Bereitschaft interessant, die mit R = 0.300 deutlich näher an den Korrelationen
von "Politischem Engagement" und "Politischer Entfremdung" liegt. Trotzdem
bleibt die Tatsache, daß die konkreten Einstellungen nicht mehr an Erklärungskraft zur Beteiligungsbereitschaft erbringen als je eine der allgemeineren Einstellungen. Dies wird als Hinweis darauf gewertet, daß die generelle Stellung
der Person zum politischen System und dessen Handlungsträgern ein mindestens
ebenso gutes Indiz für deren Beteiligungsbereitschaft ist, wie die konkreten Einstellungen zum kommunalen Subsystem, die nur noch wenig mehr an Aussagekraft
besitzen. Letztere Interpretation stützt sich auf die Angaben zur "zusätzlichen
Varianzaufklärung" in der vorausgehenden Tabelle. Diese Maße sagen aus, wieviel an z u s ä t z l i c h e r Erklärungsfähigkeit eine Variable leistet, wenn
man die der anderen Variablen in Rechnung stellt. Dies bedeutet konkret im vorliegenden Kontext, daß, wenn z.B. bekannt ist, wie sehr jemand politisch entfremdet ist und wie positiv oder negativ er zu allgemeinerem politischem Engagement und zu Bürgerinitiativen steht, die zusätzliche Kenntnis seiner Einstellung
zu den lokalen Informationsquellen mit 0.1 bzw. sogar 0.0% fast nichts mehr dazu beiträgt, um die Beteiligungsbereitschaft im gegebenen lokalpolitischen Raum
zu erklären. Eine gewisse Ausnahme bildet die Einstellung zu Bürgerinitiativen,
die einen etwas höheren Erklärungsbeitrag zur Beteiligungsbereitschaft leistet als
die konkreten Einstellungen zu den Akteuren und zum Informationsangebot. Dies
liegt möglicherweise daran, daß diese Art der Beteiligung aus dem vom System
vorgegebenen Rahmen der politischen Einflußnahme herausfällt und von daher im
allgemeinen politischen Einstellungsmuster weniger erfaßt wird. Auf dieses Phänomen wurde bereits oben bei der Skalenbeschreibung hingewiesen.
Faßt man die bisherigen Ergebnisse zur Erklärungsfähigkeit der Einstellungen für
die Beteiligungsbereitschaft im gegebenen kommunalpolitischen Raum zusammen,
so bleibt festzuhalten, daß man aufgrund einzelner Einstellungen nur wenig über
die zu erwartende Bereitschaft zur politischen Beteiligung aussagen kann, während
sich das Bild bessert, wenn man die relevanten Einstellungen g e m e i n s a m
zur Bereitschaftserklärung heranzieht.
Ähnlich sind die Resultate, wenn man statt der Beteiligungsbereitschaft die tatsächliche Beteiligung vorhersagen will; diese wird mit R = 0.448 ebenfalls zu ca.
20% durch die Einstellungen erklärt.
Vergleichsdaten aus anderen Untersuchungen können hier nicht diskutiert werden,
da sie - soweit sie sich überhaupt mit dem Verhältnis von Einstellungen und Beteiligung beschäftigen - von einem anderen Partizipationsbegriff ausgehen.
E l l w e i n / L i p p e r t / Z o l l (1975) berichten z.B. Korrelationen zwischen "Politischem Engagement" und "Politischer Entfremdung" als Einstellungsskalen und "Individuelle politische Aktivität" und "Passive Teilnahme" als Verhaltensskalen von 0.203 bis 0.331, was sich mit unseren empirischen Ergebnissen
deckt. Weder in den Aussagen innerhalb der Skala "Individuelle politische Aktivität" noch in denen der "Passiven Teilnahme" wird jedoch der für unseren Partizipationsbegriff konstitutive Versuch der Entscheidungsbeeinflussung ausgedrückt.

Auf die Beziehung zwischen der Beteiligungsbereitschaft und der tatsächlichen Beteiligung werden wir später noch ausführlich eingehen.

Politikverständnis als generalisiertes Einstellungssyndrom

Partizipation war als der Versuch der Beteiligung von nicht qua Amt oder Funktion zuständigen Personen an politischen Entscheidungen bezeichnet worden. Abgesehen von der herausragenden Bedeutung, die diese "offiziellen Entscheidungsträger" im Prozeß der politischen Willensbildung und für die politische Beteiligung haben, ist es aber für das Entstehen von Beteiligungsbereitschaft auf seiten der Bürger von entscheidender Wichtigkeit, ob sie bestimmte Entscheidungsgegenstände oder Entscheidungsprozesse als "politisch" erkennen und was sie unter "politisch" verstehen.
Ein solches Politikverständnis könnte man zu den generalisierenden Einstellungssyndromen rechnen, die im Rahmen unseres Erklärungsmodells über die spezifischen Einstellungen auf die Handlungsbereitschaften wirken. Das Politikverständnis bestimmt aber auch, ob und in welchem Ausmaß in einem bestimmten Bereich und bei bestimmten Entscheidungsgegenständen ein "politischer" Entscheidungsspielraum gesehen wird und welche Personen(-gruppen) diese Entscheidungsräume legitimerweise auszufüllen haben. Auf diese Weise könnte trotz positiver Einstellungen zur politischen Beteiligung der Fall eintreten, daß aufgrund eines bestimmten Politikverständnisses die grundsätzliche Möglichkeit zur politischen Beteiligung nicht gesehen wird und somit auch keine Beteiligungsbereitschaft entstehen kann.
Diesen Aspekt der unterschiedlichen Politikverständnisse wollen wir auf die Weise untersuchen, daß wir nach Entscheidungsträgern fragen, denen von den Personen die Entscheidungskompetenz zugeschrieben wird. Hinter diesen - kurz gesagt - Kompetenzzuweisungen steht ein bestimmtes generelles Demokratie- bzw. Herrschaftsverhältnis, das von autoritär bis plebiszitär reicht. Wir haben für die Maßnahmen zum Konfliktfall Stadtsanierung ermittelt, wer für die Entscheidungen in erster Linie als zuständig angesehen wird. Dabei haben wir folgende Vorgaben benutzt, die für verschiedene Demokratie- bzw. Herrschaftsverständnisse stehen sollen.

Tabelle 55: Politikverständnis

Entscheidungsträger	Demokratie bzw. Herrschaftsverständnis	
1. Bürgermeister	autoritär	
2. Stadtverwaltung	obrigkeitlich	vor- oder nicht
3. Fachleute	technokratisch	demokratisch
4. Interessengruppen	lobbyistisch/ syndikalistisch	
5. Stadtrat	repräsentativ	demokratisch
6. Bürger	plebiszitär	

In der folgenden Tabelle ist wiedergegeben, welche dieser potentiellen Entscheidungsträger die Bürger für zuständig halten (Spalte N); daneben sind die Beteiligungsbereitschaften und die tatsächliche Beteiligung differenziert nach den Gruppen unterschiedlicher Kompetenzzuweisungen aufgeschlüsselt (in standardisierten Abweichungswerten von der Gesamtgruppe (vgl. G l o s s a r)). Dies ermöglicht einen Vergleich der Kompetenzzuweisung einer Person mit ihrer Beteiligungsbereitschaft und ihrer tatsächlichen Beteiligung.

Tabelle 56: Beteiligungsbereitschaft und tatsächliche Beteiligung nach der Kompetenzzuweisung (in z-Werten)

Kompetenzzuweisung	N	Beteiligungs- bereitschaft $z =$	Beteiligung $z =$
1. Bürgermeister	38	-0.923	-0.583
2. Stadtverwaltung	40	-0.021	-0.209
3. Fachleute	101	0.310	0.238
4. Interessengruppen	9	-0.459	-0.449
5. Stadtrat	30	0.088	0.038
6. Bürger	130	0.072	0.084
	348	$F = 10.209^{xxx}$ 13% Var.Aufkl.	$F = 4.998^{xxx}$ 6.8% Var.Aufkl.

Die in der Tabelle aufgeführten Häufigkeiten der Kompetenzzuweisungen zeigen eine erstaunliche Verteilung der Nennungen auf die einzelnen Entscheider. Dabei ist zunächst die hohe Zahl der Angaben zu den Bürgern als maßgebliche Entscheidungsträger nennenswert. Wenn die mehr als 1/3 der Befragten diese Kompetenzzuweisung konsequent umgesetzt hätten, müßte eigentlich eine wesentlich höhere Quote an tatsächlicher Beteiligung erfolgen, da es bei hauptsächlicher Zuständigkeit der Bürger für die Sanierungsentscheidungen mit den berichteten Beteiligungsformen nicht getan wäre. Einerseits sind die Bürger offensichtlich an der Realisierung ihrer Entscheidungsbefugnisse gehindert worden (durch objektive und subjektive Restriktionen, worauf schon eingegangen wurde), andererseits ist die Angabe der Bürgerzuständigkeit allerdings mit Vorsicht zu behandeln, da die entsprechende Frage im Kontext des Themas der Bürgerbeteiligung gestellt wurde und wohl von einigen im Sinne der sozialen Wünschbarkeit beantwortet wurde.
Unter demokratietheoretischer Perspektive wichtiger sind vielleicht noch die Angaben zu der Entscheidungskompetenz des Rates und der der Fachleute. Nach den entsprechenden Nennungsrelationen dürfte es sich eigentlich nicht mehr um politische Entscheidungen handeln: Der Rat als das in unserer repräsentativen Demokratie für politische Entscheidungen kompetente Gremium wird nur von weniger als 1/10 für zuständig angesehen, während mehr als 1/3 den Fachleuten, d.h. hier den Planern und Verwaltung die Entscheidungskompetenz zuordnen. Dies ist trotz der bereits berichteten Besonderheiten für die Stellung der Planer im vorliegenden Kontext ein bemerkenswertes Ergebnis, das auf ein eher technokratisches Verständnis zur Sanierung hindeutet.

Als zweites wollen wir nun prüfen, ob der Unterschiedlichkeit in der Kompetenzzuweisung auch eine unterschiedliche Beteiligungsbereitschaft bzw. tatsächliche Beteiligung entspricht.

Unsere Überlegung geht dahin, daß diejenigen, die den Bürgern die Entscheidungskompetenz zuweisen, sehr viel eher beteiligungsbereit sind als diejenigen, die sie z.B. dem Bürgermeister übertragen. Die ersten geben ein demokratisches Verständnis bezüglich der Entscheidungen über die gegebenen Maßnahmen zu erkennen, die letzteren ein eher autoritäres.

Insgesamt ist festzustellen, daß zwischen der jeweiligen Kompetenzzuweisung und Beteiligung(sbereitschaft) ein starker Zusammenhang besteht.

Doch schauen wir uns die Einzelergebnisse an.

Vergleicht man diejenigen, die die Bürger für zuständig halten mit denen, die die Kompetenz dem Bürgermeister zuweisen, so ergibt sich, daß Personen mit autoritärem Politikverständnis (Entscheidungskompetenz: Bürgermeister) eine signifikant geringere Beteiligungsbereitschaft und tatsächliche Beteiligung zeigen als diejenigen, die die Entscheidungskompetenz den Bürgern zuordnen.

War dieses Ergebnis zu erwarten, so muß das folgende doch überraschen. Danach weisen nämlich diejenigen immerhin 1/3 der Befragten, die den Fachleuten die Entscheidungskompetenz zuschreiben, die höchsten Werte in ihrer Beteiligungsbereitschaft und tatsächlicher Beteiligung auf, und dies trotz des von uns unterstellten technokratischen Demokratie- bzw. Herrschaftsverhältnisses. Dies mag in dem vorliegenden Fall dadurch verständlich werden, daß als Fachleute vornehmlich die externen, von der Stadt beauftragten Planer gelten, die nach ihrem Selbstverständnis und ihrer Tätigkeit in vielem als Bürgeranwälte angesehen werden, die für die Bürgernähe der Maßnahmenplanung und -bekanntmachung eingetreten sind und die auch die Adressaten von konkreten Eingaben, Wünschen oder Vorschlägen auf Sanierungsausstellungen waren. Nur auf diesem Hintergrund sind die diesbezüglichen Ergebnisse zu verstehen und zu würdigen.

Nicht überraschend ist hingegen, daß diejenigen, die die Interessengruppen für entscheidungszuständig halten, eine starke Partizipationsferne auszeichnet. Diese Gruppe ist allerdings mit 9 Personen erwartungsgemäß so gering besetzt, daß eine eingehende Interpretation hier nicht möglich ist.

18.2 Soziale Verhaltenserwartungen als erklärende Variablen

Die zweite Variablengruppe dieses Abschnittes zur Erklärung der Beteiligungsbereitschaft sind die sozialen Verhaltenserwartungen. Ihre Beziehung zur Beteiligungsbereitschaft wird in der folgenden Tabelle dargestellt.

Tabelle 57: Korrelation von sozialer Verhaltenserwartung mit
Bereitschaft zur politischen Beteiligung

soziale Verhaltenser- wartungen seitens der	r	b	Varianzaufklärung % zusätzlich	allein
1. Freunde	$.515^{xxx}$	$.233^{xxx}$	2.1	26.5
2. Familie	$.418^{xxx}$	$.215^{xxx}$	2.5	23.1
3. Politiker	$.477^{xxx}$	$.195^{xxx}$	1.7	22.8
Multiple Korrelation =	$.562^{xxx}$			
Multiple Determination =	.315 (= 31.5% Varianzaufklärung)			

Die Verhaltenserwartungen der relevanten Bezugsgruppen leisten sämtlich einen
(nicht nur statistisch) bedeutsamen Erklärungsbeitrag zur Beteiligungsbereitschaft,
d.h. die Bereitschaft der Befragten zur politischen Beteiligung orientiert sich zu
einem guten Teil an den Erwartungen ihrer sozialen Umgebung. Nach der Gesamtkorrelation der Verhaltenserwartungen seitens der drei Gruppen mit der Bereitschaft liegt dieser Anteil bei fast 1/3. Wie schon die absolute Höhe der Verhaltenserwartungen für die Gruppen der Freunde, der Familie und der Politiker kaum
unterschieden war, so ist hier auch ihr Erklärungsbeitrag in etwa gleich stark.
Zieht man die einzelnen Verhaltenserwartungen der drei Bezugsgruppen nacheinander zur Erklärung der Beteiligungsbereitschaft heran, so fällt das jeweilige Plus
an Erklärungskraft relativ gering aus, d.h., wenn die wahrgenommenen Erwartungen der Freunde bezüglich der Beteiligung bekannt sind, trägt die zusätzliche
Kenntnis der wahrgenommenen Erwartungen der Familie oder der Politiker praktisch
nur noch wenig mehr zur Erklärung der Beteiligungsbereitschaft bei.

18.3 Gemeinsame Erklärung der Partizipationsbereitschaft durch Einstellungen und
Verhaltenserwartungen

Nach der Besprechung der einzelnen Beiträge der Einstellungen und der wahrgenommenen sozialen Verhaltenserwartungen zur Erklärung der politischen Beteiligungsbereitschaft wollen wir ihren Erklärungsbeitrag zunächst miteinander vergleichen und dann das gesamte Ausmaß ihrer Erklärungskraft abschätzen.
Wie ein Vergleich der Tabellen 54 und 57 zeigt, erklären sowohl einzeln als
auch zusammengefaßt die sozialen Verhaltenserwartungen Beteiligungsbereitschaft
wesentlich besser als die der Einstellungen; es werden insgesamt immerhin über 10%
mehr an Unterschieden in der Beteiligungsbereitschaft durch Verhaltenserwartungen
als durch Einstellungen aufgeklärt. Dies ist besonders dann bemerkenswert, wenn
man dies auf dem Hintergrund einer allgemeinen Tendenz zur Autonomiezuschrei-
bung sieht, wie sie in unseren vorbereitenden explorativen Untersuchungen zum
Ausdruck kam, in denen die Hälfte der Befragten explizit äußerte, sie ließen
sich von niemanden in der Frage ihrer Beteiligungsbereitschaft beeinflussen. Trotz
dieser Selbsteinschätzung im Sinne einer Entscheidungs- und Kompetenzautonomie

bestimmen faktisch die wahrgenommenen sozialen Verhaltenserwartungen in stärkerem Maße die eigene Beteiligungsbereitschaft als die Einstellungen der Person zum politischen System und dessen Beteiligungsmöglichkeiten. Die soziale Umgebung der Personen, wie sie in der Form von Verhaltenserwartungen an sie herantritt, hat also einen relativ bedeutsamen Anteil an dem, was die Personen an politischer Beteiligung zu realisieren bereit sind.

Wir wollen jetzt nach dem gemeinsamen Beitrag der Einstellungen und der sozialen Verhaltenserwartungen zur Bereitschaftserklärung fragen und fassen zu diesem Zweck in der folgenden Tabelle die Ergebnisse zusammen.

Tabelle 58: Korrelation von Einstellungen und sozialen Verhaltenserwartungen
mit Bereitschaft zur politischen Beteiligung

Einstellung zu und soziale Verhaltenserwartungen seitens der:	r	b	Varianzaufklärung in %	
			zusätzlich	allein
Politiker (V.E.) (a)	$.477^{xxx}$	$.201^{xxx}$	2.2	22.8
Freunde (V.E.)	$.515^{xxx}$	$.195^{xxx}$	1.4	26.5
politischem Engagement (b)	$.357^{xxx}$	$.159^{xxx}$	2.2	12.7
Familie (V.E.)	$.481^{xxx}$	$.139^{xxx}$	0.9	23.1
Bürgerinitiativen (E.) (b)	$.226^{xxx}$	$.135^{xxx}$	1.6	5.1
politischer Entfremdung (E.)	$-.306^{xxx}$	$-.135^{xxx}$	1.2	9.4
administrativem Infoangebot (E.)	$.175^{xxx}$	$.023$	0.0	3.1
politisch-administrativen Akteure (E.)	$.222^{xxx}$	$.006$	0.0	4.9
Multiple Korrelation =	$.630^{xxx}$			
Multiple Determination =	.397	(= 39.7% Varianzaufklärung)		

(a) V.E. = soziale Verhaltenserwartungen
(b) E. = Einstellung

Nach diesen Ergebnissen sind es im wesentlichen die sozialen Verhaltenserwartungen, die allgemeineren Einstellungen zu politischem Engagement und politischer Entfremdung und die spezifische Einstellung zu Bürgerinitiativen, die die Bereitschaft zur politischen Beteiligung erklären. Dieses Bild entspricht dem, was wir bei der Analyse des Erklärungsbeitrages der einzelnen Variablengruppen bereits gefunden hatte. Über die Erklärungskraft der wahrgenommenen sozialen Verhaltenserwartungen hinaus sagen die berücksichtigten Einstellungen insgesamt noch ca. 8% mehr über die Unterschiede in den Beteiligungsbereitschaften der Personen aus.

Vergleicht man die Ergebnisse mit denen anderer Untersuchungen, die Daten über den relativen Beitrag von Einstellungen und sozialen Verhaltenserwartungen zur Erklärung von Verhaltensbereitschaften liefern, so ist das Übergewicht der Erwartungen der sozialen Umgebung eher überraschend; nur in 6 von 22 Fällen übersteigt in den anderen Untersuchungen der Erklärungswert dieser Variablengruppe den Erklärungswert der Einstellungen (vgl. Übersicht bei O p p e r - m a n n 1976, Tabelle 28, S. 114). Zu berücksichtigen ist dabei, daß in den m a n n 1976, Tabelle 28, S. 114). Zu berücksichtigen ist dabei, daß in den Vergleichsstudien inhaltlich völlig andere Einstellungs- und Verhaltensgegenstände thematisiert werden. Wieweit diese verschiedenen Gegenstände einen Ansatz für die Erklärungsunterschiede der Einstellungen und der sozialen Verhaltenserwartungen bieten, kann in diesem Rahmen nicht geklärt werden, da es dazu eines systematischen Vergleichs verschiedener Gegenstandsbereiche bedarf, was bisher nicht geleistet wurde. Wir nehmen an, daß die politische Beteiligung in stärkerem Maße der sozialen Kontrolle ausgesetzt ist, als dies bei den meisten anderen Untersuchungsgegenständen der Fall ist. Außerdem wird für die Erklärungsüberlegenheit der sozialen Verhaltenserwartungen aber wohl der eben bereits erwähnte stärkere Verhaltensbezug dieser Variablen gegenüber dem der Einstellungen eine Rolle spielen.

Im theoretischen Teil unserer Untersuchung war eine inhaltlich/materiale Variable als A u s l ö s e r von Beteiligungsbereitschaft und Beteiligung dargestellt worden: die Betroffenheit von konkreten Maßnahmen. Wir wollen nun untersuchen, inwieweit diese Erwartungen durch die Ergebnisse unserer Untersuchung bestätigt wird. Dazu bestimmen wir die gemeinsame Korrelation der subjektiven Betroffenheit von den sieben Sanierungsmaßnahmen mit der Beteiligungsbereitschaft. Diese liegt mit R = 0.300 in der Größenordnung der Korrelationen der generellen Einstellungen mit der Beteiligungsbereitschaft und ist damit in gleichem Maße in der Lage, die Beteiligungsbereitschaft zu erklären, wie die Einstellungen.

Allein kann durch die Betroffenheit die Beteiligung nicht erklärt werden, doch leistet sie einen nicht unerheblichen Beitrag mit anderen Variablen. Dazu wollen wir nun prüfen, ob konkrete Betroffenheit in der Lage ist, längerfristig erworbene Einstellungen bzw. mittel- bis kurzfristig wahrgenommene soziale Verhaltenserwartungen bei der Entwicklung von Beteiligungsbereitschaft zu überwinden, d.h., daß man z.B. bei tendenziell negativen Einstellungen trotzdem beteiligungsbereit ist, wenn eine konkrete Betroffenheit vorliegt.

Zur Beantwortung dieser Frage haben wir in der folgenden Tabelle die gemeinsame Korrelation der Einstellungen und der sozialen Verhaltenserwartungen aufgeführt: für diejenigen, die relativ hohe Betroffenheit wahrgenommen haben und für diejenigen, die sich gar nicht betroffen fühlten.

Tabelle 59: Erklärungsfähigkeit der Einstellungen und sozialen Verhaltenserwartungen nach der Betroffenheitswahrnehmung

Erklärungsmaße der Bereitschaft	keine Betroffenheitswahrnehmung N = 144	Wahrnehmung hoher Betroffenheit N = 173
Einstellungen soziale Verhaltenserwartungen	R = .467 R = .453	R = .419 R = .610

Diese Tabelle zeigt, daß bei den Einstellungen der Erklärungsbeitrag (geringfügig) größer ist, wenn die Personen sich n i c h t b e t r o f f e n fühlen. Das bedeutet, daß der Beitrag der Einstellung zur Verhaltenserklärung tendenziell sinkt, wenn Betroffenheit vorliegt. Eine deutlichere Beziehung zeigt sich, wenn

man (was in der Tabelle nicht dargestellt ist) die e i n z e l n e n Einstellungen in ihrem Zusammenhang zur Betroffenheit untersucht. Hier verschwindet
der Erklärungswert der drei konkreten Einstellungen (vgl. Kap. 17.1), fast völlig,
wenn hohe Betroffenheit wahrgenommen wird, nur die generellen Einstellungen
liefern hier noch einen zusätzlichen Erklärungsbeitrag.

Die Wahrnehmung starker Betroffenheit wäre also in der Lage, unabhängig von
der Einstellung zu den konkreten Handlungsadressaten (kommunale Verwaltung/
Politiker/Parteien), Beteiligungsbereitschaft auszulösen. Wenn hingegen kein
unmittelbarer Anlaß für eine Beteiligung gegeben ist (durch konkrete Konflikt-
betroffenheit), dann besteht bei denjenigen, die eine positive Einstellung nicht
nur generell zum politischen System, sondern auch konkret zum kommunalen
Handlungsraum haben, eine höhere Bereitschaft, sich zu beteiligen. Diese Personen brauchen sozusagen keinen unmittelbaren Auslöser für die Bereitschaft
zum Engagement.

Dies in der Weise deuten zu wollen, daß es sich um solche Personen handelt,
die sowieso "immer dabei" sind, wäre nicht angemessen nach der Zusammensetzung
der befragten Gruppe. Vielmehr sind es solche, die die geringsten Beteiligungs-
barrieren aufweisen und nicht erst durch (massive) Betroffenheit herausgefordert
werden müssen.

Bei den Verhaltenserwartungen ist das Ergebnis umgekehrt. Je höher die Betroffenheit, umso höher ihr Erklärungsbeitrag für das Verhalten. Hier ist daran zu
erinnern, daß wir bei der Ermittlung der wahrgenommenen Verhaltenserwartungen
explizit auf die konkrete Situation Bezug genommen haben. Da anzunehmen ist,
daß diejenigen, die sich in dieser Situation betroffen fühlen, mit ihren sozialen
Bezugspersonen eher über mögliche Handlungen gesprochen oder sich über deren
Erwartungen an das eigene Verhalten Gedanken gemacht haben als diejenigen,
die nicht betroffen sind, ist unser Ergebnis plausibel: die Betroffenen haben sich
mit den Verhaltenserwartungen ihrer sozialen Umgebung eher auseinandergesetzt
und sind dafür sensibler, da sie unter stärkerem Handlungsdruck stehen als Nicht-
betroffene; daher entspricht ihre Bereitschaft den Erwartungen in höherem Maße.

Im theoretischen Teil waren als Voraussetzungen für die Entwicklung von Beteiligungsbereitschaften Bedingungen genannt worden, die in der objektiven Lage und
der Erkenntnis dieser Lage durch die Person liegen. Auf die Betroffenheit von den
Maßnahmen haben wir gerade Bezug genommen. Es bleibt jedoch jetzt noch zu
fragen, ob die Beteiligungsbereitschaft auch von der Kenntnis der Entscheidungsalternativen und der Beteiligungsmöglichkeiten abhängt.

Zunächst können wir feststellen, daß die Beteiligungsbereitschaft derjenigen, die
eine Entscheidungsalternative bei den einzelnen Maßnahmen für möglich hielten,
nicht höher war als die derjenigen, die diese nicht für möglich hielten. Beide
Gruppen sind jedoch beteiligungsbereiter als diejenigen Befragten, die sich un-
schlüssig waren, ob es bei den Maßnahmen Entscheidungsalternativen gab. Die
"Unentschiedenen" finden danach keinen Anknüpfungspunkt zur Beteiligung; bei
den "Entschiedenen" ist es jedoch gleichgültig, ob sie vorhandene Entscheidungsalternativen erkennen oder nicht: ihre Beteiligungsbereitschaft findet an dem Mangel an Entscheidungsalternativen weder eine Beteiligungsbarriere   noch an dem
Vorliegen von Entscheidungsalternativen einen Anknüpfungspunkt.

Vergleicht man weitergehend die Gruppen derjenigen, die die einzelnen Maßnahmen kennen und derjenigen, die sie für sehr wichtig halten mit den Gruppen
derjenigen, die sie nicht kennen oder für weniger wichtig halten, so zeigen die
ersteren in den meisten Fällen höhere Beteiligungsbereitschaften als die letzteren.
Das Ausmaß dieser Unterschiede liegt in etwa in der Größenordnung der Unterschiede zwischen verschiedenen Betroffenheitsgruppen, wie sie oben berichtet
worden sind.

Daß schließlich diejenigen Befragten, die bezüglich der verschiedenen Entscheidungsfelder und in den verschiedenen Partizipationsformen Beteiligungsmöglichkeiten gesehen haben, höhere Bereitschaftswerte erzielen als diejenigen, die
keine Beteiligungsmöglichkeiten sehen, ist eigentlich trivial; das Ergebnis wird
hier auch nicht wegen der T a t s a c h e des Unterschiedes berichtet, sondern
wegen des nur g e r i n g e n Ausmaßes.

18.4 E i n s t e l l u n g e n , s o z i a l e V e r h a l t e n s e r w a r t u n - g e n u n d P a r t i z i p a t i o n s b e r e i t s c h a f t a l s E r g e b n i s d e s S o z i a l i s a t i o n s p r o z e s s e s

Wir haben im Theorieteil ausgeführt, daß die inhaltliche Prägung von politischen
Einstellungen und (auf politisches Verhaltens bezogen) sozialen Verhaltenserwartungen sich im Sozialisationsprozeß vollzieht, und zwar differentiell nach Schichtzugehörigkeit. Für die P o l i t i s c h e S o z i a l i s a t i o n fügen wir
den allgemeinen Sozialisationsagenturen Familie, Schule und Beruf noch die Sozialisation im "vorpolitischen Raum" und aufgrund von Erfahrungen mit bisherigem
politischem Handeln hinzu.

Zur Darstellung der Abhängigkeit der Einstellungen und sozialen Verhaltenserwartungen und der Verhaltensbereitschaft von den verschiedenen Merkmalen des
Sozialisationsverlaufs wollen wir in der Regel graphische Abbildungen benutzen,
da bei mehr als zwei Kategorien einer Variable (z.B. bei 5 Ausprägungen der
Schicht) eine Übersicht in Tabellenform nicht mehr aufschlußreich genug ist (im
Anhang sind die den Abbildungen zugrundeliegenden Werte dokumentiert). Bei
den Abbildungen wurden die Werte der einzelnen Personengruppen in einheit-
lichen z-Werten ausgedrückt (vgl. zu z-Werten den Anhang). Dabei bedeuten
Werte unterhalb der waagerechten Linie bei $z = 0$ eine negative Abweichung der
Teilgruppe von der Gesamtgruppe und Werte oberhalb entsprechend positive Abweichungen. Bei den beiden inhaltlich negativ formulierten Einstellungen zu
"politisch-administrativen Akteuren" und zur "politischen Entfremdung" wurden die
Skalen umgepolt, so daß auch hier eine gleichsinnige Interpretation möglich wird:
je höher z.B. der Wert der beiden Skalen im Profil, desto w e n i g e r n e g a -
t i v ist die Einstellung zu "politisch-administrativen Akteuren" und desto weniger sind die Personen "politisch entfremdet".

18.4.1 Schicht als Sozialisationsmerkmal

Im folgenden wir zunächst der Zusammenhang zwischen familiärer, schulischer und
beruflicher Sozialisation und den Einstellungen/Verhaltenserwartungen untersucht.

Da davon auszugehen ist, daß die Sozialisation schichtspezifisch verläuft (vgl. Kap. 3.3), benutzen wir als Markierungsvariable für den Sozialisationsprozeß die Schichtzugehörigkeit. Die Operationalisierung und absolute Besetzung der einzelnen Schichtkategorien ist im Anhang ausführlich dargestellt.

Einstellungen

Die Abbildung 14 zeigt zunächst für die "politische Entfremdung" eine über alle Schichtkategorien hinweg konsistente Beziehung zur sozialen Schichtzugehörigkeit. Je höher die Schichtzugehörigkeit, desto höher ist auch das Vertrauen in das politische System und seine Akteure, je niedriger die soziale Schicht einer Person, desto höher ist ihr Grad an "politischer Entfremdung", d.h. also ihre Distanz zum bestehenden System und seinen Akteuren (vgl. unsere Bemerkung zu dieser Skala oben in Kap. 17.1). Die Distanz zwischen den beiden Extremwerten für die untere Unterschicht (UU) und die Obere Mittelschicht (OM) ist so groß, daß sie fast 2 Standardabweichungen mißt und 56% der Varianz erklärt. Wenn auch die Unterschiede der Einstellungswerte nur für die oberen und die unteren (nicht aber innerhalb der mittleren Schichtgruppen) statistisch signifikant sind und diese Gruppen – dem System der sozialen Schichtung in der BRD entsprechend – in unserer Stichprobe nur schwach besetzt sind, läßt die Konsistenz der Ergebnisse die Interpretation zu, daß Personen, die einen den sozialen Unterschichten typischen Sozialisationsprozeß durchgemacht haben, in höherem Maße "politisch entfremdet", d.h. systemdistanziert, sind als Angehörige der mittleren und oberen Mittelschicht, und daß die Einstellung zum politischen System umso positiver ist, je näher eine Person dem oberen Ende der Schichtskala ist.

Ähnlich in der Tendenz, wenn auch nicht in gleichem Maß deutlich sind die Ergebnisse für die Einstellung zum politischen Engagement. Hier sind die Einstellungswerte für die Schichten jedoch nicht konsistent im Sinne einer linearen Beziehung; es lassen sich nur die Unterschiede zwischen den oberen 2 und den unteren 3 sozialen Schichten als statistisch signifikant sichern. So gilt auch hier, daß Angehörige der mittleren und oberen Mittelschicht eine positivere Einstellung zum politischen Engagement haben als Angehörige der Unterschichten und der unteren Mittelschicht. Auffallend ist hier allerdings, daß die untere Unterschicht im Gegensatz zur politischen Entfremdung recht hohe Werte aufweist und sogar noch über denen der OU und UM liegt. Zwar lassen sich diese Unterschiede statistisch nicht mehr sichern, aber die Differenz zu den Extremwerten für politische Entfremdung bei UU und OM ist doch interessant. Der Schlüssel zur Erklärung dieser Abweichungen mag darin liegen, daß die Einstellungsskala "Politisches Engagement" aufgrund des starken Aufforderungscharakters vieler ihrer Items im Sinne der sozialen Wünschbarkeit nur in unzureichendem Ausmaß differenziert.

Für die spezifischen drei Einstellungsskalen lassen sich signifikante Unterschiede für die Schichtgruppen bei der Einstellung zu Kontakten mit politisch/administrativen Akteuren aufzeigen. Auch hier sind die Ergebnisse nicht konsistent im Sinne einer linearen Beziehung, sondern sie deuten eher auf den schon beim Politischen Engagement angetroffenen Bruch zwischen den 3 unteren und den oberen 2 Schichten hin. Hier wie dort gilt jedoch, daß die mittleren und oberen Mittelschichten deutlich positivere Einstellungen zu Kontakten mit Politikern und Verwaltung haben als die Angehörigen der unteren drei sozialen Schichten.

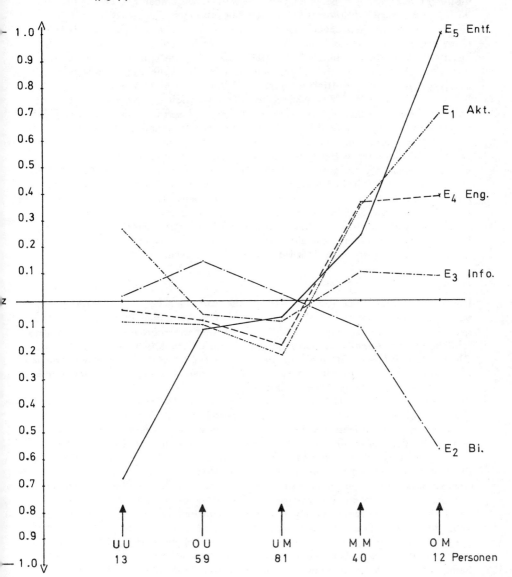

Abbildung 14: Verlaufsstrukturen der Einstellungen nach der sozialen Schichtzugehörigkeit

Abweichend hiervon ist aber festzuhalten – und diesem Ergebnis ist auf dem Hintergrund unserer übrigen Befunde und den Ergebnissen anderer Untersuchungen vielleicht noch größere Bedeutung zuzumessen – daß weder die Einstellung zur Nutzung des administrativen Informationsangebots noch die zur Mitarbeit in Bürgerinitiativen schichtspezifische Unterschiede aufweisen. Dieses Ergebnis ist nicht nur deshalb überraschend, weil es von der Verlaufsstruktur der Einstellungen bei "politischer Entfremdung", "politischem Engagement" und "politischen Akteuren" abweicht, sondern auch, weil es auf der Ebene der Einstellungen zur Beteiligungsform Bürgerinitiative nicht den M i t t e l s t a n d s b i a s (vgl. B u s e / N e l l e s 1975, 100) zeigt, der bezüglich der Mitgliedschaft und der Mitarbeit in Bürgerinitiativen bisher festgestellt wurde. Nach unseren Ergebnissen weisen Angehörige aller sozialen Schichten tendenziell gleichermaßen positive Einstellungen zur Mitarbeit in Bürgerinitiativen auf.

Während die Ergebnisse bezüglich der Wahrnehmung des administrativen Informationsangebots als obrigkeitsstaatliche Residuen auf eine bekannte Besonderheit der politischen Kultur in Deutschland zurückgeführt werden können, die schon von A l m o n d / V e r b a (1965) berichtet wurden, läßt sich die in allen sozialen Schichten fast gleichermaßen positive Einstellung zu Bürgerinitiativen – wenn nicht durch die relative Neuheit dieses Beteiligungsinstruments – so doch vielleicht dadurch erklären, daß die Bürgerinitiativen von vielen Bürgern als Alternative zu den bestehenden Beteiligungsformen angesehen werden.

Soziale Verhaltenserwartungen

Die Verlaufsstruktur der sozialen Verhaltenserwartungen bezüglich der Wahrnehmung der verschiedenen Beteiligungsmöglichkeiten hat einen deutlich schichtspezifischen Charakter (vgl. Abb. 15). Zwar sind die schichtspezifischen Unterschiede in den Verhaltenserwartungen der Familien statistisch nicht signifikant. Die in ihrer Tendenz fast gleichartige Verlaufsstruktur von Verhaltenserwartungen bei Freunden und Politikern einerseits und der Familie andererseits erlaubt jedoch eine Interpretation in gleicher Richtung.

Angehörige der oberen Unterschicht und der unteren Mittelschicht nehmen in stärkerem Maße Erwartungen wahr, sich politisch zu beteiligen, als Angehörige der unteren Unterschicht; Angehörige der mittleren und oberen Mittelschicht liegen in der Perzeption von Verhaltenserwartungen bezüglich politischer Beteiligung noch deutlich über diesem mittleren Niveau. Am stärksten ausgeprägt sind die Unterschiede zwischen den sozialen Schichten bei den seitens der Politiker wahrgenommenen Verhaltenserwartungen. Dies zeigt sich besonders bei der unteren Unterschicht, deren Erwartungswerte hier mehr als doppelt so niedrig sind wie bei den Verhaltenserwartungen von Freunden und seitens der Familie (vgl. Tab. 96). Dieses Ergebnis ließe sich dahingehend interpretieren, daß entweder die Politiker gerade von den unteren sozialen Schichten keine politische Beteiligung erwarten, oder aber ihre – eventuell auf ein höheres Maß an politischer Beteiligung gerade auch dieser Bevölkerungsgruppe gerichteten – Erwartungen gerade den unteren sozialen Schichten nicht adäquat vermitteln konnten. Bei dem deutlichen Zusammenhang zwischen sozialen Verhaltenserwartungen und der Bereitschaft zu politischer Beteiligung könnte man gerade hier einen Ansatzpunkt für eine Steigerung der Bereitschaft zur Beteiligung der unteren sozialen Schichten sehen. Dies gilt allerdings unter der Voraussetzung, daß demokratischen

Abbildung 15: Verlaufsstrukturen der sozialen Verhaltenserwartungen nach der sozialen
Schichtzugehörigkeit

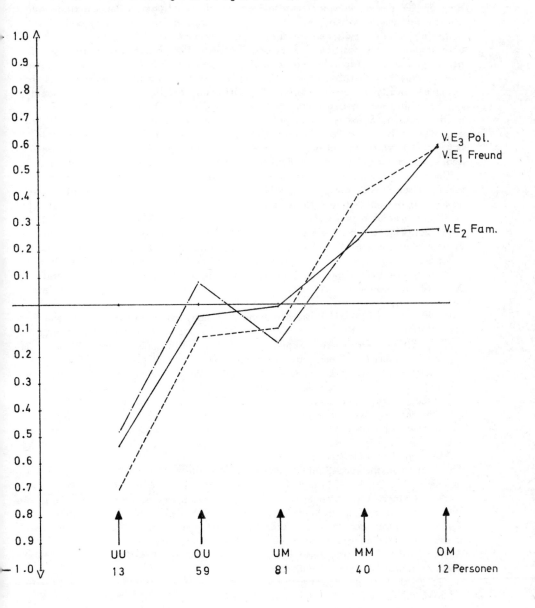

Normen entsprechende Verhaltenserwartungen bei Politikern auch tatsächlich
vorhanden wären und diese effektiver vermittelt werden könnten. Ein mögliches
Beispiel für einen solchen Zusammenhang kann man in der öffentlichen Ermunte-
rung und Förderung von Bürgerinitiativen durch den früheren Bundespräsidenten
Gustav Heinemann sehen, die sicherlich viel dazu beigetragen hat, daß diese
Bürgerinitiativen inzwischen sowohl in den Massenmedien als auch bei den Bürgern insgesamt als positive Erscheinung im politischen System der Bundesrepublik
gelten und auch entsprechenden Zulauf gefunden haben. Allerdings lassen sich
hier im Nachhinein Ursache und Wirkung nur schwer auseinanderhalten, und insbesondere bezüglich einer verstärkten politischen Beteiligung der unteren sozialen Schichten muß gegen diese etwas optimistische These ein Vorbehalt angemeldet werden. Selbst wenn es gelänge, gerade den unteren sozialen Schichten
gegenüber seitens der Politiker in effektiver Form die Erwartung zu vermitteln,
daß sie sich verstärkt am politischen Willensbildungsprozeß beteiligen sollten,
und - was aufgrund der engen Beziehung zwischen Verhaltenserwartungen und Beteiligungsbereitschaft zu erwarten ist - als Folge davon die Beteiligungsbereitschaft dieser Bevölkerungsgruppe erhöht wird, wäre damit allein noch nicht viel
gewonnen: hinsichtlich der Umsetzung der Beteiligungsbereitschaft in tatsächliches
politisches Handeln und auch hinsichtlich der Wirksamkeit einer solchen politischen Beteiligung wären die unteren sozialen Schichten den gleichen restriktiven
Bedingungen ausgesetzt, die aus ihrer objektiven sozio-ökonomischen Lage her-
vorgehen und die unter den gegenwärtigen sozialen und politischen Verhältnisse
eine effektive Vertretung von Unterschichtinteressen im politischen Willensbildungsprozeß verhindern. Auf einige dieser Probleme wird im weiteren noch ein-
zugehen sein.
Wenn aber auch bezweifelt werden kann und muß, ob aufgrund einer solchen
vereinzelten Perspektive - wie einer verstärkten und effektiveren Vermittlung
von Verhaltenserwartungen bezüglich politischer Beteiligung seitens relevanter Bezugsgruppe (hier: Politiker) - allein schon erweiterte und effektivere Partizipationschancen für bisher benachteiligte Gruppen der Bevölkerung eröffnet werden
können, so muß aber auch darauf hingewiesen werden, daß der Verzicht auf
solche begrenzte, aber eben realisierbare Veränderungen keinerlei politische Perspektive enthält. Die pauschale Denunzierung solcher begrenzter Veränderungs-
perspektiven als tendenziell herrschaftsstabilisierend ist weder für die Betroffenen
selbst noch für eine gesellschaftsverändernde Strategie nützlich, die auf eine Ver-
wirklichung des Sozialstaatspostulats des Grundgesetzes zielt.
Wenn man nun für jede Schichtgruppierung einzeln untersucht, welche Erwartungen bezüglich der Realisierung der verschiedenen Beteiligungsformen von den Angehörigen einer bestimmten Schichtgruppe wahrgenommen werden, dann treten die
schichtspezifischen Unterschiede noch deutlicher hervor. Abb. 16 soll diese
Verlaufsstrukturen der sozialen Verhaltenserwartungen nach Schichtgruppen verdeutlichen. Im Gegensatz zur bisherigen Darstellungsform wurden hier in der
Vertikalen die Erwartungswerte bezüglich verschiedener Beteiligungsformen jeweils
einer Schichtgruppe zusammengefaßt.
Im Gegensatz zur eher zweistufigen Schichtstruktur bei den Einstellungen zur politischen Beteiligung zeigt sich hierbei, daß bei den Verhaltenserwartungen bezüglich der Wahrnehmung von Beteiligungschancen tendenziell eine dreistufige

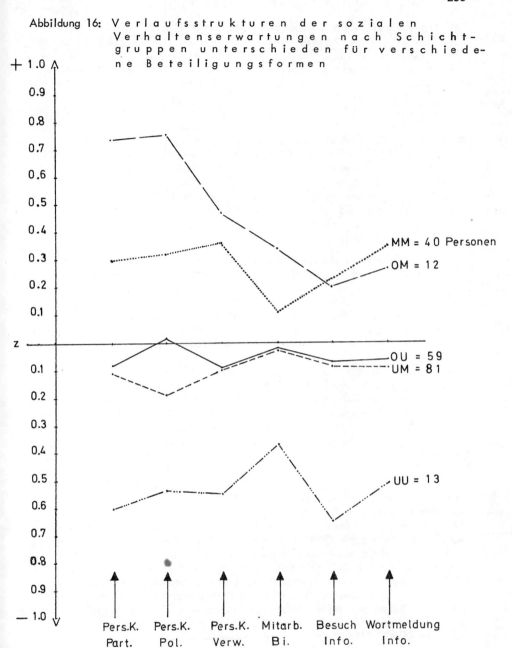

Abbildung 16: Verlaufsstrukturen der sozialen Verhaltenserwartungen nach Schichtgruppen unterschieden für verschiedene Beteiligungsformen

schichtspezifische Struktur vorherrscht. Die untere Unterschicht ist in der Perzeption von sozialen Verhaltenserwartungen von der Mittelgruppe, die von der oberen Unterschicht und der unteren Mittelschicht gebildet wird, deutlich abgesetzt und die Erwartungswerte liegen - mit Ausnahme der Beteiligungsform Bürgerinitiative - z.T. mehr als eine halbe Standardabweichung unter den Werten der Mittelgruppe. Über die Formen hinweg zeigt sich mit Ausnahme der oberen Mittelschicht, daß die Wahrnehmung von Verhaltenserwartungen innerhalb einer Schichtgruppe für alle Beteiligungsformen relativ konstant sind. Dies gilt auch für die Mitarbeit in Bürgerinitiativen, wenn auch hier die extremen Abweichungen für die Schichten nivelliert werden. Erhebliche Abweichungen zeigen sich allein für die obere Mittelschicht, bei der man aufgrund der extrem hohen Werte für die Wahrnehmung von Verhaltenserwartungen bezüglich persönlicher Kontakte zu Parteien und zu Politikern geradezu von einer Spezialisierung auf solche persönlichen Kontakte sprechen könnte.

Beteiligungsbereitschaft

Da wir Einstellungen und soziale Verhaltenserwartungen als Determinanten der Beteiligungsbereitschaft aufgefaßt und dies empirisch bestätigt gefunden haben, weiterhin z.T. deutliche Zusammenhänge zwischen diesen Variablen und der Schichtzugehörigkeit der Personen festgestellt haben, ist damit ein indirekter Hinweis darauf gegeben, daß auch die Beteiligungsbereitschaft schichtspezifisch differenzieren müßte. Wir wollen dies dennoch eigens überprüfen, um diesen aus unserem Erklärungsansatz abgeleiteten Zusammenhang auch empirisch zu bestätigen.

Dabei zeigt sich, daß die Beteiligungsbereitschaft in deutlicher Weise von der Schichtzugehörigkeit der Person abhängig ist; die Unterschiede zwischen den sozialen Schichten sind sehr signifikant ($F = 4.573^{xxx}$; 8.4% Varianzaufklärung). Besonders der Unterschied zwischen den Extremgruppen ist mit 6.5 Punkten, was mehr als eine Standardabweichung ausmacht sehr hoch, so daß fast 37% der Unterschiedlichkeit der Bereitschaft zwischen den beiden extremen Schichtgruppen erklärt werden kann. Bezieht man sich auf die Bereitschaft zu den einzelnen Beteiligungsformen statt wie bisher auf die globale Beteiligungsbereitschaft, so sind es die persönlichen Kontakte zu Politikern und zu Parteien, die starke Unterschiede zwischen den sozialen Schichten aufweisen ($F = 5.161^{xxx}$; 9.4% Varianzaufklärung; für Politiker; $F = 3,492^{xxx}$; 6.6% Varianzaufklärung für Parteien). Auch hier fallen besonders die extremen Gruppen der unteren Unterschicht und der oberen Mittelschicht ins Gewicht, die ebenfalls mehr als eine Standardabweichung auseinander liegen. Aus der Kenntnis der Zugehörigkeit von Personen zu der unteren Unterschicht oder zu der oberen Mittelschicht werden 37% der Bereitschaftsunterschiede zu persönlichen Kontakten mit den Politikern und 23% der Bereitschaftsunterschiede zu Parteikontakten erklärbar. Die Unterschiede zwischen den Bereitschaften zu den übrigen Einzelformen der Beteiligung lassen sich nicht auf die Zugehörigkeit der Personen zu bestimmten sozialen Schichten zurückführen.

Zusammenfassung

Die Analyse des Zusammenhanges zwischen Einstellungen, sozialen Verhaltens-
erwartungen und Beteiligungsbereitschaften auf der einen und der sozialen
Schichtzugehörigkeit auf der anderen Seite ergab für die generellen politischen
Einstellungen und für die Einstellung zu "Kontakten zu politisch-administrativen
Akteuren" sowie für die meisten der sozialen Verhaltenserwartungen eine klare
Bestätigung unserer Hypothese, daß diese Variablen durch den schichtspezifisch
unterschiedlichen Sozialisationsverlauf, der durch die Schichtzugehörigkeit repräsentiert wurde, determiniert werden. Dieser generelle Schluß muß zwar in zweierlei Hinsicht eingeschränkt werden, da die Besetzung der extremen Schichtkategorien nur gering ist und die Unterschiede nicht in allen Fällen gesichert werden konnten; doch ermutigt die Konsistenz der Trends und ihre Durchgängigkeit
durch die meisten Variablen doch zu der oben genannten Beurteilung unserer
Erwartung.

18.4.2 Soziodemographische Merkmale

Geschlecht

Wir hatten oben entwickelt (vgl. Kap. 3.4), welche Rolle soziodemographische
Variablen im Sozialisationsprozeß spielen. Wir wollen nun die festgestellten Be-
ziehungen zwischen den Merkmalen Geschlecht, Alter und Konfession einerseits
und den Einstellungen und sozialen Verhaltenserwartungen andererseits berichten
und im Zusammenhang mit den Ergebnissen anderer Untersuchungen diskutieren.
Bezüglich des Geschlechts ist nach den vorliegenden Daten für die meisten
Variablen ein statistisch sicherbarer Unterschied gefunden worden. Die folgende
Tabelle faßt die Ergebnisse zusammen.

Tabelle 60: Abhängigkeit der Einstellungen und sozialen Verhaltenserwartungen vom Geschlecht

Variable	männlich N = 181	weiblich N = 172	t (FG = 351)	Varianzaufklä-rung in %
Einstellung zu poli-tisch-administrativen Akteuren	5.3	6.2	-1.968^x	1.1
Einstellung zu Bür-gerinitiativen	7.6	7.8	-0.927	0.2
Einstellung zum ad-ministrativen Info-angebot	7.8	7.7	0.396	0.0
Politisches Engagement	11.7	10.6	2.607^{xx}	1.9
Politische Entfremdung	11.5	13.9	-3.249^{xx}	2.9
Soziale Verhaltenser-wartungen der Freunde	3.4	2.0	3.914^{xxx}	4.2
Soziale Verhaltenser-wartungen der Familie	3.3	2.1	3.023^{xx}	2.6
Soziale Verhaltenser-wartungen der Politiker	3.7	2.0	4.208^{xxx}	4.8

Bei den signifikanten Ergebnissen der Geschlechtsunterschiede fallen für die Frauen besonders die relativ geringen Erwartungswahrnehmungen seitens aller Bezugsgruppen, die geringen Werte bezüglich des politischen Engagements und die hohe politische Entfremdung auf. Die etwas negativere Einstellung zu politisch-administrativen Akteuren ist nur schwach signifikant.

Danach zeigen sich geschlechtsspezifische Unterschiede in der Weise, daß die Frauen dem politischen System und der politischen Beteiligung gegenüber skeptischer oder zumindest zurückhaltender sind und diese Zurückhaltung wohl noch verstärkt wird durch eine deutlich geringere Wahrnehmung von Verhaltensaufforderungen seitens der sozialen Umwelt.

Die Unterschiede zwischen den männlichen und weiblichen Befragten hinsichtlich ihrer Beteiligungsbereitschaft sind statistisch sehr signifikant ($F = 27.33^{xxx}$; 7.2% Varianzaufklärung), fallen jedoch von der Größenordnung her geringer aus als die zwischen den sozialen Schichten. Immerhin übertreffen die Männer aber die Frauen noch um rund 3 Punkte in ihrer Bereitschaft, sich in den erfragten Formen zu beteiligen. Diese Richtung der Unterschiede, d.h. die höhere Bereitschaft der Männer, zeigt sich auch bei den einzelnen Formen der Beteiligung. Besonders bezüglich der Bereitschaft zu persönlichen Kontakten mit Politikern und zur Wortmeldung auf Ausstellungen liegen die Männer höher; sie übertreffen die Frauen um fast einen Punktwert. Bei den nach unserem Klassifikationsansatz als die leichtesten zu bezeichnenden Beteiligungsformen des Ausstellungsbesuches und der persönlichen Kontakte zur Verwaltung sind geschlechtsspezifische Unterschiede im ersten Fall nur schwach ($t = 5.708^{x}$; 1.6% Varianzaufklärung) und im letzteren Fall gar nicht festzustellen ($t = 3.253$; 0.9% Varianzaufklärung).

Alter

Für die Variable Alter sind die Ergebnisse der Einstellungen und sozialen Verhaltenserwartungen relativ konform. Der Anschaulichkeit wegen sind die Verlaufsstrukturen in den folgenden Abbildungen dargestellt.

Die Schaubilder zeigen in der Form einen bis zum mittleren Lebensalter ansteigenden Verlauf und einen zum Teil rapiden Abfall in den letzten Lebensjahrzehnten. Dies gilt sowohl für die Einstellungen als auch für die wahrgenommenen Verhaltenserwartungen. Besonders die politische Entfremdung nimmt in höherem Alter stark zu und die sozialen Verhaltenserwartungen – v.a. seitens der Politiker – stark ab. Bei den spezifischen Einstellungen ist die große Skepsis der untersten Altersstufe gegenüber dem administrativen Infoangebot deutlich hervorgetreten. Alle genannten Unterschiede ließen sich statistisch sichern.

Nach diesen Ergebnissen ist mit zunehmenden Jahren in höherem Alter mit einer negativeren Einstellung zur politischen Beteiligung und vor allem mit einer stark reduzierten Wahrnehmung von die politische Partizipation stützenden sozialen

Verhaltenserwartungen zu rechnen.

Auch auf die Beteiligungsbereitschaft hat das Alter nach den gefundenen Ergebnissen einen deutlichen Einfluß, der über den der sozialen Schicht noch hinausgeht ($F = 6.92^{xxx}$; 12.4% Varianzaufklärung). Vergleicht man die einzelnen Altersgruppen miteinander, so findet man einen Anstieg der Beteiligungsbereitschaft bis zum Alter von 35 - 45 Jahren und einen deutlichen Abfall ab 65. Besonders ausgeprägt ist der Unterschied zwischen den 35 - 45-Jährigen und den über 65-Jährigen, doch liegen auch die 31 - 35-Jährigen deutlich über der höchsten Altersstufe. Bei einer Analyse der Einzelbereitschaften treten die Unterschiede bezüglich der Bürgerinitiative am deutlichsten hervor: die bis 45-Jährigen liegen im Durchschnitt um mehr als einen Punktwert über den über 65-Jährigen. Klar ist auch der Bereitschaftsabfall der höchsten Altersstufe feststellbar bezüglich der Kontakte zu Politikern und zu Parteien und bezüglich der Ausstellungsbeteiligung. Bezüglich der Bereitschaft zu persönlichen Kontakten mit der Verwaltung zeigen zwar die älteren Befragten gegenüber der mittleren Altersgruppe ebenfalls (um durchschnittlich fast einen Punkt) niedrigere Werte, deutlicher ausgeprägt sind in diesem Fall allerdings die geringen Beteiligungsbereitschaften der jüngsten Gruppe der 16 - 25-Jährigen, die um mehr als einen Punktwert unterhalb der Bereitschaft der partizipationsbereitesten Gruppe der 35 - 45-Jährigen liegen. Zusammenfassend kann man festhalten, daß die höchsten Beteiligungsbereitschaften bei der mittleren Altersgruppe der 35 - 45-Jährigen gefunden wurden, die ihre familiäre und berufliche Position gefunden und stabilisiert haben und sich auf andere Betätigungsfelder ausdehnen. Die älteste Gruppe der über 65-Jährigen weist die geringste Beteiligungsbereitschaft auf, was als Rückzug aus dem Öffentlichkeitsbereich interpretiert werden kann und in Übereinstimmung mit älteren Disengagement Theorien steht (die allerdings weitergehende Implikationen haben, auf die hier nicht eingegangen wird).

Konfession

Wir können aufgrund der vorliegenden Daten kaum Aussagen über die Wirkung der Konfessionszugehörigkeit auf die Einstellungen und sozialen Verhaltenserwartungen machen, da unsere Stichprobe nur wenige Personen umfaßt, die nicht katholisch sind.

Die gefundenen Werte weisen keine über das Zufälligkeitsniveau hinausgehenden Unterschiedlichkeiten auf. Somit konnte in der vorliegenden Untersuchung kein Nachweis von konfessionsspezifischer Sozialisation hinsichtlich der erfaßten Einstellungen und sozialen Verhaltenserwartungen erbracht werden. Ein Versuch der Generalisierung dieser Ergebnisse verbietet sich wegen des einseitigen Überwiegens von Angehörigen der katholischen Konfession in unserer Stichprobe. Dies geht auf die spezifische Lage der untersuchten Stadt zurück.

Zusammenhang mit anderen Untersuchungen

Wir wollen die berichteten Ergebnisse nun mit denen anderer Untersuchungen vergleichen. Dabei können wir uns nur auf Daten beziehen, die zur Beteiligung oder zur Beteiligungsbereitschaft berichtet werden. Da diese beiden Variablen jedoch zentral durch die Einstellungen und sozialen Verhaltenserwartungen erklärt werden, müssen sich die durch Geschlechts-, Alters- und Konfessionsunterschiede bedingten Varianzen der Beteiligung und Beteiligungsbereitschaft in diesen Einstel-

Abbildung 17: Verlaufsstrukturen der Einstellungen
nach dem Alter

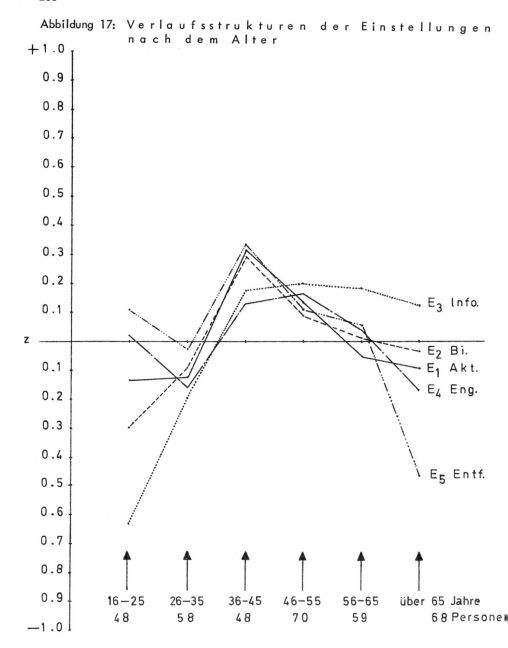

Abbildung 18: Verlaufsstrukturen der sozialen Verhaltenserwartungen nach dem Alter

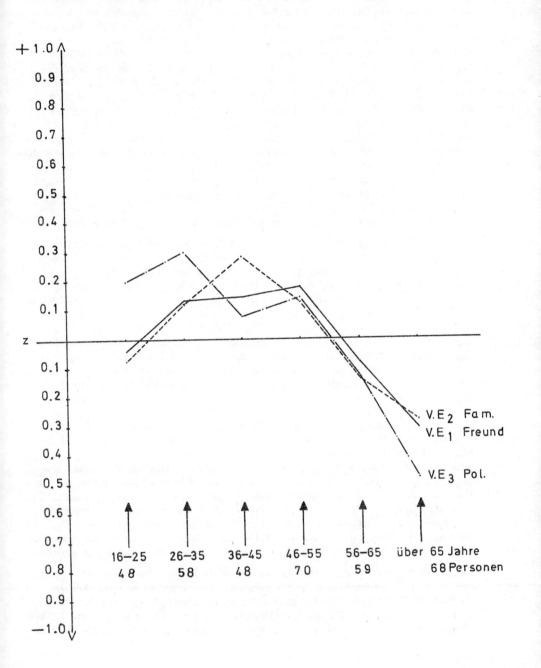

lungen und sozialen Verhaltenserwartungen widerspiegeln.

Zur Variable Geschlecht decken sich unsere Ergebnisse, daß Männer tendenziell positivere Einstellungen zur politischen Beteiligung und zum politischen System haben und stärker soziale Verhaltenserwartungen wahrnehmen, mit den Ergebnissen der einschlägigen Literatur. Bei V e r b a und N i e befinden sich z.B. unter den Inaktiven weniger Männer als Frauen (V e r b a & N i e 1972, 97 f.); bei E l l w e i n, L i p p e r t & Z o l l sind für Männer in allen relevanten Skalen höhere Werte gefunden worden als für Frauen (E l l w e i n, L i p p e r t & Z o l l 1975, 105) und bei D u n c k e l m a n n weisen sich die Männer durch stärkere bürgerschaftliche Handlungsbereitschaften aus (D u n c k e l m a n n 1975, 200 f.). Diese bisherigen Ergebnisse zur stärkeren politischen Beteiligung von Männern in verschiedenen geographischen und inhaltlichen Kontexten werden durch unsere Daten hinsichtlich der Verankerung dieser Beteiligung in den erklärenden Variablen Einstellung und soziale Verhaltenserwartungen bestätigt. Vor allem in den mangelhaften Erwartungswahrnehmungen, die ihre objektive Entsprechung in der sozialen Umgebung unserer Gesellschaft finden, kann ein Grund für die geringe Beteiligung von bestimmten Gruppen (bes. Frauen und ältere Personen) an politischen Prozessen gesehen werden.

Mit der Altersabhängigkeit von politischer Beteiligung haben sich V e r b a und N i e ausführlich beschäftigt. Ihr Verlauf verschiedener Partizipationsarten über die Altersgruppen hinweg weist konstante und mit unseren eigenen Ergebnissen vergleichbare Charakteristika auf. Ihr "Life-Cycle" der Partizipation beginnt auf niedrigem Niveau, erreicht im fünften Lebensjahrzehnt seinen Höhepunkt und fällt dann wieder ab (ähnlich bei M i l b r a t h 1965, 134 f. und bei E l l - w e i n, L i p p e r t und Z o l l 1975, 106 ff.). V e r b a und N i e diskutieren mögliche Gründe für den beobachteten Verlauf der politischen Beteiligung über die Altersstufen. Sie weisen darauf hin, daß sich mit dem Lebensalter noch andere Variablen der Person ändern, die möglicherweise die "wahren" Gründe für die alterspezifischen Partizipationsunterschiede darstellen. So ändert sich das Einkommen und der Bildungsgrad: jüngere Personen und ältere Personen (nach der Pensionierung) haben geringere Einkommen; ältere Personen haben gemäß den schlechteren Bildungsmöglichkeiten in ihrer Jugendzeit niedrigere Bildungsabschlüsse. Wenn man die Effekte dieser beiden Variablen berücksichtigt und annimmt, sie wären so entscheidend, daß sie die Altersvariable in ihrer Auswirkung ausschalten könnten, müßte die Verlaufskurve der Partizipation sich einer Geraden angleichen: es gäbe keinen Unterschied mehr zwischen den Altersstufen, da sie durch die Einkommens- und Bildungsunterschiede aufgehoben würden. Tatsächlich wird die Kurve bei V e r b a und N i e auch flacher, d.h. die Variablen Einkommen und Schulbildung binden etwas an Erklärungskraft des Alters, sie wird aber nicht flach genug, um an die Stelle der Altersvariable zu treten. Besonders der von jungen Jahren an ansteigende Verlauf der Partizipation bleibt bestehen.

Eine ähnlich differenzierte Analyse des Materials ist für unsere Datenstruktur wegen zu kleiner Zellbesetzung nicht möglich. Wir halten daher fest, daß der Verlauf der Partizipation und aufgrund unserer Untersuchung auch die Partizipationsbereitschaft und die diese erklärenden Variablen Einstellungen und soziale Verhaltenserwartungen eine relativ konforme, wenn auch unterschiedlich stark

ausgeprägte altersspezifische Form hat, die ein Ansteigen der Partizipation und
der sie erklärenden Variablen bis zum mittleren Lebensalter aufweist und dann
wieder (leicht) abfällt.

Für die Konfession haben wir in unserer Untersuchung keine differentiellen Auswirkungen auf die Einstellungen, sozialen Verhaltenserwartungen und die Verhaltensbereitschaften gefunden. Dies wollen wir wegen der zu geringen Häufigkeit von Nicht-Katholiken in unserem Sample nicht als Beleg gegen die Bedeutung der Konfessionszugehörigkeit für die politische Beteiligung werten. Bezieht
man die Ergebnisse von V e r b a und N i e und die von E l l w e i n ,
L i p p e r t und Z o l l mit ein, so zeigt sich dort insgesamt ein uneinheit-
liches Bild: nur bei einer von vier Formen politischen Verhaltens bei E l l -
w e i n et a l. (nämlich bei der "Passiven Teilnahme", die jedoch wegen
ihrer inhaltlichen nicht-Übereinstimmung mit unserer Partizipationsdefinition in
anderem Kontext diskutiert wird) wird ein statistisch zu sichernder höherer Wert
für die Protestanten berichtet (E l l w e i n , L i p p e r t und Z o l l 1975,
109); bei V e r b a und N i e zeigen die beiden Konfessionen unterschiedliche Beteiligungs m u s t e r , was auf ein anderes Demokratieverständnis bei
Protestanten und Katholiken hindeutet. Die Erkenntnisse in dieser Frage sind aber
noch längst nicht hinreichend, und es wäre außerdem ein Fehlschluß, wenn man
die gefundenen Partizipations-, Einstellungs- und Erwartungsunterschiede allein
auf den religiösen Aspekt der Konfessionsdifferenzierung zurückführen wollte. Es
sind zudem auch soziale Unterschiede, die zwischen den Konfessionen bestehen,
die mit der Konfessionszugehörigkeit einhergehen und insbesondere in ländlichen
Räumen noch anzutreffen sind. Ähnliche Zusammenhänge zwischen Konfessionszugehörigkeit und sozialer Lage zeigen sich auch in Nordirland, wo historisch
bedingte sozio-ökonomische Unterschiede zwischen Katholiken und Protestanten
bestehen und die Konfessionszugehörigkeit das vereinheitlichend markierende Dif-
ferenzierungsmerkmal darstellt.

18.4.3 Mitgliedschaft und Aktivität in Vereinen als Bestimmungsfaktoren für politische Sozialisation

Nachdem wir in den vergangenen Abschnitten zunächst die allgemeinen Soziali-
sationsfaktoren wie Schichtzugehörigkeit, Geschlecht, Alter, Schulbildung und
Religion untersucht hatten, soll nunmehr mit der Mitgliedschaft und der Aktivität
in Vereinen und Verbänden ein Bereich des sozialen Lernens durch soziales Handeln erfaßt werden, der von seinen formalen Strukturen her starke Ähnlichkeiten
mit dem Bereich politischen Handelns aufweist. Dies gilt nicht nur, weil in und
durch die Vereine in der Kommunalpolitik trotz der vorherrschenden Ideologie
des "Unpolitischen" und "Überparteilichen" zum Teil sehr erfolgreich "Politik"
gemacht wird (vgl. H e l m k e / N a ß m a c h e r 1976, 18-21; und auch
Z o l l 1975, 200 f.), sondern vor allem deshalb, weil durch die Mitgliedschaft
und die aktive Beteiligung in diesen Organisationen Einstellungen zu sozialen und
politischen Prozessen erworben werden, die für politisches Verhalten von besonderer Bedeutung sind. So lernen vor allem die aktiven Vereinsmitglieder, auf Ver-
sammlungen zu sprechen, sich mit Satzungs- und Geschäftsordnungsfragen zu be-
fassen, Haushalts- und Finanzpläne zu beraten, die Zusammenarbeit mit Verwaltung

und Presse zu üben und vieles mehr. Insgesamt ist festzuhalten, daß Vereinsmitglieder durch ihre Aktivität lernen, außerhalb von Familie und Beruf in formellen, auf bestimmte Zwecke ausgerichteten Organisationen zu handeln. Es
ist daher zu erwarten, daß diese Erfahrung mit Handlungen in einem solchen
sozialen Zusammenhang die Einstellungen zum politischen Handeln in erheblichem
Maße bestimmen wird, zumal sich viele der Aktivitäten von der Form (wenn
nicht auch vom Inhalt her) letztlich nur noch in Nuancen von genuiner politischer Beteiligung unterscheiden und zumal von den Personen selbst der oft flies-
sende Übergang von sozialen zu politischen Handlungen - auch wegen des vielfach auf "Parteipolitik" reduzierten Politikbegriffes - nicht wahrgenommen wird.

Zwar haben inzwischen die großen politischen Parteien die Bedeutung der Vereine im kommunalpolitischen Handlungsfeld wiederentdeckt, so daß eine starke
personelle Verflechtung zwischen Vereinsfunktionären und politischen Funktionä-
ren festzustellen ist. Allein aufgrund dieses Zusammenhanges ist für die hochgradig aktiven Vereinsfunktionäre zu erwarten, daß sie positive Einstellungen zu
politischer Partizipation haben. Wir nehmen aber an, daß auch unabhängig von
einer solchen parteipolitischen Orientierung für die Mitglieder in Vereinen das
Handeln in formalen sozialen Organisationen einen sozialen Lernprozeß darstellt,
der einen positiven Einfluß auf die Bildung von Einstellungen und die Wahrnehmung von Verhaltenserwartungen zu politischer Beteiligung haben dürfte.
Dies gilt zunächst für jede denkbare Form von Vereins- und Verbandsmitglied-
schaften, umsomehr aber für solche Vereine, die als Bestandteil ihres Vereins-
zieles oder neben ihren Vereinszielen auch politische Zielvorstellungen verfolgen. Es ist daher anzunehmen, daß die Mitgliedschaft in solchen p o l i t i s c h
r e l e v a n t e n   O r g a n i s a t i o n e n (wie z.B. Gewerkschaften, Un-
ternehmerverbände, Verbraucherverbände) wegen des unmittelbaren Bezugs zum
politischen Handlungsfeld auch stärkere Sozialisationswirkungen hinsichtlich politischen Verhaltens erbringen wird.
Mitgliedschaft und Aktivität in solchen politisch relevanten Organisationen wie
auch in sportlichen, caritativen, geselligen oder sonstigen Vereinen haben wir
unter dem Begriff "Organisationsgrad" zusammengefaßt. Obwohl natürlich auch
Parteien, politische Jugendorganisationen und Bürgerinitiativen unter einen solchen Organisationsbegriff gefaßt werden können, haben wir Mitgliedschaft in
solchen unmittelbar politischen Organisationen für den Organisationsgrad nicht berücksichtigt. Das ist zum einen darin begründet, daß wir mit dem Organisationsgrad den "vor"-politischen Raum als Sozialisationsbereich erfassen wollten.
Andererseits mußte vermieden werden, daß bestimmte Aktivitäten, die schon in
die Bestimmung des Beteiligungsgrades und der Beteiligungsbereitschaft eingegangen waren, auch noch in die erklärende Variable Organisationsgrad aufzunehmen.
Der Organisationsgrad umfaßt die Zahl der Mitgliedschaften in Vereinen, die
Häufigkeit des Veranstaltungsbesuchs und den Zeitaufwand für die Vereinstätig-
keit und teilt die Bevölkerung in folgende 5 Gruppen:
Nicht-Mitglieder, inaktive Mitglieder, wenig aktive Mitglieder, aktive Mitglieder, sehr aktive Mitglieder.

Ergebnisse:

Organisationsgrad und Einstellungen

Obwohl in Übereinstimmung mit Ergebnissen früherer Untersuchungen (M a y n t z 1968 und D u n c k e l m a n n 1975, 112 ff.) ein höherer Organisations- grad mit höherer Schichtzugehörigkeit einhergeht ($Chi^2 = 38.522^{xx}$, df - 16) läßt sich kein signifikanter Zusammenhang zwischen der Höhe des Organisations- grades und der Richtung der Einstellungen zu politischem Verhalten feststellen. Lediglich in Bezug auf die generelle Einstellung zum politischen System, die hier durch den Grad der politischen Entfremdung erfaßt wurde, ließ sich ein Zusammenhang mit dem Organisationsgrad nachweisen: Nicht-Mitglieder sind in stärkerem Maße politisch entfremdet als sehr aktive Mitglieder ($F = 4.599^{xxx}$). Bei diesem Ergebnis bleibt aber zu berücksichtigen, daß bei den drei mittleren Abstufungen des Organisationsgrades (Inaktive/wenig Aktive/sehr Aktive) keine statistisch signifikanten Unterschiede vorhanden sind und die Varianzaufklärung nur 5% beträgt. Die These, daß sich generell die Mitarbeit in Vereinen positiv auf die Einstellungen zur politischen Beteiligung auswirken würde, ließ sich in unserer Untersuchung nicht erhärten.
In einem zweiten Untersuchungsschritt haben wir dann Vereinsmitgliedschaft nicht generell, sondern differenziert nach Vereinsarten erfaßt. Hier wurden die Perso- nen gemäß der o.a. Unterscheidung in 4 Gruppen unterteilt:
1) Nicht-Mitglieder
2) Mitglieder in geselligen, caritativen und sportlichen Organisationen,
3) Mitglieder in politisch relevanten Organisationen
4) Mitglieder in politischen Organisationen (Parteien, Bürgerinitiativen).
Zuordnungskriterium war hierbei, daß z.B. Mitglieder in politisch relevanten Organisationen zwar ebenfalls Mitglieder in geselligen Vereinen, nicht aber Mit- glieder in politischen Organisationen sein durften. Im letzten Fall wurden sie der Gruppe der Mitglieder in politischen Organisationen zugeordnet. Auf diese Weise erhält die Unterscheidung der Mitgliedschaft nach Vereinsart den Charakter einer Rangfolge, die durch die Nähe des Vereinsmitglieds (nur in dieser Eigenschaft) zum politischen Handlungsfeld gekennzeichnet ist. Hier zeigte sich, daß zwischen den generellen Einstellungen und der Vereins-Mitgliedschaft, differenziert nach Vereinsart, nur zwischen der ersten und den (übrigen) 3 Kategorien signifikante Unterschiede bestehen. Das bedeutet, daß nur solche Vereinsmitglieder positive- re Einstellungen zum politischen System und zur politischen Beteiligung haben, die (auch) Mitglieder in politischen Organisationen sind. Dieser Zusammenhang ist zwar statistisch signifikant (vgl. Tabelle 62), gleichermaßen aber inhaltlich trivial, wenn nicht gar tautologisch. Von Interesse ist für uns jedoch, daß zwi- schen den anderen 3 Gruppen: Mitglieder in politisch relevanten Organisationen/ Mitglieder in sonstigen Organisationen/ Nicht-Mitglieder keine signifikanten Einstellungsunterschiede festzustellen waren.
Dieses Ergebnis zeigt noch deutlicher als der negative Befund zum Zusammenhang von Organisationsgrad und Einstellungen, daß relevante Einstellungsunterschiede zum politischen System und den Beteiligungsmöglichkeiten nicht als Ergebnis des Sozialisationsprozesses von Mitgliedschaft und Aktivität in Vereinen angese- hen werden können. Das gilt auch für Mitglieder in solchen Organisationen, die sich durch eine größere Nähe zum politischen Handlungsfeld von den "nur"

Tabelle 61: Einstellungen und Organisationsgrad

Einstellungen Organisations-grad	pol-/adm. Akteure	Bürgerini-tiative	admin-Info-Angebot	politisches Engagement	politische Entfremdung	N
Nicht-Mitglieder	6.424	7.576	7.348	11.152	14.576	66
Inaktive	6.237	7.542	7.508	9.78	12.932	59
Wenig Aktive	6.133	7.956	7.978	11.2	13.711	90
Aktive	5.094	8.057	7.962	11.17	12.094	53
Sehr Aktive	4.795	7.361	7.940	11.843	10.253	83
Mittelwert (insg.)	5.732	7.689	7.769	11.1	12.681	354
Standardabweichung	3.840	2.371	2.159	4.082	6.900	
F-Test	2.681^x	1.091	1.287	2.278	4.599^{xxx}	
Varianzaufklärung	3%	-	-	-	5%	

geselligen, caritativen oder sportlichen Vereinigungen unterscheiden. Daß Mitglieder in politischen Organisationen (Parteien, Bürgerinitiativen, Wählerinitiativen und politischen Jugend-/Studentenorganisationen) positivere Einstellungen zum politischen System und den Beteiligungsmöglichkeiten aufweisen, war aufgrund der bisherigen Ergebnisse zum Zusammenhang von Einstellungen, Beteiligungsbereitschaft und tatsächlicher Beteiligung zu erwarten, auch wenn hinsichtlich der Beziehungsrichtung:

Tabelle 62: Einstellungen und Verhaltensbereitschaft vs.
Mitgliedschaft nach Vereinsart

Vereinsart	politisches Engagement	politische Entfremdung	Beteiligungs- bereitschaft	N
Mitglieder in politischen Organisationen	14.014	9.542	23.236	72
Mitglieder in politisch relevanten Organisationen	10.852	12.523	20.307	88
Mitglieder in sonstigen Organisationen	9.821	13.463	17.761	132
Nicht-Mitglieder	10.933	14.767	18.03	58
Mittelwert insg.	11.119	12.653	19.562	350
Standardabweichung	4.070	6.911	5.340	-
F-Test	19.435^{xxx}	7.759^{xxx}	21.759^{xxx}	-
Varianzaufklärung	14.3%	6%	15.7%	-

Mitgliedschaft in politischen Organisationen bestimmt Einstellungen oder Einstellungen bestimmen Mitgliedschaft in politischen Organisationen hier keine Aussage getroffen werden kann. Aufgrund der Ergebnisse bei Mitgliedern sonstiger Vereine kann ausgeschlossen werden, daß vorhandene Einstellungsunterschiede generell als Sozialisationswirkungen der Mitgliedschaft und Aktivität in einer formellen sozialen Organisation anzusehen sind. Die nachgewiesenen Einstellungsunterschiede beruhen vielmehr eindeutig auf der Art der Tätigkeit in den Organisationen (hier: politische Beteiligung!). Die generelle These, daß die Mitgliedschaft und Aktivität in Vereinen und Verbänden als sozialer Lernprozeß im Ergebnis zu positiveren Einstellungen zum politischen System und zur politischen Beteiligung führt, muß daher zurückgewiesen werden.

Organisationsgrad und Verhaltenserwartungen

Nach diesem überraschend negativen Befund zum Zusammenhang zwischen Organisationsgrad und den Einstellungen zur politischen Beteiligung haben wir in einem zweiten Untersuchungsschritt auch die Beziehung zwischen Organisationsgrad und der Wahrnehmung von Verhaltenserwartungen bezüglich politischer Beteiligung überprüft. Hier fanden wir im Gegensatz zu den Ergebnissen des ersten Analyseschrittes jedoch eine deutliche Beziehung zwischen dem Organisationsgrad und den Verhaltenserwartungen, insbesondere der "Freunde" und "Politiker" (vgl. Tabelle 63).

Daß die Verhaltenserwartungen der Familie in diesem Zusammenhang weniger zur Aufklärung der Abweichungen beitragen, ist nur verständlich, da sich die Vereinsaktivitäten z.T. ausdrücklich außerhalb der familiären Bezüge vollziehen.

Wenn man den Organisationsgrad als ordinal-skalierte Variable verwendet, ergibt sich zu den Verhaltenserwartungen der Freunde eine Korrelation von r = .309, die von zwar an der unteren Grenze der praktischen Signifikanz liegt, aber immerhin noch höher als die Korrelation zwischen den Verhaltenserwartungen der Freunde und der Schichtzugehörigkeit oder den einzelnen Einstellungsskalen liegt. Die Varianzanalyse zeigt, daß der Bruch zwischen geringen und hohen Verhaltenserwartungen zwischen den Gruppen der Nicht-Mitglieder, der Inaktiven und der wenig Aktiven einerseits und den Aktiven und sehr Aktiven Vereinsmitgliedern andererseits liegt (vgl. Tabelle 63).

Je höher also der Organisationsgrad ist, in desto stärkerem Maße werden seitens der Freunde und der Poltiker Verhaltenserwartungen bezüglich politischer Beteiligung wahrgenommen. Zur Beurteilung dieser Ergebnisse müssen wir uns nochmals ins Gedächtnis zurückrufen, daß bei der Konstruktion der Variable Organisationsgrad keine Mitgliedschaften in politischen Organisationen einbezogen wurden und damit die Gefahr eines tautologischen Erklärungsansatzes vermieden wurde.

Insgesamt zeigt sich hier also, daß die Mitgliedschaft und die Aktivität in Vereinen und Organisationen (als Faktor der politischen Sozialisation) nicht primär über die Ebene der Einstellungen zum politischen Handeln wirkt, sondern vor allem über die Vermittlung von Verhaltenserwartungen relevanter Bezugsgruppen (Freunde und Politiker), für die die Vereine als informelles lokales Kommunikations- und Kontaktfeld von besonderer Bedeutung sind. Diesem Ergebnis entsprechend läßt sich auch eine starke Beziehung zwischen Organisationsgrad und Beteiligungsbereitschaft feststellen, die mit 12% Varianzaufklärung (F = 11.806[xxx]) einen recht erheblichen Erklärungsbeitrag leistet.

Tabelle 63: Organisationsgrad vs. Verhaltenserwartungen
und Beteiligungsbereitschaft

Organi-sationsgrad	Verhaltens-erwartungen	Verhaltens-erwartungen der Freunde	Verhaltenser-wartungen der Politiker	Beteili gungs-bereit-schaft	N
Nicht-Mitglieder	1.462	2.215	18.106	66	
Inaktive	2.017	2.508	19.288	59	
Wenig Aktive	2.146	1.562	18.300	90	
Aktive	3.509	3.302	20.302	53	
Sehr Aktive	4.699	5.084	22.663	83	
Mittelwert insg.	2.811	2.946	19.595	351	
Standardabweichung	3.744	3.877	5.348	-	
F-Test (FG$_1$ = 4 ;FG$_2$= 346)	10.154^{xxx}	11.164^{xxx}	11.806^{xxx}	-	
Varianzaufklärung	10.6%	11.5%	12%	-	

Abbildung 19: O r g a n i s a t i o n s g r a d u n d V e r h a l t e n s e r - w a r t u n g e n

Verhaltenserwartungen bezügl. politischer Beteiligung (z-Werte)

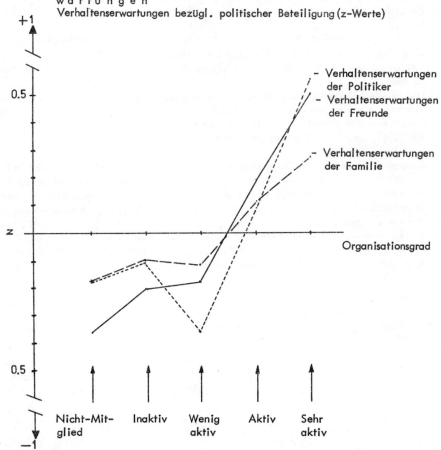

18.4.4 Erfahrungen mit bisherigen politischen Verhalten

Bei unseren bisherigen Überlegungen zum Zusammenhang zwischen politischen Einstellungen und Beteiligungsbereitschaft wie auch zu dem Entstehungsprozeß von Einstellungen und Verhaltenserwartungen waren wir davon ausgegangen, daß es sich bei dieser Beziehung nicht um eine in der Richtung eindeutig bestimmbare "Einbahnstraßen-Beziehung" in dem Sinne handeln könne, daß Einstellungen (und/oder Verhaltenserwartungen) Verhalten bestimmen.

Ebenso gilt, daß das Verhalten - oder präziser: die Erfahrungen durch bisheriges Verhalten - Einstellungen und Verhaltenserwartungen prägt. Wir haben daher entsprechend unserem Sozialisationsansatz, in dessen Kontext wir den Entstehungsprozeß von Einstellungen und Verhaltenserwartungen bestimmen wollten, die Sozialisationswirkungen auf Einstellungen und Verhaltenserwartungen bezüglich politischer Beteiligung, die von den Erfahrungen mit bisherigem politischen Verhalten ausgehen, ebenfalls zur Erklärung herangezogen.

Die Erfahrungen mit bisherigen politischem Verhalten sollen durch drei Faktoren erfaßt werden:

1) als Grad (gewichtete Summe) der bisherigen Beteiligung (PPI)
2) als Einschätzung des Handlungserfolges bisheriger Beteiligung und
3) als Bereitschaft zur Wiederholung bereits realisierter Verhaltensformen.

In den Grad der bisherigen Beteiligung geht lediglich das faktische Handeln (freilich im Selbstbericht) ein, ohne eine Beurteilung dieses Handelns zu enthalten.

Die Erfolgsbeurteilung bezieht sich auf e i n e n Aspekt der Handlungsbeurteilung, nämlich auf die Beurteilung des politischen Effekts der Beteiligung, da danach gefragt wurde, ob die Beteiligung die Entscheidungen im gewünschten Sinne beeinflußt habe.

Die Wiederholungsbereitschaft geht in zweierlei Sinne darüber hinaus. Sie beruht auf mehr als nur dem politischen Aspekt der Erfolgsbeurteilung, da die persönlichen Erlebnisse und die soziale Anerkennung im Verlauf der Beteiligung viel zur subjektiven Verarbeitung des Handelns beitragen (vgl. M i l b r a t h 1970, 94 f.).

Außerdem ist diese im Gegensatz zur Effektivitätsbeurteilung nach vorn auf zukünftiges Handeln gerichtet und repräsentiert somit das handlungsbezogene (konative) Element der Handlungserfahrung und nicht das kognitive, von dem die Erfolgsbeurteilung einen Teil darstellt. Von diesem handlungsbezogenen Aspekt der Handlungserfahrung erwarten wir gemäß unserem theoretischen Ansatz, daß er in Übereinstimmung mit seinem affektiven (Einstellungen) und seinem sozialen (Verhaltenserwartungen) Korrelat entwickelt wird, worauf wir gleich zurückkommen. Ein Schaubild faßt die Überlegungen zusammen.

Abbildung 20: E r f a h r u n g e n   m i t   b i s h e r i g e m
            p o l i t i s c h e n   V e r h a l t e n

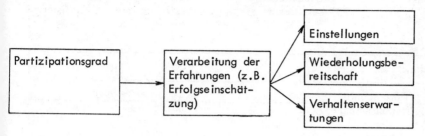

Die folgende Tabelle zeigt die Wiederholungsbereitschaft (hiernach geordnet)
und die Erfolgsbewertung und ermöglicht einen Vergleich dieser beiden Kriterien.

270

Tabelle 64:· Wiederholungsbereitschaft nach Beteiligungsformen (a)

Beteiligungsform	Wiederholungs-bereitschaft (b) in %	als erfolg-reich bewer-tet (b) in %	Zahl der Realisier. N
Durchschnitt	52.4	56.6	
über dem Durchschnitt			
Unterschriftensammlung	71.8	62.1	110
Persönlicher Kontakt mit der Verwaltung	68.3	75.4	139
Persönlicher Kontakt mit Politikern	61.0	77.2	100
Briefe an Politiker/ Verwaltung	59.7	70.5	62
um den Durchschnitt			
Teilnahme an Demon-strationen	55.6	55.5	9
Teilnahme an Bürger-initiativen	53.5	76.7	30
Teilnahme an Streiks	50.0	66.7	6
Briefe an Medien	49.0	60.8	51
unter dem Durchschnitt			
Mitarbeit als Partei-mitglied	43.6	79.5	39
Teilnahme an Kundge-bungen	43.1	28.5	123
Teilnahme an Partei-versammlungen	35.3	43.1	102
Teilnahme an Bürger-versammlungen	32.4	47.1	68
Teilnahme an Anhörung	32.4	37.8	37
Teilnahme an Mieter-streik	20.0	20.0	5

(a) Die Teilnahme an den städtischen Informationsveranstaltungen wurde in dieser Liste nicht aufgeführt, da die Daten hierzu in anderer Form erhoben wurden und nicht unmittelbar vergleichbar sind.
(b) Die Prozentangaben sollen die Werte untereinander vergleichbar machen, beinhalten jedoch die Gefahr der Überbewertung, da die Gesamtzahl der Realisierungen z.T. sehr gering ist.

Wir wollen uns nun mit der Beziehung der Wiederholungsbereitschaft zu den anderen relevanten Variablen beschäftigen. Die Wiederholungsbereitschaft wird also
nicht nach einzelnen Beteiligungsformen differenziert, sondern als Gesamtsummen-
wert aller Wiederholungsbereitschaften verwendet. Auf diese Weise erhalten wir
mit dem "Grad der Wiederholungsbereitschaft" für jede Person einen Kennwert,
der das "proaktive" Ergebnis (Vgl. T h o m a e 1968) der bisherigen Erfahrungen mit politischer Beteiligung darstellt.
Die Wiederholungsbereitschaft ist mit 52.4% insgesamt eher niedrig einzuschätzen,
d.h., daß in jedem zweiten Fall die Bürger nicht bereit waren, eine schon einmal realisierte Beteiligungsform zu wiederholen. Tab.   zeigt die Unterschiede in den Wiederholungsbereitschaften für die einzelnen Beteiligungsformen, die
von etwa 30 - 70% reichen. Während die Rangfolge von Wiederholungsbereitschaften nach Beteiligungsformen, weder dem "Stufenmodell" der Beteiligung
(Guttman-Skala) noch dem Schwierigkeitsgrad folgt, fällt auf, daß mit Ausnahme
der nur gering besetzten Kategorien vor allem bei den Formen überdurchschnittliche Wiederholungsbereitschaft festzustellen ist, die als individuell-aktive
Beteiligungsformen gekennzeichnet werden können.
Bei den insgesamt eher niedrigen Werten für die Wiederholungsbereitschaft muß
allerdings berücksichtigt werden, daß bei der Wiederholungsbereitschaft der unmittelbare Bezug zum Konflikt und zur Betroffenheit verlorengegangen ist. Auf
die Frage: "Wenn Sie irgendeine Angelegenheit hier in der Stadt Andernach ganz
persönlich angeht, würden Sie sich dann auch an den Diskussionen darüber beteiligen bzw. auf irgendeine Weise Einfluß zu nehmen versuchen", die in deutlicher Weise die persönliche Betroffenheit herauszustellen versucht, zeigten im
Gegensatz zur Wiederholungsbereitschaft 83.5% der Personen Beteiligungsbereitschaft. Zur Höhe der durch diese Frage ermittelten Beteiligungsbereitschaft
ist jedoch anzumerken, daß sie in hohem Maße Aufforderungscharakter aufweist.

Zwischen dem Grad der bisherigen Beteiligung und dem Grad der Wiederholungsbereitschaft war der Zusammenhang mit r = .705 sehr hoch. Dies war zu erwarten,
da Personen, die eine größere Zahl von Beteiligungsmaßnahmen realisieren, dies
unter anderem deshalb tun, weil sie zuvor mit bestimmten Beteiligungsformen gute
Erfahrungen gemacht hatten. Die These, daß bei diesen Personen die Wiederholungsbereitschaft besonders hoch sein würde, konnte daher belegt werden.

Wenn man dieses Ergebnis einer sehr starken Korrelation zwischen Beteiligungsgrad und Wiederholungsbereitschaft im Zusammenhang mit der ungleichgewichtigen
Wahrnehmung der Beteiligungschancen in der Bevölkerung (1/6 der Bevölkerung
vollzog die Hälfte aller erfaßten Beteiligungshandlungen), und mit der insgesamt
recht niedrigen Wiederholungsbereitschaft betrachtet, muß die Schlußfolgerung
sehr viel differenzierter ansetzen. Das aufgrund der Korrelationsanalyse allein
mögliche, optimistische Fortschrittsgemälde eines sich stufenweise von der ersten
mit jeder weiteren Beteiligungsaktion verstärkenden und stabilisierenden politischen
Engagement des Bürgers ist so nicht haltbar. Unsere Ergebnisse weisen vielmehr
darauf hin, daß in der überwiegenden Zahl der Fälle die anfänglichen Erfahrungen
mit politischer Beteiligung zu Frustration udn Resignation führen, d.h. die Aufgabe eines begonnen politischen Engagements zur Folge haben. Erst auf einem
hohen Niveau von politischer Aktivität wird auch ein gesteigerter Grad an Wiederholungsbereitschaft und damit eine Stabilisierung des politischen Engagement erreicht (vgl. Abb. 21).

Wenn man darüber hinaus in Betracht zieht, daß zwischen Schichtzugehörigkeit und Beteiligungsgrad wie auch der Wiederholungsbereitschaft ein starker Zusammenhang besteht, d.h., daß Personen mit sehr hoher Wiederholungsbereitschaft in der überwiegenden Zahl der Fälle aus der mittleren und den oberen Mittelschichten stammen, dann muß deutlich werden, daß der Grad der Wiederholungsbereitschaft, d.h., die Chance zur langfristigen Stabilisierung des politischen Engagements entscheidend davon abhängt, wie erfolgreich der einzelne die restriktiven Bedingungen sozialer, ökonomischer und politischer Art überwindet, auf die in anderen Zusammenhängen schon hingewiesen worden ist. Diese Bedingungen politischer Beteiligung sind jedoch nicht für alle Bevölkerungsschichten gleichermaßen restriktiv. Angehörige der mittleren und oberen Mittelschichten sind u.a. aufgrund ihres Bildungsvorsprungs, ihres höheren Sozialprestiges und aufgrund ihrer größeren ökonomischen Ressourcen sehr viel besser in der Lage, diese Bedingungen zu erfüllen, während diese für die unteren sozialen Schichten Barrieren darstellen, die nur unter erheblichen Anstrengungen überwunden werden können.

So gesehen, bietet auch der vorgefundene Zusammenhang zwischen Beteiligungsgrad und Wiederholungsbereitschaft keine emanzipative Perspektive für eine Verbesserung der effektiven Partizipationschancen von nicht nur in diesem Bereich unterprivilegierten Bevölkerungsgruppen. Das punktuelle, gegebenenfalls durch hohe Betroffenheit ausgelöste Engagement solcher Gruppen führt unter den gegebenen Bedingungen mit größerer Wahrscheinlichkeit zu Frustration und Resignation als zu einer Verstärkung und Stabilisierung des politischen Engagements. Bemühungen zur Verbesserung der Partizipationschancen der unteren sozialen Schichten müssen daher an den für diese Gruppen restriktiven Eingangs- und Durchsetzungsbedingungen politischer Beteiligung ansetzen und durch kompensatorische Maßnahmen kommunikativer und organisatorischer Art (zielgruppenorientierte Kommunikation, Gemeinwesenarbeit und Anwaltsplanung im Zusammenhang mit Bürgerinitiativen) die unterschiedlichen Startbedingungen ausgleichen.

Überraschend war für uns die Feststellung, daß die positiven Sozialisationswirkungen bisherigen politischen Verhaltens unabhängig von dem tatsächlichen Handlungserfolg (im Sinne von Zielverwirklichung) der realisierten Beteiligungsformen zu sein schienen. Bei keiner der untersuchten Beteiligungsformen ließ sich ein Zusammenhang zwischen Handlungserfolg (Selbstbericht) und Wiederholungsbereitschaft nachweisen. Dieses Ergebnis ist auch im Zusammenhang mit den insgesamt recht geringen Auswirkungen auf die Resultate der politischen Willensbildungsprozesse bei der Altstadtsanierung in Andernach zu sehen, was auf seiten der betroffenen Bürger hinsichtlich ihrer Einstellungen und ihrer politischen Aktivität ohne sichtbare Auswirkungen geblieben ist. Einmal diese fehlende faktische Effizienz im gegebenen kommunalpolitischen Feld und zum anderen die Beschränkung der Erfolgseinschätzung auf den politischen Aspekt (s.o.) mögen für die geringe Sozialisationswirkung des tatsächlichen Handlungserfolges verantwortlich sein. Auch wird man unterscheiden müssen zwischen der konkreten Erfahrung, ob eine bestimmte Handlungsweise (evtl. aufgrund situationsspezifischer Bedingungen) erfolgreich war und der generellen Einschätzung, ob eine bestimmte Beteiligungsform erfolgversprechend ist. Ersteres, der konkrete Handlungserfolg, war Gegenstand unserer Frage, unterliegt aber auf seiten der handelnden Personen zunächst wieder einer Beurteilung, die Faktoren wie spezifischen Bedingungen

Abbildung 21: K u m u l a t i v e   B e t e i l i g u n g

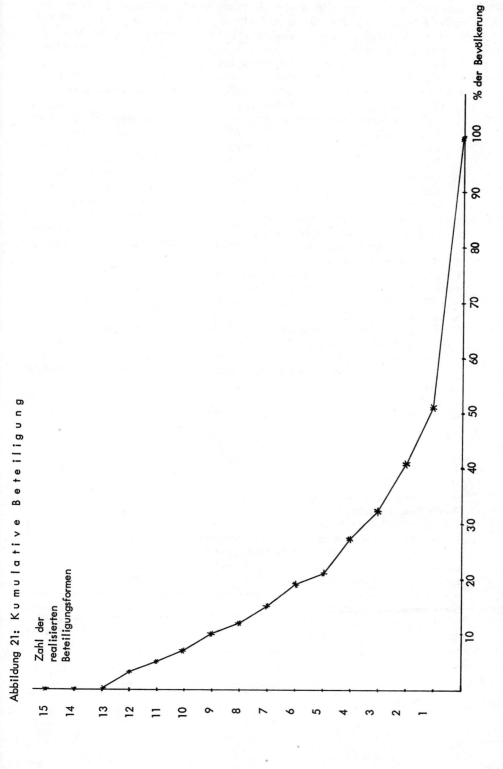

Zahl der
realisierten
Beteiligungsformen

% der Bevölkerung

oder auch eigene Fehler in der Durchführung enthält und somit zu einer generellen Einschätzung führt. Diese generelle Einschätzung braucht nicht mit dem konkreten Handlungserfolg übereinzustimmen, dürfte aber eher geeignet sein, die Bereitschaft zur Wiederholung von Beteiligungshandlungen zu bestimmen. Eine solche generelle Einschätzung der Erfolgsaussichten stellt jedoch keinen neuen Erklärungsfaktor in unserem analytischen Modell dar, da diese schon als kognitiver Bestandteil in die generellen und formspezifischen Einstellungen zur politischen Beteiligung eingegangen sind.

Diese Einstellungen lassen eine sehr unterschiedlich starke Beziehung zur Wiederholungsbereitschaft erkennen (vgl. Tab. 65). Die generellen Einstellungen hängen in zwar geringer, dennoch aber noch bemerkenswerter Höhe mit der Wiederholungsbereitschaft zusammen. Gleiches gilt für die Einstellung zu den politisch administrativen Akteuren. Keine Beziehung besteht zwischen der Wiederholungsbereitschaft und den Einstellungen zum administrativen Informationsangebot und zu Bürgerinitiativen. Für die generellen Einstellungen war die Beziehung erwartet worden - sogar in noch höherem Maße -, da sich die Wiederholungsbereitschaft auf eine Vielzahl von Beteiligungsmöglichkeiten bezog. Von den formspezifischen Einstellungen war ein deutlicher Zusammenhang nur für diejenigen zu erwarten, die sich auf Beteiligungsformen bezogen, die einen wesentlichen Anteil an der Bildung des Wertes der Wiederholungsbereitschaft ausmachten. Dies galt nur für die Einstellung zu den politisch-administrativen Akteuren; die Einstellung zum administrativen Informationsangebot fällt wegen der in der Anmerkung zur Tabelle 64 genannten Gründe aus.

Die Beteiligungsbereitschaft steht in deutlicher Beziehung zu den Verhaltenserwartungen der drei relevanten Bezugsgruppen. Hierin drückt sich der eingangs in diesem Abschnitt angesprochene Bezug der Einschätzung der Wiederholungsw ü r d i g k e i t einer politischen Handlung in die Stellungnahmen (erfolgter oder vermuteter Art) der sozialen Umgebung aus. Wir konnten diese Hypothese durch das Aufzeigen von bedeutsamen Beziehungen der Wiederholungsbereitschaft zu den sozialen Verhaltenserwartungen stützen.

Tabelle 65: Korrelation zwischen Wiederholungsbereitschaft und Einstellungen und Verhaltenserwartungen

	Korrelation mit Wiederholungsbereitschaft
Politisches Engagement	$r = .234^{xxx}$
Politische Entfremdung	$r = -.316^{xxx}$
Einstellung zu politisch-administrativen Akteuren	$r = -.295^{xxx}$
Einstellung zum administrativen Informationsangebot	$r = .042$
Einstellung zu Bürgerinitiativen	$r = -.011$
Verhaltenserwartungen der Freunde	$r = .395^{xxx}$
Verhaltenserwartungen der Familie	$r = .331^{xxx}$
Verhaltenserwartungen der Politiker	$r = .398^{xxx}$

Zusammenfassend kann man festhalten, daß die Wiederholungsbereitschaft nicht hinreichend durch den politischen Handlungserfolg erklärt wird. Dazu hängt letzterer zu sehr von den jeweiligen Möglichkeiten des einzelnen ab, d.h. von seiner Stellung im politischen System und läßt auf der subjektiven Ebene bedeutsame Faktoren bei der Handlungsbeurteilung außer Betracht. Generelle Einstellungen und soziale Verhaltenserwartungen sind zwei solcher Faktorengruppen.

19. DIE BEZIEHUNG ZWISCHEN PARTIZIPATIONSBEREITSCHAFT UND TATSÄCHLICHER PARTIZIPATION

Wir wollen in dieser Untersuchung politische Beteiligung untersuchen, sind bisher aber nur bis zur Bereitschaft zu dieser Beteiligung gegangen. In diesem Kapitel soll nun noch die Beziehung zwischen dieser Bereitschaft und der tatsächlichen Beteiligung untersucht werden. Dafür haben wir die Angaben der Befragten zu ihrer Beteiligungsbereitschaft und zu ihrer tatsächlichen Beteiligung in der folgenden Tabelle gegenübergestellt.

Tabelle 66: Sanierungsrelevante Beteiligungsformen

Beteiligungsform	Realisierung N	Bereitschaft N (a)
Kontakt mit der Verwaltung	139	219
Besuch von Ausstellungen	112	266
Kontakte mit Politikern	100	163
Mitarbeit in Bürgerinitiativen	30	117

(a) Hier sind nur die Nennungen aufgeführt, die bei der vorgegebenen 5-stufigen Bereitschaftsskale "bestimmt" und "ganz bestimmt" lauteten.

Ein Vergleich der Nennungshäufigkeiten zur Bereitschaft und zur tatsächlichen Beteiligung zeigt, daß insgesamt die Bereitschaftsaussagen in etwa doppelt so hoch sind wie das tatsächliche Verhalten, wobei in den Einzelfällen die Diskrepanz z.T. erheblich schwankt. Das Auseinanderfallen von Bereitschaftsaussage und realer Beteiligung würde sicherlich noch deutlicher sein, wenn die tatsächliche Beteiligung objektiv festgestellt werden könnte und nicht nur per Selbstangabe der Befragten. Für die obigen Beteiligungsformen gibt es in zwei Fällen, den Ausstellungen und Bürgerinitiativen, einige objektive Hinweise auf die Anzahl der Partizipanten. Danach sind die Selbstangaben zum Ausstellungsbesuch auch bei "Hochrechnen" auf die Grundgesamtheit durchaus realistisch; bei Bürgerinitiativen sind hingegen Zweifel angebracht, ob die Angaben stimmen. Wie bereits ausgeführt, kam es bei der Sanierungsplanung nicht zu Bürgerinitiativen. An den anderen Initiativen – uns sind 3 bekannt – dürften wohl kaum 300 Bewohner der Innenstadt teilgenommen haben, da sie meist auf bestimmte Gruppen beschränkt waren, so daß diese Zahl zu hoch erscheint.

Zu den beiden anderen Formen liegen keine ausdrücklichen Kontrollinformationen vor, doch erscheinen die Angaben zu den Kontakten mit Politikern und Verwaltung durchaus realistisch, so daß wir die Nennungen insgesamt als akzeptabel anzusehen, zumal die Angaben zu Bürgerinitiativen am wenigsten ins Gewicht fallen.

Betrachtet man nun den Zusammenhang zwischen der Bereitschaft und der tatsächlichen Beteiligung, so ist dieser - obgleich durch die Bereitschaft nur knapp 1/3 der Verhaltensunterschiede erklärt werden können (r^2 = 0.31) - doch als beachtlich anzusehen, wenn man die Restriktionen berücksichtigt (126) und den Umstand, daß es sich nur um 4 Partizipationsformen handelt.

19.1 Intervenierende Variablen

19.1.1 Schichtzugehörigkeit und Organisationsgrad

Bei der Operationalisierung unseres Schichtkonzeptes hatten wir schon darauf hingewiesen, daß die Schichtzugehörigkeit einer Person nicht nur den schichtspezifischen Verlauf des jeweiligen Sozialisationsprozesses repräsentiert, sondern darüberhinaus die Stellung der Person in einem System von materieller Ungleichheit kennzeichnet. Diese Ungleichheit umfaßt unter anderem Verarbeitungskompetenzen, Sprachkompetenzen und Handlungsrepertoires, aber auch materielle Ungleichheiten hinsichtlich Einkommen, Arbeitsbedingungen und Lebensstandard. Alle genannten Faktoren können als Handlungsressourcen angesehen werden, die die Chance zur Umsetzung von Beteiligungsbereitschaft in tatsächliche Beteiligung bestimmen. Aufgrund der in den verschiedenen sozialen Schichten unterschiedlichen Verfügbarkeit dieser Handlungsressourcen können wir annehmen, daß die Schichtzugehörigkeit auch über die Bereitschaft hinaus die tatsächliche Beteiligung bestimmt.

Während die Korrelation zwischen Beteiligungsbereitschaft und Realisierung der Beteiligung nur r = .552 (- 30.4% Varianzaufklärung) betrug, ergab eine multiple Regressionsanalyse der Variablen Beteiligungsbereitschaft und Schichtzugehörigkeit in Bezug auf die Realisierung mit r = .628 (= 39.4% Varianzaufklärung) deutlich höhere Werte. Die Heranziehung der Schichtzugehörigkeit führte dabei zu einer zusätzlichen Varianzaufklärung von 6.1% über die Bereitschaft hinaus. Das heißt in diesem Zusammenhang, daß eine vorhandene Beteiligungsbereitschaft umso eher in tatsächliche Beteiligung umgesetzt wird, je höher die Schichtzugehörigkeit einer Person ist. Wenn der Faktor Schicht schon vollständig über die schichtspezifische Sozialisation in Einstellungen und Verhaltenserwartungen - und somit auch in die Beteiligungsbereitschaft eingegangen wäre, hätte die Schichtvariable über die Bereitschaft hinaus keine Differenzierung mehr bringen können. Unsere Ergebnisse bestätigen daher die These, daß der Schichtfaktor über seine sozialisatorischen Effekte noch weitere Auswirkungen auf politische Beteiligung hat, die nach unseren Annahmen im Bereich der unterschiedlich verfügbaren

Handlungsressourcen für die Umsetzung vorhandener Beteiligungsbereitschaft in tatsächlichem politischen Handeln liegen. Dieses Ergebnis gibt auch einen Hinweis darauf, warum in den meisten bisherigen Untersuchungen die Schichtzugehörigkeit der stärkste Prädikator für politische Beteiligung gewesen ist (vgl. auch V e r b a & N i e 1972, 130 ff.).

Bezüglich der Mitgliedschaft und Aktivität in Vereinen und Organisationen im vorpolitischen Raum (Organisationsgrad) hatten wir - wie auch bei der Schichtzugehörigkeit - festgestellt, daß die Auswirkungen dieses Faktors sich nicht allein auf die Sozialisationswirkungen beschränkt. Mit dem Organisationsgrad werden darüberhinaus auch die zusätzlichen Handlungsressourcen erfaßt, die vor allem den aktiven Mitgliedern für politische Aktivität insbesondere in der Kommunalpolitik zur Verfügung stehen. Neben den bereits berichteten Zusammenhängen zwischen Organisationsgrad und Verhaltenserwartungen, die zusammen mit den im Organisastionsgrad z.T. ebenfalls enthaltenen Schichtfaktoren dazu führen, daß zwischen Organisationsgrad und Beteiligungsbereitschaft ein Zusammenhang in der Größenordnung von r = .308 (= 9.5% Varianzaufklärung) besteht, war daher zu erwarten, daß der Organisationsgrad auch noch einen Beitrag zur Klärung der Frage liefert, wieweit eine bestehende Beteiligungsbereitschaft in tatsächliche politische Beteiligung umgesetzt wird.

Tabelle 67: Organisationsgrad und Schichtzugehörigkeit als intervenierende Variablen für die Umsetzung von Partizipationsbereitschaft

unabhängige und abhängige Variablen	intervenierende Variablen Organisations grad	Schichtzu- gehörigkeit
UV: Beteiligungsbereitschaft	r = .308	r = .235
AV: tatsächliche Beteiligung (PPI)	r = .420	r = .376
multiple Korrelation	r = .630	r = .628
Varianzaufklärung	39.7%	39.4%
zusätzliche Varianzaufklärung	6.5%	6.1%
multiple Korrelation	R = .660	
Varianzaufklärung	43.6%	
zusätzliche Varianzaufklärung	4.2%	3.9%
N	351	205

Hier fanden wir, daß Personen mit höherer Beteiligungsbereitschaft umso eher tatsächliche Beteiligungshandlungen realisieren, je höher ihr Organisationsgrad ist. Die Regressionsanalyse führte zu einer multiplen Korrelation von R = .63 (= 39.7% Varianzaufklärung) und der Faktor Organisationsgrad konnte über die Beteiligungsbereitschaft hinaus für die Vorhersage des tatsächlichen Verhaltens zu einer zusätzlichen Varianzaufklärung in Höhe von 6.5% beitragen. Auf den Zusammenhang zwischen Schicht und Organisationsgrad wurde schon hingewiesen (r = .274; 7.5% Varianzaufklärung). Der Zusammenhang ist jedoch nicht so stark, daß nicht beide Variablen als hinreichend unabhängig voneinander betrachtet werden können. In einer Regressionsanalyse, die über die Bereitschaft hinaus Schichtzugehörigkeit und Organisationsgrad berücksichtigte, konnten beide Faktoren über die anderen hinaus einen signifikanten zusätzlichen Erklärungsbeitrag für die Realisierung politischer Beteiligung leisten. Dabei lag der Organisationsgrad mit 4.2% zusätzlicher Varianzaufklärung etwas höher als die Schichtzugehörigkeit mit 3.9%. Die multiple Korrelation für Bereitschaft, Schicht und Organisationsgrad zusammen und politischer Beteiligung (PPI red.) lag bei R = .66 (43.6% Varianzaufklärung).

Diese Ergebnisse zeigen, daß die beiden wichtigsten intervenierenden Variablen Schichtzugehörigkeit und Organisationsgrad über die Bereitschaft hinaus mit einer Steigerung der Varianzaufklärung von 30.4% auf 43.6% einen ganz erheblichen Erklärungsbeitrag zur Frage liefern konnten, welche Faktoren die Umsetzung einer bestehenden Beteiligungsbereitschaft in politisches Handeln bestimmen.

Zusätzlich zur multiplen Regressionsanalyse, die für statistisch Geschulte zwar recht griffige und übersichtliche Ergebnisse bringt, wegen ihres hohen Abstraktionsgrades aber oft von den inhaltlich interessanten Aspekten der Fragestellung wegführt, haben wir unsere Daten noch einer mehrstufigen Varianzanalyse (127) unterzogen. Dies erschien nicht nur wegen der größeren Anschaulichkeit der Ergebnisse angebracht, sondern auch deshalb, weil die Annahme eines ordinalen, d.h. hierarchischen Aufbaus der Kategorien des Organisationsgrades wie auch der Schichtzugehörigkeit zumindest in Frage gestellt werden kann. Wir haben auf diese Weise die einzelnen Schichtkategorien als qualitativ unterschiedliche Kategorien behandeln können; gleiches gilt auch für den Organisationsgrad. Die Ergebnisse dieses Analyseschrittes sind ähnlich derer, die wir aufgrund der Regressionsanalsyse gefunden hatten (vgl. Abb. 22), sie erlauben jedoch über die Feststellung von Existenz und Stärke des Zusammenhangs eine stärkere Bezugsnahme auf die Daten und eine Differenzierung nach den qualitativen Merkmalen der verschiedenen Kategorien.

Auf der ersten Stufe der Analyse wird noch einmal der Zusammenhang zwischen Beteiligungsbereitschaft und tatsächlicher Beteiligung deutlich. Von den Andernacher Bürgern, die im Durchschnitt nicht bereit oder bestimmt nicht bereit waren, eine der 4 Beteiligungsformen zu realisieren, bzw. die hier unentschieden sind, verwirklichte nur jeder zweite eine der Beteiligungsformen (M = 0.585).

Abbildung 22: Organisationsgrad und Schicht als intervenierende Variable für die Umsetzung von Beteiligungsbereitschaft in tatsächliche Beteiligung

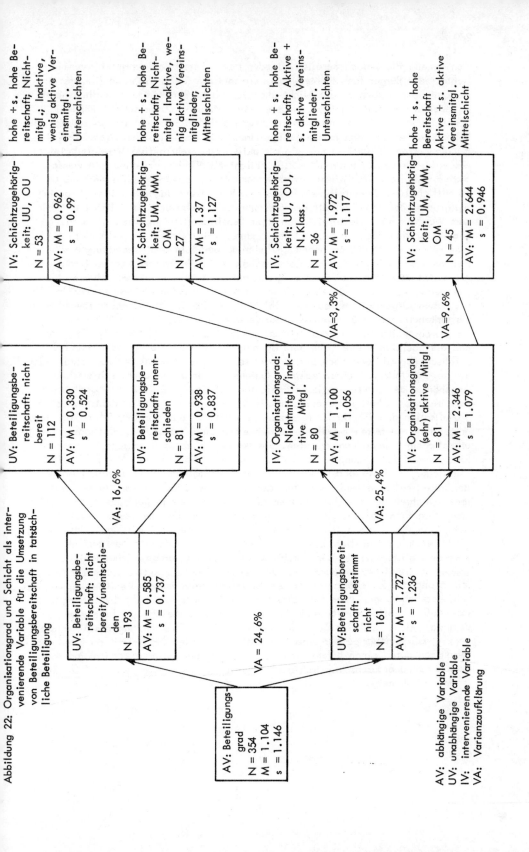

AV: abhängige Variable
UV: unabhängige Variable
IV: intervenierende Variable
VA: Varianzaufklärung

Von denen, die jedoch Bereitschaft oder starke Bereitschaft zeigten, verwirklichte jeder Bürger fast 2 Beteiligungsformen (M = 1.7). Während sich die erste Gruppe nur noch in die Nicht und Gar Nicht Bereiten und in die Unentschiedenen unterteilen läßt, von denen die letzten im Durchschnitt immerhin noch eine der 4 Formen realisieren, zeigte sich bei Personen mit hoher oder sehr hoher Bereitschaft, daß nur diejenigen in überdurchschnittlicher Weise politische Handlungen auch realisierten, die als aktive oder sehr aktive Vereinsmitglieder eingestuft werden konnten (M = 2.3). Nicht-Mitglieder, Inaktive und wenig aktive Mitglieder realisierten trotz hoher oder sehr hoher Bereitschaft nur durchschnittlich 1 von 4 Beteiligungsformen (M = 1.1) und lagen damit noch geringfügig unter dem Durchschnitt der gesamten Stichprobe und nur sehr wenig über dem Wert für die, die hinsichtlich ihrer Bereitschaft unentschieden waren.

Hier zeigt sich, daß eine hohe Beteiligungsbereitschaft allein noch nicht zu einer überdurchschnittlich hohen Realisierung der Beteiligungshandlungen führt. Erst wenn bei hoher Beteiligungsbereitschaft auch die entsprechenden Handlungsressourcen verfügbar sind (hier aufgrund aktiver oder sehr aktiver Mitarbeit in Vereinen), kann diese Bereitschaft in politisches Handeln umgesetzt werden. Dabei haben Organisationsgrad und Schichtzugehörigkeit untereinander sowohl eine verstärkende, wie z.B. auch substitutive bzw. kompensatorische Wirkung.

Mit durchschnittlich 2 realisierten Beteiligungsformen hatten diejenigen Personen die höchsten Werte beim Beteiligungsgrad, die bei hohem oder sehr hohem Bereitschaftsgrad auch noch aktive oder sehr aktive Vereinsmitglieder sind und die zu den Mittelschichten zählen. (untere, mittlere und obere Mittelschicht). Angehörige der unteren sozialen Schichten können das Defizit an Handlungsrepertoire und konkreten Handlungsmöglichkeiten, das auf ihre schichtspezifische Sozialisation und ihre konkrete sozio-ökonomische Lage zurückzuführen ist, jedoch durch die erweiterten Handlungsmöglichkeiten eines hohen Organisationsgrades in erheblichem Umfang kompensieren. Sie verwirklichen im Durchschnitt immerhin fast 2 von 4 Beteiligungsformen (vgl. Grp. 8 in Abb. 22 mit M = 1.97). Nicht-Mitglieder, Inaktive und wenig aktive Vereinsmitglieder, die zugleich Angehörige der Mittelschichten sind, erreichen aufgrund ihrer Zugehörigkeit zu den oberen drei Schichten des sozialen Stratums allein jedoch nur in geringem Maße zusätzliche Handlungsmöglichkeiten, die zu einer verstärkten Umsetzung bestehender Beteiligungsbereitschaft führen könnte. Diese Gruppe liegt mit einem Beteiligungsgrad von durchschnittlich 1.37 realisierten Beteiligungsformen nur geringfügig über dem Mittelwert der Gesamtgruppe (+ 0.23 Standardabweichungen).

Insgesamt gilt daher festzuhalten, daß aktive oder sehr aktive Mitarbeit in Vereinen und die Zugehörigkeit zu den Mittelschichten für die Realisierung von Beteiligungshandlungen über eine bestehende hohe oder sehr hohe Beeiligungsbereitschaft erheblich verstärkende Wirkung zeigen. Dabei ist von besonderer Bedeutung - u.a. auch für die gesellschaftspolitische Einschätzung des Vereinslebens - daß Angehörige der unteren sozialen Schichten ihr Defizit an Handlungsressourcen durch einen hohen Organisationsgrad kompensieren können und dann auch einen überdurchschnittlich hohen Beteiligungsgrad aufweisen (+ 0.76 Standardabweichungen).

19.1.2 Zeitbudget

Der notwendige zeitliche Aufwand für die Wahrnehmung der Beteiligungschancen ist, der Natur der jeweiligen Beteiligungsform entsprechend, recht unterschiedlich und reicht von einer einmaligen Handlung (Teilnahme an Kundgebung) von nur geringer zeitlicher Dauer bis hin zu einer kontinuierlichen Beschäftigung bei Aktiven in Bürgerinitiativen oder politischen Parteien, die den Umfang von Halbtagsbeschäftigungen auch bei Ehrenamtlichen erreichen kann. Dabei ist anzunehmen, daß mit der Beschaffung und Verarbeitung von Sachinformation und Hintergrundwissen, der technischen und organisatorischen Vorbereitung von Aktionen und der kontinuierlichen Verfolgung und Weiterbearbeitung eingeleiteter Aktivitäten politische Beteiligung dann umso zeitaufwendiger ist, je mehr diese Aussicht auf Erfolg haben soll.

Diese Einschätzung wird auch von den Bürgern geteilt. Obwohl in Andernach in der weitaus überwiegenden Zahl solche Beteiligungsformen realisiert wurden (vgl. Kap. 15), die nur einen sehr geringen Zeitaufwand beanspruchen, wurde der notwendige Zeitaufwand für eine erfolgversprechende (!) Beteiligung im Durchschnitt sehr hoch eingeschätzt.

Tabelle 68: Einschätzung des Zeitbedarfs für
erfolgversprechende Beteiligung

sehr viel	: 160
viel	: 148
wenig	: 11
sehr wenig	: 1
w.n.	: 34

Wir müssen jedoch annehmen, daß diese Einschätzung von den Bürgern unter Berücksichtigung der Qualifizierung: Zeitbedarf für "erfolgversprechende" Beteiligung vorwiegend spekulativ und ohne konkreten Bezug zur eigenen Situation vorgenommen wurde. Ein Zusammenhang zwischen der Höhe des geschätzten Zeitbedarfs für erfolgreiche Beteiligung und dem Grad der Beteiligung konnte jedenfalls aufgrund unserer Daten nicht nachgewiesen werden.

Direkten Bezug zum verfügbaren Zeitbudget nahm jedoch die Frage, ob eine politische Beteiligung nicht zur Vernachlässigung anderer Interessen führen müsse. Obwohl wir hier erwartet hatten, daß aufgrund der vorhandenen Freizeitpräferenzen (vgl. Tab. 69),

Tabelle 69: Freizeitpräferenzen

	%	N
1) sich der Familie widmen	49.7%	172
2) Entspannung und Erholung suchen	21.7%	75
3) Lesen und Fernsehen	13.3%	46
4) den Hobbys nachgehen	10.4%	36
5) sich für eine bestimmte öffentliche Angelegenheit, die sie besonders angeht, einsetzen	2.6%	9
6) sich dem Verein widmen	1.2%	4
7) weiß nicht	1.2%	4

bei denen die politische Beteiligung mit nur 2.6% der Nennungen an vorletzter Stelle lag, dann eine geringere Beteiligungsbereitschaft und ein noch geringerer Grad der Beteiligung vorhanden sein würde, wenn eine Vernachlässigung anderer Interessen durch politische Beteiligung gesehen wurde, konnten wir auch hier unsere Hypothesen nicht bestätigen. Ob dieses Ergebnis nun aber den Schluß zuläßt, daß Beteiligungsbereitschaft und Beteiligungsgrad generell unabhängig von Freizeitpräferenzen und der Wahrnehmung von Interessenbeeinträchtigung im Freizeitbereich sind, muß dahingestellt bleiben. Sicher ist jedoch, daß der Faktor Zeitbudget keine entscheidende Größe für die Bestimmung von Beteiligungsbereitschaft und Beteiligungsgrad ist, da die Bürger, soweit sie Beteiligungsbereitschaft entwickeln und diese auch umsetzen, dies offensichtlich auch trotz völlig anders gearteter Freizeitpräferenzen tun.

Wenn man den Zeitfaktor jedoch nicht allein auf den Freizeitbereich beschränkt, sondern etwa auf die berufliche Ebene ausdehnt, werden deutliche Beziehungen sichtbar. Aufgrund von Untersuchungsergebnissen über die zeitliche Belastung von kommunalen Mandatsträgern und der daraus folgenden sozialen Selektivität (vgl. H o l l e r / N a ß m a c h e r 1976, 143 f.) hatten wir die Hypothese aufgestellt, daß bestimmte Berufsgruppen die für politische Beteiligung notwendige Information und z.T. die Beteiligungshandlung selbst als Teil des beruflichen Alltags durchführen können und in dementsprechend höherem Maße Beteiligungsbereitschaft entwickeln und umsetzen.

Hier fanden wir zunächst – erwartungsgemäß – daß solche Personen, die Gelegenheit hatten, sich über die Altstadtsanierung und die damit zusammenhängenden Beteiligungsmöglichkeiten während ihrer Arbeits- oder Dienstzeit zu informieren, in weitaus stärkerem Maße beteiligungsbereit sind und auch mehr Beteiligungsformen realisieren, als die Bürger, die eine solche Möglichkeit nicht haben.

Tabelle 70: Informationsmöglichkeit während der Arbeitszeit und
Beteiligungsbereitschaft/Beteiligungsgrad

InfoMöglichkeit	Bereitschaft (M=)	Beteiligungsgrad (M=)
Ja	21.209	26.432
Nein	19.511	18.248
M (insgesamt)	20.614	23.576
F-Test	7.388^{xx}	10.416^{xx}
Varianzaufkl.	2.9%	4%

In einem zweiten Untersuchungsschritt sind wir der Frage nachgegangen, ob diese Möglichkeit, sich während der Arbeitszeit über die Probleme und Zusammenhänge, auf die sich politische Beteiligung bezieht, zu informieren, in der Bevölkerung gleichmäßig verteilt ist oder ob in bestimmten Berufssparten diese Möglichkeit in besonderem Maße gegeben ist. Hier fanden wir, daß vor allem die Angehörigen der Freien Berufe und die Inhaber von Handwerks-, Gewerbe- und Einzelhandelsbetrieben (kleine und mittlere Unternehmer) in weit überdurchschnittlichem Maße diese Informationsmöglichkeit haben, während Angehörige des öffentlichen Dienstes (incl. Banken, Versicherungen) mit 68.3% nur wenig über dem Durchschnitt liegen (vgl. Tab. 69). Arbeitnehmer in der freien Wirtschaft hatten dagegen mit 51.4% Ja-Antworten zwar insgesamt noch mehr Gelegenheit zur Information während der Arbeitszeit, als wir erwartet hatten, liegen damit aber immer noch deutlich unter dem Durchschnitt. Wenn auch der Faktor Zeitbudget im Vergleich zu den anderen Variablen unseres Untersuchungsansatzes nur einen relativ geringen Erklärungsbeitrag zu leisten vermag, zeigt sich dennoch für die Gruppe der nicht im öffentlichen Dienst oder anderen Großverwaltungen tätigen Arbeitnehmer, daß eine der spezifischen Handlungsressourcen (Informationsmöglichkeit während der Arbeitszeit) nur in geringerem Umfang verfügbar ist und dies auch Einfluß auf die Beteiligungsbereitschaft und den Beteiligungsgrad der Mitglieder dieser Gruppe hat.

Tabelle 71: Informationsmöglichkeit während der Arbeitszeit,
nach Berufsgruppen

	ja		nein	
Freie Berufe	12	(80%)	3	(20%)
Inhaber von Handwerks-, Gewerbe-, Einzelhandelsbetrieben	44	(78%)	14	(24%)
Öffentlicher Dienst u.ä.	28	(68%)	13	(32%)
Arbeitnehmer in der "freien" Wirtschaft	36	(51%)	34	(49%)
Durchschnitt	65.2%		34.8%	
chi-Quadrat:	10.380[x] (FG = 3)			

19.1.3 Gratifikationen

Die Motivation zur Wahrnehmung von Beteiligungsangeboten in konkreten Situationen wird - unserem instrumentellen Begriff von politischer Beteiligung entsprechend - primär von der im Konzept der Betroffenheit angelegten Chance einer verbesserten Interessenberücksichtigung, bzw. der Abwehr einer drohenden Interessenbeeinträchtigung bestimmt. Über diese konkrete Zweckbestimmung hinaus können sich für den Bürger aufgrund einer Beteiligung an den öffentlichen Angelegenheiten jedoch noch weitere Vorteile ergeben, die neben der persönlichen Befriedigung vor allem in einer Anhebung des sozialen Ansehens (Statusgratifikation) und in spezifischen beruflichen Vorteilen (Berufsgratifikationen) zu sehen sind. Wir nehmen an, daß
1. die Personen, die solche Gratifikationen wahrnehmen, in stärkerem Maße vorhandene Beteiligungsbereitschaft realisieren und
2. solche Gratifikationen nicht für alle Bevölkerungsgruppen gleichermaßen verfügbar sind, bzw. wahrgenommen werden.
Die Übersicht in Tab. 72 zeigt, daß bei einem relativ hohen Anteil (2/3) derer, die überhaupt keine Auswirkungen positiver oder negativer Art aufgrund der Realisierung politischer Beteiligungsmöglichkeiten erwarten, insgesamt eher Vorteile als Nachteile wahrgenommen werden. Dabei ist bei der Erwartung von Statusgratifikationen das Verhältnis mit 78:15 deutlich positiver als bei der Erwartung von Berufsgratifikationen (40:28). Berufliche, bzw. geschäftliche Nachteile wurden hier insbesondere von der Gruppe der kleinen Einzelhändler wahrgenommen "weil die Kunden weglaufen würden" bzw. "weil die Kunden erwarten, daß man neutral bleibt" (128).

Tabelle 72: Erwartung Statusgratifikationen und
Berufsgratifikationen

Glauben Sie, daß eine solche Beteiligung für Ihr Geschäft/ Ihren Beruf eher schädlich als vorteilhaft wäre?	Glauben Sie, daß eine solche Beteiligung für Sie persönlich, d.h. für Ihre gesellschaftliche Stellung oder Ihr Ansehen hier in der Stadt eher vorteilhaft oder schädlich wäre?			
	vorteilhaft	egal	schädlich	N
vorteilhaft	31	8	1	40
egal	44	104	6	154
schädlich	3	17	8	28
	78	129	15	222

$\text{chi}^2 = 62.115^{xxx}$ (FG = 4)

Während eine schichtspezifische Verteilung der Wahrnehmung von Gratifikationen aufgrund politischer Beteiligung nicht nachgewiesen werden konnte, nehmen die selbständigen Inhaber von Einzelhandels-, Gewerbe- und Handwerksbetrieben in sehr viel stärkerem Maße auch positive Status- und Berufsgratifikationen wahr als die Angehörigen anderer Berufsgruppen. Bei den Angehörigen der Freien Berufe, die aufgrund einer der Situation von Geschäftsleuten ähnlichen Kunden- oder Klientenbeziehung zu ihrer unmittelbaren sozialen Umwelt ebenfalls eine geschärfte Aufmerksamkeit bezüglich dieser Frage vermuten ließen, hat die nur geringe Erwartung von Gratifikationen überrascht (1 von 15). Aufgrund der zahlenmäßig geringen Besetzung dieser Gruppe ist dieses Ergebnis allein jedoch kaum interpretierbar. Wichtig ist dagegen die deutlich geringe Wahrnehmung von beruflichen Vorteilen aufgrund politischer Beteiligung bei Arbeitnehmern in der "freien" Wirtschaft. Wie wir schon beim Zeitbudget feststellen mußten, kann diese Bevölkerungsgruppe weder aus ihrer noch für ihre berufliche Stellung irgendwelche Vorteile in Bezug auf die Wahrnehmung der politischen Beteiligungsmöglichkeiten ziehen. Die Motivation zur politischen Beteiligung kann hier nur aus dem nichtberuflichen, "privaten" Bereich kommen.

Tabelle 73: Erwartung von Status- und Berufsgratifikationen
nach Berufsgruppen

	Statusgratifi-kation: ja	N	Berufsgratifi-kation: ja	N
Inhaber von Einzelhandels-, Gewerbe- und Handwerksbetrieben	43%	51	34%	53
Arbeitnehmer in der "freien" Wirtschaft	29%	68	7%	69
Angehörige der Freien Berufe	7%	15	7%	15
Angehörige des öffentlichen Dienstes, u.ä.	33%	39	20%	41
Durchschnitt	32%	173	19%	178
chi-Quadrat	39.379^{xxx} (FG = 6)		27.651^{xxx} (FG = 6)	

Zum Erklärungswert von Zeitbudget und Gratifikationen über die Beteiligungsbereitschaft hinaus

Hinsichtlich des erwarteten Zusammenhanges zwischen der Wahrnehmung von Status- und Berufsgratifikationen und der Umsetzung einer bestehenden Beteiligungsbereitschaft in tatsächliches politisches Handeln ließen sich unsere Hypothesen in der ursprünglichen Form nicht bestätigen. Bei einer nur schwach signifikanten Beziehung zwischen der Erwartung von Berufsgratifikationen und dem Grad der Beteiligung (vgl. Tab. 74) ließ sich über den Grad der Beteiligungsbereitschaft hinaus kein Zusammenhang zur Umsetzung in tatsächliche politische Beteiligung mehr feststellen.

Auch bei den Faktoren des Zeitbudgets, bei denen ein Zusammenhang zur Höhe der Beteiligungsbereitschaft und des Beteiligungsgrades nachgewiesen werden konnte, d.h., bei Frage nach den Informationsmöglichkeiten im Beruf und der berufsgruppenspezifischen Differenzierung dieser Variable, ließ sich über die Beteiligungsbereitschaft hinaus kein signifikanter Erklärungsbeitrag für den Beteiligungsgrad mehr sichern, wenn auch hier die Varianzaufklärung in Bezug auf den Beteiligungsgrad deutlich höher lag als bei der Beteiligungsbereitschaft (vgl. Tab. 70).

Tabelle 74: Erwartung von Gratifikation und Beteiligungsbereitschaft/
Beteiligungsgrad

Berufsgratifikation	Beteiligungs-bereitschaft	Beteiligungs-grad	N
Vorteile	23.289	31.267	45
Egal	20.178	21.834	163
Nachteile	19.933	24.450	30
Mittelwert	20.735	23.947	238
Standardabweichung	4.847	19.543	
F-Test $(FG_1 = 2; FG_2 = 235)$	8.166^{xxx}	4.212^x	
Varianzaufklärung	6.5%	3.5%	
Statusgratifikation	Beteiligungs-bereitschaft	Beteiligungs-grad	N
Vorteile	22.041	25.219	98
Egal	18.606	19.585	193
Mittelwert	19.679	21.546	312
Standardabweichung	5.338	18.949	
F-Test $(FG_1 = 2; FG_2 = 309)$	15.209^{xxx}	2.923	
Varianzaufklärung	9%	1.9%	

Insgesamt waren wir bei der Prüfung der Frage, ob eine bestimmte Variable über
die Beteiligungsbereitschaft hinaus noch einen Erklärungsbeitrag für die Umsetzung
dieser Bereitschaft in tatsächliches politisches Handeln leistet, davon ausgegangen,
daß mit diesen Variablen zusätzliche Handlungsressourcen oder Handlungsmotivatio-
nen für politische Beteiligung erfaßt würden, die nicht schon über die generellen
und formspezifischen Einstellungen und Verhaltenserwartungen in die Beteiligungsbereitschaft eingegangen waren. Beim Zeitbudget und bei den Gratifikationen
hatten wir einen solchen, über den Erklärungswert der Bereitschaft hinausgehenden Erklärungswert nicht feststellen können. Dieses Ergebnis bedeutet allerdings
nicht, daß die Konzepte Zeitbudget und Gratifikationen für die Erklärung von
politischem Verhalten keinen Beitrag zu liefern vermögen. Der Zusammenhang dieser Variablen zur Beteiligungsbereitschaft und auch zum Beteiligungsgrad zeigt
vielmehr das Gegenteil. Unsere Ergebnisse deuten vielmehr darauf hin, daß wesent-

liche Aspekte unserer Variablen Zeitbudget und Gratifikationen als latente
Bestandteile der Einstellungen und Verhaltenserwartungen, die wir aufgrund der
Ergebnisse unserer Voruntersuchungen jedoch nicht in diesen Skalen thematisiert hatten, bereits enthalten waren. Da zwischen der Erwartung von Gratifikationen und den generellen Einstellungen zu politischer Beteiligung nur ein
sehr viel schwächerer Zusammenhang festgestellt werden konnte als zur Beteiligungsbereitschaft unmittelbar, dürfen wir hier auch annehmen, daß die Erwartung von Berufs- und/oder Status-Gratifikationen über die Einstellungen hinaus
die Beteiligungsbereitschaft unmittelbar beeinflussen, zumal auf diese Weise über
den eigentlichen Zweck der Handlung (politisches Ziel) durch diese Gratifikation zusätzliche Handlungsmotivation wirksam wird.

20. ZUSAMMENFASSUNG UND EINORDNUNG DER ERGEBNISSE

Ziel unserer Untersuchung war die Erklärung politischen Handelns. Dabei sollte es gemäß unserem Partizipationsbegriff um solches Handeln gehen, das den Versuch der Einflußnahme auf den politischen Willensbildungs- und Entscheidungsprozeß darstellt. Wir wollten das Zustandekommen und die Auswirkung der Partizipation auf das Politikergebnis untersuchen und dabei eine Verbindung der subjektiven (Personenebene) und objektiven (Systemebene) Bedingungen partizipativen Verhaltens versuchen.

Wir wollen nun zusammenfassend den Erklärungsprozeß der Partizipation in seinen wesentlichen Ergebnissen nachzeichnen und im Hinblick auf unser gerade genanntes Erkenntnisinteresse bewerten.

Zunächst haben wir gefunden, daß die Entscheidungsfelder der Stadtsanierung den meisten Personen bekannt waren und daß sie auch die Beteiligungsmöglichkeiten, die im Rahmen der Sanierung eine Rolle spielen konnten, für realisierbar hielten. Hierin lag also keine Restriktion für stattfindende Partizipation, zumindest war dieser Faktor nicht bedeutsam. Hier fanden sich auch keine schichtspezifischen Unterschiede in der Erkenntnislage der Personen. Anders bei den Betroffenheitsgefühlen als handlungsauslösendes Moment: diese lag nur bei ca. 50% der Befragten vor. Für diese wäre gemäß unserem Ansatz auch nur eine Beteiligung im Sinne des Versuchs von Schadensvermeidung und/oder Nutzensteigerung zu erwarten: entsprechend liegt auch die Beteiligungsbereitschaft bei dieser Personengruppe höher als bei denen, die sich nicht betroffen fühlen.

Weitere bedeutsame Unterschiede lagen in der Kenntnis alternativer Entscheidungsmöglichkeiten von Bürgern bei den Maßnahmen der Sanierung. Hier macht sich wohl der Zweifel an der Wirksamkeit der Beteiligung hinsichtlich des Entscheidungsergebnisses bemerkbar, der in dem gegebenen Fall seine Bestätigung fand: Einfluß fand nur an der Oberfläche, nicht an der Substanz der Entscheidungen statt. Erstaunlich war, daß gerade bei der Perzeption dieser alternativen Entscheidungsmöglichkeiten und der Beteiligungsmöglichkeiten keine schichtspezifischen Unterschiede zu finden sind, die eine systematische Erklärung zuließen; nur in wenigen Fällen zeigen sich leichte Kenntnisvorteile der höheren sozialen Schichten.

Auf der Ebene der Perzeption liegen nach den Ergebnissen der vorliegenden Untersuchung keine bedeutsamen Bestimmungsgrößen für die Entwicklung von Partizipationsbereitschaft. Dies ist nur teilweise durch die Fallauswahl der Sanierung bedingt, da wir davon ausgegangen waren, daß die Maßnahmen und der politische Kontext den Bürgern - als Voraussetzung von Partizipation - bekannt sind, nicht aber davon, daß auch alle alternative Handlungs- und Beteiligungsmöglichkeiten erkennen.

Die zentralen Bestimmungsvariablen für die Ausbildung von Partizipationsbereitschaft über die Erkenntnis der Ausgangslage hinaus sind die politisch relevanten Einstellungen, die sozialen Verhaltenserwartungen und - als inhaltlich-materiales handlungsauslösendes Moment - die subjektive Betroffenheit.

Von den Einstellungen zum nationalen und lokalen politischen System und zu allgemeiner und konkreter Beteiligung geht nur ein bescheidener Einfluß auf die Beteiligungsbereitschaft aus: nur ca. 20% der Bereitschaftsunterschiede und der Unterschiede der tatsächlichen Beteiligung werden hierdurch erklärt.

Höher liegt der Erklärungsbeitrag der sozialen Verhaltenserwartungen zur politischen Beteiligung. Zwar waren die wahrgenommenen Erwartungen absolut gesehen mit durchschnittlich gut 20% nur schwach ausgebildet, doch sind diejenigen, die solche Verhaltenserwartungen wahrnehmen, auch bedeutsam beteiligungsbereiter: immerhin werden hierdurch über 30% der Bereitschaftsunterschiede erklärbar. Dies zeigt den deutlich normativen Erwartungsbezug, in dem die Beteiligungsbereitschaft und ähnlich auch die tatsächliche Beteiligung steht.

Die beiden Erklärungskonzepte der Einstellungen und der sozialen Verhaltenserwartungen stehen in einem engen Zusammenhang,

was ihren Erklärungsbeitrag zur Partizipation angeht: sie ergänzen sich in Bezug auf konkrete Beteiligung und sind in der Lage, bis zu 55% der Unterschiede zu erklären.

Die als inhaltlich-materialer Handlungsauslöser bezeichnete subjektive Betroffenheit war in dem untersuchten Fall allein nicht hinreichend in der Lage, die konkrete Beteiligung an den Sanierungsentscheidungen hervorzurufen. Die Entscheidungen waren wohl nicht einschneidend genug, um über die Betroffenheitswahrnehmung politisches Handeln auszulösen.

Erst recht gilt dies, wenn man den Erklärungsbeitrag der Betroffenheit über die Einstellungen und sozialen Verhaltenserwartungen hinaus zur Beteiligungsbereitschaft heranziehen will. Die zusätzliche Erklärungskraft ist nur noch ganz gering. Besonders in die Wahrnehmung der sozialen Verhaltenserwartungen sind die Kenntnisse der eigenen Betroffenheit bereits eingegangen.

Den gemeinsamen Entstehungshintergrund von Einstellungen und sozialen Verhaltenserwartungen zeigt ihre Abhängigkeit von einigen Merkmalen des jeweiligen Sozialisationsprozesses, den wir über die soziale Schicht, einige sozio-demographische Merkmale und mit bisherigen politischen Verhalten erfassen. In den überwiegenden Fällen konnten deutliche Abhängigkeiten der Einstellungen (besonders der allgemeineren) und der sozialen Verhaltenserwartungen von diesen Merkmalen des Sozialisationsprozesses gezeigt werden. Dadurch wird die Überwindung eines subjektiven Erklärungsansatzes der Partizipation möglich: Die subjektiven Bedingungen der Partizipation erklären zwar einen großen Teil der Partizipationsunterschiede, lassen sich jedoch über ihren Entstehungsprozeß selbst wiederum auf die objektiven Bedingungen der Personen (vor allem soziostruktureller Art) zurückführen. Der empirische Nachweis gelingt zwar nur zu einem Teil, dieser ist jedoch beachtlich. Da der Einsatz von Partizipation nicht nur von den Bedingungen und Bereitschaften der Bürger abhängt, sondern wesentlich auch von der Art und dem Ablauf der fraglichen Entscheidungsprozesse, haben wir diese in die Untersuchung einbezogen. Dabei zeigte sich, daß seitens der planenden Verwaltung in Andernach die Partizipation der Sanierungsplanung vor allem unter Funktionalitätsgesichtspunkten gesehen und durchgeführt wurde. Eine offene Zielfindung war - mit wenigen Ausnahmen - nicht intendiert. Sie wurde über die Intentionen der Entscheidungsträger hinaus auch durch objektive, von den Planenden kaum zu be-

einflussende Randbedingungen verhindert. Die Planung folgte im wesentlichen den
durch staatliche Vorgaben und kapitalistische Wirtschaftsordnung vorgegebenen
Bedingungen. Das kommunale Wachstums- und Prestigedenken vorausgesetzt,
traten diese Bedingungen den Planenden als Sachzwänge gegenüber. Eine inhaltlich andere Planung wäre zwar prinzipiell möglich gewesen, hätte jedoch
unter den angegebenen Bedingungen die Gefahr der Dysfunktionalität in sich
geborgen.
Es liegt in der Konsequenz einer auf diese Bedingungen verwiesenen Planung,
die Partizipation als Informationsprozeß mit dem Ziel einer "Integration der
Benutzer in verwaltungsseitig intendierte Vollzüge" (D i e n e l 1971, 175)
zu konzipieren. Dabei wurde in Andernach die unter solchen Prämissen mögliche Partizipation nur ansatzweise ausgeschöpft und vor allem bei besonders
bedeutsamen Anlässen eher dem traditionellen Verfahren nicht öffentlicher Willensbildung und Entscheidung vertraut.
Das Partizipationsverhalten und die politischen Einstellungen der Bürger sind
diesem Planungsrahmen angepaßt.
Zwar war das Ausmaß der Partizipation (quantitativ) relativ hoch. Eine genaue
Beobachtung der Art der Partizipation relativiert dieses Ergebnis jedoch beträchtlich. Es handelte sich dabei nämlich vor allem um solche rezeptive/kommunika-
tive Partizipationsformen, die Angebote der Verwaltung aufgriffen. Kontroverse
Partizipation fand im Rahmen der Sanierungen praktisch nicht statt.
Trotz der vorhandenen Kontakte der Bürger mit den Politikern stehen die Bürger den Informationsquellen der rezeptiven und den Partnern der kommunikativen Partizipation eher skeptisch gegenüber. Dies gilt besonders gegenüber den
klassischen Akteuren der Politik, den Parteien und den Politikern; dies gilt
weniger für die gezielten Informationsveranstaltungen im Zuge der Sanierungsplanung.
In dem untersuchten Sanierungsfall hat die eher kommunikative statt kontrovers-
protestierende Partizipation ihre Entsprechung in dem Gefühl der Bürger, weitgehend n i c h t n e g a t i v betroffen zu sein, und in der fehlenden
Sicht sinnvoller und realisierbarer Alternativen zur Sanierungsplanung. Trotz des
bestehenden Mißtrauens gegenüber den politischen Akteuren scheinen die Bürger
also deren Vorstellungen von der Notwendigkeit und inhaltlichen Ausgestaltung
der Sanierung zu akzeptieren. Daß diese Akzeptanz allerdings keine positiv
begründete, sondern eher eine hilflose ist, zeigen die Äußerungen der Bürger
zur Errichtung von Bürgerinitiativen zur Sanierung. Diese halten sie nämlich
für notwendig in einem Ausmaß, das bei inhaltlich zustimmender Einstellung
zur Planung nicht verständlich wäre. Daß eine Bürgerinitiative zur Sanierung
nicht zustandekam, lag wohl daran, daß die Betroffenheit der Bürger nicht massiv genug war, d.h. daß sie - zumindest im Planungszeitraum - nicht deutlich
genug inhaltlich kontroverse Interessenlagen erkannt haben, die ihnen selbst
die Planungsnachteile aufbürden, und daß die Einsatzmöglichkeit und die Effizienz einer Bürgerinitiative für eine Reihe von Bürgern nicht sicher genug erschienen.
Drei Faktoren sind für die Bestimmung der Partizipationsbereitschaft nach den
bisherigen Ergebnissen verantwortlich. Einmal verhindert ein Mißtrauen gegenüber den politisch-administrativen Akteuren eine über rezeptive/kommunikative
Partizipation (im oben genannten Sinne) hinausgehende inhaltliche Einschaltung
der Bürger in den Entscheidungsprozeß. Dabei ist dieses Mißtrauen vor allem
auf die Kooperationsbereitschaft und die Responsivität der politisch-administrati-

ven Akteure bezogen, auf die Effektivität der Partizipation also. Dies gilt
sowohl für die allgemeine wie auch für die konkret kommunalpolitische Ebene.
Weiterhin wird eine protestierende/demonstrative Beteiligung in der Form
einer Bürgerinitiative zwar für notwendig, aber von vielen eben nicht – und
das ist entscheidender auch für einen politischen Lernprozeß – für erfolgversprechend gehalten. Dies hängt sicherlich insofern mit dem ersten Faktor zusammen, als sich auch eine Bürgerinitiative als Entscheidungsinstanz den politischen
Akteuren gegenübergestellt sieht und nur wirksam ist, insofern sie diese zu beeinflussen vermag. Schließlich ist es auf der inhaltlich-materialen Seite noch der
Bezug der Bürger zum jeweiligen Entscheidungsgegenstand. Nur wenn dieser einen
genügend konkreten Bezug und eine genügend massive Betroffenheit für die reale Lebenslage des Bürgers erkennbar werden läßt, wird eine Mobilisierung der
Beteiligungsbereitschaft in Überwindung der partizipationshemmenden Bedenken
der Bürger zu erwarten sein.

Einen Faktor haben wir jetzt noch nicht genannt, dem aufgrund der empirischen
Ergebnisse unserer Untersuchung erhebliche Bedeutung zukommt. Es ist dies das
normative soziale Umfeld, wie es in Erwartungen und Forderungen an die einzelne Person herantritt. Faktisch entsprechen die Erwartungen dieses Umfeldes an
die Bürger deren konkreter Lebenssituation: Diejenigen, die am untersten Ende
der Schichtskala stehen, fühlen sich auch am wenigsten zur Partizipation aufgefordert, und das noch am wenigsten von Seiten der politischen Entscheider. Nicht
nur für die unteren sozialen Schichten gilt allerdings, daß sie sich zu partizipativen Aktivitäten kaum aufgefordert fühlten, sondern auch für die Angehörigen
der Mittelschichten waren die Verhaltenserwartungen nur schwach ausgeprägt.
Dies gewinnt vor allem dadurch an Bedeutung, daß gerade die Verhaltenserwartungen unter den Bedingungen des vorliegenden Falles eine hohe Erklärungskraft
für die Beteiligungsbereitschaft der Bürger gezeigt haben, das soziale Umfeld also bei der Überlegung der Bürger eine große Rolle spielt, ob sie sich politisch
betätigen oder nicht. Dieser Einfluß wirkt sich nach den Ergebnissen dieser Untersuchung eindeutig negativ aus: er verhindert die Entwicklung von Partizipationsbereitschaft. Die Wahrnehmung der sozialen Verhaltenserwartungen reflek-
tiert die v e r m u t e t e E i n s t e l l u n g der jeweiligen sozialen Bezugsgruppe zur fraglichen Partizipation. Versuche, diese Faktoren zu verbessern,
stoßen daher auf zwei Schwierigkeiten. Erstens muß die Einstellung zur Partizipation bei den sozialen Bezugsgruppen verbessert werden. Damit ist es aber noch
nicht getan; es muß vielmehr erreicht werden, daß die partizipationsfreundli-
chen Einstellungen kommuniziert werden, d.h. daß partizipationsfördernde Erwartungen g e ä u ß e r t u n d p e r z i p i e r t werden. Gefördert wird
diese Entwicklung von sozialen Verhaltenserwartungen nicht nur durch pädagogisch-
propagandistische Maßnahmen, sondern darüber hinausgehend durch umfassende
(erfolgreiche) Partizipationserfahrungen, die dann aber unter veränderten realen
politischen, sozialen und ökonomischen Bedingungen gemacht werden. Wenn solch
ein partizipationsaffines politisches Klima herrscht, das die aktive Beteiligung
des Bürgers an den anstehenden ihn betreffenden Entscheidungen vorsieht und diese auch bis zu den höchsten politischen Repräsentanten in öffentlichen Erwartungen ausgedrückt wird, kann eine Erhöhung der Partizipation in qualitativer und
quantitativer Hinsicht erreicht werden.

Der scheinbar vorliegende Zirkel, daß Partizipation Partizipationserfahrung vor-
aussetze, wird aufgelöst, wenn wir uns in das oben angesprochene Moment der
Betroffenheit erinnern. Sind Bürger durch politische Entscheidungsprozesse und gesellschaftliche und ökonomische Veränderungen in ihrer Lebenssituation soweit
betroffen, daß sie sich gegenüber einem erreichten Grad zusehens verschlechtert,
können sie aus dieser ihrer Betroffenheit heraus zu politischem Handeln getrie-
ben werden. Im Hinblick auf bestimmte gleichartige Interessen werden Bürger sich
zusammenschließen, um diese Interessen gegenüber anderen Bürgern im Staat
geltend zu machen. Insofern ist die Betroffenheit auf subjektiver Ebene als auslö-
sendes Moment für Partizipation anzusehen. Soziale Verhaltenserwartungen, die
sich in unserer Untersuchung als bedeutende Determinanten für Partizipation herausgestellt haben, sind nicht als selbständige, isolierte Ursachen politischer Beteiligung mißzuverstehen; sie haben in konkreten Konfliktsituationen, in denen
dann auch spezifische Betroffenheiten existieren, unterstützende oder restringieren-
de Wirkung auf Partizipation. Daß eine soziale Aufforderung oder ein soziales
Verbot wirksam werden, setzt selbst an bestimmten (Konflikt-) Situationen an.

21. MATERIALIEN ZU METHODEN UND ERGEBNISSEN

21.1 Glossar

In diesem Glossar sollen einige technische und statistische Begriffe erläutert werden, um auch dem weniger geübten Leser empirisch-sozialwissenschaftlicher Texte ein gewisses Verständnis zu ermöglichen. Es kann selbstverständlich nicht als Ersatz eines entsprechenden Lehrbuches angesehen werden. Damit der Zusammenhang der Begriffe dennoch wenigstens ansatzweise deutlich wird, wurden die einzelnen Begriffe nicht alphabetisch, sondern systematisch angeordnet.

Signifikanz:

Dieser Begriff bezeichnet das Vorliegen einer überzufälligen Beziehung zwischen den Ergebnissen einer empirischen Untersuchung aufgrund von Stichprobendaten und den Verhältnissen in der zugehörigen Grundgesamtheit (Population).
Diese Aussage kann aufgrund eines statistischen Tests gemacht werden, der angibt, in wieviel Prozent der Fälle ein Stichprobenergebnis durch Zufall zustandegekommen sein kann. Diesen Prozentsatz bezeichnet man auch als Irrtumswahrscheinlichkeit oder Signifikanzniveau. Als solche Irrtumswahrscheinlichkeiten hat man per Konvention 5%, 1% und 0.1% festgelegt; diese werden durch ein, zwei bzw. drei Sternchen (x) hinter den entsprechenden statistischen Testwerten markiert.
Wir wollen in dieser Untersuchung jedoch nicht allein nach statistischen Signifikanzkriterien über die Bedeutsamkeit von Beziehungen entscheiden, da bei N = 354 Personen (besonders für Korrelationskoeffizienten) schon früh eine Signifikanzgrenze erreicht wird. Diese s t a t i s t i s c h e Signifikanz genügt zur Beurteilung von empirischen Ergebnissen nicht. Es müssen vielmehr Überlegungen über die Beziehungs s t ä r k e, über Maße der "p r a k t i s c h e n Signifikanzen" (vgl. B r e d e n k a m p 1970) angestellt werden. Die geläufigsten Maße dafür sind Werte der Varianzaufklärung (s.d.) als r^2 für Korrelationen oder eta^2 für F- oder t-Tests (s.d.). Deren Beurteilung erfolgt zunächst nach verbalen Klassifikationen. Bei Korrelationskoeffizienten werden z.B. Werte bis 0.400 als "niedrig" und Werte zwischen 0.400 und 0.600 als "mittel hoch" bezeichnet. Dies allgein genügt jedoch nicht zur Beurteilung, sondern ist nur eine grobe Richtschnur. Letztlich entscheidend ist der theoretische Kontext, in dem die Beziehung zwischen zwei Variablen steht. Dieser kann einmal eine hohe Beziehung fordern, da die Theorie einer Variablen eine ausschließliche oder auch überwiegende Determinantenfunktion über die andere zuweist, oder es kann eine lose sein, da

es eine von zufälligen, nicht erfaßten Randbedingungen abhängige Beziehung ist. Für die Intelligenz erwartet man z.B. eine höhere (determinative) Beziehung zum Studienerfolg als zum Finanzbudget eines Studenten.

Signifikanztests: (soweit hier verwendet)

t-Test: Dieser Test gibt an, ob sich zwei Gruppen hinsichtlich eines q u a n t i - t a t i v e n Merkmals signifikant unterscheiden, d.h. ob z.B. zwischen Männern und Frauen überzufällige Unterschiede hinsichtlich ihrer politischen Einstellungen bestehen. Bei mehr als zwei Gruppen (z.B. mehreren Altersgruppen) wird der F-Test angewendet.

F-Test:

Dieser Test ist als Erweiterung des t-Tests zu verstehen: er gibt an, ob sich zwei oder mehr Gruppen hinsichtlich eines q u a n t i t a t i v e n Merkmals signifikant unterscheiden, d.h. ob z.B. zwischen mehreren Altersgruppen hinsichtlich ihrer politischen Einstellungen Unterschiede bestehen.

Chi^2 -Test:

Dieser Test gibt an, ob zwischen den Ausprägungen zweier q u a l i t a t i - v e r Merkmale eine überzufällige Beziehung besteht. Als qualitative Merkmale bezeichnet man solche, die eine eindeutige Zuordnung der Untersuchungseinheiten (in der Regel Personen) zu sich ausschließenden Kategorien ermöglichen (z.B. zu den beiden Geschlechtsqualitäten männlich und weiblich), diese aber nicht in einem quantiativen Größer-Kleiner-Verhältnis zueinander stehen.

Korrelation:
Durch Korrelationen werden Beziehungen zwischen quantiativen Merkmalen erfaßt. Sie werden in Korrelationskoeffizienten angegeben, und zwar für Beziehungen zwischen zwei Merkmalen (b i variant) mit dem kleinen Buchstaben r und für die Beziehung zwischen mehr als 2 Merkmalen (m u l t i variant) mit dem großen Buchstaben R. Im letzteren Fall wird ein Merkmal als die abhängige Variable (zu erklärende Variable) und mehrere weitere Merkmale als die unabhängigen Variablen (erklärende Variablen) aufgefaßt. Der K o r r e l a t i o n s - k o e f f i z i e n t gibt Auskunft über den G r a d der Beziehung zwischen den Merkmalen .Ein Wert von 0.0 bedeutet, daß gar keine systematische Beziehung zwischen den Merkmalen besteht, daß man also aus der Kenntnis über die Ausprägung des einen Merkmals nichts über die des anderen Merkmals aussagen kann; ein Wert von 1.0 bedeutet eine vollständige systematische positive Beziehung zwischen den Merkmalen ,so daß exakt aus der Kenntnis des einen Merkmals das andere bestimmt werden kann. Dies ist die theoretische obere Grenze des Korrelationskoeffizienten und kommt in der Praxis kaum vor. Die untere Grenze ist ein Wert von -1.0, der einen ebenso vollständigen Zusammenhang zwischen den Merkmalen angibt, nur mit der Besonderheit, daß mit Zunahme des einen Merkmals das andere systematisch abnimmt. Um die A r t des Zusammenhanges, d.h. das Ausmaß der Zu- (bzw. Ab-) nahme des einen Merkmals bei Zunahme des anderen, zu bestimmen benutzt man den R e g r e s s i o n s k o e f f i - z i e n t e n. Um diesen Koeffizienten vergleichbar zu machen, muß man ihn

aufgrund der standardisierten z-Werte (s.d.) berechnen und erhält damit einen standardisierten Regressionskoeffizienten.

Das Quadrat des Korrelationskoeffizienten gibt das Ausmaß der Varianzaufklärung (s.d.) an und wird als Determinationskoeffizient bezeichnet: $r^2 = d$; $R^2 = D$. Multipliziert man diesen Determinationskoeffizienten mit 100, so erhält man den Prozentsatz der aufgeklärten Varianz: z.B. $D = 0.31 = 31\%$ Varianzaufklärung.

Assoziationsmaße:

Neben dem Korrelationskoeffizienten für quantitative Variablen sind weitere Assoziationsmaße geläufig, die den Zusammenhang zwischen qualitativen (ja/nein; gut/schlecht) oder ordinalen (sehr viel/viel/wenig/sehr wenig) Variablen ausdrücken. Für qualitative Variablen wird in dieser Arbeit C r a m e r s V benutzt. Dieses Maß beruht auf einem zuvor berechneten Chi^2-Wert (s.d.) und läßt sich genauso interpretieren wie der Korrelationskoeffizient r : 0 zeigt keine Beziehung und 1 eine perfekte Beziehung an. Für ordinale Variablen benutzen wir als Assoziationsmaß G o o d m a n - K r u s k a l s G a m m a. Auch dieser Wert schwankt zwischen 0 und 1. In den Tabellen ist der Einheitlichkeit halber jeweils sowohl das V als auch das G a m m a angegeben.

Varianzaufklärung:

Dieser Begriff bezeichnet das Ausmaß, in dem durch eine (mehrere) Variable(n) eine andere erklärt werden kann. Dies ist nur für quantitative abhängige Merkmale angebbar. Man kann dadurch ausdrücken, wieviel von den Unterschieden des einen Merkmals aufgrund der Kenntnis des (der) anderen aufgeklärt werden kann. Gebräuchlich sind eta^2 für Gruppenvergleiche mit Hilfe von F- oder t-Tests und d bzw. D (s. Korrelation) für Korrelationsmaße.

Statistische Kennwerte

Mittelwert (M):

Dieser Wert gibt die mittlere Ausprägung eines quantitativen Merkmals in einer Gruppe an. Er wird berechnet als Summe der Werte des Merkmals über die Untersuchungseinheiten (in der Regel Personen) dividiert durch die Zahl der Untersuchungseinheiten.

$$M = \frac{\Sigma\, x}{N}$$

Streuung (s)ß

Dieser Wert gibt das mittlere Maß der Unterschiede eines quantitativen Merkmals in einer Gruppe an. Er wird berechnet als Wurzel aus der Summe der quadratischen Abweichungen vom Mittelwert dividiert durch die Zahl der Untersuchungseinheiten. Er wird auch als Standardabweichung bezeichnet und sein Quadrat als Varianz.

$$s = \sqrt{\frac{\Sigma\,(x - M)^2}{N}}$$

Standardwerte (z):

Je nach den verwendeten Meßinstrumenten liegen die Werte beliebiger Variablen in unterschiedlichen Zahlenbereichen. So wird z.B. derselbe Temperatur-
zustand auf einer Celsius-Skala mit 23° angegeben, auf einer Fahrenheit-Skala
mit 73.4° und auf einer Kelvin-Skala mit 296°. Entsprechendes gilt auch für
die Variablen in der vorliegenden Untersuchung. Um einzelne Werte von dersel-
ben Person (oder Personengruppe) auf verschiedenen Variablen miteinander vergleichen zu können, muß man sich auf einen gemeinsamen Bezugspunkt und auf
eine gleiche Meßeinheit beziehen. Dafür benutzt man gewöhnlich die als z-
Werte bezeichneten Größen. Als gemeinsamen Bezugspunkt setzt man den Mittelwert des neuen Meßsystems willkürlich bei o fest. Alle einzelnen Werte lassen
sich dann als Abweichungen von diesem neuen Mittelwert ausdrücken, indem
man als Meßeinheit die Standardabweichung der jeweiligen Variablen benutzt.
Die Transformation der Ausgangswerte x zu den standardisierten Werten z folgt
der Gleichung:

$$z = \frac{X - M}{s} \; .$$

Durch diese Transformation erhält man einen neuen Mittelwert von $M_z = 0$, d.h.
der Mittelwert wird so verschoben, daß er an den Nullpunkt rückt. Die Streuung wird durch die Relativierung der Differenzen der Meßwerte von dem gemeinsamen Mittelwert auf die Ausgangsstreuung zu $s_z = 1$. Auf diese Weise kommen
wir für alle Variablen zu gleichen Mittelwerten und gleichen Streuungen und
können alle Meßwerte einer Person für verschiedene Variablen miteinander vergleichen.

21.2 Codeplan für die Protokollauswertung

Tabelle 75: Codeplan für die Auswertung der Stadtrats- und Ausschußprotokolle

Quelle	Maßnahme	Initiative
1) Öffentliche Ratsprotokolle	1) Sanierung insgesamt	1) Oberbürgermeister
2) Nicht-öffentliche Rats-protokolle	2) Verkehr Innenstadt	2) Erster Bürgermeister
3) Hauptausschuß-Protokoll	3) Verkehr Fußgängerzone	3) Bauamt
4) Bauausschuß-Protokolle	4) Verkehr Parkplätze	4) sonstiges Amt (nennen)
5) Planungsausschuß-Pro-tokolle	5) Historisches Stadtbild	5) Rat/Ausschuß
6) Beratungsvorlage	6) Grünzonen	6) Partei (nennen)
7) Sonstige	7) Altbaumodernisierung	7) Gruppe öffentlich
	8) Bauleitplanung	8) Gruppe nicht öffentlich
	9) Gewerbeausdehnung/-ansied-lung	9) Planer
	10) Gewerbeaussiedlung	10) Privatperson
	11) Sport-/Freizeiteinrichtungen	11) Sonstige
	12) Kindergärten/Spielplätze	
	13) Jugend-/Altersheime/Kranken-haus	
	14) Sonstige	

Thematik	Beteiligte/Betroffene	Teilnahme an Sitzungen
1) Planungsprobleme	1) Gemeinde-Bezirk	1) Ja
2) Implementierungsprobleme	2) Gemeinde-Land	2) Nein
3) Partizipation	3) Gemeinde-Bund	3) Keine Angabe möglich
4) Finanzierung	4) Haus-/Grundbesitzer	
5) Rechtsprobleme	5) Geschäftsleute	
6) Sonstiges	6) Mittelbetriebe	
	7) Industrie	
	8) Verband/Interessengruppe	
	9) Verein	
	10) Mieter	
	11) Planer	
	12) "Öffentlichkeit"	
	13) Sonstige	

der Themenbehandlung	Ergebnis (formal)	Ergebnis (Inhalt)
Ohne Stellungnahme	1) Einstimmiger Beschluß	1) Zustimmung des Antrags
Nur zustimmende Stellung- nahmen	2) Nicht einstimmiger Be- schluß	2) Ablehnung des An- trags
Stellungnahme. der Parteien	3) Vertagung/Delegierung	3) Zustimmung zur Be- schlußvorlage
Stellungnahme der Planer	4) Kenntnisnahme	4) Ablehnung der Be- schlußvorlage
Diskussion mit Planerbeteili- gung	5) Sonstige	5) Zustimmung zur lauf. Planung
Diskussion ohne Planerbeteiligung		6) Ablehnung der lauf. Planung
Fragen		7) Zustimmung zur mod. Beschlußv.
		8) Sonstiges

kussionsredner	Stellungnahme (Inhalt)	Bezug zur Sanierung
nentlich aufführen mit ppenzugehörigkeit a) b) usw.	Differenziert nach 9a)b)	
	1) pro Antrag	1) Ja (Namen nennen)
	2) contra ohne Kompromiß	2) Nein
	3) offen, schwankend	3) teils/teils
	4) contra mit Kompromiß	
	5) sachliche Auskunft	
	6) Frage	
	7) Sonstige	
	8) Einbringen eines modifi- zierten Antrages	
	9) Anregungen	

lkontext		Genannte Restriktionen
ferenziert nach	1) "Funktionieren" (ohne klaren Bezug)	1) allgemein finanzielle
Ratsmehrheit	2) Geschäftsfunktion	2) fiskalische
Opposition	3) Wohnen	3) Arbeitsplatzgefährdung
Verwaltung	4) Stärkung der Wirt- schaft	4) zentralplanerische
Planer Sonstige	5) Legitimation	5) übrige Kommunalpla- nungsmaßnahmen
	6) Soziales Ziel (konkret)	6) Grundbesitz
	7) Ästhetisches Ziel	7) Hausbesitz
	8) Ökologisches Ziel	8) Besitzverhältnisse allg.
	9) Lokalpatriotismus	9) Rechtliche Regelungen (StBauFG, BBauG)
	10) Planungsanpassung	10) Interessengruppen
	11) City-Attraktivität	11) "Bürger", "Wähler"
	12) Verkehr	12) Organisation
	13) Sonstiges	13) Sonstige
		14) technische

21.3 Auswahlverfahren zur Identifikation der lokalen Machtelite

Zu Beginn unserer Untersuchung in Andernach wurden mehrere Gespräche mit Personen geführt, von denen wir aufgrund erster Informationen über die Verhältnisse in der Stadt Andernach annehmen konnten, daß sie über die Sanierung informiert waren. Diesen Leuten wurde eine Liste vorgelegt, auf der die Personen aufgeführt waren, die eine für die Sanierung relevante Position bekleideten. Dies waren im wesentlichen die Ratsmitglieder und die Angehörigen der einschlägigen Verwaltungsämter, angefangen bei Sachbearbeitern. Unsere Gesprächspartner wurden gebeten, von der Liste diejenigen Personen anzukreuzen, die sie in Bezug auf die Sanierung für einflußreich halten, sowie weitere einflußreiche Personen hinzuzuschreiben, die nicht auf unserer Liste enthalten sind. So erhielten wir von acht Gesprächspartnern eine Liste mit insgesamt 78 genannten Personen. Daneben wurde bei der Auswertung der Rats- und Ausschußprotokolle zum Thema Sanierung auf die Nennung von Personen geachtet, die sich in den Sitzungen geäußert hatten oder sonstwie in den Protokollen aufgeführt waren. Von dem so ermittelten Personenkreis wurden nun die auf einer Liste aufgeführt, die entweder zwei oder mehr Nennungen erhalten hatten oder aufgrund der gesichteten Protokolle als möglicherweise einflußreich anzusehen waren. Es ergab sich eine Liste von 46 Personen.

Diese Liste wurde bei den Eliteninterviews allen Interviewpartnern vorgelegt, um so die Reputation der Machtstruktur in Andernach zu ermitteln (129). Die Entscheidung, nur diese schon stark reduzierte Liste und nicht eine Liste mit allen 78 genannten Personen vorzulegen, erfolgte aus pragmatischen Gründen In einem Probleminterview hatte sich gezeigt, daß gerade die Fragen, die diese Liste betreffen, ungewöhnlich viel Zeit in Anspruch nehmen, so daß eine Reduzierung der Liste notwendig erschien, um die Befragung zeitlich nicht zu sehr ausufern zu lassen.

Aus diesem Kreis der 46 Personen wurde noch einmal eine Auswahl getroffen bzgl. der zu befragenden Personen. Befragt wurden schließlich diejenigen, doe vorher mindestens drei Nennungen erhalten hatten. Es ergab sich damit ein Kreis von 30 Personen, die schriftlich auf die Befragung hingewiesen und um ihre Mitarbeit gebeten wurden.

Durchführung

Die Interviews wurden zur Hauptsache in der Zeit vom 11.-19. Februar 1976 durchgeführt. 5 Interviews mußten aus verschiedenen Gründen ausfallen, was jedoch nicht weiter wichtig ist, da nur einer dieser 5 mehrere Nennungen als einflußreich in Bezug auf die Sanierung erhielt. 2 Interviews hatten mehr den Charakter von Informationsgesprächen zu speziellen Aspekten und wurden deshalb gesondert ausgewertet. Somit verbleiben 23 vollständige Interviews. Zusätzlich zu den angeschriebenen Interviewpartnern wurden 5 weitere Interviews gemacht mit Personen, die während der Befragung häufiger als einflußreich charakterisiert wurden. 4 dieser Personen standen bereits auf unserer Liste, eine wurde zusätzlich genannt. Damit ergibt sich eine Gesamtzahl von 28 Interviews.

Von den befragten Personen gehören 12 dem Rat an (je 6 der CDU/FWG und
der SPD), 9 gehören (bzw. gehörten) zur Verwaltung. Von den restlichen 7
hatten 5 keine institutionelle Verbindung zum politischen System, eine ist Mitglied des Planungsausschusses als sachkundiger Bürger und bei der letzten handelt es sich um die mit der Planung beauftragte Planergruppe.
Die Interviews wurden vom Verfasser zusammen mit einigen Studenten durchgeführt.
Um eine möglichst genaue Protokollierung der Interviews zu ermöglichen, erfolgte die Befragung immer durch 2 Personen, von denen einer die Aufgabe hatte
zu protokollieren. Eine Aufnahme der Gespräche auf Tonband schien uns sowohl
aus Gründen, die die Gesprächsbereitschaft betrafen als auch aus Gründen, die
die Auswertung betrafen, nicht ratsam. Es hat sich gezeigt, daß das angewende-
te Verfahren mit einem Befrager und einem Protokollanten zur vollständigen Aufnahme des Interviews durchaus ausreichte. Da eine Funktion der Interviews darin lag, zusätzliche Informationen und Motive über das bisher Bekannte hinaus
zu eruieren, mußten die Interviews von Interviewern durchgeführt werden, die
mit dem Problemstand bestens vertraut sind. Dies traf auf die Mitarbeiter zu.

21.4 Operationalisierung der Schichtvariable

Die Funktion der Schichtvariable im Untersuchungskonzept

Der Versuch, die jeweiligen Sozialisationsprozesse in Bezug auf das Entstehen
von politischen Einstellungen und sozialen Verhaltenserwartungen in ihrer Verlaufsstruktur und ihren Ergebnissen im einzelnen zu beschreiben und zu erklären,
müßte nicht allein an der gern zitierten "Komplexität" dieses Prozesses scheitern. Dies wird auch dadurch unmöglich gemacht, daß wir für die Analyse unserer Hauptfragestellungen das Instrumentarium der repräsentativen Querschnittsun-
tersuchung ausgewählt haben und die Untersuchung solcher Prozesse zeitraubende
Längsschnittuntersuchungen erforderlich macht. Es bliebe aber auch zu fragen,
welchen Erkenntniswert eine solche detaillierte Analyse individueller Prozesse der
politischen Sozialisation für eine an politikwissenschaftlichen Fragestellungen ausgerichtete Untersuchung haben kann. Abgesehen von der Frage, ob beim gegenwärtigen Stand der Theoriebildung im Bereich der Sozialisations-, Einstellungs-
und Verhaltensforschung eine Integration solcher Einzelergebnisse schon möglich
wäre, muß doch die Analyse der individuellen Verlaufsbedingungen dieser Ent-
stehungsprozesse von Einstellungen und sozialen Verhaltenserwartungen im politischen Handlungsfeld für den Politologen zunächst hinter der Frage zurücktreten,
ob in den Ergebnissen des Prozesses der politischen Sozialisation auf der Ebene
von identifizierbaren sozialen Gruppen eine Asymmetrie festzustellen ist, die
aufgrund gemeinsamer Lebensbedingungen, Kommunikations- und Kooperationsstruk-
turen dieser Gruppen erklärbar sind und die eine Erklärung der Unterschiede in
Handlungsrepertoire und tatsächlichem Verhalten der Mitglieder dieser Gruppen
erlauben.
Im Zusammenhang mit dieser Fragestellung ist von Interesse, daß - wie schon zuvor dargestellt - Sozialisationsprozesse in den verschiedenen sozialen Schichten in
typischer Weise unterschiedlich verlaufen.

Dieses Konzept der "schichtspezifischen Sozialisation" (vgl. A c k e r m a n n 1974, 18 f.) ist Ausgangspunkt unserer Analyse der Entstehungszusammenhänge für Determinanten politischer Partizipationsbereitschaft und deren Realisierung. Es wird dadurch konkretisiert, daß wir die Schichtzugehörigkeit der einzelnen Personen als Indikator für den Verlauf des Sozialisationsprozesses annehmen, der für die jeweilige soziale Schicht typisch ist (ähnlich P a p p i / L a u m a n n 1974, 159 und 170). Auf diese Weise stellen die Schichtvariablen in unserem Untersuchungskonzept keine deskriptiven, sondern vielmehr analytische Komponenten dar, da wir nicht die Schichtstruktur der Bevölkerung beschreiben, sondern durch den Indikator Schicht die Ausprägungen anderer Variablen (z.B. Einstellungen) erklären wollen.

Der Begriff der sozialen Schicht

Wenn im folgenden der Begriff der "sozialen Schicht" benutzt wird, sollte die oben dargestellte Funktion der Schichtvariablen im Untersuchungskonzept stets berücksichtigt werden, da dies auf die Auswahl des Schichtbegriffs wie auch auf seine Operationalisierung erheblichen Einfluß hat. Der gegenwärtige Stand der soziologischen Diskussion über die soziale Schichtung ist dadurch gekennzeichnet, daß es keine generell akzeptierten theoretischen Schichtkonzepte und Schichtbegriffe gibt (vgl. H ö r n i n g 1974, 1-9). Als gängigste Typen von Schichtdefinitionen sind zu nennen (Lexikon Soziologie 1973, 586 f.):
1) S c h i c h t a l s s t a t i s t i s c h e s K o n s t r u k t wird vorgestellt als soziale Kategorie von Menschen, die durch gleiche oder ähnliche Merkmale gekennzeichnet sind und die aufgrund der Abstufungen der jeweiligen Merkmale, die als Unterschiede der sozialen Wertschätzung im Sinne von höher/ tiefer, unterlegen/überlegen angesehen werden, in ein hierarchisches System eingeordnet sind.
2) S c h i c h t a l s R e a l p h ä n o m e n bezeichnet Personengruppen (in einer hierarchischen Struktur), die sich aufgrund von durch objektive Faktoren bestimmter gemeinsamer sozialen Lage tatsächlich nach Einstellungen, Verhalten und Sozialchancen von anderen Gruppen unterscheiden.
3) S c h i c h t a l s s u b j e k t i v e s P h ä n o m e n: Bevölkerungsgruppen, die sich selbst aufgrund eines mehr oder weniger klar ausgeprägten Bewußtseins ihrer Zusammengehörigkeit von anderen Bevölkerungsgruppen unterscheiden.
Für unsere Untersuchungszwecke ist nur der 2. Begriffstyp brauchbar, da der erste allein deskriptiv verwendbar wäre und der dritte u.a. wegen der Vielzahl der in der Bevölkerung vorhandenen Schichtkonzepte und -begriffe allein problematisch ist.
Der Begriff der sozialen Schicht als Realphänomen bedarf jedoch noch einer Erweiterung dahingehend, daß wir die zu identifizierenden Schichtgruppen in der Bevölkerung im Anschluß an W a r n e r (1960) und neuerdings P a p p i (1974) realiter als soziale Gruppen, d.h. als Assoziations- und Interaktionsgruppen verstehen. Dies ist allerdings nicht so zu verstehen, daß alle Mitglieder einer sozialen Schicht eine Gruppe im soziologischen Begriffsverständnis darstellen, sondern vielmehr, daß Mitglieder einer sozialen Schicht dazu tendieren, bei Gruppenbildung Mitglieder der eigenen Schicht zu bevorzugen. Auf

diese Weise gilt zumindest tendenziell, daß Personen mit Mitgliedern der eigenen Schicht eine höhere informelle Kommunikations- und Interaktionsdichte aufweisen als mit Angehörigen anderer Schichten (vgl. den Warner'schen Schichtbegriff; nach P a p p i 1974, 1). Dies ist für unseren Schicht- und Sozialisationsansatz vor allem deshalb von Bedeutung, weil Sozialisationsprozesse letztlich nur als soziale Interaktionsprozesse zwischen dem Individuum und seiner unmittelbaren Umwelt verstanden werden können und durch diese Interaktionsprozesse (ungeachtet der Einstellungen und Rollenerwartungen prägenden gemeinsamen Lebensbedingungen und realen Ungleichheiten) schichtspezifisch differentielle Sozialisationsinhalte vermittelt werden. Da es jedoch in einer Untersuchung zur politischen Beteiligung nicht vertretbar erscheint, eine (aus einer dann ebenfalls abgeleiteten) eigenen Theorie der sozialen Schichtung und ihrer begrifflichen Konkretisierung zu entwickeln, wollen wir hier in Anknüpfung an den Warner'schen Schichtbegriff und in Anschluß an B l a u/ D u n c a n (1967), B o l t e (1970) P a p p i (1974) K. U. M a y e r (1974, 1975) und W. M ü l l e r (1974,1975) einen Schichtbegriff verwenden, der "soziale Schichten als abgrenzbare, hierarchisch geordnete Bevölkerungsgruppen mit eindeutiger Mitgliedschaft (kennzeichnet), wobei der hierarchische Bezug über die vor allem im Berufsprestige zum Ausdruck kommende Bewertung ... erfaßbar sein soll" (P a p p i 1974,2). Die Erfassung von Mitgliedschaft und Schichtgrenzen erfolgt jedoch aus Gründen der Erhebungsökonomie nicht - wie bei P a p p i - über Interaktionen bzw. Freundschaftswahlen (vgl. auch R e u b a n d 1975, 293-301), sondern über Berufspositionen und deren Lage in der Berufsprestige-Hierarchie.

Wenn wir hier das Merkmal des Berufs als einen möglichen Zugang zum Problem der sozialen Schichtung wählen, so entspricht das nicht allein einem wesentlichen Ansatz der neueren deutschen Schichtungs- und Mobilitätsforschung, sondern auch der Funktion der Schichtvariable in unserem Untersuchungskonzept. In der Berufsposition kumulieren nämlich fast alle Ergebnisse der familiären, schulischen und beruflichen Sozialisationsprozesse, wenn auch letztere sich in der Ausübung des Berufes durchaus noch weiterentwickeln, und die berufliche Position einer Person kann daher in besonderem Maße als repräsentativ für den Verlauf eines spezifischen Sozialisationsprozesses angesehen werden. Darüberhinaus korrespondiert die Berufsschichtung den wesentlichen Dimensionen der Ungleichheit:
"Nicht allein die weitreichenden Ungleichheiten im materiellen Entgelt und die damit verbundenen Folgen für Existenzsicherung, Lebensstil und Startchancen für die Kinder machen die berufliche Stellung zu einer so zentralen Bedingung für die Zuweisung von Lebenschancen. In den rein physischen Widrigkeiten der Arbeitsbedingungen, der Autonomie der Tätigkeit, der Verantwortung und Anweisungsbefugnis über andere, sind grosso modo die gleichen Berufsgruppen bevorzugt oder benachteiligt, die es auch im Einkommen sind." (M a y e r/ M ü l l e r 1974, 6 f.).
Um aber der in der Konsumgesellschaft in besonderem Maße Status - und damit auch soziale Distanz generierenden Dimension des Einkommens (vgl. P a p p i 1974, 20 und L i n d g r e n 1974, 187 ff.) bei der Schichteinstufung Rechnung zu tragen, haben w i r neben der Berufsposition noch das Pro-Kopf-Einkommen des Haushaltes herangezogen, dies allerdings nur als korrigierendes Element in dem Sinne, daß sich die Schichteinstufung nach dem Beruf um eine Gruppe nach

oben oder unten verändert, wenn die Person nach dem Pro-Kopf-Einkommen mindestens 2 Gruppen über oder unter der Berufs-Statusgruppe liegt. Trotz der generell für sehr hoch erachteten Korrelation zwischen Berufsposition und Einkommen ergab sich hierbei in fast 28% der Fälle eine Veränderung der Schichteinstufung, wobei Aufstieg und Abstieg etwa gleich stark repräsentiert waren.

Operationalisierung

Nach den Angaben über Berufsbezeichnung und der Berufsstellung (Arbeiter, Angestellte, etc.) wurden die einzelnen Personen 19 Berufsgruppen zugeordnet, die sich aufgrund der Ergebnisse zur Prestigeabstufung von Berufspositionen bei B o l t e (1970, 156-161); K.U. M a y e r (1975, 234) und W. M ü l l e r (1975, 38) wie folgt in ein System der Berufsschichtung einordnen lassen:

Tabelle 76: Zuordnung von Berufsgruppen zu sozialen Schichten

	Arbeiter	Angestellte	Beamte	Selbständige
Oberschicht O			Spitzenbeamte (Bes. Grp.B)	große Unternehmer Prestigeberufe (Professoren, Chefärzte, etc.)
obere Mittelschicht OM		leitende Angestellte	Beamte höh. Dienst	akademische freie Berufe
mittlere Mittelschicht MM		Angestellte der mittl. Leitungsebene	Beamte gehob. Dienst	mittl. Unternehmer nicht-akademische freie Berufe
untere Mittelschicht UM	Meister (Industriemeister, Werkstattleiter)	qualifiz. Angestellte (Sachbearb.)	Beamte mittl. Dienst	kleine Unternehmer (Handwerker, Familienbetriebe) Vertreter
obere Unterschicht OU	Facharbeiter	ungelernte Angestellte (Bürohilfskrft. Kellner)	Beamte einf. Dienst	
untere Unterschicht UU	ungelernte Arbeiter			

Für die Berücksichtigung des Einkommens bei der Schichteinstufung sind wir von der Verteilung der monatlichen Nettohaushaltseinkommen in der BRD bei B a l l e r s t e d t (1975, 384) ausgegangen (Stand: 1968):

bei 600 DM   : 12.8%
601-900 DM   : 10.3%
901-1200 DM   : 10.0%
1201-1500 DM   : 12.2%
1501-200   : 20.2%
2001-3000 DM   : 22.5%
über 3000 DM   : 12.4%.

Unter Berücksichtigung der Einkommenssteigerungen seit 1968 haben wir die Schichtgrenzen für die Einkommensgruppen wie folgt festgelegt:

bis 595 DM   :
                      untere Unterschicht
600-999 DM   :
1000-1499 DM   : Obere Unterschicht
1500-1999 DM   : Untere Mittelschicht
2000-2999 DM   : mittlere Mittelschicht
3000 und mehr   : obere Mittelschicht und Oberschicht

Anstelle der tatsächlichen Höhe des Haushaltseinkommens muß für die Schicht-zugehörigkeit jedoch das Pro-Kopf-Einkommen herangezogen werden, da bei Mehr-Personen-Haushalten das Nettoeinkommen wegen Kindergeld und Steuer-freibeträgen höher liegt und es sicherlich nicht ohne Belang ist, ob mit dem gleichen Betrag 2, 3 oder mehr Personen auskommen müssen. Die Heranziehung beider Merkmale ist darin begründet, daß auch unabhängig von der Personen-zahl die Höhe des Einkommens einen erheblichen Prestigefaktor darstellt.
Um für die Beurteilung des sozio-ökonomischen Status von Personen auch die Zahl der im Haushalt lebenden Personen erfassen zu können, darf man jedoch nicht einfach das Einkommen durch die Personenzahl dividieren, da dies der sozialen Realität und den Bedürfnissen nicht entspricht. Ein 1-Personen-Haushalt braucht zur Aufrechterhaltung des gleichen Lebensstandards mehr als 1/3 des Einkommens eines 3-Personen-Haushaltes, und ein 6-Personen-Haushalt kann den gleichen Le-bensstandard mit weniger als dem doppelten Einkommen des 3-Personen-Haushaltes erhalten.
Ungeeignet für die Beurteilung der Schichtzugehörigkeit nach Einkommen und Kopf-zahl ist aber auch die Verwendung des Pro-Kopf-Durchschnittseinkommens, wobei aufgrund einer Repräsentativerhebung die durchschnittlichen Einkommen der ver-schiedenen Haushaltsgrößen als Vielfaches des Durchschnittseinkommens von Ein-personenhaushalten dargestellt wird (B a l l e r s t e d t/G l a t z e r 1975,385).

Bei der Verwendung solcher "Sozialindikatoren" ist zu beachten, daß in diese Daten die soziale Realität in der BRD in dem Sinne schon eingegangen ist, daß z.B. bei 1-Personen-Haushalten der Anteil an einkommensschwachen Rentnern sehr hoch ist; der Anteil von sozial schwachen Einkommensgruppen bei 4-Personen- und Mehr-Personenhaushalten ebenfalls sehr hoch ist und die Höhe des Kindergel-des nicht so bemessen ist, daß die Bedürfnisse gedeckt werden können, und somit kinderreiche Familien tendenziell (zumindest vom Einkommen her) vom sozialen Abstieg bedroht sind.

Die Heranziehung solcher, empirisch gewonnener Daten verdeckt daher die Problematik der sozialen Realität, d.h. die ungleiche Einkommensverteilung in so starkem Maße, daß bei der Verwendung dieser "Sozialindikatoren" entgegen dem unstrittigen Befund bei 1-Personenhaushalten und bei kinderreichen Familien eine Nivellierung der Pro-Kopf-Einkommen und eine verstärkte Besetzung der mittleren sozialen Schichten eintreten würde.

Aus diesem Grund wurde bei der vorliegenden Untersuchung von Einkommens-richtzahlen ausgegangen, die sich aus dem Verhältnis der durchschnittlichen Sozialhilfesätze für unterschiedliche Familiengrößen berechnen. Dabei wurde der durchschnittliche 3-Personen-Haushalt als Bezugsgröße gewählt. Ein solcher Aus-gangspunkt nimmt stärker auf den unterschiedlichen Einkommensbedarf bei ver-schiedenen Haushaltsgrößen Bezug als die genannten "Sozialindikatoren". Richt-zahlen stellen daher die Regelsätze nach dem Bundessozialhilfegesetz für die unterschiedlichen Haushaltsgrößen jeweils als Vielfaches des Unterstützungssatzes für einen durchschnittlichen 3-Personen-Haushalt dar (130).

1-Personen-Haushalt: 0.46
2-Personen-Haushalt: 0.73
3-Personen-Haushalt: 1.00
4-Personen-Haushalt: 1.27
5-Personen-Haushalt: 1.57
6-Personen-Haushalt: 1.84
7-Personen-Haushalt: 2.11

Die Einstufung der Personen nach dem Pro-Kopf-Einkommen erfolgt dadurch, daß das mittlere Einkommen in den jeweiligen Einkommensgruppen durch die Richtzahl dividiert wird und das so gewonnene Pro-Kopf-Einkommen erneut in die Einkommensgruppen eingeordnet wird.

Nach der Korrektur der Schichteinstufung durch das Pro-Kopf-Einkommen ergab sich folgende Besetzung der Schichtkategorien, die in Tabelle 77 mit den Ergeb-nissen ausgewählter früherer Untersuchungen konfrontiert wird. Da die Besetzung der Oberschicht wegen der Stichprobengröße erwartungsgemäß so gering war, daß hierüber keine sinnvollen Aussagen mehr gemacht werden können, wurde die Ober-schicht und die Obere Mittelschicht zu einer Kategorie zusammengefaßt. Insge-samt zeigt sich, daß im Andernacher Sample die mittlere und untere Mittelschicht auf Kosten der beiden Unterschichten überbesetzt ist. Dies ist jedoch durch die Lage des Untersuchungsgebietes bedingt, da im Kernstadtbereich von Mittelstädten eine von der städtischen Funktion bedingte, verstärkte Repräsentanz kleiner und mittlerer Selbständiger (Handwerker und Gewerbebetriebe) zu erwarten ist. Dem-entsprechend sind diese Berufsgruppen bei unserem Sample zwar nicht repräsentativ für die Gesamtbevölkerung (dies war auch nicht beabsichtigt!), wohl aber für Bevölkerungen in Kernstadtbereichen von Mittelstädten.

Tabelle 77: Besetzung der Schichtkategorien im Vergleich zu anderen
Untersuchungen (in %)

	Andernach (1975) % (N)	Kleining/ Moore (a) 1967/68 %	Kleining (b) (1974) %	Mayer (c) (1969) %
Oberschicht O ob.Mittelsch.OM	5.8 (12)	6	8.7	13.0
mittlere Mittel- schicht MM	19.5 (40)	11	12.8	26.2
untere Mittel- schicht UM	39,5 (81)	38	31.2	28.9
obere Mittel- schicht OU	28,8 (59)	30	26,2	21.6
untere Unter- schicht UU	6.3 (13)	15	11.1	8.8
Zahl der Personen	205 (d)	14.375	5995	398

Q u e l l e n: (a) Kleining 1975, 273 (BRD)
(b) Kleining 1975, 275 (BRD)
(c) Mayer 1975, 235 (Konstanzer Sample)
(d) Von den 354 Personen unserer Untersuchung konnten nur 205 nach
ihrer Schichtzugehörigkeit klassifiziert werden, bei dem Rest
handelt es sich u.a. um Hausfrauen und Rentner.

21.5 Entwicklung der Einstellungsskalen

Zu 6 Formen der Beteiligungsmöglichkeiten wurden Meinungsäußerungen (Statements) formuliert, die aufgrund der Explorationsergebnisse als typisch für die Auseinandersetzung der Befragten mit der Beteiligung gelten können; dies führte zu
71 Statements.
In einem zweiten Erhebungsdurchgang wurden die Statements im April 1975 einer
neuen Stichprobe von 129 Personen vergleichbarer Zusammensetzung aus den
drei Sanierungsstädten vorgelegt. Sie wurden gebeten, die Aussagen auf der
Dimension:

ich stimme
voll zu   3 2 1 0 1 2 3   ich lehne
voll ab

zu beantworten. Diese Daten bildeten die Grundlage für die Konstruktion von spezifischen Einstellungsskalen.

Als erster Analyseschritt wurden die Antworten der Personen auf die Aussagen in eine Interkorrelationsmatrix überführt, d.h. in eine Matrix, die in den einzelnen Zellen Korrelationskoeffizienten als Maße der Antwortähnlichkeit auf die einzelnen Aussagen enthält.

Mittels Faktorenanalyse wurde für diese Ähnlichkeitsmatrix die Zahl der gemeinsamen Faktoren gesucht, d.h. es wurde die Zahl und die Art der hypothetischen Größen gesucht, die die Gemeinsamkeiten zwischen den Antworten der Personen auf die Aussagen erklären können; der interessierte Leser sei zum Verständnis der Faktorenanalyse auf die Fachliteratur verwiesen (vgl. z.B. Ü b e r l a 1971; P a w l i k 1971; L i e n e r t 1969).

Die Dimensionalität wurde bestimmt nach den Kriterien des Scree-Tests (Abbruch nach dem Eigenwertverlauf) und dem Fürntratt-Kriterium (Relation des Ladungsquadrats zur Kommunalität für mindestens 3 Variablen pro Faktor größer als .50). Beide Kriterien sprechen für eine 3-Faktorenlösung. Der erste Faktor enthält Aussagen, die sich auf die Kontakte der Bürger mit Parteien, Politikern und Verwaltung beziehen und den Verdacht von Egoismus, Manipulation und mangelnde Responsibilität ausdrücken:

"Einstellung zu politisch-administrativen Akteuren".

Der zweite Faktor enthält Aussagen über die Möglichkeiten der Interessenartikulation und der -berücksichtigung durch Bürgerinitiativen:

"Einstellung zu Bürgerinitiativen".

Der dritte Faktor bezieht Aussagen über Kommunikations- und Informationsmöglichkeiten zwischen Bürgern und Verwaltung ein:

"Einstellung zum administrativen Informationsangebot".

Für diese drei Dimensionen wurden die relevanten Aussagen nach ihrer Ladung auf dem jeweiligen Faktor und nach ihrer itemanalytischen Trennschärfe selegiert (die Itemanalyse orientiert sich an der klassischen Testtheorie - vgl. L i e - n e r t 1969). Die so gewonnenen 17 Aussagen wurden erneut einer Faktor- und einer Itemanalyse unterzogen, um Anhaltspunkte für die relative Ladung auf ihrem jeweiligen Faktor, über ihre Trennschärfe (Unterscheidungsfähigkeit zwischen verschieden eingestellten Personen), über ihre interne Konsistenz (innere Zusammengehörigkeit) und über ihre Reliabilität (Zuverlässigkeit der Messung) zu erhalten.

Bevor die entsprechenden Ergebnisse berichtet werden, sollen die Vorgehensweisen der Skalenbildung zur Einstellung im Rahmen der Hauptuntersuchung mit einbezogen werden. Die 17 Aussagen zu den drei Einstellungsbereichen wurden im Fragebogen der Hauptuntersuchung vorgelegt und mit folgenden Antwortmöglichkeiten versehen:

Ja   = 2
Weiß nicht = 1
Nein   = 0.

Wir sind hier aus zwei Gründen von der ursprünglichen Beantwortungsart der Voruntersuchung abgewichen, da erstens dieses Vorgehen bei der Befragung weniger zeitaufwendig ist und weil zweitens die Einstellungsskalen von E l l w e i n und Z o l l zum politischen Engagement und zur politischen Entfremdung eingesetzt wurden, die von den Skalenautoren mit eben diesem Antwortmuster vorgegeben wurden.

Wegen dieser anderen Erhebungsart der Antworten zu den Einstellungsaussagen
in der Hauptuntersuchung ist die metrische Faktorisierung der Daten nicht ohne
weiteres angemessen. Daher wurde als alternatives Analysemodell die sogenannte "Smalest-Space-Analysis III" von G u t t m a n und L i n g o e s eingesetzt (der interessierte Leser muß auch hier auf die Fachliteratur verwiesen
werden – vgl. L i n g o e s 1973). Dieses Verfahren hat die gleiche Zielsetzung wie die metrische Faktorenanalyse, stellt an das Skalenniveau der Daten
aber weniger hohe Ansprüche.
Zuerst werden in der folgenden Übersicht die Ergebnisse der Faktoren- und
Smalest-Space-Analysis (SSA) angegeben, und zwar für die Konstruktions- und
für die Finalstichprobe.

Tabelle 78: Einstellungsskalen: Ausgangsanalyse (a)

Skala	Sp	E	Varianz-% gesamt	Varianz-% gemeinsam
I spezifische Skalen				
1.a) Voruntersuchg.	–	6.0	32.	42.
b) Hauptuntersuchg.	2.1	3.3	20.	37.
2.a) Voruntersuchg.	–	2.5	13.	18.
b) Hauptuntersuchg.	1.5	1.6	10.	18.
3.a) Voruntersuchg.	–	1.0	5.	7.
b) Hauptuntersuchg.	1.3	1.1	7.	13.
II Ellwein/Zoll-Skalen				
1. Hauptuntersuchg.	4.1	5.0	25.	43.
2. Hauptuntersuchg.	2.8	2.5	12.	21.

(a) Für I und II wurden getrennte Analysen durchgeführt.
Sp = Spur nach der SSA
E = Eigenwerte der Faktoren nach der Faktorenanalyse
% gesamt = Varianzaufklärung des Faktors an der gesamten Varianz
% gemeinsam = Varianzaufklärung des Faktors an der gemeinsamen (erklärbaren)
Varianz.

Tabelle 79: Matrix der Ladungen der Aussagen auf den drei Faktoren nach orthogonaler Rotation für die Vor- und Hauptuntersuchung

Var.	Faktor I Vor- u. Hauptuntersuchung		Faktor II Vor- u. Hauptuntersuchung		Faktor III Vor- und Hauptuntersuchung	
1	.843	-.539	-.201	.012	-.063	-.099
2	.770	-.666	-.214	-.035	-.058	-.076
3	.768	-.618	-.155	.072	-.152	-.104
4	.736	-.423	-.034	.069	-.113	-.083
5	.707	-.662	-.051	.107	-.089	.014
6	.648	-.573	.083	.065	-.141	-.151
7	.628	-.566	.024	.067	-.098	-.066
8	-.204	.075	.688	-.718	.253	-.069
9	-.109	.108	.853	-.695	.042	.112
10	.029	.079	.544	-.511	.358	.148
11	.018	-.076	.496	-.520	.331	.052
12	.310	.284	.493	-.461	.258	.230
13	-.182	.109	.051	-.050	.617	.645
14	.082	.055	.171	-.205	.612	.490
15	-.120	.007	.320	.051	.571	.513
16	-.299	.244	.157	-.255	.557	.482
17	-.137	.132	.223	-.063	.445	.525

Alle Aussagen sind so geordnet, daß die zusammengehörigen Inhalte jeweils zusammen aufgeführt sind. Besonders in der Hauptuntersuchung ist die Faktorenstruktur eindeutig, d.h. die Ladungen der Variablen liegen substantiell jeweils nur auf einem Faktor. Bei der Voruntersuchung ist dies nicht in jedem Fall erreicht worden.

Nach Rotation der Faktoren zur orthogonalen Struktur und anschließender Itemanalyse ergeben sich für die angestrebten Skalen folgende Werte:

Tabelle 80: Einstellungsskalen: Analyse nach orthogonaler Rotation

Skala	CA (a)	r (b)	Varianz % (c) orthog. Rotation
I. spezifische Skalen zu:			
1. politisch-administrativen Akteuren			
a) Voruntersuchung	.913	.936	53.
b) Hauptuntersuchung	.763	.794	43.
2. Bürgerinitiativen			
a) Voruntersuchung	.753	.747	25.
b) Hauptuntersuchung	.700	.741	31.
3. administrativem Informationsangebot			
a) Voruntersuchung	.686	.641	22.
b) Hauptuntersuchung	.613	.667	26.
II. Ellwein/Zoll-Skalen			
1. polit. Engagement	.770	.780	38.
2. polit. Entfremdung	.875	.863	62.

(a) = interne Konsistenz
(b) = Reliabilität (odd-even, split-half, korrigiert nach Spearman-Brown)
(c) = Varianzaufklärung des Faktors an der durch die 3-Faktorenlösung erklärten Varianz nach orthogonaler Rotation.

In der folgenden Übersicht sind die Ähnlichkeitsbeziehungen der insgesamt 5 Einstellungsskalen in Form von Korrelationskoeffizienten angegeben:

Tabelle 81: Interkorrelation der Einstellungsskalen

Skala	I 1.	I 2.	I 3.	II 1.	II 2.
I 1.	-				
2.	$-.234^{xxx}$	-			
3.	$-.270^{xxx}$	$.319^{xxx}$	-		
II 1.	$-.158^{xx}$	$.185^{xxx}$	$.215^{xxx}$	-	
2.	$.556^{xxx}$	$-.116^{x}$	$-.186^{xxx}$	$-.226^{xxx}$	-

Beurteilt man zusammenfassend die Ergebnisse der Faktorenanalyse, der Smalest-Space-Analyses und der Itemanalysen, so sind die Ergebnisse als gut zu bezeichnen; es wurden Kosistenzen und Reliabilitäten gefunden, die für Skalen benötigt werden, um sie als solche zu akzeptieren; die Varianzaufklärung durch die Faktorenanalysen für 3 Faktoren sind mit 68% an der gemeinsamen Varianz und mit 37% an der gesamten Varianz bei den spezifischen und mit 64% bzw. 37% bei den Ellwein/Zoll-Skalen vertretbar; die Faktorenanalysen stimmen in ihren Ergebnissen mit denen der Smalest-Space-Analysis überein; letztere weist akzeptable Alienations- und Deformationskoeffizienten von 0.173 bzw. 0.062 für die spezifischen Skalen und von 0.000 bzw. 0.116 für die Ellwein/Zoll-Skalen auf. Lediglich bei der Skala zum administrativen Informationsangebot lassen die Werte bezüglich der Konsistenz, Reliabilität und Varianzaufklärung zu wünschen übrig.

Die Ergebnisse der Skaleninterkorrelation zeigen, daß die in ihnen repräsentierten Einstellungen in bedeutsamem Maße untereinander verbunden sind; dies gilt besonders für die Beziehung zwischen der Einstellung zu politisch-administrativen Akteuren und der politischen Entfremdung.

21.6 Entwicklung der Skalen zur Partizipationsbereitschaft

Die Bereitschaft zur Beteiligung wird für die Formen ermittelt, die sich in den Voruntersuchungen als die problembezogen relevanten herausgestellt haben. Es war geplant, in der Hauptuntersuchung Bereitschaftskalen einzusetzen, die denen der Einstellung korrespondieren, also je eine Skala zu Kontakten mit politisch-administrativen Akteuren, zur Teilnahme an Bürgerinitiativen und zur Nutzung von Informations- und Kommunikationsmöglichkeiten bei administrativen Instanzen. Die Ergebnisse der Skalenkonstruktion, wie sie in den beiden folgenden Tabellen berichtet werden, erlauben eine aus erhebungsökonomischen Gründen notwendige Reduzierung dieser Skalen auf je nur zwei Statements; diese Reduktion hat jedoch Konsequenzen für die Behandlung der verbleibenden 2 x 3 Aussagen.

Die Bereitschaftsaussagen zur Beteiligung wurden aufgrund von Explorationen zur Auseinandersetzung von 109 Personen mit den Beteiligungsmöglichkeiten im Rahmen von Stadtsanierungen formuliert und als Liste von 57 Aussagen einer Stichprobe von 123 von den Sanierungsmaßnahmen Betroffenen zur Beantwortung auf der Skala

ich stimme   3   2   1   0   1   2   3   ich lehne
voll zu   voll ab

vorgelegt. Die Antworten bildeten die Grundlage für die Faktoren- und Itemanalysen, deren Ergebnisse die folgenden Tabellen enthalten. In ihnen werden gleichfalls die Analysen der reduzierten Skalen auf je 2 Items berichtet, wie sie in den Erhebungen der Hauptuntersuchung benutzt wurden mit den Antwortvorgaben:

ganz bestimmt nicht   = 1
bestimmt nicht   = 2
unentschieden   = 3
bestimmt   = 4
ganz bestimmt   = 5

Tabelle 82: Bereitschaftsskalen: Ausgangsanalyse

Skala	Sp	E	Varianz-% an der gesamten Varianz	Varianz-% an der gemeinsamen Varianz
1.a) Voruntersuchung	–	7.0	33.	41.
b) Hauptuntersuchung	1.7	2.2	36.	96.
2.a) Voruntersuchung	–	3.0	14.	18.
b) Hauptuntersuchung	1.4	0.6	10.	26.
3.a) Voruntersuchung	–	1.4	7.	8.
b) Hauptuntersuchung	0.1	0.0	0.	0.

Weil die 3-Faktorenlösung in der Hauptuntersuchung letztlich nicht mehr beibehalten wurde (s.unten), wird hier auf den Bericht der Faktorenladungen verzichtet, sie liegen substantiell auf jeweils einem Faktor.

Tabelle 83: Bereitschaftsskalen: Analyse nach orthog. Rotation

Skala	CA	r	Varianz % orthog. Rotation
1. politisch-administrative Akteure			
a)Voruntersuchung	.921	.916	42.
b)Hauptuntersuchung	.820	.820	–
2.(a) Bürgerinitiative u. Aktiv.b.Ausstellg.			
a)Voruntersuchung	.833	.857	26.
b)Hauptuntersuchung	.584	.589	–
3. administratives Informationsangebot			
a)Voruntersuchung	.834	.855	31.
b)Hauptuntersuchung	.646	.646	–

(a) In dieser Skala ist zusätzlich zur Auseinandersetzung mit der Bürgerinitiative auch die aktive Äußerungsbereitschaft auf Ausstellungen enthalten.

In der folgenden Tabelle sind die Ähnlichkeitsbeziehungen der 3 Skalen zur Beteiligungsbereitschaft in Form von Korrelationskoeffizienten angegeben.

Tabelle 84: Interkorrelation der Bereitschaftsskalen

Skala	1.	2.	3.
1.	–		
2.	$.350^{xxx}$	–	
3.	$.364^{xxx}$	$.546^{xxx}$	–

Die Ergebnisse der Analysen zeigen sehr hohe Konsistenzen und Reliabilitäten der in der Voruntersuchung erstellten Skalen. Dies deutet auf die Möglichkeit der Reduzierung der Itemzahl pro Skala auf 2 Aussagen hin. Dazu wurden jeweils diejenigen Aussagen benutzt, die die höchsten Trennschärfekoeffizienten erhalten hatten. Als Differenzierungsmöglichkeit wurde hier im Gegensatz zu den breiter gesteuerten Einstellungsaussagen auch in der Hauptuntersuchung eine abgestufte Antwortskala mit 5 Punkten verwendet. Die Ergebnisse der Analysen zu diesen 6 (3 x 2) Aussagen rechtfertigen jedoch nicht mehr die Beibehaltung von 3 gesonderten Skalen: nur noch ein einziger Faktor ist interpretierbar mit einem Eigenwert von 2.2, die anderen liegen beide unter Null; entsprechend sind die 3 Faktoren nicht mehr orthogonal rotiert worden (die Tabelle 83 enthält an den Stellen keine Angaben). Die Spur der Smalest-Space-Analysis zeigt für die letztere Dimension einen Wert unter Null, weist aber ansonsten gute Alienations- und Deformationskoeffizienten von 0.000 bzw. 0.044 auf.

Auch die Konsistenzen und Reliabilitäten sind relativ gering – was allerdings bei jeweils nur zwei Items nicht verwundert.

Nach diesen Ergebnissen soll geprüft werden, ob eine andere Sichtweise der Struktur der Beteiligungsbereitschaft angemessen ist, nämlich die der hierarchischen Anordnung im Sinne einer Sukzessivität statt einer qualitativ dimensionalen (vgl. Kap. 15.3).

Zur Überprüfung dieses Ansatzes wurde eine Skalogrammanalyse nach G u t t - m a n (1950) durchgeführt. Dieses Verfahren geht davon aus, daß die einzelnen Items (in diesem Fall die Bereitschaftsaussagen) in eine hierarchische Rangfolge gebracht werden können in der Art, daß eine bejahende Antwort auf ein gegebenes Item auf eine ebenfalls bejahende Antwort für alle "unterhalb" dieses Items angeordneten Aussagen schließen läßt. Diese Bedingung soll für alle Aussagen und für alle Personen gelten – unter Einschluß einer bestimmten Fehlertoleranz. Zu diesem Zweck müssen zunächst die Antworten auf der 5-Punkt-Skala (131) in dichotome überführt werden, was durch Zusammenfassung der Antwortstufen 1 und 2 zu Nein und 4 und 5 zu Ja erfolgte und durch zufällige Aufteilung der unentschiedenen Kategorie.

Nach dem Befund der Skalogrammanalyse ist eine hierarchisch-sukzessive Anordnung der Aussagen in hinreichendem Maße möglich: der Reproduzierbarkeitskoeffizient als Gütemaßstab des Verfahrens beträgt R = 0.881, so daß nach den Kriterien von G u t t m a n die 6 Aussagen als Quasiskala eindimensional abbildbar sind.

Tabelle 85: Beziehung zwischen Interessiertheit und Informationssuche

Interessiert-heit	Ausstellungsbesuch $\frac{\text{Chi}^2}{\text{Cramers V}}$	gamma	Zeitung lesen $\frac{\text{Chi}^2}{\text{Cramers V}}$	gamma	Kontakte zum Stadtrat $\frac{\text{Chi}^2}{\text{Cramers V}}$	gamma	Kontakte zur Stadtverwaltung $\frac{\text{Chi}^2}{\text{Carmers V}}$	gamma	Kontakte zu Parteien $\frac{\text{Chi}^2}{\text{Cramers V}}$	gamma
Bundespolitik	17.5^x / 0.149	0.269^{xxx}	18.9^{xxx} / 0.233	0.369^{xx}	27.0^{xxx} / 0.318	0.496^{xxx}	10.2^x / 0.198	0.271^{xx}	15.2^x / 0.240	0.386^{xxx}
Landespolitik	27.3^{xx} / 0.187	-0.257^{xx}	23.1^{xxx} / 0.258	0.365^x	25.1^{xxx} / 0.307	0.433^{xxx}	13.5^{xx} / 0.227	0.254^{xx}	10.1^x / 0.196	0.293^x
Kommunalpolitik	32.5^{xxx} / 0.203	-0.367^{xxx}	11.4^x / 0.180	0.392^{xx}	25.8^{xxx} / 0.311	0.416^{xxx}	7.9^x / 0.174	0.199^x	16.3^{xx} / 0.248	0.377^{xx}
Parteien	13.6 / 0.134	-0.197^x	21.9^{xxx} / 0.255	0.452^{xx}	13.9^{xx} / 0.232	0.338^{xxx}	13.5^{xx} / 0.231	0.213^x	19.3^{xxx} / 0.276	0.388^{xx}
Stadtverwaltung	22.9^{xx} / 0.173	-0.331^{xxx}	3.1 / 0.096	0.214	18.2^{xxx} / 0.265	0.388^{xxx}	5.6 / 0.149	0.199^x	5.3 / 0.144	0.230^x
Stadtrat	34.8^{xxx} / 0.213	-0.353	8.4 / 0.157	0.387^{xxx}	26.5^{xxx} / 0.320	0.501^{xxx}	8.7^x / 0.185	0.273^{xx}	11.3^x / 0.210	0.325^{xxx}
Wohngegend	6.9 / 0.094	-0.132	7.8 / 0.150	0.255	4.0 / 0.123	0.181	1.0 / 0.061	0.030	1.9 / 0.086	0.112
Stadt insgesamt	13.1 / 0.130	-0.0274^{xx}	3.5 / 0.101	0.218	7.2 / 0.166	0.259^x	1.5 / 0.078	0.122	3.9 / 0.124	0.179
Altstadtsanierung	27.5^{xx} / 0.189	-0.413^{xxx}	0.6 / 0.042	-0.078	6.8 / 0.161	0.193	2.8 / 0.105	0.162	10.3^x / 0.199	0.132
Freiheitsgrade	9		3		3		3		3	

Tabelle 86: Beziehung zwischen benutzter Informationsquelle und Informiertheit über die Maßnahmen

Informiertheit \ Informationssuchverhalten	Ausstellungsbesuch Chi^2 CramersV	gamma	Zeitung lesen Chi^2 CramersV	gamma	Kontakt zum Stadtrat Chi^2 CramersV	gamma	Kontakt zur Stadtverwaltung Chi^2 CramersV	gamma	Kontakt zu Parteien Chi^2 CramersV	gamma
Verkehrsverbesserung	5.7 / 0.147	0.079	2.7 / 0.087	-0.330	2.9 / 0.103	-0.297	0.1 / 0.020	-0.052	4.1^x / 0.124	-0.355^x
Wohnverbesserung	5.3 / 0.142	-0.019	0.4 / 0.034	-0.139	5.5^x / 0.143	-0.357^x	0.2 / 0.028	-0.070	0.5 / 0.043	-0.113
Stadtbilderhaltung	3.2 / 0.110	0.236	4.8^x / 0.117	-0.445^x	12.5^{xxx} / 0.215	$-.703^{xxx}$	2.3 / 0.093	-0.288	3.5 / 0.115	-0.371^x
Einkaufsverbesserung	8.5^x / 0.179	0.370^{xx}	13.1^{xxx} / 0.193	-0.596^{xxx}	1.7 / 0.079	-0.211	0.2 / 0.030	0.077	0.6 / 0.047	-.0124
Fußgängerzone	7.4 / 0.168	0.126	9.7^{xxx} / 0.166	-0.558^{xxx}	1.7 / 0.080	-0.243	0.04 / 0.013	0.039	2.6 / 0.099	-0.314
Freizeitverbesserung	1.8 / 0.083	0.150	1.4 / 0.062	-0.237	4.7^x / 0.131	-0.364	0.05 / 0.014	-0.296^x	0.3 / 0.031	-0.321^x
Umweltverbesserung	13.4^{xx} / 0.226	0.361^{xxx}	3.5 / 0.099	-0.388^x	2.6 / 0.098	-0.199	1.1 / 0.065	-0.133	2.8 / 0.103	-0.211
Freiheitsgrade FG =	3		1		1		1		1	

Tabelle 87: Beziehung zwischen benutzter Informationsquelle und Perzeption alternativer Möglichkeiten

Perzeption	Ausstellungsbesuch Chi² / CramersV	gamma	Zeitung lesen Chi² / CramersV	gamma	Kontakt zum Stadtrat Chi² / CramersV	gamma	Kontakt zur Stadtverwaltung Chi² / CramersV	gamma	Kontakt zu Parteien Chi² / CramersV	gamma
Verkehrsverbesserung	13.6^x / 0.164	0.167	6.7^x / 0.141	-0.372^{xx}	21.3^{xxx} / 0.289	-0.371^{xxx}	17.5^{xxx} / 0.265	-0.237^x	6.2 / 0.157	-0.263^{xxx}
Wohnverbesserung	10.5 / 0.144	0.115	9.2^x / 0.166	-0.467^{xxx}	27.0^{xxx} / 0.326	-0.354^{xxx}	10.3^{xx} / 0.203	-0.327^{xxx}	2.5 / 0.099	-0.050
Stadtbilderhaltung	13.0^x / 0.161	0.128	9.7^{xx} / 0.171	-0.458^{xxx}	26.8^{xxx} / 0.325	-0.413^{xxx}	10.5^{xx} / 0.206	-0.307^{xx}	10.0^{xx} / 0.200	-0.057
Einkaufsverbesserung	5.3 / 0.103	0.000	6.9^x / 0.143	-0.307	21.5^{xxx} / 0.291	-0.222^x	6.1^x / 0.158	-0.102	2.9 / 0.108	0.039
Fußgängerzone	11.8 / 0.153	0.041	8.0^x / 0.155	-0.406^{xx}	19.3^{xxx} / 0.275	-0.344^{xxx}	4.4 / 0.133	-0.207^x	0.8 / 0.056	-0.053
Freizeitverbesserung	9.6 / 0.318	0.058	10.1^{xx} / 0.174	-0.467^{xxx}	24.0^{xxx} / 0.308	-0.336^{xxx}	4.5 / 0.135	-0.198	2.0 / 0.090	-0.096
Umweltverbesserung	24.1^{xxx} / 0.219	0.095	5.0 / 0.123	0.335^x	23.2^{xxx} / 0.302	-0.387^{xxx}	2.8 / 0.107	-0.072	0.6 / 0.047	-0.81
Freiheitsgrade FG =	6		2		2		2		2	

Tabelle 88: Beziehung zwischen benutzter Informationsquelle und Perzeption der Betroffenheit

Informations-suchverhalten / Perzeption	Ausstellungsbesuch Chi² CramersV	gamma	Zeitung lesen Chi² CramersV	gamma	Kontakt zum Stadtrat Chi² CramersV	gamma	Kontakt zur Stadtverwaltung Chi² CramersV	gamma	Kontakt zu Parteien Chi² CramersV	gamma
Verkehrs-verbesserung	9.3 0.109	0.098	0.4 0.036	-0.056	2.9 0.104	-0.093	12.3[x] 0.217	-0.239[xx]	1.4 0.073	-0.067
Wohnver-besserung	7.2 0.096	0.127	8.8 0.159	0.235	1.8 0.081	-0.015	2.3 0.093	-0.095	8.7 0.181	-0.103
Stadtbild-erhaltung	12.8 0.128	0.178[x]	5.7 0.128	0.085	6.8 0.159	-0.166	6.0 0.151	-0.052	16.1[xx] 0.246	-0.309[xxx]
Einkaufs-verbesserung	14.1 0.134	0.004	0.08 0.016	0.000	5.7 0.147	-0.053	1.2 0.069	-0.097	4.3 0.127	0.026
Fußgänger-zone	11.4 0.120	0.160[x]	0.3 0.027	-0.021	0.3 0.033	-0.026	2.1 0.090	-0.085	1.3 0.070	0.018
Freizeit-verbesserung	10.5 0.116	0.121	3.2 0.096	-0.089	6.1 0.150	-0.135	3.1 0.108	-0.042	6.1 0.152	-0.131
Umweltverbesserung	23.1 0.172	0.285[xxx]	5.2 0.123	-0.038	5.8 0.148	-0.112	9.2 0.189	-0.121	3.8 0.120	-0.064
Freiheits-grade FG =	15		5		5		5		5	

Tabelle 89: Beziehung zwischen Informationssuchverhalten und Perzeption der Betroffenheit vs. Perzeption von maßnahmebezogenen Beteiligungsmöglichkeiten (a)

Informationssuchverhalten + Perzeption subj.Betr.	Ausstellungsbesuch χ^2 / CramersV	Ausstellungsbesuch gamma	Zeitung lesen χ^2 / CramersV	Zeitung lesen gamma	Kontakt zum Stadtrat χ^2 / CramersV	Kontakt zum Stadtrat gamma	Kontakt zur Stadtverwaltung χ^2 / CramersV	Kontakt zur Stadtverwaltung gamma	Kontakt zu Parteien χ^2 / CramersV	Kontakt zu Parteien gamma	subj. Betroff. F-Wert / Var.Aufkl.
Verkehrsverbesserung	22.2^{xx} / 0.205	0.316^{xxx}	11.7^{xx} / 0.181	-0.464^{xx}	9.1^{x} / 0.184	-0.297^{xx}	6.5^{x} / 0.157	-0.263^{xx}	5.3 / 0.141	-0.110	2.939 / 0.017
Wohnverbesserung	12.6 / 0.155	0.234^{xx}	12.3^{xx} / 0.187	-0.505^{xxx}	9.4^{xx} / 0.188	-0.276^{xx}	4.0 / 0.123	-0.079	6.9^{x} / 0.161	-0.100	3.642^{x} / 0.021
Stadtbilderhaltung	24.5^{xxx} / 0.215	0.248^{xx}	9.5^{xx} / 0.164	-0.417	12.1^{xx} / 0.212	-0.252^{xx}	0.7 / 0.051	-0.084	3.0 / 0.105	-0.061	9.689^{xxx} / 0.053
Einkaufsverbesserung	11.6 / 0.148	0.139	10.9^{xx} / 0.176	-0.466^{xx}	9.3^{xx} / 0.186	-0.308^{xx}	4.9 / 0.137	-0.172	2.1 / 0.089	-0.088	1.227 / 0.007
Fußgängerzone	13.3^{x} / 0.159	0.236^{xx}	14.0^{xxx} / 0.200	-0.477^{xx}	15.8^{xxx} / 0.242	-0.373^{xxx}	1.2 / 0.068	-0.107	6.4^{x} / 0.155	-0.137	2.080 / 0.012
Freizeitverbesserung	17.1^{xx} / 0.180	0.317^{xxx}	9.9^{xx} / 0.168	-0.485^{xxx}	11.5^{xx} / 0.206	-0.303^{xx}	7.6^{x} / 0.170	-0.257^{xx}	8.0^{x} / 0.173	-0.270^{xx}	1.178 / 0.007
Umweltverbesserung	16.1^{x} / 0.175	0.212^{x}	8.1^{x} / 0.152	-0.458	16.6^{xxx} / 0.248	-0.376^{xxx}	1.0 / 0.061	-0.092	13.2^{xx} / 0.222	-0.268^{xx}	3.870^{x} / 0.022
Freiheitsgrade FG=	6		2		2		2		2		$FG_1 = 2$ $FG_2 = 343$

(a) In Spalte 1 - 5 enthalten die Zellen χ^2-Werte, in Spalte 6 (wegen quantitativer Skalenwerte) F-Werte

Tabelle 90: Informationsverhalten vs. Perzeption formbezogener Beteiligungsmöglichkeiten

Informationssuchverhalten / Perzeption von Beteiligungsmöglichkeiten	Ausstellungsbesuch		Zeitung lesen		Kontakt zum Stadtrat		Kontakt zur Stadtverwaltung		Kontakt zu Parteien	
	Chi^2 / CramersV	gamma	Chi^2 / CramersV	gamma	Chi^2 / CramersV	gamma	Chi^2 / CramersV	gamma	Chi^2 / CramersV	gamma
Persönlicher Kontakt zu Politikern	6.9 / 0.114	-0.132	3.4 / 0.099	0.317	11.4[xx] / 0.205	0.184	2.2 / 0.091	-0.133	1.9 / 0.084	-0.023
Persönlicher Kontakt zu Parteien	5.3 / 0.100	-0.195	4.3 / 0.110	0.279	7.0[x] / 0.161	0.300	3.6 / 0.117	-0.195	4.2 / 0.126	0.417
Persönlicher Kontakt zur Verwaltung	5.1 / 0.098	-0.288	2.8 / 0.089	0.460[x]	5.0 / 0.137	0.354	3.7 / 0.117	-0.197	3.9 / 0.121	-0.169
Mitarbeit in Bürgerinitiativen	3.9 / 0.086	-0.102	6.5[x] / 0.135	-0.282	6.5[x] / 0.155	-0.340[xx]	2.2 / 0.091	-0.106	3.5 / 0.114	-0.197
Ausstellung zur Stadtsanierung besuchen	6.1 / 0.107	-0.429	4.7 / 0.115	-0.063	1.5 / 0.075	0.0	1.0 / 0.061	-0.208	2.9 / 0.104	0.180
sich auf Ausstellung zu Wort melden	17.2[xx] / 0.181	0.240	1.8 / 0.071	0.007	1.3 / 0.068	0.126	4.9 / 0.137	0.341[x]	4.7 / 0.133	0.112
Freiheitsgrade FG =	6		2		2		2		2	

Tabelle 91: Subjektive Betroffenheit in Abhängigkeit von der politischen Kommunikation in den Vereinen

Subjektive Betroffenheit \ Vereins-kommunikation	Allgemein-politische Diskussion im Verein (in Vereinen)				Kommunal-politische Diskussion im Verein (in Vereinen)			
	F	Var. aufkl. %	FG_1	FG_2	F	Var. aufkl. %	FG_1	FG_2
Verkehrsverbesserung	1.115	0.8	2	282	2.515	1.7	2	283
Wohnverbesserung	0.741	0.5	2	281	1.577	1.1	2	282
Stadtbilderhaltung	0.254	0.2	2	281	2.929	2.0	2	282
Einkaufsverbesserung	3.317[x]	2.3	2	279	4.392[x]	3.0	2	280
Fußgängerzonen	3.383[x]	2.3	2	282	3.221[x]	2.2	2	283
Freizeitverbesserung	0.673	0.5	2	283	2.754	1.9	2	284
Umweltverbesserung	2.165	1.5	2	278	1.241	0.9	2	279

Tabelle 92: Geschlecht, Familienstand, Schulabschluß des Befragten, Nettoeinkommen, Schicht, Organisationsgrad vs. Perzeption maßnahmebezogener Beteiligungsmöglichkeiten

Perzeption	Geschlecht		Familienstand		Schulabschluß des Befragten		Nettoeinkommen		Schicht		Organisationsgrad	
	Chi^2 CramersV	gamma	Chi^2 CramersV	gamma	Chi^2 CramersV	gamma	Chi^2 CramersV	gamma	Chi^2 CramersV	gamma	Chi^2 CramersV	gamma
Verkehrs-verbesserung	21.105[xxx] 0.245	-.389[xxx]	9.682 0.117	-.179[x]	4.576 0.081	.064	24.060[x] 0.191	.143[x]	9.383 0.180	0.200[x]	18.727 0.164	0.15[x]
Wohnver-besserung	6.221 0.133	-.179[x]	4.372 0.079	-.006	3.065 0.066	.011	17.929 0.165	.120	8.710 0.141	.048	15.083 0.147	.155[x]
Stadtbild-erhaltung	9.183 0.162	-.228[xx]	11.698 0.129	-.077	8.075 0.107	-.016	21.789[x] 0.181	.142[x]	9.002 0.165	.011	10.263 0.121	.157[x]
Einkaufsver-besserung	7.903[x] 0.150	-.245[xx]	11.951 0.130	-.163[x]	5.952 0.092	.000	24.790[x] 0.194	.161[xx]	4.517 0.114	.087	9.438 0.116	.089
Fußgänger-zone	12.313[xx] 0.187	-.292[xxx]	13.574 0.139	-.175[x]	1.807 0.051	.002	20.551 0.163	.158[x]	7.451 0.135	.050	14.452 0.144	.161[x]
Freizeitver-besserung	14.282[xx] 0.202	-.285[xxx]	9.514 0.116	-.089	7.260 0.102	.000	17.496 0.159	.127[x]	5.492 0.119	.091	15.073 0.147	.177[xx]
Umweltver-besserung	20.077[xxx] 0.239	-.319[xxx]	12.077 0.131	-.178[x]	6.499 0.096	.068	16.785 0.203	.173[xx]	8.696 0.135	.068	16.466[x] 0.154	.121
FG	2		8		6		12		8		8	

Tabelle 93: Geschlecht, Familienstand, Schulabschluß des Befragten, Nettoeinkommen, Schicht, Organisationsgrad vs. Perzeption formbezogener Beteiligungsmöglichkeiten

Perzeption	Geschlecht		Familienstand		Schulabschluß des Befragten		Nettoeinkommen		Schicht		Organisationsgrad	
	Chi^2 CramersV	gamma	Chi^2 CramersV	gamma	Chi^2 CramersV	gamma	Chi^2 CramersV	gamma	Chi^2 CramersV	gamma	Chi^2 CramersV	gamma
Persönlicher Kontakt zu Politikern	11.759[xx] 0.183	.053	43.106[xxx] 0.247	.334[xx]	21.455[xx] 0.175	-.535[xxx]	40.579[xxx] 0.247	-.310[xxx]	11.247 0.188	-.287	19.184 0.166	-.297[xxx]
Persönlicher Kontakt zu Parteien	7.668[x] 0.148	.088	34.453[xxx] 0.221	.487[xxx]	17.016[xx] 0.156	-.638[xxx]	41.589[xxx] 0.250	-.428[xxx]	37.345[xxx] 0.275	-.274	11.616 0.129	-.234[x]
Persönlicher Kontakt zur Verwaltung	6.058[x] 0.131	.224	12.965 0.136	.309	13.680[x] 0.140	-.310	39.066[xxx] 0.243	-.443[xxx]	19.254[x] 0.250	-.262	17.879[x] 0.160	-.134
Mitarbeit in Bürgerinitiativen	4.032 0.107	-.014	15.377 0.148	.219[x]	11.151 0.126	-.111	26.473[xx] 0.200	-.074	15.268 0.170	-.089	5.649 0.090	.112
Ausstellung zur Stadtsanierung besuchen	1.086 0.056	.006	9.379 0.115	.202	9.279 0.115	-.356	24.390[x] 0.192	-.259	10.532 0.169	-.210	7.932 0.106	-.134
Sich auf Ausstellungen zu Wort melden	2.717 0.088	-.063	16.830[x] 0.155	-.047	3.468 0.070	.097	24.941[x] 0.194	.046	12.148 0.208	.013	14.245 0.143	.086
FG	2		8		6		12		8		8	

Tabelle 94: Korrelationen zwischen den Einstellungen und der Partizipationsbereitschaft und den politischen Interessiertheiten

Einstellungen und Verhaltensbereitschaft	Politische Interessiertheit								
	Bundes-politik	Landes-politik	Kommun.-politik	Verwal-tung	Partei-en	Stadt-rat	Wohn-gegend	Stadt insg.	Altstadt-san.
Einst.zu pol-adm.Akteuren	$.176^{xxx}$	$.191^{xxx}$	$.156^{xx}$	$.197^{xxx}$	$.329^{xxx}$	$.171^{xx}$	$.112^{x}$	.102	.001
Einst.zu Bürgerinitiat.	-.101	-.025	$-.125^{x}$	$-.167^{xx}$	-.088	$-.165^{xx}$	$-.162^{xx}$	$-.174^{x}$	-.095
Einst.zum adm.Info-Angebot	-.061	-.090	-.080	$-.172^{xx}$	-.091	$-.192^{xxx}$	-.085	$-.111^{x}$	-.052
Polit.Engagement	$-.310^{xxx}$	$-.251^{xxx}$	$-.234^{xxx}$	$-.209^{xxx}$	$-.379^{xxx}$	$-.246^{xxx}$	$-.191^{xxx}$	$-.183^{xxx}$	-.083
Polit.Entfremd.	$.293^{xxx}$	$.222^{xxx}$	$.217^{xxx}$	$.132^{x}$	$.354^{xxx}$	$.231^{xxx}$	.032	.089	.048
Partizip.bereitschaft	$-.430^{xxx}$	$-.409^{xxx}$	$-.445^{xxx}$	$-.360^{xxx}$	$-.439^{xxx}$	$-.441^{xxx}$	$-.229^{xxx}$	$-.295^{xxx}$	$-.201^{xxx}$

Tabelle 95: Einstellungen zu politischer Beteiligung
gruppiert nach Schichtzugehörigkeit

Einstellungen / Schichtgruppen	Politische Entfremdung (a) M	Politisches Engagement M	Politisch-administr. Akteuren M	Einstellung zu: Bürgerinitiativen M	administrativem Info-angebot M
untere Unterschicht UU (N=13)	16.462 (- 0.671) (b)	11.077 (- 0.036)	5.615 (-0.083)	7.615 (0.012)	8.385 (0.269)
obere Unterschicht OU (N=59)	12.610 (- 0.112)	10.915 (- 0.075)	5.644 (-0.091)	7.049 (0.146)	7.729 (-0.048)
untere Mittelschicht UM (N=81)	12.272 (- 0.063)	10.531 (- 0.168)	6.086 (-0.203)	7.642 (0.023)	7.667 (-0.076)
mittlere Mittelschicht MM (N=40)	10.150 (0.248)	12.750 (0.371)	3.875 (0.359)	7.325 (-0.102)	8.050 (0.110)
obere Mittelschicht OM (N=12)	5.833 (1.015)	12.833 (0.391)	2.500 (0.709)	6.167 (-0.555)	8.000 (0.086)
M	11.844 (c) (0.117)	11.224 (0.031)	5.288 (0.112)	7.580 (-0.051)	7.224 (0.025)
s	6.86	4.113	3.932	2.541	2.083
F-Wert (FG$_1$=4;FG$_2$=200)	4.987[xxx]	2.561[x]	3.987[xx]	1.355	0.513
Spannweite	0 - 24	0 - 16	0 - 14	0 - 10	0 - 10

(a) Bei den Skalen "Politische Entfremdung" und Einstellung zu "politisch-administrativen Akteuren" wurden die Vorzeichen bei den z-Werten umgekehrt, um positive Einstellungen auch in positiven z-Werten ausdrücken zu können.
(b) Die in Klammern aufgeführten Werte sind z-Werte (vgl. zu z-Werten G l o s s a r).
(c) Da nachder Schicht nicht alle Personen klassifiziert werden konnten, ist der standardisierte Mittelwert der Gruppen nicht gleich 0.000.

Tabelle 96: Verhaltenserwartungen bezüglich politischer Beteiligung gruppiert nach Schichtzugehörigkeit

Verhalt. erwart. / Schichtgruppen	Pers.Kont. m.Part. M	Pers.Kont. m.Polit. M	Pers.Kont. m.Verw. M	Mitarb. in BI M	Besuch Inf.Ausst. M	Wortmeld. Inf.Ausst. M	Verh.erw. d.Freunde M	Verh.erw. d.Familie M	Verh.erw. d.Polit. M
UU (N=13)	0.462 (-0.60) (a)	0.308 (-0.54)	0.615 (-0.55)	0.462 (-0.37)	0.615 (-0.65)	0.462 (-0.51)	1.231 (-9,535)	1.231 (-0.480)	0.462 (-0.697)
OU (N=59)	1.576 (-0.08)	1.441 (0.01)	1.627 (-0.09)	1.136 (-0.02)	2.220 (-0.07)	1.373 (-0.06)	3.203 (-0.043)	3.339 (0.077)	2.831 (-0.121)
UM (N=81)	1.519 (-0.11)	1.012 (-0.19)	1.605 (-0.10)	1.123 (-0.03)	1.864 (-0.09)	1.309 (0.09)	3.012 (-0.09)	2.500 (-0.145)	2.951 (-0.91)
MM (N=40)	2.400 (0.30)	2.075 (0.32)	2.600 (0.36)	1.400 (0.11)	2.575 (0.23)	2.250 (0.35)	4.350 (0.243)	4.026 (0.258)	5.025 (0.413)
OM (N=12)	3.333 (0.70)	3.000 (0.76)	2.833 (.47)	1.833 (0.34)	2.500 (0.20)	2.083 (0.27)	5.750 (0.592)	4.083 (0.273)	5.750 (0.590)
M	1.746 (0.188)	1.415 (0.202)	1.815 (0.219.)	1.180 (0.132)	2.063 (0.121)	1.502 (0.124)	3.376 (0.156)	3.049 (0.098)	(0.105)
s	2.149	2.074	2.183	1.943	2.233	2.127	4.007	3.788	4.109
F-Wert (FG$_1$=4; FG$_2$=200)	4.282[xx]	4.762[xxx]	3.356[x]	0.930	2.286	2.522[x]	2.856[x]	2.165	5.068[xxx]
Spannweite	0 – 6	0 – 6	0 – 6	0 – 6	0 – 6	0 – 6	0 – 12	0 – 12	0 – 12

(a) Die in Klammern aufgeführten Werte sind z-Werte (vgl. zu den z-Werten G l o s s a r).
(b) Da nach der Schicht nicht alle Personen klassifiziert werden konnten, ist der standardisierte Mittelwert der Gruppen nicht gleich o.000.

Tabelle 97: Einstellungen zu politischer Beteiligung und soziale Verhaltenserwartungen gruppiert nach Alter

Al-ters-grup-pen / Einstellungen bzw. Verhal-tenserwart.	Politische Entfremdung (a) M	Politisches Engagement M	Einstellung zu: politisch-administr. Akteuren (a) M	Einstellung zu: Bürgerini-tiativen M	administra-tivem Info-angebot M	soziale Verhaltenserwart. Freunde M	Familie M	Politiker M
16 – 25 (N=48)	13.442 (0.109)(b)	10.620 (-0.126)	5.791 (0.019)	6.994 (-0.296)	6.416 (-0.629)	2.646 (-0.039)	2.438 (-0.075)	3.688 (0.198)
26 – 35 (N=58)	12.480 (-0.030)	10.614 (-0.127)	5.124 (-0.154)	7.478 (-0.092)	7.346 (-0.198)	3.293 (0.134)	3.138 (0.124)	4.069 (0.297)
36 – 45 (N=48)	10.354 (0.333)	12.396 (0.314)	6.227 (0.132)	8.396 (0.294)	8.146 (0.174)	3.333 (-0.145)	3.708 (0.286)	3.208 (0.074)
46 – 55 (N=70)	11.900 (0.109)	11.657 (0.132)	6.409 (0.179)	7.914 (0.090)	8.200 (0.199)	3.457 (0.178)	3.143 (0.125)	3.457 (0.139)
56 – 65 (N=59)	12.271 (0.055)	10.898 (0.054)	5.876 (0.041)	7.729 (0.012)	8.169 (0.186)	2.483 (-0.083)	2.211 (-0.140)	2.397 (-0.135)
über 65 (N=69)	15.870 (-0.465)	10.739 (-0.093)	5.043 (-0.175)	7.623 (-0.033)	8.043 (0.126)	1.638 (-0.309)	1.721 (-0.279)	1.072 (-0.478)
M	12.653 (0.000)	11.119 (0.000)	5.718 (0.000)	7.701 (0.000)	7.771 (0.000)	2.793 (0.000)	2.703 (0.000)	2.920 (0.000)
s	6.9	4.1	3.9	2.4	2.2	3.66	3.44	3.77
F-Wert (FG$_1$=5;FG$_2$=347)	3.584^{xxx}	1.458	1.118	1.512	4.687^{xxx}	2.270^{x}	2.265^{x}	4.117^{xxx}
Spannweite	0 – 24	0 – 16	0 – 14	0 – 10	0 – 10	0 – 12	0 – 12	0 – 12

(a) Bei den Skalen "Politische Entfremdung" und Einstellung zu "politisch administrativen Akteuren" wurden die Vorzeichen bei den z-Werten umgekehrt, um positive Einstellungen auch in positiven z-Werten ausdrücken zu können.

(b) Die in Klammern aufgeführten Werte sind z-Werte (vgl. zu z-Werten G l o s s a r).

Tabelle 98: Einstellungen und Verhaltenserwartungen in Abhängigkeit von der politischen Kommunikation in den Vereinen

Einstellungen und Verhaltenserwartungen	Vereinskommunikation	allgemein-politische Diskussion im Verein (in Vereinen)				Kommunal-politische Diskussion im Verein (in Vereinen)			
		F	Var. aufkl. %	FG_1	FG_2	F	Var. aufkl. %	FG_1	FG_2
Einst. zu pol.adm.Akteuren		8.929^{xx}	5.9	2	285	3.931^{x}	2.7	2	286
Einst. zu Bürgerinitiativen		1.525	1.1	2	285	0.092	0.1	2	286
Einst. zu adm. Info-Angebot		2.891	2.0	2	285	4.711^{xx}	3.2	2	286
Polit. Engagement		17.011^{xxx}	10.7	2	285	13.010^{xxx}	8.3	2	286
Polit. Entfremdung		10.430^{xxx}	6.8	2	285	7.669^{xxx}	5.1	2	286
Verhaltenserwart. Freunde		28.925^{xxx}	16.9	2	284	18.437^{xxx}	11.5	2	285
Verhaltenserwart. Familie		11.252^{xxx}	7.4	2	282	13.891^{xxx}	8.9	2	283
Verhaltenserwart. Politiker		28.422^{xxx}	16.7	2	284	21.809^{xxx}	13.3	2	285

Tabelle 99: Partizipationsbereitschaft und tatsächliche Partizipation in Abhängigkeit von der politischen Kommunikation in den Vereinen

Vereins- kommunikation / Partizipationsbereitschaft und tatsächliche Partizipation	Allgemein-politische Diskussion im Verein (in Vereinen)				Kommunal-politische Diskussion im Verein (in Vereinen)			
	F	Var. aufkl. %	FG_1	FG_2	F	Var. aufkl. %	FG_1	FG_2
Partizipationsbereitschaft	35.602^{xxx}	20.0	2	285	35.558^{xxx}	19.9	2	286
Aktive Beteiligung	58.112^{xxx}	29.0	2	285	20.231^{xxx}	12.4	2	286
Passive Teilnahme	18.882^{xxx}	11.7	2	285	13.364^{xxx}	8.5	2	286
Partizipation (PPI)	43.633^{xxx}	23.4	2	285	28.956^{xxx}	16.8	2	286

Tabelle 100: Korrelationen zwischen den zentralen quantitativen Variablen der Untersuchung

Variablen	Verhaltenserwartungen: Freunde VE_1	Familie VE_2	Polit. VE_3	Einstellung zu: Pol.adm. Akteure E_1	Bürger- init. E_2	adm.Inf. Angebot E_3	Polit. Engag. E_4	Polit. Entfr. E_5	Indiv. pol.Akt. V_1	Pass. Teiln. V_2	Bet. ber.	Bet. (PPI)
VE_1	–											
VE_2	$.722^{xxx}$	–										
VE_3	$.663^{xxx}$	$.554^{xxx}$	–									
E_1	$-.149^{xx}$	$-.138^{xx}$	$-.150^{xx}$	–								
E_2	$.064$	$.133^{x}$	$.033$	$-.234^{xxx}$	–							
E_3	$.112^{x}$	$.127^{x}$	$.043$	$-.270^{xxx}$	$.319^{xxx}$	–						
E_4	$.282^{xxx}$	$.268^{xxx}$	$.218^{xxx}$	$-.158^{xx}$	$.185^{xxx}$	$.215^{xxx}$	–					
E_5	$-.222^{xxx}$	$-.187^{xxx}$	$-.213^{xxx}$	$.556^{xxx}$	$-.116^{x}$	$-.186^{xxx}$	$-.226^{xxx}$	–				
V_1	$.368^{xxx}$	$.285^{xxx}$	$.424^{xxx}$	$-.257^{xxx}$	$-.008$	$-.024$	$.330^{xxx}$	$-.359^{xxx}$	–			
V_2	$.219^{xxx}$	$.196^{xxx}$	$.224^{xxx}$	$-.239^{xxx}$	$.098$	$.141^{xx}$	$.341^{xxx}$	$-.324^{xxx}$	$.416^{xxx}$	–		
Ber.	$.515^{xxx}$	$.481^{xxx}$	$.477^{xxx}$	$-.222^{xxx}$	$.226^{xxx}$	$.175^{xxx}$	$.357^{xxx}$	$-.306^{xxx}$	$.493^{xxx}$	$.360^{xxx}$	–	
Bet.	$.519^{xxx}$	$.396^{xxx}$	$.505^{xxx}$	$-.308^{xxx}$	$.001$	$.052$	$.278^{xxx}$	$-.366^{xxx}$	$.652^{xxx}$	$.396^{xxx}$	$.559^{xxx}$	–

21.8 Zusammenfassende graphische Darstellungen

In diesem Teil des Anhangs wollen wir noch in einer übersichtlichen graphischen Form die wichtigsten Trends der Untersuchung zusammenfassen. Gegenstand der Übersichten sind die zentralen erklärenden Variablen Einstellungen und soziale Verhaltenserwartungen, die beiden Verhaltensskalen "Individuelle politische Aktivität" und "Passive Teilnahme" von E l l w e i n und Z o l l (1973) sowie die zu erklärenden Variablen Beteiligungsbereitschaft und tatsächliche Beteiligung. Jede dieser Variablen wird durch eine senkrechte Linie dargestellt. Diese senkrechten Linien sind nach oben und unten durch die standardisierten Streuungsmaße von $s_z = \pm 1$ (132) begrenzt. In diesem Bereich liegen 68% der Stichprobenmitglieder. Es ist nicht zu erwarten, daß viele Teilgruppen aus diesem Bereich herausragen, also extremere Werte haben als 68% der Gesamtheit; in den wenigen Fällen, wo dies doch der Fall ist, kann es sich nur noch um kleine Personengruppen handeln, deren Verlaufsprofil dann über die Begrenzung von $z = \pm 1$ hinausgeht.

Die Anordnung der einzelnen Variablen folgt teils theoretischen, teils pragmatischen Gründen: Die Erklärungsrichtung verläuft von links nach rechts, d.h. grob gesprochen sollen Verhaltenserwartungen und Einstellungen zusammen mit dem bisherigen allgemeinen Verhalten die besonderen Verhaltensbereitschaften und darüber das tatsächliche Beteiligungsverhalten erklären.

Daß die sozialen Verhaltenserwartungen vor den Einstellungen angeordnet sind, soll die aufeinanderfolgende Darstellung der von E l l w e i n und Z o l l übernommenen Einstellungen zum "Politischen Engagement" und zur "Politischen Entfremdung" mit deren allgemeinen Verhaltensskalen zur "Individuellen politischen Aktivität und "Passiven Teilnahme" ermöglichen. Für diese Variablen liegen nämlich sowohl repräsentative als auch gruppenspezifische Daten der genannten Autoren vor, die in den Profilen zum Vergleich mit dargestellt werden sollen; die Daten sind zu dem Zweck auf dieselbe Norm gebracht worden wie unsere eigenen.

In einigen Fällen konnten bei der Gruppierung nicht alle Personen berücksichtigt werden, da dazu die notwendigen Angaben fehlten. Wo als Folge davon eine wesentliche Reduzierung der darzustellenden Gesamtheit auftrat, wurde der Mittelwertsverlauf dieser verbleibenden Gesamtheit in das Profil mit eingezeichnet.

Zwei unserer Skalen enthalten von ihrem Inhalt her negative Äußerungen, und zwar die zu den "politisch-administrativen Akteuren" und zur "Politischen Entfremdung". Um die Darstellungsform übersichtlich zu halten, haben wir diese beiden Skalen von ihrer Richtung her umgekehrt: je h ö h e r der Wert der beiden Skalen im Profil, desto w e n i g e r   n e g a t i v ist die "Einstellung zu politisch-administrativen Akteuren" und desto w e n i g e r sind die Personen "politisch entfremdet".

Die einzelnen Profile im horizontalen Verlauf stellen Personengruppen dar, die durch Variablen identifiziert wurden, die im voraufgehenden bereits als relevant für die Partizipation mehr oder weniger ausführlich diskutiert worden sind. So wurden beispielsweise für die Schichtzugehörigkeit Unterschiede in den Einstellungen, Verhaltenserwartungen usw. gezeigt. Hier sollen auch solche Merkmale zur Sprache bzw. zur Darstellung kommen, die in unserem Prozeßmodell keinen systematischen Platz im vorliegenden Erklärungskontext gefunden haben. Dadurch sollten auch Ergebnisse berücksichtigt werden, die zu weiteren Hypothesenbildungen anregen können.

Insgesamt zeigen die Übersichten, daß die angeführten Gruppen unterschiedliche Verhaltenserwartungen, unterschiedliche Einstellungen und unterschiedliches Verhalten aufweisen. Bezüglich der spezifischen Einstellungen waren die Unterschiede am geringsten - was den verschiedenen konkreten situationalen Bedingungen zuzuschreiben sein wird - und bezüglich der Verhaltensbereitschaft und dem tatsächlichen Verhalten waren die Unterschiede am größten - was auf die kumulative Wirkung der erklärenden Variablen auf der linken Profilhälfte zusammen mit den strukturellen Variablen, die als Gruppierungskriterium gedient haben, zurückgeht. Bezüglich der Einstellung zur Bürgerinitiative haben sich interessante Abweichungen von dem Gesamttrend gezeigt, was auf eine Sonderstellung dieser Partizipationsart gemäß unserem Merkmal der sozialen Akzeptanz bzw. der Konventionalität hinweist.

Verlaufsstrukturen nach der sozialen Schichtzugehörigkeit

In dem folgenden Verlaufsprofil sind die Schichtgruppen abgebildet. Außerdem wurden die entsprechend normierten Werte der Skalen von E l l w e i n und Z o l l eingezeichnet.

In fast allen Variablen unterschieden sich die Schichtgruppen deutlich in der Weise, daß mit Zugehörigkeit zu höheren Schichten die Erwartungs-, Einstellungs-, Bereitschafts- und Verhaltenswerte steigen. Eine klare Ausnahme bildet die Einstellung zu den Bürgerinitiativen, bei denen die oberen Schichten negativere Werte erreichen; dieses Phänomen ist bereits diskutiert worden.

Daß die Gruppe unserer Befragten hinsichtlich "individueller politischer Aktivität" und "passiver Teilnahme" weniger niedrige Werte aufweist als die der Gesamtpopulation, wie sie in den Ergebnissen von E l l w e i n und Z o l l (1973) berichtet werden, wird an dem Bezug zur lokalen Politik liegen, den die einzelnen Aussagen dieser Skalen enthalten. Unsere Gruppe ist durch die Aktualität der lokalen Ereignisse politisch weniger träge als der Durchschnitt der Bevölkerung. Hinweise darauf, daß dies von längerer Dauer ist und über den Fall hinaus wirkt, finden sich nicht: die Werte zum politischen Engagement und zur politischen Entfremdung unterschieden sich nicht von denen der Gesamtbevölkerung.

Verlaufsstrukturen nach dem Schulabschluß

Für die einzelnen Schulabschlüsse zeigt das entsprechende Verlaufsprofil ähnliche Ergebnisse wie für die Schichtgruppen. Die Personen mit Universitätsabschluß fallen durch besonders positive Abweichungen auf. Eine Ausnahme bildet die Umkehrung der Tendenz bei den Einstellungen zu Bürgerinitiativen und zum administrativen Informationsangebot; da die Unterschiede zwischen den Gruppen jedoch nicht über das Zufallsniveau hinausgehen, wollen wir darauf nicht weiter eingehen. Ein Vergleich mit den Daten von E l l w e i n und Z o l l (o.J.) zeigt für die Abiturienten einen fast identischen Verlauf der entsprechenden Einstellungen und Verhaltensberichte; die Gruppe der Volksschulabgänger ohne Lehrabschluß weicht von unseren Volksschülern noch einmal ganz erheblich ab. Dies wird einerseits an der Restriktion des fehlenden Lehrabschlusses bei der Gruppe von E l l w e i n und Z o l l liegen und andererseits an der oben bereits erwähnten

Aktualität der lokalen Situation für unsere eigene Untersuchungsgruppe.

Verlaufsstruktur nach dem Geschlecht

Eine deutliche Differenzierung des Verlaufsprofils zeigt sich für die meisten
Variablen mit Ausnahme der spezifischen Einstellungen für Männer und Frauen.
Die hochgradige Symmetrie der Verläufe ergibt sich aus der gleich starken Besetzung der beiden Gruppen. Besonders im Verhaltensbereich sind die Unterschiede beträchtlich.

Verlaufsstrukturen nach dem Ausstellungsbesuch

Mit dem Ausstellungsbesuch wird nun eine Veranstaltung angesprochen, die in dem
untersuchten Konfliktfall eine besondere Rolle gespielt hat. Es war dies eine der
zentralen Informationsquellen für konkrete Fragen zur Stadtsanierung und bot aus-
serdem Gelegenheit zu eigenen Vorschlägen und Kritiken. Entsprechend deutlich
ist auch die Differenzierung in den beiden letzten Merkmalen der Beteiligungsbereitschaft und der tatsächlichen Beteiligung, da in diese der Ausstellungsbesuch
als Einzelfrage mit eingeht. Daß die auf den Ausstellungen gemachten Erfahrungen
jedoch nicht ganz einhellig beurteilt werden, zeigen die relativ geringen Differenzen zwischen den Ausstellungsbesuchern und den nicht-Besuchern hinsichtlich
der Einstellung zum administrativen Informationsangebot, in die die Bewertung der
Ausstellung ebenso eingeht - neben der Bewertung der Verwaltung als Informations-
instanz.

Verlaufsstrukturen nach den Verwaltungskontakten

Unterteil nach den bisherigen Besuchen der Bürger bei der lokalen Verwaltung
zwecks Informationsbeschaffung übersteigen die Werte der Besucher der Verwaltung
die der Nicht-Besucher in den meisten Merkmalen deutlich. Auch hier gilt,
wie schon bei den Ausstellungsbesuchern, daß die Erfahrungen nicht unbedingt
immer positiv gewesen sein müssen, sonst hätte man auf der entsprechenden Einstellungsskala mit höheren Werten der Besuchergruppe rechnen müssen. Konkret gefragt, schreiben sie der Verwaltung nur in geringem Maße höhere Glaubwürdigkeit zu als die nicht-Besucher, die diesbezüglich zumindest unsicherer sind.
Trotzdem kann man feststellen, daß diejenigen, die die Verwaltung als Anlaufstelle für Informationen schon einmal genutzt haben, den Bürgerinitiativen skeptischer gegenüber stehen als die nicht-Nutzer, was freilich nicht kausal interpretiert werden darf, sondern auf gemeinsame Verankerung in der politischen Kultur zurückgeht.

Verlaufsstrukturen nach den Stadtratskontakten

In etwa gleich bedeutsam unterscheiden sich diejenigen Bürgergruppen, die den
Stadtrat bereits bezüglich irgendwelcher Informationen kontaktiert haben, von den
übrigen hinsichtlich der hier untersuchten Merkmale. Hier ist die positivere Einstellung der Besucher des Stadtrates oder eines seiner Mitglieder zu den politisch-
administrativen Akteuren wohl auf die höhere Zuschreibung der Glaubwürdigkeit
dieser Institution zurückzuführen bzw. umgekehrt auf die stärkeren diesbezüglichen
Zweifel bei den nicht-Besuchern; zumindest legen dies die Ergebnisse nahe.

Verlaufsstrukturen nach den Parteikontakten

Die Parteikontakter zeigen ein ähnliches Bild wie die Besucher von Stadtrat und Verwaltung. Sie weichen fast überall von den übrigen Bürgern in positiver Richtung ab. Eine Ausnahme bildet mal wieder die Bürgerinitiative: Die Parteikontakter stehen den Bürgerinitiativen weit überzufällig skeptischer gegenüber als die nicht-Parteigänger. Entgegen dem allgemeinen Parteienvorbehalt sind es nur relativ wenige, die ihre negative Einstellung zu Parteien auf deren mangelnde Glaubwürdigkeit gründen (ca. 11%); von diesen gehören allerdings die allermeisten zu den nicht-Kontaktern, die auch bei den diesbezüglich Unentschiedenen stärker vertreten sind.

Abbildung 23: Verlaufsstruktur nach der Schicht

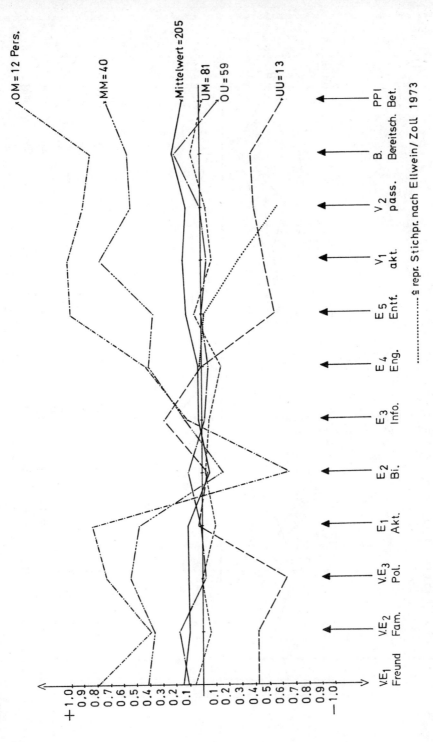

Abbildung 24: Verlaufsstruktur nach dem Schulabschluß

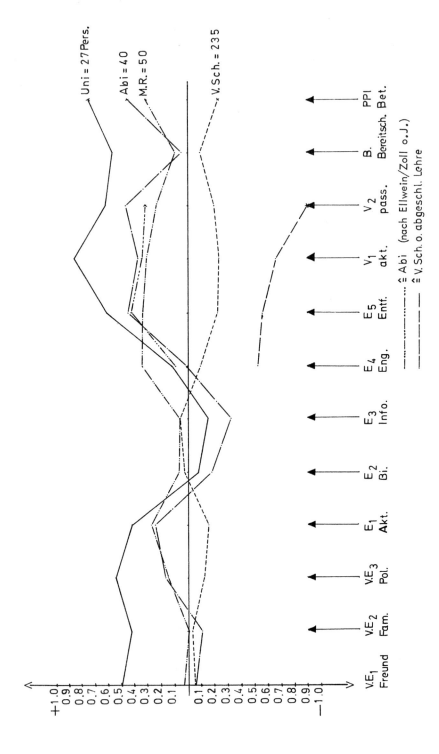

Abbildung 25: Verlaufsstruktur nach dem Geschlecht

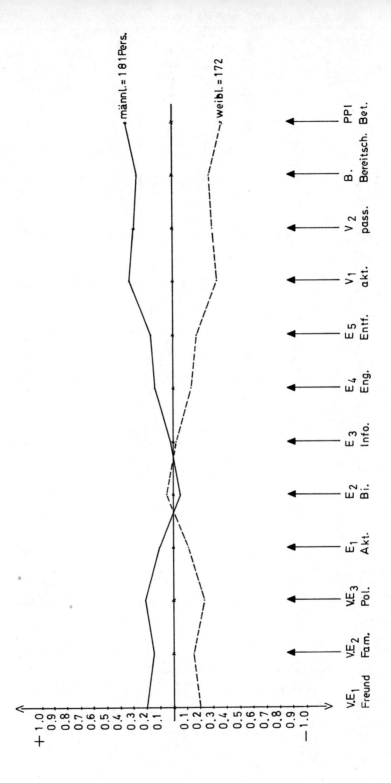

Abbildung 26: Verlaufsstruktur nach dem Ausstellungsbesuch

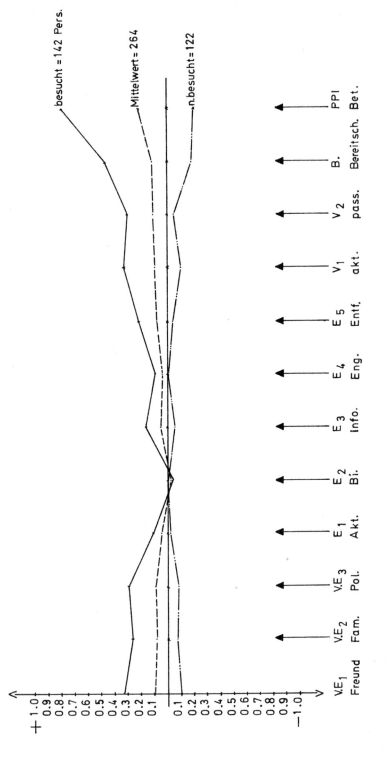

Abbildung 27: Verlaufsstruktur nach der Infosuche bei der Verwaltung

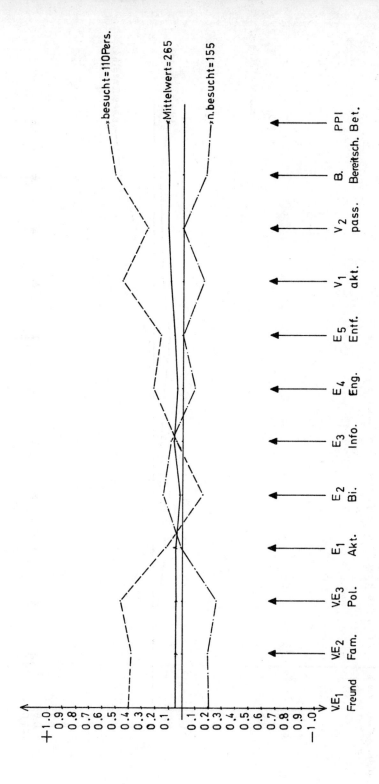

Abbildung 28: Verlaufsstruktur nach der Infosuche beim Stadtrat

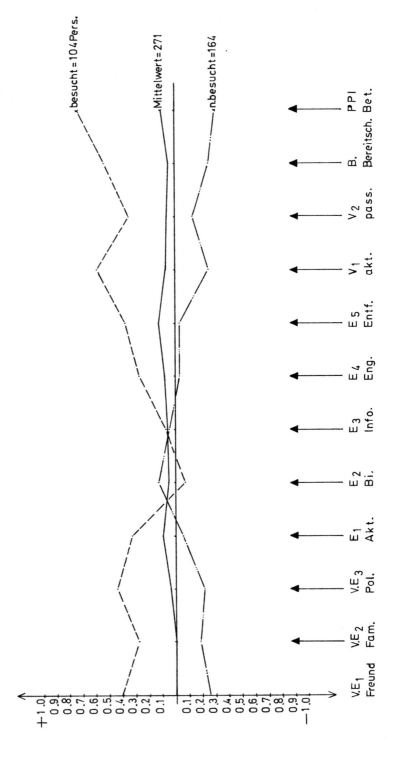

Abbildung 29: Verlaufsstruktur nach der Infosuche bei den Parteien

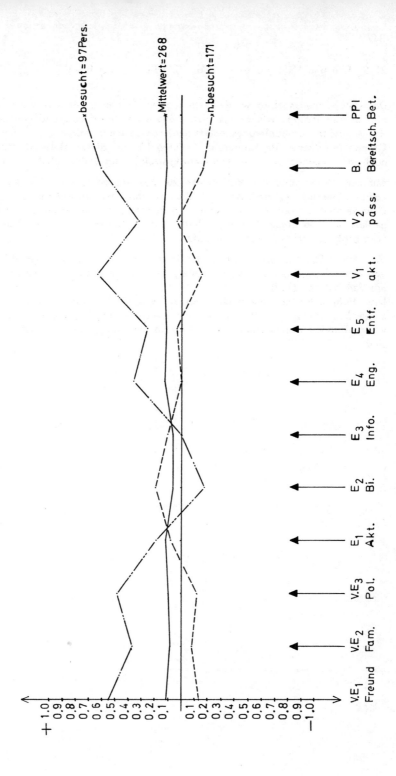

21.9 Population und Stichprobe

Das Untersuchungsgebiet wurde festgelegt in Anlehnung an das Vorbereitungsgebiet der Sanierung, wie es von den Planern der Stadt aufgrund von Befragungen und Analysen zur Sanierungsbedürftigkeit beschrieben wurde (vgl. Bericht der Gruppe Hardtberg: Stadtsanierung Andernach); auf dieses Material stützen sich auch die Angaben über die Bevölkerungsstruktur des Untersuchungsgebietes.

Auf dem Hintergrund der Maßnahmen zur Stadtsanierung, die den Wohn-, Verkehrs-, Geschäfts-, Freizeit- und ökonomischen Bereich umfassen, wurden als Grundgesamtheit der zu untersuchenden Personen die Bewohner des Untersuchungsgebiets und die Einpendler zur Arbeitsstätte bestimmt; letztere stellten 29% der Erwerbstätigen im Untersuchungsgebiet.

Von den 3.980 Personen, die in der Innenstadt (= Untersuchungsgebiet) wohnen, von den im Zuge der Maßnahmen Ausgesiedelten und den Einpendlern wurden von uns 354 befragt (133).
Die Stichprobe setzt sich nach ihren demographischen Daten in folgender Weise zusammen; die Verteilung wird in der Übersicht verglichen mit den Daten der vorbereitenden Untersuchungen der Gruppe Hardtberg, soweit solche verfügbar sind.

Tabelle 101: Übersicht über die Stichprobe und die Gesamtbevölkerung des Untersuchungsgebietes

Merkmal		Personenzahl der Stichprobe		Gesamthaushalte (1) (a)	
		abs.	%	abs.	%
Gesamt		354	100	1718 (3980)Personen)	100
Geschlecht:	männlich	181	51	1917	48
	weiblich	172	49	2063	52
	keine Ang.	1	–		
Alter:	16 – 25	48	13	0-19 J.: 27	
	26 – 35	58	16	20-39 J.: 22	
	36 – 45	48	13	40-59 J.: 30	
	46 – 55	70	20	60 u.älter: 22	
	56 – 65	59	17		
	über 65	69	20		
	keine Ang.	2	1		
Familienstand:	ledig	56	16		
	verlobt	3	1		
	verheiratet	228	64	(keine Angaben)	
	verwitwet	55	16		
	geschieden	11	3		
	keine Ang.	1	–		
Personenzahl im Haushalt:	1	51	14	518	30
	2	91	26 ⎫		
	3	85	24 ⎬ 85	1113	65
	4	70	20 ⎪		
	5 und mehr	55	15 ⎭		
	keine Ang.	2	1	87	5
Zahl der Kinder:	0	200	57		
	1	67	19		
	2	54	15	(keine Angaben)	
	3	27	8		
	4 und mehr	5	1		
	keine Ang.	1	–		

Merkmal		Personenzahl der Stichprobe		Gesamthaushalte	
		abs	%	abs.	%
Schulabschluß:	Volks-/Haupt-schulab.	235	67	–	87
	Mittl.Reife	50	14⎤	–	
	Abitur	40	11⎬32	–	7
	Hochschule	27	7⎦	–	
	keine Angaben	2	1	–	6
Beruf:	in Ausbildung	33	9		
	Hausfrau	84	24		
	Rentner	52	15	–	33
	Arbeiter	12	3	–	11
	Geselle/Facharb.	18	5	–	12
	Angest.	69	20		
	Beamter	16	5	–	21
	Selbst.	58	16	–	16
	Kaufmann	7	2		
	keine Angaben	5	1	–	5
Haushalts-einkommen:	bis 600	36	10⎤24	550	32
	600-1000	48	14⎦		
	1000-1500	71	20		
	1500-2000	64	18		
	2000-3000	52	15		
	über 3000	43	12		
	keine Angab.	40	11		
Beziehung zur Wohnung:	Mieter	183	52	1138	66
	Eigentümer	176	47	493	29
	keine Angab.	4	1	87	5
Wohngebiet:	Sanierungsgeb.	53	12	323	–
	Unters.-Gebiet	180	51	–	–
	sonst.Gebiet Andernachs	97	27	–	–
	außerhalb Andernachs	1	–	–	–
	keine Angab.	33	–	–	–

(a) Dies ist wegen der in die Stichprobe einbezogenen Aussiedler und Einpendler nicht exakt die Basis der Stichprobe. Die Angaben beziehen sich auf die einzel-nen Haushaltsvorstände, was ebenfalls die Vergleichbarkeit zur Stichprobenver-teilung einschränkt.

Wie die vorstehende Übersicht zeigt, ist die Stichprobe in ihrer Zusammensetzung gekennzeichnet durch eine in Übereinstimmung mit der Struktur der Grundgesamtheit stehende Tendenz zur
Überalterung, Vorwiegen niedriger Bildungsabschlüsse, starke Anteile an Rentnern, geringe Einkünfte.

Daß diese Relationen in der Grundgesamtheit noch deutlicher sind als in der Stichprobe, mag daran liegen, daß jüngere Personen, Absolventen mittlerer und höherer Bildungsabschlüsse und Bezieher mittlerer und höherer Einkommen befragungsbereiter sind und von daher eher in eine freiwillige Befragungsstichprobe eingehen als die übrigen Personengruppen; bei den 1-Personen-Haushalten mag die geringe Chance, gerade diese eine Person des Haushaltes anzutreffen, zu einer tendenziell niedrigeren Berücksichtigung geführt haben. Dies weist mit darauf hin, daß die vorliegende Stichprobe nicht im strengen Sinne als repräsentativ gelten kann. Schon das Auswahlverfahren der Befragten folgte keinem reinen Zufallsprinzip, sondern berücksichtigte besondere Quotenvorgaben (besonders für Arbeitgeber und -nehmer und für Aussiedler aus dem Untersuchungsgebiet). Die Verzerrungen sind auf der anderen Seite aber auch wieder nicht so groß, als daß die Ergebnisse nicht auf die Untersuchungseinheit bezogen werden könnten; das Verfahren führte aber dazu, daß bestimmte Gruppen in aussagekräftigen Besetzungsstärken gewonnen wurden, die bei einer "reinen" Zufallsstichprobe bei einer Fallzahl von nur 354 Personen nicht erreicht worden wären. Bei der Interpretation der Ergebnisse ist diese Tatsache allerdings zu berücksichtigen: daß nämlich bestimmte Bildungsabschlüsse und wohl auch die Gruppe der Angestellten für die Untersuchungseinheit verstärkt berücksichtigt wurden und daß generell nur solche Personen befragt wurden, die dazu bereit waren: Es liegt nicht sehr fern zu vermuten, daß diejenigen, die eine höhere (d.h. genügend hohe) Befragungsbereitschaft zu kommunalpolitischen Fragen haben, auch in ihrer Beteiligungsbereitschaft im selben Bereich höher liegen werden als solche, die die Befragung ablehnen.

Bei der Befragung kam ein Fragebogen zum Einsatz, der aus der theoretischen Untersuchungskonzeption entwickelt wurde und sich in wesentlichen Punkten auf zwei Voruntersuchungen stützt: eine explorative Befragung von 109 Personen im Untersuchungsgebiet und eine Pretest-Untersuchung zur Erstellung von Einstellungs- und Bereitschaftsskalen bei 123 Personen.

In der explorativen Untersuchung wurden die Sichtweisen der Sanierung allgemein und ihrer besonderen Problemfelder, der Betroffenheit, der Entscheidungskompetenzen und Beteiligungsmöglichkeiten und der relevanten Bezugspersonen bzw. -gruppen ermittelt, um einen ersten Einstieg in die bei den betroffenen Personen vorliegenden Aspekte zu erhalten. Die Ergebnisse dienten der Formulierung von gezielten Fragen für die Hauptuntersuchung, von Antwortvorgaben bei geschlossenen Fragen und zur Erstellung von Aussagenlisten für die Konstruktion von problem- und personenbezogenen Einstellungs- und Bereitschaftsskalen. Letztere wurden in einem zweiten Schritt der Voruntersuchung zur Beantwortung vorgelegt; nähere Einzelheiten hierzu werden in den Abschnitten über die Operationalisierung der Einstellung und der Bereitschaft berichtet.

Der Fragebogen der Hauptuntersuchung ist in vollständiger Form im Anhang wiedergegeben und zur leichteren Orientierung des Lesers mit inhaltlichen Überschriften versehen.

21.10 Fragebogen zur Bevölkerungsbefragung

Fragebogenteil: Interessiertheit/Perzeption

1   Bitte kreuzen Sie auf dieser Liste an, für welche der dort angegebenen politischen Bereiche Sie sich interessieren und wie stark Ihr Interesse dafür jeweils ist. (Anlage 1).

2   Kreuzen Sie nun bitte auf dieser Liste an, was Sie von dem, was Ihre Stadt Andernach betrifft, besonders interessiert. (Anlage 2)

3   Ist Ihnen bekannt, ob zur Sanierung Andernachs Ausstellungen stattgefunden haben?
     1 ja (weiter mit Frage 5)
     2 nein
     0 w.n.

4   Die Stadt Andernach hat über die geplanten Veränderungen insgesamt drei Ausstellungen im Stadthaus veranstaltet, auf denen sich die Bürger anhand von Plänen und Schaubildern informieren konnten. Haben Sie davon schon gehört?
     1 ja
     2 nein ⎫
     0 w.n. ⎭ weiter mit Frage 8)

5   Worum ging es bei diesen Ausstellungen konkret? Um welche Maßnahmen ging es dabei? (keine Vorgaben)

ja	nein	
1	2	Verkehr
1	2	Wohnungssituation
1	2	Einkaufsmöglichkeiten
1	2	Fußgängerzonen
1	2	Grünanlagen/Freizeiteinrichtungen
1	2	Aussiedlung störender Industrie
1		Sonstige:

5a   Können Sie mir beschreiben, was auf diesen Ausstellungen vor sich ging? (Keine Vorgaben)
     1   anschauen
     2   fragen
     3   Meinung äußern
     4   Sonstiges:

     0   w.n.

6   Wieviele Ausstellungen haben Sie selbst besucht?

      0   (weiter mit Frage 7, sonst mit Frage 8)
      1
      2
      3
      wenn 1-3: welche?:

ja	nein	w.n.	
1	2	0	März 1973
1	2	0	August 1974
1	2	0	Dezember 1974

7   Von wem und auf welche Weise haben Sie Ihre Informationen über die Ausstellungen erhalten?

ja	nein	w.n.	
1	2	0	Zeitung
1	2	0	Freunde und Bekannte
1	2	0	Arbeitskollegen
1	2	0	Nachbarn

8   Sind die Informationen auf solchen Ausstellungen eher umfassend oder eher unzureichend?

      1   umfassend
      2   unzureichend
      0   w.n.

8a   Halten Sie die Informationen eher für glaubwürdig oder für unglaubwürdig?

      1   glaubwürdig
      2   unglaubwürdig
      0   w.n.

8b   Kann man auf solchen Ausstellungen nur Informationen erhalten, die einem angeboten werden oder kann man da ber hinaus auch Informationen über das erhalten, was einen besonders interessiert?

      1   nur was angeboten wird
      2   auch was besonders interessiert
      0   w.n.

9   Lesen Sie eine Tageszeitung?

      1   ja
      2   nein
      wenn ja: welche?
      1   Rhein-Zeitung
      2   Sonstige:
                (Frage 10-11 nur für Rhein-Zeitung)

10   Wie oft lesen Sie die Zeitung?

    1   täglich
    2   fast jeden Tag
    3   hin und wieder
    4   nie

11   Wie berichtet die Rhein-Zeitung über die geplanten Veränderungen in Andernach?

    1   oft
    2   selten
    0   w.n.

11a 1   ausführlich
     2   verkürzt
     0   w.n.

11b 1   gut
     2   schlecht
     0   w.n.

11c 1   glaubwürdig
     2   nicht glaubwürdig
     0   w.n.

12   Kann man vom Stadtrat, der aus gewählten Mitgliedern besteht, Informationen über die geplanten Veränderungen in Andernach erhalten, wenn man das will?

    1   ja (weiter mit Frage 13, sonst Frage 17)
    2   nein
    0   w.n.
           (wenn nein:)
           Können Sie mir sagen, warum nicht?

13   Wie kann man Auskunft erhalten? (Keine Vorgaben)

ja	nein	
1	2	Besuch von Sitzungen
1	2	Stadtratsmitglieder ansprechen
1	2	Anfrage an Stadtrat
1	Sonstiges:	

14   Wie würden Sie die Informationen, die man vom Stadtrat erhalten kann, beurteilen? Sind die Informationen eher umfassend oder eher unzureichend?

    1   umfassend
    2   unzureichend
    0   w.n.

14a   Halten Sie die Informationen eher für glaubwürdig oder für unglaubwürdig?

    1   glaubwürdig
    2   unglaubwürdig
    0   w.n.

14b Kann man vom Stadtrat nur Informationen erhalten, die einem angeboten werden oder kann man darüber hinaus auch Informationen über das erhalten, was einen besonders interessiert?

1 nur was angeboten wird
2 auch was besonders interessiert
0 w.n.

15 Haben Sie selbst schon einmal versucht, vom Stadtrat oder einem seiner Mitglieder Auskunft zu erhalten?

1 ja
wie und von wem?

2 nein
0 w.n.} (weiter mit Frage 17)

16 Handelte es sich dabei um eine Angelegenheit

1 die nur Sie selbst betraf? oder
2 die auch für andere Bürger von Bedeutung war?
0 w.n.

17 Kann man von der Stadtverwaltung Informationen über die geplanten Veränderungen in Andernach erhalten, wenn man das will?

1 ja
2 nein }
0 w.n. } (weiter mit Frage 22)
(wenn nein:)
Können Sie mir sagen, warum nicht?

18 Wie kann man Auskunft erhalten? (Keine Vorgaben)

ja	nein	
1	2	Stadtverwaltung aufsuchen
1	2	Bauamt aufsuchen
1	2	Bürgermeister aufsuchen
1	2	Oberbürgermeister aufsuchen
1	2	(Namen) aufsuchen:
1		Sonstige:

19 Wie würden Sie die Informationen, die man von der Stadtverwaltung erhalten kann, beurteilen? Sind die Informationen eher umfassend oder eher unzureichend?

1 umfassend
2 unzureichend
0 w.n.

19a Halten Sie die Informationen eher für glaubwürdig oder eher für unglaubwürdig?

1 glaubwürdig
2 unglaubwürdig
0 w.n.

19b Kann man von der Stadtverwaltung nur Informationen erhalten, die einem angeboten werden oder kann man darüber hinaus auch Informationen über das erhalten, was einen besonders interessiert?

1   nur was angeboten wird
2   auch was besonders interessiert
0   w.n.

20 Haben Sie selbst schon einmal versucht, von der Stadtverwaltung oder einem ihrer Mitglieder Auskunft zu erhalten?

1   ja
         wie und von wem?
2   nein ⎱ (weiter mit Frage 22)
0   w.n. ⎰

21 Handelte es sich dabei um eine Angelegenheit

1   die nur Sie selbst betraf? oder
2   die auch für andere Bürger von Bedeutung war?
0   w.n.

22 Kann man von den Parteien Informationen über die geplanten Veränderungen in Andernach erhalten, wenn man will?

1   ja
2   nein ⎱ (weiter mit Frage 27)
0   w.n. ⎰
        (wenn nein:)
        Können Sie mir sagen, warum nicht?

23 Wie kann man Auskunft erhalten? (Keine Vorgaben)

ja	nein	
1	2	Flugblätter und Broschüren
1	2	Parteigeschäftsstelle aufsuchen
1	2	Parteimitglieder befragen
1	2	Versammlungen besuchen
1	Sonstiges:	

24 Wie würden Sie die Informationen, die man von den Parteien erhalten kann, beurteilen? Sind die Informationen eher umfassend oder eher unzureichend?

1   umfassend
2   unzureichend
0   w.n.

24a Halten Sie die Informationen für glaubwürdig oder eher für unglaubwürdig?

1   glaubwürdig
2   unglaubwürdig
0   w.n.

24b Kann man von den Parteien nur Informationen erhalten, die einem angeboten werden oder kann man darüber hinaus auch Informationen über das erhalten, was einen besonders interessiert?

    1   nur was angeboten wird
    2   auch was besonders interessiert
    0   w.n.

25 Haben Sie selbst schon einmal versucht, von den Parteien oder einem ihrer Mitglieder Auskunft zu erhalten?

    1   ja
             wie und von wem?
    2   nein (weiter mit Frage 27)

26 Handelte es sich dabei um eine Angelegenheit

    1   die nur Sie selbst betraf?
    2   die auch für andere Bürger von Bedeutung war?

27 Wir haben etliche Möglichkeiten angesprochen, wie man sich informieren kann. Welche der folgenden Informationsquellen ist für Sie am wichtigsten? (Anlage 3)

Fragebotenteil: Meinungsführeridentifikation und Infosuchverhalten im persönlichen Umfeld

28 Können Sie uns einige Personen nennen, mit denen Sie besonders oft über die Dingen, die in der Stadt Andernach geschehen, sprechen?

    1   Name:
             Adresse:
    2   Name:
             Adresse:
    0   w.n.

29 Zu wem würden Sie gehen, wenn Sie mehr über die Stadtsanierung und die beabsichtigten Veränderungen erfahren wollen?

    1   Name:
             Adresse
    2   Name:
             Adresse:
    0   w.n.

30 Wenn in ihrem Freundeskreis oder Bekanntenkreis über Politik gesprochen wird, hören Sie dann eher zu oder sagen Sie selbst auch etwas dazu?

    1   höre nur zu
    2   habe dabei selten etwas zu sagen
    3   habe dabei oft etwas zu sagen
    0   w.n.

31   Wer führt bei solchen Gelegenheiten denn das Wort?

    1   Name:
            Adresse:

    2   Name:
            Adresse:

    0   w.n.

32   Ich lese Ihnen nun eine Liste von Maßnahmen vor, von denen wir gehört haben. Diese Liste ist nicht vollständig, und wir haben auch nicht alles nachgeprüft. Sagen Sie bitte jedesmal, ob Sie schon davon gehört haben, daß in Andernach so etwas durchgeführt wird oder geplant ist. (Anlage 4)

33   Welche dieser Maßnahmen halten Sie persönlich für wichtig und welche für weniger wichtig? (Anlage 4)

34   Bitte sagen Sie mir noch, in welchem Ausmaß Sie sich persönlich von den einzelnen Maßnahmen betroffen fühlen. (Anlage 4 und 5).

35   Halten Sie die Ansiedlung neuer Industrie oder anderer Wirtschaftsbetriebe hier in Andernach für wichtig?

    1   unwichtig
    2   weniger wichtig
    3   wichtig
    4   sehr wichtig
    0   w.n.

Fragebogenteil: Betroffenheit

36   Sind Sie (nur eine Antwort)
    1   Inhaber eines Handwerks- oder Gewerbebetriebes
    2   Arbeitnehmer
    3   freiberuflich tätig (weiter mit Frage 40)
    4   Angehöriger des Öffentlichen Dienstes (Beamter, Angestellter, Arbeiter bei Bund, Land oder kommunalen bzw. öffentlichen Einrichtungen) (weiter mit Frage 42)
    5   nicht berufstätig (weiter mit Frage 43)

37   Wenn I n h a b e r   oder   A r b e i t n e h m e r

Liegt der Standort Ihres Betriebes in der Altstadt von Andernach?

    1   ja
    2   nein
    0   w.n.

38   Kommen die Kunden Ihres Betriebes zu einem erheblichen Teil aus der Altstadt von Andernach?

    1   ja
    2   nein
    0   w.n.

39   Welcher Art ist der Betrieb, in dem Sie arbeiten bzw.
      den Sie leiten? (nur eine Antwort)

      1   Handwerks- oder Gewerbebetrieb (lokal ausgerichtet)
      2   Handwerks- , Gewerbe- oder Industriebetrieb (überlokal)
      3   Großhandel
      4   Einzelhandel
      5   Dienstleistungsbetrieb
      6   Restaurationsbetrieb
      7   Verwaltung, Versicherung, Banken
      8   Sonstige:

40   Liegt Ihre Praxis in der Altstadt von Andernach?
      (nur bei Freiberuflern)

      1   ja
      2   nein

41   Kommen Ihre Klienten oder Kunden zu einem erheblichen Teil aus der
      Altstadt von Andernach? (nur bei Freiberuflern)

      1   ja
      2   nein
      0   w.n.

42   Hat Ihre berufliche Tätigkeit irgendetwas mit der Altstadt von Andernach
      zu tun oder mit ihren Bewohnern?

      1   ja
      2   nein
      0   w.n.

43   Wie oft kommen Sie in die Altstadt?

      1   ich wohne dort
      2   mehrmals täglich
      3   täglich
      4   mehrmals in der Woche
      5   gelegentlich
      6   sehr selten/nie

44   Welches Verkehrsmittel benutzen Sie g e w ö h n l i c h, wenn Sie in
      der/in die Altstadt gehen/fahren?

      1   P KW
      2   Motorrad, Roller
      3   Fahrrad
      4   Öffentliche Verkehrsmittel
      5   Taxi
      6   ich gehe meistens zu Fuß

45   Fahren Sie auf dem Weg zu Ihrer Arbeitsstätte durch die Altstadt?

      1   ja
      2   nein

46   Kaufen Sie (oder Ihre Familie) im Bereich der Altstadt ein?

1   oft
2   häufig
3   gelegentlich
4   selten
5   nie

47   Gehen Sie auch mal in ein Café , Restaurant, Gaststätte in der Altstadt?

1   oft
2   häufig
3   gelegentlich
4   selten
5   nie

48   Gehen Sie auch mal in den Straßen der Altstadt und in den Anlagen spazieren?

1   oft
2   häufig
3   gelegentlich
4   selten
5   nie

49   Haben Sie im vergangenen Jahr eine oder mehrere Veranstaltungen oder Einrichtungen in der Altstadt besucht oder genutzt? (einzeln abfragen)

	ja	nein
Volkshochschule	1	2
Vorträge	1	2
Konzerte	1	2
Theater	1	2
Kino	1	2
Bücherei	1	2
Jugendheim	1	2
Veranstaltungen der Kirchengemeinde	1	2
Veranstaltungen der Nachbarschaften	1	2
Sonstige		

50   Sind Sie in Ihrer Wohnung

1   Mieter
2   Eigentümer der Wohnung
3   Eigentümer des Hauses

51   Besitzen Sie sonst noch eine Wohnung/ein Haus (oder mehrere),   die Sie vermieten? (Mehrfachnennungen möglich; Zahl eintragen)
Eigentumswohnung
Wohnhaus
gewerblich genutzte Räume, Gebäude und Grundstücke
sonstige ungenutzte Häuser und Grundstücke

52 Wenn ja, liegt wenigstens ein Teil dieses Wohn-, Haus- oder Grund-
stücksbesitzes in der Altstadt von Andernach?

    1   ja
    2   nein

53 Wie ist die sanitäre Ausstattung Ihrer Wohnung? Haben Sie

ein Bad/Dusche
    1   ja
    2   nein
ein WC
    1   ja
    2   nein

54 Wie groß ist Ihre Wohnung?

Zahl der Räume:
Quadratmeter:

55 Halten Sie Ihre jetzige Wohnung für zu klein?

    1   ja
    2   nein
    0   w.n.

56 Sind Sie mit Ihrer jetzigen Wohnung zufrieden?

    1   ja
    2   nein
    0   w.n.
Bemerkungen:

57 Wenn im Zuge der Altstadtsanierung auch Ihre Wohnung renoviert würde und
danach auch die Miete heraufgesetzt würde, könnten Sie das finanziell
verkraften? (wenn Pb in der Altstadt wohnt)

    1   ja, aber nur geringfügig mehr Miete
    2   ja, bis zur Hälfte mehr Miete
    3   ja, bis zur doppelten Höhe der Miete
    4   nein
    0   w.n.

58 Wenn im Zuge der Altstadtsanierung Ihr Haus abgerissen würde, würden Sie
dann aus dem Bereich der Altstadt wegziehen?

    1   ja
    2   nein
    0   w.n.
Bemerkungen:

59 Ich lese Ihnen nun eine Liste vor, auf der die unterschiedlichsten Möglichkeiten, sich für eine öffentliche Angelegenheit einzusetzen, verzeichnet
sind. Nennen Sie alle Möglichkeiten, die Sie selbst schon einmal genutzt
haben! (Anlage 6)

60   Glauben Sie, daß Ihr Einsatz die Entscheidung, um die es ging, auch in Ihrem Sinne beeinflußt hat? (Anlage 6)

61   Würden Sie in einem ähnlichen Fall noch einmal so handeln?

Beteiligungsart   ja   nein   Begründung
(Nr.)

62   Wie hoch würden Sie die Stärke Ihres Einsatzes einschätzen? Haben Sie sich sehr stark, stark, nicht sehr stark, nur sehr wenig stark, eingesetzt?

Beteiligungsart (Nr.)	sehr stark	stark	nicht sehr stark	nur sehr wenig stark

Fragebogenteil: Wahrnehmung der Beteiligungsmöglichkeiten

63   Haben oder hatten die Bürger die Möglichkeit, sich an den Entscheidungen über diese Maßnahmen zu beteiligen?

Wie war das bei: (Anlage 7)
Kommentar:

64   Meinen Sie, daß es bei den Entscheidungen zur Altstadtsanierung in Andernach auch andere Lösungsmöglichkeiten gegeben hätte?
Und zwar bei den Maßnahmen zur: (Anlage 8)
Kommentar:

65   Hätten Ihrer Meinung nach im Fall der Altstadtsanierung Andernach mehr bzw. andere Formen der Bürgerbeteiligung angeboten werden müssen?
Welche? Begründen Sie das?

1   ja
          welche?
2   nein
0   w.n.

66   Würden Sie sagen, daß es die Möglichkeit gibt, persönliche Kontakte zu

		ja	nein	w.n.
1	Politikern aufzunehmen	1	2	0
2	Parteien aufzunehmen	1	2	0
3	der Verwaltung aufzunehmen	1	2	0
4	in Bürgerinitiativen mitzuarbeiten	1	2	0
5	Ausstellungen zur Stadtsanierung zu besuchen	1	2	0
6	sich bei Ausstellungen zur Stadtsanierung auch zu Wort zu melden	1	2	0

Fragebogenteil: Spezifische Einstellung (134)

67   Die Parteien scheren sich nur so lange um die Probleme der Bürger, wie für sie selbst Vorteile in Sicht sind

    2   ja
    0   nein
    1   w.n.

68   Veranstaltungen der Parteien zur Stadtsanierung werden lediglich gemacht, um dem Bürger vorzugaukeln, daß er die Standpunkte der Parteien beeinflussen kann.

69   Die Verwaltung geht auf die Bürger ein, solange für sie Vorteile dabei herausspringen.

70   Veranstaltungen der Parteien zur Stadtsanierung haben keinen Einfluß auf die tatsächlichen Entscheidungen.

71   Der persönliche Kontakt zu Politikern nützt nichts, da sie ihre Entscheidungen fällen, bevor sie die Bürger fragen.

72   Die Parteien kümmern sich nicht um die Sorgen der Bürger.

73   Persönliche Kontakte von Bürgern mit Parteien bringen nichts, da sich die Bürger auch dann unterlegen fühlen.

74   Da sich in einer Bürgerinitiative viele mit gleichen Interessen zusammentun, bietet diese Form der Bürgerbeteiligung gute Chancen, die Interessen der Betroffenen durchzusetzen.

75   Bürgerinitiativen bieten dem Bürger die Möglichkeit, auf Entscheidungen zur Stadtsanierung Einfluß zu nehmen.

76   Bürgerinitiativen, die sich mit den Problemen der Stadtsanierung beschäftigen, sind bestimmt erfolgreich.

77   Die Einrichtung von Bürgerinitiativen zu Problemen der Stadtsanierung finde ich notwendig.

78   Die von Bürgerinitiativen gemachten Anregungen und Vorschläge werden von den Planern und Fachleuten bei der Stadt berücksichtigt.

79   Beim Besuch von Ausstellungen werden die Bürger über die Planungen zur Stadtsanierung aufgeklärt.

80   Ausstellungen geben jedem Bürger die Möglichkeit, Vorschläge zu machen.

81   Der Besuch von Ausstellungen führt dazu, daß man sich selbst eine Meinung über das Thema bilden kann.

82   Durch die persönlichen Kontakte mit der Verwaltung können die Probleme zur Zufriedenheit der Bürger und der Stadt gelöst werden.

83   Die Verwaltung erteilt dem Bürger immer die gewünschte Auskunft.

Fragebogenteil: Partizipationsbereitschaft (135)

84   Ich würde auf jeden Fall persönlichen Kontakt zu Parteien aufnehmen.

85   Ich würde auf jeden Fall persönlichen Kontakt zu Politikern aufnehmen.

86   Ich würde gern in einer Bürgerinitiative zur Stadtsanierung mitarbeiten.

87   Ich würde mich sehr wahrscheinlich auf einer Ausstellung zu Wort melden.

88   Ich beabsichtige, zukünftige Ausstellungen zur Stadtsanierung zu besuchen.

89   Ich würde auf jeden Fall persönlichen Kontakt zur Verwaltung aufnehmen.

Fragebogenteil: Individuelle politische Aktivität

90   Besuchen Sie Wahlveranstaltungen von Parteien und nehmen zu dem Gesagten Stellung?

91   Haben Sie versucht, Leute zur Wahl einer bestimmten Partei zu bewegen?

92   Haben Sie sich schon einmal auf einer öffentlichen Diskussion zu Wort gemeldet und gesprochen?

93   Setzen Sie sich aktiv für Ihre politische Anschauung ein?

Fragebogenteil: Passive Teilnahme

94   Haben Sie bei den letzten Wahlen Ihre Stimme abgegeben?

95   Lesen Sie regelmäßig den lokalen Teil einer Tageszeitung?

96   Haben Sie bei den letzten Wahlen Wahlsendungen im Rundfunk oder Fernsehen verfolgt?

97   Lesen Sie regelmäßig den politischen Teil einer Tageszeitung?

98   Haben Sie in den letzten Wochen eine politische Sendung - außer Nachrichten - im Rundfunk oder Fernsehen verfolgt?

99   Unterhalten Sie sich oft über Politik?

Fragebogenteil: Politisches Engagement

100 Jeder sollte einer politischen Partei oder einem Interessenverband angehören.

101 Wir sollten die Chance nützen, uns politisch zu betätigen.

102 Niemand kann bestreiten, daß Interessenverbände für unsere Demokratie lebenswichtig sind.

103 Wer sich über die politischen Parteien beklagt, sollte Mitglied in einer Partei werden, um die Parteien zu ändern.

104 In der Bundesrepublik sind nicht zuviel, sondern zu wenig Leute politisch aktiv.

105 Wir müssen uns stärker politisch beteiligen, damit wir die politischen Entscheidungen beeinflussen können.

106 Von unserem politischen Interesse hängt es ab, ob wir eine vernünftige Regierung haben oder nicht.

107 Wir sollten uns mehr politisch beteiligen, dann können wir die Arbeit der Regierung besser kontrollieren.

Fragebogenteil: Politische Entfremdung

108 In der Politik geschieht selten etwas, was dem kleinen Mann nützt.

109 Die meisten Äußerungen der Politiker sind reine Propaganda.

110 In der Politik dreht sich alles doch nur ums Geld.

111 Die Abgeordneten interessieren sich kaum für die Probleme der Leute, von denen sie gewählt werden.

112 Für das, was die Politiker leisten, werden sie zu hoch bezahlt.

113 Es hat wenig Sinn, an Abgeordnete zu schreiben, weil sie sich wenig für die Probleme des kleinen Mannes interessieren.

114 Viele Politiker machen auf unsere Kosten schöne Reisen.

115 Die Bevölkerung wird sehr oft von Politikern betrogen.

116 Was ein Politiker verspricht, hält er selten oder nie.

117 Die Parteien sollten sich nicht wundern, wenn sie bald niemand mehr wählt.

118 Politiker sagen einmal dies, einmal jenes, wie es ihnen in den Kram paßt.

119 Es kommt gar nicht darauf an, welche Partei die Wahlen gewinnt, die Interessen des kleinen Mannes zählen ja doch nicht.

Fragebogenteil: Verhaltenserwartungen

Sagen Sie mir bitte zu jedem der folgenden Punkte, welche der aufgeführten Personengruppen von Ihnen erwartet, daß Sie sich an den Entscheidungen zur Stadtsanierung in Andernach beteiligen.

		Freunde	Familie	Politiker
120	Daß ich persönlichen Kontakt zu Parteien aufnehmen, erwarten von mir:	1 2 0	1 2 0	1 2 0
121	Daß ich persönlichen Kontakt zu Politikern aufnehme, erwarten von mir:	1 2 0	1 2 0	1 2 0
122	Daß ich persönlichen Kontakt zur Verwaltung aufnehme, erwarten von mir:	1 2 0	1 2 0	1 2 0
123	Daß ich in einer Bürgerinitiative mitarbeite, erwarten von mir:	1 2 0	1 2 0	1 2 0
124	Daß ich zukünftige Ausstellungen zur Stadtsanierung besuche, erwarten von mir:	1 2 0	1 2 0	1 2 0
125	Daß ich mich auf einer Ausstellung zu Wort melde, erwarten von mir:	1 2 0	1 2 0	1 2 0

Fragebogenteil: Politikcharakter

Wer sollte Ihrer Meinung nach über die folgenden Maßnahmen in Andernach entscheiden? Sagen Sie mir bitte jeweils, wer in erster Linie entscheiden sollte und wer an zweiter Stelle kommt (Anlage 10).

126 Wirtschaftsförderung und Industrieansiedlung

an erster Stelle:
an zweiter Stelle:

127 Einrichtung von Jugend- und Altenheimen

an erster Stelle:
an zweiter Stelle:

128 Kindergärten und Spielplätze

an erster Stelle:
an zweiter Stelle:

129 Verkehrsplanung und Fußgängerzonen

    an erster Stelle:
    an zweiter Stelle:

130 Stadtbilderhaltung

    an erster Stelle:
    an zweiter Stelle:

131 Sport-und Freizeiteinrichtungen und Grünanlagen

    an erster Stelle:
    an zweiter Stelle:

132 Altbaumodernisierung

    an erster Stelle:
    an zweiter Stelle:

133 Umweltverbesserung durch Aussiedlung störender Industrie

    an erster Stelle:
    an zweiter Stelle:

134 Sanierung der Altstadt

    an erster Stelle:
    an zweiter Stelle:

Fragebogenteil: Zeitbudget und Gratifikationen

135 Wenn Sie irgendeine Angelegenheit hier in der Stadt Andernach ganz per-
    sönlich angeht, würden Sie sich dann auch an den Disku ionen darüber
    beteiligen, bzw. auf irgendeine Weise Einfluß zu nehmen versuchen?

    1   ja (weiter mit Frage 137)
    2   nein
    0   w.n.

136 Wenn das nicht der Fall ist, woran liegt das vorwiegend?

    1   keine Zeit
    2   kein Interesse
    3   andere Gründe:
    0   w.n.

137 Glauben Sie, daß eine solche Beteiligung für Ihr Geschäft/Ihren Beruf
    eher schädlich als vorteilhaft wäre?

    1   vorteilhaft
    2   egal
    3   schädlich
    0   w.n.
    Begründung:

138 Glauben Sie, daß eine solche Beteiligung für Sie persönlich, d.h. für Ihre gesellschaftliche Stellung oder Ihr Ansehen hier in der Stadt eher vorteilhaft oder schädlich wäre?

1   vorteilhaft
2   egal
3   schädlich
0   w.n.

Begründung:

139 Haben Sie während Ihrer beruflichen Tätigkeit Gelegenheit, sich über die Dinge, die hier in Andernach geschehen, auf dem laufenden zu halten?

1   ja
2   nein
0   w.n.

140 Was glauben Sie, wieviel Zeit müßte man für eine Beteiligung an den öffentlichen Angelegenheiten hier in Andernach aufwenden, wenn das Aussicht auf Erfolg haben soll?

1   sehr viel
2   viel
3   wenig
4   sehr wenig
0   w.n.

141 Meinen Sie, daß eine solche Beteiligung soviel Zeit in Anspruch nehmen würde, daß Sie anderen Verpflichtungen oder Interessen nicht mehr so nachgehen könnten wie bisher?

1   ja
2   nein } (weiter mit Frage 143)
0   w.n.

142 Welche Verpflichtungen oder Interessen würden am meisten darunter zu leiden haben (eine Nennung)

1   Arbeit/Beruf/Geschäft
2   Freunde/Bekannte
3   mein Verein
4   meine Familie
5   Entspannung und Erholung
6   Lesen, Fernsehen
7   meine Hobbys

143 Wenn Sie zu wählen hätten, was würden Sie nach Feierabend tun? (eine Nennung)

1   sich Ihrer Familie, Ihren Freunden oder Bekannten widmen
2   Ihren Hobbys nachgehen
3   sich Ihrem Verein widmen
4   Entspannung und Erholung suchen
5   Lesen oder Fernsehen

6   sich für eine bestimmte öffentliche Angelegenheit,
          die Sie besonders angeht, einsetzen

0   w.n.

146   Haben Sie in den Organisationen, in denen Sie Mitglied sind, eine Funktion oder ein Amt ausgeübt, bzw. üben Sie es noch aus?

      ja, und zwar   Nr.d.Org.   Amt

147   Wieviel Zeit verwenden Sie im Durchschnitt für sämtliche der Organisationen, in denen Sie Mitglied sind?

        Std. pro Woche

148   Was bedeutet dieser Zeitaufwand für Sie persönlich? Glauben Sie, daß Sie

    1   sehr viel
    2   viel
    3   wenig
    4   sehr wenig
    0   w.n.
    Zeit hierfür aufwenden?

149   Glauben Sie, daß Sie durch Ihre Mitgliedschaft/en irgendwelche Vorteile haben: persönliche, ideelle, materielle oder sonstige?

    1   ja
    2   nein
    0   w.n.
    Begründung:

150   Bringt die Mitgliedschaft Nachteile irgendwelcher Art mit sich? Wenn ja, warum und welche?

    1   ja
    Begründung:
    2   nein
    0   w.n.

151   Wird in der Organisation, in der Sie Mitglied sind, auch über politische Fragen diskutiert?

    1   ja
    2   nein
    0   w.n.
    Stichworte:

152 Wird in der Organisation, in der Sie Mitglied sind, auch über kommunalpolitische Fragen Andernachs diskutiert? Wenn ja, nennen Sie einige
Probleme in Stichworten!

  1   ja, und zwar über
  2   nein
  0   w.n.

Fragebogenteil: Soziodemographische und soziostrukturelle Daten

153 Darf ich fragen wie alt Sie sind?

       Jahre

154 Geschlecht der Befragungsperson

  1   männlich
  2   weiblich

155 Nationalität, Staatsbürgerschaft

  1   deutsch
  2   andere:

156 Darf ich Sie nach Ihrem Familienstand fragen? Sind Sie

  1   ledig
  2   verlobt
  3   verheiratet
  4   verwitwet
  5   geschieden

157 Wieviele Personen leben ständig in Ihrem Haushalt. Ich meine Personen,
die hier schlafen und essen. Sie selbst eingeschlossen.

       Zahl:

158 Wieviele Personen in Ihrem Haushalt sind Kinder und Jugendliche, also
noch unter 18 Jahren?

       Zahl:

159 Welche Stellung haben Sie im Haushalt? Sind Sie

  1   Haushaltsvorstand
  2   Ehegatte des HV
  3   Kind/Schwiegerkind des HV
  4   Elternteil/Schwiegerelternteil des HV
  5   anderes:

160 Welcher Konfession oder Glaubensgemeinschaft gehören Sie an?

    1   katholisch
    2   evangelisch
    3   andere:
    4   keiner
    0   k.A.

161 Ist Andernach Ihr Hauptwohnsitz, Zweitwohnsitz oder Ihr Arbeitsort (Pendler)?

    1   Hauptwohnsitz
    2   Zweitwohnsitz
    3   nur Arbeitsort
    0   w.n.

162 Welchen Schulabschluß haben Sie und Ihre Eltern?

	PB	Vater	Mutter
Volksschule	1	1	1
Mittlere Reife	2	2	2
Abitur	3	3	3
Fachhochschule/Uni	4	4	4
w.n.	0	0	0

163 Haben Sie einen Berufsabschluß, wenn ja, welchen?

    1   Geselle
    2   Kaufm. Gehilfe
    3   Facharbeiter
    4   Meister
    5   anderen:
    0   w.n.

164 Welchen Beruf haben Sie?
     Berufsbezeichnung:
     Sind Sie

    1   Schüler
    2   Lehrling
    3   Student
    4   Praktikant
    5   in sonstiger Ausbildung:
    6   Hausfrau
    7   Arbeiter
    8   Geselle
    9   Facharbeiter
   10   Angestellter
   11   Leitender Angestellter
   12   Landwirt
   13   Beamter im mitt. Dienst
   14   Beamter im gehob. Dienst

15   Beamter im höher. Dienst
16   Kaufmann
17   Selbständiger im Gewerbebereich
18   anderer Selbständiger:
19   Rentner
20   arbeitslos, vorher gearbeitet als:
0   w.n.

165   Welches monatliche Einkommen hat Ihr Haushalt? Bitte kreuzen Sie die
      in Frage kommende Gruppe an! (Anlage 11)

      Nr der Gruppe:

166   Wieviele Personen in Ihrem Haushalt beziehen ein regelmäßiges Einkommen
      (auch Renten)?

      Zahl:
      k.A.: 0

167   Name:
      Vorname:
      Wohnort: Andernach
              sonstiger:
      Straße:
      Hausnummer:
      Datum und Unterschrift des Interviewers

Anlagen zum Fragebogen

Anlage 1

	sehr stark interessiert	stark interessiert	nicht sehr stark interessiert	überhaupt nicht interessiert
A Bundespolitik	1	2	3	4
B Landespolitik	1	2	3	4
C städtische Politik Kommunalpolitik	1	2	3	4

Anlage 2

	sehr stark interessiert	stark interessiert	nicht sehr stark interessiert	überhaupt nicht interessiert
A Die Tätigkeit der Stadtverwaltung	1	2	3	4
B Die Tätigkeit der politischen Parteien	1	2	3	4
C Die Tätigkeiten des Stadtrates	1	2	3	4
D Was in meiner Wohnung geschieht	1	2	3	4
E Ereignisse, die meine Stadt insgesamt betreffen	1	2	3	4
F Was an Maßnahmen zur Altstadtsanierung geplant ist	1	2	3	4

Anlage 3

	sehr wichtig	wichtig	weniger wichtig	unwichtig
A Ausstellung	1	2	3	4
B Zeitung	1	2	3	4
C Stadtrat	1	2	3	4
D Stadtverwaltung	1	2	3	4
E Parteien	1	2	3	4
F Familie	1	2	3	4
G Nachbarn	1	2	3	4
H Freunde/Bekannte	1	2	3	4
I Arbeitskollegen	1	2	3	4
Sonstige: _____	1	2	3	4

Anlage 4

	nicht bekannt / bekannt (ankreuzen)		weniger wichtig / sehr wichtig (ankreuzen)		Betroffenheits- grad (eintragen)
1. Verkehrsverbesserung	1	2	1	2	...
2. Verbesserung der Wohnsituation	1	2	1	2	...
3. Stadtbilderhaltung	1	2	1	2	...
4. Verbesserung der Einkaufsmöglich- keiten	1	2	1	2	...
5. Einrichtung von Fußgängerzonen	1	2	1	2	...
6. Verbesserung des Freizeitwertes der Innenstadt, Einrichtung von Grünan- lagen, Freizeiteinrichtungen	1	2	1	2	...
7. Verbesserung der Umweltbedingungen durch Aussiedlungstörend. Industrie	1	2	1	2	...

Anlage 5

Ich bin gar nicht betroffen	=	1
Ich bin wenig betroffen	=	2
Ich bin etwas betroffen	=	3
Ich bin ziemlich betroffen	=	4
Ich bin sehr betroffen	=	5
weiß nicht	=	0

Anlage 6

Art der Beteiligung	selbst genutzt	erfolgreich ja	nein
1. Wahlen im Betrieb	1	1	2
2. Wahlen in der Gewerkschaft	1	1	2
3. Teilnahme an Wahlversamml.	1	1	2
4. Teilnahme an Parteiversamml.	1	1	2
5. Teilnahme an Kundgebungen	1	1	2
6. Teilnahme an einer Straßendemonstration	1	1	2
7. Streik (im Betrieb)	1	1	2
8. Mieterstreik	1	1	2
9. Beteiligung an Unterschriftensammlung	1	1	2
10. Briefe an Zeitungen, Rundfunk und Fernsehen	1	1	2
11. Briefe oder Eingaben an Verwaltung, Stadtrat, Landes- oder Bundestagsabgeordnete oder an andere Politiker schreiben	1	1	2
12. Persönliche Kontaktaufnahme mit Verwaltung	1	1	2
13. Persönliche Kontaktaufnahme mit Politikern	1	1	2
14. Arbeit während eines Wahlkampfes für eine Partei oder Wählergruppe	1	1	2
15. Arbeit als Mitglied in einer politischen Partei	1	1	2
16. Mitarbeit in einer Bürgerinitiative	1	1	2
17. Teilnahme an einer Bürgerversammlung	1	1	2
18. Teilnahme an einer Anhörung	1	1	2
19. Teilnahme an einem Bürgerbegehren (gem. § 17 GO)	1	1	2
20. Sonstige:	1	1	2

Anlage 7

	ja	nein	w.n.
1. Verkehrsverbesserung	1	2	0
2. Verbesserung der Wohnsituation	1	2	0
3. Stadtbilderhaltung	1	2	0
4. Verbesserung der Einkaufsmöglich-keiten	1	2	0
5. Einrichtung von Fußgängerzonen	1	2	0
6. Verbesserung des Freizeitwertes der Innenstadt, Einrichtung von Grünanlagen, Freizeiteinrichtungen usw.	1	2	0
7. Verbesserung der Umweltbedingungen durch Aussiedlung störender Industrie	1	2	0

Anlage 8

	ja	nein	w.n.
1. Verkehrsverbesserung	1	2	0
2. Verbesserung der Wohnsituation	1	2	0
3. Stadtbilderhaltung	1	2	0
4. Verbesserung der Einkaufsmöglich-keiten	1	2	0
5. Einrichtung von Fußgängerzonen	1	2	0
6. Verbesserung des Freizeitwertes der Innenstadt, Einrichtung von Grünanlagen, Freizeiteinrichtungen usw.	1	2	0
7. Verbesserung der Umweltbedingungen durch Aussiedlung störender Industrie	1	2	0

Anlage 9

ganz bestimmt nicht	=	1
bestimmt nicht	=	2
unentschieden	=	3
bestimmt	=	4
ganz bestimmt	=	5

Anlage 10

1. Darüber sollte vor allem der Bürgermeister entscheiden.
2. Darüber sollten vor allem die Fachleute entscheiden.
3. Darüber sollten vor allem die Stadtverwaltung entscheiden.
4. Darüber sollten vor allem die gewählten Stadtratsmitglieder entscheiden.
5. Darüber sollten vor allem bestimmte Interessengruppen entscheiden.
6. Darüber sollten vor allem die betroffenen Bürger entscheiden.

Anlage 11

Wie hoch ist das Netto-Einkommen Ihres Haushaltes?
(Einkommen aller im Haushalt!)

1	unter	600	DM
2	600 –	1000	DM
3	1000 –	1500	DM
4	1500 –	2000	DM
5	2000 –	3000	DM
6	über	3000	DM
0	k.A.		

Fragebogen für die Elitenbefragung

1　Im Zusammenhang mit der Sanierung wird betont, die Altstadt müsse "attraktiv" sein oder werden. Was wird darunter bei den Verantwortlichen in Andernach verstanden?

2　Was verstehen Sie selbst unter City-Attraktivität?

3　Attraktivität kann für verschiedene Leute Unterschiedliches bedeuten, je nachdem welche Interessen man hat. Für wen soll die City attraktiver werden?

4　Kann die Stadt im Rahmen der Sanierung ihre Zielsetzung selbst entwickeln und durchsetzen oder wird sie durch gesetzliche oder finanzielle Auflagen stark eingeschränkt oder in eine bestimmte Richtung gedrängt?
Ich überreiche Ihnen hier eine Liste. Lesen Sie sich bitte zunächst alle Antwortmöglichkeiten durch und geben Sie dann für jede an, wie stark sie zutrifft. Bilden Sie dabei bitte möglichst eine Rangordnung.
Die Ziele werden von der politischen Führung der Stadt autonom entwickelt.
trifft sehr zu
trifft zu
trifft wenig zu
trifft nicht zu.
Die Stadt wird durch rechtliche Bedingungen eingeschränkt oder in eine bestimmte Richtung gedrängt.
trifft sehr zu
trifft zu
trifft wenig zu
trifft nicht zu
Die Stadt wird durch das Finanzierungssystem eingeschränkt oder in eine bestimmte Richtung gedrängt.
trifft sehr zu
trifft zu
trifft wenig zu
trifft nicht zu
Die Stadt wird durch die Planer eingeschränkt oder in eine bestimmte Richtung gedrängt.
trifft sehr zu
trifft zu
trifft wenig zu
trifft nicht zu

Die Stadt wird durch die Stimmung in der Bevölkerung eingeschränkt oder in eine bestimmte Richtung gedrängt.

trifft sehr zu

trifft zu

trifft wenig zu

trifft nicht zu

5   Im Zuge der Stadtentwicklung und Sanierungsplanung wurden von der Stadt mehrere Ausstellungen, verbunden mit Gesprächen mit den Bürgern, veranstaltet. Weshalb wurde das gemacht?

6   Von wem ging die erste Anregung dazu aus?
Bitte kreuzen Sie möglichst nur e i n e Nennung an.

Rat/Ausschuß

Verwaltung

Gruppe Hardtberg

Klein

Steffens

CDU

SPD

WG Schreiber

Bürgerinitiative

sonstige

7   Halten Sie Ausstellungen in der Form, wie sie hier durchgeführt wurden, für richtig?

ja

nein

teils, teils

8   Wie würden Sie nach Ihren bisherigen Erfahrungen den t a t s ä c h l i - c h e n   E i n f l u ß , den die Bürger durch ein solches Verfahren in Andernach auf die Planungsergebnisse haben, einschätzen?

sehr hoch

hoch

mittel

gering

keinen Einfluß

9   Glauben Sie, daß die Andernacher Bevölkerung der politischen Führung der Stadt im allgemeinen vertraut und ihre Entscheidungen auch dann akzeptiert, wenn sie die Gründe dafür nicht so recht einsehen kann?

10   Gibt es kommunalpolitische Themen, bei denen massive Proteste zu befürchten sind für den Fall, daß Teile der Bevölkerung mit den Plänen und Maßnahmen der Stadt nicht einverstanden sind?

11   Bei welchen Problemen würden Sie denn am ehesten Proteste erwarten?

12 Und welche Personen/Gruppen würden da Ihrer Meinung nach aktiv werden?

13 Was sollte ein Kommunalpolitiker bei seinen Entscheidungen besonders beachten?
Bilden Sie bitte eine Rangfolge:
a) daß alle gesetzlichen Vorschriften sehr genau eingehalten werden, oder
b) daß der Haushalt der Gemeinde möglichst nicht belastet bzw. sogar entlastet wird, oder
c) daß durch die Entscheidungen keine Unruhe unter der Bevölkerung auftritt, oder
d) daß die Entscheidungen, die er im Gemeindeinteresse für vernünftig hält, auf irgendeine Weise durchgesetzt werden?

14 Gilt für die leitenden Verwaltungsbeamten die gleiche Rangfolge oder würden Sie da andere Prioritäten setzen?

15 Das StBauFG sieht eine frühzeitige Beteiligung der Bürger an der Sanierungsplanung vor.
Welche Form der Durchführung dieser Vorschrift halten Sie für angemessen?

16 Ein möglicher Einwand gegen Bürgerbeteiligung ist, daß sie zu aufwendig sei, d.h. zuviel Personal, Zeit oder Geld koste. Wie stehen Sie dazu?

trifft zu
trifft teilweise zu
trifft nicht zu

17 Gilt das auch für die Ausstellungen, die in Andernach im Rahmen der Sanierung durchgeführt wurden?

18 Sanierungen und ähnliche Maßnahmen haben in den letzten Jahren eine Vielzahl von Bürgerprotesten in unseren Städten hervorgebracht. Kann und soll die Kommunalpolitik daraus Lehren und Konsequenzen ziehen? Welche?

19 Der Bebauungsplan Drususplatz gehörte zwar nicht zur eigentlichen Sanierungsplanung, steht aber damit als Kernstück der weiteren Innenstadtentwicklung in engem Zusammenhang. Weshalb wurde die Öffentlichkeit hier nicht in ähnlicher Weise an der Planung beteiligt wie bei der Sanierungsplanung?

20 Die Ziele der Sanierung sind in den verschiedenen Plänen der Gruppe Hardtberg niedergelegt worden. Hat es darüber im Rat bzw. in den Ausschüssen Auseinandersetzungen gegeben, oder sind die allgemeinen Zielvorstellungen der Gruppe Hardtberg im wesentlichen akzeptiert worden?

der Rat war meist einverstanden, weil er die Pläne für gut hielt

der Rat war zwar nicht immer einverstanden, hat die Pläne aber akzeptiert, da sie unverbindlich sind

die Pläne wurden z.T. abgelehnt oder verändert.

21   Bei welchem Planervorschlag gab es Auseinandersetzungen?

22   Welche Gegenmeinungen wurden vertreten?

23   Von wem?

24   Fanden diese Auseinandersetzungen öffentlich statt oder nicht?

25   Und wer unterstützte dabei die Gruppe Hardtberg?

26   Wer setzte sich schließlich durch?

27   Gab es dazu auch kontroverse Reaktionen in der Bevölkerung? Mit welchen Positionen?

28   Wie ist es zu den in den Plänen der Gruppe Hardtberg formulierten Zielvorstellungen gekommen?
      Kreuzen Sie bitte an, was am ehesten zutrifft.

      die gh hat die Pläne vor allem aufgrund ihrer Untersuchungen entwickelt

      der Rat hat die Ziele vorgegeben, danach hat die gh im Detail geplant

      die gh hat die Pläne vor allem aufgrund der Anregungen der Bürger bei den Ausstellungen entwickelt.

29   Haben Sie Vorstellungen zur Sanierung, die von den bisherigen Plänen und Maßnahmen abweichen oder war dies in einem früheren Stadium der Sanierung der Fall?

      ja
      nein

30   Wie sehen diese aus?

31   Haben Sie versucht, Ihren Vorstellungen Gehör zu verschaffen?
      ja
      nein

32   Warum nicht?

33   Mit Erfolg?

34   Wer hat Sie unterstützt?

35   Woran sind Sie gescheitert und wer waren Ihre wesentlichen
      Kontrahenten?

36   Halten Sie eine Stadtsanierung in Andernach für notwendig?
      Weshalb?

37   Altstadtgebiete haben u.a. zwei typische Mängel: erstens, schlechte
      Bausubstanz mit z.T. unzumutbaren Wohnungsverhältnissen; zweitens,
      beengte Verkehrsverhältnisse und schlechte ökonomische Nutzbarkeit
      für Handel und Dienstleistung. Welcher Zustand müßte Ihrer Meinung
      nach als erster verbessert werden, wenn nicht beides gleichzeitig zu
      schaffen ist?

38   Die Sanierung soll die infrastrukturelle Voraussetzung für Investitio-
      nen des Handels- und Dienstleistungsbereichs schaffen. Haben Sie An-
      haltspunkte dafür, daß diese Investiitionen auch erfolgen werden?

39   Können Sie mir vielleicht ungefähr sagen, wieviele Wohnungen durch
      die Sanierung z u s ä t z l i c h geschaffen werden (im Vergleich
      zum alten Bestand vor Beginn der Abrißmaßnahmen)?

40   In den Planungen zur Entwicklung der Altstadt ist davon die Rede,
      größere Betriebe aus der Innenstadt fernzuhalten oder auszusiedeln.
      Nun hat Ende der 60er Jahre die Firma (....) ihre in der Altstadt
      gelegene Fabrik durch den Bau von zwei Türmen stark vergrößert. Hat
      es damals bzgl. dieser Maßnahme seitens der Stadt Bedenken gegeben?

      ja
      nein
      teils, teils,
      weiß nicht

41   Wogegen richten sich diese und von wem wurden sie vorgebracht?

42   Glauben Sie, daß die Stadt den Bau hätte verhindern können?

43   Hätte sie ihn verhindern sollen?

      ja
      nein
      weiß nicht

44   Nehmen wir einmal an, die Firma (....) (oder eine andere gleich große
      Firma) hätte erst jetzt oder vor einem Jahr den Plan vorgelegt, die
      Türme zu bauen. Wäre die Entscheidung dann genauso gefallen wie
      jetzt oder hätte man den Bau nicht genehmigt?

      man hätte (würde) genauso entscheiden wie damals

      im Grundsatz gleiche Entscheidung, vielleicht mit anderer Außenge-
      staltung

      die Genehmigung wäre nicht erteilt worden

      weiß nicht

45 Glauben Sie, daß es heute in einem solchen Fall in größerem Umfang Proteste aus der Bevölkerung geben würde?

ja, weil die Bevölkerung in dieser Hinsicht kritischer geworden ist

ja, aber nur von bestimmten Gruppen

vielleicht von ein paar vereinzelten Kritikern

nein, es würde keine Proteste geben.

46 Was glauben Sie, wie stark ein solcher Protest sein würde?

sehr stark und hartnäckig
stark, aber nur kurzfristig
weniger stark, nur vereinzelte Proteste ohne breite
Unterstützung

47 Was sollte die Stadt dann unternehmen in Bezug auf diese Proteste?

Proteste als Druckmittel gegen das Unternehmen nützen
gemeinsame öffentliche Veranstaltungen organisieren
nicht auf Proteste eingehen, stattdessen sich auf Verhandlungen
mit dem Unternehmen konzentrieren

die Bevölkerung auf die Bedeutung des Unternehmens hinweisen,
ohne das ganze Problem in der Öffentlichkeit zu diskutieren

die Bevölkerung auf die Bedeutung des Unternehmens hinweisen
und die Sache in aller Öffentlichkeit austragen und entscheiden.

48 Wie beurteilen Sie die Finanzlage der Stadt Andernach?

49 Glauben Sie, daß auch die weitere Entwicklung der Altstadt hierdurch betroffen ist?

ja
nein
weiß nicht.

50 In welcher Weise?

51 Kann die Stadt etwas gegen die Finanzmisere unternehmen und wenn ja, was sollte sie tun?

52 Gibt es Bestrebungen oder hat es solche in den letzten Jahren gegeben, den Gewerbesteuer-Hebesatz anzuheben?

ja
nein
weiß nicht

53 Wissen Sie, mit welchen Argumenten man für eine Anhebung eintrat (und eintritt)?

54	Und wer war (ist) dagegen?
55	Welche Argumente werden (wurden) dazu von dieser Seite vertreten?
56	Gab es (gibt es) in dieser Frage einen Konflikt?
57	Wurde (wird) dieser Konflikt in der Öffentlichkeit sichtbar?
58	Wie äußerte sich dieser Konflikt?
59	Was würden Sie sagen, wie stark war (ist) der Konflikt?

sehr stark
stark
nicht so stark

60	Wer wird sich Ihrer Meinung nach durchsetzen? Warum?
61	Wie ist Ihre eigene Meinung dazu?
62	Der Andernacher Hebesatz liegt deutlich unter dem Landeshöchstsatz. Deshalb muß die Stadt anstatt 40% ca. 51% Gewerbesteuerumlage bezahlen. Ist Ihnen das bekannt und wissen Sie, wie hoch der dadurch entstehende jährliche Verlust ist?
63	Weshalb nehmen Sie diesen Verlust in Kauf?
64	Halten Sie das persönlich für richtig?
65	Wir haben hier eine alphabetisch geordnete Liste von Personen zusammengestellt, von denen wir annehmen, daß sie in irgendeiner Weise auf die Politik in Andernach Einfluß haben. Von welchen Personen auf dieser Liste würden Sie sagen, daß sie bzgl. der Sanierung in Andernach sehr einflußreich sind?
66	Wer ist der einflußreichste?
67	Wer kommt an zweiter Stelle?
68	Kennen Sie noch andere einflußreiche Personen, die nicht auf unserer Liste stehen?
69	Gibt es Personen auf dieser Liste, deren Einfluß vor Jahren sehr groß war, jetzt aber zurückgegangen ist?
70	Warum ist der Einfluß dieser Personen zurückgegangen?
71	Wer ist in den letzten Jahren einflußreicher geworden? Weshalb?
72	Gewöhnlich werden Personen wegen bestimmter persönlicher Eigenschaften oder Mittel, über die sie verfügen, in einer Gemeinde als bedeutend oder einflußreich angesehen. Wir haben hier einige solcher Möglichkeiten aufgeschrieben. Man kann. z.B. einflußreich sein aufgrund einer offiziellen Funktion, z.B. in der Stadtverwaltung oder als Mandatsträger. Das würde unserem Punkt 1 entsprechen.

Oder weil man über entsprechende wirtschaftliche Mittel wie Geld, Grund und Boden oder Arbeitsplätze verfügen kann, oder weil man ein wichtiger Gewerbesteuerzahler ist. Das entspricht unseren Punkten 2 – 4. Dann gibt es Experten auf bestimmten Gebieten, die wegen ihres Sachwissens einflußreich sind – das ist unser Punkt 5 – oder Personen, die sehr viel durch ihre guten Beziehungen zu anderen einflußreichen Leuten in und außerhalb der Stadt erreichen – das ist unser Punkt 6. Man kann in einer Gemeinde auch einflußreich sein, weil man bekannt ist als jemand, der gute Vorschläge macht und der die Bevölkerung auch als guter Redner für diese Vorschläge mobilisieren kann. Das ist unser Punkt 7.

Unser Punkt 8 beschreibt den ehrlichen Makler, und Punkt 9 Vertreter bestimmter Untergruppen der Bevölkerung.

Können Sie mir bitte für die Personen auf unserer Liste, für die Sie sich ein genaues Urteil zutrauen, die wichtigsten Eigenschaften oder Mittel angeben, die diese Person besitzt. Falls für eine Person mehrere Möglichkeiten in Frage kommen, geben Sie mir bitte die Eigenschaft oder Mittel an, die Sie für die wichtigste halten.

1   Amtliche Entscheidungsbefugnis als Mandatsträger oder Inhaber einer höheren Stellung in der öffentlichen Verwaltung

2   Verfügungsgewalt über Geldkapital

3   Verfügungsgewalt über Grund und Boden oder Arbeitsplätze

4   Wichtiger Gewerbesteuerzahler

5   Spezielles Expertenwissen auf bestimmten begrenzten Gebieten von kommunalem Interesse

6   Gute Beziehungen zu einflußreichen Personen in und außerhalb der Stadt

7   Allgemeines Ansehen als einer, der die Öffentlichkeit für gute Vorschläge im Interesse der Stadt als ganzes mobilisieren kann

8   Ehrlicher Makler, der bei Streitfragen unparteiisch vermitteln kann

9   Einfluß in bestimmten Untergruppen der Bevölkerung wie Wähler einer bestimmten Partei, Mitglied eines Vereins usw.

10   sonstiges (bitte genaue Angaben)

73   Würden Sie mir nun bitte die wichtigsten Eigenschaften oder das Mittel nennen, das für S i e am ehesten zutrifft?

74   Können Sie mir bitte die drei Personen nenne, mit denen Sie am häufigsten über Gemeindeangelegenheiten diskutieren?

ANMERKUNGEN

1) Diese Aussage beinhaltet jedoch nicht, daß hier streng im Sinne
    Poppers vorgegangen worden sei. Der Kritische Rationalismus ist vielmehr
    die wissenschaftstheoretische "Hintergrundfolie", auf die Teile der vorlie-
    genden Arbeit zurückgeführt werden können.

2) Hiermit ist lediglich der wissenschaftstheoretisch begründbare "Wert" einer
    Theorie gemeint, nicht der Wert einer Theorie aufgrund ihrer bisherigen
    "Bewährtheit" oder ihrer inhaltlichen Relevanz.

3) Die auf Offe zurückgehende verbreitete Unterscheidung zwischen Planungs
    b e t r o f f e n e n und Planungs i n t e r e s s e n t e n hat eine
    b e s c h r e i b e n d e Funktion zur Bezeichnung der Gruppen, die an
    (kommunal) politischen Planungsprozessen eher Nutzen ziehen bzw. Schaden
    erleiden. In dieser Funktion ist diese Unterscheidung durchaus sinnvoll. Sie
    gilt aber nicht, wenn Betroffenheit als analytische Kategorie verwendet
    wird (vgl. Offe 1972, 134-137).

4) Dies hängt mit der Perzeption der konkreten Situation zusammen, was im
    nächsten Kapitel systematisch behandelt wird.

5) Die Begründung dieser Hypothese erfolgt in dem Kapitel über die konkrete
    Interessiertheit und über die Einstellungs-Verhaltens-Relation.

6) Für eine nähere Umschreibung dessen, was die Sozialisationsvorgänge, wie
    auch die Sozialisationsresultate beinhalten sollten, dürfte der Begriff des
    Schemas, wie er in neueren Abhandlungen zu einer eher kognitiv orientier-
    ten Sozialisationstheorie Verwendung findet (Solle & Murphy 1960, Fröhlich
    1972), insofern von Interesse sein, als er inhaltlich erfaßbare dynamische
    Strukturen oder Prozeßvariablen, sowohl im Hinblick auf ihre Entstehung als
    auch auf ihre Bedeutung beim Wahrnehmen, Denken, Werten und Handeln
    zu umschreiben versucht. Schemata sind also weitgehend die Ergebnisse
    der gewonnenen Erfahrungen aus dem aktiven Umgang des Individuums mit
    seiner Umwelt. Diese erworbenen Schemata steuern das Verhalten in einer
    gegebenen Situation, unterliegen aber aufgrund ihrer kontinuierlichen Über-
    prüfung in der Umweltauseinandersetzung einem - ständigen - wenn auch
    im Laufe der Entwicklung sich allmählich stabilisierenden - Lernprozeß.
    In diesem Sinne lassen sich Sozialisationsprozesse als Schematisierungspro-
    zesse bezeichnen.

7) Für eine detaillierte Darstellung der Operationalisierung der Schichtvariab-
    le, s. Anhang.

8) Vgl. zum ganzen S c h m u n k, 1977.

9) Wir wollen terminologisch "Wahrnehmung" durch "Perzeption" ersetzen.
    Denn hinsichtlich der Beteiligungsmöglichkeiten ist der Begriff der "Wahr-
    nehmung" doppeldeutig: einmal könnte er im Sinne von "Perzeption", zum
    anderen aber auch i.S. von Realisieren dieser Möglichkeiten verstanden
    werden.

10) Grundlage unseres Kommunikationsmodells ist das "Feldschema der Massen-
    kommunikation" von M a l e t z k e (1963). Die Modifikation besteht
    1. in der Aufschlüsselung der Flußmöglichkeiten der Informationen und
    der Aufnahme interpersonaler Kommunikationsstrukturen und -prozesse,
    2. in der Einbeziehung auch der umgekehrten Richtung der Informations-
    flußmöglichkeit vom Rezipienten zum (Massen-)Medium bzw. Kommunikator
    im Anschluß an transaktionale Modelle;

3. in der Aufschlüsselung der Perzeptionsseite (vgl. dazu Abb. 4).
Graphisch dargestellt sind in unserem Modell allein solche Beziehungen zwischen Kommunikator und Rezipient bzw. Massenmedium und Rezipient, in denen Informationen zwischen den Kommunikationspartnern ausgetauscht werden ("fließen") sowie Rückkoppelungsprozesse. Alle weiteren Beziehungen zwischen den Kommunikationspartnern und deren Eigenschaften müssen, was die Graphik betrifft, als in den jeweiligen Kreisen enthalten gedacht werden.

11)   Vgl. zum Begriff L u k a s c z y k 1972, 461 ff; M a l e t z k e 1972, 151 2; R a m m s t e d t 1973, 348; S c h u l z 1971, 89 ff.

12)   Wobei einschränkend zu sagen ist, daß Sprache nicht unbedingt erforderlich ist für die Informationsvermittlung; vgl. dazu etwa L u h m a n n 1971, 43f.

13)   Vgll. zum Ganzen die Arbeiten von H a b e r m a s 1971 b; O e v e r - m a n n 1972 sowie S t e i n i g 1976.

14)   Dem tragen wir dadurch Rechnung, daß wir im Verlauf der I n h a l t s - a n a l y s e der Lokalberichterstattung der Andernacher "Rhein-Zeitung" (siehe Kap. 11.5.3) die "Verständlichkeit" der dargebotenen Informationen, Meinungen, etc., analysieren.

15)   § 15 der GO vom 14.12.1974, abgedruckt in: K o m m u n a l b r e v i e r R h e i n l a n d P f a l z (1974, 17).

16)   Vgl. § 16 der GO vom 14.12.1974, abgedruckt in: K o m m u n a l - b r e v i e r R h e i n l a n d P f a l z (1974, 18).

17)   Vgl. auch R e u m a n n/S c h u l z 1971, 226; B o r g h o r s t 1976, 75; M e y n 1974, 40.

18)   Diese Darstellung entspricht der überwiegenden Mehrzahl der Fälle; dennoch soll darauf verwiesen werden, daß diese Informationsstrategie nicht von allen Lokalzeitungen und Lokalredakteure verfolgt. Es gibt durchaus solche, die der "Tendenz der Heimatblätter zur Kritiklosigkeit" (M e y n 1974, 43) dadurch entgegenwirken, daß sie lokale Machtstrukturen aufmerksam und kritisch beobachten und offenlegen, sich zum Anwalt der sprachrohrlosen und benachteiligten Bürger machen und in einigen Fällen sogar bewußt "auf Konfliktkurs gehen".

19)   Vgl. zu diesem Komplex B o r g h o r s t 1976, 77 ff. u. 86 ff.; D u n c k e l m a n n 1976, 48 ff., 126 ff. u. 220 ff. sowie H e l m - k e/N a ß m a c h e r 1976, 185 ff.

20)   Die Vereine haben also eine größere Bedeutung für die Persuasion von Informationen, weniger für die Diffusion; zu den Begriffen siehe unten S.

21)   Vgl. etwa B ö c k e l m a n n 1975; D r ö g e /W e i ß e n b o r n / H a f t 1973; E u r i c h 1976; F e h l a u/N e d d e n s 1975; G e i ß l e r 1973a, b, c; K a t z 1957/1965; K r e u t z 1971; R e n c k s t o r f 1970/1975; S i l b e r m a n n/K r ü g e r 1973; T r o l d a h l/v a n D a m 1965.

22)   Das Meinungsführer-Konzept wird hier nicht vertiefend dargestellt, da im Kontext unserer Bevölkerungsbefragung eine methodisch adäquate besondere Meinungsführeridentifikation nicht vorgenommen wurde, da diese Unter-

suchungen sehr aufwendig und methodisch problematisch sind; es sei hier
daher nur auf einige wichtige Arbeiten zu diesem Komplex hingewiesen;
A n d e r s o n (1962); A u f e r m a n n (1971); E u r i c h (1976);
G e i ß l e r (1973 a, b, c); J a c o b y (1974); K r e u t z (1971);
L o w e /M c C o r m i c k (1956); L u p r i (1969); M o n s m a (197
N o e l l e -N e u m a n n (1963 a, b).

23) Vgl. die Darstellungen bei B ö c k e l m a n n (1975), 108 ff.;
G l o y/B a d u r a (1972); N a s c h o l d (1973) 16 ff.

24) Auffallend ist die Ähnlichkeit der funktionalen Nutzentheorien/Transak-
tionstheorien mit den klassischen liberalistischen Wirtschaftstheorien (öko-
nomisches Modell der vollkommenen Konkurrenz) bzw. der Ideologie der
"Konsumentenfreiheit": "Auf allen Ebenen regelt sich ein derartig organi-
siertes System zum optimalen Nutzen aller Beteiligten von allein. Es benötigt keine zentrale Planung oder Steuerung" (F e h l a u/N e d d e n
1975, 35). Auch das Grundgesetz geht im wesentlichen davon aus, "daß
Bedürfnisse, Ziele und Zielkonflikte über einen Markt ausgehandelt werde
(ebd.). Daß diese Vorstellungen in der ökonomischen Realität schon lange
keinen Bestand mehr haben, scheint die Transaktionalisten nur wenig zu
beeindrucken: sie leben noch in dem Glauben, der Rezipient als Infor-
mationskonsument bestimme als Abnehmer auf dem Informations-Markt auch
das Informationsangebot.

25) Vgl. neuestens und im letzten Teil grundsätzlich auch M e i n e f e l d
(1977).

26) Maße solcher Art sind z.B. der psychogalvanische Hautwiderstand als Indikator für das Ausmaß des Erregungszustandes angesichts der Präsentation
des Einstellungsgegenstandes - nach positiven vs. negativen Reaktionsten-
denzen kann dabei in der Regel nicht differenziert werden.

27) Nur bei solchen auf längere (Handlungs-) erfahrungen gegründeten Einstellungen gilt die bei P e t e r s o n und D u t t o n (1975, 394) vorgetragene These, daß mit der Relevanz (Zentralität) eines Gegenstandsbereichs
die Korrespondenz von Einstellungen und Verhalten zunimmt.

28) Bestimmte Personen(gruppen) gegenüber Beeinflußbarkeit zuzugeben, schafft
nach B r a n d t und K ö h l e r (1972, 1738) Abhängigkeit und führt
zu (Wahrnehmungs) Abwehr solcher Normen.

29) Analytisch lassen sich die folgenden drei wesentlichen Wirkungsaspekte
unterscheiden:
1. Wirkungen auf den Ablauf und die S t r u k t u r von Entscheidungsprozessen; 2. Wirkungen auf das E r g e b n i s von Entscheidungsprozessen; 3. Wirkungen auf die B e t e i l i g t e n, ihre politischen Einstellungen und ihr politisches Verhalten.

30) Grundlegend bestimmt § 16 StabG:
"Die Länder haben durch geeignete Maßnahmen darauf hinzuwirken, daß
die Haushaltswirtschaft der Gemeinden (...) den konjunkturpolitischen Erfordernissen entspricht."
Dazu kann der Bund die Einkommenssteuer um 10% nach oben oder unten
variieren (§ 26 StabG) und die Kreditaufnahme (§§ 19 und 20 StabG) re-
glementieren.

31)   Art. 91a GG bestimmt in Abs. 1:
"Der Bund wirkt auf folgenden Gebieten bei der Erfüllung von Aufgaben der Länder mit, wenn diese Aufgaben für die Gesamtheit bedeutsam sind und die Mitwirkung des Bundes zur Verbesserung der Lebensverhältnisse erforderlich ist (Gemeinschaftsaufgabe): 1. Ausbau und Neubau von Hochschulen einschließlich der Hochschulkliniken, 2. Verbesserung der regionalen Wirtschaftsstruktur, 3. Verbesserung der Agrarstruktur und des Küstenschutzes."
Art. 104a Abs. 4 GG legt fest:
"Der Bund kann den Ländern Finanzhilfen für besonders bedeutsame Investitionen der Länder und Gemeinden (Gemeindeverbände) gewähren, die zur Abwehr einer Störung des gesamtwirtschaftlichen Gleichgewichts oder zum Ausgleich unterschiedlicher Wirtschaftskraft im Bundesgebiet oder zur Förderung des wirtschaftlichen Wachstums erforderlich sind. Das Nähere, insbesondere die Arten der zu fördernden Investitionen, wird durch Bundesgesetz, das der Zustimmung des Bundesrates bedarf, oder aufgrund des Bundeshaushaltsgesetzes durch Verwaltungsvereinbarungen geregelt."
In der Grundgesetz-Ausgabe des Kultusministeriums des Landes Rheinland-Pfalz (4. Auflage 1974) wird kommentiert:
"Durch das Gesetz hat der Bund das ehrenvolle Recht der Investitionshilfe für Länder und Gemeinden - und damit gleichzeitig ein nicht zu unterschätzendes Druckmittel zur Förderung des Bundesinteresses" (S. 86).

32)   Der selbe Effekt wurde oben bereits im Zusammenhang mit den Einfluß der Bezirksregierung behandelt.

33)   Vgl. den Vortrag von O f f e auf dem Kongreß der Deutschen Vereinigung für Politische Wissenschaft 1975. O f f e vertritt die These, daß kapitalistische Systeme ihre Politik inhaltlich (unter Bezug auf Normen) nicht legitimieren können und sich durch wirtschaftspolitische Leistungsfähigkeit das Maß von Unterstützung verschaffen das sie durch ihre "normativen Handlungsprinzipien" nicht zu etablieren" vermögen (1975, 20).

34   Ein eklatantes Beispiel sind die Vorgänge um die Ansiedlung eines Betriebes des amerikanischen Aluminium-Konzerns Reynolds in Hamburg-Altenwerder. Hier pries der Senat das "640-Millionen-Projekt" als großen Gewinn für die Stadt und scheute sich nicht, größte Umweltschutzauflagen zu unterlassen. Als nach Aufnahme der Produktion in der umgebenden Landschaft größere Schäden auftraten, bedurfte es nach langen und heftigen Auseinandersetzungen mit Anwohnern und betroffenen Landwirten schließlich des Eingreifens der Gerichte, um das Unternehmen zum Einhalten gröbster Umweltschutzmaßnahmen zu zwingen.
Vgl. die von Reynolds-Betriebsräten und Vertrauensleuten herausgegebene Dokumentation "Reynolds-Ansiedlung: Der Coup des Jahrhunderts", Hamburg o.J.
Die jüngere kommunalpolitische Literatur bringt eine Vielzahl ähnlicher Beispiele. Vgl. z.B. die Beiträge von A n d r i t z k y/B e c k e r/ S e l l e 1975; weiterhin: H i l t e r s c h e i d 1970; W o l l m a n n 1975; Z o l l 1974.

35)   In den ersten Entwürfen zum StBauFG war bis Ende der 60er Jahre nur die Bausubstanzsanierung vorgesehen. Am Ende wurde jedoch der ökonomisch interessanteren Funktionsschwächesanierung nicht nur eine gleichberechtigte Stellung im Gesetzestext verschafft, sondern eine aus anderen Regelungen

des Gesetzes folgende Dominanz gegenüber Bausubstanzsanierungen (W o l l m a n n 1974; S t ä d t e b a u b e r i c h t 1975, 69), hergestellt.

36) Die Trennung in 5 Einzelaspekte erfolgte, um die Problemlage analytisch in den Griff zu bekommen. Es ist klar, daß diese Trennung künstlich ist und real die Einzelaspekte miteinander verknüpft sind und sich teilweise kausal bedingen.

37) Es handelt sich um 28 Personen, die nach mehreren Verfahren zur Identifizierung lokaler Machteliten herausgefunden und in halbstrukturierten Interviews von uns befragt wurden. (vgl. Kap. 14 und Anhang).

38) Dabei konnte natürlich nur die Sichtweise zum Untersuchungszeitpunkt (Febr. 1976) erfaßt werden.

39) Eine direkte Frage nach städtebaulichen Leitbildern oder der "idealen Stadt" wurde nicht gestellt, weil sich in Probe-Interviews gezeigt hatte, daß die Befragten mit einer solchen Frage wenig anzufangen wußten. Bei dem Begriff "attraktive City" hatten sie dagegen einen direkten Anknüpfungspunkt, da diese von den Planern geprägte modische Formel im Kontext der Sanierung zum Schlagwort geworden ist.

40) "Externe" werden die Befragten genannt, die - obgleich einflußreich bei der Sanierung - nicht dem politischen System (Rat/Verwaltung) in Andernach angehören.
Wir haben die Auswertungen, auf die sich diese Aussage bezieht, hier wie auch im folgenden nicht eigens in Tabellenform dokumentiert, um den Text nicht mit Tabellen zu überfrachten.

41) Es handelt sich hierbei um eine Loseblattsammlung der Planer, die über die Planungs- und Untersuchungsergebnisse berichtet und fortlaufend ergänzt wurde. (1 S. 1.0.3.) = 1. Schichtung, Gliederungspunkt 1.0, Seite 3).

42) Zur Aufteilung der Bundesrepublik in Planungsregionen vgl. BROP 1975, 1

43) Neuwied hat allerdings seit 1970 durch die kommunale Neugliederung eine mehr als zweimal so hohe Einwohnerzahl wie Andernach.

44) Neuwied, Mayen und Andernach gelten als miteinander "konkurrierende Mittelzentren" (Vgl. Nahbereichsuntersuchung 1972, 81).

45) Die in den Tabellen angegebenen Werte stellen - soweit nicht ausdrücklich anders vermerkt - die "rechnungsmäßigen Ist-Ergebnisse" dar. Da hier bei Überschüsse bzw. Fehlbeträge aus Vorjahren sowie Einnahme- bzw. Ausgabe-Reste nicht berücksichtigt werden, können z.B. die Werte der Ausgaben höher als die der Einnahmen ausgewiesen werden, ohne daß dies auch für die Rechnung in Form des "Anordnungs-Solls" zutreffen müßte. Die Diskrepanz zwischen der amtlichen Gemeindefinanzstatistik, die rechnungsmäßigen "Ist-Ergebnisse" darstellt, und den kommunalen Haushaltsplänen, die Rechnungsergebnisse in Form des "Anordnungs-Solls" enthalten, wird u.a. schon von W e i c h s e l, S. 3, Anm. 3, beklagt und als Erschwernis vergleichender Arbeit bezeichnet.

46)   Andernach leistet sich den Luxus, durch die Beibehaltung eines sehr niedrigen Gewerbesteuerhebesatzes zwischen 1972 und 1974 auf rund 1.5 Mio DM Steuereinnahmen zu verzichten (bei Zugrundelegung der Hebesätze nach der Landesverordnung).

47)   Zu dieser Einteilung der Investitionsausgaben vgl. Stat. Jahrbuch Deutscher Gemeinden, 62 (1975) S. 386.

48)   Diese decken sich nunmehr weitgehend mit den Ausgabeposten der "Vermögenshaushalte" im Sinne der neuen Gemeinde-HaushO (die in Rheinland-Pfalz zum 1.1.1975 in Kraft getreten ist).

49)   So bezeichnet W e i c h s e l (1967, 7) die Summe der vermögenswirksamen Ausgaben ohne Schuldentilgungen als einen "Ausdruck für das Investitionsvolumen des Gesamthaushaltes".

50)   Der Städtebaubericht bemerkt hierzu zusammenfassend: "In der Mehrzahl der Gemeinden ist erkannt worden, daß auf diese Weise die Rationalität von Planungsentscheidungen erhöht und eine Qualitätsverbesserung gemeindlicher Planung erreicht werden kann. Die bürgerschaftliche Mitwirkung hat in vielen Fällen zu einer besseren Durchleuchtung der gegebenen Probleme geführt und die Entwicklung von Planungsalternativen gefördert. Es gibt genügend Beispiele dafür, daß auf diese Weise eine Verbesserung der Planungsergebnisse erzielt wurde. (S. 72).

51)   Aufgrund der Stellung dieser Aussage in der Gesetzessystematik wird von B a t t i s "die Mitwirkung der Betroffenen an der Vorbereitung der Sanierung als ein Gesetzesvorschriften-tragendes Prinzip verstanden, das den gesamten Planungsverlauf beeinflußt."
B a t t i s, a.a.O. S. 23.

52)   Vgl. Protokoll der Ratssitzung vom 15.1.1973

53)   Erbauer des Kaufhauses, das von einem Andernacher Geschäftsunternehmen betrieben wird.

54)   Dieses Provisorium besteht inzwischen schon 2 Jahre. Die Umgebung des Kaufhauses - wenn die Wiedergabe eines subjektiven Eindrucks gestattet ist - ist der häßlichste Fleck der Innenstadt Andernachs - von Attraktivität keine Spur!

55)   CDU-Sprecher, Ratsprotokoll vom 15.1.1973

56)   ebenda.

57)   Ein Indiz dafür liefert das Investitionsverhalten der Stadt. Ein Blick in den Investitionshaushalt zeigt, daß in Andernach nach der Wiederaufbauphase eine vorwärtsgerichtete Infrastrukturpolitik völlig fehlte. Abgesehen vom Schulbereich, der infolge der sehr starken Verquickung mit der Landespolitik einen Sonderfall darstellt, wurde zwischen 1965 und 1975 -. neben der Sanierung - nur eine größere Investition vorgenommen: der Bau eines Industriehafens. Erhoffte struktur- und beschäftigungspolitische Effekte konnten damit - vor allem wegen des Einflusses des größten Andernacher Unternehmens, der zur Wolff-Gruppe gehörenden Rasselstein AG, die 25 Prozent der Andernacher Gewerbesteuern einbringt - jedoch nicht erzielt werden. Insgesamt liegen die pro-Kopf-Ausgaben für Finanz- und Sachinvestitionen 1974 in Andernach sowohl unter den Durchschnittswerten vergleichbarer

Städte in Rheinland-Pfalz als auch unter dem Niveau von 1966, wobei es sich um Nominalwerte handelt, die die Geldentwertung außer acht lassen! (Vgl. Kap. 9.3).

58) Begründung zum Bebauungsplan, S. 2.

59) Begründung zum Bebauungsplan, S. 3.

60) Im Falle der Umgehungsstraße waren dies die Hotel- und Gaststättenbesitzer am Rhein, wo die B 9 entlangführte.

61) Ratssitzung v. 29.9.1966; 27.4.1967; 15.6.1967; Bauausschußsitzung v. 13.9. und 11.10.1967.

62) Ein Ratsmitglied der FWG, RZ v. 5.7.71.

63) RZ v. 12./13.12.1970.

64) Vgl. auch RZ v. 5.1.71.

65) Ratssitzung v. 1.7.71; vgl. auch RZ v. 5.7.71.

66) Heinz R o h n, Aufgabe und Bedeutung von Fußgängerzonen, in: Hermann G l a s e r (Hrsg.): Urbanistik. Neue Aspekte der Stadtentwicklung, München 1974, S. 166.

67) Ebenda, ff.

68) Dies gilt insbesondere für die Mehrheitsfraktion im Stadtrat aus CDU und FWG, kann aber mit Einschränkungen auch für die SPD gesagt werden. D Sozialdemokraten schwankten oft zwischen Wollen und Handeln, d.h., obgleich der Mehrheitswille ihren Wertvorstellungen z.T. nicht entsprach, stimmten sie meistens am Ende doch zu.

69) Industrie und Handelskammer zu Koblenz, Zumutbare Entfernung zur Einkaufsstätte, August 1974. Die Andernacher Verwaltung stützt auf diese Untersuchung ihre künftigen Umsatzerwartungen in der Fußgängerzone (Interview), obwohl sie u.E. nicht das Papier wert ist, auf dem sie geschrieben ist. Denn was nützt es der Stadt zu wissen, daß bei "Drogeriewaren durchschnittlich 16 Minuten Fahrzeit (...) und bei Hausrat (...) 21 Minuten akzeptiert (werden)"? (S. 1).

70) Es zeigt sich hier nämlich, daß der Forscher, wenn er Interviews als Informationsquelle über tatsächliche Vorgänge benutzen will, sich nicht mit der ersten Antwort des Befragten "abspeisen" lassen darf. Die Antworten des Befragten sind in der Regel umso zuverlässiger, je genauer er spürt, daß der Interviewer gut informiert ist. Daher eignen sich zur Informationsgewinnung weder (teil-) standardisierte Interviews noch der Einsatz von Interviewern, die ansonsten die Forschungsarbeit nicht oder nur ungenau kennen.
Wir haben diese Erfahrung in fast allen Interviews gemacht.

71) Initiative ist hier nicht gleichbedeutend mit Urheberschaft. Diese ist in de meisten Fällen nicht feststellbar, so daß wir nur erheben konnten, wer - per Antrag oder Vorlage - die Behandlung eines Themas im Ausschuß initiierte.

72) Man kann die hier genannten Zahlen jedoch nicht als Abbild der Redner-
liste in den Ausschußsitzungen ansehen. Erstens dürfte der Protokollant
als Verwaltungsangehöriger die Debatten durch die Verwaltungsbrille sehen;
zweitens werden die einleitenden und die resümierenden Beiträge am aus-
führlichsten protokolliert. Beides wird meist von der Verwaltung vorgenommen, zumal sie in Rheinland-Pfalz den Ausschußvorsitzenden stellt.
Dies ist jedoch wiederum ein Hinweis auf die starke Stellung der Verwaltung, so daß bei aller Vorsicht die genannten Zahlen doch annäherungs-
weise die tatsächliche Relation treffen dürften.

73) Ausführlich darüber: M a m b r e y (1977).

74) Vgl. dazu im einzelnen die empirischen Studien von S c h a r p f/
R e i s s e r t/S c h n a b e l 1976, 164 ff.

75) Dies gilt für alle Länder und liegt daran, daß "die ersten Programme
unter Zeitdruck und ohne organisatorische Erfahrungen aufgestellt worden
waren." S c h a r p f/R e i s s e r t/S c h n a b e l 1976, 176;
E h l e r t 1974, 163.

76) In Andernach wurden die Ratsmitglieder durch die externen Planer in das
StBauFG eingeführt; dennoch ist der Mehrzahl auch heute noch kaum mehr
bekannt als die Tatsache der finanziellen Förderung.
"Ich kann dazu sagen, daß sowohl Rat als auch Verwaltung in Bezug auf
das StBauFG überhaupt keine Ahnung hatten, sozusagen blind waren. Es
wurde einfach so gesehen, daß das StBauFG öffentliche Gelder gibt. Maßnahmen wurden damals nicht angegangen unter dem Sanierungsaspekt, sondern hauptsächlich unter dem der Mittelbeschaffung. Unter Ausnutzung des
StBauFG war es möglich, den Haushalt aufzustocken. Das war das wesentliche. Nicht die Sanierungs- und Entwicklungsmaßnahmen." Interview.

77) Diese Angaben stammen aus einem Gespräch mit der Andernacher Lokalredaktion vom 20.1.1975.

78) 5% lesen überregionale Tageszeitungen, vor allem "BILD", "Frankfurter
Allgemeine Zeitung" und "Frankfurter Rundschau".

79) Von den übergeordneten Fragestellungen unserer Partizipationsstudie her
kommt der Inhaltsanalyse der Andernacher Lokalpresse nur ein vergleichs-
weise geringer Stellenwert im Gesamtkonzept zu. Von daher ist der relativ
"bescheidene" methodische Untersuchungsaufwand zu erklären.
Zu methodischen Fragen und zur Kritik der Inhaltsanalyse als sozialwissen-
schaftliches Untersuchungsinstrument vgl. etwa B e c k e r/L i ß m a n n
1973; B e r e l s o n 1952; B e s s l e r 1974; F r i e d r i c h s 1973,
314-333; H a e n i s c h/S c h r ö t e r 1974; M a y n t z/H o l m/
H ü b n e r 1972, 151-167; R i t s e r t 1972; S i l b e r m a n n 1974;
S t o f e r 1975; U b b e n s 1973; W e r s i g 1974 und Z o l l 1974,
147 ff.; alle mit weiteren Nachweisen.

80) Ein weiterer Untersuchungsgegenstand war die gesamte Kommunalberichter-
stattung. Der Bericht hierüber mußte jedoch aus zeitlichen Gründen einer
späteren Veröffentlichung vorbehalten bleiben.

81) Um eine eindeutige Subsumierung (Verkodung) der sprachlichen und formalen Einheiten der Zeitungsartikel unter dieses Kategoriensystem gewährleister
zu können, wurden die Inhalte der Kategorien zusammen mit einigen technischen Anleitungen in den Verkodungsanweisungen für die Kodierer zusammengefaßt. Die Verkodungsanweisungen enthielten daneben auch die Regeln
zur Festlegung der Analyseeinheiten (Artikel). Die Kategorien selbst wurden in einem standardisierten Auswertungsbogen (je Analyseeinheit ein Bo-
gen) aufgelistet. Die Aufbereitung der Daten erfolgte mittels EDV.

82) Zum Streit um die quantitative und/oder qualitative Textanalyse vgl.
U b b e n s 1973, 154 ff.

83) Zum Zeitpunkt des Manuskriptabschlusses (März 1977) war die Auswertung
der Daten der quantitativen Inhaltsanalyse erst in einem Anfangsstadium;
insbesondere fehlen noch die interessanten Kreuz-Auswertungen. Eine ausführliche Darstellung der Ergebnisse der Zeitungsanalyse ist jedoch für die
nächste Zeit geplant.

84) Mitarbeit in Bürgerinitiativen; Besuch von Ausstellungen zur Stadtsanierung;
Persönlicher Kontakt zu Parteien, Politikern und Stadtverwaltung.

85) Diese sind zu diesem Zeitpunkt noch als Mitarbeiter der "Gruppe Hardtberg"
tätig gewesen.

86) Die einzige Ausnahme bildet der Bericht der "Rhein-Zeitung" vom 4./5.9.7
der dem Leser einen guten Überblick über das Sanierungsvorhaben gibt.

87) Diese Angaben stammen aus dem schon erwähnten Gespräch mit der Andernacher Lokalredaktion vom 20.1.1975.

88) Vgl. hierzu etwa die Adaption der Planersprache in der "Rhein-Zeitung"
vom 16.3.73.

89) Daß diese Kategorisierung   Probleme enthält, sind wir uns bewußt, wir kön-
nen jedoch an dieser Stelle hierauf nicht näher eingehen; vgl. aber etwa
L a n g e r / S c h u l z u. T h u n / T a u s c h 1974 dazu sowie
S c h u l z u. T h u n 1974.

90) Stadtkernsanierung 2 S. 5.0.4.

91) Dies entspricht dem Konzept der Partizipation von "Teilöffentlichkeiten",
das von G r o ß h a n s aus einer Analyse der Öffentlichkeitsstrukturen
entwickelt wurde. Vgl. G r o ß h a n s 1972.

92) Stadtkernsanierung, 1 S. 6.0.4.

93) Die folgenden Aussagen stützen sich auf die Zusammenfassung der Anhörungs
ergebnisse durch die Planer, da im Unterschied zur 1. Ausstellung wörtliche
bzw. sinngemäße Protokolle von der 2. Ausstellung nicht existieren.

94) "B etroffene" sind laut STBauFG die "Eigentümer, Mieter, Pächter und ande
ren Nutzungsberechtigten" im Sanierungsgebiet (§§ 4 und 9).

95) Stadtkernsanierung, 2S. 5.0.5.

96) Vgl. ferner RZ, 30.11.71 und 1.12.1971.

97) Vgl. RZ, 6.12.1971; 7.12.1971; 9.12.1971; 10.12.1971.

98) Dies mag zwar die subjektive Meinung der Stadtväter gewesen sein, entsprach aber nicht den objektiven Tatsachen (vgl. Kap. 9.3).

99) Vgl. RZ v. 21.1., 2.2., 29.2., 27.3., 30./31.3., 12.4., 20.4. und 3.5. 1972.

100) Vgl. RZ v. 13.6., 12.10., 25.10., 3.11,, 6.11., 13.11., 6.12.72; 24.1., 26.1.73.

101) RZ v. 19.6.72.

102) Vgl. Anhang 21.9.

103) Außerdem wurden neben den Entscheidungsträgern im Rahmen einer parallel und in Abstimmung mit unserer Untersuchung verfaßten Dissertation über "Verwaltung zwischen Bürokratie und Demokratie" von Alfred R e i c h - w e i n (1977) alle Mitarbeiter des Bauamtes über den Einfluß der Bevölkerung auf die Arbeit der Bauverwaltung befragt. Wir beziehen die wesentlichen Ergebnisse dieser Befragung hier mit ein.

104) Alle Zitate aus: Protokoll Beteiligung der Öffentlichkeit, 1.S. Andernach.

105) L a u r i t z e n 1972, 20.

106) Ebenda, S. 22.

107) Dieses existiert jedoch bereits seit 1973 in der neuen GemO von Rheinland-Pfalz, allerdings unter dem modischeren Namen "Bürgerinitiative" (§ 17). Die Bedingungen für das Zustandekommen einer solchen "Bürgerinitiative" sind jedoch außerordentlich restriktiv, so daß sie u.E. als effektives Instrument der Beteiligung an der Planung kaum in Betracht kommen.

108) Innenministerium des Landes Rheinland Pfalz (Hrsg.). Ein Land gibt ein Beispiel: Der Bürger steht im Mittelpunkt, Mainz, o.J., S. 4 (Hervorhebung des Verf.).

109) Vgl. statt vieler D r e w e, 1968.

110) Vgl. die Aufsätze in Z o l l 1972.

111) D r e w e 1968, Z o l l 1974, 42 f.

112) Die entsprechende Frage lautete: "Können Sie mir bitte die drei Personen nennen, mit denen Sie am häufigsten über Gemeindeangelegenheiten diskutieren?"

113) Hierunter fallen nur die Rats- bzw. Ausschußmitglieder. Sofern bekannt ist, welcher Partei die Verwaltungsangehörigen nahestehen, ist dies dadurch kenntlich gemacht, daß diese innerhalb des Verwaltungssektors in die Nähe des entsprechenden Parteisektors gerückt werden.

114) Völlig auszuschalten wäre eine mögliche Erfassung von Kontakten rein privater Natur nur dann gewesen, wenn man zu den Beteiligungsformen auch jeweils die Intentionen und den Bezug zu politischen Entscheidungsprozessen erfaßt hätte. Dies hätte jedoch bei den Befragten sicherlich Widerstände erzeugt und wäre auch sehr aufwendig gewesen.

115) Die Ergebnisse dieser Studie, über die auch Max K a a s e auf dem Politologen-Kongreß in Duisburg 1975 berichtete, sollen im Frühjahr 1977 veröffentlicht vorliegen. Vgl. auch: Max K a a s e und Hans D. K l i n - g e m a n n: Politische Ideologie und politische Beteiligung. -In: Mannheimer Berichte aus Forschung und Lehre an der Universität Mannheim. Heft 11/1975. S. 326-344.

116) Vgl. hierzu die ausführliche Darstellung bei S c h m u n k 1977.

117) Nach D u n c k e l m a n n (1975, 108, 223 u. 259) sind in einer Stadt wie Andernach (ca. 30.000 Einw.) zwischen 53 und 55% der Bürger organisiert, wobei sich die Angaben allerdings auf die ganze Stadt beziehen, nicht auf den Kernbereich; dieser dürfte die etwas niedrigeren Ergebnisse erklären; vgl. Ferner A r m b r u s t e r/L e i s n e r 1975, 227).

118) Vgl. dazu etwa D u n c k e l m a n n (1975, 266), der als Durchschnittswert 4.6% angibt; ferner A r m b r u s t e r/L e i s n e r (1975, 96) und E l l w e i n/L i p p e r t/Z o l l (1975, 133 f.), die von ca. 3.7 bzw. 3% sprechen.

119) Vgl. D u n c k e l m a n n 1975, 266; hinsichtlich der Mitgliedschaft in Bürgerinitiativen findet man für die westdeutsche Bevölkerung Werte zwischen 2 und 3%; vgl. dazu E l l w e i n/L i p p e r t/Z o l l 1975, 138 f. Zu den Mitgliedschaften in den übrigen Organisationen vgl. etwa A r m - b r u s t e r/L e i s n e r 1975, 227 ff. und D u n c k e l m a n n 1975 266.

120) D u n c k e l m a n n (1975, 263) erhält für Städte wie Andernach einen Wert zwischen 42 und 47%.

121) Die Werte sind nicht nach Ortsgrößen aufgeschlüsselt; Angaben nach D u n c k e l m a n n 1975, 118.

122) Nach D u n c k e l m a n n (1975, 279) sprechen in einer Andernach vergleichbaren Stadt "über Politik" zwischen 29 und 34%, "über die Gemeindeverwaltung" zwischen 26 und 30%; die entsprechenden Werte für den Bundesdurchschnitt liegen danach bei 41 bzw. 38%.

123) Zu einer eingehenden Überprüfung der Hypothese wäre die politische Kommunikation nach den politischen, politisch relevanten und den sonstigen Organisationen zu differenzieren!

124) Siehe zum folgenden die Ergebnisse in den Tabellen im Anhang.

125) Das Vorgehen sowie sonstige Einzelheiten zu den Voruntersuchungen wie auch die Skalenkonstruktion werden im Anhang beschrieben (Kap. 21.5 und 21.6).

126) Nämlich, daß der untersuchte Sanierungsprozeß noch nicht abgeschlossen ist und typischerweise gerade untere soziale Schichten erst dann die (Folge-) Maßnahmen bemerken und auf sich beziehen, wenn sie in die konkrete Realisierungsphase eintreten, was weiterhin zum Zeitpunkt der Befragung noch aussteht.

127) Varianzanalysen sind Signifikanztests (vgl. G l o s s a r), die Unterschiede zwischen zwei oder mehr Mittelwerten auf Überzufälligkeit prüfen. Mehrstufige Varianzanalysen sind solche, die fortschreitend Gruppenaufteilungen auf maximale Varianzaufklärung (vgl. G l o s s a r) einer abhängigen Variable hin optimieren und zu Gruppierungsverzweigungen ("Bäumen") führen. Die vorliegende Analyse wurde mit Hilfe des "Automatic Interaction Detector" (ID) durchgeführt.

128) Aus Protokollantworten Andernacher Geschäftsleuten.

129) Dazu wurden 10 Fragen gestellt (Fragen Nr. 65 - 74, vgl. Fragebogen im Anhang), die größtenteils(mit Modifikationen) aus dem von P a p p i und L a u m a n n in der "Jülich-Studie" verwendeten Fragebogen entnommen wurden.

130) Die Richtzahlen basieren auf den Regelsätzen nach BSHG vom Januar 1976 zuzügl. Mietkosten (DM 6,- pro qm bei 50 qm für 2-Pers.-Haushalt und zuzügl. 15 qm je weiterer Person Im Haushalt).

131) Bei der weiteren Verwendung der Bereitschaftsantworten wird durchweg der Summenwert der 5 Antwortstufen benutzt, um keine Information unnötigerweise zu verschenken. Die Summenwerte der dichotomisierten Antworten korrelieren mit $r = .85$ sehr hoch mit den Summenwerten der 5er Abstufung der Antworten.

132) Zu z-Werten vgl. G l o s s a r.

133) Die Auswahl der Befragten wurde in folgender Weise durchgeführt. Zunächst wurde das Untersuchungsgebiet in soviele Unterfelder eingeteilt, wie Interviewer eingesetzt werden sollten (= 20). Jeder der Interviewer verteilte in seinem Gebiet an alle Anlaufstellen (= Haushalte, Geschäfte und Betriebe) Anschreiben der Stadt Andernach mit einer Empfehlung der Untersuchung und einer Aufforderung zu Befragungsbereitschaft, die vom Oberbürgermeister unterschrieben war und zusammen mit Artikeln in der Lokalzeitung über die Befragungsaktion die Bevölkerung auf die Befragung vorbereiten sollte. Nach 1 - 5 Tagen wurden die Angeschriebenen um einen Befragungstermin gebeten, wobei als Auswahlkriterium galt, daß jede zweite Kontaktmöglichkeit genutzt wurde: entweder jedes zweite Haus (bei einem Haushalt pro Haus) oder jede zweite Wohnung innerhalb eines Hauses wurde angesprochen und alternierend mit dem Haushaltsvorstand (oder dem Geschäfts-/Betriebsinhaber), dessen Ehegatten (oder den Angestellten/Arbeitern) oder - je nach Alter - einem Kind oder einem Elternteil des Haushaltsvorstandes ein Gespräch vereinbart. Bei der Kontaktaufnahme wurde der Interviewausweis vorgelegt und das Anliegen der Untersuchung genannt: Ermittlung der Meinung von Bürgern zu den Veränderungen in der Innenstadt von Andernach; weitere inhaltliche Erklärungen wurden an dieser Stelle nicht gegeben. Die Bereitschaft zur Teilnahme an der Befragung kann als gut bezeichnet werden; es wurden insgesamt 112 Verweigerungen registriert, was möglicherweise eine geringfügige Unterschätzung ist, da nicht ausgeschlossen werden kann, daß einige Verweigerungen durch die Interviewer nicht notiert wurden.

134)   Bei allen Fragen von Nr. 67 - 83 und von 90 - 119 sind dieselben Antwortvorgaben benutzt worden.

135)   Anlage 9.

LITERATURVERZEICHNIS

ACKERMANN, Paul (1974): Politische Sozialisation. Opladen.

AJZEN, Icek/Martin Fishbein (1969): The Prediction of Behavioural Intentions in a Choice Situation. In: Journal of Experimental Social Psychology 5 (1969), 400 –416.

AJZEN, Icek/Martin Fishbein (1970): The Prediction of Behaviour from Attitudinal and Normative Variables. In: Journal of Experimental Social Psychology 6 (1970), 466 - 487.

AJZEN, Icek (1971): Attitudinal versus Normative Messages: An Investigation of the Differential Effects of Persuasive Communications on Behaviour. In: Sociometry 34 (1971), 263 - 280.

ALEMANN, Ulrich von (Hrsg.) (1975): Partizipation - Demokratisierung - Mitbestimmung. Problemlage und Literatur in Politik, Wirtschaft, Bildung und Wissenschaft. Eine Einführung. Opladen.

ALMOND, Gabriel A. (1960): A Functional Approach to Comparative Politics. In: Gabriel A. Almond & James S. Coleman (Hrsg.) (1960): The Politics of the Developing Areas. Princeton/N.J., 3 - 69.

ALMOND, Gabriel A./Sindey Verba (1963): The Civic Culture. Political Attitudes and Democracy in Five Nations. Princeton, N.J.

ANDERSON, B. (1962): Opinion Influentials and Political Opinion Formation in Four Swedish Communities. In: International Social Science Journal 14 (1962), 320 - 336.

ANDRITZKY, Michael/Peter Beckers/Gert Selle (Hrsg.) (1975): Labyrinth Stadt. Planung und Chaos im Städtebau. Ein Handbuch für Bewohner. Köln.

ARMBRUSTER, Bernt/Rainer Leisner (1975): Bürgerbeteiligung in der Bundesrepublik - Zur Freizeitaktivität verschiedener Bevölkerungsgruppen in ausgewählten Beteiligungsfeldern (Kirchen, Parteien, Bürgerinitiativen und Vereinen). Göttingen.

ARNOLD, Wilhelm/Hans Jürgen Eysenck/Richard Meili (Hrsg.) (1972): Lexikon der Psychologie. 3 Bde. Freiburg i.Br.

ARNSTEIN, Sherry R. (1972): Stufen der Bürgerbeteiligung. In: Lauritzen (Hrsg.) (1972): 192 - 218.

AUFERMANN, Jörg (1971): Kommunikation und Modernisierung. Meinungsführer und Gemeinschaftsempfang im Kommunikationsprozeß. München-Pullach/Berlin.

AUFERMANN, Jörg/Hans Borhmann/Rolf Sülzer (Hrsg.) (1973): Gesellschaftliche Kommunikation und Information. Forschungsrichtungen und Problemstellungen. Ein Arbeitsbuch zur Massenkommunikation. 2 Bde. Frankfurt a.M.

BADURA, Bernhard/Klaus Gloy (Hrsg.) (1972): Soziologie der Kommunikation. Eine Textauswahl zur Einführung. Stuttgart-Bad Canstatt.

BAESTLEIN,Angelika/Gerhard Hunnius/Werner Jann/Manfred Konkiewitz (1976): Thesen zur staatlichen Steuerung räumlicher Entwicklungsprozesse in den Kommunen. Vervielf. Manuskript. Berlin.

BAHR, Hans-Eckehard (Hrsg.) (1972): Politisierung des Alltags - Gesellschaftliche Bedingungen des Friedens. Berichte und Analysen. Neuwied und Berlin.

394

BANNER, Gerhard (1972): Politische Willensbildung und Führung in Großstädten mit Oberstadtdirektorverfassung. In: Rolf-Richard Grauhan (Hrsg.) (1972): Großstadt-Politik. Gütersloh, 162 - 180.

BATTIS, Ulrich (1976): Partizipation im Städtebaurecht. Berlin.

BAUER, Raymond A. (1964): Das widerspenstige Publikum. Der Einflußprozeß aus der Sicht sozialer Kommunikation. In: Prokop (Hrsg.) (1975), 152 - 166.

BECKER, J./H.-J. Lißmann (1973): Inhaltsanalyse - Kritik einer sozialwissenschaftlichen Methode. München.

BEHRMANN, Günter C. (1970): Politische Sozialisation. In: Görlitz (Hrsg.) (1973), 329 - 337.

BEINE, Theodor/Hans Nokielski/Eckart Pankoke (1975): Dezentrale Selbststeuerungspotentiale in der Bundesrepublik, Erscheinungsformen, Probleme und Ausbaumöglichkeiten. Gutachten im Auftrag der Kommission für wirtschaftlichen und sozialen Wand Ms., Essen.

BELOTTI, Elena G. (1973): Dalla parte delle bambine. Mailand.

BENNINGHAUS, Hans (1973): Soziale Einstellungen und soziales Verhalten. In: Günter Albrecht/Hans-Jürgen Daheim/Fritz Sack (Hrsg.) (1973): Soziologie. Köln, 671 - 707.

BERELSON, Bernard/Paul F. Lazarsfeld/William N. McPhee (1954): Voting. A Study of Opinion Formation in an Presidential Campaign. Chicago.

BERELSON, Bernard (1952): Content Analysis in Communication Research. New York

BERGLER, Reinhold/Bernd Six (1972): Stereotype und Vorurteile. In: Graumann (Hrsg.) (1972) 1371 - 1432.

BERLYNE, D. E. (1950): Novelty and Curiosity as Determinants of Exploratery Behaviour. In: British Journal of Psychology 41 (1950), 68 - 80.

BERNSDORF, Wilhelm (Hrsg.) (1972): Wörterbuch der Soziologie. 3 Bde. Frankfurt a.M.

BERNSTEIN, Basil (1970): Soziale Struktur, Sozialisation und Sprachverhalten. Amsterdam.

BESSLER, Hansjörg (1974): Aussagenanalyse. Die Messung von Einstellungen im Text der Aussagen von Massenmedien. 2. Auflage. Düsseldorf.

BIERBRAUER, Günter (1976): Attitüden: Latente Strukturen oder Interaktionskonzepte? In: Zeitschrift für Soziologie 5 (1976), 4 - 16.

BLANK, Hans-Joachim (1973): Legalität und Legitimität. In: Görlitz (Hrsg.) (1973), 215 - 217.

BLANKENBURG, Eberhard/Günther Schmid/Hubert Treiber (1974): Von der reaktiven zur aktiven Politik? Darstellung und Kritik des Policy-Science-Ansatzes. In: Grottiar Murswieck (Hrsg.) (1974), 35 - 49.

BLAU, Peter M./Otis D. Duncan (1967): The American Occupational Structure. New York.

BÖCKELMANN, Frank (1975): Theorie der Massenkommunikation. Das System hergestellter Öffentlichkeit, Wirkungsforschung und gesellschaftliche Kommunikationsverhältnisse. Frankfurt a.M.

BÖHRET, Carl (1975): Handbuch der Planungspraxis. Opladen.

BOLTE, Karl Martin (1970): Berufsstruktur und Berufsmobilität. In: Karl Martin Bolte u.a. (Hrsg.) (1970): Beruf und Gesellschaft in Deutschland. Berufsstruktur und Berufsprobleme. Opladen.

BORGHORST, Hermann (1976): Bürgerbeteiligung in der Kommunal- und Regionalplanung. Eine kritische Problem- und Literaturanalyse. Leverkusen.

BORSDORF-Ruhl, Barbara (1974): Bürger ante Portas. Essen (Siedlungsverband Ruhrkohlenbezirk).

BOISTIAN, Lloyd, R. (1970): The Two-Step Flow Theory: Cross-Cultural Implications. In: Journalism Quaterly 47 (1970), 109 - 117.

BRANDT, Ursula/Bernd Köhler (1972): Norm und Konformität. In: Graumann (Hrsg.) (1972), 1710 - 1789.

BREDENKAMP, Jürgen (1970): Über Maße der praktischen Signifikanz. In: Zeitschrift für Psychologie 177 (1970), 310 - 318.

BRONFENBRENNER, Urie (1958): Socialization and Social Class through Time and Space. In: Eleanor Maccoby et al. (Hrsg.) (1958): Readings in Social Psychology. New York, 400 - 425.

BROWN, Roger W. (1973): Social Psychology. 3. Aufl., New York.

BUNDESRAUMORDNUNGSPROGRAMM 1975: Schriftenreihe "Raumordnung" des Bundesministers für Raumordnung, Bauwesen und Städtebau. Heft-Nr. 06.002. Bonn-Bad Godesberg.

BUSE, Michael (1976): Mitbestimmung und politische Sozialisation. Komponenten liberaler Gesellschaftspolitik. In: Aus Politik und Zeitgeschichte. B 46-47/1976, 3-16.

BUSE, Michael/ Wilfried Nelles (1975): Formen und Bedingungen der Partizipation im politisch-administrativen Bereich. In: v. Alemann (Hrsg.) (1975), 41 - 111.

BUSE, Michael/Wilfried Nelles/Reinhard Oppermann (1974): Prozeßmodell der Partizipation. Ms. Bonn.

BVERFGE (1959 ff.): Entscheidungen des Bundesverfassungsberichts. Amtliche Sammlung. Hrsg. von den Richtern des Bundesverfassungsgerichts.

CAESAR, Beatrice (1972): Autorität in der Familie. Hamburg.

CAMPBELL, Donald T. (1963): Social Attitudes and other Acquired Behavioural Dispositions. In: Sigmund Koch (Hrsg.) (1963): Psychology. A Study of Science, Vol. 6 New York, 94 - 172.

CHAPLIN, J.L./T.S. Krawiec (1968): Systems and Theory of Psychology. London.

CHILD, Irving L. (1954): Socialization. In: Gardner Lindzey (Hrsg.) (1954): Handbook of Social Psychology. Cambridge. Mass., 655 - 692.

DERLIEN, Hans-Ulrich/Christoph Gürtler/Wolfgang Holler/Hermann Josef Schreiner (1974): Kommunalverfassung und kommunales Entscheidungssystem - eine vergleichende Untersuchung. Unveröff. Manuskript, Bonn-Bad Godesberg.

DEUTSCHER, Isaac (1966): Words and Deeds. Social Science and Social Policy. In: Social Problems 13 (1966), 235 - 254.

DEUTSCHER Bildungsbeirat (1970): Empfehlungen der Bildungskommission 1967 - 1969 Sammelausgabe. Stuttgart.

DEXTER, C. Anthony A./David M. White (Hrsg.) (1964): People, Society and Mass Communication. Glencoe, III.

DIENEL, Peter C. (1971): Partizipation an Planungsprozessen als Aufgabe der Verwaltung. In: Die Verwaltung. 4 (1971) 1, 151 - 176.

DREWE, Paul (1968): Ein Beitrag der Sozialforschung zur Regional- und Stadtplanung Meisenheim am Glan.

DRÖGE, Franz/Rainer Weißenborn/Henning Haft (1973): Wirkungen der Massenkommunikation. 2. Aufl., Frankfurt a.M.

DRÖGE, Franz (1976): Massenaufklärung? Möglichkeiten und Grenzen der Massenmedien im Prozeß der politischen Bewußtseinsbildung am Beispiel Fernsehen. Elemente einer kritischen Medientheorie. In: Leviathan 4 (1976) 3, 368 - 389.

DUNCKELMANN, Henning (1975): Lokale Öffentlichkeit. Eine gemeindesoziologische Untersuchung. Stuttgart.

EASTON, David/Robert Hess (1962): The Child's Political World. In: Midwest of Political Science 6 (1962), 299 - 346.

EHLERT, Wiking (1974): Fiktiver und realer Handlungsspielraum der Staatsadministration am Beispiel der Städtebauförderung. In: Grottian/Murswieck (Hrsg.) (1974), 143 - 165.

EHRLICH, Howard J. (1969): Attitudes, Behaviour and the Intervening Variables. In: American Sociologist 4 (1969), 29 - 34.

EHRLICHER, Werner (1967): Kommunaler Finanzausgleich und Raumordnung. Hannover

ELLWEIN, Thomas (1968): Politisches Verhalten. Stuttgart u.a.

ELLWEIN, Thomas (1973): Das Regierungssystem der Bundesrepublik Deutschland. Dritte, neubearbeitete und erweiterte Auflage. Opladen.

ELLWEIN, Thomas/Ralf Zoll (1973): Politische Bildung und empirische Sozialforschung In: Materialien zur politischen Bildung. 1 (1973) 1.

ELLWEIN, Thomas/Ekkehard Lippert/Ralf Zoll (1975): Politische Beteiligung in der Bundesrepublik Deutschland. Göttingen.

ELLWEIN, Thomas/Ralf Zoll (o.J.): Verhaltensindices und Einstellungsskalen. Unveröff. Manuskript.

ENGELS, Friedrich (1964): Dialektik der Natur. In: Marx-Engels-Werke. Bd. 20. Berlin.

EURICH, Claus (1976): Politische Meinungsführer. Theoretische Konzeptionen und empirische Analysen der Bedingungen persönlicher Einflußnahme im Kommunikationsprozeß. München.

FEHLAU, Klaus-Peter/Martin Neddens (1975): Bürgerinformation im politischen Willensbildungsprozeß. Göttingen.

FELDHUSEN, Gernot (1975): Soziologische Aspekte der vorbereitenden Untersuchungen im StBauFG. In: Kießler/Korte (Hrsg.) (1975), 89 - 118.

FESTINGER, Leon (1957): A Theory of Cognitive Dissonance. Evanston, III.

FESTINGER, Leon (1964): Conflict, Decision and Dissonance. Stanford, California.

FESTINGER, Leon A. (1973): Die Lehre von der "kognitiven Dissonanz". In: Schramm (Hrsg.) (1973), 27 - 38.

FISHBEIN, Martin (1967a): A Behaviour Theory Approach to the Relation between Beliefs about an Object and the Attitude toward the Object. In: Fishbein (Hrsg.) (1967), 389 - 400.

FISHBEIN, Martin (1967b): Attitude and the Prediction of Behaviour. In: Fishbein (Hrsg.) (1967), 477 - 492.

FISHBEIN, Martin (Hrsg.) (1967): Readings in Attitude Theory and Measurement. New York, London Sidney.

FISHBEIN, Martin/Icek Ajzen (1975): Belief, Attitude, Intention and Behavior: An Introduction to Theory and Research. Reading, Massachusetts u.a.

FRAENKEL, Ernst/Karl Dietrich Bracher (Hrsg.) (1964): Staat und Politik. Frankfurt a.M.

FREY, Hans-Peter (1972): Die Brauchbarkeit von Einstellungen als Prädiktor für Verhalten. In: Soziale Welt 23 (1972) 257 - 268.

FREY, Rainer (Hrsg.) (1976): Kommunale Demokratie. Beiträge für die Praxis der kommunalen Selbstverwaltung. Bonn-Bad Godesberg.

FRIEDEBURG, Ludwig von (1969): Youth and Politics in the Federal Republic of Germany. In: Youth and Society 1 (1969).

FRIEDRICHS, Jürgen (1973): Inhaltsanalyse. In: Ders. (1973): Methoden empirischer Sozialforschung. Reinbek bei Hamburg.

FRITH, C.D. (1972): Selektive Wahrnehmung. In: Arnold/Eysenck/Meili (Hrsg.) (1972), 301.

FRÖHLICH, Werner D. (1972): Sozialisation und kognitive Stile. In: Graumann (Hrsg.) (1972), 1020 - 1039.

FRÖHLICH, Werner D./Stefan Wellek (1972): Der begrifflich theoretische Hintergrund der Sozialisationsforschung. In: Graumann (Hrsg.) (1972), 661 - 714.

FÜLGRAFF, Barbara (1973): Öffentlichkeit. In: Görlitz (Hrsg.) (1973), 292-295.

FÜRST, Dietrich (1975): Kommunale Entscheidungsprozesse. Ein Beitrag zur Selektivität politisch-administrativer Prozesse. Baden-Baden.

FÜRSTENBERG, Friedrich (1972): Die Sozialstruktur der Bundesrepublik Deutschland. Opladen.

FUNKE, Rainer (1974): Organisationsstrukturen planender Verwaltungen dargestellt am Beispiel von Kommunalverwaltungen und Stadtplanungsämtern. Schriftenreihe "Städtebauliche Forschung" des Bundesministeriums für Raumordnung, Bauwesen und Städtebau. Heft-Nr. 03.027. Bonn-Bad Godesberg.

GEIßLER, Rainer (1973a): Massenmedien, Basiskommunikation und Demokratie. Ansätze zu einer normativ-empirischen Theorie. Tübingen.

GEIßLER, Rainer (1973b): Politische Meinungsführer und Demokratie. In: Schweizerisches Jahrbuch für Politische Wissenschaft 13 (1973), 67 - 86.

GEIßLER, Rainer (1973c): Politische Meinungsführer. Begriffe und Theorieansätze. In: Soziale Welt 23 (1973) 4, 482 - 496.

GIEBER, Walter (1964): News is what Newspaperman make It. In: Dexter/D.M. White (Hrsg.) (1964), 178 - 182.

GLOY, Klaus/Bernhard Badura (1972): Kommunikationsforschung. Einige Modelle und Perspektiven. In Badura/Gloy (Hrsg.) (1972), 9 - 29.

GÖRLITZ, Axel (Hrsg.) (1973): Handlexikon zur Politikwissenschaft. 2. Bde. Reinbek b. Hamburg.

GOTTSCHALCH, Wilfried (1972): Bedingungen und Chancen politischer Sozialisation Frankfurt a.M.

GRAUHAN, Rolf-Richard (1970): Politische Verwaltung. Auswahl und Stellung der Oberbürgermeister als Verwaltungschefs deutscher Großstädte. Freiburg.

GRAUHAN, Rolf-Richard (1972): Der politische Willensbildungsprozeß in der Groß-stadt. In: Rolf-Richard Grauhan (Hrsg.) (1972) Großstadt-Politik. Gütersloh, 145-16

GRAUHAN, Rolf-Richard/Wolf Linder (1974): Politik der Verstädterung. Frankfurt.

GRAUMANN, Carl-Friedrich (1956): "Social Perception". Die Motivation der Wahr nehmung in neueren amerikanischen Untersuchungen (Sammelreferat). In: Zeitschrift für experimentelle und angewandte Psychologie (1956) 3, 605 - 661.

GRAUMANN, Carl-Friedrich (1966): Nicht-sinnliche Bedingungen des Wahrnehmens In: Wolfgang Metzger (Hrsg.) (1966): Handbuch der Psychologie, 1. Band: Allge-meine Psychologie, I. Der Aufbau des Erkennens: 1. Halbband: Wahrnehmung und Bewußtsein. Göttingen, 1031 - 1096.

GRAUMANN, Carl-Friedrich (Hrsg.) (1972): Handbuch der Psychologie, 7. Band: Sozialpsychologie, 1. und 2. Halbband. Forschungsbereiche. Göttingen.

GREENSTEIN, Fred I. (1965): Children and Politics. New Haven.

GREIFFENHAGEN, Martin (Hrsg.) (1973): Demokratisierung in Staat und Gesellscha München.

GRONEMEYER, Reimer (1973): Integration durch Partizipation? Arbeitsplatz/Wohnbe reich: Fallstudien. Frankfurt.

GROSSHANS, Hartmut (1972): Öffentlichkeit und Stadtentwicklungsplanung. Möglich keiten der Partizipation. Düsseldorf.

GROSSMANN, Heinz (Hrsg.) (1971): Bürgerinitiativen - Schritte zur Veränderung? Frankfurt a.M.

GROTTIAN, Peter/Axel Murswieck (Hrsg.) (1974): Handlungsspielräume der Staatsad nistration. Beiträge zur politologisch-soziologischen Verwaltungsforschung. Hamburg.

GUTTMAN, Louis (1950): The Problem of Attitude and Opinion Measurement. In: Samuel A. Stouffer et al. (Hrsg.) (1950): Measurement and Prediction. Princeton, 46 - 59.

HABERMAS, Jürgen (1964): Öffentlichkeit. In: Fraenkel/Bracher (Hrsg.) (1964), 220-226.

HABERMAS, Jürgen (1971 a): Strukturwandel der Öffentlichkeit. 5. Aufl., Neuwied/Berlin.

HABERMAS, Jürgen (1971 b): Vorbereitende Bemerkungen zu einer Theorie der kommunikativen Kompetenz. In: Habermas/Luhmann (1971), 101 - 141.

HABERMAS, Jürgen/Niklas Luhmann (1971): Theorie der Gesellschaft oder Sozialtechnologie - Was leistet die Systemforschung? Frankfurt a.M.

HAENISCH, Horst/Klaus Schröter (1974): Zum politischen Potential der Lokalpresse. Ergebnisse einer Inhaltsanalyse von Lokalteilen. In: Ralf Zoll (Hrsg.) (1974): Manipulation der Meinungsbildung. Zum Problem hergestellter Öffentlichkeit. 3. Aufl., Opladen.

HARTLEY,Eugene L./Ruth E. Hartley (1955): Die Grundlagen der Sozialpsychologie. Berlin.

HARTMANN, Heinz (1974): Die Sozialisation von Erwachsenen als soziales und soziologisches Problem. In: Soziale Welt 25 (1974) 1.

HARTMANN, K.D. (Hrsg.) (1969): Politische Beeinflussung, Voraussetzungen, Ablauf und Wirkungen. Frankfurt a.M.

HAUNGS, Peter (1975): Parteiensystem und Legitimität des politischen Systems in der Bundesrepublik Deutschland. Referat zum Kongress der Deutschen Vereinigung für Politische Wissenschaft 1975.

HELMKE, Werner/Karl-Heinz Naßmacher (1976): Organisierte und nicht-organisierte Öffentlichkeit in der Kommunalpolitik. In: Frey (Hrsg.) (1976), 182 - 218.

HENNING, Eike (1975): Notizen zum Realbegriff einer demokratietheoretischen Kommunikationsforschung. In: Leviathan 3 (1975) 1, 115 - 141.

HENNIS, Wilhelm (1970): Demokratisierung. Zur Problematik eines Begriffs. Opladen.

HERLYN, Ulfert/Jürgen Krämer/Wulf Tessin/Günther Wendt (1976): Sozialplanung und Stadterneuerung. Analyse der kommunalen Sozialplanungspraxis und konzeptionelle Alternativen. Stuttgart.

HERLYN, Ulfert/Hans-Jürg Schaufelberger (1972): Innenstadt und Erneuerung. Eine soziologische Analyse historischer Zentren mittelgroßer Städte. Schriftenreihe "Städtebauliche Forschung" des Bundesministers für Städtebau und Wohnungswesen, Heft-Nr. 03.007. Bonn-Bad Godesberg.

HERMANN, Theo (1972): Lehrbuch der empirischen Persönlichkeitsforschung. 2. Aufl., Göttingen.

HESS, Robert D./Torney, J.V. (1967): The Development of Political Attitudes in Children. Chicago.

HESSE, Joachim Jens (1972): Stadtentwicklungsplanung: Zielfindungsprozesse und Zielvorstellungen. Stuttgart u.a.

HEUER, Hans (1975): Sozioökonomische Bestimmungsfaktoren der Stadtentwicklung. Stuttgart.

HILTERSCHEID, Hermann (1970): Industrie und Gemeinde. Berlin.

HÖHN, Elfriede (1967): Partnervorstellungen junger Mädchen. In: Hartmut Horn (Hrsg.) (1967): Psychologie und Pädagogik. Weinheim.

HOFFMANN, Martin L. (1970): Moral Development. In: Paul H. Mussen (Hrsg.) (1070): Charmichael's Manual of Child Psychology. Vol. II. New York, 261-359.

HOLLER, Wolfgang/Karl-Heinz Naßmacher (1976): Rat und Verwaltung im Prozeß kommunalpolitischer Willensbildung. In: Frey (Hrsg.) (1976), 141 - 181.

HOLZKAMP, Klaus (1967): Soziale Kognition. In: Graumann (Hrsg.) (1972), 1263 - 1341.

HÖRNING, Karl H. (1974): Soziale Schichtung und soziale Mobilität. Trendreport zum 17. Deutschen Soziologentag in Kassel. Maschinenschr. MS.

HURRELMANN, Klaus (1976): Gesellschaft, Sozialisation und Lebenslauf. In: Klaus Hurrelmann (Hrsg.) (1976): Sozialisation und Lebenslauf. Hamburg, 13 - 33.

INKELES, Axel (1960): Industrial Men: The Relation of Status to Experience, Perception and Value. In: American Journal of Sociology 62 (1960), 329 - 339.

INDUSTRIE- und Handelskammer zu Koblenz (1974): Zumutbare Entfernung zur Einkaufsstätte. Gutachten. Koblenz.

INNENMINISTER des Landes Rheinland-Pfalz (Hrsg.) (o.J.): Ein Land gibt ein Beispiel: Der Bürger steht im Mittelpunkt. Mainz.

JACOBY, Jacob (1974): The Construct Validity of Opinion Leadership. In: Public Opinion Quaterly 37 (1974) 1, 81 - 89

JAESCHKE, Günter (1975): Der Sozialplan im Kontext des StBauFG. Einleitung einer partizipatorischen Stadtplanung oder sozialstaatliche Sanierungsseelsorge? In: Kießler/Korte (Hrsg.) (1975), 41 - 88.

JAIDE, Walter (1970): Jugend und Demokratie. Politische Einstellungen der westdeutschen Jugend. München.

KAASE, Max/Hans D. Klingemann (1975): Politische Ideologie und politische Beteiligung. In: Mannheimer Berichte aus Forschung und Lehre an der Universität Mannheim. Heft 11/1975, 326 - 344.

KATZ, Elihu/Paul F. Lazarsfeld (1962): Persönlicher Einfluß und Meinungsbildung. München/Wien.

KATZ, Elihu (1957): The Two-Step Flow of Communication: An Up-to-Date Report on an Hypothesis. In: Singer (Hrsg.) (1966), 293 - 303.

KEVENHÖRSTER, Paul (1975): Legitimierungsdoktrinen und Legitimierungsverfahren in westlichen Demokratien. Referat zum Kongreß der Deutschen Vereinigung für Politische Wissenschaft.

KIELMANNSEGG, Peter Graf von (1971): Legitimität als analytische Kategorie. In: Politische Vierteljahresschrift 12 (1971), 367 - 401.

KIESLER, Charles A./Barry E. Collins/Norman Miller (1969): Attitude Change: A Critical Analysis of Theoretical Approaches. New York.

KIESLER, Otfried/Hermann Korte (Hrsg.) (1975): Soziale Stadtplanung. Das Städtebauförderungsgesetz - Sozialwissenschaftliche Analysen. Sozialpolitische Forderungen. Düsseldorf.

KLAPPER, Joseph T. (1960): The Effects of Mass Communication. New York.

KLAPPER, Joseph T. (1965): What We know about the Effects of Mass Communication: The Brink of Hope. In: Singer (Hrsg.) (1966), 303 - 313.

KLAPPER, Joseph T. (1973): Die gesellschaftlichen Auswirkungen der Massenkommunikation. In: Schramm (Hrsg.) (1973), 85 - 98.

KLEEMANN, S. (1971): Ursachen und Formen der amerikanischen Studentenopposition. Frankfurt.

KLEINING, Gerhard (1975): Soziale Mobilität in der Bundesrepublik Deutschland II: Status- oder Prestige-Mobilität. In: Kölner Zeitschrift für Soziologie und Sozialpsychologie. 27 (1975), 273 - 292.

KLIMA, Rolf (1973): Wahrnehmung. In: Lexikon zur Soziologie (1973), 747 - 749.

KLÜBER, Hans (1973): Handlungsspielraum der Kommunen und kommunaler Vollzugszwang. In: Stadtbauwelt 39 (1973), 218 - 223.

KÖNIG, René (1972): Soziale Normen. In: Bernsdorf (Hrsg.) (1972), 734 - 739.

KOHN, Melvin L. (1969): Class and Conformity: A Study of Values. Homewood, III.

KOMMUNALBREVIER Rheinland Pfalz (1974): Hrsg. von den kommunalen Spitzenverbänden Rheinland-Pfalz. Mainz.

KRAUS, Michael (1974): Hinweis auf eine Schwierigkeit im Verhältnis von Partizipation und parlamentarischer Rechtsstaatlichkeit. In: Arch + (21), 43 - 45.

KREUTZ, Henrik (1971): Einfluß von Massenmedien, persönlicher Kontakt und formelle Organisation. Kritik und Weiterführung der These "two-step flow of communication". In: Ronneberger (hrsg.) (1971), 172 - 241.

KRÖNING, Wolfgang/Ilona Mühlich-Klinger (1975): Zur Problematik des Zusammenhanges von Raumordnung und Sanierung. In: Stadtbauwelt 45, 30 - 33.

KUBE, Edwin (1973): Den Bürger überzeugen. Stil, Strategie und Taktik der Verwaltung. Stuttgart.

LANDWEHRMANN, Friedrich/Willi Bredemeier/Hans Nokielski/Peter Weber (1971): Zielgruppe: unbekannt? Kommunale Öffentlichkeitsarbeit um Ruhrgebiet, Teil I. Essen.

LANE, Robert E. (1970): Über den therapeutischen Wert politischer Teilnahme. In: Zimpel (1970), 209 - 227.

LANGENBUCHER, Wolfgang R. (1973): Journalismus und kommunale Öffentlichkeit. Ein Modell zur Fortbildung von Lokaljournalisten. In: Presse- und Informationsamt der Bundesregierung (Hrsg.) (1974), 31 - 44.

LANGER, Inhard/Friedmann Schulz von Thun/Reinhard Tausch (1974): Verständlichkeit. In Schule, Verwaltung, Politik und Wissenschaft. München/Basel.

LA PIERRE, Richard I. (1934): Attitudes versus Actions. Social Forces 13 (1934) 230-237.

LAURITZEN, Lauritz (Hrsg.) (1972): Mehr Demokratie im Städtebau. Hannover.

LAZARSFELD, Paul F./Bernard Berelson/Hazel Gaudet (1969): Wahlen und Wähler. Soziologie des Wählerverhaltens. Neuwied/Berlin.

LAZARSFELD, Paul F./Herbert Menzel (1973): Massenmedien und personaler Einfluß. In: Schramm (Hrsg.) (1973), 117 - 140.

LEHR, Ursula (1972): Das Problem der Sozialisation geschlechtsspezifischer Verhaltensweisen. In: Graumann (Hrsg.) (1972), 886 - 954.

LENZ, Dieter (1974): Haushaltsanalyse. In: Der Städtetag 1/74.

LEXIKON zur Soziologie (1973): Hrsg. v. Werner Fuchs/Rolf Klima/Rüdiger Lautmann/Otthein Rammstedt/Hanns Wienold. Opladen.

LIENERT, Gustav A. (1969): Testaufbau und Testanalyse. 3. Aufl. Weinheim/Berlin/Basel.

LINGOES, James C. (1973): The Guttman-Lingoes Nonmetric Program Series. Ann Arbor, Mich.

LOWE, Francis E./Thomas C. Mc Cormick (1956): A Study of Influence of Formal and Informal Leaders in an Election Campaign. In: Public Opinion Quaterly 20 (1956), 651 - 662.

LUHMANN, Niklas (1969a): Legitimation durch Verfahren. Neuwied und Berlin.

LUHMANN, Niklas (1969b): Normen in soziologischer Perspektive. In: Soziale Welt 20 (1969), 28 - 48.

LUHMANN, Niklas (1971): Sinn als Grundbegriff der Soziologie. In: Habermas/Luhmann (1971), 25 - 100.

LUHMANN, Niklas (1972): Rechtssoziologie. 2. Bde. Reinbek b. Hamburg.

LUKASCZYK, Kurt (1972): Kommunikation. In: Bernsdorf (Hrsg.) (1972), 461 - 463.

LUKASCZYK, Kurt (1972): Soziale Wahrnehmung. In: Bernsdorf (Hrsg.) (1972), 745 - 747.

LUPRI, Eugen (1969): Soziologische Bedeutung der Wahlprognose. Über den Einfluß v Meinungsforschungsergebnissen auf die politische Willensbildung. In: Hartmann (Hrsg. (1969), 99 - 116.

LUTHE, Heinz Otto (1968): Interpersonale Kommunikation und Beeinflussung. Beitrag zu einer soziologischen Theorie der Kommunikation. Stuttgart.

MAIER, Hans (1964): Politikwissenschaft. In: Fraenkel/Bracher (Hrsg.) (1964), 260 ff

MALETZKE, Gerhard (1963): Psychologie der Massenkommunikation. Theorie und Systematik. Hamburg.

MALETZKE, Gerhard (1972): Massenkommunikation. In: Graumann (Hrsg.) (1972), 1511 - 1536.

MAMBREY, Peter (1977): Externe Planer im kommunalpolitischen Planungsprozeß. Dargestellt am Beispiel der Sanierungsplanung in Andernach. Magisterarbeit. Bonn.

MAYER, Karl-Ulrich (1975): Ungleichheit und Mobilität im sozialen Bewußtsein. Unte suchungen zur Definition der Mobilitätssituation. Opladen.

MAYER, Karl Ulrich/Werner Müller (1974): Soziale Ungleichheit und Prozesse der Statuszuweisung. Referat für den 17. Deutschen Soziologentag in Kassel. Maschinenschr. MS.

MAYNTZ, Renate/Kurt Holm/Peter Hübner (1972): Die Inhaltsanalyse. In: Dies. (197 Einführung in die Methoden der empirischen Soziologie. 3. Aufl., Opladen, 151-16

MAYNTZ, Renate (1968): Soziale Schichtung und soziale Mobilität in einer Industriegemeinde. Stuttgart.

MAYNTZ, Renate/Fritz W. Scharpf (1973): Kriterien, Voraussetzungen und Einschränkungen aktiver Politik. In: dies. (Hrsg.) Planungsorganisation. München, 115 - 145.

McCLELLAND, Donald C. (1961): The Achieving Society. New Yersey.

McGUIRE, William J. (1969): The Nature of Attitude and Attitude Change. In: Gardner Lindzey/Elliot Aronson (Hrsg.) Handbook of Social Psychology, Bd. 3, 3. Aufl. Reading. Manlo Park, London, Dan Mills, 136 - 314.

MEINEFELD, Werner (1977): Einstellung und soziales Handeln. Reinbek bei Hamburg.

MEY, Harald E. (1973): Wahrnehmung, soziale. In: Lexikon zur Soziologie (1973), 747 - 749.

MEYN, Hermann (1974): Massenmedien in der Bundesrepublik Deutschland. Berlin.

MILBRATH, Lester W. (1965): Political Participation. How and why do People get Involved in Politics. Chicago.

MILBRATH, Lester W. (1970): Politische Teilnahme und konstitutionelle Demokratie. In: Zimpel (Hrsg.) (1970), 93 - 97.

MILLER, Delbert R./G. R. Swanson (1958): The Changing American Parent: A Study in the Detroit Area. New York.

MONSMA, Stephen V. (1971): Potential Leaders and Democratic Values. In: Public Opinion Quaterly 35 (1971), 350 - 357.

MÜLLER, Peter (1970): Die soziale Gruppe im Prozeß der Massenkommunikation. Stuttgart.

MÜLLER, Walter (1975): Familie-Schule-Beruf. Analysen zur sozialen Mobilität und Statuszuweisung. Opladen.

NAHBEREICHSUNTERSUCHUNG Andernach (1972): Im Auftrag der Stadt Andernach, Verbandsgemeinde Andernach-Land, Gemeinde Ochtendung, bearbeitet von der Gruppe Hardtberg. Bonn-Bad Godesberg.

NARR, Wolf-Dieter/Friedrich Naschold (1971): Theorie der Demokratie. Stuttgart.

NASCHOLD, Frieder (1973): Kommunikationstheorien. In: Aufermann/Bohrmann/Sülzer (Hrsg.) (1973), 11 - 18.

NAUMANN, Hans-Günter (1972): Partizipationsversuch Münchener Forum. In: Lauritzen (Hrsg.) (1972), 221 - 224.

NEGT, Oskar (1969): Soziologische Phantasie und exemplarisches Lernen. 3. Aufl. Frankfurt a.M.

NEGT, Oskar/Alexander Kluge (1976): Öffentlichkeit und Erfahrung. Zur Organisationsanalyse von bürgerlicher und proletarischer Öffentlichkeit. 4. Aufl., Frankfurt a.M.

NOELLE-Neumann, Elisabeth (1963a): Meinung und Meinungsführer. In: Publizistik (1963) 8, 316 - 328.

NOELLE-Neumann, Elisabeth (1963b): Meinungsführer und Massenmedien. In: Der Markenartikel (1963) 12.

NOELLE-Neumann, Elisabeth (1971): Wirkung der Massenmedien. In: Noelle-Neumann/Schulz (Hrsg.) (1971), 316 - 350.

NOELLE-Neumann, Elisabeth (1973): Folgen lokaler Zeitungsmonopole. Ergebnisse einer Langzeitstudie. In: Presse- und Informationsamt der Bundesregierung (Hrsg.) (1974), 79 - 85.

NOELLE-Neumann, Elisabeth/Winfried Schulz (Hrsg.) (1971): Publizistik. Frankfurt a.M.

NYSSEN, Friedhelm (1973): Kinder und Politik. In: Redaktion betrifft: Erziehung (1973): Politische Bildung - Politische Sozialisation. Weinheim, 43 - 64.

OESER, Kurt (1974): Progressive und reaktionäre Bürgerinitiativen. In: Sebastian Haffner et al. (1974): Bürgerinitiativ. Stuttgart, 17 - 48.

OEVERMANN, Ulrich (1971): Schichtspezifische Formen des Sprachverhaltens und ihr Einfluß auf die kognitiven Prozesse. In: Heinrich Eugen Roth (Hrsg.) (1971): Begabung und Lernen. Stuttgart, 297 - 356.

OEVERMANN, Ulrich (1972): Sprache und soziale Herkunft. Ein Beitrag zur Analyse schichtenspezifischer Sozialisationsprozesse und ihre Bedeutung für den Schulerfolg. Frankfurt a.M.

OFFE, Claus (1972): Strukturprobleme des kapitalistischen Staates. Frankfurt a.M.

OFFE, Claus (1975): Überlegungen und Hypothesen zum Problem politischer Legitimation. Referat zum Kongreß der Deutschen Vereinigung für Politische Wissenschaft.

OPPERMANN, Reinhard (1975): Die Dreikomponentenkonzeption der Einstellung - untersucht am Beispiel der schulischen Weiterbildung. Phil.Diss. Bonn.

OPPERMANN, Reinhard (1976): Einstellung und Verhaltensabsicht. Eine Studie zur schulischen Weiterbildung. Darmstadt.

OSGOOD, Charles E. (1959): The Representational Model and Relevant Research Methods. Trends in Content Analysis. Urbana, 33 - 88.

PAPPI, Franz Urban (1974): Soziale Schichten als Interaktionsgruppen. Zur Messung eines "deskriptiven" Schichtbegriffs. Referat für den 17. Deutschen Soziologentag in Kassel. MS.

PAPPI, Franz Urban/Edward D. Laumann (1974): Gesellschaftliche Wertorientierungen und politisches Verhalten. In: Kölner Zeitschrift für Soziologie und Sozialpsychologie 3 (1974) 2, 157 - 188.

PAPPI, Franz Urban/Edward D. Laumann/Regine Perner (1971): Gemeindestudie Jülich I. Elitestudie. Fragebogen und Ergebnisse (Randverteilungen). Dokumentiert im Zentralarchiv für empirische Sozialforschung der Universität zu Köln. Köln.

PARSONS, Talcott (1951): The Social System. Glencoe, Ill.

PAWLIK, Kurt (1971): Dimensionen des Verhaltens. Eine Einführung in Methodik und Ergebnisse faktorenanalytischer psychologischer Forschung. 2. Aufl., Bern/Stuttgart/Wien.

PETERSEN, Karen K./Jeffrey E. Dutton (1975): Centrality, Extremity, Intensity. Neglected Variables in Research on Attitude-Behavior Consistensy. In: Social Forces 54 (1975) 393 - 414.

POPITZ, Heinrich et al. (1957): Das Gesellschaftsbild des Arbeiters. Tübingen.

POPPER, Karl R. (1971): Logik der Forschung. Tübingen.

PRESSE- und Informationsdienst der Bundesregierung (Hrsg.) (1974): Kommunikations- politische und kommunikationswissenschaftliche Forschungsprojekte der Bundesregierung (1971 - 1974). Bonn.

PROJEKTGRUPPE am Institut für Kommunikationswissenschaft der Universität München (1976a): Politische Kommunikation. Eine Einführung. Berlin.

PROJEKTGRUPPE am Institut für Kommunikationswissenschaft der Universität München (1976b): Einführung in die Kommunikationswissenschaft - Der Prozeß der politischen Meinungs- und Willensbildung. 2 Teile. München.

PROKOP, Dieter (Hrsg.) (1974): Massenkommunikationsforschung. Band 1: Produktion. Frankfurt a.M.

PROKOP, Dieter (Hrsg.) (1975): Massenkommunikationsforschung. Band 2: Konsumtion. Frankfurt a.M.

RADTKE, Günter D./Wolfgang W. Veiders (1975): Bestimmungsgründe politischer Partizipation in der Bundesrepublik Deutschland. Beitrag für den wissenschaftlichen Kongress 1975 der deutschen Vereinigung für Politische Wissenschaft in Duisburg. Maschinenschriftl. MS.

RADTKE, Günter D./Wolfgang W. Veiders (1974): Determinanten politischer Partizipation. Beitrag für eine Tagung des Arbeitskreises Parlamente, Parteien, Wahlen der Deutschen Vereinigung für Politische Wissenschaften in Koblenz, Sept. 1974, Maschinenschr. MS.

RADTKE, Günter D./Wolfgang W. Veiders /Peter Jurecka (1974): Formen politischer Partizipation in der Bundesrepublik Deutschland. Einschätzung der Bevölkerung und Einordnung im politischen System. Manuskript. Alfter.

RAMMSTEDT, Ottheim (1973): Kommunikation. In: Lexikon zur Soziologie (1973), 348.

RAUMORDNUNGSBERICHT 1972: Bundestags-Drucksache VI/3793.

RENCKSTORFF, Karsten (1975): Zur Hypothese des "two-step flow" der Massenkommunikation. In: Prokop (Hrsg.) (1975), 167 - 186.

REUBAND, Karl-Heinz (1975): Zur Existenz schichtähnlicher Gruppierungen im interpersonalen Präferenzgefüge. Ein Beitrag zur Analyse latenter subjektiver Schichtung. In: Kölner Zeitschrift für Soziologie und Sozialpsychologie 27 (1975) 2, 293 - 301.

REUMANN, Kurt/Winfried Schulz (1971): BRD-Presse. In: Noelle-Neumann/Schulz (Hrsg.) (1971), 220 - 241.

REYNOLDS-Ansiedlung: Der Coup des Jahrhunderts. Hamburg o.J.

RINK, Jürgen (1963): Zeitung und Gemeinde. Köln/Düsseldorf.

RITSERT, Jürgen (1972): Inhaltsanalyse und Ideologiekritik. Ein Versuch über kritische Sozialforschung. Frankfurt a.M.

ROHN, Heinz (1974): Aufgabe und Bedeutung von Fußgängerzonen. In: Hermann Glaser (Hrsg.) (1974): Urbanistik. Neue Aspekte der Stadtentwicklung. München.

RONNEBERGER, Franz (Hrsg.) (1971): Sozialisation durch Massenkommunikation. Stuttgart.

ROSENBERG, Milton J./Carl I. Hoveland (1960): Cognitive, Affective and Behavioral Components of Attitudes. In: Organization and Change. New Haven, 112-163.

SHAFTEL, F./G. Shaftel (1967): Role-Playing for Social Values: Decision-making in the Social Studies. Prentice-Hall, New Jersey.

SIEBEL, Walter (1974): Entwicklungstendenzen kommunaler Planung. Schriftenreihe "Städtebauliche Forschung" des Bundesministers für Raumordnung, Bauwesen und Städtbau. Heft Nr. 03.028. Bonn-Bad Godesberg.

SILBERMANN, Alphons/Udo Michael Krüger (1973): Soziologie der Massenkommunikation. Stuttgart.

SILBERMANN, Alphons (1974): Systematische Inhaltsanalyse. In: René König (Hrsg.) (1974): Handbuch der empirischen Sozialforschung Bd. 4, 3. Aufl., Stuttgart, 253 - 339.

SILK, Alvin J. (1971): Response Set and the Measurement of Self-Designated Opinion Leadership. In: Public Opinion Quaterly 35 (1971) 3, 383 - 397.

SINGER, J. David (Hrsg.) (1966): Human Behavior and International Politics. Contributions form the Social-Psychological Sciences. 2. Aufl., Chicago, Ill.

SIX, Bernd (1974): Einstellung und Verhalten. In: Reinhold Bergler (1974): Sauberkeit Norm-Verhalten-Persönlichkeit. Bern, 155 - 169.

SIX, Bernd (1975): Die Relation von Einstellung und Verhalten. In: Zeitschrift für Sozialpsychologie 6 (1975), 270 - 296.

SOLLEY, Charles M./Gardner Murphy (1960): Development of the Perceptual World. New York.

SWANSON, G.E. (1961): Determinants of the Individual's Defenses against Inner Conflict. In: J. C. Glidewell (Hrsg.) (1961): Parental Attitudes and Child Behavior. Springfield, Ill.

SCHARPF, Fritz W. (1973a): Fallstudien zu Entscheidungsprozessen in der Bundesrepublik. In: Renate Mayntz/Fritz W. Scharpf (Hrsg.) (1973): Planungsorganisation. München. 68 - 90.

SCHARPF, Fritz W. (1973 b): Verwaltungswissenschaft als Teil der Politikwissenschaft In: ders. (1973): Planung als politischer Prozeß. Frankfurt a.M., 9 - 32.

SCHARPF, Fritz W./Bernd Reissert/Fritz Schnabel (1976): Politikverflechtung. Theorie und Empirie des kooperativen Föderalismus in der Bundesrepublik. Kronberg im Taunus

SCHELSKY, Helmut (1973): Systemüberwindung, Demokratisierung und Gewaltenteilung Grundsatzkonflikte der Bundesrepublik. München.

SCHENK, J. (1972): Soziale Wahrnehmung (social perception). In: Arnold/Eysenck/ Meili (Hrsg.) (1972), 369 - 375.

SCHEUCH, Erwin/Hans Jürgen Daheim (1968): Sozialprestige und soziale Schichtung. In: David W. Glass/Renē König (Hrsg.) (1968): Soziale Schicht und soziale Mobilität. 3. Aufl., Köln, 65 - 103.

SCHMIEDERER, Ingrid (1968): Die Bedeutung sozialer Normen im Erziehungsprozeß. In: Wolfgang Abendroth/Kurt Lenk (Hrsg.) (1973): Einführung in die politische Wissenschaft. 3. Aufl., München.

SCHMITZ, Mathias (1975): Parteien als Partizipationssysteme. In: Strukturprobleme des lokalen Parteiensystems. Hrsg. von der Konrad-Adenauer-Stiftung. Bonn, 161-234.

SCHMUNK, Michael G. (1977): Die Perzeption von politischen Partizipationsmöglichkeiten als Bedingung politischer Partizipation. Untersucht am Beispiel der Altstadtsanierung von Andernach am Rhein. Magisterarbeit. Bonn.

SCHRAMM, Wilbur (Hrsg.) (1973): Grundlagen der Kommunikationsforschung. 5. Aufl., München.

SCHRÖTTER, Gertrud v. (1969): Kommunaler Pluralismus und Führungsprozeß. Untersuchungen an zwei städtebaulichen Projekten einer Großstadt. Stuttgart.

SCHULZ, Winfried (1971): Kommunikationsprozeß. In: Noelle-Neumann/Schulz (Hrsg.) (1971), 89 - 109.

SCHULZ von Thun, Friedemann (1974): Verständlichkeit von Informationstexten: Messung , Verbesserung und Validierung. In: Zeitschrift für Sozialpsychologie 5 (1974), 124 - 132.

STADLER, Michael/Falk Seeger/Arne Raeithel (1975): Psychologie der Wahrnehmung. München.

STADTKERNSANIERUNG Andernach: Loseblattsammlung der Gruppe Hardtberg/Planergruppe Bonn zur Sanierung in Andernach.

STÄDTEBAUBERICHT (1975): Hrsg. vom Bundesminister für Raumordnung, Bauwesen und Städtebau, Bonn-Bad Godesberg.

STÄDTEBAUFÖRDERUNG des Bundes (1975): Bericht des Bundesministers für Raumordnung, Bauwesen und Städtebau über den Vollzug des Städtebauförderungsgesetzes. Schriftenreihe "Stadtentwicklung" des Bundesministers für Raumordnung, Bauwesen und Städtebau. Heft Nr. 02.004. Bonn-Bad Godesberg.

STEINIG, Wolfgang (1976): Soziolekt und soziale Rolle. Untersuchungen zu Bedingungen von Sprachverhalten unterschiedlicher gesellschaftlicher Gruppen in verschiedenen sozialen Situationen. Düsseldorf.

STOFER, Wolfgang (1975): Auswirkungen der Alleinstellung auf die publizistische Aussage der "Wilhelmshavener Zeitung". Nürnberg.

THIBAUT, John. W./Harold H. Kelley (1959): The Social Psychology of Groups. New York.

THOMAE, Hans (1968): Das Individuum und seine Welt. Göttingen.

THOMAS, Kerry (Hrsg.) (1971): Attitudes and Behaviour. Harmondworth.

TROHLDAHL, Verling C./Robert van Dam (1965): Face-to-Face Communication about Major Topics in the News. In: Public Opinion Quaterly 29 (1965) 4, 626 - 634.

UBBENS, Wilbert (1973): Zur Kritik massenkommunikativer Textanalyse. In: Aufermann/Bohrmann/Sülzer (Hrsg.) (1973), 154 - 170.

ÜBERLA, Karl (1971): Faktorenanalyse. Berlin/Heidelberg/New York..

UELTZHÖFFER, Jörg (1975): Die kommunale Machtelite und der politische Willensbildungsprozeß in der Gemeinde. In: Hans-Georg Wehling (Hrsg.) (1975): Kommunalpolitik. Hamburg, 95 - 130.

VERBA, Sidney/Norman H. Nie (1972): Partizipation in America: Political Democracy and Social Equality. New York/Evanston/San Francisco/London.

VILMAR, Fritz (1973a): Menschenwürde im Betrieb. Hamburg.

VILMAR, Fritz (1973b): Strategien der Demokratisierung. Band I: Theorie der Praxis. Band II: Modelle und Kämpfe der Praxis. Darmstadt und Neuwied.

WALTER, Kurt (1971): Städtebau nach neuem Recht. Grundriß des Städtebauförderungsgesetzes. Bonn.

WARNER, Lloyd W. u.a. (1960): Social Class in America. New York.

WDR-Westdeutscher Rundfunk (1976): Immer Ärger mit der Lokalpresse. Ms. Köln.

WEICHSEL, Lothar (1967): Vergleichende Haushaltsbeschreibung und Haushaltsanalyse ausgewählter Städte. München.

WERSIG, Gernot (1974): Inhaltsanalyse. Einführung in ihre Systematik und Literatur. 3. Aufl., Berlin.

WICKER, Allan W. (1969): Attitudes versus Actions: The Relationship of Verbal and Overt Behavioural Responses to Attitude Objects. In: Journal of Social Issues 25 (1969), 41 - 78.

WITKIN, Hermann A. (1967): A Cognitive Style Apporach to Cross-Cultural Research In: International Journal of Psychology 2 (1967), 233 - 250.

WOLLMANN, Hellmut (1974): Das Städtebauförderungsgesetz als Instrument staatlicher Intervention. - Wo und für wen? In: Leviathan 2 (1974) 2, 199 -232.

WOLLMANN, Hellmut (1975): Der Altstadtsanierung erster Teil als Cityerweiterungsplanung - der Fall Heidelberg. In: Rolf-Richard Grauhan (Hrsg.) (1975): Lokale Politikforschung. 1. Frankfurt a.M., 221 - 272.

ZEITEL, Gerhard (1970): Kommunale Finanzstruktur und gemeindliche Selbstverwaltung In: Archiv für Kommunalwissenschaften 9 (1970), 2 ff.

ZIMPEL, Gisela (1970): Der beschäftigte Mensch - Beiträge zur sozialen und politischen Partizipation. München.

ZIMPEL, Gisela (1973): Politische Beteiligung. In: Görlitz (Hrsg.) (1973), 327-332.

ZOLL, Ralf/Eike Hennig (1970): Massenmedien und Meinungsbildung. Angebot, Reichweite, Nutzung und Inhalt der Medien in der BRD. München.

ZOLL, Ralf (1972): Gemeinde als Alibi. Materialien zur politischen Soziologie der Gemeinde. München.

ZOLL, Ralf (1974): Wertheim III. Kommunalpolitik und Machtstruktur. München.

ABKÜRZUNGSVERZEICHNIS

BBauG	=	Bundesbaugesetz
BBPI	=	Bebauungsplan
BROP	=	Bundesraumordnungsprogramm
BVerfGE	=	Entscheidungen des Bundesverfassungsgerichts
FG	=	Freiheitsgrade (statistische)
FLNPL	=	Flächennutzungsplan
GemO	=	Gemeindeordnung
GG	=	Grundgesetz
LEP	=	Landesentwicklungsplan
MKRO	=	Ministerkonferenz für Raumordnung
NBBauG	=	Novelle zum Bundesbaugesetz
NBU	=	Nahbereichsuntersuchung
PPI	=	Persönlicher Partizipationsindex
StBauFG	=	Städtebauförderungsgesetz

SACHREGISTER

AUTORENVERZEICHNIS

Michael J. Buse, Dr.phil., B.A., geb.1944, Studium der Politikwissen-
    schaft, Geschichte, Volkswirtschaft, Staatsrecht, ist wiss.
    Referent und Leiter des wiss. Dienstes der Friedrich-Naumann-
    -Stiftung, Bonn und Lehrbeauftragter am Seminar für Politische
    Wissenschaft der Universität Bonn.

Reinhold Hahn, geb. 1936, studiert Politikwissenschaft und Soziologie
    an der Universität Bonn.

Peter Mambrey, M.A., geb.1950, Studium der Politikwissenschaft, Soziologie
    und Völkerkunde, ist wiss. Mitarbeiter am Seminar für Politische
    Wissenschaft der Universität Bonn.

Wilfried Nelles,Dr.phil., M.A., geb.1948, Studium der Politikwissen-
    schaft, Soziologie und Sozialpsychologie, ist wiss. Mitarbeiter
    und Lehrbeauftragter am Seminar für Politische Wissenschaft der
    Universität Bonn.

Reinhard Oppermann, Dr.phil., Dipl.Psych., geb.1946, Studium der Psycho-
    logie, Philosophie und Theologie, ist wiss. Mitarbeiter und Lehr-
    beauftragter am Seminar für Politische Wissenschaft der Uni-
    versität Bonn.

Alfred Reichwein,Dipl.Volksw., geb.1950, Studium der Volkswirtschaft,
    Politikwissenschaft und Erziehungswissenschaft, ist Referent
    bei der Kommunalen Gemeinschaftsstelle für Verwaltungsverein-
    fachung, Köln.

Paul G. Schmitz, Dr.phil., Dipl.Psych., geb.1941, Studium der Psychologie,
    Soziologie und Politikwissenschaft, ist wiss. Mitarbeiter am
    Psychologischen Institut der Universität Bonn.

Michael G. Schmunk, M.A., geb.1951, Studium der Politikwissenschaft,
    Rechtswissenschaft, Soziologie und Kommunikationswissenschaft,
    ist wiss. Mitarbeiter am Seminar für Politische Wissenschaft
    der Universität Bonn.

Thomas Wettig, M.A., geb.1950, Studium der Politikwissenschaft,
    Erziehungswissenschaft und Soziologie, ist wiss. Mitarbeiter am
    Seminar für Politische Wissenschaft der Universität Bonn.

Studien zum politischen System der Bundesrepublik Deutschland

Herausgegeben von Heino Kaack

VERLAG ANTON HAIN · 6554 MEISENHEIM · Postfach 180